Aufsichts- und Streitbeilegungsverfahren im Recht der Abrüstung und Rüstungskontrolle

Europäische Hochschulschriften

Publications Universitaires Européennes
European University Studies

Reihe II
Rechtswissenschaft

Série II Series II
Droit
Law

Bd./Vol. 4160

PETER LANG
Frankfurt am Main · Berlin · Bern · Bruxelles · New York · Oxford · Wien

Sebastian M. Seidel

Aufsichts- und Streitbeilegungsverfahren im Recht der Abrüstung und Rüstungskontrolle

PETER LANG
Europäischer Verlag der Wissenschaften

Bibliografische Information Der Deutschen Bibliothek
Die Deutsche Bibliothek verzeichnet diese Publikation in der Deutschen Nationalbibliografie; detaillierte bibliografische Daten sind im Internet über <http://dnb.ddb.de> abrufbar.

Zugl.: Bochum, Univ., Diss., 2004

D 294
ISSN 0531-7312
ISBN 3-631-53677-1

www.peterlang.de

Vorwort

Die vorliegende Arbeit wurde von der Juristischen Fakultät der Ruhr-Universität Bochum im Sommersemester 2004 als Dissertation angenommen. Herr Professor Dr. Dr. h.c. mult. Knut Ipsen hat die Dissertation betreut und mich als seinen Mitarbeiter fachlich wie persönlich gefördert. Ihm gilt mein besonderer Dank.

Die Untersuchung entstand während meiner Tätigkeit an der Ruhr-Universität am Institut für Friedenssicherungsrecht und Humanitäres Völkerrecht (IFHV) und am Lehrstuhl für Öffentliches Recht III (Völkerrecht). Die Fragestellung geht zurück auf mein Praktikum im UN-Sekretariat in New York 1998. Wesentliche Anstöße erhielt sie durch Mitwirkung an einem internationalen Expertentreffen zu den Berichtsverfahren im Völkerrecht, das der DRK-Präsidialausschuß Humanitäres Völkerrecht unter der Leitung von Professor Dr. Michael Bothe veranstaltet hatte. Wiederholt hatte ich Gelegenheit, bei Symposien zum Humanitären Völkerrecht und Rüstungskontrollrecht als Referent aufzutreten, u.a. bei zwei internationalen Konferenzen des IKRK in Usbekistan und in Turkmenistan. 2003 erhielt ich eine Einladung zur École internationale de droit nucléaire an der Université Montpellier I, die mit der OECD-Nuklearenergieagentur, der IAEA und der EU-Kommission gemeinsam veranstaltet wurde.

Aufrichtiger Dank gilt Herrn Professor Dr. Thilo Marauhn M.Phil., Giessen, mit dem ich während seiner Tätigkeit am Heidelberger Max-Planck-Institut für ausländisches öffentliches Recht und Völkerrecht wesentliche Teile meiner Arbeit diskutieren konnte. Dank schulde ich Frau Professor Dr. Adelheid Puttler LL.M. für die zügige Erstellung des Zweitgutachtens. Mein besonderer Dank gilt auch dem früheren Ständigen Vertreter Deutschlands bei den Vereinten Nationen in New York, Herrn Botschafter Professor Dr. Tono Eitel LL.M., für seine Unterstützung und Ermunterung.

Danken möchte ich ferner all denen, die mir mit Rat und Tat zur Seite gestanden und auf andere Weise zur Entstehung des Buches beigetragen haben. Besonders erwähnen möchte ich nur die früheren Kollegen vom Lehrstuhl wie vom Institut: Dr. Heike Spieker, Brigitte Reschke, Ralph Czarnecki LL.M., Oliver Mross, Stefan van Heeck und Norman Wojak.

Die Arbeit widme ich meinen Eltern.

Berlin/Bochum im Dezember 2004 Sebastian M. Seidel

Inhaltsverzeichnis

Abkürzungsverzeichnis

ABM	Anti-Ballistic Missile
AFDI	Annuaire Français de Droit International
African YIL	African Yearbook of International Law
AJIL	American Journal of International Law
ASBM	Air-to-Surface Ballistic Missile
ASEAN	Association of South East Asian Nations
ASIL	American Society of International Law
AVR	Archiv des Völkerrechts
BDGV	Berichte der Deutschen Gesellschaft für Völkerrecht
BGBl.	Bundesgesetzblatt
BIC	Bilateral Implementation Commission
BT-Drs.	Bundestagsdrucksache
BVerfGE	Entscheidungen des Bundesverfassungsgerichts
Cardozo JICL	Cardozo Journal of International & Comparative Law
CD	Conference on Disarmament
CMLR	Common Market Law Review
Colorado JIELP	Colorado Journal of International Environmental Law & Policy
Cornell JIL	Cornell Journal of International Law
CTB	Comprehensive Test Ban
CTBTO	Comprehensive Test Ban Treaty Organization
Doc.	Document
DSB	Dispute Settlement Body
DSU	Dispute Settlement Understanding
Duke JCIL	Duke Journal of Comparative & International Law
EA	Europa-Archiv [jetzt: Internationale Politik]
EAGV	Vertrag über die Gründung der Europäischen Atomgemeinschaft
EGV	Vertrag über die Gründung der Europäischen Gemeinschaft
EJIL	European Journal of International Law
EPIL	Encyclopedia of Public International Law
EuGHE	Entscheidungen des Europäischen Gerichtshofs
FAZ	Frankfurter Allgemeine Zeitung

Florida SULR	Florida State University Law Review
Fordham ILJ	Fordham International Law Journal
FS	Festschrift
FW	Die Friedens-Warte
GATT	General Agreement on Tariffs and Trade
Georgetown IELR	Georgetown International Environmental Law Review
German YIL	German Yearbook of International Law
GG	Grundgesetz für die Bundesrepublik Deutschland
GUS	Gemeinschaft Unabhängiger Staaten
HLKO	Haager Landkriegs-Ordnung
Harvard LR	Harvard Law Review
Harvard ILJ	Harvard International Law Journal
HdbVN	Handbuch Vereinte Nationen
HuV-I	Humanitäres Völkerrecht – Informationsschriften
IAEO	Internationale Atomenergie-Organisation
ICBM	Intercontinental Ballistic Missile
ICJ Rep.	International Court of Justice, Reports of Judgements, Advisory Opinions and Orders
IGH	Internationaler Gerichtshof
IKRK	Internationales Komitee vom Roten Kreuz
ILA	International Law Association
ILC	International Law Commission
ILM	International Legal Materials
ILO	International Labour Organization
INF	Intermediate Nuclear Forces
INFCIRC	Information Circular
IRRC	International Review of the Red Cross
Israel LR	Israel Law Review
IWF	Internationaler Währungsfonds
JCIC	Joint Compliance and Inspection Commission
JCG	Joint Compliance Group
JCR	The Journal of Conflict Resolution
JCSL	Journal of Conflict and Security Law
JIDR	Journal of International Dispute Resolution
JIEL	Journal of International Economic Law
JIR	Jahrbuch für Internationales Recht
JöR	Jahrbuch des öffentlichen Rechts der Gegenwart
Kazakhstani JIL	Kazakhstani Journal of International Law
KSE	Konventionelle Streitkräfte in Europa

KSZE/OSZE	Konferenz/Organisation für Sicherheit und Zusammenarbeit in Europa
Leiden JIL	Leiden Journal of International Law
Loyola LAICLJ	Loyola of Los Angeles International and Comparative Law Journal
Michigan JIL	Michigan Journal of International Law
MIRV	Multiple Independently Targetable Re-Entry Vehicle
NATO	North Atlantic Treaty Organization
Netherlands YIL	Netherlands Yearbook of International Law
NGO	Non-Governmental Organization
NILR	Netherlands International Law Review
NJ	Neue Justiz
NTM	National Technical Means
NVIR	Nederlandse Vereniging voor Internationaal Recht
NYLSch JICL	New York Law School Journal of International and Comparative Law
NYULR	New York University Law Review
NYUJILP	New York University Journal of International Law & Politics
OPANAL	Organismo para la Proscripción de las Armas Nucleares en la América Latina
OPBTW	Organization for the Prohibition of Biological and Toxin Weapons
RdC	Académie de Droit International, Receuil des Cours
REDI	Revista Española de Derecho Internacional
Res.	Resolution
RICR	Revue International de la Croix-Rouge
SALT	Strategic Arms Limitation Talks
SIPRI	Stockholm International Peace Research Institute
SLBM	Submarine-Launched Ballistic Missile
START	Strategic Arms Reduction Talks
StIGH	Ständiger Internationaler Gerichtshof
SCC	Standing Consultative Commission
SVC	Standing Verification Commission
SZIER	Schweizerische Zeitschrift für Internationales und Europäisches Recht
Temple ICLJ	Temple International and Comparative Law Journal
TPRM	Trade Policy Review Mechanism
Tulane JICL	Tulane Journal of International & Comparative Law
UN	United Nations

UNCIO	United Nations Conference on International Organization
UNEP	United Nations Environment Program
UNICEF	United Nations Children Fund
UNTS	United Nations Treaty Series
Virginia JIL	Virginia Journal of International Law
WEU	Westeuropäische Union
WHO	World Health Organization
WTO	World Trade Organization
WVK	Wiener Konvention über das Recht der Verträge
YIEL	Yearbook of International Environmental Law
YIHL	Yearbook of International Humanitarian Law
ZaöRV	Zeitschrift für ausländisches öffentliches Recht und Völkerrecht
ZP I	Zusatzprotokoll I zu den Genfer Abkommen vom 2.8.1949 über den Schutz der Opfer internationaler bewaffneter Konflikte

Einleitung

"[...] Bedingung des Vertrags ist die gegenseitige Kontrolle. Nur sie kann seine Durchführung sichern.
Dies wäre der rettende Akt. Mit ihm aber würde sogleich mehr geschehen als die Abschaffung der Atomgefahr. Denn unfehlbar wäre mit der gegenseitigen Kontrolle eine Umformung des politischen Daseins verbunden, nämlich der Übergang von dem Zustand der Staaten, die sich wie Bestien im Naturzustand gegenüberstehen, zu einer Staatengemeinschaft, die auf das Recht von Verträgen gegründet ist, deren Einhaltung durch Institutionen gemeinsamen Ursprungs gesichert wird. Es wäre der Übergang von dem Zustand bloßer Koexistenz, die jeden Augenblick durch den Gewaltakt einer Seite in Krieg sich verwandeln kann, zum Zustand der Kooperation, die die Freiheit aller bedingt sein läßt durch die Überordnung gemeinsam beschlossener und durch Vollzugsorgane wirksam gemachter Verträge. Es wäre der Anfang des Weltfriedens."

Karl Jaspers, *Die Atombombe und die Zukunft des Menschen (1958), S. 38*

"Vertrauen schaffen ohne Verträge – Amerika macht Abrüstung light" titelte die Wochenzeitung "Die Zeit" einen pointierten Beitrag über den am 24. Mai 2002 von den Präsidenten *Bush* und *Putin* in Moskau unterzeichneten Abrüstungsvertrag, der aus heutiger Sicht beachtenswerte Begrenzungen im Bereich gefechtsbereiter Kernsprengköpfe vorsieht.[1] Der Artikel moniert das weitgehende Fehlen echter Reduzierungspflichten in dem neuen Abkommen. Zwar schreibt dies für das Jahr 2012 das Ziel von höchstens 1.700-2.200 auf strategischen Angriffswaffen einsatzbereit vorgehaltener Sprengköpfe fest, es bleibt aber gerade offen, was die beiden Parteien mit den bei ihnen ferner vorhandenen Einheiten tun wollen. Die USA haben angekündigt, Gefechtsköpfe aufzubewahren, statt diese zu zerstören. Nach Analysen der amerikanischen Brookings Institution, auf die sich der Artikel beruft, soll es um rund 2.400 Einheiten gehen, welche Amerika als "aktive Reserve" schnell abrufbereit einlagern will. Durch diesen Schritt, so die Schlußfolgerung des Beitrags, werde Vertrauen zugunsten von Flexibilität geopfert. Das Abkommen besiegele die Abkehr von dem für Abrüstungsverträge elementaren Gedanken des strategischen Gleichgewichts und opfere dieses Grundprinzip der Macht des Stärkeren.

1 *C. Stelzenmüller,* Vertrauen schaffen ohne Verträge: Amerika macht Abrüstung light – und verlernt die Bombe zu fürchten, in: Die Zeit v. 23. Mai 2002.

Neben dem Vertrag verweist der Artikel zugleich auf ein im März an die Öffentlichkeit gelangtes "Nuclear Posture Review", ein Dokument, das vom Pentagon erarbeitet die Eckpunkte einer neuen amerikanischen Nuklear- und Verteidigungspolitik vorzeichnet:[2] eine Raketenabwehr mit nuklearen Gefechtsköpfen, kleine Atomwaffen ("bunker buster") zum Ausheben unterirdischer Waffenlabore sowie die Wiederaufnahme von Atomtests. Der Einsatz von Atomwaffen, das Undenkbare, so scheint es, ist in den Köpfen der Strategieplaner weitgehend denkbar geworden. Von Fachleuten, etwa dem früheren US-Verteidigungsminister *McNamara,* wird die neue Nuklearstrategie daher in aller Deutlichkeit als Wiedererstarken der weitgehend bezwungen geglaubten Atomgefahr kritisiert.[3] Schon die Kündigung des ABM-Vertrags im Dezember 2001, dessen Abschluß 1972 den Prozeß der nuklearen Rüstungskontrolle zwischen den Supermächten in Gang brachte, habe dazu beigetragen, das Gleichgewicht in den internationalen Beziehungen zugunsten eines amerikanischen Unilateralismus zu verschieben.[4]

Jedenfalls ist mit Unterzeichnung des neuen Abkommens – ungeachtet der Kritik – die von Fachleuten befürchtete vollständige Abkehr der führenden Atommächte von dem Gedanken der Rüstungsbeschränkung durch internationale Verträge ausgeblieben. Rußland und die USA haben unter Beweis gestellt, daß auch nach Kündigung des ABM-Vertrags das Gesamtkonzept einer kooperativen Rüstungsregelung durch Vertragsvölkerrecht weiterhin eine zentrale, wenn auch in der Zielsetzung möglicherweise gewandelte Bedeutung besitzt. Ursprüngliches Leitmotiv der Bemühungen war es, destabilisierenden Rüstungswettläufen entgegenzuwirken und Kriege zwischen den Staaten, vor allem den Supermächten, zu verhindern. Über die bilateralen Verhandlungen hinaus besaß das Konzept für multilaterale Initiativen Bedeutung, bei denen den USA und der UdSSR regelmäßig Schlüsselrollen zukamen.

Wie die Einhaltung des fünf Artikel umfassenden neuen Vertrags überprüft werden soll, regelt dieser nicht. Jedoch haben die Parteien angekündigt, in vollem Umfang auf die im START I-Abkommen enthaltenen Verfahren zurückgreifen zu wollen.[5] Die dort festgelegten Möglichkeiten der Erfüllungskon-

---

2 Zur neuen Nuklearstrategie siehe insbesondere *W. Arkin,* Secret Plan Outlines the Unthinkable, in: The Los Angeles Times v. 10. März 2002.

3 Vgl. *R. McNamara/T. Graham,* A Pretty Poor Posture for a Superpower, in: The Los Angeles Times v. 13. März 2002.

4 *R. McNamara/T. Graham,* Bush ABM Stance Endangers America, in: The Boston Globe v. 13. Januar 2002.

5 Siehe U.S. Department of State, Fact Sheet: Mosow Treaty on Strategic Offensive Reductions v. 24. Mai 2002, unter: http://usinfo.state.gov/topical/pol/arms (Stand: 01.07.2002).

trolle hatten in großem Ausmaß zur Schaffung von Vorhersehbarkeit und Transparenz in den Beziehungen beigetragen. Der Rückgriff beweist, daß das Konzept der Überwachung von Durchführung und Einhaltung rüstungsbeschränkender Regelungen, das 1972 im ABM-Vertrag skizziert und in den amerikanisch-sowjetischen Abkommen sukzessive weiterentwickelt wurde, auch heute nicht an Bedeutung eingebüßt hat. Vielmehr hat es neben den Ansätzen der frühen Konventionen über staatsfreie Räume auch auf multilaterale Übereinkommen ausgestrahlt und dort die Voraussetzungen für die Entwicklung neuer Mechanismen der Rechtsdurchsetzung geschaffen. Entsprechende Instrumente und die mit ihnen errichteten Institutionen dienen dem Zweck, Mißverständnisse zu verhindern und durch die Herstellung von Transparenz das Vertrauen der Parteien in die Einhaltung der Konventionen zu stärken. In jüngeren Verträgen haben die Staaten daher zunehmend umfassende und meist präventiv ansetzende Möglichkeiten der Überwachung und Erfüllungssicherung vereinbart. Diese können als internationale Aufsichts- bzw. Kontrollverfahren verstanden werden.

Schon deutlich früher als Aufsichtsverfahren finden sich in völkerrechtlichen Abkommen unterschiedlicher Sachbereiche Schiedsverpflichtungen zur Rechtsdurchsetzung. Den Regelungen liegt ein dem innerstaatlichen Recht entlehnter Befriedungsgedanke zugrunde, wonach die Methoden und Mittel der friedlichen Streitbeilegung geeignet sein sollen, aus der Anwendung und Durchführung von Verträgen resultierende Auseinandersetzungen zu lösen. Auch im Völkerrecht sind Klauseln über die friedliche Erledigung von Streitigkeiten infolge der Institutionalisierung der internationalen Gerichts- und Schiedsgerichtsbarkeit zunehmend häufiger vereinbart worden. Sie haben in eine Reihe von Abrüstungs- und Rüstungskontrollverträge Eingang gefunden. Entsprechend Art. 33 UN-Charta verweisen die Regelungen die Beteiligten typischerweise auf die diplomatischen Mittel der Streitschlichtung und/oder sehen zur verbindlichen Entscheidung die Vorlage an ein Schiedsgericht oder den Internationalen Gerichtshof vor.

Da sich über vorhandene und zukünftig denkbare Rechtsdurchsetzungsmöglichkeiten sinnvoll nur in Kenntnis des geltenden Rechtszustands diskutieren läßt, dient zunächst eine Grundlegung dazu, die zentralen Begriffe der "Abrüstung" und "Rüstungskontrolle" näher zu bestimmen, entsprechende Verhandlungsinitiativen vorzustellen und einen Überblick über den materiellen Gehalt der untersuchten Konventionen zu geben (1. Kapitel). Der Bestimmung des Begriffs der internationalen Aufsicht folgend wendet sich die Arbeit einzelnen Aufsichtsverfahren zu, die die Parteien insbesondere präventiv zur Rechtsdurchsetzung vereinbart haben (2. Kapitel). Untersucht werden Nationale technische Mittel, Berichtssysteme und Informationspflichten, Inspektionsverfahren sowie der institutionelle Rahmen der Auswertung insoweit ermittelter Tatsachen; dann der Reaktions- und Sanktionsmechanismus im Falle festgestellter Vertragsverletzungen. Anschließend befaßt sich die Arbeit mit den "traditionellen" und repressiv ansetzenden Instrumenten der Streitbeilegung (3. Kapitel). Ziel der Untersuchung ist es, die kontrahierten Mittel und Methoden zu systematisieren und sie in ihren Aufgaben wie in ihrer Wirkweise vergleichend zu analysieren. Abschließend wird der Frage nachzugehen sein, in welchem Verhältnis die Aufsichts- und Streitbeilegungsverfahren zueinander stehen.

1. Kapitel: Abrüstung und Rüstungskontrolle als Gegenstände von Verhandlungen und völkerrechtlichen Vereinbarungen

Die Bestimmung der Schlüsselbegriffe "Abrüstung" und "Rüstungskontrolle" als Grundlage der Untersuchung ist Gegenstand des ersten Abschnitts. Der anschließende Überblick über entsprechende Verhandlungsinitiativen soll die heute vorzufindende tatsächliche und rechtliche Situation aus ihrem historischen Kontext heraus erklären. Im zweiten Abschnitt wird der Frage nachgegangen, wie sich das Recht der Abrüstung und Rüstungskontrolle in die geltende Völkerrechtsordnung einordnen läßt. Schließlich werden die Regelungsinhalte derjenigen völkerrechtlichen Vereinbarungen vorgestellt, auf denen die Untersuchung der Aufsichts- und Streitbeilegungsverfahren in den folgenden Kapiteln beruht.

A. "Abrüstung" und "Rüstungskontrolle": Begriffsbestimmung und historische Entwicklung

I. Begriffsbestimmung und Abgrenzung

Die vorliegende Untersuchung befaßt sich mit den Begriffen "Abrüstung" und "Rüstungskontrolle" in ihrer Bedeutung und ihrer Abgrenzung zu den "Vertrauensbildenden Maßnahmen".

1. "Abrüstung"

Der Gedanke der ***Abrüstung*** umfaßt in seiner konsequentesten Ausprägung die *allgemeine und vollständige Abrüstung* ("general and complete disarmament"). Unter diesem Begriff ist die Gesamtheit der auf eine umfassende Wirkung gerichteten Maßnahmen zu verstehen, die zu einer Beseitigung aller Arten von Kriegswaffen und Rüstungen führen, sich auf sämtliche Staaten beziehen und die auf eine von militärischem Personal und Rüstungspotentialen befreite Weltordnung zielen. Nach diesem Konzept verbleiben den Staaten letztlich nur ihre Polizeikräfte zur Aufrechterhaltung der innerstaatlichen Ordnung.[1]

---

1 Vgl. *D. Schuster*, Allgemeine und vollständige Abrüstung, in: Delbrück (Hrsg.) S. 73, 74; *J. Delbrück*, Abrüstungsbemühungen 1945-1960, S. 460, 467 ff., 475. Siehe auch

Neben der allgemeinen und vollständigen Entwaffnung, die heute allenfalls noch die Bedeutung eines handlungsleitenden Ideals bzw. Fernziels haben dürfte,[2] sind Gegenstand der Abrüstung alle Maßnahmen der schrittweisen Rüstungsreduzierung. Ihr Ziel ist die sukzessive Verminderung der Zahl von Kriegswaffen, insbesondere von Kernwaffen, wie der Abbau der Streitkräfte auf ein niedrigeres Niveau bzw. bis hin zu ihrer Abschaffung.[3]

2. "Rüstungskontrolle"

Der Ausdruck ***Rüstungskontrolle*** ist die im Deutschen überwiegend verwendete Übertragung[4] für das in den 1960er Jahren in den USA unter dem Oberbegriff **"arms control"** entwickelte Konzept über Wege und Methoden der Abrüstungs- und Sicherheitspolitik. Eine allgemein anerkannte und umfassende Definition des Begriffs der Rüstungskontrolle gibt es jedoch bis heute nicht.[5] Im historischen Kontext zielte die Rüstungskontrolle auf eine Ablösung des Abrüstungsgedankens, der sich vor allem in der Gestalt der "allgemeinen und vollständigen Abrüstung" als praxisfern erwiesen hatte.[6] Neben der Abgrenzung zur Abrüstung bestimmt sich der Begriff durch die Funktionen, die ihm in seiner theoretischen

---

J. Delbrück, Friedensordnung als Gestaltungsaufgabe, S. 254, 262 f., sowie *F. Kalshoven*, Armaments and International Law, in: RdC 191 (1985-II), S. 183, 305.

2 Vor allem in älteren Stellungnahmen findet sich die Ansicht, daß das Fernziel der Abrüstungsbemühungen die allgemeine und vollständige Abrüstung sei, vgl. UN-Doc. A/S-10/4 v. 30. Juni 1978, Paras. 1, 8; dazu *H.-J. Schütz*, Abrüstungssondergeneralversammlung, in: Delbrück (Hrsg.), S. 295, 300. – Dieser Annahme dürfte heute nur unter Vorbehalt beizupflichten sein. Siehe jedoch die Bekräftigung der fünf offiziellen Atommächte (CD-Doc. NPT/Conf.2000/21 v. 1. Mai 2000, Para. 5) sowie andererseits kritisch *H. Blix* (in: Development Since the First Hague Peace Conference [1999], Para. 193): *"'General and complete disarmament' was invoked in every possible context for long periods, but was scarcely taken seriously and is not discussed today."*

3 Aus der neueren Literatur siehe *J. Barton*, Disarmament, in: EPIL I (1992), S. 1072 m.w.N.; *W. Vitzthum*, Rechtsfragen der Rüstungskontrolle, in: BDGV 30 (1990), S. 95, 100; *H. Fischer*, in: Ipsen, § 61 Rn. 1.

4 So beispielsweise die Begriffswahl bei *J. Delbrück*, Rüstungskontrolle, in: HdbVN, S. 714 ff.; *H. Fischer*, in: Ipsen, § 61 Rn. 2 f; *M. Bothe*, in: Vitzthum (Hrsg.), 7 Abschn. Rn. 45 ff. Siehe auch die Berichte von *M. Bothe* und *W. Vitzthum* über "Rechtsfragen der Rüstungskontrolle", in: BDGV 30 (1990), S. 31 ff., 95 ff.

5 *H.-J. Schütz*, Arms Control, in: EPIL I (1992), S. 259. *J. Delbrück* (Einleitung, in: ders. [Hrsg.], S. 1, 25), der "Rüstungsbeschränkung" als die Übertragung für "arms control" ins Deutsche verwendet, spricht davon, daß der Ausdruck *"[...] weder begrifflich noch von der Funktion her eine eindeutige Festlegung erfahren"* habe.

6 Zu diesem Ablösungsprozeß etwa *E. Forndran*, Rüstungskontrolle, S. 182 ff., 189 ff.; *H.-J. Schütz*, Arms Control, in: EPIL I (1992), S. 259 ff.

Konzeption und der politischen Praxis zugewiesen werden.[7] Mit "arms control" verband sich zunächst die aktive Beeinflussung derjenigen Faktoren der internationalen Politik, die ihr eine friedliche Handlungsmöglichkeit nehmen konnten.[8] Ziel dieses Prozesses war die Verhütung destabilisierender Rüstungswettläufe zwischen den Großmächten durch ihre Begrenzung und Kanalisierung. So sollte durch geeignetes Krisenmanagement der Beginn eines bewaffneten Konflikts, insbesondere eines Atomkrieges, verhindert sowie, durch Einwirkung auf die Waffentechnik, der im Konfliktfall drohende Schaden minimiert werden.[9] Als handlungsleitende Zielvorstellung blieb gleichwohl die umfassende Abrüstung erhalten. Diese galt es durch eine "Politik der kleinen Schritte" auf dem bescheideneren, vom Pragmatismus geleiteten Weg von Einzelabmachungen zu erreichen.[10]

Bei Entstehen des Konzepts war es nicht das Ziel, durch Maßnahmen der Rüstungskontrolle das System gegenseitiger Abschreckung aufzuheben; vielmehr ging es um seine Stabilisierung als real existierende Grundlage der Kriegsverhütung. Konkrete Maßnahmen auf diesem Weg umfaßten solche des Rüstungsstopps, der Rüstungsbegrenzung und der gezielten Rüstungssteuerung, aber auch der partiellen Auf- bzw. Nachrüstung[11].[12] Diese begleitend traten "vertrauensbildende Maßnahmen" hinzu, die vornehmlich auf politischem Wege die Verständigung über materielle Schritte der Rüstungskontrolle erleichtern sollten.[13] Während die Rüstungsbeschränkung durch den Antagonismus der beiden Supermächte zunächst deutlich bipolar geprägt war, verlor ihre Ausrichtung auf zwei Militärbündnisse mit Ende des Kalten Krieges an Bedeutung.[14]

---

7 *J. Delbrück*, Arms Control, in: United Nations, S. 39 Rn. 8; *D. Högel*, Rüstungskontrolle, S. 33.

8 Siehe *E. Forndran*, Abrüstung und Rüstungskontrolle, S. 14.

9 *E. Forndran*, *ibid.*, S. 14 f.; *H.-J. Schutz*, Arms Control, in: EPIL I (1992), S. 259. Siehe auch *J. Delbrück*, Arms Control, in: United Nations, S. 39 Rn. 13.

10 *J. Delbrück*, Maßnahmen zur Kriegsverhütung, in: Picht/Eisenbarth (Hrsg.), S. 566, 575; *J. Delbrück*, Friedensordnung als Gestaltungsaufgabe, S. 254, 263; *M. Bothe*, Völkerrechtliches Kriegsverhütungsrecht, in: Delbrück (Hrsg.), S. 213, 215; *O. Kimminich*, Disarmament, in: United Nations, S. 407 Rn. 6. Siehe auch *J. Barton*, Disarmament, in: EPIL I (1992), S. 1072, 1074; *K. Ipsen*, Abrüstungsvorschläge von 1962/1963, S. 478, 508.

11 Auf die Nachrüstung als Bestandteil der "arms control" verweist etwa *J. Delbrück*, Maßnahmen zur Kriegsverhütung, in: Picht/Eisenbarth (Hrsg.), S. 566, 574. Kritisch zur Nachrüstung als Teil der Abrüstung *A. Myrdal*, Game of Disarmament, S. XVI.

12 Vgl. auch die etwas andere Begriffsbildung bei *W. Vitzthum*, Rechtsfragen der Rüstungskontrolle, in: BDGV 30 (1990), S. 95, 138, These 2.1.

13 Zu den siehe etwa *J. Delbrück*, Arms Control, in: United Nations, S. 39 Rn. 7; *H.-J. Schütz*, Arms Control, in: EPIL I (1992), S. 259, 260 m.w.N.

14 So *M. Bothe*, in: Vitzthum (Hrsg.), 7. Abschn., Rn. 46, 47.

Seit dem Zerfall der Sowjetunion werden die Verhandlungen stärker multilateral ausgerichtet. Dabei ist jedoch eine deutliche Dominanz der USA nicht zu verkennen. Jedenfalls im Bereich der konventionellen Rüstung wird den abschätzbaren Entwicklungslinien nach daher zukünftig nur noch unter Vorbehalt von einer paritätischen Rüstungskontrolle gesprochen werden können. Insoweit ist an die Stelle zweier strategisch gleichwertiger Partner eine Reihe ganz unterschiedlich starker Akteure getreten, welche die neue Sicherheitsarchitektur prägen.[15]

Gegen die Verwendung des Begriffs "Rüstungskontrolle" für "arms control" ist im deutschsprachigen Schrifttum wiederholt vorgebracht worden, diese Begriffsbildung impliziere eine Verengung des Verständnisses auf Fragen der Nachprüfung, Kontrolle und Verifikation des Rüstungsstandes, obwohl das Konzept darüber weit hinausreicht.[16] In der Literatur wurden daher alternativ etwa die Termini "Rüstungssteuerung", "Rüstungsbeschränkung" oder "Rüstungsbegrenzung" bemüht.[17] Ungeachtet dieser Kritik besteht jedoch, nicht zuletzt aus pragmatischen Gründen, die begriffliche Trennung in Maßnahmen der Abrüstung und solche der Rüstungskontrolle auch nach Ende des Kalten Krieges weitgehend fort.[18] Die Untersuchung folgt daher dieser Unterscheidung.

3. "Vertrauensbildende Maßnahmen"

Versteht man den Begriff der Rüstungskontrolle im weitesten Sinne, so schließt er auch ***vertrauensbildende Maßnahmen*** mit ein. Dieser Begriff bestimmt sich, wie die Rüstungskontrolle allgemein, im Wesentlichen durch Funktionszuweisungen in der Staatenpraxis. Als vertrauensbildende Maßnahmen wurden ur-

---

15 So etwa *W. Zellner* (KSE-Vertrag, in: FW 75 [2000], S. 179, 202), der ausgehend von dem 1999 an die neue europäische Sicherheitsarchitektur angepaßten KSE-Vertrag die Auffassung vertritt, daß die konventionelle Rüstungskontrolle zu einem multilateralen Regulierungsinstrument eines internationalen Beziehungsgeflechts geworden sei, dessen Einzelbeziehungen durch völlig unterschiedliche Machtasymmetrien gekennzeichnet sind.

16 Einen Überblick über die Kritik gibt *J. Delbrück*, Arms Control, in: United Nations, S. 39 Rn. 2, 5; *J. Delbrück*, Verifikation, in: ders. (Hrsg.), S. 1327, 1328 ff.

17 Vgl. "Rüstungsbegrenzung" (bei *M. Bothe*, Völkerrechtliches Kriegsverhütungsrecht, in: Delbrück [Hrsg.], S. 213, 216 ff.), "Rüstungsbeschränkung" (*G. Fahl*, Rüstungsbeschränkung, 0.1.1., S. 22; *J. Delbrück*, Einleitung, in: ders. (Hrsg.), S. 1, 25 ff.; *J. Delbrück*, Friedensordnung als Gestaltungsaufgabe, S. 254, 263; *A. Verdross/ B. Simma*, Universelles Völkerrecht, § 485 ff.) und "Rüstungssteuerung" (bei *K. Ipsen*, Abrüstung, in: Seidl-Hohenveldern [Hrsg.], S. 1, 4).

18 Siehe *J. Delbrück*, Rüstungskontrolle, in: HdbVN, S. 714 Rn. 6. Andererseits verwendet die (letzte) UN-Studie über "Verification in All Its Aspects", UN-Doc. A/50/ 377 v. 22. September 1995, den Begriff der "arms limitation". Vgl. Paras. 51 ff.

sprünglich solche sicherheitspolitischen Schritte bezeichnet, die durch eine Verbesserung des politischen Klimas und durch Erhöhung der militärischen Sicherheit sowie ihre insgesamt *vertrauensbildende Wirkung* eine Erleichterung von inhaltlichen Abrüstungs- und Rüstungskontrollschritten ermöglichen sollten. Vertrauensbildende Maßnahmen sind ein Instrument der Krisenbeherrschung, leisten einen Beitrag zur Stärkung des völkerrechtlichen Gewaltverbots und dienen damit einer dauerhaften Friedenssicherung.[19] Jeder Versuch einer weitergehenden Begriffsbestimmung erliegt hier nur zu leicht der Gefahr, tautologisch zu sein, und wird nicht darüber hinwegtäuschen können, daß es sich um einen unscharfen, *"[...] äußerst vielschichtigen und facettenreichen"* Ausdruck handelt.[20]

Der Begriff "vertrauensbildende Maßnahmen" fand zum ersten Mal in der 1975 in Helsinki verabschiedeten KSZE-Schlußakte Verwendung, die die Ankündigung von Militärmanövern und größeren Truppenbewegungen sowie den Austausch von militärischen Beobachtern und anderem Personal erfaßte. Das Begriffsverständnis wurde später zum Teil wesentlich erweitert.[21] Seit Helsinki wurden sicherheits- und vertrauensbildende Maßnahmen auf den KSZE/OSZE-Folgekonferenzen, aber auch in Foren der Vereinten Nationen politisch diskutiert und fanden 1992 im Vertrag über den Offenen Himmel (Open-Skies-Treaty)[22] ihre politisch bedeutendste Kodifikation.

19 Siehe etwa *H.-J. Schütz,* Vertrauensbildende Maßnahmen, in: HdbVN , S. 1291 ff., 1297 ff.; *H.-J. Schütz,* Militärische Vertrauensbildende Maßnahmen, S. 11 ff., 60 f.; *K. Ipsen,* Abrüstung, in: Seidl-Hohenveldern (Hrsg.), S. 4, 8; *W. Vitzthum,* Rechtsfragen der Rüstungskontrolle, in: BDGV 30 (1990), S. 95, 100.

20 So *H.-J. Schütz,* Vertrauensbildende Maßnahmen, in: Delbrück (Hrsg.), S. 1291, 1291, der auf die Gefahr eines Zirkelschlusses hinweist: *„Vertrauensbildende Maßnahmen sind Maßnahmen, die Vertrauen bilden."*

21 Als weitere Beispiele für Vertrauensbildende Maßnahmen lassen sich etwa der Austausch von Informationen über Rüstungsbudgets, Truppenstärken und -strukturen, Waffenbestände und Rüstungsprogramme, die Errichtung von militärischen Beobachtungsposten, Luft- und Satellitenbeobachtung, schließlich die Einrichtung von Nachrichtenverbindungen sowie die Installation von Konsultationsmechanismen anführen. Vgl. *H.-J. Schütz,* ibid., S. 1291, 1295 f.; *H.-J. Schütz,* Vertrauensbildende Maßnahmen, in: HdbVN, S. 1003 Rn. 3.
In ihren Antworten auf eine Anfrage des UN-Generalsekretärs über Vertrauensbildende Maßnahmen nannte Chile etwa die Achtung der Normen des Völkerrechts, Quatar den Abschluß eines universellen Vertrags über derartige Maßnahmen und Japan den Verzicht auf Propaganda in den Abrüstungsverhandlungen. Vgl. GA-Res. 33/91 B, 16. Dezember 1978; UN-Doc. A/34/416+Add. 1-3, 05. Oktober, 29. Oktober, 29. November und 19. Dezember 1979; UN-Doc. A/35/397, 28. August 1980.

22 Vertrag über den Offenen Himmel v. 24. März 1992; BGBl. 1993 II, S. 2046. – Vgl. auch das Wiener Dokument über Vertrauens- und Sicherheitsbildende Maßnahmen v. 16. November 1999, in: *U. Fastenrath,* KSZE/OSZE, Bd. 2, F.13.

4. Zusammenfassende Gegenüberstellung

Die ***Abrüstung*** zielt auf eine vollständige oder teilweise Reduzierung von bestimmten Waffen, Waffensystemen oder von Truppenstärken. Idealtypisch weit gefaßt, ist ihr Gegenstand die vollständige Abschaffung aller Kriegswaffen und Streitkräfte in einer friedlichen Staats- und Weltordnung. Der Begriff der kooperativen ***Rüstungskontrolle*** ist demgegenüber kaum abstrakt zu definieren. Orientiert man die Begriffsbildung an der Anschauung einzelner Schritte, so umfaßt der Ausdruck verschiedenartige Maßnahmen der qualitativen und quantitativen Beschränkung von Rüstungen. Beispielhaft lassen sich etwa zahlenmäßige Begrenzungen, geographische Stationierungsverbote, sowie Verbote der Entwicklung, Erprobung, Produktion und Weitergabe bestimmter Waffen und Waffensysteme nennen.

Stellt man die Begriffe "Abrüstung" und "Rüstungskontrolle" einander gegenüber, so kann aus dem *Blickwinkel der Abrüstung* die Rüstungskontrolle zusammenfassend entweder als Vorstufe oder als Ergänzung zur Abrüstung verstanden werden. Anders gewendet, stellt aus der *Perspektive der Rüstungskontrolle* die Abrüstung *eine mögliche Form* der Stabilisierung der gesamtpolitischen Lage dar. In ihrer Ausprägung als allgemeine und vollständige Entwaffnung ist sie, zumindest entwicklungsgeschichtlich, als das Fernziel aller Bemühungen um eine Rüstungsbeschränkung anzusehen.[23]

Vertrauensbildende Maßnahmen lassen sich innerhalb des Gesamtkonzepts der Rüstungskontrolle nur schwer abgrenzen. Der Unterschied zur eigentlichen Rüstungsbeschränkung dürfte regelmäßig bei der Rechtsqualität entsprechender Schritte liegen. Vertrauensbildende Maßnahmen stehen in ihrer Entwicklung zwar im Kontext der Rüstungskontrolle, sind ihrer Art nach aber überwiegend nicht völkerrechtlicher, sondern politischer Natur. Sie leisten einen politischen Beitrag zur atmosphärischen Verbesserung des friedensbewahrenden Umfeldes und machen so *strukturelle,* d.h. materielle Schritte der Abrüstung und Rüstungskontrolle erst möglich.[24] In aller Regel besitzen vertrauensbildende Maßnahmen also keinen eigenen Rüstungsbeschränkungsgehalt. Sie gehören daher nicht zum Gegenstand der vorliegenden Untersuchung.

---

23 Vgl. *H.-J. Schütz,* Arms Control, in: EPIL I (1992), S. 259, 260.

24 Zu den Abgrenzungsschwierigkeiten gegenüber den (eigentlichen) Rüstungskontrollmaßnahmen vgl. *J. Delbrück,* Arms Control, in: United Nations, S. 39 Rn. 7; *D. Högel,* Rüstungskontrolle, S. 35 f.

II. Zur historischen Entwicklung der Abrüstung und Rüstungskontrolle

Frühe Formen der Rüstungsbeschränkung reichen weit in die Geschichte zurück und lassen sich bereits in der Antike und im Mittelalter nachweisen.[25] "Klassische" Vereinbarungen zielten jedoch selten auf einen Rüstungsgleichstand als Korrelat einer Politik des Kräftegleichgewichts; sie waren vielmehr *Octroi* der Sieger bewaffneter Auseinandersetzungen über die Besiegten und dienten repressiv der dauerhaften Festschreibung militärischer Ungleichgewichte.[26] Befestigungsverbote, Abgrenzungen befriedeter Zonen, die Entmilitarisierung von Grenzgebieten, die Internationalisierung von Wasserwegen und Städten sind Beispiele traditioneller Rüstungssteuerung, die, ebenso wie die Sicherheitspolitik durch Bündnisse, mit den Erscheinungsformen moderner Friedenssicherung vergleichbar sind. Die *präventive Kriegsverhütung durch gleichberechtigte Rüstungsbeschränkung* wurde erstmals auf den Haager Friedenskonferenzen, später dann unter der Ägide des Völkerbunds und der Vereinten Nationen formuliert und zu einem ernsthaften Verhandlungsgegenstand erhoben.

1. Erste Bemühungen zwischen den Haager Friedenskonferenzen und dem Zweiten Weltkrieg

Ausgangspunkt der Friedenssicherung durch multilaterale Rüstungsbegrenzung und des heutigen Rechts der Abrüstung und Rüstungskontrolle ist die erste *Haager Friedenskonferenz* im Jahre 1899.[27] Als der russische Zar *Nikolaus II.* in seinem "Friedensmanifest" vom 24. August 1898 zu einer internationalen Abrüstungskonferenz aufrief, sollte ihre Aufgabe sein, *"[... den] unaufhörlichen Rüstungen ein Ziel zu setzen und die Mittel zu suchen, dem Unheil vorzubeugen, das die ganze Welt bedroht"*.[28]

---

25 Überblicke über die historischen Bemühungen um eine Rüstungsbegrenzung finden sich u.a. bei *S. Croft,* Strategies of Arms Control (1996); *J. Goldblat,* Arms Control (1994); *J. Delbrück,* Einleitung, in: ders. (Hrsg.), S. 1-23; *K. Ipsen,* Abrüstung, in: Seidl-Hohenveldern (Hrsg.), S. 4-9. Für den Bereich der nuklearen Abrüstung siehe *H. Athanasopulos,* Nuclear Disarmament (2000).

26 Zu frühen Formen der Abrüstung, insbesondere dem *foedus inaequum,* siehe statt vieler *S. Croft,* Strategies of Arms Control, S. 20 ff. m.w.N.; *F. Berber,* Völkerrecht, Bd. III, § 20, S. 127-130.

27 In diesem Sinne beispielsweise *J. Delbrück,* Maßnahmen zur Kriegsverhütung, in: Picht/Eisenbarth (Hrsg.), S. 566, 570; *M. Bothe,* in: Vitzthum (Hrsg.), 7. Abschn., Rn. 45; *H. Blix,* Development Since the Hague Peace Conference (1999), Para. 1.

28 Kaiserliches Manifest für eine internationale Abrüstungskonferenz vom 24.8.1898; Text bei *K. Ipsen,* Von der Abrüstung zum Kriegsrecht, in: FW 74 (1999), S. 256 f.

Die Leitmotive für die russische Initiative zur Beschränkung der Kriegsrüstung waren die durch sie verursachten Kosten, die Begrenzung der Grausamkeiten des Krieges und die Suche nach einem dauerhaften Frieden.[29] Die Haager Konferenz von 1899 und die Folgekonferenz von 1907 waren jedoch bei den Bemühungen um eine Beendigung des allgemeinen Wettrüstens nur wenig erfolgreich; ihre Bedeutung lag vielmehr in der Kodifizierung kriegsvölkerrechtlicher Normen und der Einführung einer internationalen Schiedsgerichtsbarkeit als einem Mittel der friedlichen Streitbeilegung.[30] Von der ursprünglichen Absicht des Zaren blieb allein eine unverbindliche Resolution im Anhang der Ergebnisse dieser ersten Abrüstungskonferenz auf Regierungsebene.[31]

Der *Erste Weltkrieg* und seine Schreckensbilanz von 8,5 Millionen Toten hatten die Welt und nicht nur die kriegführenden Nationen aufgerüttelt und das Bewußtsein dafür geschärft, daß sich die Bedingungen der Kriegführung grundlegend geändert hatten: Der Einsatz von Panzern, Flugzeugen, Maschinengewehren, von hochexplosiven Artilleriegeschossen und Giftgas machte deutlich, daß ein Erfolg bei der Kriegführung nicht mehr allein von Truppenstärken abhing.[32] Die Erfahrungen des Krieges und die Vision von einer friedlicheren Zukunft brachten US-Präsident *Wilson* zu seinen Abrüstungsbemühungen. In Punkt IV seines 14-Punkte-Plans vom 18. Januar 1918 schlug er die Herabsetzung der nationalen Rüstungen auf *"[...] den niedrigsten mit der inneren Sicherheit zu vereinbarenden Stand"* vor. Auch der britische Premierminister *Lloyd George* nahm den Abrüstungsgedanken in sein Programm auf. Diesen Vorstellungen entsprechend fand in Art. 8 der Völkerbundsatzung von 1919[33] eine umfassende Regelung der Abrüstungsfrage Aufnahme, die den systematischen Zusammenhang

Zu den Bemühungen um eine Rüstungsbegrenzung auf der Haager Friedenskonferenzen siehe aus der Sicht der historischen Friedensforschung *J. Dülffer*, Haager Friedenskonferenzen, in: FW 74 (1999), S. 98 ff. Zur Position des Deutschen Reichs siehe *C. Eick*, Haager Friedenskonferenz, in: FW 74 (1999), S. 395 ff.

29 *H. Blix*, Development since the First Hague Peace Conference (1999), Para. 16, 48.

30 *Ibid.*, Para. 18. Vgl. auch *K. Ipsen*, Von der Abrüstung zum Kriegsrecht, in: FW 74 (1999), S. 255; *E. Riedel*, Konventionelle Teilbeschränkungen, in: Delbrück (Hrsg.), S. 325, 331. Zu den erfolglosen Bemühungen um ein generelles Kriegsverbot siehe *J. Delbrück*, Effektivität des UN-Gewaltverbots, in: FW 74 (1999), S. 139, 141.

31 Während *M. Bothe* (Rechtsfragen der Rüstungskontrolle, in: BDGV 30 [1990] S. 31, 34) von *"[einem] für die folgenden Jahrzehnte typischen Mißerfolg"* spricht, hebt *J. Delbrück* (Maßnahmen der Kriegsverhütung, in: Picht/Eisenbarth [Hrsg.], S. 566, 570) positiv hervor, daß es *"[...] die erste umfassende Konferenz auf Regierungsebene [gewesen sei], die [...] die Rüstungsbegrenzungsfrage als ernsthaften Diskussionsgegenstand akzeptiert"* hat.

32 *E. Riedel*, Konventionelle Teilbeschränkungen, in: Delbrück (Hrsg.), S. 325, 332.

33 Satzung des Völkerbunds; RGBl. 1919, S. 687.

zwischen Abrüstung und Friedenssicherung betonte und konkrete Maßnahmen zur Verfolgung dieser Ziele vorsah:[34]

"(1) Die Bundesmitglieder bekennen sich zu dem Grundsatz, daß die Aufrechterhaltung des Friedens eine Herabsetzung der nationalen Rüstungen auf das Mindestmaß erfordert, das mit der nationalen Sicherheit und mit der Erzwingung internationaler Verpflichtungen durch gemeinschaftliches Vorgehen vereinbar ist."

Die europäischen Siegermächte des Ersten Weltkriegs hingegen sahen eine Vorbedingung für Abrüstungsmaßnahmen darin, die unterlegenen Mächte so weit zu entwaffnen, daß von ihnen keine neue Kriegsgefahr auszugehen vermochte. Die *Friedensverträge* von St. Germain-en-Laye, Neuilly, Trianon, Sèvres und Versailles von 1919/20 enthielten einseitig "diktierte" Abrüstungsverpflichtungen, die, so *Riedel, "[...] ein weder vorher noch nachher gekanntes Spektrum unterschiedlichster Techniken der Rüstungsbeschränkung"* umfaßten.[35] Wie sich aus der Vorbemerkung zu Teil V des Versailler Vertrags und aus der Völkerbundsatzung ergab, sollte hierdurch die Einleitung einer "general limitation of the armaments of all nations" ermöglicht werden, während in den Augen deutscher Diplomaten und Völkerrechtler bereits diese Regelungen eine *allgemeine Rechtspflicht zur Abrüstung* begründeten.[36] Zur Überwachung der Maßnahmen sah der Vertrag von Versailles in den Art. 203 ff. die Errichtung einer Interalliierten Kontrollkommission mit der Befugnis zur Ortsinspektion vor – historisch ein Novum.[37]

Vorschläge für eine Beschränkung der Herstellung und des Transfers biologischer und chemischer Waffen fanden ein Forum bei der 1925 im Rahmen des Völkerbunds einberufenen *Genfer Konferenz über den internationalen Waffenhandel*.[38] Ergebnis dieser Verhandlungen war das Genfer Giftgasprotokoll vom

34 *D. Schuster*, Allgemeine und vollständige Abrüstung, in: Delbrück (Hrsg.), S. 73,76. Siehe ferner *R. Burns*, Arms Inspection Policies, in: The Historian 1969, S. 583, 585 f.; *R. Burns*, Supervision of Armaments, in: Orbis 15 (1971), S. 943, 946.

35 *E. Riedel*, Konventionelle Teilbeschränkungen, in: Delbrück (Hrsg.), S. 325, 332 u. 335. Zur Bewertung der Pariser Vorort-Verträge siehe auch *S. Croft*, Strategies of Arms Control, S. 27, und *J. Goldblat*, Arms Control, S. 11-12.

36 Sie leitete sich aus der Forderung nach "gleicher Sicherheit" und "Beseitigung der schreienden Ungleichheit" her. Dazu näher *F. Berber*, Völkerrecht, Bd. III, S. 128 f. m.w.N.; sowie *W. Vitzthum* (Rechtsfragen der Rüstungskontrolle, in: BDGV 30 [1990], S. 95, 96) unter Hinweis auf *Graf von Bernstorff* und *Perels*.

37 So *J. Delbrück*, Verifikation, in: ders. (Hrsg.), S. 1327, 1329 ff. Siehe dazu auch *S. Oeter*, Inspection in International Law, in: Netherlands YIL 28 (1997), S. 101, 111.

38 Dazu *H.G. Kausch*, Internationale Rüstungstransfers, in: Delbrück (Hrsg.), S. 1155, 1161 f., sowie *K. Ipsen*, Biologische und chemische Kampfmittel, S. 228 ff. m.w.N.

17. Juni 1925.[39] Zwar gehört das durch den Vertrag begründete Verbot des Einsatzes bakteriologischer Kampfmittel bei der Kriegführung systematisch dem humanitären (Kriegs-)Völkerrecht an. Später hat es jedoch Anstoß gegeben, das kriegsrechtliche Anwendungsverbot um präventive Beschränkungen biologischer und chemischer Kampfmittel zu ergänzen und so den Gedanken einer Begrenzung der Kriegsfolgen bis in den Bereich der Rüstungsbeschränkung fortzuführen.[40]

Neuen Auftrieb erhielten Abrüstungsbemühungen mit der Ausarbeitung des *Kellogg-Briand*-Pakts[41], der auf eine französisch-amerikanische Initiative zurückging, und seiner Annahme im Jahre 1928.[42] Dieser Vertrag über die Ächtung des Krieges bildete einen Bestandteil des seinerzeitigen Entwurfs einer umfassend verstandenen Friedenssicherung. Dieses Konzept hätte – wenn es von der überwiegenden Zahl der Staaten akzeptiert worden wäre – eine *"[...] fast geniale Lösung aller Probleme zwischen Kriegsverbot und Abrüstung"* dargestellt.[43]

Parallel zu den Verhandlungen über ein Kriegsverbot legte ein seit 1925 beim Völkerbund eingesetzter, vorbereitender Ausschuß einen ersten Entwurf einer Konvention über eine allgemeine und umfassende Abrüstung vor. Als jedoch in den Jahren 1932-1934 die *Abrüstungskonferenz* in Genf zusammentrat, um über den Vorschlag zu beraten, waren die Interessensgegensätze der Staaten nicht zu überwinden. Das Scheitern der Konferenz und schließlich der Übergang Deutschlands zur Wiederaufrüstung bedeuteten das Ende aller Bemühungen um eine weltweite Abrüstung zwischen den Weltkriegen.[44]

---

39 Protokoll über das Verbot der Verwendung von erstickenden, giftigen oder ähnlichen Gasen sowie von bakteriologischen Mitteln im Kriege; RGBl. 1929 II, S. 174.

40 Zu diesem Zusammenhang beispielsweise *R.J. Mathews/T.L.H. McCormack*, Influence of Humanitarian Principles, in: RICR 81 (1999), S. 331, 336 ff., sowie *K. Ipsen*, Biologische und chemische Kampfmittel (1972).

41 Vertrag über die Ächtung des Krieges; RGBl. 1929 II, S. 97.

42 *J. Delbrück*, Einleitung, in: ders. (Hrsg.), S. 1, 16. Zu den Bemühungen des US-amerikanischen Außenministers *Kellogg* um eine Ächtung des Krieges siehe auch *B. Roscher*, Krieg als Mittel der Politik, in: FAZ v. 7. Dezember 1999, S. 12.

43 So schlüssig die Begründung von *K.-U. Meyn*, Kriegsverbot und Gewaltverbot, in: Delbrück (Hrsg.), S. 35, 38: Das Kriegsverbot war in ein System kollektiver Sicherheit eingebunden, das durch eine institutionalisierte obligatorische Schiedsgerichtsbarkeit abgesichert und die Pflicht zur Rüstungsbeschränkung ergänzt werden sollte.

44 Vgl. *D. Schuster*, Allgemeine und vollständige Abrüstung, in: Delbrück (Hrsg.), S. 73, 76 f. Siehe auch *J. Barton*, Disarmament, in: EPIL I (1992), S. 1072, 1073.

2. *Die Beratungen über eine Rüstungsbegrenzung bei Ende des Zweiten Weltkriegs*

Bei Ende des Zweiten Weltkriegs kam der Abrüstung keine zentrale Bedeutung im Bewußtsein der internationalen Staatengemeinschaft zu. Anders als die Völkerbundsatzung weist die Charta der neugegründeten *Vereinten Nationen* Abrüstung und Rüstungsbeschränkung nicht in Form eines völkerrechtlichen Grundsatzes auf; vielmehr werden diese Bereiche nur im Rahmen der Verfahrensvorschriften der Art. 26, 11 und 47 erwähnt.[45] Für die Frage der Rüstungsregulierung und gegebenenfalls der Abrüstung ist nach Art. 26 der UN-Sicherheitsrat mit Unterstützung des in Art. 47 vorgesehenen Generalstabsausschusses zuständig. Nach Art. 11 besitzt die Generalversammlung die Befugnis, sich mit den allgemeinen Grundsätzen der Thematik zu befassen und Empfehlungen abzugeben.

Nahm die Rüstungsfrage zunächst nur einen geringen Stellenwert in der internationalen Politik ein, so änderte sich dies im August 1945 schlagartig. Die Bombenabwürfe auf Hiroshima und Nagasaki hatten der Weltöffentlichkeit erstmals das ungeheure Zerstörungspotential atomarer Waffen vor Augen geführt. Als die Verhandlungen im Rahmen der Vereinten Nationen begannen, war ihr Ziel eine allgemeine und vollständige Abrüstung. Die Vollversammlung setzte die Atomenergie-Kommission für Angelegenheiten der nuklearen Entwaffnung, der Sicherheitsrat eine Kommission für Fragen der konventionellen Abrüstung ein.[46] Diese institutionelle Trennung warf jedoch rasch die Frage nach der Reihenfolge dieser Vorhaben auf: Sollten sie gleichzeitig oder nacheinander verfolgt werden? Während die USA darauf abzielten, die Atomrüstung der Sowjetunion zu verhindern, wollte diese einer konventionellen Wiederaufrüstung des Westens entgegenwirken. Den eigenen Vorsprung auf einem der beiden Rüstungssektoren aufzugeben, war indes keine der Seiten bereit.[47]

---

45 Zu den Hintergründen dieser Regelung siehe zunächst *H. Kelsen,* The Old and the New League, in: AJIL 39 (1945), S. 45 ff. Ferner *H.-J. Schütz,* in: Simma (Hrsg.), Art. 26 Rn. 4; *J. Delbrück,* Arms Control, in: United Nations, S. 39, Rn. 1. Mit positiver und negativer Kritik an den Regelungen der UN-Charta auch *N. Elaraby,* Multilateral Arms Control Treaties, in: Dahlitz/Dicke (Hrsg.), S. 45 ff.
Chile und Mexiko brachten in Anlehnung an Art. 8 der Völkerbund-Satzung den Vorschlag ein, die Rüstungsregelung in einen Prinzipienkatalog der UN-Charta aufzunehmen, vgl. UNCIO III, S. 294, 113. Zu diesen und ähnlichen Vorschlägen *H.-J. Schütz,* in: Simma (Hrsg.), Art. 26, Rn. 5 mit Fn. 5.

46 UN-Docs. GA-Res. 1 (I) v. 24. Januar 1946; SC-Res. 18 v. 13. Februar 1947.

47 *D. Schuster,* Allgemeine und vollständige Abrüstung, in: Delbrück (Hrsg.), S. 78 f. Ausführlich zu den Einzelheiten dieser Phase *J. Delbrück,* Abrüstungsbemühungen 1945-1960, S. 460 ff.

Einen ersten Plan zur umfassenden nuklearen Abrüstung legten die USA im Jahr 1946 im Ausschuß für atomare Abrüstung vor. Dieser sog. *Baruch*-Plan sah die Errichtung einer internationalen Atombehörde mit Monopolstellung in ihrem Kompetenzbereich vor, der die USA schließlich all ihre Kenntnisse zur Verfügung stellen sollten.[48] Auf diesen Plan, der Amerika bis zuletzt das Atomwaffenmonopol überließ und der Sowjetunion daher unannehmbar erschien, reagierte diese 1948 mit einem eigenen Abrüstungsvorschlag, der im Kern eine Verringerung der konventionellen Streitkräfte binnen eines Jahres vorsah. Das zentrale Problem der Entwaffnungsmaßnahmen stellte dabei die Frage nach der Reihenfolge von Reduzierung und Kontrolle dar.[49]

Als 1952 die Ausschüsse für konventionelle und atomare Abrüstung aufgelöst wurden, legten sich die Großmächte in der neu geschaffenen Abrüstungskommission[50] gegenseitig Vorschläge vor, in denen Fragen der konventionellen und der atomaren Abrüstung in unterschiedlicher Weise miteinander verknüpft wurden.[51] Inzwischen war die NATO gegründet worden und die Westmächte hatten im Zusammenhang mit dem Korea-Krieg erheblich aufgerüstet, andererseits war die Sowjetunion zur Atommacht aufgestiegen. Obwohl sich die in den Vorschlägen zum Ausdruck gebrachten Positionen schon deutlich angenähert hatten, wurde insbesondere über die Reihenfolge einzelner Teilmaßnahmen und in der Frage der Überwachung der Reduzierungen, der sog. Verifikation, keine Einigung erzielt.

3. Der Übergang von der "allgemeinen und umfassenden Abrüstung" zur Rüstungskontrolle

Ab Mitte der 1950er Jahre wurde die Sicherung des Weltfriedens durch Erhöhung der Stabilität in den internationalen Beziehungen das vorrangige Ziel

48 *B. Baruch*, Atomic Energy Commission, OR 1st Year, 1st Mtg., 14. Juni 1946, spricht von "Internationalisierung" der Atomenergie; zitiert bei *R. Wolfrum*, Internationalisierung staatsfreier Räume, S. 11 Fn. 24. Bemerkenswert an *Baruchs* Konzept war vor allem, daß dieses Streitigkeiten über die Nutzung der Kernenergie einer obligatorischen Gerichtsbarkeit unterwarf. Dazu näher *N.N.*, Legal Models of Arms Control, in: Harvard LR 100 (1987), S. 1326, 1327 ff.

49 *D. Schuster*, Allgemeine und vollständige Abrüstung, in: Delbrück (Hrsg.), S. 76, 78 f.; *J. Delbrück*, Maßnahmen zur Kriegsverhütung, in: Picht/Eisenbarth (Hrsg.), S. 566, 582 ff. Pointiert dazu *B. Bechhoefer* (zitiert bei *B. Schmidt am Busch*, Amerikanisch-Sowjetische Rüstungskontrollabkommen, S. 32): *"Which comes first: the commitments to disarm or the measures to ensure observance of the commitments?"*

50 UN-Doc. GA-Res. 520 (VI) v. 11. Januar 1952.

51 Vgl. *J. Delbrück*, Abrüstungsbemühungen 1945-1960, S. 460, 467 ff.; *J. Delbrück*, Maßnahmen zur Kriegsverhütung, in: Picht/Eisenbarth (Hrsg.), S. 566, 584.

aller Bemühungen. US-Präsident *Eisenhower* hatte 1955 einen "Open-Skies"-Plan über Luftinspektionen vorgelegt. Durch gegenseitigen Informationsaustausch sollte der Schutz vor Überraschungsangriffen verbessert und so ein Krieg zwischen den Großmächten unbedingt verhindert werden.[52] Es war das Ziel der vor diesem Hintergrund entstandenen "arms control", durch die Begrenzung bestehender Militärpotentiale und die Absage an destabilisierende Rüstungsmaßnahmen die Einhegung der konfliktfördernden Faktoren zu erreichen.[53] Der sich anbahnende Rüstungswettlauf sollte zunächst verlangsamt, schließlich beendet und gleichzeitig so gesteuert werden, daß aus ihm keine Instabilität entstehen konnte. Eine "Politik der kleinen Schritte" sollte langfristig zu einer Verbesserung des Klimas führen, so daß es möglich erschien, durch Einzelabmachungen dem Ziel einer umfassenden und allgemeinen Abrüstung näherzukommen.[54] Im Vergleich zu früheren Abrüstungsbemühungen zeichnete sich das so entstandene Konzept der Rüstungskontrolle insgesamt durch einen größeren Pragmatismus aus.[55]

Die Verhandlungen konzentrierten sich in der Folgezeit auf den nuklearen Bereich. In ihrem Mittelpunkt standen Fragen wie die Verhinderung der horizontalen Weiterverbreitung von Atomwaffen[56], die Errichtung kernwaffenfreier Zonen[57] und die Entmilitarisierung staatsfreier Räume[58]. Die Kernwaffenversuche und die Zündung einer Wasserstoffbombe 1954 durch die USA erregten zunehmend öffentliche Unruhe. Als die Gefahr einer radioaktiven Verseuchung der Atmosphäre und deren nicht vorhersehbare Folgen für die menschliche Gesundheit immer stärker in die Aufmerksamkeit der Weltöffentlichkeit rückten, kamen auch Bemühungen um ein Verbot von Atomwaffentests in Gang. Aufgrund von Meinungsverschiedenheiten in der Frage der Verifikation gelang eine vertragliche Regelung jedoch nicht. Hingegen stimmten USA und UdSSR, zum

---

52 Dazu *D. Rauschning*, Verhütung von Überraschungsangriffen, S. 727 ff.

53 Zum Rüstungskontroll-Konzept siehe von den eingangs genannten etwa *H. Fischer*, in: Ipsen, § 61, Rn. 2 f.; *H. Neuhold*, Legal Aspects of Arms Control Agreements, in: Böckenstiegel u.a. (Hrsg.), S. 427 f.; *E. Forndran*, Abrüstung und Rüstungskontrolle, S. 14 f.; *D. Högel*, Rüstungskontrolle, S. 19, 33; *H.-J. Schütz*, Arms Control, in: EPIL I (1992), S. 259 ff.; *J. Delbrück*, Maßnahmen zur Kriegsverhütung, in: Picht/Eisenbarth (Hrsg.) S. 574 ff.

54 *M. Bothe*, Kriegsverhütungsrecht, in: Delbrück (Hrsg.), S. 213, 215.

55 *H.-J. Schütz*, Arms Control, in: EPIL I (1992), S. 259; *B. Schmidt am Busch*, Amerikanisch-Sowjetische Rüstungskontrollabkommen, S. 33.

56 Dazu *G. Bluhm*, Begrenzung des Atomklubs, S. 598 ff.

57 Zu den Bemühungen um die Errichtung von kernwaffenfreien Zonen siehe *J. Delbrück*, Errichtung kernwaffenfreier Zonen, S. 683 ff.

58 Dazu *K. Stahl*, Militärische Nutzung des Weltraums, S. 705 ff.; *R. Wolfrum*, Internationalisierung staatsfreier Räume, insbesondere S. 55 ff., 274 ff., 322 ff., 410 ff.

Teil auch Großbritannien, durch einseitige Moratorien ihr Verhalten so aufeinander ab, daß es zu einer vorläufigen Einstellung der Versuche kam.[59]

Das Forum für die wieder beginnenden Verhandlungen über eine allgemeine und vollständige Abrüstung war von März bis Juni 1960 der in Genf tagende 10-Mächte-Abrüstungsausschuß.[60] Nach dem Auszug der Sowjetunion aus der Konferenz wurden die Verhandlungen auf der Ebene informeller Beratungen zwischen dem amerikanischen Sonderbotschafter *McCloy* und dem sowjetischen Delegierten *Sorin* weitergeführt. 1961 verständigten sie sich auf eine gemeinsame Grundsatzerklärung, die den im neugeschaffenen 18-Mächte-Abrüstungsausschuß[61] wieder aufgenommenen Beratungen als Ausgangspunkt diente. In der Folgezeit kam es aber kaum zu Annäherungen. Den Beteiligten schien vielmehr deutlich geworden zu sein, daß das Fernziel der vollständigen Entwaffnung nur über das Zwischenziel der Stabilisierung der gegebenen Rüstungssituation zu erreichen sein würde.[62]

Nachdem es während der Kuba-Krise 1962 beinahe zu einem nuklearen Zusammenstoß zwischen den USA und der Sowjetunion gekommen war, deutete sich eine Überwindung des toten Punktes an. Die Verhandlungen verlagerten sich nun ganz in den Bereich sachlich begrenzter Einzelfragen.[63] Bereits wenige Monate nach der Kuba-Krise vereinbarten die Sowjetunion und die USA die Einrichtung einer direkten Nachrichtenverbindung ("Heißer Draht"), um die technischen Rahmenbedingungen ihrer Kommunikation zu verbessern und so Mißverständnissen vorzubeugen.[64] Als man sich über eine Beschränkung des Kontrollinstrumentariums auf nationale Mittel verständigt hatte, kam es im Jahr 1963 zu einem teilweisen Verbot der Erprobung von Kernwaffen.[65]

Um die sowjetischen Aktivitäten in der Antarktis zu kontrollieren und zu verhindern, daß sie militärischen Zwecken dienten, setzten sich die USA für die Entmilitarisierung der Antarktis ein. Über den Antarktis-Vertrag von 1959 hinaus motivierte der Gedanke der "Kontrolle durch Kooperation" aber auch weitere Verhandlungen; sie ermöglichten nach und nach den Abschluß von Welt-

---

59 Dazu auch *E. Menzel,* Technik des gegenseitigen Beispiels, S. 762 ff. Siehe ferner *K. Stahl,* Einstellung der Kernwaffenversuche, S. 567 ff, 581; *K. Wiegel,* Kernwaffenversuche, in: Delbrück (Hrsg.), S. 511 ff.

60 Zu den Einzelheiten *J. Delbrück,* Allgemeine und vollständige Abrüstung, S. 474 ff.; *J. Delbrück,* Maßnahmen zur Kriegsverhütung, in: ders. (Hrsg.), S. 587 ff.

61 Vgl. UN-Doc. GA-Res. 1722 (XVI) v. 20. Dezember 1961.

62 So *K. Ipsen,* Abrüstungsvorschläge von 1962/1963, S. 478, 508, mit Einzelheiten der amerikanischen und sowjetischen Abrüstungsvorschläge. Siehe ferner *L. Sohn,* Verification Dilemmas, in: Diehl/Johnson (Hrsg.), S. 190, 192.

63 Dazu *O. Kimminich,* Disarmament, in: United Nations, S. 407, Rn. 6, 12 ff.

64 Dazu *K. Stahl,* Heißer Draht, S. 746 ff.

65 Ausführlich dazu *K. Stahl,* Einstellung der Kernwaffenversuche, S. 567 ff., 581 ff.

raum-Vertrag 1967, Meeresboden-Vertrag 1971 und Mond-Vertrag 1979.[66] Nachdem die USA und die Sowjetunion 1967 gleichlautende Vorschläge für ein Verbot der Verbreitung von Kernwaffen vorgelegt hatten, kamen jetzt auch auf diesem Gebiet die Verhandlungen voran. Streitpunkte blieben jedoch die Kontrollfrage und das Begehren nach einer Erklärung der Atommächte, mit der diese auf den Einsatz von Nuklearwaffen gegen andere Staaten verzichten wollten. Als dieser Punkt aus den Beratungen ausgeklammert wurde, konnte im Juli 1968 der Vertrag über die Nichtverbreitung von Kernwaffen unterzeichnet werden.[67]

Parallel zu den universellen Bemühungen um die Kernwaffenfrage hatten regionale Verhandlungen über die Errichtung atomwaffenfreier Zonen in Afrika und – im Anschluß an die Kuba-Krise – auch in Lateinamerika begonnen.[68] Während zwischen den afrikanischen Staaten eine Verständigung zunächst nicht gelang, kam es 1967 mit Abschluß des Tlatelolco-Vertrags zur ersten Vereinbarung über die Errichtung einer kernwaffenfreien Zone außerhalb eines staatsfreien Gebiets, in Lateinamerika und der Karibik. Auf Vorschlag Australiens berieten ab 1983 auch die Pazifik-Staaten über die Denuklearisierung der Region. Am Ende ihrer Verhandlungen stand 1985 die Unterzeichnung des Rarotonga-Vertrags über die Errichtung einer kernwaffenfreien Zone im Südpazifik.[69]

Seit 1968 wurde im 18-Mächte-Abrüstungsausschuß über ein Verbot biologischer und chemischer Waffen verhandelt. Auf Initiative Großbritanniens hin kam es zur Trennung der Beratungen für beide Sachbereiche.[70] Als die USA im Jahre 1969 ankündigten, ihre biologischen Waffen einseitig zu zerstören, bekamen die Verhandlungen neue Impulse. Im Jahr 1972 wurde der Vertrag über das Verbot biologischer Waffen[71] unterzeichnet.[72] Dieser Vertragsschluß dürfte zu-

---

66 Vgl. *R. Wolfrum*, Internationalisierung staatsfreier Räume, S. 56 f., 292; Ferner *K. Wiegel*, Kernwaffen, in: Delbrück (Hrsg.), S. 511, 518 ff.; *K. Stahl*, Militärische Nutzung des Weltraums, S. 705, 716 ff.

67 Dazu etwa *E. Brown Firmage*, Treaty on the Non-Proliferation, in: AJIL 63 (1969), S. 711 ff; *J. Delbrück*, Vertrag über die Nichtverbreitung, S. 623 ff.; sowie *J. Goldblat*, Nuclear Non-Proliferation Régime, in: RdC 256 (1995), S. 9, 30 ff.

68 Dazu *J. Delbrück*, Kernwaffenfreie Zonen außerhalb Mitteleuropas, S. 683, 686 ff.; *K. Wiegel*, Kernwaffenversuche, in: Delbrück (Hrsg.), S. 511, 518 ff.

69 Zur Definition der "kernwaffenfreien Zone" vgl. GA-Res. 3472 B (XXX) vom 11. Dezember 1975. Zu den Verträgen über kernwaffenfreie Zonen siehe *J. Goldblat*, Nuclear Non-Proliferation Régime, in: RdC 256 (1995), S. 9, 30 ff.; *J. Goldblat*, Nuclear-Weapon-Free Zones, in: The Nonproliferation Review 1997, S. 18 ff., und *N. Pelzer*, Nuclear-Free Zones, in: EPIL II (1995), S. 705-714.

70 CD-Doc. ENDC/231 (Arbeitspapier Großbritanniens). Dazu ausführlich *K. Ipsen*, Biologische und chemische Kampfmittel, S. 340 ff.; sowie *H.-J. Schütz*, B- und C-Waffen, in: Delbrück (Hrsg.), S. 834 f.

71 Übereinkommen über das Verbot der Entwicklung, Herstellung und Lagerung bakteriologischer (biologischer) Waffen und von Toxinwaffen sowie über die Vernichtung

stande gekommen sein, weil die Großmächte der verbotenen Waffenart weder auf taktischem noch auf strategischem Gebiet größere militärische Bedeutung zumaßen.[73]

4. Die Phase bilateraler Rüstungskontrolle während des Kalten Krieges

Ungeachtet erster Erfolge, die sich gegen Ende der 1960er Jahre bei den multilateralen Verhandlungen eingestellt hatten, ging der Rüstungswettlauf zwischen den atomaren Supermächten weiter. Dabei traten die Bemühungen um eine allgemeine Abrüstung in den Hintergrund, während die Beratungen über Teillösungen für Nuklearwaffen sich ganz auf die bilaterale Ebene verlagerten. Diesen Verhandlungen, die 1968 als Gespräche über die Begrenzung strategischer Rüstungen (SALT) zwischen den USA und der UdSSR begannen, lag als *Fernziel* die Vorstellung einer graduellen und wechselseitig ausgewogenen Reduktion entsprechender Waffen und Trägersysteme zugrunde. Als *Nahziel* verfolgten die Supermächte eine Verlangsamung des atomaren Rüstungswettlaufs und die Kanalisierung der Waffentechnik.[74] Alle Bemühungen waren von dem Gedanken der "Gleichheit und gleichen Sicherheit" getragen, welcher den Abbau redundanter Abschreckungskapazitäten beinhaltete. Aufgrund der Asymmetrie der vorhandenen Waffenpotentiale warf dieser Ansatz jedoch die Frage auf, wie denn ein Gleichgewicht zwischen den Supermächten zu definieren sei.[75]

Die entscheidende Wende in den Verhandlungen brachte die Bereitschaft der Supermächte, die Gespräche in einen übergeordneten politischen Kontext zu stellen. Im Frühjahr 1972 verständigte man sich über ein Regelungspaket, dem mit dem Vertrag über Antiraketen-Raketensysteme (ABM) und dem (SALT I-) Interimsabkommen Übereinstimmungen in zwei wichtigen Teilbereichen zugrunde lagen. Durch den ABM-Vertrag wurde die Errichtung von Raketenab-

---

dieser Waffen v. 10. April 1972, in Kraft seit 26. März 1975; BGBl. 1983 II, S. 132. In Kraft für die Bundesrepublik Deutschland seit 7. April 1983; BGBl. 1983 II, S. 436.

72 Zu Zustandekommen, Inhalt und Bedeutung des Vertrags s. z.B. *K. Ipsen,* Biologische und chemische Kampfmittel, S. 348 ff.; *W.-D. Kischlat,* Übereinkommen über B-Waffen (1976); *H.-J. Schütz,* B- und C-Waffen, in: Delbrück (Hrsg.), S. 832 ff.

73 Vielmehr stellten sie, so ein US-amerikanischer Unterhändler (zitiert bei *K. Ipsen,* BWC-Verification, in: Thränert [Hrsg.], S. 31, 32 f.), *"[...] a relatively simple disarmament problem"* dar.

74 Siehe *E. Riedel,* SALT, in: Delbrück (Hrsg.), S. 683 ff.; *T. Bruha,* SALT, in: EPIL IV (2000), S. 699 ff.

75 Vgl. *M. Bothe,* Rechtsfragen der Rüstungskontrolle, S. 45; *B. Schmidt am Busch,* Amerikanisch-Sowjetische Rüstungskontrollvereinbarungen, S. 37.

wehr-Systemen gegen strategische Nuklearwaffen begrenzt,[76] im Interims-Abkommen wurden Beschränkungen im Bereich strategischer Offensivwaffen vereinbart. Unmittelbar nach Abschluß der Verträge wurden die SALT-Gespräche mit dem Ziel weitergehender Schritte fortgesetzt; ferner schlossen sich Verhandlungen über vertrauensbildende Maßnahmen zur Krisenbewältigung an. Diese Bemühungen bezogen sich vor allem auf die technischen Rahmenbedingungen der Kommunikation.[77]

Im Testschwellen-Vertrag aus dem Jahr 1974 erteilten beide Supermächte der unterirdischen Erprobung von Kernwaffen mit über 150 Kt. Sprengkraft eine Absage. Dieser Verzicht wurde im Jahr 1976 durch den Vertrag zum Verbot unterirdischer Kernexplosionen zu friedlichen Zwecken ergänzt. Wegen der relativ hohen Schwellenwerte kam beiden Abkommen aber schon in den 1970er Jahren nur noch geringe rüstungskontrollpolitische Bedeutung zu.[78] In den USA, die die Kontrollinstrumente zunächst als unzureichend ansahen, blieben die Verträge länger unratifiziert.[79]

Mit der gemeinsamen amerikanisch-sowjetischen Erklärung von Wladiwostok sollte der Weg für einen neuen Vertrag im Anschluß an das Interimsabkommen geebnet werden. So kam es im Juni 1979 zur Unterzeichnung des SALT II-Abkommens, in dem man sich neben *quantitativen* Beschränkungen auf gleiche Obergrenzen zum ersten Mal auch *qualitativ* auf bedeutsame Detailmaßnahmen verständigte.[80] Während Befürworter hervorhoben, daß der SALT-Prozeß erstmals überhaupt Obergrenzen festsetzte, empfanden Gegner die er-

---

76 Ein derartiger Verzicht bedeutete ein offenes Bekenntnis zum Prinzip der gegenseitigen Verwundbarkeit.

77 Ihr Ziel war die Verhinderung eines Kriegsausbruchs durch Zufall, Pannen oder Fehleinschätzung gegnerischen Verhaltens. In diesem Kontext steht das Abkommen zur Verhinderung eines Atomkriegs v. 30. September 1971; ILM 12 (1973), S. 896. Dazu *B. Schmidt am Busch,* Amerikanisch-Sowjetische Rüstungskontrollabkommen, S. 38 f.

78 So zu Recht *K. Wiegel,* Kernwaffen, in: Delbrück (Hrsg.), S. 514: "*Beide Verträge sehen jedoch einen sehr hohen Schwellenwert von 150 kt vor und regeln damit einen Bereich, dem beide Mächte keine vitale technologische Bedeutung mehr zumessen.*" Ähnlich auch *H. Fischer* (in: Ipsen, § 61 Rn. 41) mit dem Hinweis, daß die Verträge durch den umfassenden Teststopp-Vertrag ersetzt werden.

79 Sie wurden später durch zwei Zusatzprotokolle ergänzt: Protocol to the Treaty on the Limitation of Underground Nuclear Weapons Tests v. 1. Juni 1990; ILM 29 (1990), S. 969. Protocol to the Treaty on Underground Nuclear Explosions for Peaceful Purposes v. 1. Juni 1990; ILM 29 (1990), S. 1026.

80 Siehe die Einzelheiten bei *E. Riedel,* SALT II, in: Delbrück (Hrsg.), S. 275 ff.

zielten Beschränkungen als unzureichend und warnten vor einer Verlagerung des Wettrüstens in den qualitativen Bereich.[81]

Durch den Einmarsch der Sowjetunion in Afghanistan im Jahr 1979 verschlechterten sich die beiderseitigen Beziehungen erheblich. In den USA wurde das Ratifikationsverfahren von SALT II ausgesetzt, die vereinbarten Obergrenzen aber von beiden Seiten beachtet.[82] Daß auch die weiteren Verhandlungen über Mittelstreckenwaffen (INF) und über eine Reduzierung strategischer Waffen, die 1982 die SALT-Gespräche ablösten, zunächst ergebnislos blieben, mehrte die Kritik der Entwicklungsländer am Konzept der Rüstungskontrolle. Bereits 1978 hatten sie bei einer auf ihre Initiative einberufenen UN-Sondergeneralversammlung erfolglos umfassende Abrüstungsmaßnahmen gefordert, durch die entsprechende Finanzmittel für die Entwicklungshilfe freigesetzt werden sollten.[83]

Obwohl die USA und die Sowjetunion 1985 ihre Gespräche wiederaufnahmen, ließen Kontroversen über das amerikanische Raketenabwehrprogramm "SDI" und seine Implikationen für den ABM-Vertrag eine rasche Beendigung der Gespräche befürchten. Erst als Generalsekretär *Gorbatschow* auf eine Verbindung zu den Verhandlungen über strategische Waffen verzichtete, gelang 1987 der Abschluß des Abkommens zur Beseitigung aller Mittelstreckenraketen (INF-Vertrag). Damit hatte man sich nicht nur auf echte Abrüstungsmaßnahmen verständigt, die Sowjetunion hatte – im Advent von *Glasnost* und *Perestroika*[84] – auch der Einführung von Vor-Ort-Inspektionen als Kontrollinstrument zugestimmt.[85]

Nachdem im Zuge der 20-monatigen Verhandlungen über die Beschränkung konventioneller Streitkräfte wesentliche Annäherungen zwischen den Positionen von NATO und Warschauer Pakt erzielt worden waren, unterzeichneten 22 Staats- und Regierungschefs im November 1990 den Vertrag über konventio-

---

81 Zu den Positionen siehe *E. Riedel,* SALT, in: Delbrück (Hrsg.), S. 683, 692 f; sowie *T. Bruha,* SALT, in: EPIL IV (2000), S. 699, 701 f. m.w.N.

82 Das SALT II-Abkommen, ein "Congressional Executive Agreement", wurde nie ratifiziert und ist dementsprechend niemals formell in Kraft getreten. Die USA gaben am 4. Januar 1980 eine "Erklärung zur Befolgung von SALT I und SALT II" ab, nach der sie erwarten, daß keine der Parteien vor Ratifizierung des SALT II-Vertrags Maßnahmen ergreift, die den Zielen und Grundsätzen dieses Vertrags widersprechen könnten.

83 Dazu *H.-J. Schütz,* Abrüstungssondergeneralversammlung, in: Delbrück (Hrsg.), S. 295 ff.

84 So *R. Mathews/T. McCormack,* Influence of Humanitarian Principles, in: RICR 81 (1999), S. 331, 338; *T. Bruha,* START, in: EPIL IV (2000), S. 704 f.

85 Dem waren erstmals gemeinsam durchgeführte Verifikationsexperimente zwischen den beiden Supermächten vorausgegangen.

nelle Streitkräfte in Europa.[86] Vorgeschichte und Abschluß standen in einem engen Zusammenhang zu den Bemühungen um eine Überwindung der militärischen Konfrontation zwischen den Bündnissystemen sowie den Anstrengungen im Rahmen der Konferenz über Sicherheit und Zusammenarbeit in Europa zum Aufbau einer dauerhaften europäischen Friedensordnung. Der KSE-Vertrag, der bei Abschluß als *"[...] das wichtigste Rüstungskontrollabkommen, das die Bundesrepublik Deutschland unterzeichnet hat"*, bewertet wurde,[87] zeichnete auch die Rahmenbedingungen für die Regelung der äußeren Aspekte der deutschen Einheit vor.

Die Annäherungen hatten auch den Weg für die Unterzeichnung des START I-Abkommens über die Begrenzung und Reduzierung strategischer Waffen durch USA und UdSSR im Juli 1991 geebnet. Während im Bereich strategischer Langstrecken-Waffen bislang nur Obergrenzen festgesetzt worden waren, sah dieser Vertrag erstmalig den Abbau dieser Waffen unter umfangreicher Kontrolle vor. Im Anschluß an den Putschversuch in Moskau 1991 sahen sich die USA gezwungen, die weiteren Verhandlungen über strategische Waffen zu beschleunigen, wenn sie nicht in Folge des Zerfalls der Sowjetunion ganz scheitern sollten. Als sich jetzt die Frage nach dem Schicksal der von der UdSSR übernommenen Rüstungskontrollvereinbarungen stellte,[88] signalisierten vor allem Rußland, Kasachstan, Weißrußland und die Ukraine, diese mit den USA fortführen zu wollen.[89] Vor diesem Hintergrund wurde im Januar 1993 die Unterzeichnung des Abkommens über die weitere Reduzierung strategischer Offensivwaffen zwischen den USA und der Russischen Föderation möglich.[90] Der Vertrag wurde nach jahrelangem Widerstand im April 2000 von Rußland ratifiziert.[91]

86 Dazu *S. Croft*, Strategies of Arms Control, S. 79 ff, sowie *P. Dunay*, Verifying Conventional Arms Limitations, S. 28 ff.

87 Denkschrift zum Entwurf eines Gesetzes zur Ratifizierung des KSE-Vertrags durch die Bundesrepublik Deutschland; BT-Drs. 12/1133, S. 151 Ziff. 2, 3.

88 Näher dazu *G. Bunn/J. Rhinelander*, Arms Control Obligations, in: Virginia JIL 33 (1993), 323, 338 ff.; sowie auch *A. Zimmermann*, Staatennachfolge, S. 726 ff.

89 Vgl. die Erklärung der Staatschefs Rußlands, der Ukraine und Weißrußlands über die Gründung einer Gemeinschaft Unabhängiger Staaten v. 8. Dezember 1991; EA 47 (1992), S. 302 f.; Erklärung von Alma Ata über die Auflösung der Sowjetunion und die Schaffung der GUS v. 21. Dezember 1991, EA 47 (1992), S. 305 f.

90 Aus dem kargen Schrifttum zu START II siehe *S. Croft*, Strategies of Arms Control, S. 103 ff.; sowie *T. Bruha*, START, in: EPIL IV (2000), S. 704, 706 f.

91 Siehe näher Arms Control Reporter 2001, 614.A.1 ff.

Aufgrund der Dominanz der nuklearen Supermächte USA und UdSSR waren die Rüstungskontrollverhandlungen während des Kalten Kriegs stark bipolar geprägt.[92] Das vor diesem Hintergrund entstandene "klassische" System der kooperativen Rüstungskontrolle verlor infolge des Zerfalls der Sowjetunion 1991 und der Osterweiterung der NATO an Bedeutung und wurde durch ein asymmetrisches Beziehungsgeflecht zwischen verschieden starken nationalstaatlichen Akteuren abgelöst.[93] Aber nicht nur die Struktur der Verhandlungen änderte sich mit dem Ende des Ost-West-Gegensatzes, sie verlagerten sich vielmehr auch inhaltlich vom Bereich der Kernwaffen auf andere Sektoren, die Begrenzung chemischer Waffen und anderer global verfügbarer Kampfmittel wie etwa Antipersonen-Landminen.[94] Gleichwohl wurden auch die Gespräche über die Reduzierung strategischer Nuklearwaffen fortgeführt.

Anfang der 1990er Jahre wurde auch die Frage der Sicherheit der Nichtnuklearstaaten vor einem Einsatz von Kernwaffen auf verschiedenen Ebenen neu gestellt. Regional suchten Staatengruppen nach einer Antwort durch die Errichtung atomwaffenfreier Gebiete, über die nun in Südostasien und in Afrika verhandelt wurde. Nachdem die USA ihr Testgelände auf den Philippinen geschlossen hatten, gelang den ASEAN-Staaten mit dem Bangkok-Vertrag die Schaffung einer kernwaffenfreien Zone in Südostasien. Für die Errichtung einer solchen Zone in Afrika hatte sich die UN-Generalversammlung bereits 1961 im Anschluß an französische Tests in der Sahara ausgesprochen.[95] Als Südafrika 1991 sein Nuklearprogramm beendete hatte und dem NV-Vertrag beitrat, kamen die Verhandlungen auch hier in Gang. Im Jahr 1996 konnte in Kairo der Pelindaba-Vertrag über die nuklearwaffenfreie Zone in Afrika unterzeichnet werden.[96]

Neben regionalen Initiativen begannen jetzt auch auf universeller Ebene Verhandlungen über die vollständige Einstellung von Atomwaffentests. Auf diesem Gebiet hatte man sich bislang allein auf Teilbeschränkungen verständigt, welche

---

92 Zur bipolaren Struktur der Verhandlungen der 60er und 70er Jahre kritisch etwa *J. Delbrück*, Maßnahmen zur Kriegsverhütung, in: ders. (Hrsg.), S. 575 f.

93 Zur Strukturveränderung der Rüstungskontrolltheorie siehe *M. Bothe*, in: Vitzthum (Hrsg.), 7. Abschn. Rn. 47; *W. Zellner*, KSE-Vertrag, in: FW 75 (2000), S. 180 ff.

94 *J. Dahlitz*, Introduction, in: dies. (Hrsg.), S. 1, hat hierfür den Begriff des "new multilateralism" geprägt. Siehe auch *T. Marauhn*, Towards an Effective CWC Regime, in: ASIL/NVIR Proceedings 4 (1997), S. 95, 97.

95 Siehe UN-Doc. GA-Res. 1652 (XVI) v. 24. November 1961.

96 Zum Konzept und den einzelnen Verträgen siehe *R. Haßenpflug*, Nuklearwaffenfreie Zonen, S. 21 ff.; *S. Szurek*, De Rarotonga à Bangkok et Pelindaba, in: AFDI 42 (1996), S. 164, 165 ff.; *J. Goldblat*, Nuclear-Weapon-Free-Zones, in: The Nonproliferation Review 1997, S. 24 ff.

die Durchführung von insgesamt noch 2.048 Versuchen zwischen dem Zweiten Weltkrieg und dem Jahr 1996 zuließen.[97] Nicht zuletzt wegen der Möglichkeit der Computersimulation sahen sich die Atommächte jedoch sinkender Akzeptanz und auch einer verringerten Notwendigkeit der Fortsetzung von Kernwaffenversuchen gegenüber. Als 1992 der russische Präsident *Jelzin* einen einseitigen Verzicht auf Tests ankündigte, folgten seinem Beispiel zunächst die USA und Großbritannien, später auch Frankreich und China. Unter Rückgriff auf Vorschläge Schwedens und Australiens begannen ab 1994 Verhandlungen, die 1996 zur Unterzeichnung des Vertrags über das umfassende Verbot von Nukleartests führten.[98]

Daß die nationale Rüstung prinzipiell keinen rechtlichen Beschränkungen unterliegt, jeder souveräne Staat also frei ist, autonom über seinen Rüstungsstand zu entscheiden, hatte der Internationale Gerichtshof bereits 1986 in seinem *Nicaragua-Urteil* festgestellt.[99] Mit Blick auf Art. VI des NV-Vertrags, der den Staaten die Verpflichtung auferlegt, nach Treu und Glauben über eine atomare Abrüstung zu verhandeln, stellte das Gericht in seinem Rechtsgutachten zur Frage der Rechtmäßigkeit der Drohung mit oder des Einsatzes von Kernwaffen vom 8. Juli 1996 nun aber fest, daß das hier geschuldete Sollen über eine bloße Verhaltenspflicht hinausreicht. Vielmehr besteht

> *"[...] an obligation to pursue in good faith and* ***bring to a conclusion*** *negotiations leading to nuclear disarmament in all its aspects under strict and effective international control".*[100]

97 So die Angaben in der Denkschrift zum Vertrag über das umfassende Verbot von Nuklearversuchen; BT-Drs. 13/10075, S. 111 ff.

98 Zum CTBT etwa *S. Croft*, Strategies of Arms Control, S. 155 ff., und *H. Llewellyn*, The CNTBT, in: Leiden JIL 10 (1997), S. 269-280.

99 Siehe *IGH*, Case Concerning Military and Paramilitary Activities In and Against Nicaragua, Judgement, ICJ Rep. 1986, S. 4, 135, Para. 269:
"In international law, there are no rules, other than such rules as may be accepted by the State concerned, by treaty or otherwise, whereby the level of armaments of a sovereign State can be limited."
Siehe dazu die Diskussionsbeiträge von *J. Frowein* und *M. Bothe*, in: Rechtsfragen der Rüstungskontrolle, in: BDGV 30 (1990), S. 153 f., 163. Siehe auch die Stellungnahme der Bundesregierung, in: BT-Drs. 13/9098, S. 1, 4. – Eine allgemeine Abrüstungspflicht nahm dagegen eine Reihe von DDR-Völkerrechtlern an, siehe etwa *M. Mohr*, Völkerrecht als Garantiefaktor, in: NJ 1988, S. 166 m.w.N.

100 *IGH*, Legality of the Threat or Use of Nuclear Weapons, Advisory Opinion, ICJ Rep. 1996, S. 226, 267, Para. 105 F [Hervorhebung vom *Verf.*].

Danach sind vor allem die Supermächte *erga omnes* gehalten, Verhandlungen über vollständige nukleare Abrüstung nicht nur nach Treu und Glauben zu führen, sondern diese auch zu einem positiven Ergebnis zu bringen.[101]

Mit dem Abschluß eines amerikanisch-sowjetischen Abkommens über chemische Waffen[102] im Jahr 1990 hatten diese Staaten für den Bereich den Weg zu einer multilateralen Verständigung geebnet. Zeitgleich hatte die Invasion irakischer Truppen in Kuwait der Staatengemeinschaft erneut die mit dem C-Waffen-Potential verbundenen Gefahren vor Augen geführt.[103] Vor diesem Hintergrund konnten die Verhandlungen über ein universelles Verbot chemischer Waffen, die gemeinsam mit den Verhandlungen über biologische Waffen im Jahre 1968 begonnen hatten, nun rasch vorangetrieben werden. Im Januar 1993 wurde in Paris das Übereinkommen über ein Verbot chemischer Waffen unterzeichnet, das neben einem umfassenden Verbot ein institutionalisiertes Erfüllungskontrollverfahren vorsieht.

1996 war es nach mehreren Verhandlungsrunden zur Annahme eines geänderten Protokolls über Antipersonen-Landminen als Annex zum UN-Waffenübereinkommen von 1980 gekommen.[104] Das Protokoll enthält ein begrenztes Einsatzverbot, aber kein umfassendes Verbot von Landminen. Es entsprach damit nicht der Forderung nach einer universellen Ächtung dieser Waffenart, die von einer wachsenden Koalition von Staaten, IKRK, UNICEF und Nichtregierungsorganisationen formuliert worden war.[105] Schon im Dezember 1996 hatten sich 50 Staaten in einer Resolution der UN-Generalversammlung[106] für eine

---

101 Dies wird zu Recht vom Schrifttum betont. Siehe etwa *T. Bruha,* START, in: EPIL IV (2000), S. 704, 709 f.; *G. Cottereau,* Obligation de négocier et de conclure?, in: Sur (Hrsg.), S. 163 ff. – Anläßlich der Revisionskonferenz zum NV-Vertrag im Jahr 2000 haben die fünf erklärten Kernwaffenstaaten ihre Verpflichtung zur vollständigen Abschaffung aller Kernwaffen unter strikter internationaler Kontrolle bekräftigt. Vgl. CD-Doc. NPT/Conf.2000/21 v. 1. Mai 2000, Anhang, Para. 6.

102 Agreement between the USA and the USSR on Destruction and Non-Production of Chemical Weapons and on Measures to Facilitate the Multilateral Convention on Banning Chemical Weapons of June 1, 1990; ILM 29 (1990), S. 932.

103 *T. Marauhn,* Der deutsche Chemiewaffen-Verzicht, S. 329 f.

104 Protokoll über das Verbot oder die Beschränkung des Einsatzes von Minen, Sprengfallen und anderen Vorrichtungen in der am 3. Mai 1996 geänderten Fassung; BGBl. 1997 II, S. 806. Zu Protokoll und Verhandlungsprozeß ausführlich *K. Dörmann,* Völkerrechtliche Probleme des Landminen-Einsatzes; vgl. ferner *W. Christmann/S. Seidel,* Der Aktuelle Begriff: Landminen, in: Deutscher Bundestag (Hrsg.), S. 47-52.

105 Ausführlich zu der NGO-Initiative *K. Anderson,* Ottawa Convention, in: EJIL 11 (2000), S. 104-120; ferner *S. Roberts,* No Loopholes, in: Colorado JIELP 9 (1998), S. 371, 376 ff.; *P. van den Ijssel,* Ottawa Process, in: Heere (Hrsg.), S. 387-392.

106 UN-Doc. A/Res/51/45 S v. 10. Dezember 1996.

schnelle Abschaffung von Antipersonen-Minen ausgesprochen. Die internationale Koalition traf sich auf Initiative Kanadas noch 1996 zu einer ersten Strategiesitzung in Ottawa. In deren Anschluß kam ein Verhandlungsprozeß in Gang, der im Dezember 1997 die Unterzeichnung des Übereinkommens über ein umfassendes Verbot von Antipersonen-Landminen ermöglichte.

Durch eine am 19. November 1999 in Istanbul unterzeichnete Vereinbarung wurde der aus dem Jahr 1990 stammende KSE-Vertrag an die sicherheitspolitischen Bedingungen in Europa nach Ende des Kalten Krieges angepaßt. Mit dem Zerfall des Warschauer Paktes war die Grundannahme des Vertrags, daß sich zwei Militärbündnisse gegenüberstehen, überholt. Die vorher den beiden Blökken zugewiesenen Obergrenzen für konventionelle Rüstung werden nun in nationale und territoriale Obergrenzen für die Vertragsstaaten umgestaltet, die insgesamt die Wirkung einer Rüstungsreduzierung entfalten. Die Vertragsanpassung tritt nach Hinterlegung der Ratifikationsurkunden aller in der Präambel genannten 30 Staaten in Kraft.[107]

Wegen der wachsenden Bedrohung durch eine Reihe als "Schurkenstaaten" apostrophierter Mächte, die in nicht geklärtem Ausmaß über Programme zur Entwicklung und zum Erwerb von Kernwaffen verfügen,[108] hatten die USA am 13. Dezember 2001 den ABM-Vertrag gekündigt, um durch die Entwicklung eines nationalen Raketenabwehrsystems ihre Verteidigungsfähigkeit stärken zu können.[109] Ungeachtet dessen kamen im November 2001 die Verhandlungen mit Rußland über eine weitere Reduzierungen von strategischen Nuklearwaffen wieder in Gang.[110] Am 24. Mai 2002 unterzeichneten beide Staaten ein weiteres Abkommen über die Reduzierung strategischer Angriffswaffen, wonach die Gesamtzahl der Gefechtsköpfe jeder Partei bis Ende 2012 eine Obergrenze von 1.700-2.200 nicht überschreiten soll.[111] Bei diesem Paritätsplafond würde etwa

107 Zur Vertragsanpassung siehe etwa *W. Zellner,* KSE-Vertrag, in: FW 75 (2000), S. 179-203, und FAZ v. 20. November 1999.

108 Siehe zur Terminologie etwa *W. v. Bredow,* Außerhalb der Ordnung – Schurkenstaaten zwischen Aggression und Isolation, in: FAZ v. 9. April 2002, S. 8.

109 Siehe dazu die Pressemitteilung des U.S. Department of State v. 13. Dezember 2001 (mit Wiedergabe der Presseerklärung von US-Präsident *Bush*), abrufbar unter: http:// usinfo.state.gov/topical/pol/arms (Stand: 01.07.2002). – Für die Kritik am ABM-Vertrag siehe *L. Rühl,* Ein Relikt der Rüstungskontrolle, in: FAZ v. 3. Mai 2000.

110 Siehe dazu die zahlreichen Pressemitteilungen des U.S. Department of State v. 13., 14. und 17. Dezember 2001; abrufbar *ibid.*

111 Zu den Vorverhandlungen vgl. die Mitteilung des U.S. Department of State v. 14. März 2002 anläßlich einer gemeinsamen Pressekonferenz der Verteidigungsminister *Rumsfeld* und *Ivanov*, sowie die Pressemitteilung v. 21. März 2002 anläßlich des Beginns entsprechender Vertragsverhandlungen in Genf; alle abrufbar *ibid.*

der Stand von 1972 wiederhergestellt.[112] Wie die USA und vor allem Verteidigungsminister *Rumsfeld* betonten, werden mit dem Vertragsschluß zwei Jahrzehnte des Mißtrauens überwunden und neue Beziehungen zu Rußland auf der Basis von *"[...] Freundschaft, Zusammenarbeit und der Verfolgung gemeinsamer Ziele"* begründet.[113]

6. Zusammenfassung

Zahlreicher Initiativen ungeachtet war es der Staatengemeinschaft bis zum Zweiten Weltkrieg nicht gelungen, der personellen und materiellen Aufrüstung durch völkerrechtliche Vereinbarungen entgegenzutreten. Danach kam dem Rüstungswettlauf, der nun auch im atomaren Bereich einsetzte, auch unter der Ägide der Vereinten Nationen zunächst keine besondere Aufmerksamkeit zu. Allein der Gedanke der "Kontrolle durch Kooperation" ermöglichte den Abschluß einer Reihe von Verträgen über staatsfreie Räume, die allerdings nur zum Teil rüstungsbeschränkende Gehalte besitzen. Wesentliche Fortschritte konnten erst erzielt werden, als man sich infolge der Kuba-Krise vom Ziel der "allgemeinen und umfassenden Abrüstung" abwandte und nunmehr eine sektoriell begrenzte, kleinschrittige Rüstungskontrolle verfolgte. In bilateralen Verhandlungen konnten sich USA und UdSSR auf Beschränkungen des Rüstungswettlaufs verständigen. Mit dem Abschluß des Biowaffen-Übereinkommens gelang daneben ein wichtiger Teilerfolg bei den multilateralen Initiativen zur Begrenzung der Massenvernichtungsmittel.

Zum Übergang von der Konfrontation zur Kooperation und damit von der Rüstungsbegrenzung zur Abrüstung kam es in bilateralen Verhandlungen im Zuge der Ost-West-Annäherung Ende der 1980er Jahre. Dieser Schritt ermöglichte mit dem INF-Vertrag unmittelbar die vollständige Abschaffung einer ganzen Waffenkategorie. Zugleich wurde der Weg frei für die Schaffung einer neuen europäischen Friedens- und Sicherheitsarchitektur, die in den Initiativen der KSZE/OSZE Unterstützung erhielt. Anfang der 1990er Jahre trat infolge der Dismembration der UdSSR und der Osterweiterung der NATO an die Stelle einer bipolar ausgerichteten Verhandlungsstruktur ein Beziehungsgeflecht aus unterschiedlich starken Akteuren. Der Wandel der politischen Großwetterlage ermöglichte jetzt den Abschluß einer Reihe mehrseitiger Abrüstungskonventionen, die mit chemischen Kampfmitteln und Antipersonen-Landminen zwei der global drängendsten Probleme konventioneller Rüstung zum Gegenstand hatten.

---

112 Dazu *L. Rühl*, Abrüstung auf dem Stand von 1972, in: FAZ v. 4. Januar 2002; sowie *L. Rühl*, Neues nukleares Gleichgewicht, in: FAZ v. 14. März 2002.

113 Siehe *Rumsfeld*, in: U.S. Department of State, Pressemitteilung v. 14. März 2002.

Welches Schicksal das 1996 unterzeichnete Übereinkommen über das umfassende Verbot von Atomwaffentests erleiden soll, ist noch offen.

Auch die Auswirkungen der Kündigung des ABM-Vertrags durch die USA auf das Verhältnis der Nuklearmächte untereinander und auf neue Verhandlungsinitiativen insgesamt lassen sich derzeit nicht abschätzen. Jedenfalls dokumentiert dieser Schritt, daß es nach dem Auseinanderfallen der Sowjetunion zu grundlegenden Machtverschiebungen in den internationalen Beziehungen gekommen ist, in deren Folge im Wesentlichen nur noch ein umfassend und universell handlungsfähiger Akteur verblieben ist. Aufgrund dieser Strukturveränderungen stehen Bemühungen um eine mehrseitige Rüstungsbeschränkung heute vor neuen Herausforderungen.

B. Systematische Stellung des Rechts der Abrüstung und Rüstungskontrolle im Völkerrecht

In den bisherigen Ausführungen ist schon auf zwei unterschiedliche Normkonzepte hingewiesen worden, die waffenspezifisch ausgerichtet sind: auf der einen Seite die Anwendungsverbote für bestimmte Waffen im Kriegsfall, auf der anderen Seite die Präventivregelungen, deren Gegenstand die Beschränkung bestimmter Kampfmittel schon in Friedenszeiten ist. Beide Ansätze sind im geltenden Völkerrecht miteinander verknüpft, haben aber unterschiedliche Wurzeln. Nachfolgend werden die beiden Konzepte einander gegenübergestellt, um so das Recht der Abrüstung und Rüstungskontrolle[114] in die geltende Völkerrechtsordnung einordnen zu können.

Das ***Kriegsvölkerrecht,*** *ius in bello,* das über die Legalität bzw. Illegalität von Kriegshandlungen befindet, hat sich zunächst zweigleisig entwickelt. Am Ausgangspunkt der *einen Entwicklungslinie* stehen die Aktivitäten des Schweizers *Dunant* im Anschluß an die Schlacht von Solferino im Jahre 1859. Bei einer internationalen Konferenz, die auf seine Initiative hin einberufen wurde, kam es 1864 zur Annahme eines ersten völkerrechtlichen Übereinkommens über die

114 Die Bezeichnung "Recht der Abrüstung und Rüstungskontrolle" dürfte auf *B. Röling* (The Law of Arms Control and Disarmament, in: FS Lachs [1984], S. 731 ff.) zurückgehen. Inzwischen ist in einer Reihe von Publikationen ganz selbstverständlich vom (vertraglichen) Recht der "Abrüstung und Rüstungskontrolle" die Rede. Siehe *J. Kolasa,* Disarmament and Arms Control Agreements, S. 1, oder *H. Fischer,* in: Ipsen, § 61. Bei anderen (wie etwa *K. Doehring,* Völkerrecht [1999]) findet dieser Normkomplex als solcher keine Nennung.

Linderung des Schicksals verwundeter Soldaten im Felde.[115] Unter dem Leitmotiv des ***Schutzes der Kriegsopfer*** folgte in den Genfer Abkommen der Jahre 1906, 1929 und 1949 die Bestätigung und Weiterentwicklung einer Reihe im bewaffneten Konflikt geltender individualschützender Rechtsregeln, die auf eine absolute Begrenzung bewaffneter Gewalt zielen und zusammengefaßt als *Genfer Recht* bezeichnet werden.[116]

Die *andere Entwicklungslinie* der im bewaffneten Konflikt anwendbaren Normen hat die ***Regulierung von Mitteln und Methoden der Kriegführung*** zum Gegenstand.[117] Der Ursprung dieser Vorschriften über die Anwendungsverbote bestimmter Waffen und Kampfmethoden, *Haager Recht* genannt, liegt in der St. Petersburger Erklärung von 1868 über ein Verbot des Gebrauchs von gewissen Wurfgeschossen.[118] Ziel der in dieser Tradition entwickelten Regeln ist die im Spannungsbogen zwischen militärischer Notwendigkeit und humanitärem Schutz liegende relative Begrenzung des Einsatzes von Waffengewalt. Sie wurden vor allem bei den Haager Friedenskonferenzen 1899 und 1907 kodifiziert.[119] Seit den Zusatzprotokollen von 1977 zu den Genfer Rotkreuz-Abkommen von 1949 laufen beide Entwicklungslinien, der Schutz der Kriegsopfer und die relative Beschränkung der Kriegführung, zusammen und werden nunmehr unter dem Begriff des ***humanitären Völkerrechts*** (im weiteren Sinne) erfaßt.[120]

Während das 19. Jahrhundert mit der Entwicklung humanitärer Normen noch der Vorstellung vom Krieg als einem legalen und legitimen Mittel internationaler Politik verhaftet ist,[121] ist für das Völkerrecht des 20. Jahrhunderts das Ringen um die Beachtung und Stärkung des Kriegs- und des umfassenden Gewaltverbots kennzeichnend.[122] Mit der Verankerung des allgemeinen Gewaltverbots in der UN-Charta und der Ausbildung eines umfassenden Rechts der

---

115 Zur historischen Entwicklung des völkerrechtlichen Schutzes der Kriegsopfer siehe etwa *H.-P. Gasser,* Einführung in das humanitäre Völkerrecht, S. 13 f.

116 Aufstellung der Abkommen bei *K. Ipsen,* Völkerrecht, § 63 Rn. 2.

117 Vgl. Art. 22 HLKO; Art. 35 Abs. 1 ZP I.

118 Zur Geschichte des Haager Rechts *F. Kalshoven,* Armaments and International Law, in: RdC 191 (1985-II), S. 183, 205 ff.; *H.-P. Gasser,* Einführung in das humanitäre Völkerrecht, S. 14 ff.

119 Aufstellung der Abkommen bei *K. Ipsen,* Völkerrecht, § 63 Rn. 2.

120 Vgl. *IGH,* Advisory Opinion on the Legality of the Threat or Use of Nuclear Weapons, ICJ Rep. 1996, Para. 75; für das Schrifttum *K. Ipsen,* Völkerrecht, § 63 Rn. 8 und § 65 Rn. 4; sowie *R. Mathews/T. McCormack,* Relationship between IHL and Arms Control, in: Durham/McCormick (Hrsg.), S. 65, 66 ff.

121 So beschrieb etwa der preußische General und Kriegsphilosoph *v. Clausewitz* (1780-1831) in seinem Hauptwerk "Vom Kriege" den Krieg plakativ als *"[...] die Fortsetzung der Politik mit anderen Mitteln".*

122 Siehe *K. Ipsen,* Biologische und chemische Kampfmittel, S. 438.

Friedenssicherung vollzieht das Völkerrecht einen Perspektivwandel nach, der geistesgeschichtlich schon bei *Immanuel Kant*[123] sowie bei *Karl Jaspers*[124] angedeutet ist. In ihrem Denken wird der Übergang von einer den Krieg als legitimen Zustand hinnehmenden "Verkehrsordnung souveräner Staaten" hin zu einer vom Frieden her geprägten internationalen Rechtsordnung deutlich.[125]

Heute ist das Gewaltverbot nicht nur Ausgangs- und Fixpunkt der Anstrengungen der Kriegsverhütungspolitik, sondern stellt das Leitmotiv für die Ausrichtung der internationalen Beziehungen überhaupt dar. Rechtlich kann das in Art. 2 Ziff. 4 UN-Charta niedergelegte allgemeine Verbot der Androhung und Anwendung von Gewalt als die "Grundnorm des modernen Friedensvölkerrechts" bezeichnet werden.[126] Mit dem Gewaltverbot *allein* kann indes die Abwesenheit von Kriegen in den zwischenstaatlichen Beziehungen nicht bewirkt werden, es bedarf vielmehr weitergehender Maßnahmen. Ausgerichtet auf diesen normativen Kern, hat sich daher eine Reihe unterschiedlicher Strategien zur Effektivierung der Kriegs- und Gewaltverhütung entwickelt,[127] zu denen auch die vertraglich vereinbarten ***Abrüstungs- und Rüstungskontrollnormen*** zählen.

Mit der Einordnung in das Konzept der Friedenssicherung haben sich Zielsetzung und Charakter von Abrüstung und Rüstungskontrolle grundlegend gewandelt.[128] Während das klassische Völkerrecht die juristisch faßbaren Friedensbemühungen praktisch nur nach Beendigung der Feindseligkeiten kannte, die friedenssichernde Funktion des Rechts also allein in der Beseitigung zukünftiger Kriegsgefahr durch die Entwaffnung besiegter Mächte erkannt wurde, zielen Maßnahmen der Rüstungsbeschränkung im gegenwärtigen Völkerrechtssystem auf die ***präventive Unterdrückung von Waffen- und Konfliktpotentialen.*** Das Recht der Abrüstung und Rüstungskontrolle einschließlich der Maßnahmen zur Vertrauensbildung läßt sich daher neben der friedlichen Streitbeilegung und den Sicherheitssystemen als ein Element der Gesamtstrategie der

---

123 *I. Kant,* Zum ewigen Frieden, in: Preußische Akademie der Wissenschaft (Hrsg.), Bd. VIII, S. 343 ff.

124 *K. Jaspers,* Die Atombombe und die Zukunft des Menschen (1958), S. 37 ff.

125 Dazu ausführlich *J. Delbrück/K. Dicke,* Konstitution des Friedens als Rechtsordnung, in: Nerlich/Rendtorff (Hrsg.), S. 797 ff.

126 So *J. Delbrück,* Friedensordnung als Gestaltungsaufgabe, in: ders. (Hrsg.), S. 254, 260; siehe ferner *K. Ipsen,* Combined Functional Approach, in: Swinarski (Hrsg.), S. 349, 352, der das Gewaltverbot als *"[...] the basic rule of international law preventing armed conflicts"* benennt.

127 *J. Delbrück,* ibid., S. 254, 260 f. Eine andere Begriffsbildung findet sich bei *W.M. Reisman,* Stopping Wars and Making Peace, in: Tulane JICL 6 (1998), S. 5 ff., 21, der Instrumente der Kriegsbeendigung und der Friedensschaffung unterscheidet.

128 Vgl. *O. Kimminich,* Friedenssicherung im Völkerrecht des 20. Jahrhunderts, in: Picht/Eisenbarth (Hrsg.), S. 295, 386.

Kriegsverhütung begreifen.[129] Wenn auch vom Ziel der vollständigen Verhinderung von Gewalt entfernt, dient es doch der Absicherung des allgemeinen Gewaltverbots. Alle Vereinbarungen der Rüstungsbeschränkung sind daher politisch und rechtlich Komplementärmaßnahmen zu dem Verbot zwischenstaatlicher Gewaltanwendung.

In Teilen läßt der Normkomplex des *ius in bello* eine deutliche Nähe zum Recht der Rüstungsbeschränkung erkennen. So ziehen jüngere, in der Haager Tradition stehende Kodifikationen, wie die beiden Zusatzprotokolle von 1977 und das UN-Waffenübereinkommen von 1980 mit seinen vier Annex-Protokollen, nicht nur der Anwendung bewaffneter Gewalt eine relative Grenze[130], ihnen wird auch eine *"[...] deutlich konflikthemmende Funktion"* beigemessen.[131] Andererseits besitzen einzelne Regelungen des Rechts der Rüstungsbeschränkung eine dem *ius in bello* dienende Funktion, wenn und soweit sie mit dem Ziel der Schadensbegrenzung kriegsrechtliche Einsatzverbote sichern und ergänzen.[132] Beispiele für diesen Zusammenhang sind die Absicherung der für biologische und chemische Waffen, aber auch für Antipersonen-Landminen geltenden Einsatzverbote durch vorbeugende Abrüstungs- bzw. Rüstungskontrollverpflichtungen.[133] Im Sinne dieser Konvergenz der Rechtsgebiete ist die Anmerkung von *Ipsen* zu verstehen, daß *"[...] die Unterteilung des Völkerrechts in Friedensrecht und Recht des bewaffneten Konflikts [...] angesichts der vielfältigen Verbindungen dieser Rechtsgebiete eine überholte Kategorisierung"* darstellt.[134]

---

129 *J. Delbrück*, Maßnahmen zur Kriegsverhütung, in: ders. (Hrsg.), S. 566, 579; *J. Delbrück*, Friedensordnung als rechtliche Gestaltungsaufgabe, S. 254, 260 f.; ähnlich auch *K. Ipsen*, Combined Functional Approach, in: Swinarski (Hrsg.), S. 349, 352.

130 Dazu ausführlich *K. Ipsen*, ibid., S. 349, 356; *K. Ipsen*, Völkerrecht, § 65 Rn. 4.

131 So zu Recht *T. Marauhn*, Der deutsche Chemiewaffen-Verzicht, S. 78, 80 f.

132 So im Hinblick auf die auf chemische Waffen anwendbaren Regelungen eingehend *Ibid.*, S. 77. Zu diesem Zusammenhang ferner *M. Bothe*, Rechtsfragen der Rüstungskontrolle, in: BDGV 30 (1990), S. 31, 50; *M. Bothe*, Völkerrechtliches Kriegsverhütungsrecht, in: Delbrück (Hrsg.), S. 213, 219; *R. Mathews/T. McCormack*, Relationship between IHL and Arms Control, in: Durham/McCormack (Hrsg.), S. 65, 95 f.; *H. Blix*, Development Since the First Hague Peace Conference (1999), Paras. 200-204; siehe ferner *S. Seidel*, Two Sides of a Coin, in: Kazakhstani JIL 2000, S. 49 ff.

133 Vgl. Genfer Giftgas-Protokoll (1925); BW-Übereinkommen (1972); CW-Übereinkommen (1993); Vertrag v. Ottawa über Antipersonen-Landminen (1997).

134 *K. Ipsen*, Völkerrecht, § 65 Rn. 21. Zu der Frage nach der Überwindung der Kategorisierung siehe auch *K. Ipsen*, Combined Functional Approach, in: Swinarski (Hrsg.), S. 349 ff.; *K. Ipsen*, Biologische und Chemische Kampfmittel, S. 438.

Gleichwohl verfolgt das Recht der Abrüstung und Rüstungskontrolle zunächst andere Zielsetzungen als das humanitäre Völkerrecht.[135] So soll die moderne Rüstungsbeschränkung nicht nur bewaffnete Auseinandersetzungen verhindern, sie zielt vielmehr auf eine Verringerung der Kriegsgefahr durch die Beschränkung und Beseitigung der verfügbaren Waffenpotentiale. Die vom humanitären Völkerrecht erstrebte Verhinderung des Einsatzes bestimmter Kampfmittel ist also eine Folge der letztlich auf ihre Abschaffung gerichteten Bemühungen.[136]

Obwohl insgesamt zahlreiche Wechselbeziehungen zwischen dem Abrüstungs- und Rüstungskontrollrecht und dem humanitären *ius in bello* bestehen, gehört ersteres systematisch dem Recht der Kriegsverhütung an. Vereinbarungen der Rüstungsbeschränkung sind dem im bewaffneten Konflikt geltenden humanitären Völkerrecht funktional vorgeschaltet und werden in ihren Zielen durch dieses ergänzt.[137] Den vertraglich vereinbarten Normen der Abrüstung und Rüstungskontrolle, die Gegenstand dieser Untersuchung sind, kommt damit eine das allgemeine Kriegs- und Gewaltverbot der UN-Charta absichernde beziehungsweise dieses ergänzende Funktion zu.

C. Regelungsinhalte der Verträge der Abrüstung und Rüstungskontrolle

Der folgende Abschnitt gibt einen Überblick über die wesentlichen materiellen Gehalte der Abrüstungs- und Rüstungskontrollvereinbarungen, die der Untersuchung zugrunde liegen. Dies sind allein Verträge der gleichberechtigten Rüstungsbeschränkung. In Kenntnis dieser Regelungen kann später leichter der Frage nachgegangen werden, welche Wechselwirkungen zwischen dem sachlichen Recht und den zur Durchsetzung vereinbarten Aufsichts- und Streitbeilegungsverfahren im Einzelnen bestehen. Daß hierbei das zu vollziehende Recht die Struktur der zu seiner Sicherung vereinbarten Instrumente prägt, ist eine Selbstverständlichkeit, die prinzipiell keiner näheren Darlegung bedarf. So bestimmt das materielle Recht zunächst die für das Durchsetzungsverfahren rechtserheblichen Tatsachen. Sachliche Regelungen dürften aber auch konkret auf die Ausgestaltung der Sicherungsmechanismen Einfluß nehmen, denn relativ vage materielle Festlegungen benötigen grundsätzlich ein weniger scharf konturiertes Instrumentarium als etwa inhaltlich und zeitlich präzise gefaßte Pflichten und

135 So besonders deutlich *R.J. Mathews/T.L.H. McCormack,* Relationship between IHL and Arms Control, in: Durham/McCormack (Hrsg.), S. 65, 95.

136 So *J. Delbrück,* Einleitung, in: ders. (Hrsg.), S. 1, 10; in Hinblick auf chemische Waffen siehe *T. Marauhn,* Der deutsche Chemiewaffen-Verzicht, S. 79.

137 Vgl. etwa *K. Ipsen,* Abrüstung, in: Seidl-Hohenveldern (Hrsg.), S. 4, 9.

Verbote. Zum Teil stellt sich aber auch umgekehrt die Frage nach möglichen Rückwirkungen der Durchführungspraxis auf inhaltliche Normen, wenn etwa Verfahrensorgane die einschlägigen Vertragsbestimmungen im Wege der Auslegung interpretieren und somit konkretisieren.[138]

Das Vertragsvölkerrecht der Abrüstung und Rüstungskontrolle enthält Ver- und Gebote staatlichen Handelns. Entsprechend der funktionalen Zielsetzung lassen sich dabei vier größere Gruppen von Konventionen unterscheiden: Verträge über die nukleare Nichtverbreitung und die Errichtung regionaler kernwaffenfreier Zonen; teilweise und vollständige Verbote von Atomwaffenversuchen; Verpflichtungen zur Beschränkung und Reduzierung von Kernwaffen und damit verbundener Systeme sowie schließlich die auf konventionelle Waffen und Streitkräfte bezogenen Verbote und Begrenzungen.

I. Nukleare Nichtverbreitung und Errichtung kernwaffenfreier Zonen

Eine zentrale Rolle im Recht der paritätischen Abrüstung und Rüstungskontrolle spielen die Übereinkommen in den Bereichen der nuklearen Nichtverbreitung, der Errichtung kernwaffenfreier Zonen in staatlichen Hoheitsgebieten sowie der Denuklearisierung souveränitätsfreier Räume. Kennzeichen der zu dieser Materie gehörenden Verträge ist die Verklammerung von waffenbezogenen Verpflichtungen mit gebietsbezogenen Regelungen. Der "territorial approach" verfolgt dabei das Ziel der regionalen Eingrenzung oder Ausschaltung militärischer Bedrohungspotentiale.

1. Demilitarisierung von Staatengemeinschaftsräumen

Mit den Konventionen über die Antarktis, den Weltraum, den Meeresboden und den Mond ist es bislang in vier Fällen zu einer vollständigen oder teilweisen Entmilitarisierung staatsfreier Räume[139] bzw. von "globalen Staatengemeinschaftsräumen"[140] gekommen.

Der **ANTARKTIS-VERTRAG** vom 1. Dezember 1959, der am 23. Juni 1961 in Kraft trat,[141] errichtet eine internationale Nutzungsordnung für das Gebiet der

---

138 Zu den Wechselwirkungen zwischen dem sachlichen und dem Verfahrensrecht siehe allgemein und speziell für den Umweltbereich *U. Beyerlin/T. Marauhn,* Rechtsetzung und Rechtsdurchsetzung im Umweltvölkerrecht, S. 92 f.

139 Zu diesem Begriff *R. Wolfrum,* Internationalisierung staatsfreier Räume, S. 4 ff.

140 Zu den "global commons" siehe *W. Vitzthum,* in: ders. (Hrsg.), 5. Abschn., Rn. 59.

141 BGBl. 1978 II, S. 1517. In Kraft für die Bundesrepublik Deutschland seit 5. Februar 1979; BGBl. 1979 II, S. 420.

Antarktis. Eine Beschränkung von Rüstungsmaterial nimmt der Vertrag nur indirekt dadurch vor, daß er eine umfassend demilitarisierte Zone zur allein friedlichen[142] Nutzung und Erhaltung schafft. In Art. I Abs. 1 heißt es:

> *"**Artikel I***
> *(1) Die Antarktis wird nur für friedliche Zwecke genutzt. Es werden unter anderem alle Maßnahmen militärischer Art wie die Einrichtung militärischer Stützpunkte und Befestigungen, die Durchführung militärischer Manöver sowie die Erprobung von Waffen jeder Art verboten."*

In Art. V Abs. 1 enthält der Vertrag ein Verbot von *"[...] Kernexplosionen und [der] Beseitigung radioaktiven Abfalls [...] in der Antarktis [...]"*. Er sichert die Freiheit der wissenschaftlichen Forschung zum Nutzen der gesamten Menschheit und erlegt den Parteien zu diesem Zweck Kooperationspflichten auf (vgl. Art. II und III).[143]

Der **WELTRAUM-VERTRAG** vom 27. Januar 1967, der am 10. Oktober 1967 in Kraft trat,[144] garantiert den freien Zugang zum Weltraum und stellt es den Staaten anheim, diesen einschließlich der Himmelskörper zu erforschen und zu nutzen.[145] Art. IV des Vertrags untersagt das Verbringen von Massenvernichtungswaffen auf den Mond und andere Himmelskörper und schreibt deren allein *friedliche* Nutzung[146] vor. Die Vorschrift lautet:

---

142 Aus der beispielhaften, nicht abschließenden Aufzählung der verbotenen Maßnahmen in Art. I Abs. 1 S. 2 ergibt sich, daß der Begriff "friedlich" hier anders als im Weltraum-Vertrag nicht als Gegensatz zu "aggressiv", sondern zu "militärisch" zu verstehen ist. Zu dieser Zielsetzung vgl. auch Para. 2 der Präambel: *"[...] in der Erkenntnis, daß es im Interesse der gesamten Menschheit liegt, die Antarktis für alle Zeiten ausschließlich für friedliche Zwecke zu nutzen [...]."*

143 Über die Rüstungskontrollbeschränkungen hinaus diente der Antarktis-Vertrag vor allem als Grundlage für Umweltschutzregelungen.

144 Vertrag über die Grundsätze zur Regelung der Tätigkeit von Staaten bei der Erforschung und Nutzung des Weltraums einschließlich des Mondes und anderer Himmelskörper v. 27. Januar 1967; BGBl. 1969 II, S. 1967. Für die Bundesrepublik Deutschland in Kraft seit 10. Februar 1971; BGBl. 1971 II, S. 166.

145 Art. I Abs. 2. Zu den Gemeinwohlbindungen des Weltraum-Vertrags siehe etwa *R. Wolfrum,* Internationalisierung staatsfreier Räume, S. 284 ff. m.w.N., und *H. Fischer,* in: Ipsen, Völkerrecht, § 56 Rn. 27 ff.

146 Zum Meinungsstreit über die Auslegung des Begriffs "friedlich", der hier im Sinne der UN-Charta als Antonym zu "aggressiv" zu verstehen sein dürfte, siehe *R. Wolfrum,* Prohibition of Military Use of Outer Space, in: ZaöRV 44 (1984), S. 784, 787 f.; *M. Bothe,* Rechtsfragen der Rüstungskontrolle, in: BDGV 30 (1990), S. 31, 61. *Stricto sensu* handelt es sich insoweit um eine Teil-Entmilitarisierung des Weltraums, da lediglich die Himmelskörper, nicht aber der Weltraum ausschließlich für

*"**Artikel IV***

Die Vertragsstaaten verpflichten sich, keine Gegenstände, die Kernwaffen oder andere Massenvernichtungswaffen tragen, in eine Erdumlaufbahn zu bringen und weder Himmelskörper mit derartigen Waffen zu bestücken noch solche Waffen im Weltraum zu stationieren.

Der Mond und die anderen Himmelskörper werden von allen Vertragsstaaten ausschließlich zu friedlichen Zwecken benutzt. Die Errichtung militärischer Stützpunkte, Anlagen und Befestigungen, das Erproben von Waffen jeglicher Art und die Durchführung militärischer Übungen auf Himmelskörpern sind verboten. [...]"

Eine Bestimmung des Begriffs der "Massenvernichtungswaffe" findet sich in dem Übereinkommen nicht.[147]

Eine solche Definition enthält auch der **MEERESBODEN-VERTRAG** vom 11. Februar 1971 nicht, der am 18. Mai 1972 in Kraft trat.[148] Dem WELTRAUM-VERTRAG entsprechend untersagt er das Verbringen von Massenvernichtungswaffen in den Geltungsbereich[149] und ihre dortige Stationierung, ohne jedoch eine nur friedliche Nutzung zu gestatten. In Art. I Abs. 1 heißt es:

*"**Artikel I***

(1) Die Vertragsparteien verpflichten sich, jenseits der äußeren Grenze einer Zone des Meeresbodens, wie sie in Art. II definiert ist, weder Kernwaffen noch sonstige Arten von Massenvernichtungswaffen noch Bauten, Abschußrampen oder sonstige eigens für die Lagerung, Erprobung oder Verwendung derartiger Waffen vorgesehene Einrichtungen auf dem Meeresboden und im Meeresuntergrund einzubauen oder anzubringen."

Gemäß Art. I Abs. 3 enthalten sich die Vertragsstaaten jeder Form von Unterstützung oder Ermutigung dritter Staaten bei der Vornahme einer durch den Vertrag verbotenen Handlung. Die Möglichkeit, Kernwaffen auf mobilen Trägersystemen wie insbesondere U-Booten in den vertraglichen Geltungsbereich zu bringen, wird davon nicht erfaßt; auch ein Verbot unterseeischer Kernwaffenversuche kennt der Vertrag nicht.[150]

---

friedliche Zwecke genutzt werden dürfen. Dazu etwa *K. Stendahl,* Verification in the 'Global Commons', in: Bothe u.a. (Hrsg.), S. 59, 66 f.

147 Zur Kritik an der fehlenden Definition siehe *M. Bothe,* ibid., in: BDGV 30 (1990), S. 31, 53 f.; sowie *R. Wolfrum,* ibid., in: ZaöRV 44 (1984), S. 784, 788 f. m.w.N.

148 Vertrag über das Verbot der Anbringung von Kernwaffen und anderen Massenvernichtungswaffen auf dem Meeresboden und im Meeresuntergrund v. 11. Februar 1971; BGBl. 1972 II, S. 325. Für die Bundesrepublik Deutschland in Kraft seit 18. November 1975; BGBl. 1977 II, S. 29.

149 Der Meeresboden jenseits der zwölf Seemeilen-Grenze, vgl. Art. II.

150 Dazu näher *K. Ipsen,* Biologische und chemische Kampfmittel, S. 331; sowie *R. Haßenpflug,* Regime der Nichtverbreitung, S. 28, je m.w.N.

Der **MOND-VERTRAG** vom 5. Dezember 1979, in Kraft getreten am 11. Juli 1984,[151] bekräftigt die Regelungen des WELTRAUM-VERTRAGS über eine allein friedliche Nutzung der Himmelskörper. Er geht über diesen aber noch hinaus, soweit er jede Drohung oder Anwendung von Gewalt auf dem Mond und den anderen Himmelskörpern[152] und überdies die Stationierung von Massenvernichtungswaffen auf den Bahnen um und zu den Himmelskörpern verbietet. Die hierfür maßgeblichen Vorschriften lauten:

*"**Artikel III***
[...]
(2) Jede Androhung oder Anwendung von Gewalt sowie jede andere feindselige Handlung oder Androhung einer feindseligen Handlung auf dem Mond ist verboten. [...]
(3) Die Errichtung militärischer Stützpunkte, Anlagen und Befestigungen, das Erproben von Waffen jeglicher Art und die Durchführung militärischer Übungen auf dem Mond sind verboten. [...]."

Eine juristische Bestimmung, welche Rüstungsmaterialien als "Massenvernichtungswaffen" zu qualifizieren sind, enthält der Vertrag ebenfalls nicht.

2. Nukleare Nichtverbreitung und Entmilitarisierung von Staatsgebieten

Die Zielsetzung einer weiteren Gruppe von Verträgen besteht in der Verhinderung der Weitergabe von Atomwaffen sowie der Schaffung und Erhaltung des kernwaffenfreien Status' solcher Territorien, die der Souveränität einzelner Staaten unterstehen.

Im Zentrum dieses Rechtsregimes steht der **NUKLEARE NICHTVERBREITUNGS-VERTRAG** vom 1. Juli 1968, der am 5. März 1970 in Kraft trat.[153] Der NV-VERTRAG verfolgt primär das Ziel der Erhaltung des nuklearen *status quo:* Eine Erweiterung des Kreises der Nuklearwaffenmächte ("horizontale Proliferation") soll verhindert werden, nicht aber die Vergrößerung der bei diesen vorhandenen Atomwaffenarsenale. Die Kernwaffenstaaten sind aufgrund von Art. VI lediglich gehalten, über Abrüstungsmaßnahmen redlich zu verhandeln.

---

151 Übereinkommen zur Regelung der Tätigkeiten von Staaten auf dem Mond und anderen Himmelskörpern v. 5. Dezember 1979; ILM 18 (1979), S. 1434.

152 Obwohl die materiellen Regelungen des Vertrags stets nur auf den Mond Bezug nehmen, erstreckt sich der in Art. I Abs. 1 geregelte Anwendungsbereich des Vertrags auch auf alle anderen Himmelskörper außer der Erde innerhalb des Sonnensystems.

153 Vertrag über die Nichtverbreitung von Kernwaffen v. 1. Juli 1968; BGBl. 1974 II, S. 786. Für die Bundesrepublik Deutschland in Kraft seit 2. Mai 1975; BGBl. 1976 II, S. 552.

Die Grundlage der vertraglichen Regelungen bildet die Unterscheidung in Kernwaffen- und Nicht-Kernwaffenstaaten.[154] Nach Art. I verpflichtet sich jeder Kernwaffenstaat, der Vertragspartei ist,

"[...] Kernwaffen und sonstige Kernsprengkörper oder die Verfügungsgewalt darüber an niemanden unmittelbar oder mittelbar weiterzugeben und einen Nichtkernwaffenstaat weder zu unterstützen noch zu ermutigen noch zu veranlassen, Kernwaffen oder sonstige Kernsprengkörper herzustellen oder sonstwie zu erwerben oder die Verfügungsgewalt darüber zu erlangen."

Spiegelbildlich entgegengesetzt sind die Nicht-Kernwaffenstaaten gem. Art. II gehalten, Kernwaffen weder auf irgendeine Weise anzunehmen noch zu entwickeln noch Unterstützung für solche Tätigkeiten entgegenzunehmen. Sie verpflichten sich, vertragsspezifische Maßnahmen zur Überwachung der Einhaltung dieser Verpflichtungen ("Sicherungsmaßnahmen") anzunehmen.[155] Von diesen Beschränkungen unberührt bleibt die Möglichkeit der Stationierung von Kernwaffen auf dem Hoheitsgebiet der Nicht-Kernwaffenstaaten.[156]

Der NV-VERTRAG geht nicht nur auf die Berechtigung zur Erlangung von Kernwaffen ein, sondern regelt auch wirtschafts- und technologiebezogene Fragen der Nutzung von Kernenergie.[157] Die "Gegenleistung" für den einseitigen Verzicht der Nicht-Kernwaffenstaaten auf eine militärische Nutzung besteht in einer alle Staaten, also auch die Kernwaffenmächte, treffenden Verpflichtung zur Zusammenarbeit bei der zivilen Verwendung von Kernenergie.[158] Der Vertrag schafft schließlich Beschränkungen bei der Ausfuhr von spaltbarem Material.[159]

Davon unberührt bleibt nach Art. VII NV-VERTRAG das Recht der Staaten, in Gruppen *"[...] regionale Verträge zu schließen, um sicherzustellen, daß ihre Hoheitsgebiete völlig frei von Kernwaffen sind"*. Bislang sind vier entsprechende

154 Als Kernwaffenstaat gilt gem. Art. IX Abs. 3 jeder Staat, der vor dem 1. Januar 1967 eine Kernwaffe oder einen sonstigen Kernsprengkörper hergestellt oder gezündet hat. Dies waren die USA, Großbritannien, Frankreich, China und die UdSSR bzw. die Russische Föderation als ihre Rechtsnachfolgerin.

155 Art. III Abs. 1. Daher schließen sie gem. Art. III Abs. 4 mit der Internationalen Atomenergie-Organisation Übereinkünfte nach dem Dokument INFCIRC/153 ab.

156 Soweit der betreffende Kernwaffenstaat die alleinige Kontrolle über diese Waffen behält. Dazu etwa *T. Lohnmann,* Sicherungsmaßnahmen der IAEO, S. 57 m.w.N.

157 Siehe Art. IV und V NV-Vertrag.

158 Art. IV Abs. 2 NV-Vertrag.

159 Art. III Abs. 2 NV-Vertrag. – Die fünf offiziellen Atommächte haben überdies Erklärungen abgegeben, daß sie Kernwaffen gegenüber Nichtkernwaffenstaaten, die Parteien des NV-Vertrags sind, nicht einsetzen werden. Siehe UN-Docs. S/1995/261, S/1995/262, S/1995/263, S/1995/264, S/1995/265, sowie S/Res/985/1995.

Vereinbarungen zur Schaffung regionaler atomwaffenfreier Gebiete getroffen worden.

Die erste Zone errichtete der **TLATELOLCO-VERTRAG** vom 14. April 1967 im Rahmen seines räumlichen Geltungsbereichs[160]. Das Übereinkommen, das am 22. April 1968 in Kraft trat,[161] verfolgt einen doppelten Zweck: Den Staaten Lateinamerikas die Möglichkeit zur Nutzung von Kernenergie für friedliche Zwecke zu gewähren und diese auch zu fördern, an erster Stelle aber ihre militärische Verwendung zu untersagen.[162] Eine weitere kernwaffenfreie Zone schuf der **RAROTONGA-VERTRAG** vom 6. August 1985, in Kraft seit dem 11. Dezember 1986,[163] für den südpazifischen Raum.[164] Seiner Vertragsarchitektur folgen der **BANGKOK-VERTRAG** vom 15. Dezember 1995, in Kraft seit dem 28. März 1997,[165] und der **PELINDABA-VERTRAG** vom 11. April 1996,[166] mit dessen Inkrafttreten in Afrika eine atomwaffenfreie Zone errichtet wird.[167] Auch diese drei Verträge enthalten für den jeweiligen Geltungsbereich[168] einerseits umfassende Verbote nuklearer Waffen[169], andererseits dienen sie als Grundlage für die

160 Zum räumlichen Geltungsbereich siehe Art. 4 Tlatelolco-Vertrag.

161 Vertrag über das Verbot von Nuklearwaffen in Lateinamerika v. 14. Februar 1967; UNTS 634 (1968), S. 262. Zuletzt geändert 1993, siehe IAEO-Doc. INFCIRC/411 v. 12. Juli 1993.

162 Um die Erforschung und friedliche Nutzung der Kernenergie nicht zu behindern, definiert der Vertrag die militärische Nutzung mittels einer auf objektive Kriterien abstellenden Formel, vgl. Art. 5. Zu Entstehungsgeschichte und Problemen siehe *N. Brandt,* Der lateinamerikanische Atomsperrvertrag, in: JIR 14 (1969), S. 283 ff.

163 Vertrag über die Errichtung einer kernwaffenfreien Zone im Südpazifik vom 6. August 1985; CD-Doc. CD/633.

164 Der Anwendungsbereich ergibt sich aus Art. 2 i.V.m. Art. 1 *lit.* a Rarotonga-Vertrag.

165 Vertrag von Bangkok über die südostasiatische nuklearwaffenfreie Zone v. 15. Dezember 1995; ILM 36 (1996), S. 639.

166 Vertrag von Pelindaba über die kernwaffenfreie Zone in Afrika v. 11. April 1996; ILM 36 (1996), S. 698. Bislang nicht in Kraft. Siehe Arms Control Reporter 2001, 840-459.A.12

167 Zur Vorbildfunktion des Rarotonga-Vertrags siehe namentlich *E. Nwogugu,* The Treaty of Pelindaba, in: African YIL 4 (1996), S. 227, 231; *S. Szurek,* De Rarotonga à Bangkok et Pelindaba, in: AFDI 42 (1996), S. 164, 170 f.

168 Zu den sachlichen Anwendungsbereichen siehe Art. 2 i.V.m. Art. 1 *lit.* a Rarotonga-Vertrag; Art. 2 i.V.m. Art. 1 *lit.* a Bangkok-Vertrag; Art. 2 Abs. 1 i.V.m. Art. 1 *lit.* a Pelindaba-Vertrag.

169 Nach Art. 1 *lit.* c Rarotonga-Vertrag umfaßt der Ausdruck "Kernsprengkörper" jede *"[...] Kernwaffe oder anderen Sprengkörper, der unabhängig vom Verwendungszweck in der Lage ist, Kernenergie freizusetzen."* Zu dieser Begriffsbestimmung im Vergleich zum Tlatelolco-Vertrag siehe *D. Fischer,* Zone dénucléarisée du Pacifique Sud, in: AFDI 31 (1985), S. 23, 34.

Förderung der friedlichen Nutzung der Kernenergie im Rahmen von IAEO-Sicherungsmaßnahmen zum NV-VERTRAG.[170]

Das Kernelement der Verträge besteht stets in einem Verbot der Herstellung und des Besitzes von Nuklearwaffen. Die Parteien des TLATELOLOCO-VERTRAGS verpflichten sich, bestimmte Handlungsformen, die zum Erwerb oder zur Stationierung auf ihrem Hoheitsgebiet führen, zu verbieten und zu verhindern, und sie dürfen diese auch nicht selbst vornehmen, begünstigen oder sich an ihnen beteiligen.[171] Der RAROTONGA-VERTRAG definiert die Hauptpflichten in ähnlicher Weise. Nach Art. 3 *lit.* a sind die Vertragparteien gehalten, *"[...] keine Kernsprengkörper herzustellen oder sonstwie zu erwerben, zu besitzen oder Kontrolle darüber auf wie immer geartete Weise innerhalb oder außerhalb der kernwaffenfreien Südpazifik-Zone auszuüben."* Die Parteien sollen auch nicht die Hilfe Dritter beim Erwerb von Kernwaffen suchen bzw. solche Unterstützungshandlungen an Dritte leisten.[172] Dementsprechende Handlungs- und Unterlassungspflichten kennen auch BANGKOK- und PELINDABA-VERTRAG.[173]

Ein ausdrückliches Transportverbot formuliert keiner der Verträge, jedoch folgt eine solche Beschränkung bei den jüngeren Verträgen aus den Stationierungsverboten.[174] Die Durchführung von Kernwaffentests wird dagegen in allen Verträgen explizit untersagt.[175] Schließlich finden sich in RAROTONGA-, BANG-

---

Die Definition wurde in den anderen Verträgen weitgehend übernommen, vgl. Art. 1 *lit.* c Bangkok-Vertrag, Art. 1 *lit.* c Pelindaba-Vertrag. Der Bangkok-Vertrag stellt dabei allerdings dem Tlatelolco-Vertrag entsprechend darauf ab, daß der Kernsprengkörper Eigenschaften für eine Verwendung "für kriegerische Zwecke" aufweist. Näher dazu siehe *R. Haßenpflug,* Regime der Nichtverbreitung, S. 104.

170 Art. 4 Bangkok-Vertrag; Art. 8 Pelindaba-Vertrag. Unter dem Rarotonga-Vertrag, der ein Recht zur friedlichen Nutzung nicht ausdrücklich formuliert, läßt sich dies jedoch auch aus allgemeinen Kooperationspflichten (Art. 4) herleiten. Siehe dazu *D. Fischer,* Zone dénucléarisée du Pacifique Sud, in: AFDI 31 (1985), S. 23, 41.

171 Art. I Abs. 1 und 2. Zulässig bleibt der "Transit" von Kernwaffen durch das Vertragsgebiet. Zu den einzelnen Handlungsformen siehe *N. Brandt,* Der lateinamerikanische Atomsperrvertrag, in: JIR 14 (1969), S. 280, 283 ff.

172 Art. 3 *lit.* b und c Rarotonga-Vertrag.

173 Art. 2 Pelindaba-Vertrag; Art. 3 Bangkok-Vertrag. Siehe dazu *N. Fyfe/C. Beeby,* South Pacific Nuclear Free Zone Treaty, in: Victoria University of Wellington Law Review 17 (1987), S. 33, 41; *S. Szurek,* De Rarotonga à Bangkok et Pelindaba, in: AFDI 42 (1996), S. 164, 175 f.

174 Vgl. Art. 5 Abs. 1 Rarotonga-Vertrag; Art. 1 *lit.* d i.V.m. Art. 4 Pelindaba-Vertrag; Art. 3 *lit.* b i.V.m. Art. 7 Bangkok-Vertrag. Siehe dazu *N. Fyfe/C. Beeby,* South Pacific Nuclear Free Zone Treaty, in: Victoria University of Wellington Law Review 17 (1987), S. 33, 41 f.; *R. Haßenpflug,* Regime der Nichtverbreitung, S. 107.

175 Siehe Art. 1 Abs. 1 lit. a Tlatelolco-Vertrag, der jedoch friedliche Kernexplosionen gestattet. Art. 6 Rarotonga-Vertrag, Art. 5 Pelindaba-Vertrag und Art. 3 Abs. 1 und 2 Bangkok-Vertrag untersagen dagegen alle Arten der Erprobung von Atomwaffen.

KOK- und PELINDABA-VERTRAG Bestimmungen, die das Versenken radioaktiven Abfalls im Meer verwehren.[176]

II. Verbote von Kernwaffenversuchen

Eine Schlüsselrolle bei der Verhinderung der Entwicklung von Kernwaffen wurde über Jahrzehnte den Erprobungsverboten zugeschrieben.[177] Daher wurden Beschränkungen von Atomwaffenversuchen bislang zum Gegenstand von zwei bi- und weiteren zwei multilateralen Konventionen.

Im **PARTIELLEN TESTSTOPP-VERTRAG** (PTBT) vom 5. August 1963, der am 10. Oktober 1963 in Kraft trat,[178] verpflichtet sich jede der Vertragsparteien, gemäß Art. I Abs. 1

> *"[...] Versuchsexplosionen von Kernwaffen und andere nukleare Explosionen zu verbieten, zu verhindern und nicht durchzuführen, und zwar an jedem ihrer Hoheitsgewalt oder Kontrolle unterstehenden Ort*
> *a) in der Atmosphäre; jenseits der Atmosphäre einschließlich des Weltraums; sowie unter Wasser einschließlich der Hoheitsgewässer und der Hohen See;*
> *b) in jedem anderen Bereich, wenn eine Explosion das Vorhandensein radioaktiven Schutts außerhalb der Hoheitsgrenzen des Staates verursacht, unter dessen Hoheitsgewalt oder Kontrolle die Explosion durchgeführt wird. [...]"*

Ferner sind die Vertragsstaaten gehalten, jede Form von Unterstützung bei der Durchführung von Versuchsexplosionen in einem der vorgenannten Bereiche zu unterlassen (Art. I Abs. 2).

Über weitergehende Beschränkungen von Nukleartests verständigten sich die USA und die UdSSR bilateral. Entsprechend dem **VERTRAG ÜBER DIE BEGRENZUNG UNTERIRDISCHER KERNWAFFENVERSUCHE** vom 3. Juli 1974[179] verzichteten sie auf die Erprobung von Kernwaffen oberhalb eines Schwellenwerts von 150 Kt. Die einschlägige Regelung lautet:

---

176 Vgl. Art. 7 Abs. 1 Rarotonga-Vertrag; Art. 3 Bangkok-Vertrag; Art. 7 Pelindaba-Vertrag.

177 Diesen Zusammenhang betonte vor allem *A. Myrdal.* Siehe dazu *E. Brown-Firmage,* Treaty on the Non-Proliferation, in: AJIL 63 (1969), S. 711, 734.

178 Vertrag über das Verbot von Kernwaffenversuchen in der Atmosphäre, im Weltraum und unter Wasser v. 5. August 1963 ("Partial Test Ban Treaty [PTBT]"); BGBl. 1964 II, S. 907. Für die Bundesrepublik Deutschland in Kraft seit 1. Dezember 1964; BGBl. 1965 II, S. 124.

179 Vertrag zwischen den USA und der UdSSR über die Begrenzung unterirdischer Kernwaffenversuche v. 3. Juli 1974 ("Threshold Test Ban Treaty [TTBT]"), in Kraft seit 11. Dezember 1990; ILM 13 (1974), S. 906.

*"**Artikel 1***

(1)Jede Vertragspartei verpflichtet sich, beginnend am 31. März 1976, unterirdische Versuchsexplosionen von Kernwaffen mit einer Stärke über 150 Kt. an jedem ihrer Hoheitsgewalt oder Kontrolle unterstehenden Ort zu verbieten, zu verhindern und nicht durchzuführen.

(2)[...]."

Ergänzende Verpflichtungen übernahmen beide Staaten im **VERTRAG ÜBER UNTERIRDISCHE KERNEXPLOSIONEN ZU FRIEDLICHEN ZWECKEN** vom 28. Mai 1976[180]. Nach Art. III Abs. 2 ist jede Partei verpflichtet, an keinem Ort, der ihrer Hoheitsgewalt oder Kontrolle untersteht, Einzelsprengungen mit einer Stärke von über 150 Kt. bzw. Gruppensprengungen mit einer Gesamtstärke über 1,5 Mt. durchzuführen. Als "Sprengung" im Sinne dieses Vertrags gilt gem. Art. II *lit.* a *"[...] jede Einzel- oder unterirdische nukleare Gruppensprengung zu friedlichen Zwecken."*

Da sich USA und UdSSR längere Zeit nicht über adäquate Verifikationsinstrumente verständigen konnten, blieben beide Verträge einstweilen unratifiziert. Inzwischen sind sie obsolet geworden[181] und werden in ihrem Regelungsgehalt durch den umfassenden Teststopp-Vertrag ersetzt, sobald dieser in Kraft tritt.[182] Im weiteren Gang der Untersuchung finden diese Verträge daher nur der Vollständigkeit halber Erwähnung, soweit dies für das Verständnis bestimmter Entwicklungslinien sinnvoll ist.

Ein allgemeines Verbot von Kernwaffenversuchen enthält der bislang nicht in Kraft getretene **VERTRAG ÜBER DAS UMFASSENDE TESTSTOPP-VERBOT** vom 26. September 1996,[183] der in seinem Verifikationsregime an das CW-ÜBEREINKOMMEN angelehnt wurde. In Art. I Abs. 1 verpflichtet sich jede Vertragspartei,

"keine Versuchsexplosionen von Kernwaffen und keine anderen nuklearen Explosionen durchzuführen und solche nuklearen Explosionen an jedem Ort unter seiner Hoheitsgewalt oder Kontrolle zu verbieten und zu verhindern."

---

180 Vertrag zwischen den USA und der UdSSR über unterirdische Kernexplosionen zu friedlichen Zwecken v. 28. Mai 1976 ("Peaceful Nuclear Explosions Treaty [PNET]"), in Kraft seit 11. Dezember 1990; ILM 15 (1976), S. 891.

181 Ursache dafür sind vor allem die in den Verträgen enthaltenen sehr hohen Schwellenwerte. Sie liegen in einem Bereich, dem keine technologische Bedeutung mehr zukommt. Siehe dazu *K. Wiegel*, Einstellung der Kernwaffenversuche, in: Delbrück (Hrsg.), S. 511, 514; *G. Fahl*, Rüstungsbeschränkung, 0.1.3.2.4.2.

182 So etwa *H. Fischer*, in: Ipsen, § 61 Rn. 41.

183 Vertrag über das umfassende Verbot von Nuklearversuchen v. 24. September 1996 ("Comprehensive Test Ban Treaty [CTBT]"); BGBl. 1998 II, S. 1210. Die Initiativen, die das Inkrafttreten beschleunigen sollen, werden dokumentiert in CD-Doc. CTBT-Art.XIV/2001/6 v. 15. November 2001.

Darüber hinaus wird jede Form der Beteiligung an der Durchführung solcher Explosionen untersagt. Zur Kontrolle der Einhaltung der Vertragsbestimmungen wird die Organisation des Vertrags über das umfassende Verbot von Nuklearversuchen (CTBTO) eingesetzt (Art. II).

III. Beschränkungs- und Reduzierungsverpflichtungen für Kernwaffen und mit diesen verbundene Systeme

Der ABM-VERTRAG und das INTERIMS-ABKOMMEN, die zusammengefaßt auch als "die SALT I-VERTRÄGE" bezeichnet werden, sind Bestandteil eines komplexen Regelungspakets, das die zwischen den USA und der UdSSR bis zum Frühjahr 1972 erzielten Übereinstimmungen über die Begrenzung strategischer Nuklearwaffen zusammenfaßt.[184]

Der am 26. Mai 1972 von den USA und der Sowjetunion unterzeichnete und am 3. Oktober 1972 in Kraft getretene **ABM-VERTRAG**[185] trat nach Kündigung durch die USA am 13. Juni 2002 außer Kraft.[186] Nach Art. I Abs. 1 verpflichtete sich jede der beiden Vertragsparteien,

---

184 Siehe *E. Riedel*, SALT, in: Delbrück (Hrsg.), S. 683, 686; *T. Bruha*, SALT, in: EPIL IV (2000), S. 699-704; *T. Bruha*, Normative Struktur des SALT-Prozesses, in: German YIL 24 (1981), S. 166, 186.

185 Vertrag zwischen den USA und der UdSSR über die Begrenzung von Systemen zur Abwehr ballistischer Raketen v. 26. Mai 1972; ILM 11 (1972), S. 784.
In einem "Memorandum of Understanding" v. 26. September 1997, das vom amerikanischen Senat bislang nicht ratifiziert wurde, erklärten die USA, Rußland, Weißrußland, Kasachstan und die Ukraine, daß letztere vier Staaten Vertragsparteien werden und die Rechte und Pflichten der Sowjetunion zur ganzen Hand übernehmen. Siehe Art. I und II Memorandum of Understanding relating to the Treaty between the United States of America and the Union of Soviet Socialist Republics on the Limitation of Anti-Ballistic Missile Systems of May 26, 1972, in: Arms Control Reporter 1997, 603.D.57. Zu den Vorverhandlungen in der Frage der Staatennachfolge siehe *A. Zimmermann*, Staatennachfolge, S. 740 ff. m.w.N. Zu den letzten Entwicklungen siehe Arms Control Reporter 2001, 603.A.3 f.

186 Zur Begründung ihres Rückzugs trugen die USA vor, daß seit Inkrafttreten des Vertrags im Jahr 1972 Staaten Massenvernichtungswaffen erworben hätten und die Entwicklung von ballistischen Raketen betreiben würden, die bereit seien, diese gegen Amerika einzusetzen. In Übereinstimmung mit der Kündigungsklausel von Art. XV Abs. 2 wären sie zu der Entscheidung gekommen, daß diese mit dem Vertrag verbundenen außergewöhnlichen Ereignisse eine Kündigung erforderlich machten. Vgl. Diplomatische Note v. 14. Dezember 2001 an Rußland, Weißrußland, Kasachstan und die Ukraine, unter http://usinfo.state.gov/topical/pol/arms (Stand: 01.07. 2002).

"[...] zur Begrenzung ihrer Systeme zur Abwehr ballistischer Flugkörper (ABM)[187] *und zur Ergreifung sonstiger Maßnahmen im Einklang mit diesem Vertrag."*

Während Art. III den Parteien die Errichtung von zwei landgestützten ABM-Systemen gestattet, vereinbarten die Parteien in einem Protokoll aus dem Jahr 1974 nur je ein ABM-System um die Hauptstädte Moskau und Washington zu schaffen.[188] Der Vertrag beschränkt ferner die Errichtung von Systemen zu Versuchszwecken, untersagt die Entwicklung und Erprobung mobiler ABM-Systeme sowie die Erprobung von Flugkörpern und Abschußvorrichtungen auf ihre ABM-Eigenschaften.[189]

Wesentlich umfangreicher fallen die Verbots- und Regelungstatbestände der komplementär abgeschlossenen Verträge zur Begrenzung strategischer Nuklearwaffen aus. Das **INTERIMS-** bzw. **SALT I-ABKOMMEN** vom 26. Mai 1972 trat am 3. Oktober 1972 in Kraft.[190] Der Vertrag sieht ein fünfjähriges Einfrieren der Zahl an beiderseits vorhandenen Trägersystemen für landgestützte Interkontinental-Raketen (ICBMs) und für von See aus gestartete ballistische Flugkörper (SLBMs) sowie für U-Boote mit derartigen Flugkörpern vor. Zu diesem Zweck verbietet er den Aus- und Umbau von landgestützten Abschußvorrichtungen (Art. I und II) und begrenzt die Zahl der Abschußvorrichtungen für seegestützte Raketen und für U-Boote mit ballistischen Flugkörpern (Art. III).[191]

Aus den weitergeführten Verhandlungen über die Begrenzung strategischer Offensivwaffen ging ein weiteres Regelungspaket hervor, in dessen Mitte das **SALT II-ABKOMMEN** vom 18. Juni 1979 steht.[192] Der Vertrag wurde von den beiden Vertragsparteien nie ratifiziert, jedoch auf vorläufiger Basis befolgt.[193]

187 Nach Art. II Abs. 1 ist ein ABM-System ein System zur Abwehr anfliegender strategischer ballistischer Flugkörper oder ihrer Grundbestandteile.

188 Zu Hintergründen und Bedeutung dieser Vereinbarung siehe *J. Rhinelander/S. Wasserman Goodman,* The Legal Environment, in: Chayes/Doty (Hrsg.), S. 43, 46 f.

189 Siehe Art. IV, V und VI.

190 Interims-Abkommen zwischen den USA und der UdSSR über bestimmte Maßnahmen hinsichtlich der Begrenzung strategischer Angriffswaffen v. 26. Mai 1972, in Kraft seit 3. Oktober 1972; ILM 11 (1972), S. 791.

191 Entsprechend dem zugehörigen Protokoll ergaben sich folgende Zahlen: USA: 1.054 ICBM, 710 SLBM, davon höchstens 44 auf U-Booten; UdSSR: 1.618 ICBM, 950 SLBM, davon höchstens 62 auf U-Booten.

192 Abkommen zwischen den USA und der UdSSR über die Begrenzung strategischer offensiver Waffen v. 18. Juni 1979 (SALT II-Abkommen); ILM 18 (1979), S. 1138.

193 Die USA gaben am 4. Januar 1980 eine "Erklärung zur Befolgung von SALT I und SALT II" ab, nach der sie erwarten, daß weder die USA noch die UdSSR vor Rati-

Der SALT II-VERTRAG präzisiert die bereits im INTERIMS-ABKOMMEN enthaltenen Bestimmungen hinsichtlich ICBMs und SLBMs durch "interpretierende Vereinbarungen" und "Absprachen" und bezieht zusätzlich schwere Bomber, ballistische Luft-Boden-Flugkörper, Marschflugkörper und Abschußvorrichtungen für ICBM und SLBM mit Mehrfachsprengköpfen in den Regelungsbereich ein.[194] Nach Art. I verpflichtet sich jede Vertragspartei,

"[...] strategische offensive Waffen quantitativ und qualitativ zu begrenzen, bei der Entwicklung neuer Typen strategischer offensiver Waffen Zurückhaltung zu üben und sonstige in diesem Vertrag vorgesehene Maßnahmen zu ergreifen."

In *quantitativer* Hinsicht sind die Parteien gehalten, die Anzahl der für den Einsatz strategischer Offensivwaffen vorgesehenen Startrampen, schweren Bomber und Luft-Boden-Flugkörper (ASBMs) bis zum 1. Januar 1981 von 2.400 auf 2.250 zu reduzieren (Art. III).[195] Für landgestützte Systeme werden überdies *qualitative* Begrenzungen festgelegt, wenn der Bau zusätzlicher und die Verlegung bestehender Anlagen und der Umbau leichter in schwere Abschußvorrichtungen untersagt werden.[196]

Aus den im November 1981 zwischen den USA und der Sowjetunion begonnenen Gesprächen über europäische Mittelstreckenwaffen ging der auf unbegrenzte Dauer geschlossene **INF-VERTRAG** vom 8. Dezember 1987 hervor, der am 1. Juni 1988 in Kraft trat.[197] Die Frage der Nachfolge in die von der Sowjetunion übernommenen Bindungen wurde hier informell dahin geregelt, daß Weißrußland, Kasachstan, Rußland und die Ukraine aktiv in die Rechte und Pflichten der UdSSR einrücken, während Turkmenistan und Usbekistan lediglich an den Verifikationsstätten auf ihrem Hoheitsgebiet Vor-Ort-Inspektionen gestatten.[198]

---

fizierung des SALT II-Vertrags Maßnahmen ergreifen, die den Zielen und Grundsätzen dieses Vertrags widersprechen könnten.

194 Siehe Art. II Abs. 1-8 SALT II-Abkommen.

195 Im Rahmen dieser Gesamtzahl gelten Obergrenzen für schwere Bomber, land- und seegestützte Startrampen und ASBMs von 1.320, davon 1.200 für land- und seegestützte Systeme und ASBMs, davon wiederum 820 für landgestützte Systeme, Art. V Abs. 1, 2 und 3.

196 Art. VI Abs. 1, 2, 3 und 4 SALT II-Abkommen.

197 Vertrag zwischen den USA und der UdSSR über die Beseitigung ihrer Flugkörper mittlerer und kürzerer Reichweite v. 8. Dezember 1987 (INF-Vertrag); ILM 27 (1988), S. 84.

198 Die USA vertreten die Ansicht, daß alle zwölf früheren Sowjetrepubliken (außer den baltischen Staaten) Nachfolger sind. Weißrußland, Kasachstan, Rußland und die Ukraine sind aktiv in die Position der Sowjetunion eingerückt und nehmen an den Treffen des Vertragsorgans teil, während Turkmenistan und Usbekistan zwar

Neben Neuerungen im Bereich der Verifikation enthält der **INF-Vertrag** weitreichende Reduzierungsverpflichtungen, durch die eine ganze Waffenkategorie beseitigt wurde.[199] Jede Partei ist gem. Art. IV Abs. 1 gehalten, binnen drei Jahren nach Inkrafttreten nach einem vorgesehenen Verfahren[200]

"[...] alle ihre Flugkörper mittlerer Reichweite[201] und alle ihre Abschußvorrichtungen für solche Flugkörper sowie alle mit solchen Flugkörpern und Abschußvorrichtungen zusammenhängenden Unterstützungsbauwerke und Unterstützungsausrüstungen [...]"

zu beseitigen und solche Systeme später nicht mehr zu besitzen (Art. I). Ferner zerstört sie gem. Art. V Abs. 1 innerhalb einer Frist von 18 Monaten alle ihre Flugkörper *kürzerer Reichweite* und alle ihre Abschußvorrichtungen für solche Flugkörper. Die Parteien verpflichten sich überdies, nach Inkrafttreten keine Flugkörper mittlerer oder kürzerer Reichweite oder Stufen solcher Flugkörper bzw. Abschußvorrichtungen für derartige Flugkörper herzustellen oder zu erproben (Art. VI Abs. 1).

Der zwischen den USA und der UdSSR ausgehandelte **START I-VERTRAG** vom 31. Dezember 1991, der am 5. Dezember 1994 in Kraft trat,[202] stellt das Komplement zum INF-VERTRAG dar und führt die in den SALT I/II-VERTRÄGEN übernommenen Begrenzungen für strategische Waffen fort. Im Zusatzprotokoll von Lissabon verständigten sich USA, Weißrußland, Kasachstan, Rußland und die Ukraine, daß letztere vier Staaten als Nachfolger gemeinsam die Rechte und Pflichten der Sowjetunion übernehmen und ihre Vertreter in das Vertragsorgan, die "Joint Compliance and Inspection Comission", entsenden.[203]

---

ihre Inspektionsstätten öffnen, aber nicht Mitglied des gemeinsamen Implementierungsausschusses werden. Die USA haben im Gegenzug auf die Durchführung von Inspektionen in diesen Staaten verzichtet. Die anderen UdSSR-Nachfolger haben ihrerseits ihre aktive Inspektionsberechtigung auf die Russische Föderation übertragen. Vgl. Arms Control Reporter 1999, 403.A. 2/3 und 2001, 840.A.2/3; siehe ferner bei *A. Zimmermann,* Staatennachfolge, S. 733 ff.

199 Der Vertrag wurde daher zu Recht als *"[...] der Beginn einer neuen Rüstungskontrollära"* bezeichnet. So *K. Ipsen,* Abrüstung, in: Seidl-Hohenveldern, S. 4, 9.

200 Das Beseitigungsverfahren wird durch Art. X INF-Vertrag i.V.m. dem Beseitigungsprotokoll geregelt.

201 Diese werden durch Art. II INF-Vertrag bestimmt.

202 Vertrag zwischen den USA und der UdSSR über die Reduzierung und Begrenzung der strategischen Angriffswaffen v. 31. Dezember 1991; U.S. Department of State Dispatch 2/5 (1991).

203 Art. I und IV, Protocol to the START I-Treaty v. 23. Mai 1992, in Kraft seit 5. Dezember 1994. Siehe Arms Control Report 1995, 611.A.1 ff. und 1999, 611.A.2. Zu den Verhandlungen über die Multilateralisierung siehe *G. Bunn/J. Rhinelander,*

Der Vertrag sieht *quantitative* und *qualitative* Begrenzungen in einem Gesamtumfang von rund 35 % vor:[204] Über einen Zeitraum von sieben Jahren bis 2001 nehmen die Parteien eine dreistufige Reduzierung ihrer strategischen Offensivwaffen vor (Art. II). Am Ende der Reduzierungsphase überschreiten USA und die UdSSR-Nachfolger nicht mehr die Höchstgrenze von 1.600 land- und seegestarteten Interkontinentalraketen nebst Trägersystemen sowie schwerer Bomber, und sie halten auf diesen Waffen insgesamt höchstens 6.000 Sprengköpfe vor (Art. II Abs. 1). Das Gesamtwurfgewicht der boden- und seegestützten Interkontinentalraketen beträgt dann nicht mehr als 3.600 metrische Tonnen (Art. II Abs. 3).[205] Der Vertrag untersagt ferner die Herstellung, Erprobung, Stationierung und Umwandlung bestimmter Formen von Interkontinentalraketen und beschränkt die beliebige Verbringung mobiler ballistischer Flugkörper.[206]

Die durch START I eingeführten Beschränkungen strategischer Interkontinentalraketen werden durch den **START II-VERTRAG** fortgeführt, der am 3. Januar 1993 von den USA und der Russischen Föderation unterzeichnet wurde.[207] Nach jahrelangem Tauziehen wurde das Abkommen am 26. Januar 1993 vom amerikanischen Senat und am 14. April 2000 von der russischen Duma ratifiziert. Der Vertrag sieht die Reduzierung strategischer Offensivwaffen in zwei Phasen bis Ende 2004 vor.[208] Zu diesem Zeitpunkt darf die Anzahl der Sprengköpfe jeder Partei nicht 3.000-3.500, davon 1.700-1.750 für seegestützte und Null für schwere landgestützte Interkontinentalraketen, überschreiten.[209] Die Zählweise richtet sich zum Teil nach den für START I vereinbarten Regeln, in den Art. III und IV sieht der Vertrag aber auch eigene Zählregeln vor.

Arms Control Obligations, in: Virginia JIL 33 (1993), S. 323, 342 ff.; *A. Zimmermann,* Staatennachfolge, S. 816.
Weißrußland und Kasachstan haben bis 1997, die Ukraine bis 1999 alle vertragsbegrenzten Waffen auf ihrem Territorium zerstört. Siehe Arms Control Reporter 2001, 611.A.1.

204 *G. Bunn/J. Rhinelander,* ibid., S. 323, 343.

205 Für die Höchstzahl-Berechnung werden in Art. III besondere Zählregeln aufgestellt.

206 Art. V und VI START I-Abkommen.

207 Vertrag zwischen den USA und der Russischen Föderation über die weitere Reduzierung und Begrenzung strategischer Offensivwaffen v. 3. Januar 1993. Siehe näher Arms Control Reporter 1993, 614.D.3, und 2001, 614.A.1 f.

208 Die Parteien haben den Zeitrahmen durch das New York Protocol to the Treaty between the United States of America and the Russian Federation on Further Reduction and Limitation of Strategic Offensive Arms of January 3, 1993, of September 26, 1997, modifiziert. Nach dem Protokoll, das bislang nicht ratifiziert wurde, sind die von Phase 2 vorgesehenen Reduzierungen bis Ende 2007 zu erreichen, während sie bis 2004 halb umgesetzt sein sollen. Vgl. Arms Control Reporter 1999, 614.A.4.

209 Art. II Abs. 3 und 4 START II-Abkommen.

Weitergehende Maßnahmen und gänzlich neue Zählregeln enthält der **VERTRAG ÜBER DIE REDUZIERUNG STRATEGISCHER ANGRIFFSWAFFEN**, der am 24. Mai 2002 von den Präsidenten *Bush* und *Putin* unterzeichnet wurde. Nach Art. I unternimmt es jede Vertragspartei, ihre strategischen Nuklearsprengköpfe derart zu verringern und zu begrenzen,

> *"[...] so that by December 31, 2012 the aggregate number of such warheads does not exceed 1700-2200 for each Party. Each Party shall determine for itself the composition and structure of its strategic offensive arms, based on the established aggregate limit for the number of such warheads".*[210]

Weitergehende Reduzierungs- und Vernichtungspflichten enthält das Abkommen nicht. Vielmehr bleibt den Parteien unbenommen, eine "strategische Reserve" bei den nicht auf Trägersystemen installierten Sprengköpfen zurückzubehalten. Der START I-VERTRAG soll daneben weiter in Kraft bleiben (Art. II).

IV. Umfassende Verbote von biologischen Waffen, chemischen Waffen und von Antipersonen-Landminen

Während für den Bereich der Atomrüstung auf globaler Ebene vor allem Höchstzahlbegrenzungen erzielt werden konnten, hat sich die internationale Staatengemeinschaft bislang in drei Verträgen auf umfassende Verbote bestimmter Kampfmittelarten sowie ihre vollständige Beseitigung verständigt. Zu nennen sind hier die multilateralen Abkommen über biologische Waffen, chemische Waffen und über Antipersonen-Landminen.

Die historisch gesehen erste umfassende Abrüstungsvereinbarung unter gleichen Partnern[211] ist der **VERTRAG ÜBER DAS VERBOT BIOLOGISCHER WAFFEN** vom 10. April 1972, der am 26. März 1975 in Kraft trat.[212] Nach Art. I verpflichtet sich jeder Vertragsstaat, niemals und unter keinen Umständen

---

210 Zum Vertragstext vgl. http://usinfo.state.gov/topical/pol/arms/02052441.htm (Stand: 01.07.2002).

211 So schon die Denkschrift zu einem Gesetz zur Ratifizierung des BW-Übereinkommens durch die Bundesrepublik Deutschland, BT-Drs. 9/1951, S. 12.

212 Übereinkommen über das Verbot der Entwicklung, Herstellung und Lagerung bakteriologischer (biologischer) Waffen und von Toxinwaffen sowie über die Vernichtung dieser Waffen vom 10. April 1972; BGBl. 1983 II, S. 132. Für Deutschland in Kraft seit 7. April 1983; BGBl. 1983 II, S. 436.

"[...]

1. mikrobiologische und andere biologische Agenzien oder - ungeachtet ihres Ursprungs und ihrer Herstellungsmethode - Toxine von Arten und in Mengen, die nicht durch Vorbeugungs-, Schutz- oder sonstige friedliche Zwecke[213] *gerechtfertigt sind, sowie*

2. Waffen, Ausrüstungen oder Einsatzmittel, die für die Verwendung solcher Agenzien oder Toxine für feindselige Zwecke oder in einem bewaffneten Konflikt bestimmt sind,

auf irgendeine Weise zu entwickeln, herzustellen, zu erwerben, zu lagern oder zurückzubehalten.[214] Die Vertragsparteien sind ferner gehalten, jede Form der Weitergabe in den Verbotsbereich zu unterlassen (Art. III), ihre Bestände an Agenzien, Toxinen, Waffen, Ausrüstungen und Einsatzmitteln binnen neun Monaten nach Inkrafttreten zu vernichten (Art. II) und auf dem Gebiet der Wissenschaft zusammenzuarbeiten (Art. X).

Noch weiter gehen *ratione materiae* die Regelungsbereiche von CHEMIEWAFFEN- und LANDMINEN-ÜBEREINKOMMEN, die überdies Einsatzverbote festschreiben.[215] Im Rahmen dieser Verträge wurden die präventiv wirkenden Maßnahmen der Rüstungsbeschränkung also mit den Anwendungsverboten des *ius in bello* verknüpft.

Das **ÜBEREINKOMMEN ÜBER DAS VERBOT CHEMISCHER WAFFEN** vom 13. Januar 1993, das am 29. April 1997 in Kraft trat,[216] verpflichtet in Art. I Abs. 1 jede seiner Vertragsparteien, niemals und unter keinen Umständen

"[...]

a) chemische Waffen[217] *zu entwickeln, herzustellen, auf andere Weise zu erwerben, zu lagern oder zurückzubehalten oder chemische Waffen an irgend jemanden unmittelbar oder mittelbar weiterzugeben;*

---

213 Gerade mit Blick auf die in jüngerer Zeit immer häufiger in den Mittelpunkt rükkenden "dual use"-Substanzen dürfte das subjektive Kriterium der "peaceful purposes" kaum geeignet sein, eine zweifelsfreie Abgrenzung zu ermöglichen. Siehe zur Abgrenzungsproblematik *K. Ipsen,* Biologische und chemische Kampfmittel, S. 359 ff. m.w.N., sowie *M. Bothe,* Rechtsfragen der Rüstungskontrolle, in: BDGV 30 (1990), S. 31, 54.

214 Siehe ausführlich dazu *K. Ipsen,* ibid., S. 363 ff. m.w.N.

215 Siehe Art. 1 Abs. 1 *lit.* b CW-Übereinkommen; Art. 1 Abs. 1 *lit.* a Landminen-Übereinkommen.

216 Übereinkommen über das Verbot der Entwicklung, Herstellung, Lagerung und des Einsatzes chemischer Waffen v. 13. Januar 1993; BGBl. 1994 II, S. 807.

217 Als "chemische Waffen" gelten nach Art. II Abs. 1 *"[...] toxische Chemikalien und ihre Vorprodukte, mit Ausnahme derjenigen, die für nach diesem Übereinkommen nicht verbotene Zwecke bestimmt sind, solange diese nach Art und Menge mit solchen Zwecken vereinbar sind."* Zu "nicht verbotenen Zwecken" bestimmt der Vertrag in Art. II Abs. 9 Vorbeugungs-, Schutz und sonstige friedliche (etwa medizini-

b) chemische Waffen einzusetzen;

c) militärische Vorbereitungen für den Einsatz chemischer Waffen zu treffen;

d) irgend jemanden in irgendeiner Weise zu unterstützen, zu ermutigen oder zu veranlassen, Tätigkeiten vorzunehmen, die einem Vertragsstaat aufgrund dieses Übereinkommens verboten sind."

Weiter ist jeder Vertragsstaat gehalten, bei ihm vorhandene Bestände an chemischen Waffen und Einrichtungen zu ihrer Herstellung zu vernichten oder umzuwandeln, von ihm auf fremdem Hoheitsgebiet zurückgelassene Waffen zu vernichten[218] und Mittel zur Bekämpfung von Unruhen nicht als Kampfstoffe einzusetzen.[219]

Eine umfassende Abrüstungsregelung enthält schließlich das **Übereinkommen über das Verbot von Antipersonen-Landminen** vom 18. September 1997, das am 1. März 1999 in Kraft trat.[220] Nach Art. 1 Abs. 1 ist jede Vertragspartei gehalten, niemals und unter keinen Umständen

"[...]

a) Antipersonenminen[221] *einzusetzen,*

b) Antipersonenminen zu entwickeln, herzustellen, auf andere Weise zu erwerben, zu lagern, zurückzubehalten oder an irgend jemanden unmittelbar oder mittelbar weiterzugeben, [...]."

Weiter verpflichten sich die Staaten, alle Formen der Beihilfe zu einer verbotenen Handlung zu unterlassen (*lit.* c) sowie gelagerte Minen in der Regel spätestens in vier Jahren nach dem für den jeweiligen Staat maßgeblichen Zeitpunkt des Inkrafttretens zu vernichten.[222] Landminen in verminten Gebieten sind

---

sche) Zwecke zur Aufrechterhaltung der öffentlichen Ordnung. – Auch hier stellt sich somit das Problem der Abgrenzung. Siehe dazu näher *L. W. Tabassi,* National Implementing Legislation, in: YIHL 2 (1999), S. 264, 265 f., sowie *M. Bothe,* CWC: A General Overview, in: Bothe u.a. (Hrsg.), S. 1, 3 ff.

218 Die reguläre Zerstörungsfrist beträgt zehn Jahre, vgl. Art. IV Abs. 6.

219 Siehe *L. Tabassi,* National Implementing Legislation, in: YIHL 2 (1999), 264, 266.

220 Übereinkommen über das Verbot des Einsatzes, der Lagerung, der Herstellung und der Weitergabe von Antipersonenminen und über deren Vernichtung vom 18. September 1997, in Kraft seit 1. März 1999; BGBl. 1998 II, S. 778.

221 Als "Antipersonenmine" gilt nach Art. 2 Abs. 1 jede Mine, *"[...] die dazu bestimmt ist, durch die Gegenwart, Nähe oder Berührung einer Person zur Explosion gebracht zu werden, und die eine oder mehrere Personen kampfunfähig macht, verletzt oder tötet."*

222 Art. 1 Abs. 2 i.V.m. Art. 4. Zu den materiellen Tatbeständen siehe etwa *K. Calvo Goller,* Convention Banning Anti-Personnel Mines, in: Israel LR 32 (1998), S. 645, 668 ff.; *S. Roberts,* Convention on Anti-Personnel Mines, in: Colorado JIEL 9

spätestens nach zehn Jahren zu vernichten.[223] Bei der Erfüllung ihrer Verpflichtungen arbeiten die Staaten zusammen und leisten einander Hilfe (Art. 6).

V. Der Vertrag über Konventionelle Streitkräfte in Europa

Der **Vertrag über konventionelle Streitkräfte in Europa (KSE-Vertrag)** vom 19. November 1990 trat in der (noch) geltenden Fassung am 9. November 1992 in Kraft.[224] Ziel des Vertrags ist es, innerhalb des Anwendungsgebiets[225] vom Atlantik bis zum Ural

> *"[...] ein sicheres und stabiles Gleichgewicht der konventionellen Streitkräfte auf niedrigerem Niveau als bisher zu schaffen, Ungleichgewichte [...] zu beseitigen und - besonders vorrangig - die Fähigkeit zur Auslösung von Überraschungsangriffen und zur Einleitung großangelegter Offensivhandlungen in Europa zu beseitigen".*[226]

Zu diesem Zweck bestimmt der Vertrag für zwei Gruppen von Vertragsstaaten gleiche Obergrenzen in fünf Kategorien von konventionellen Streitkräften: Kampfpanzer, gepanzerte Kampffahrzeuge, Artillerie, Kampfflugzeuge und Kampfhubschrauber (Art. I Abs. 1). Beide Gruppen, die zunächst mit den betreffenden Mitgliedern des Nordatlantik-Vertrags und des Warschauer Pakts identisch waren, sollten nach einer 40-monatigen Reduzierungsphase über je maximal 20.000 Kampfpanzer, 30.000 gepanzerte Kampffahrzeuge, 20.000 Artilleriewaffen, 6.800 Kampfflugzeuge und 2.000 Kampfhubschrauber verfügen.[227]

Die Grundannahme des Vertrags, die paritätische Stabilität zwischen "zwei Gruppen von Vertragsstaaten" in Europa zu gewährleisten, hatte sich jedoch infolge des Zerfalls der Sowjetunion und der Osterweiterung der NATO überholt. Die 1997 begonnenen Verhandlungen, denen die Feststellung zugrunde lag, *"[...] daß das Ziel des ursprünglichen Vertrags [...] erreicht ist"*,[228] fanden am 19. November 1999 ihren Abschluß mit der Unterzeichnung des **Übereın-**

(1998), S. 372, 383 ff.; *L. Caflisch/F. Godet,* L'interdiction des mines antipersonnel, in: SZIER 1998, S. 1, 24 ff.

223 Art. 5 Landminen-Übereinkommen.

224 Vertrag über Konventionelle Streitkräfte in Europa vom 19. November 1990, in Kraft seit 9. November 1992; BGBl. 1991 II, S. 1155.

225 Art II Abs. 1 (B) KSE-Vertrag (1990).

226 Präambel, Para. 7, KSE-Vertrag (1990).

227 Siehe Art. IV Abs. 1 sowie Präambel, Para. 9, KSE-Vertrag (1990).

228 Präambel, Para. 3, Übereinkommen über die Anpassung des KSE-Vertrags (1999).

KOMMENS ZUR ANPASSUNG DES KSE-VERTRAGS[229]. Grundlage dieses Dokuments ist nicht mehr das Gruppenprinzip, sondern ein System nationaler und territorialer Obergrenzen. Danach verpflichten sich die nunmehr 30 Vertragsstaaten, innerhalb des vertraglichen Anwendungsgebiets[230] die festgesetzten nationalen[231] wie auch territorialen[232] Obergrenzen für die vorgenannten Waffen und Waffensysteme nicht mehr zu überschreiten.

229 Übereinkommen über die Anpassung des Vertrags über Konventionelle Streitkräfte in Europa vom 19. November 1999, bislang nicht in Kraft. Abrufbar unter http://www.auswaertiges-amt.de/3_auspol/index.htm (Stand: 01.04.2002).

230 Vgl. Art. 3 KSE-Vertrag (1999).

231 Die nationalen Obergrenzen ergeben sich aus Art. IV KSE-Vertrag (1999) i.V.m. dem Protokoll über nationale Obergrenzen.

232 Die territorialen Obergrenzen ergeben sich aus Art. V KSE-Vertrag (1999) i.V.m. dem Protokoll über territoriale Obergrenzen.

2. Kapitel: Aufsichtsverfahren

A. Zur historischen Entwicklung und Begriffsbestimmung

Der Begriff der ***Aufsicht*** ("supervision", "surveillance") ist mit dem Gedanken der ***Kontrolle*** eng verbunden.[1] Unter Kontrolle versteht der allgemeine Sprachgebrauch das zielgerichtete menschliche Handeln zwecks kritischen Vergleichs zweier Phänomene, von Maßstab und Objekt, von Sollen und Sein, dessen Gegenstand die Lenkung und Korrektur von Verhalten ist.[2] In der deutschen Rechtssprache steht das Wort Aufsicht zunächst für ein Institut des bundesstaatlichen Verfassungsrechts. Mit dem Begriff verbindet sich das Handeln des Zentralstaats zur Erhaltung und Herbeiführung der Übereinstimmung der Gliedverbände und ihrer Organe mit dem Bundesrecht.[3] Aufsicht umfaßt jede Tätigkeit

---

1 Dies betont *F.-L. Knemeyer,* Aufsicht, in: Görres-Lexikon 1 (1985), S. 399, 400. Neben dem Institut der "Bundesaufsicht", das für die deutsche, vom Föderalismus geprägte Rechtssprache die Verbindung der Topoi Aufsicht und Kontrolle herstellt, kennzeichnet namentlich das francophone Verständnis die Nähe der Begriffe: «Contrôle» (1611 erstmals nachgewiesen, von «contre-rôle» [von lat. "rotulus"]: Gegenliste, Zweitregister) wird verstanden als *«Vérification attentive et minutieuse de la régularité d'un état ou d'un acte, de la validité d'un pièce. (syn.: surveillance).»* Siehe *J. Dubois* u.a. (Hrsg.), Dictionnaire du français contemporain, Paris 1987, S. 292; *O. Bloch/W. v. Wartenburg* (Hrsg.), Dictionnaire etymologique de la langue française, Paris 1964, S. 559.

2 So *W. Loschelder,* Kontrolle, in: Görres-Lexikon 3 (1987), S. 650, der von einem kybernetischen Regelkreismodell spricht: Durch Rückkopplung festgestellter Divergenzen soll die Lenkungsinstanz zu erforderlichen Reaktionen veranlasst werden.

3 Der Gedanke einer Reichs- bzw. Staatsaufsicht geht in der deutschen Verfassungstradition auf das Recht des deutschen Zollvereins zurück. Die Reichsverfassung von 1871 weitete das zunächst auf den Vollzug der Zollgesetze beschränkte Konzept zur allgemeinen Reichsaufsicht aus (vgl. § 35 Norddeutsche Bundesverfassung v. 1867; Art. 4, 7 Abs. 1 Nr. 3, 17 S. 1 RV v. 1871; sowie Art. 15 WRV v. 1919).
H. Triepel, Reichsaufsicht, S. 121, 436 ff., entwickelte vor diesem Hintergrund die Unterscheidung von abhängiger und selbständiger Reichsaufsicht: Während erstere voraussetzt, daß der Oberstaat von seiner durch die Verfassung eingeräumten Gesetzgebungskompetenz Gebrauch gemacht hat, es folglich um die Kontrolle erlassener Staatsgesetze geht, erstreckt sich die selbständige Aufsicht auch auf jene Bereiche, die der Bund zwar gesetzgeberisch ordnen kann, bislang aber nicht behandelt hat. Dem Grundgesetz ist diese Unterscheidung fremd. Schon im Zuständigkeitsausschuß war man sich darüber einig, daß allein eine gesetzesakzessorische Kontrolle in Betracht

des Oberstaats, die darauf abzielt, daß ein Handeln der Gliedverbände gemäß einem feststehenden Richtmaß geschieht, unterbleibt oder rückgängig gemacht wird.[4] Seit dem ausgehenden 19. Jahrhundert wird das Institut jedoch nicht ausschließlich innerstaatlich verstanden. Schon vor Gründung des Völkerbunds kam es zur Errichtung einer Reihe Internationaler Büros und Organisationen, welche zwischenstaatliche Beziehungen koordinierten und die Einhaltung völkerrechtlicher Positionen überwachten. Die vor diesem Hintergrund entstandenen und durch das Völkerrecht bestimmten Überwachungsvorgänge sind es, die mit dem Gedanken einer ***internationalen Aufsicht,*** die über das Verhalten der Staaten und ihrer Organe wacht, in Verbindung gebracht werden. Sie bedingten die Ausweitung des Begriffsverständnisses. Die Bezeichnung "Aufsicht" hat sich damit zu einem Oberbegriff entwickelt, auf den jedenfalls die Lehre verstärkt zurückgreift, um ungeachtet ihrer konkreten Benennung Instrumente des Schutzes und der Überwachung meist vertraglicher Völkerrechtspositionen zusammenzufassen und zu beschreiben.[5]

Die Untersuchung befaßt sich im Folgenden mit dem nicht rüstungsbezogenen Vertragsvölkerrecht und geht auf dort vorhandene Erscheinungsformen der Aufsicht ein. Sodann wendet sie sich den in Schrifttum und Lehre entwikkelten Kriterien zu einer Systematisierung und Gegenüberstellung völkerrechtlich determinierter Kontrollvorgänge zu. Vor diesem Hintergrund sollen im Folgeabschnitt (B.) dieses Kapitels die in Verträgen der Abrüstung und Rüstungs-

---

komme. Um seine Aufsichtsfunktion ausüben zu können, müsse der Bund zuvor von der Gesetzgebungskompetenz Gebrauch gemacht haben. Siehe dazu die Verhandlungen, in: JöR N.F. 1 (1951), S. 628, sowie BVerfGE 8, 122, 131 f.

Die Art. 84 und 85 GG gehen daher von einem einheitlichen Insitut der abhängigen Bundesaufsicht aus, bei dem der Aufsichtsmaßstab durch die Form der Gesetzesexekution bestimmt wird: Führen die Länder die Bundesgesetze als eigene Angelegenheiten aus, so handelt es sich gem. Art. 84 Abs. 3 um eine reine Rechtmäßigkeitskontrolle. Werden Mängel, die die Bundesregierung bei der Ausführung feststellt, nicht beseitigt, so beschließt der Bundesrat, ob das Land das Recht verletzt hat. Diese Entscheidung kann vor dem Bundesverfassungsgericht angegangen werden. Erfolgt die Exekution hingegen im Auftrag des Bundes, so ist neben der Rechtmäßigkeit auch die Zweckmäßigkeit Gegenstand der Überwachung (Art. 85, Fachaufsicht). Die Bundesregierung kann dann Bericht und Vorlage der Akten verlangen sowie Beauftragte zu allen Behörden entsenden. Ob darüber hinaus weitere Aufsichtsmittel zur Verfügung stehen, ist streitig. Jedenfalls kann die Bundesregierung notfalls mit Zustimmung des Bundesrats die notwendigen Maßnahmen treffen, um ein Land durch Bundeszwang zur Erfüllung seiner Pflichten anzuhalten (Art. 37). – Siehe dazu ingesamt *J. Frowein,* Selbständige Bundesaufsicht, S. 17 ff.; *P. Lerche,* in: Maunz/Dürig (Begr.), Art. 84, Rn. 124 ff.; Art. 85, Rn. 70 ff.

4 Siehe näher *H. Hahn,* Internationale Kontrollen, in: AVR 7 (1958/59), S. 88, 89 f.

5 Dazu *I. Brownlie,* Principles of International Law, 4th ed., S. 644 m.w.N.

kontrolle vereinbarten Aufsichtssysteme analysiert und in ihren Eigenschaften verglichen werden.

I. Erscheinungsformen im nichtrüstungsbezogenen Völkerrecht

Der folgende Abschnitt gibt beispielhaften Einblick in Aufsichtssysteme, die sich in den Übereinkommen unterschiedlicher Bereiche des nicht rüstungsbezogenen Völkerrechts entwickelt haben. Während sich einige dieser Erfüllungskontrollverfahren als erfolgreich erwiesen haben, stellen andere neuere Entwicklungen dar, über deren Wirksamkeit und Akzeptanz in der Staatenpraxis noch kaum gesicherte Aussagen getroffen werden können.

1. Internationales Arbeits- und Sozialrecht

In der Verfassung der Internationalen Arbeitsorganisation (ILO) von 1919[6] findet sich das älteste, gleichwohl hoch entwickelte Aufsichtssystem.[7] Es besitzt Vorbildfunktion für andere Erfüllungskontrollverfahren.[8] Ziel der Tätigkeit der ILO ist die Verbesserung der Arbeitsbedingungen und Sozialstandards durch internationale Übereinkommen, deren Einhaltung sie überwacht. Zu diesem Zweck kombiniert das Kontrollregime drei Elemente: ein Berichtssystem als Mittel der Routinekontrolle sowie ein Beschwerde- und ein Klageverfahren zur Behandlung von Einzelfällen.[9] Dic Vcrfahrcn finden auf alle 176 im Rahmen der ILO abgeschlossenen Übereinkommen Anwendung und sind für sämtliche Mitgliedstaaten verbindlich.

---

6 Verfassung der Internationalen Arbeitsorganisation (ILO) in der Fassung v. 25. Juni 1953; BGBl. 1957 II, S. 318. Zuletzt geändert am 22. Juni 1972, BGBl. 1975 II, S. 2208.

7 *D. Bowett* (International Institutions, S. 129) spricht davon, daß *"[...] supervision and enforcement procedures designed to ensure compliance with [international obligations] are seen, in the most 'sophisticated form' in the ILO."*

8 Ein ähnliches Kontrollverfahren findet sich in Art. 21-29 Europäische Sozialcharta v. 18. November 1962; BGBl. 1964 II, S. 1262. Siehe dazu *B. Vukas,* Supervisory Procedures, in: v. Maydell/Nußberger (Hrsg.), S. 105-132.

9 Aus der reichhaltigen Literatur zur Aufsicht der ILO siehe: *F. van Asbeck,* Contrôle Internationale, in: NILR 6 (1959), S. 27-41; *S. Ivanov,* International Labour Organization, in: Butler (Hrsg.), S. 153-163; *N. Valticos,* Conventions international du travail, in: RdC 123 (1968-I), S. 324-405; *E. Landy,* International Supervision (1966); *A. Nußberger,* International Labour Organization, in: v. Maydell/Nußberger (Hrsg.), S. 211-244.

Rechtsgrundlage des ***Berichtsprüfungssystems*** sind die Art. 22 und 23 ILO-Verfassung. Nach Art. 22 verpflichtet sich jedes Mitglied, dem Internationalen Arbeitsamt, einem ILO-Organ, *"[...] jährlich einen Bericht über seine Maßnahmen zur Durchführung der Übereinkommen [...] vorzulegen".* Eine Kopie des Berichts ist den Arbeitgeberverbänden und den Gewerkschaften des Landes zur Stellungnahme zu übermitteln. Die Staatenberichte werden zunächst von einem Ausschuß von 20 *ad personam* vom Verwaltungsrat bestimmten Experten in nichtöffentlicher Sitzung analysiert. Soweit erforderlich kann das Gremium Mitarbeiter des Internationalen Arbeitsamts zur Ermittlung von Informationen vor Ort entsenden. Dieser "direct contact" entwickelte sich zu einem Mittel, um Probleme der Vertragstreue auf informeller Ebene, ggf. auch durch technische Unterstützung, zu lösen. Schließlich legt der Expertenausschuß der Internationalen Arbeitskonferenz seinen Bericht vor, der zunächst in einem Ausschuß, dann im Plenum diskutiert wird. Bei fortdauernder Nichterfüllung kann die Konferenz das Mitglied auf eine "schwarze Liste" setzen und den Fall publik machen.

Das zweite Element des ILO-Kontrollsystems bilden die ***Beschwerde- und Klageverfahren***. Nach Art. 24 kann ein Verband von Arbeitnehmern oder Arbeitgebern an das Internationale Arbeitsamt eine "Beschwerde" richten, *"[...] daß irgendein Mitglied die Durchführung eines Übereinkommens, dem es beigetreten ist, nicht in befriedigender Weise sichergestellt habe".* Der Verwaltungsrat übermittelt die Eingabe der betreffenden Regierung. Äußert sich diese innerhalb der Frist nur in unbefriedigender Weise, so kann er nach Art. 25 *"[...] die Beschwerde und ggf. die Antwort [...] veröffentlichen".* Das *Klageverfahren,* das sich auf Art. 26-34 stützt, kann vom Verwaltungsrat oder von einem Mitgliedstaat angestrengt werden, wenn zu erwarten ist, daß ein anderer Staat die Übereinkommen nicht in zufriedenstellender Weise vollzieht. Der Verwaltungsrat setzt eine Untersuchungskommission ein, die Tatsachenfeststellungen trifft, Empfehlungen abgibt und eine Frist setzt. Nimmt die Regierung die Empfehlungen nicht an, so kann sie die Angelegenheit dem IGH unterbreiten. Die Umsetzung der Emfehlungen wie auch von Entschdeidungen des IGH überwacht der Verwaltungsrat; unterbleibt sie, so kann er der Konferenz weitergehende Maßnahmen zum Beschluß empfehlen.[10]

Für das Aufsichtssystems der ILO ist demnach die Beteiligung der Sozialpartner, Gewerkschaften und Arbeitgeberverbände, chakteristisch, die sogar eine Klage anstrengen können. Das Verfahren ist durch strenge Fristvorgaben derart systematisiert, daß ihre Nichtbefolgung mit der Einleitung des nächsten Verfahrensschritts sanktioniert werden kann; hierbei kommt dem Verwaltungsrat eine

10 Von dieser Reaktionsmöglichkeit ist bislang kein Gebrauch gemacht worden.

zentrale Stellung zu.[11] Schließlich ist als strukturelle Stärke die Zweistufigkeit der Kontrolle anzuführen, die eine objektiv-technische Evaluierung mit einer politischen Bewertung verbindet.[12] Wichtigste Reaktionsbefugnis bei Nichterfüllung ist die Veröffentlichung von Berichten und Stellungnahmen. Diese Maßnahme, die sich als eine "soziologische Sanktion" begreifen läßt, ist geeignet, ihren Adressaten der Mißbilligung durch die Staatengemeinschaft und Öffentlichkeit auszusetzen.[13]

2. Internationaler Menschenrechtsschutz

Bereichsspezifisch entwickelte Formen der Aufsicht finden sich auch beim internationalen Schutz der Menschenrechte. So errichten Verträge mit universeller und regionaler Geltung Ausschüsse, die mittels Berichtsprüfungs- und Beschwerdeverfahren die Einhaltung vertragsradizierter Rechte überwachen.[14] Das Übereinkommen zur Beseitigung von Rassendiskriminierungen (ICERD)[15] beispielsweise kennt ein Routine- und zwei Beschwerdeverfahren.[16] Nach Art. 9 Abs. 1 ICERD verpflichten sich die Vertragsparteien, *"[...] dem Generalsekretär [...] zur Beratung durch den Ausschuß einen Bericht über die zur Durchführung dieses Übereinkommens getroffenen Gesetzgebungs-, Gerichts-, Verwaltungs- und sonstigen Maßnahmen vorzulegen."* Die erste Mitteilung ist innerhalb eines

11 Nach Art. 25 ILO-Satzung kann der Verwaltungsrat eine Eingabe veröffentlichen, wenn binnen angemessener Frist keine befriedigende Erklärung der jeweiligen Regierung eingeht. Art. 26 ermächtigt den Verwaltungsrat zur Einsetzung eines Untersuchungsausschußes, wenn in angemessener Frist keine befriedigende Antwort auf eine Klage bei ihm eingeht. Nach Art. 28 kann der Untersuchungsausschuß eine Frist für die Umsetzung von Empfehlungen stellen. Wird diese nicht eingehalten, so kann der Verwaltungsrat nach Art. 33 der Konferenz Maßnahmen empfehlen.

12 So *E. Landy,* International Supervision, S. 199 f.

13 Der Begriff geht auf *H. Hahn,* Internationale Kontrollen, in: AVR 7 (1958/59), S. 88, 90 zurück. Ihm folgt etwa *E. Landy,* International Supervision, S. 202. *R. Bilder* (Risks of International Agreement, S. 181) hingegen spricht mehr funktional von einer "mobilization of shame".

14 Siehe beispielhaft *W. Karl,* Besonderheiten der internationalen Kontrollverfahren zum Schutz der Menschenrechte, in: BDGV 33 (1994), S. 83-128; *R. Müllerson,* Monitoring Compliance with International Human Rights Standards, in: Butler (Hrsg.), S. 125-137; *C. Tomuschat,* Menschenrechte, Individualbeschwerde, in: HdbVN, S. 551-558; *K.-J. Partsch,* Menschenrechte, Staatenbeschwerde, in: HdbVN, S. 567-572; *R.A. Painter,* Human Rights Monitoring: Universal and Regional Treaty Bodies, in: Szasz (Hrsg.), S. 49-82.

15 Internationales Übereinkommen zur Beseitigung jeder Form von Rassendiskriminierung v. 7. März 1966 (ICERD); BGBl. 1969 II, S. 961.

16 Dazu *R. Wolfrum,* Reporting System under Human Rights (Typoskript); *C. Tomuschat,* Menschenrechte, Staatenberichte, in: HdbVN, S. 559-566.

Jahres nach Inkrafttreten, weitere sind auf Anforderung des Ausschusses, in der Regel alle zwei Jahre, vorzulegen. Mangels näherer Vorgaben hat der Ausschuß, der aus 18 *ad personam* gewählten Sachverständigen besteht, sein eigenes System der Berichtsprüfung entwickelt: Zunächst nimmt ein Berichterstatter eine Auswertung der Mitteilungen vor. Auf die Einlassung eines Regierungsvertreters kommt es nun zu einem Wechselspiel von Frage und Antwort, bei dem der Staatenbericht im Detail erörtert und auf seinen Wahrheitsgehalt geprüft wird (sog. "konstruktiver Dialog"). Dabei kann der Ausschuß den Regierungsvertreter auffordern, ergänzende Informationen vorzulegen; im Übrigen nimmt er Mitteilungen aus den Medien und von nichtstaatlichen Organisationen zur Kenntnis. Schließlich werden "concluding observations" formuliert: In den Schlußbemerkungen würdigt das Gremium positive Aspekte, weist auf Umstände hin, welche die Umsetzung vertraglicher Rechte behindern, und gibt Empfehlungen ab. Der Ausschuß übersendet dem Staat einen Abschlußbericht; über den UN-Generalsekretär informiert er jährlich die UN-Vollversammlung über seine Tätigkeit.[17]

Neben der Routinekontrolle durch Staatenberichte finden sich beim ICERD zwei verschiedene Systeme der Einzelfallkontrolle. Mit der ***Staatenbeschwerde*** gem. Art. 11-13 kann ein Vertragsstaat geltend machen, ein anderes Mitglied führe die Bestimmungen des Übereinkommens nicht durch. Läßt sich der Vorwurf durch zwischenstaatliche Konsultationen nicht ausräumen, so kann der Ausschuß eine *ad hoc*-Vergleichskommission einsetzen. Sie bietet den Parteien ihre Guten Dienste an, um eine gütliche Regelung zu erzielen; eine Vertragsverletzung kann nicht festgestellt werden. Hat ein Staat ferner nach Art. 14 ICERD die Zuständigkeit des Ausschußes zur Entgegennahme von ***Individualbeschwerden*** anerkannt, so können Individuen mit der Behauptung, *"[...] Opfer einer Verletzung eines in diesem Übereinkommen vorgesehenen Rechts durch diesen Vertragsstaat zu sein"*, eine Beschwerde an das Gremium richten. Nach Prüfung des Vorbringens und der Einholung einer Stellungnahme des inkriminierten Vertragsstaats teilt der Ausschuß diesem und dem Beschwerdeführer seine "Vorschläge und Empfehlungen" mit.

Dem ICERD vergleichbare Regime der Berichtsprüfung finden sich in den anderen Verträgen zum Schutz der Menschenrechte.[18] Als zusätzliche Kon-

---

17 *Wolfrum*, ibid., weist darauf hin, daß das Staatenberichtsverfahren von einem repressiven Kontrollinstrument zu einem "early warning"-Mechanismus entwickelt wurde, der präventive Wirkungen entfaltet.

18 Vgl. Art. 40 Internationaler Pakt über Bürgerliche und Politische Rechte v. 19. Dezember 1966 (IPBPR), BGBl. 1973 II, S. 1534; Art. 18-21 Übereinkommen zur Beseitigung jeder Form der Diskriminierung der Frau v. 18. Dezember 1979, BGBl. 1985 II, S. 648; Art. 19-20 Übereinkommen gegen Folter und andere grausame, un-

trollmodalitäten sehen auch sie oft *Staaten-*[19] und *Individualbeschwerdeverfahren*[20] vor. Bei der Europäischen Menschenrechtskonvention (EMRK)[21], dem ältesten Regionalabkommen dieser Art, wurde die Kontrolle kürzlich ganz auf den Gerichtshof übertragen, der jetzt für *Individual-* wie *Staatenbeschwerden* zuständig ist.[22] Nach Art. 33 EMRK kann jedes Mitglied das Gericht mit der Behauptung anrufen, ein anderer Staat habe den Vertrag verletzt. Nach Art. 34 EMRK kann der Gerichtshof auch von jeder natürlichen Person oder Personengruppe mit dem Einwand angegangen werden, durch ein Mitglied in einem der in der Konvention oder den Protokollen anerkannten Rechte verletzt zu sein. Dieses Verfahren gilt für alle Vertragsstaaten zwingend. Trifft der Gerichtshof eine Entscheidung in der Sache, so kommt dem Urteil lediglich feststellende, keine kassatorische Wirkung zu. Die Vertragsstaaten sind gleichwohl gehalten, das Urteil zu befolgen.

Die Vertragsaufsicht im Bereich des Individualschutzes zeichnet demnach ein Nebeneinander von Routinekontrolle durch Berichtsverfahren und Einzelfallüberwachung durch die Mittel der Staaten- und Individualbeschwerde aus. Das letztgenannte Instrument stellt das mit Abstand effektivste Mittel zur Durchsetzung subjektiver Rechtspositionen dar.[23] Schließlich ist festzuhalten, daß beim Menschenrechtsschutz keine Spezialbürokratien als Aufsichtsinstitutionen errichtet wurden, sondern Ausschüsse tätig werden, die sich aus unabhängigen, in persönlicher Eigenschaft handelnden Experten zusammensetzen.

---

menschliche oder erniedrigende Behandlung oder Strafe v. 10. Dezember 1984, BGBl. 1993 II, S. 715; Art. 43-44 Übereinkommen über die Rechte des Kindes v. 20. November 1989; BGBl. 1992 II, S. 990.
Anders ausgestaltet war zunächst das Verfahren unter dem Internationalen Pakt über wirtschaftliche, soziale und kulturelle Rechte. 1987 wurde es vorgenannten Verfahren weitgehend angenähert. Vgl. Internationaler Pakt über wirtschaftliche, soziale und kulturelle Rechte v. 19. Dezember 1966 (IPWSKR); BGBl. 1973 II, S. 1570. Dazu *B. Simma,* Internationale Kontrolle des IPWSKR, in: Beyerlin u.a. (Hrsg.), S. 579-593.

19 Art. 41 und 42 IPBPR; Art. 21 UN-Folterkonvention.

20 Art. 1 des Ersten Fakultativprotokolls zum IPBPR, BGBl. 1992 II, S. 1247; Art. 22 UN-Folterkonvention. Zu diesen Instrumenten vgl. *M. Worku,* Erfahrungen mit Individualbeschwerdeverfahren, in: HuV-I 14 (2001), S. 143 ff.

21 Europäische Konvention zum Schutz der Menschenrechte und Grundfreiheiten v. 04. November 1950 (EMRK); BGBl. 1952 II, S. 685, mit nachfolgenden Änderungen und Zusatzprotokollen.

22 Siehe dazu das Protokoll Nr. 11 zur EMRK über die Umgestaltung des Kontrollmechanismus v. 11. Mai 1995; BGBl. 1995 II, S. 579.

23 *C. Tomuschat* (Menschenrechte, Individualbeschwerde, in: HdbVN, S. 558) weist darauf hin, daß mangels Befugnis zur bindenden Entscheidung die Wirksamkeit des Verfahrens im Wesentlichen in der Überzeugungskraft der Argumente und Empfehlungen des Prüfungsorgans besteht.

3. Internationales öffentliches Wirtschafts- und Finanzrecht

Als die Pläne zur Schaffung einer Internationalen Organisation mit umfassenden Kompetenzen ("Havanna-Charter") scheiterten, kam es zur Errichtung einer Reihe von Institutionen mit speziellen Aufgaben in den internationalen Wirtschafts- und Finanzbeziehungen. Beispielhaft soll insoweit auf den Internationalen Währungsfonds und die Welthandelsorganisation eingegangen werden.

a) Internationaler Währungsfonds

Mit dem Ziel, die Zusammenarbeit auf dem Gebiet der Währungspolitik und die Stabilität der Währungen zu fördern und dadurch ein geordnetes Wirtschaftswachstum in den Mitgliedstaaten zu ermöglichen,[24] wurde 1944 der Internationale Währungsfonds (IWF) errichtet. Zentrales Organ ist der Gouverneursrat, bei dem die Befugnisse aus dem Gründungsvertrag liegen. Nach Art. IV, Abschnitt 1 IWF-Übereinkommen verpflichten sich die Mitgliedstaaten zur Zusammenarbeit, um *"[...] geordnete Wechselkursregelungen zu gewährleisten und ein stabiles Wechselkurssystem zu fördern"*. Der IWF seinerseits *"[...] überwacht das internationale Währungssystem um sicherzustellen, daß es wirksam funktioniert, und überwacht die Einhaltung der Verpflichtungen [...] durch jedes Mitglied"*.[25] Dazu unterstellt der Fonds die Wechselkurspolitik einer strikten Aufsicht ("firm surveillance") und stellt besondere Grundsätze auf, von denen sich die Mitglieder bei der Gestaltung ihrer Wechselkurspolitik leiten lassen. Jedes Mitglied ist verpflichtet, die für die Überwachung notwendigen Informationen zu liefern und sich mit dem Fonds über seine Wechselkurspolitik zu konsultieren.[26]

Um die Mitglieder zur Einhaltung der Vorgaben zu motivieren, verfügt der IWF in Gestalt der Fondsmittel über konkrete materielle Anreize; andererseits kann eine Verweigerung von Finanzmitteln als Sanktion dienen. Derartige Maßnahmen sind zwar auch in den Gründungsverträgen anderer Organisationen vorgesehen, die Gewährung bzw. Verweigerung finanzieller Zuwendungen stellt jedoch das eigentliche Ziel der Tätigkeit des IWF dar. Ihre Versagung trifft einen Staat daher mit besonderer Härte.

---

24 Vgl. Art. 1 Übereinkommen über den Internationalen Währungsfonds v. 22. Juli 1944 (IWF-Übereinkommen), BGBl. 1952 II, S. 638. Neufassung v. 30. April 1976, BGBl. 1978 II, S. 13. Dritte Änderung v. 26. Juni 1990, BGBl. 1991 II, S. 814.

25 Art. IV Abschnitt 3 *lit.* a IWF-Übereinkommen.

26 Zum Aufsichtssystem des IWF siehe *D. Carreau,* Fonds monétaire international, in: Fischer/Vignes (Hrsg.), S. 275-298; *R. Barents,* Supervision within the IMF, in: P. v. Dijk u.a. (Hrsg.), S. 353-395; *J. Gold,* International Monetary Fund, in: EPIL II (1995), S. 1271-1277; *A. Chayes/A.H. Chayes,* New Sovereignty, S. 234-242.

Im Zuge einer Änderung des Übereinkommens wurden 1990 eine Reihe neuer Sanktionsmöglichkeiten eingeführt. Der IWF kann nunmehr einem Mitglied, das seine Verpflichtungen aus dem Übereinkommen nicht erfüllt, das Recht zur Inanspruchnahme allgemeiner Fondsmittel entziehen. Erfüllt ein Staat nach Fristablauf seine Pflichten weiter nicht, so kann der Gouverneursrat mit einer Mehrheit von 70 Prozent die Stimmrechte der Partei suspendieren. Im Falle fortdauernder Nichterfüllung kann der Staat durch Beschluß des IWF-Gouverneursrats zum Austritt veranlaßt werden.[27]

b) Welthandelsorganisation

Die reformierte Welthandelsorganisation (WTO) ging aus den Verhandlungen der Uruguay-Runde des Allgemeinen Zoll- und Handelsabkommens (GATT) hervor und bildet den gemeinsamen institutionellen Rahmen für die Wahrnehmung der Handelsbeziehungen zwischen den Mitgliedstaaten des GATT.[28] Mit dem Mechanismus zur Überprüfung von Handelspolitiken und einem internen Streitbeilegungsverfahren stehen im Rahmen der WTO zwei Instrumente zur Verfügung, um die Einhaltung der Regeln des Welthandels zu gewährleisten.

Rechtsgrundlage des ***Mechanismus zur Überprüfung von Handelspolitiken*** (TPRM) ist die Anlage III des Übereinkommens über die Errichtung der WTO.[29] Institutionell ist der Mechanismus bei dem "Organ zur Überprüfung von Handelspolitiken" angesiedelt, dessen Aufgaben vom Allgemeinen Rat der WTO wahrgenommen werden.[30] Ziel des Instruments ist es, durch die Herstellung von Transparenz präventiv die Einhaltung der Handelsübereinkommen zu sichern und zu einem reibungslosen Funktionieren des Handelssystems beizutragen. Dafür werden regelmäßig die Handelspolitiken der Mitgliedstaaten und ihre Auswirkungen auf das Handelssystem überprüft, gemeinsam gewürdigt und bewertet. Grundlage der Überprüfung sind Berichte des Sekretariats und der betreffenden Partei, die nach Beratung veröffentlicht und der Ministerkonferenz zur Kenntnisnahme übersandt werden.

Mit dem ***Streitbeilegungsverfahren*** steht im Rahmen des GATT überdies ein repressiv wirkendes Instrument zur Einzelfallkontrolle zur Verfügung. Seine Grundlage waren bislang die Art. XXII (Konsultationen) und XXIII (Schutz der Zugeständnisse und Vorteile) des GATT (1947). Das Verfahren wurde in der Praxis kontinuierlich ausgebaut, durch die Einsetzung von "Panels" entwickelte

27 Vgl. Art. XXVI Abschnitt 2 IWF-Übereinkommen.
28 Übereinkommen über die Errichtung der Welthandelsorganisation (WTO) v. 15. April 1994; BGBl. 1994 II, S. 1625.
29 BGBl. 1994 II, S. 1625, Anlage III.
30 Vgl. Art. IV Abs. 4 WTO-Übereinkommen.

es sich seit den 1950er Jahren von einem auf diplomatischen Verhandlungen beruhenden zu einem gerichtsähnlichen System.[31] Auf den Vorschriften des alten GATT aufbauend, aber mit deutlichen Änderungen wurde das Streitbeilegungsverfahren in der Uruguay-Runde kodifiziert: Seine Rechtsgrundlage ist die Vereinbarung über Regeln und Verfahren zur Beilegung von Streitigkeiten (DSU).[32] Zentrales Organ zur Überwachung des gesamten Verfahrens ist das Streitbeilegungsgremium (DSB), dessen Aufgaben gem. Art. IV Abs. 3 WTO-Übereinkommen der Allgemeine Rat der WTO wahrnimmt. Das DSB hat die Befugnis, Panels einzusetzen, die Berichte der Panels anzunehmen, die Umsetzung der Entscheidungen zu überwachen und bei Nichtumsetzung die Suspendierung von Zugeständnissen aus den verwalteten Übereinkommen zu mandatieren.

Das Streitschlichtungsverfahren, dessen Nutzung eine Dauer von einem Jahr nicht überschreiten soll, verfolgt das Ziel, durch die positive Regelung von Streitigkeiten die Rechte und Pflichten der Mitglieder aus den unter die Vereinbarung fallenden Übereinkommen zu bewahren.[33] Es ist als Ausgleich für den Verzicht der Parteien auf einseitige Maßnahmen der Rechtsdurchsetzung zu verstehen. Das Verfahren läßt sich in vier Abschnitte untergliedern: Vorrangiges Instrument der Streitbeilegung sind nach Art. 4 DSU bilaterale Konsultationen. Daran schließen sich ggf. das Verfahren vor einem Panel und eine Berufung an, dem folgt die Umsetzung der Entscheidungen und Empfehlungen. Beantragt eine Partei Konsultationen, so hat die angegangene Partei Stellung zu nehmen und spätestens nach 30 Tagen in Konsultationen einzutreten, andernfalls kann die Beschwerdeführerin die Einsetzung eines Panels beantragen. Die Einsetzung erfolgt automatisch auf der nächsten Sitzung des DSB, insbesondere kann sie nicht durch Veto einer Partei verhindert werden. Das Sekretariat hält eine Liste mit geeigneten Schiedsrichtern vor, die Regierungsvertreter und Experten umfaßt. Können sich die Parteien auf die Zusammensetzung des Panels nicht verständigen, so ernennt der Generaldirektor die Mitglieder, die in persönlicher Eigenschaft tätig werden.

---

31 Zu dieser Entwicklung siehe *E.-U. Petersmann,* Evolution of GATT Dispute Settlement System, in: CMLR 31 (1994), S. 1157 ff.

32 Anlage II zum Übereinkommen über die Errichtung der Welthandelsorganisation, BGBl. 1994 II, S. 1749.

33 Aus der rasch zunehmenden Literatur zur Streitbeilegung in der WTO siehe etwa *J. Jackson,* World Trading System, S. 107-137; *D. McRae,* Mechanisms for Settling International Trade Disputes, in: Schoenbaum u.a. (Hrsg.), S. 331-346; *J. Merrills,* International Dispute Settlement, S. 197-219; *A. Puttler,* Streit um Hormonfleisch, in: Hummer (Hrsg.), S. 149 ff.; sowie die Beiträge in *J. Cameron/K. Campbell,* Dispute Resolution in the World Trade Organization (1998).

Das Panel erörtert nach einem im DSU näher geregelten gerichtsähnlichen Verfahren die tatsächlichen und rechtlichen Fragen des Falles. Nachdem es zuvor einen Entwurf den Parteien zur Prüfung vorgelegt hat, übersendet das Panel in der Regel nach sechs Monaten dem DSB einen Abschlußbericht. Der Bericht enthält die Feststellungen sowie Empfehlungen über Maßnahmen, welche die betreffende Regierung im Falle einer festgestellten Vertragsverletzung ergreifen soll, um die Erfüllung des Übereinkommens sicherzustellen. Der Bericht selbst hat die Rechtsqualität eines Gutachtens. Nimmt das DSB den Bericht an, so erlangt dieser Verbindlichkeit. Gemäß dem in Art. 16 Abs. 4 DSU vorgesehenen umgekehrten Konsens-Prinzip erfolgt eine Annahme nur dann nicht, wenn das DSB sich einstimmig gegen den Bericht ausspricht. Für Berufungen gegen Panel-Entscheidungen ist das ständige Berufungsgremium zuständig, das sich allein mit Rechtsfragen befaßt. Das Berufungsgremium vermag die Feststellungen des Panels zu bestätigen, abzuändern oder aufzuheben. Das Berufungsverfahren soll regelmäßig in 60 Tagen abgeschlossen sein. Nach weiteren 30 Tagen soll der Bericht des Berufungsgremiums vom DSB angenommen werden, der Bericht soll von den Parteien übernommen werden. Wie Art. 21 Abs. 1 DSU hervorhebt, ist die umgehende Beachtung der Empfehlungen und Entscheidungen des DSB wesentliche Voraussetzung für die Beilegung von Streitigkeiten. Daher überwacht das DSB die Umsetzung seiner Entscheidungen und Empfehlungen selbst. Bei Meinungsverschiedenheiten über die Umsetzung kann jedes Mitglied das Streitbeilegungsverfahren in Anspruch nehmen.

Ziel des gesamten Verfahrens ist zunächst die Rücknahme derjenigen Maßnahme, die mit den Bestimmungen eines Übereinkommens für unvereinbar befunden wurde. Erfolgt diese nicht, so können als vorübergehende Schritte Entschädigungszahlungen und die Aussetzung von Zugeständnissen oder sonstigen Rechten in Betracht kommen. Als *ultimum remedium* kann die Beschwerdeführerin Rechte aus den der WTO unterliegenden Übereinkommen zum Nachteil der anderen Partei aussetzen.

Vor allem die klare Struktur des Verfahrens, strikte Fristvorgaben, das umgekehrte Konsens-Prinzip zur Annahme von Panel-Berichten sowie die Möglichkeit, multilaterale Handelssanktionen zu verhängen, haben insgesamt zum Erfolg des WTO-Streitschlichtungssystems beigetragen. Vor allem wirtschaftlich mächtige Staaten wie die USA haben daher in der Praxis nicht gezögert, bei handelspolitisch bedeutsamen Fragestellungen den Weg vor die WTO-Panel zu beschreiten.

4. Internationales öffentliches Umweltrecht

Im Umweltvölkerrecht, das einen noch relativ jungen Zweig der internationalen Rechtsordnung darstellt, kann wegen der Vielgestaltigkeit der zur Regelung unterschiedlicher Umweltprobleme entwickelten Normen nur unter Vorbehalt von einem einheitlichen Muster der Vertragsaufsicht gesprochen werden. Ihre Strukturen sind jedenfalls nicht in dem Sinne abstraktionsfähig, wie dies etwa beim internationalen Menschenrechtsschutz der Fall ist.[34] Im Zentrum der jüngeren Völkerrechtsentwicklung steht die Errichtung von Regimen zum Schutz globaler und staatengemeinschaftlicher Umweltmedien, wie der Erdatmosphäre. Beispielhafte Bedeutung dafür besitzt das Montrealer Protokoll über Stoffe, die zu einem Abbau der Ozonschicht führen,[35] das Annex zum Wiener Übereinkommen zum Schutz der Ozonschicht von 1985[36] ist. Die Parteien dieser Vereinbarungen unternehmen eine schrittweise Reduzierung von Produktion und Verbrauch ozonschädigender Substanzen bis hin zum vollständigen Ausstieg, soweit die entsprechenden Stoffe in den Anlagen zum Protokoll aufgeführt sind.

Nach Art. 5 Wiener Übereinkommen sind die Parteien gehalten, Informationen über Maßnahmen zu übermitteln, die sie zum Vollzug des Vertrags wie des Protokolls ergriffen haben. In der Praxis wird diese Regelung jedoch durch die spezifische Berichtspflicht von Art. 7 des Montrealer Protokolls überlagert, wonach die Parteien dem Sekretariat, dessen Aufgaben von UNEP wahrgenommen werden, Daten über die Produktion, Ein- und Ausfuhr der geregelten Stoffe mitteilen.[37] Die Produktionsdaten sind jährlich zu aktualisieren. Das Sekretariat wertet die von den Vertragsparteien übermittelten Daten aus und berichtet an

---

34 Aus der rasch wachsenden Zahl der Publikationen siehe etwa *K. Sachariew*, Reporting Mechanisms, in: YIEL 2 (1991), S. 31-52; *P. Sands*, International Environmental Law, S. 141-180; *T. Marauhn*, Procedural Law of Compliance Control, in ZaöRV 56 (1996), S. 696-731; *U. Beyerlin/T. Marauhn*, Rechtsetzung und Rechtsdurchsetzung, S. 94-152; *S. Thomas-Nuruddin*, Vienna Convention and Montreal Protocol, in: Szasz (ed.), S. 113-133; *M. Ehrmann*, Erfüllungskontrolle im Umweltvölkerrecht (2000).

35 Montrealer Protokoll über Stoffe, die zu einem Abbau der Ozonschicht führen, v. 16. September 1987; BGBl. 1988 II, S. 1015. Zuletzt geändert auf der Folgekonferenz in Kopenhagen v. 1992; ILM 32 (1993), S. 874.

36 Wiener Übereinkommen zum Schutz der Ozonschicht v. 22. März 1985; BGBl. 1988 II, S. 901.

37 So hat die zweite Sitzung der Konferenz der Vertragsstaaten beschlossen, dass die Verpflichtungen aus Art. 5 des Übereinkommens durch Übermittlung der nach dem Protokoll zu berichtenden Daten erfüllt werde; UN-Doc. UNEP/OzL.Conv.2/7 v. 19. Juni 1991, Dec. II/2 (a). Neben der Berichtspflicht aus Art. 7 besteht eine Pflicht zur Übermittlung von Informationen nach Art. 9 (3); diese zielt jedoch auf die Förderung von wissenschaftlicher Zusammenarbeit und Forschung und nicht auf die Erfüllungskontrolle.

diese. Dabei sind Produktionsdaten vertraulich zu behandeln und sollen anonymisiert werden.

Art. 8 i.V.m. Art. 11 Abs. 3 *lit.* d des Protokolls richtet überdies den Auftrag an die Vertragsparteien, *"[...] auf ihrer ersten Tagung Verfahren und institutionelle Mechanismen für die Feststellung der Nichteinhaltung der Bestimmungen des Protokolls und die Behandlung von Vertragsparteien, die das Protokoll nicht einhalten"*, zu *"beraten und [zu] genehmigen"*. In Erfüllung dieser Aufgabe wurde der Text eines kooperativen, auf Problemlösung und die Ermutigung der Vertragsparteien zielenden Beschwerdeverfahrens erarbeitet, der anläßlich der vierten Tagung der Vertragsparteien angenommen[38] und bei der zehnten Tagung nochmals überarbeitet wurde.[39] Es handelte sich um das erste Verfahren dieser Art im Umweltvölkerrecht. Es sieht vor, daß ein spezieller Durchführungsausschuß eine gütliche Beilegung bei Fällen der Nichteinhaltung des Protokolls durch eine einzelne Partei erreichen soll. Ein solcher Fall kann durch die Beschwerde einer Vertragspartei oder eine Gruppe von Staaten, durch Sekretariatsvorlage oder im Wege der Selbstanzeige durch die säumige Partei vor den Ausschuß gebracht werden. Der Durchführungsausschuß richtet nach Prüfung der Vorlage Empfehlungen an die Konferenz der Vertragsparteien. Diese entscheidet über notwendige Schritte; dabei dient ihr eine Liste möglicher Maßnahmen als Anhaltspunkt.

Neben der Einhaltungskontrolle besteht die zentrale Funktion der Aufsichtsmechanismen im Umweltvölkerrecht in der Feststellung von Erfüllungsproblemen. Diesem Zweck dienen zunächst die Ermittlung und die Bewertung von Informationen durch Staatenberichtssysteme. Zum Teil werden die Mitteilungen staatlicher Stellen auch durch Angaben nichtstaatlicher Gruppen ergänzt. Für die Verfahrenslenkung wurden meist keine eigenen Internationalen Organisationen geschaffen, vielmehr kommt gerade den Nichteinhaltungsverfahren der Charakter vertragsinterner Instrumente zu, bei denen die Staaten selbst über das Verhalten der Vertragsparteien urteilen. Ähnlich wie bei Institutionen des internationalen Wirtschaftsverkehrs kann folglich von einer Kontrolle unter gleichrangigen Partnern, dem "peer review", gesprochen werden. Ausdruck der Gleichrangigkeit ist dabei vor allem die Rückbindung der letzten Aufsichtsphase an politische Organe, in der Regel die Staatenkonferenz. Grundlage ihrer Entscheidungen ist nicht allein das Völkerrecht, sondern in weiten Teilen die politische Zweckdienlichkeit.

---

38 UN-Doc. UNEP/OzL.Pro.4/15 v. 25. November 1992, Dec. IV/5.

39 UN-Doc. UNEP/OzL.Pro.10/9 v. 3. Dezember 1998, Dec. X/10.

5. Schlußfolgerungen

Bei den vorgestellten Regimen läßt sich der Begriff der Aufsicht als solcher nur bei der Tätigkeit des IWF nachweisen; die anderen Verträge verwenden ihn nicht. Der Überblick macht damit deutlich, daß es nicht um einen inhaltlich determinierenden Rechtsbegriff geht. Im Rahmen der vorliegenden Untersuchung dient das Wort Aufsicht vielmehr deskriptiv als übergeordnetes Konzept, dem hier eine analytische Hilfsfunktion zukommt. So verstanden lassen sich mit dem Oberbegriff der internationalen Aufsicht bzw. Kontrolle Institutionen und Mechanismen der Überwachung und des Schutzes von Völkerrechtspositionen erfassen. Sie sind bereichsspezifisch ausgestaltet, es besteht kein *numerus clausus* dieser Techniken. Die angeführten Beispiele lassen nun erste Schlußfolgerungen zu:

An völkerrechtlichen Erfüllungskontrollverfahren sind regelmäßig Staaten und staatliche Organe beteiligt. Auf der anderen Seite stehen mit unterschiedlichen Graden der Institutionalisierung ausgestattete internationale Ausschüsse, Organisationen und gerichtsförmige Institutionen. Nur in wenigen Fällen, nämlich dann, wenn das Völkerrecht nicht allein Staaten Rechtspositionen verleiht, erlangen auch Individuen, zum Teil sogar nichtstaatliche Akteure Verfahrensrechte. Dann können sie zur Durchsetzung materieller Gewährleistungen Klageverfahren in Gang bringen oder sich mit Beschwerden an die zuständigen Stellen wenden.

Die Überwachungsinstitutionen und -organisationen fallen bereichsbezogen unterschiedlich aus. Beim Menschenrechtsschutz und im Rahmen der ILO werden Ausschüsse mit *ad personam* gewählten Sachverständigen tätig, die weitgehende Unabhängigkeit genießen. In den anderen Bereichen erfordert der naturwissenschaftliche oder ökonomisch-technische Charakter sachlicher Regelungen und Pflichten stärker verfestigte und behördenartig ausgestaltete Institutionen. In ihrem Rahmen, aber auch bei der ILO wirken verschiedene Organe bei der Überwachung zusammen. Beim Umweltschutz ist die Einhaltungskontrolle zwar an Internationale Organisationen angebunden, sie nehmen allerdings nur Sekretariatsfunktionen wahr. Ein Duchführungsausschuß wirkt hier im Verhältnis von Vorbereitungs- und Entscheidungsverfahren mit der Staatenkonferenz zusammen. Vergleichbar ist das System der ILO, bei dem ein Fachausschuß eine Vorlage für die Internationale Arbeitskonferenz erarbeitet. Im Unterschied zu allen anderen Organen setzt sich diese neben staatlichen Delegierten auch aus Vertretern von Vereinigungen der Arbeitnehmer und Arbeitgeber zusammen. Bei der Entscheidungsfindung haben die Konferenzen nicht nur Fragen der politischen Zweckmäßigkeit zu beachten; vielmehr wandelt sich die Beschlußfassung hier von einer reinen Fremdentscheidung zur Mitentscheidung der betroffenen Partei.

Beim internationalen Wirtschaftsrecht von GATT/WTO wie beim regionalen Menschenrechtsschutz dagegen wurden die Kontrollaufgaben und -befugnisse jedenfalls in Teilen auf gerichtsförmige Institutionen übertragen. Auch sie zeichnen sich durch ihre Unabhängigkeit aus. Bei den Feststellungen der Organe wurden hier politische Erwägungen weitgehend zurückgedrängt zugunsten einer Beurteilung am Maßstab des Völkerrechts.

Auch das Kontrollverfahren ist stets bereichsspezifisch ausgestaltet. Nach dem Moment der Verfahrensauslösung wie der Wirkweise läßt sich gewöhnlich eine Kombination präventiv und repressiv wirkender Mechanismen finden. Vorbeugend sind häufig Staatenberichte vorzulegen, die von den zuständigen Stellen analysiert und mit der Partei in Einzelheiten erörtert werden. Beim Individualschutz und der ILO können sich daneben Individuen und nichtstaatliche Gruppen mit Beschwerden an die Institutionen wenden. Zur Einzelfallprüfung dienen beim Umweltschutz, den Menschenrechten und der ILO staatliche "complaints procedures". Im GATT und unter der EMRK reicht die Verrechtlichung der Überwachung so weit, daß hier ein Gericht bzw. eine gerichtsähnliche Institution tätig wird, wenn sich Staaten oder Individuen in ihren Rechten verletzt glauben.

Ziel der Verfahren ist jedenfalls meist die verwaltungsmäßige Feststellung einer Rechtsverletzung. Sie gehen damit weiter als die ganz der Selbstinterpretation, Selbstentscheidung und Selbstdurchsetzung überlassenen Instrumente und Mechanismen des unorganisierten Völkerrechts, erreichen aber bei weitem nicht die Qualität des durchorganisierten, mit direktem Bundeszwang versehenen Verfahren des bundesstaatlichen Rechts. Fehlen förmliche Durchsetzungsmechanismen, so besteht für Internationale Organisationen jedenfalls die Möglichkeit, durch öffentliche Mißbilligung des Verhaltens auf säumige Staaten Druck auszuüben. Dem Gewicht dieser Instrumente vergleichbar sind etwa allgemeine Kommentare und Empfehlungen, die beim internationalen Individualschutz tätige Institutionen an die Mitglieder richten können. Gewichtigere Reaktionsmöglichkeiten deuten sich beim Umweltschutz an, wo Listen möglicher Schritte den Organen als Anhalt dienen. Neben Sanktionen sehen diese auch Maßnahmen der technischen, finanziellen und adminstrativen Unterstützung und Hilfe vor. Durchgreifende, rechtliche und wirtschaftliche Zwangs- und Beugemittel stehen jedenfalls zur Durchsetzung der Rechtspositionen auf dem Gebiet der internationalen Wirtschafts- und Finanzbeziehungen zur Verfügung. Diese können Staaten mit einer gewissen Härte treffen.

Der Überblick über das nichtsrüstungsbezogene Völkerrecht soll hier nur zu einer ersten Systematisierung von Erscheinungsformen internationaler Aufsicht oder Kontrolle dienen. Darüber hinaus lassen sich die vorgestellten Systeme zum

Teil später vergleichend heranziehen, um den Entwicklungsstand im Recht der Rüstungsbeschränkung besser einordnen zu können.

II. Systematisierungsansätze in der völkerrechtlichen Lehre

Seit der Gründung des Völkerbunds fand die Entstehung einer internationalen Aufsicht, die über die Einhaltung völkerrechtlicher Normen wacht, in Schrifttum und Lehre zunehmende Beachtung. Erste Autoren verfügten bald über ausreichend Anschauungsmaterial, um eigene Gedanken zu einer Systematisierung zu entwickeln. Um den Gang dieser Entwicklung in der Lehre nachzuzeichnen und den Rahmen für die Untersuchung des Rechts der Rüstungsbeschränkung vorzugeben, sollen entsprechende Untersuchungen hier in chronologischer Folge vorgestellt werden.

Als erster setzte sich ***Kaasik*** in seiner 1933 veröffentlichten Genfer Dissertation mit den Erscheinungsformen internationaler Aufsicht auseinander.[40] In der Kontrolle der Beachtung völkerrechtlicher Normen erblickte er eine Funktion von zwingender Notwendigkeit für die Aufrechterhaltung der zwischenstaatlichen Ordnung:

> *"[...] La fonction de contrôle est une partie essentielle de la technique juridique, une des fonctions absolument nécessaires à la vie et au progrès de toute société, de toute organisation sociale. Le but principal de cette fonction est d'assurer le respect et la réalisation du droit normatif [...]. Le contrôle est une fonction [... qui] sert donc à assurer l'ordre public nécessaire".*[41]

Kaasik bemühte sich um eine erste Systematisierung der Erscheinungsformen internationaler Aufsicht, wobei er grundlegend zwischen einer *Tätigkeit der Gerichte* und einer *"contrôle administratif"* differenzierte.[42] Während die richterliche Kontrolle stets nur den Einzelfall in einem repressiven Verfahren zu behandeln vermag, zeichnet das Verwaltungsverfahren die Kontinuität der Über-

---

40 *N. Kaasik*, Le contrôle en droit international (1933).

41 *Ibid.*, S. 7. Auf diese Funktionsbeschreibung stützen sich etwa *G. van Hoof/K. de Vey Mestdagh*, Mechanisms of International Supervision, in: van Dijk (Hrsg.), S. 3, 5; sowie *Myjer* in seinen Arbeiten, vgl. etwa *E. Myjer*, Supervisory Mechanisms and Dispute Settlement, in: Dahlitz (Hrsg.), S. 149, 150 f.

42 *N. Kaasik*, Le contrôle en droit international, S. 10-17, 239-303. Siehe zu dieser Unterscheidung auch *H. Wehberg*, Entwicklungsstufen, in: FW 52 (1953/55), S. 193, 196; *F. van Asbeck*, Contrôle international non-judiciaire, in: NILR 6 (1959), S. 27-41; sowie in jüngerer Zeit *P.-M. Dupuy*, International Control and State Responsibility, in: Ginther u.a. (Hrsg.), S. 309-312 m.w.N.

wachung aus. Diese kann sich für das ordnungsgemäße Funktionieren des gesamten Vertragsregimes förderlich auswirken.

Bei der administrativen Kontrolle unterschied *Kaasik* eine *subjektive* und eine *objektive Form der Überwachung.* Kennzeichen der *subjektiven Kontrolle* ist die wechselseitige Beobachtung staatlichen Verhaltens. Beispielhaft läßt sich der diplomatische Schutz anführen, also die durch den diplomatischen bzw. konsularischen Apparat ausgeübte Überprüfung der Beachtung fremdenrechtlicher Mindeststandards gegenüber eigenen Staatsangehörigen im Ausland.[43] Der wechselseitigen Kontrolle sind dabei eine Reihe von Nachteilen immanent. In tatsächlicher Hinsicht wird sie durch das Fehlen konkreter Untersuchungsinstrumente begrenzt. Ihre deutlichste Schranke findet sie jedoch in ihrer Subjektivität, die ihre Glaubwürdigkeit in Frage stellt: Die Feststellung von Tatsachen, ihre Aus- und Bewertung liegen in den Händen der Staaten selbst. Der als Kontrollorgan tätige Diplomat handelt damit *a priori* in Erfüllung nationaler Interessen des Entsendestaates, nicht im Anliegen einer regionalen oder universellen Staatengemeinschaft. Insbesondere aber hängen die Einwirkungsmöglichkeiten und damit die Effektivität der Überwachung insgesamt von der Machtposition des kontrollierenden Staates ab.[44] Die subjektive Kontrolle stellt folglich nicht mehr als eine rudimentäre Form einer internationalen Gesellschaft dar.[45]

Anders verhält es sich mit der *objektiven Kontrolle.* Mit dem Aufkommen von Statusübereinkommen ("traités-lois"), die zunehmend neben klassische Austauschverträge traten, wuchs der Bedarf an neuen Formen der Überwachung. Statusverträge betreffen gemeinsame Interessen mehrerer Staaten und erfordern eine gemeinschaftliche, internationalisierte und objektivierte Form der Aufsicht. Erste Beispiele stellen die Flußkommissionen wie die Rheinschiffahrtskommission von 1814, das Übereinkommen gegen Sklaverei von 1890 und frühe Rohstoffverträge wie das Weltzuckerabkommen von 1902 dar. In ihrem Kontext wurden Kontrollinstitutionen geschaffen, die mit unabhängigen Experten besetzt waren und die sich durch die Zurückdrängung politischer Zweckmäßigkeitserwägungen auszeichneten. Durch den Einsatz von Experten konnte die Überwachung neutraler und unparteiischer ausgestaltet werden. Ihr Ansatzpunkt war nun

43 *N. Kaasik*, ibid., S. 339-351.

44 Zur mangelnden Effektivität der Kontrolle durch diplomatischen Schutz siehe auch *G. van Hoof/K. de Vey Mestdagh*, International Supervision, S. 3, 8; *W. Lang*, Compliance with Disarmament Obligations, in: ZaöRV 55 (1995), S. 69, 72.

45 *Ibid.*, S. 347-352. Eine bloße Vorform internationaler Aufsicht nehmen auch *H. Wehberg*, Entwicklungsstufen, in: FW 52 (1953/55), S. 193, 197, und *H. Hahn*, Internationale Kontrollen, in: AVR 7 (1958/59), S. 88, 94, an. *Hahn* weist auch auf andere Vorformen hin, z.B. seevölkerrechtliche Vorgänge, wie die Kontrolle fremder Handelsschiffe auf Hoher See.

nicht mehr die subjektive Rechtsverletzung, sondern die Bewahrung der objektiv-geltenden Rechtsordnung.[46] Mit diesem Wandel ging die Erkenntnis einher, daß für den Bereich der nationalen Sicherheit nicht allein das Vertrauen in die Vertragstreue anderer Parteien ausreichen kann, sondern die Gewißheit erforderlich ist, daß völkerrechtliche Verträge eingehalten werden.[47] – Zwar hatte *Kaasik* mit seiner Analyse schon ein recht umfassendes Bild einer allein zum Wohl der Staatengemeinschaft tätigen Aufsicht gezeichnet, dennoch blieb sein Modell zu jener Zeit Zukunftsvision.[48]

Kurz nach der Gründung der Vereinten Nationen legte ***Berthoud*** eine Untersuchung über die Kontrolle multilateraler Übereinkommen vor,[49] in der er an die Überlegungen von *Kaasik* und von *Bernath*[50] anknüpfte. Er unterschied in eine *einzelfallbezogene Kontrolle* auf der einen und eine *dauerhafte Überwachung* auf der anderen Seite. In seiner Systematik, aber mit der modernen, am Recht der Rüstungsbeschränkung entwickelten Terminologie kann insoweit von einer *Routinekontrolle* bzw. *Verdachtskontrolle* gesprochen werden. Wesentliches Unterscheidungskriterium zwischen beiden Modalitäten ist das Moment der Verfahrensauslösung: Während die Routineüberwachung in regelmäßigen Intervallen und von besonderen Ereignissen losgelöst erfolgt, setzt die Verdachtskontrolle beim Auftreten bestimmter Umstände, insbesondere bei Zweifeln an der Vertragstreue einer Partei, an. Gerade die Abhängigkeit von einer Vermutung der Nichterfüllung aber bedingt es, daß die Verdachtskontrolle gewöhnlich zu spät ausgelöst wird, um eine Vertragsverletzung noch verhindern zu können. Vielmehr entfaltet sie, wie *Berthoud* zutreffend feststellte, allein repressive Wirkung, oft haftet ihr das Odium einer Anklage an. Die routinemäßige Überwachung besitzt demgegenüber vorbeugende Wirkung und schafft Vertrauen. Mit ihr kann kleineren Vertragsverstößen adäquat begegnet werden, ohne daß dies zu einem Streit zwischen den Parteien führt. Aus diesen Gründen hält *Berthoud* die Routinekontrolle insgesamt für die wirksamere Methode, um die Durchführung multilateraler Verträge zu überwachen. Er erkennt gleichwohl an, daß gerade ei-

---

46 *N. Kaasik*, Le contrôle en droit international, S. 352-361.

47 *Ibid.*, S. 375.

48 *Ibid.*, S. 390-395.

49 *P. Berthoud*, Le contrôle international de l'exécution des conventions collectives (1946).

50 *E. Bernath*, Die internationale Kontrolle (1935), befaßte sich vor allem mit der vertrauensbildenen Funktion der internationalen Kontrolle. Sie soll zur Verhütung von Vertragsverletzungen beitragen und stellt einen Schritt auf dem Weg der Heranbildung einer internationalen Rechtsgemeinschaft dar. Mangels Reziprozität der Beziehungen ist sie vor allem bei rechtsnormativen Vereinbarungen notwendig. Diese dienen der Regulierung staatengemeinschaftlicher Interessen und erfordern daher, daß sich alle Parteien einer zentralen Kontrollinstanz unterwerfen.

ne Kombination beider Verfahrensmodalitäten die Möglichkeit bietet, auch die Vorteile der Einzelfallkontrolle nutzbar zu machen und so die Vertragsaufsicht zur vollen Wirksamkeit zu bringen. Eine Verknüpfung erscheint ihm namentlich dann sinnvoll, wenn die Einzelfallkontrolle auf Feststellungen der Routineüberprüfung aufbauen kann, also eine Stufenfolge der Instrumente besteht.[51]

Vor dem Hintergrund erster Erfahrungen mit der weiteren Entwicklung der Völkerrechtsordnung nach dem Zweiten Weltkrieg, namentlich den Bemühungen um die Überwachung der friedlichen Nutzung der Kernenergie, unterstreicht ***Kopelmanas*** die Bedeutung der Aufsicht für die internationale Rechtsordnung.[52] Während sich auf nationaler Ebene die Kontrolle darauf beschränken könne, die Beachtung der von einer ständigen und zentralen gesetzgeberischen Instanz erlassenen Rechtsregeln zu überprüfen, fehlt dem internationalen System ein solcher Gesetzgeber. Damit kommt der Kontrolle für die Staatengemeinschaft eine Integrationsfunktion zu, ohne die jeder Akteur in seinem Verhalten völlig frei wäre.[53] *Kopelmanas* wählt sodann den *Grad des Zugriffs auf den Bereich staatlicher Souveränität* als Kriterium für seine Systematisierung und unterscheidet dementsprechend zwischen vier Kontrollarten:

Auf der ersten Stufe seiner Systematisierung führt *Kopelmanas* das Modell des *"dédoublement fonctionnel"* an.[54] Danach nehmen nationale Organe neben ihren innerstaatlichen auch durch das Völkerrecht übertragene Aufgaben wahr, solange dafür keine adäquaten internationalen Institutionen zur Verfügung stehen. Mit zunehmender Integration der Staatengemeinschaft kann diese Form der Überwachung durch die Tätigkeit internationaler Organe abgelöst werden.[55]

Die nächste Stufe seiner Systematik bildet die Kontrolle durch *Publizität.* Transparenz kann durch zwischenstaatlich ausgetauschte Informationen oder durch Berichte an eine internationale Organisation erzielt werden. Zwar kommt insoweit zu erstattenden Reporten und Meldungen selbst schon eine gewisse Kontrollfunktion zu. Von Überwachung im eigentlichen Sinne könne, so *Kopelmanas,* jedoch erst dann gesprochen werden, wenn die Informationen durch in-

---

51 *Ibid.*, S. 266-279.

52 *L. Kopelmanas,* Le contrôle international, in: RdC 77 (1950-II), S. 59-147.

53 *Ibid.*, S. 63-68. So auch *M. Merle,* Le contôle exercé par les organisations internationales, in: AFDI V (1959), S. 411, 413 ff.

54 Der Begriff geht zurück auf *G. Scelle,* Règles générales du droit de la paix, in: RdC 46 (1933-IV), S. 518 und 632-641. Er wird später verschiedentlich im Schrifttum aufgegriffen. In diesem Kontext wurden etwa Überwachungsvorgänge im Seerecht, beim Besatzungsrecht und bei den Bemühungen der Schutzmächte um die Einhaltung des Kriegsgefangenenrechts diskutiert.

55 *L. Kopelmanas,* Le contrôle international, in: RdC 77 (1950-II), S. 59, 69-88.

ternationale Gremien in tatsächlicher Hinsicht ausgewertet und auch rechtlich erörtert werden.[56]

Einen höheren Grad des Zugriffs auf den Bereich staatlicher Souveränität erreicht die Methode der *Vor-Ort-Inspektion* durch eine unabhängige internationale Institution. Inspektionsmaßnahmen können in einem ersten Schritt zur Überprüfung der in Staatenberichten gemachten Angaben dienen. Obwohl zu jener Zeit vertraglich noch nicht vereinbart, erschien dem Verfasser gleichwohl eine *ex officio* durch die Kontrollorgane initiierte "inspection sur place" denkbar, etwa zur Überwachung der friedlichen Nutzung der Atomenergie.[57]

Als besonders weitreichende Form internationaler Aufsicht erkennt *Kopelmanas* die *direkte internationale Verwaltung*. Dabei kann zunächst die Überwachung selbst vollständig internationalisiert werden, d.h. ohne die Zwischenschaltung nationaler Institutionen erfolgen. Das Verhalten privater Akteure wird dann unmittelbar durch zwischenstaatliche Organe kontrolliert. Andererseits ist auch denkbar, daß ein bestimmter Sachbereich internationalisiert wird. Für diesen Gedanken diente ihm der *Schuman*-Plan von 1950 über die Errichtung der Europäischen Gemeinschaft für Kohle und Stahl als Beispiel. Bei diesem Modell der Internationalisierung sah er jedoch auch das Risiko einer zu weitgehenden Bürokratisierung.[58]

Kopelmanas kommt zu dem Ergebnis, daß keine allgemeingültige Form internationaler Kontrolle existiert. Vielmehr müsse die Art der Kontrolle den Rahmenbedingungen der jeweiligen Verpflichtungen entsprechen. Vorzugswürdig erschien ihm gleichwohl ein internationales Management vertragsrechtlicher Positionen.

Prägend für spätere Darstellungen zur Entwicklung der internationalen Aufsicht war ein grundlegender Wandel der Völkerrechtsstrukturen. Dieser hatte sich als kontinuierlicher Prozeß vollzogen, dessen Darstellung erstmals in den 1960er Jahren im Schrifttum Aufsehen erregte. Als der Völkerrechtler ***Friedmann*** im Jahr 1962 seine Arbeit über "The Changing Structures of International Law" vorlegte, bezeichnete er die Veränderung schlagwortartig als die Entwicklung des Völkerrechts vom Koexistenz- zum Kooperationsrecht.[59] Damit war folgender Prozeß gemeint: Bis ins ausgehende 19. Jahrhundert wies die in-

56 *Ibid.*, S. 89-104. Eine entsprechende Evaluierung nahm man etwa beim Allgemeinen Zoll- und Handelsabkommens (GATT) und bei der Internationalen Zivilluftfahrt-Organisation (ICAO) an.

57 *Ibid.*, S. 105-131.

58 *Ibid.*, S. 132-144.

59 Siehe *W. Friedmann*, The Changing Structure of International Law (1964), S. 60 ff.; sowie *W. Friedmann*, General Course in Public International Law, in: RdC 127 (1969-II), S. 39, 93.

ternationale Rechtsordnung in ihren auf den Westfälischen Frieden zurückgehenden Strukturen vor allem formale Regeln des zwischenstaatlichen Verkehrs und kaum wertsetzende Normen auf. Das klassische Völkerrecht der Koexistenz erschöpfte sich in der Regulierung der Außenbeziehungen gleichberechtigter Einzelstaaten, vor allem durch die Abgrenzung von Souveränitätssphären und die Festlegung der Gepflogenheiten des diplomatischen Verkehrs. Die im Zuge des technischen Fortschritts und der "industriellen Revolution" zunehmenden wechselseitigen Abhängigkeiten und wirtschaftlichen Verflechtungen stellten die Staaten indes vor wachsende Herausforderungen an ihre Leistungsfähigkeit, denen sie individuell immer weniger gerecht zu werden vermochten. Angesichts der Veränderungen nahm die Fähigkeit des einzelnen Staates ab, die Bedürfnisse seiner Bevölkerung autark zu befriedigen, die damit verbundenen sozialen Probleme eigenständig zu lösen und die nationale Sicherheit von anderen unabhängig zu gewährleisten. Durch diese Herausforderungen bedingt trat neben das nationalstaatliche Denken schrittweise die Erkenntnis der Interdependenz der Staaten, die ihren sichtbarsten Ausdruck in der Zusammenarbeit in einer stetig wachsenden Zahl von Lebensbereichen fand. Zunehmend wurden umfassende multilaterale Regime zur Regelung bestimmter Sachfragen, die gemeinsame Anliegen einer Vielzahl von oder aller Staaten betrafen, geschaffen. Diese Entwicklung hält zwar nach wie vor an, angesichts der geopolitischen Veränderungen infolge der Überwindung des Ost-West-Gegensatzes läßt sich jedoch nicht eindeutig bestimmen, in welche Richtung sie nunmehr voranschreiten wird.[60]

Dieser Wandel grundlegender Völkerrechtsstrukturen blieb auch für die internationale Aufsicht nicht ohne Konsequenzen.[61] Bis zur Errichtung des Völkerbundes überwachten Staaten überwiegend wechselseitig mit diplomatischen Mitteln die Einhaltung völkerrechtlicher Normen und tauschten auf zwischenstaatlicher Ebene Informationen aus. Soweit Aufsichtsfunktionen nicht auf Dritte übertragen wurden, war in Situationen gegenseitiger Abhängigkeit meist die Selbsthilfe das Mittel zur Durchsetzung von Völkerrecht. Die Verwirklichung

---

60 Ähnlich *J. Wolf*, Haftung der Staaten, S. 30. Gleichwohl deutet vieles auf einen Prozess der Entstaatlichung, verstanden als "Privatisierung öffentlicher Aufgaben" (Stichwort: Globalisierung), hin. So etwa die Gedanken bei *J. Delbrück*, Global Governance, in: Bartosch/Wagner (Hrsg.), S. 55 m.w.N.

61 Zu dieser Entwicklung siehe *H. Wehberg*, Entwicklungsstufen, in: FW 52 (1953/55), S. 197-204; *H. Steiger*, Kontroll- und Durchsetzungsverfahren, in: v. Münch (Hrsg.), S. 649-676; *N. Blocker/S. Muller*, More Effective Supervision, in: dies (Hrsg.), S. 276-280; *P.-M. Dupuy*, International Control and State Responsibility, in: Ginther u.a. (Hrsg.), S. 307-309; *A. Bleckmann*, Völkerrecht, S. 237-241; *J. Delbrück*, Global Governance, in: Bartosch/Wagner (Hrsg.), S. 55-65.

staatengemeinschaftlicher Interessen durch multilaterale Vertragsregime erforderte nun aber Organe zur kollektiven Kontrolle der Beachtung der Übereinkommen. In der multilateralen Situation halfen Reziprozitätserwartung wie diplomatischer Schutz nicht mehr. Stetig nahmen nicht nur die zwischenstaatlichen Bindungen zu, mit den komplexer werdenden Beziehungen wuchs auch das Bedürfnis nach Transparenz und einer besseren Überprüfbarkeit der Vertragstreue anderer Parteien. Vor diesem Hintergrund entstanden erste Formen einer Aufsicht, bei der internationale Institutionen über die Einhaltung multilateraler Verträge wachten. Den Ausgangspunkt dieser Entwicklung bildet die Errichtung der für die Verwaltungsunionen charakteristischen internationalen Büros.[62] Auf verschiedenen Sektoren des unpolitischen Völkerrechts kam diesen als Organen die Aufgabe zu, die Erfüllung vertraglicher Pflichten zwischen den Parteien zu koordinieren, ohne jedoch in die Vorbehaltssphäre der Staaten eingreifen zu dürfen. Die Tätigkeit der Sekretariate bestand allein in einer Art "Briefkastenfunktion": Sie leiteten die aufgrund vertraglicher Nebenpflicht an das Büro übermittelten Nachrichten an andere Parteien weiter, ohne eine Auswertung vorzunehmen. Eine höhere Entwicklungsstufe erreichte das Aufsichtsrecht im Kontext der funktionalen Internationalisierung von Räumen. Sahen Kollektivverträge etwa die Errichtung einer mit Vertretern der Uferstaaten besetzten internationalen Kommission zur Verwaltung eines Flußlaufs vor, so kamen der Kommission über Koordinationsaufgaben hinaus regelmäßig auch Kontrollbefugnisse gegenüber den Staaten zu. Erstmals wurden damit vertragliche Gemeinschaftsorgane als Einheit der Staaten tätig, womit die Willensbildung und die Kontrolle auf dem Zusammenwirken aller Glieder beruhten. Hatte sich die Internationalisierung bislang vor allem auf den ökonomischen Bereich beschränkt, wurden mit zunehmender Kollektivierung der internationalen Beziehungen in ganz unterschiedlichen Sachbereichen spezielle Institutionen und Organisationen mit der Behandlung zwischenstaatlicher Aufgaben betraut. Sie verfügen über umfassende Kompetenzen nicht nur zur Informationssammlung, ihnen wurde zum Teil auch zugestanden, bei mangelnder Vertragstreue Maßnahmen zu ergreifen, um die Beachtung der Übereinkommen sicherzustellen. Den bisherigen Schlußpunkt einer Entwicklung zur Internationalisierung der Aufsicht bilden die Organe re-

62 Siehe die Verträge über den Weltpostverein (1874), den internationalen Fernmeldeverein (1864), die Unionen für Maße und Gewichte (1875), zum Schutz gewerblichen Eigentums (1883), zum Schutz von Werken der Kunst und Literatur (1886), den internationalen Eisenbahnfrachtverkehr (1890), die Errichtung eines Viehseuchenbüros (1924) und die Errichtung eines internationalen Weinbüros (1924). Dazu *H. Hahn,* Maßstab der internationalen Aufsicht, in: JIR 10 (1961), S. 2, 16; *I. Seidl-Hohenveldern/G. Loibl,* Internationale Organisationen, Rz. 0210.

gionaler, supranationaler Gemeinschaften.[63] Sie üben nicht nur Kontrollfunktionen aus, vielmehr haben die Staaten so weitgreifende Kompetenzen auf diese Organe übertragen, daß sie ihre Aufgaben ohne Rückbindung an nationale Stellen unmittelbar auch gegenüber innerstaatlichen Rechtssubjekten wahrnehmen können.

Zusammenfassend läßt sich eine Entwicklung von regimegebundenen Kontrollinstanzen bis hin zu unabhängigen, mit eigener Rechtspersönlichkeit ausgestatteten Internationlen Organisationen verzeichnen. Dabei kann jedoch keineswegs von einer linearen Entwicklung gesprochen werden. Vielmehr existieren in der gegenwärtigen internationalen Rechts- und Staatenpraxis unterschiedliche Formen völkerrechtlicher Aufsicht parallel nebeneinander.

Vor dem Hintergrund erster Erfahrungen mit den Aufsichtsverfahren der neuerrichteten Organisationen der internationalen Wirtschafts- und Finanzkooperation und einer Reihe nach dem Zweiten Weltkrieg geschaffener UN-Sonderorganisationen entwickelt ***Hahn*** seine Unterscheidung in *beobachtende* und *berichtigende Aufsicht*.[64] Nach seiner Auffassung umfaßt der Begriff der internationalen Aufsicht bzw. Kontrolle die Ermittlung von Tatsachen und ihre Auswertung, ihre Bewertung aufgrund eines Vergleichs mit dem normativen Richtmaß und – soweit erforderlich – Maßnahmen der Berichtigung, um einen völkerrechtskonformen Zustand zu erhalten bzw. wiederherzustellen.[65] Das entscheidende Kriterium für die Zuordnung zu einer der beiden Erscheinungsformen ist für *Hahn* das Vorhandensein institutionalisierter Sanktionsmöglichkeiten.

Die *beobachtende Aufsicht* verfügt über keine vertragsradizierten Befugnisse zur Berichtigung völkerrechtswidrigen Verhaltens.[66] Sie beruht auf dem Gedan-

63 Für supranationale Organisationen ist kennzeichnend, daß "*[...] die Integration der Mitgliedstaaten in diese Verbandseinheit bis in die innere Souveränitätssphäre der Staaten hineinreicht.*" Siehe *V. Epping*, in: Ipsen, § 6 Rn. 18.

64 *H. Hahn*, Internationale Kontrollen – Ein Beitrag zum Begriff und Bereich der Aufsicht im Friedensvölkerrecht, in: AVR 7 (1958/59), S. 88-112; *H. Hahn*, Der Maßstab der internationalen Aufsicht im Friedensvölkerrecht, in: JIR 10 (1961), S. 2-42; *H. Hahn*, International Controls, in: EPIL II (1995), S. 1079-1084. Der Differenzierung von *Hahn* folgen etwa *A. Verdross/B. Simma*, Völkerrecht, § 871.

65 *H. Hahn*, Internationale Kontrollen, in: AVR 7 (1958/59), S. 88, 90; *H. Hahn*, Maßstab der internationalen Aufsicht, in: JIR 10 (1961), S. 2, 3; *H. Hahn*, International Controls, in: EPIL II (1995), S. 1079.
Ähnlich auch *P.-M. Dupuy* (International Control and State Responsibility, S. 307 Fn. 1 u. S. 309) und *I. Lukashuk* (Control in Contemporary International Law, S. 5 m.w.N.), die im Sinne von *Hahns* beobachtender Kontrolle das Element der Berichtigung nur bedingt als Bestandteil internationaler Kontrollen ansehen.

66 Vgl. *H. Hahn*, Internationale Kontrollen, in: AVR 7 (1958/59), S. 88, 97-104; *H. Hahn*, Maßstab der internationalen Aufsicht, in: JIR 10 (1961), S. 2, 16-20.

ken, daß in der Völkerrechtspraxis schon die Tatsachenfeststellung gewönhnlich die Beseitigung normwidriger Zustände herbeiführen wird. Als *ultimum remedium* steht lediglich die "soziologische Sanktion" zur Verfügung, also die außerrechtliche und politische Ahndung von Pflichtverstößen. Insoweit kommt etwa die öffentliche Kundgabe von vertragswidrigem Verhalten in Betracht: Bereits die Androhung dieser Maßnahme sei geeignet, auf einen Staat den notwendigen Druck auszuüben und ihn zu veranlassen, zu völkerrechtskonformem Verhalten zurückzukehren.[67]

Im Gegensatz dazu ist die *berichtigende Aufsicht* mit institutionellen Sanktionsmöglichkeiten ausgestattet.[68] Ihr Ansatzpunkt ist das Ergebnis der beobachtenden Kontrolle, an das sie fördernde oder zwingende Maßnahmen anknüpft, um die Vertragstreue zu gewährleisten. Fördernde Mittel sind insbesondere Empfehlungen und Maßnahmen der Verwaltungshilfe, die bei Unvermögen die Erfüllung der Vertragspflichten erleichtern sollen. Als Zwangsmaßnahmen, deren Anwendung in das Ermessen vertraglicher Organe gestellt ist, kommen demgegenüber Sanktionen politischer, rechtlicher und wirtschaftlicher Art in Betracht. Soweit Übereinkommen ihren Aufsichtsorganen beide Kompetenzen, Beobachtung und Berichtigung gewähren, sind diese gewöhnlich auf verschiedene Organe verteilt.

Eine jedenfalls zum Teil vergleichbare funktionale Systematisierung von Kontrollverfahren nehmen ***van Dijk et al.*** in ihrer Untersuchung über das Aufsichtsrecht in Zusammenschlüssen zur internationalen Wirtschafts- und Finanzkooperation vor.[69] Den Ausgangspunkt ihrer Überlegungen bildet die von *Kaasik* erstellte Beschreibung der internationalen Aufsicht. Sie knüpfen an diese an, restrukturieren sie und ermitteln drei Funktionen: die Überprüfung staatlichen Verhaltens, seine Korrektur und, drittens, eine "kreative Funktion".[70] Während die *Überprüfung* dazu dient, einen bestimmten Ist-Zustand am Maßstab des Rechts zu messen, soll bei festgestellten Abweichungen durch *Korrekturen* versucht werden, den Einklang mit dem Völkerrecht wiederherzustellen. Insoweit

67 Zu Möglichkeiten und Grenzen dieser Einwirkung siehe die auf die ILO bezogene Untersuchung von *E. Landy*, Effectiveness of International Supervision, S. 151 ff.

68 Dazu *H. Hahn*, Internationale Kontrollen, in: AVR 7 (1958/59), S. 88, 104-112; *H. Hahn*, Maßstab der internationalen Aufsicht, in: JIR 10 (1961), S. 2, 20-37.

69 Grundlage bilden die Beiträge in dem Band *P. van Dijk u.a.* (Hrsg.), Supervisory Mechanisms in Internationale Economic Organisations (1984).

70 *G. van Hoof/K. de Vey Mestdagh*, Mechanisms of International Supervision, in: van Dijk u.a. (Hrsg.), S. 4-45, 11 ff. Eine Übertragung dieses Ansatzes auf das Recht der Rüstungskontrolle findet sich in den älteren Arbeiten von *Myjer*. Siehe etwa *E. Myjer*, Law of Arms Control and International Supervision, in: LeidenJIL 3 (1990), S. 102-103 und 105-107; *E. Myjer*, Supervisory Mechanisms and Dispute Settlement, in: Dahlitz (Hrsg.), S. 152.

dienen positive und negative Anreize, wie Beratung, Überzeugung und Sanktionen, als Rektifikationsmittel. Weil dabei aber Unklarheiten über den Bedeutungsgehalt vertraglicher Bestimmungen zu Tage treten können, dient schließlich eine *"kreative Funktion"* dazu, allgemein gehaltene Normen autoritativ zu interpretieren, um so ihre genaue Einhaltung zu ermöglichen.

Eine Fortentwicklung dieses Ansatzes speziell im Recht der Abrüstung und Rüstungskontrolle findet sich bei ***Myjer***.[71] Während er der Vertragsaufsicht zunächst ebenfalls drei Funktionen zuwies, greift er in seinen neueren Arbeiten auf diese zurück, verfeinert sie und fügt eine vierte hinzu: die *Auswertung*. Nach *Myjer* handelt es sich bei der Vertragsaufsicht nunmehr um ein dreistufiges Procedere der Sammlung von Tatsachen, ihrer Auswertung und – soweit erforderlich – der Ergreifung von Korrekturmaßnahmen. Diese Aufgaben begleitend tritt als vierte Funktion völkerrechtlicher Aufsicht schließlich die Interpretation vage gehaltener Vertragsvorschriften ("creative function") hinzu.[72]

In jüngerer Zeit haben sich verstärkt auch die Sozialwissenschaften mit der Verhinderung von Vollzugsdefiziten bei internationalen Vereinbarungen befaßt. Aus völkerrechtlicher Perspektive hat der Ansatz von ***Chayes/Chayes*** im Schrifttum breite Aufmerksamkeit erregt.[73] Ihre Theorie bemüht sich um einen Brückenschlag zwischen der Völkerrechtswissenschaft und der Theorie der internationalen Beziehungen und zielt auf ein partnerschaftliches System der Erfüllungskontrolle. Das von ihnen favorisierte Modell bezeichnen sie als "aktives Vertragsmanagement".[74] Den Hintergrund dieses Ansatzes bildet ein neues Ver-

71 *E. Myjer*, Non-Compliance Procedures and Their Function in International Law: The Case of the Chemical Weapons Convention, in: ASIL/NVIR Proceedings 4 (1997), S. 355-363; *E. Myjer*, A Reporting System on International Humanitarian Law: An Arms Control Law Experience (Typoskript); *E. Myjer*, Closer towards an International Arms Control Organization, in: ders. (Hrsg.), S. 61 ff.

72 Insoweit sieht er sich in Übereinstimmung mit *Chayes/Chayes*. Siehe *E. Myjer*, Non-Compliance Procedures, in: ASIL/NVIR Proceedings 4 (1997), S. 358, unter Verweis auf *A. Chayes/A.H. Chayes*, New Sovereignty, S. 25.

73 *A. Chayes/A.H. Chayes*, The New Sovereignty – Compliance with International Regulatory Agreements (1995). Eine Reihe weiterer Publikationen gehen der Untersuchung voraus bzw. bauen auf sie auf, in denen die Autoren ihre Theorie sukzessive entwickeln: *A. Chayes/A.H. Chayes*, From Law Enforcement to Dispute Settlement, in: International Security 14 (1990), S. 147-162; *A. Chayes/A.H. Chayes*, Living under a Treaty Regime, in: Chayes/Doty (Hrsg.), S. 197-216; *A. Chayes/A.H. Chayes*, On Compliance, in: International Organization 47 (1993), S. 175-205; *A. Chayes/A.H. Chayes/R. Mitchell*, Active Compliance Management, in: Lang (Hrsg.), S. 75-89; *A. Chayes*, Compliance without Enforcement, in: ASIL Proceedings 91 (1997), S. 53-56.

74 So schon dem Titel nach: *A. Chayes/A.H. Chayes/B. Mitchell*, Active Compliance Management, in: Lang (Hrsg.), S. 83 ff.

ständnis von Souveränität.[75] Nach dem Konzept der "new sovereignty" – letztlich Rezeption der *Friedmannschen* Beschreibung – kann der einzelne Staat heute seine Interessen nicht mehr isoliert und unabhängig von der Staatengemeinschaft verfolgen, vielmehr ist er in ein umfassendes Netz internationaler Beziehungen eingebunden, das durch regulative völkerrechtliche Übereinkommen ausgestaltet wird. Die Notwendigkeit, ein Teilnehmer dieses Systems zu sein, zwingt Staaten dazu, in völkerrechtliche Beziehungen einzutreten, aufgrund von Interdependenzen Aufsichtsbefugnisse an internationale Institutionen abzugeben und damit Beschränkungen ihrer Vorbehaltssphäre hinzunehmen.

Der Ansatz von *Chayes/Chayes* basiert auf zwei Ausgangsüberlegungen. Zunächst gehen die Autoren davon aus, daß Staaten grundsätzlich ihren völkerrechtlichen Pflichten nachkommen, allein Unvermögen führt zu Defiziten bei der Vertragserfüllung. Daneben weisen sie nach, daß Sanktionen als Instrumente routinemäßiger Rechtsdurchsetzung ungeeignet sind. Für ihre Ablehnung von Sanktionen, verstanden vor allem als militärische und wirtschaftliche Zwangsmaßnahmen, führen die Autoren drei Gründe an: Ihre ökonomischen und politischen Kosten sind oft sehr hoch, sie stehen selten auf einer gesicherten Rechtsgrundlage, vor allem aber ist ihre Wirksamkeit meist zweifelhaft.

Der ersten Überlegung liegt der insbesondere von Institutionalisten vertretene Gedanke zugrunde, daß völkerrechtlichen Übereinkommen ähnlich wie innerstaatlichem Recht verhaltenssteuernde Wirkung zukommt. Nach Art. 26 WVK binden Konventionen ihre Parteien und sind von diesen nach Treu und Glauben zu erfüllen. Haben die Beteiligten in die Vertragsverhandlungen ihre Interessen eingebracht und spiegelt das Ergebnis diese hinreichend wider, so ist von ihrem ernstlichen Bemühen um die Erfüllung vertraglicher Pflichten auszugehen. Fälle absichtlicher Nichterfüllung stellen damit eine Ausnahme, nicht aber die Regel dar. Insoweit berufen sie sich auf *Henkin,* der feststellt, daß *"[...] almost all nations observe almost all principles of international law and almost all of their obligations all of the time".*[76]

Nichterfüllung kann allerdings darauf beruhen, daß Verträge die Interessen der Parteien nicht ausreichend wiedergeben.[77] Häufiger noch führen normative Unschärfen ("ambiguity"), etwa im Sinne einer breiten Auslegbarkeit der Vorschriften, mangelnde Erfüllungsfähigkeiten ("capacity") und die fehlende Anpassungsfähigkeit der Verträge ("flexibility") an sich wandelnde politische, wirt-

---

75 *A. Chayes/A.H. Chayes,* New Sovereignty, S. 26-27.

76 *L. Henkin,* International Law, in: RdC 216 (1989), S. 1, 69.

77 *A. Chayes/A.H. Chayes,* On Compliance, in: International Organization 47 (1993), S. 187-197; *A. Chayes/A.H. Chayes,* The New Sovereignty, S. 9-17.

schaftliche und technische Rahmenbedingungen dazu, daß die Vertragsparteien ihren Pflichten nicht nachkommen.

In den Augen von *Chayes/Chayes* kann Vertragserfüllung nicht als "Alles-oder-Nichts"-Phänomen verstanden werden, vielmehr geht es um einen "acceptable level of compliance".[78] Ziel ist es, einen bestimmten Grad an Erfüllung zu erreichen. Insoweit dient das Prinzip der "kritischen Masse" als Anhaltspunkt: Die Vertragsparteien müssen ein so hohes Maß an Einhaltung erzielen, daß das ordnungsgemäße Funktionieren des Systems und seine Glaubwürdigkeit gewährleistet bleiben. Anders gewendet wird man einen gewissen Grad an Nichterfüllung oft tolerieren können. Wie hoch dieser ist, richtet sich nach dem Regelungsgegenstand der betreffenden Übereinkommen und nach ihrer Geltungsdauer.

Auf diesen Überlegungen aufbauend entwickeln die Autoren ihr Modell der Rechtsdurchsetzung, das "aktive Vertragsmanagement". Kernbestandteil des Systems sind "weiche" Instrumente der Rechtsdurchsetzung, deren Ziel die Überzeugung der Vertragsparteien mittels eines sich ständig wiederholenden Prozeßes ist. Zusammenarbeit und Unterstützung sollen dazu beitragen, ein ausreichendes Maß an Vertragserfüllung zu erreichen.

Vorbedigung für die Vertragstreue der Parteien ist nach *Chayes/Chayes* zunächst die Herstellung von Transparenz im Vertragssystem.[79] Unter Transparenz verstehen sie insoweit die Verfügbarkeit von und den Zugang zu Informationen über die genaue Bedeutung der Bestimmungen eines Vertrags und über das Erfüllungsverhalten der Beteiligten. Hieraus leiten sich für die Autoren drei Funktionen des institutionalisierten Vertragsmanagements, der Aufsicht, ab: Vertrauensbildung, Koordination und Kooperation sowie eine einheitliche Vertragsinterpretation.

Institutionalisierte Aufsichtsverfahren schaffen die Voraussetzungen für die notwendige Durchsichtigkeit und Offenheit des Vertragssystems. Sie vermögen damit einerseits zur *Vertrauensbildung* unter den Parteien hinsichtlich der Erfüllung ihrer Pflichten beizutragen, andererseits Fälle von Nichterfüllung aufzudecken. Transparenz kommt damit gleichsam präventive wie repressive Wirkung zu. Von besonderer Bedeutung ist Transparenz für Situationen der Kooperation: Erfordert die Verwirklichung eines bestimmten Ziels das gemeinschaftliche Zusammenwirken mehrerer Akteure, so werden diese die Regeln des Systems nur dann beachten, wenn sie sichergehen können, daß auch die anderen die Regeln einhalten. In dieser Situation gestattet Transparenz *bona fide* handelnden Partei-

---

78 *A. Chayes/A.H. Chayes,* On Compliance, in: International Organization 47 (1993), S. 197-204; *A. Chayes/A.H. Chayes,* New Sovereignty, S. 17-22.

79 *A. Chayes/A.H. Chayes,* New Sovereignty, S. 22-24, 135 ff.

en, ihre Vertragstreue unter Beweis zu stellen. Andererseits besteht die Möglichkeit, Fälle der Normabweichung aufzudecken. Daher wird regelmäßig schon das Risiko der Entdeckung von Vertragsbrüchen die Beteiligten dazu anhalten, ihre Pflichten zu erfüllen.

In den Augen von *Chayes/Chayes* dient ihr Modell der Erfüllungssicherung schließlich dazu, die genaue Bedeutung der Vertragsvorschriften zu ermitteln. Soweit Unschärfen Raum für Meinungsverschiedenheiten über den Bedeutungsgehalt von Tatbeständen eröffnen, können internationale Organe im Wege *autoritativer Interpretation* Streifragen über die Erfüllung von Vertragspflichten vorbeugen.

Im Rahmen des "aktiven Vertragsmanagements" soll überprüft werden, ob und ggf. inwieweit ein einzelner Vertragsstaat seine Verpflichtungen erfüllt. Aufbauend auf den Mitteln und Methoden zur Tatsachenermittlung, wie Staatenberichte, Inspektionsverfahren und Mitteilungen aus anderen Quellen, sollen die gewonnenen Informationen ausgewertet, die Gründe mangelnder Vertragstreue erörtert und bei Defiziten partnerschaftliche Lösungsstrategien entwickelt werden. Da ihre Theorie Nichterfüllung als atypisches Phänomen begreift, kommen als Möglichkeiten der Problembewältigung insbesondere technische und finanzielle Hilfe sowie Überzeugung in Betracht. Nur bei nachhaltiger Nichterfüllung sollen Druckmittel zum Einsatz kommen. Ziel des Prozeßes ist es, den Beitrag jedes einzelnen Mitglieds zu verbessern. Dafür können auch nichtstaatliche Organisationen und die Öffentlichkeit in den Dialogprozeß integriert werden.[80]

III. Zusammenfassung

Die obigen Überblicke über die Völkerrechtspraxis und die Lehre ließen im Grunde nur ein differenziertes Bild zeichnen, wenn den Einzelheiten detailliert Rechnung getragen werden sollte. Das war nicht das Ziel dieses Abschnitts. Vielmehr sollten anhand der Erscheinungsformen in der Rechtswirklichkeit und der Systematisierungsansätze im Schrifttum abstrakt bereichsübergreifende Elemente herausgearbeitet werden, die geeignet sind, das Institut der internationalen Aufsicht – oder sachlich gleichbedeutend der Kontrolle – näher zu charakterisieren.[81] Danach läßt sich in der gebotenen Kürze hier festhalten:

---

80 *A. Chayes/A.H. Chayes*, New Sovereignty, S. 250 ff.

81 Zur untrennbaren Verknüpfung der Begriffe Aufsicht und Erfüllungskontrolle siehe *W. Lang*, Compliance with Disarmament Obligations, in: ZaöRV 55 (1995), S. 69-70; sowie *W. Lang*, Monitoring or Compliance-Control, in: Szasz (Hrsg.), S. 255, je m.w.N.

In dem hier vertretenen Sinne beruht die internationale Aufsicht stets auf einer Willenseinigung der Beteiligten in der Gestalt völkerrechtlicher Übereinkommen. Sie gibt die Rechtsgrundlagen und den Maßstab der Kontrolle vor. Internationale Aufsichtsverfahren dienen dem Zweck, die Übereinstimmung der Rechtssubjekte mit völkerrechtlichen Verträgen zu gewährleisten und wiederherzustellen. Im Einzelfall können ferner mit dem Einwand der Nichterfüllung erhobene Beschwerden der Überprüfung dienen, ob die betreffenden Parteien ihre Pflichten einhalten oder nicht. Für diese *ad hoc*-Kontrollen sind auf den Gebieten des Menschenrechtsschutzes und beim Wirtschaftsvölkerrecht gerichtliche Modalitäten der Streitentscheidung geschaffen worden, welche Bestandteile der Überwachungssysteme sind. Sie sind Ausdruck eines vergleichsweise hohen Integrationsstandards wie einer weitgehenden Verrechtlichung der betreffenden Sachbereiche.

In der ersten Phase umfaßt die internationale Aufsicht – anders als der diplomatische Schutz – stets die Ermittlung erfüllungsrelevanter Tatsachen mit völkervertraglich festgelegten Mitteln und Verfahren. Dabei besteht jedoch kein *numerus clausus* der Instrumente des "fact finding". Vielmehr sind die einzelnen Maßnahmen bereichsspezifisch ausgestaltet und reichen von einer außenstehenden Beobachtung bis zu (freiwilligen) Besichtigungen an Ort und Stelle. Verfahren des Austauschs staatlicher Mitteilungen und Berichte finden sich in allen Bereichen des Völkerrechts. Je nach Zielrichtung dienen die Mechanismen einer präventiven oder repressiven Faktenermittlung: Routinemäßige Überwachungsmaßnahmen kommen von Einzelfällen losgelöst zum Einsatz und erlangen durch die Herstellung von Transparenz vertrauensbildende Wirkung. Sie geben *bona fide* handelnden Vertragsparteien Gelegenheit, ihre Vertragstreue unter Beweis zu stellen, und entfalten potentiellen Rechtsbrechern gegenüber abschreckende Wirkung. Sie setzen gewöhnlich vor dem Eintreten von Vertragsverletzungen an und sind geeignet, positive Lösungen herbeizuführen, bevor Durchführungsprobleme sich zu Streitfragen entwickeln. Die mit der Vermutung der Nichterfüllung ausgelösten Einzelfallkontrollen kommen dagegen meist zu spät, um Vertragsverletzungen noch zu verhindern. Sie beruhen auf dem Gedanken des überprüften Mißtrauens und entfalten vor allem repressive Wirkung.

Besteht, wie beim diplomatischen Schutz, nicht einmal die Möglichkeit einer institutionalisierten Evaluierung ermittelter Fakten, so kann nur von einer Vorform der Aufsicht gesprochen werden. Häufig wird auch schon die reine Tatsachenfeststellung geeignet sein, Staaten zur Erfüllung ihrer völkerrechtlichen Pflichten anzuhalten. In jüngeren Verträgen gehen die Kompetenzen der Institutionen und Organisationen zunehmend weiter über eine reine Beobachtung hinaus. Sie schaffen Behörden, die nach Würdigung der ermittelten Tatsachen auch konkrete Feststellungen am Maßstab des Völkerrechts treffen können. Einige Institutionen und Organisationen können ferner durch positive oder negative Anreize ("carrots", "sticks") auf die Beseitigung völkerrechtswidriger Zustände hinwirken. Während zum Teil nur Empfehlungen und Stellungnahmen als Maßnahmen zur Wiederherstellung der Vertragstreue vorgesehen wurden, kennen einige Normkomplexe durchgreifende ökonomische und rechtliche Beuge- und Zwangsmittel. Beim Umweltvölkerrecht, wo Vollzugsdefizite öfter auf Unvermögen der Parteien als auf Vorsatz beruhen, sehen völkerrechtliche Verträge daher nunmehr ausdrücklich auch Maßnahmen der Verwaltungshilfe und Unterstützung vor.

B. Vergleichende Würdigung der Aufsichtsverfahren im Recht der Abrüstung und Rüstungskontrolle

Das schlichte Vertrauen darauf, daß die Parteien die von ihnen geschlossenen Verträge infolge des allgemeinen Rechtsprinzips des *pacta sunt servanda* nach Treu und Glauben erfüllen,[82] wurde auf dem Gebiet der Abrüstung und Rüstungskontrolle früh als unzureichend empfunden. Schon bei Beginn der Beratungen über eine "allgemeine und vollständige Abrüstung" wurde deutlich, daß vertragliche Beschränkungen der nationalen Sicherheit nur dann übernommen werden, wenn die Durchführung der einschlägigen Regelungen und Verbote überwacht und so eine möglichst hohe Gewähr für ihre Einhaltung geboten wird. Den Hintergrund dieser Überlegungen bildete das Leitmotiv des "Vertrauen ist gut, Kontrolle ist besser".[83]

Mittlerweile zählen Bestimmungen über die Erfüllungskontrolle zu den typischen Bestandteilen bi- und multilateraler Verträge der Abrüstung und Rüstungsbeschränkung. Genauer gesagt haben sich die Parteien der Übereinkommen verpflichtet, anderen Parteien und vertraglich geschaffenen Institutionen die Überwachung durch bestimmte Mittel zu gestatten und zu ermöglichen. Der entscheidende Fortschritt in Sachen Rüstungskontrolle wurde daher bereits Ende der 1980er Jahre zutreffend *"[...] in der Verifikation: in der kooperativen Einhaltungskontrolle, besonders in der kurzfristig angekündigten Inspektion vor Ort ohne Ablehnungsrecht"* gesehen.[84] Die Entwicklung ist seitdem nicht stehen ge-

---

82 Vgl. Art. 26 WVK.

83 So der frühere US-Präsident *R. Reagan* unter Rückgriff auf das russische Sprichwort "Doverayai, no proveryai". Siehe New York Times v. 12. Juni 1987, S. 12. Dazu *G. Schöllgen,* Vertrauen ist gut, Kontrolle ist besser, in: FAZ v. 18. April 2001.

84 So *W. Vitzthum,* Rechtsfragen der Rüstungskontrolle, in: BDGV 30 (1990), S. 95, 104; siehe auch *T. Marauhn,* Durchsetzung von Rüstungskontrollvereinbarungen, in: FW 74 (1999), S. 159, 162.

blieben. Vielmehr haben die bei der Rüstungsbeschränkung entwickelten Techniken nachweislich Anstoß zu qualitativen Veränderungen der Rechtsdurchsetzung in anderen Bereichen des Völkerrechts, etwa beim internationalen Umweltschutz, gegeben.[85]

Die nachfolgenden Abschnitte behandeln die Aufsichtsverfahren der geltenden Abrüstungs- und Rüstungskontrollverträge. Die Vertragsaufsicht läßt sich hier wie im nicht rüstungsbezogenen Völkerrecht als ein mehrstufiger Vorgang begreifen, der zunächst die Ermittlung, Überprüfung und Auswertung erfüllungsrelevanter Informationen und Daten zum Gegenstand hat. Die Durchführung eines Vertrags und die Einhaltung der Pflichten können nur dann überwacht werden, wenn die notwendigen Informationen über das Verhalten der Parteien vorliegen. Erst wenn also durch den Einsatz verschiedener Verfahren des "fact finding" ein genaues Lagebild gezeichnet wurde, läßt sich durch Auswertung und Würdigung der Tatsachen feststellen, ob ein Fall mangelhafter Erfüllung vorliegt. Soweit die Verträge bestimmte Reaktionsmöglichkeiten vorsehen, deren Einsatz dann für notwendig erachtet wird, können diese in einem zweiten Schritt ergriffen werden.

I. Verfahren der Tatsachenermittlung und Auswertung (Verifikation)

Versteht man die internationale Aufsicht als umfassendes Konzept, so besteht ihre erste Phase in der Ermittlung erfüllungsrelevanter Informationen und Daten und deren Auswertung. Ziel dieser Anstrengungen ist es, durch die Beobachtung staatlichen Verhaltens zu untersuchen und festzustellen, ob die Parteien rüstungsbeschränkender Übereinkommen die übernommenen Verpflichtungen einhalten. In den Verhandlungen und den Texten einiger jüngerer Verträge im Bereich der Abrüstung und Rüstungskontrolle,[86] vor allem aber im Schrifttum wur-

---

85 Siehe dazu *U. Beyerlin/T. Marauhn*, Rechtsetzung im Umweltvölkerrecht, S. 73 ff.; sowie ausführlich *S. Orava*, Carryover of Arms Control Verification Procedures to International Environmental Law, in: Georgetown IELR 5 (1992), S. 151-176.

86 Die Terminologie der Vertragstexte ist nicht einheitlich. Bei den jüngeren Kollektivverträgen findet sich der Begriff etwa in Art. IV CTB-Vertrag ("Verifikation") und im Anhang zum CW-Übereinkommen über die Durchführung und Verifikation ("Verifikationsanhang"). Die Verträge über kernwaffenfreie Zonen verwenden den Begriff nicht; sie bezeichnen die Regime der Erfüllungskontrolle vielmehr als "control systems" (vgl. Art. 12 Tlatelolco-Vertrag und entsprechend Art. 8 Rarotonga- und Art. 10 Bangkok-Vertrag).
Rechtstheoretisch liegt hier die Vermutung nahe, daß durch Wahl des Begriffs "Verifikation" zum Ausdruck gebracht werden sollte, daß es sich bei der Überwachung um den Versuch handelt, ein "perfektes", d.h. den objektiven Nachweis der Einhal-

de für diesen Vorgang der Ausdruck der ***Verifikation*** geprägt. Wörtlich genommen bedeutet der Begriff, der aus dem Englischen stammt und von naturwissenschaftlichen und technologischen Sichtweisen bestimmt ist,[87] "to make sure of the truth". Für den vorliegenden Kontext wurde er dahin definiert, daß er *"[...] die Gesamtheit aller Bemühungen, die Einhaltung von Rüstungskontrollvereinbarungen zu überprüfen, durch Entdeckungswahrscheinlichkeit von Vertragsverletzungen abzuhalten und objektivierbare informationelle Voraussetzungen für Reaktionen zu schaffen"*, bezeichnet.[88] Die Verifikation steht demnach für den koordinierten und aufeinander abgestimmten Einsatz all derjenigen Mittel und Methoden, die in bi- und multilateralen Abkommen für die Feststellung dienen, daß das Verhalten der Mitglieder nicht in Widerspruch zu ihren vertraglichen Bindungen steht.[89] Verifikation ist folglich Teil der Regime internationaler Kontrolle.[90] Sie dient dem Zweck, durch die Herstellung von Transparenz das öffentliche Vertrauen in die Einhaltung der Verträge zu stärken und durch die Wahrscheinlichkeit der Entdeckung die Parteien von völkerrechtswidrigem Tun oder Unterlassen abzuhalten.[91]

Umstritten sind vor allem die für die Verifikation in Betracht kommenden Rechtsgrundlagen wie die genaue Reichweite des Konzepts.[92] Die Frage, ob als

---

tung der Vereinbarungen führendes System zu schaffen, wie *J. Delbrück* (Verifikation, in: ders. [Hrsg.], S. 1327, 1331) zu Recht betont.

87 Näher *J. Delbrück*, ibid., S. 1327, 1331. Siehe ferner *S. Sur*, Vérification en matière de désarmement, in: RdC 273 (1998), S. 9, insb. 35, 37 ff., und *W. Lang*, Compliance with Disarmament Obligations, in: ZaöRV 55 (1995), S. 69, 70.

88 So *W. Vitzthum*, Rechtsfragen der Rüstungskontrolle, in: BDGV 30 (1990), S. 95, 120 f.; ihm folgend *T. Marauhn*, Durchsetzung von Rüstungskonrollvereinbarungen, in: FW 74 (1999), S. 159, 175.
Für entsprechende, in der Regel jedoch weniger final geprägte Begriffsbestimmungen siehe etwa *W. Lang*, Compliance with Disarmament Obligations, in: ZaöRV 55 (1995), 69, 70; *W. Lang*, Monitoring or Compliance Control?, in: Szasz (Hrsg.), S. 255; *M. Bothe*, Verification of Facts, in: EPIL IV (2000), S. 1264, 1265; *R. Hanski*, On-Site Inspection, in: Bothe u.a. (Hrsg.), S. 37; *L. Sohn*, Verification Dilemmas, in: Diehl/Johnson (Hrsg.), S. 190, 193.

89 *S. Sur*, General Considerations on Verification, in: Sur (Hrsg.), S. 13, 13; siehe auch *S. Sur*, Vérification en matière de désarmament, in: RdC 273 (1998), S. 9, 39 ff.

90 So *M. Bothe*, Verification of Facts, in: EPIL IV (2000), S. 1264, 1265.

91 Zur vertrauensbildenden Funktion von Transparenz siehe statt aller *A. Chayes/A.H. Chayes*, New Sovereignty, S. 135-153; vgl. ferner *S. Oeter*, Inspection in International Law, in: Netherlands YIL 28 (1997), S. 101, 106 ff.

92 So setzen einige den Begriff "Monitoring" mit Verifikation gleich. Nach Auffassung der US-amerikanischen Regierung, der insoweit zuzustimmen ist, bezieht sich Monitoring allein auf die Sammlung von Daten in Hinblick auf eine Verpflichtung, während Verifikation weitergehend auch die (politische) Auswertung erfaßt einschließlich der Feststellung, ob eine Partei ihre Verpflichtungen erfüllt hat oder nicht. Vgl. *E. Ifft*,

normativer Sollensmaßstab neben internationalen Verträgen[93] auch anderweitige Bindungen in Betracht kommen,[94] bedarf hier nicht der Beantwortung. Denn die vorliegende Untersuchung versteht die Verifikation als einen Teil der internationalen Aufsicht, die ihrerseits stets auf vertraglichen Grundlagen beruht. Der Begriff der Verifikation wird daher nur im Zusammenhang solcher Verpflichtungen gesehen werden können, die sich aus rüstungsbeschränkenden Übereinkommen ergeben. Anders steht es mit der Frage, ob der Verifikationsgedanke auch die Korrektur abweichenden Verhaltens umfaßt. Dies wird zwar zum Teil angenommen,[95] die vorliegende Untersuchung folgt dem jedoch nicht. Gegenstand der Verifikation sind vielmehr allein *"[...] Aufklärung, Beobachtung, Analyse und Bewertung der vertragsrelevanten Aktivitäten"*, wofür es in der Regel eines *"[...] erheblichen technischen Instrumentariums"* bedarf.[96] Maßnahmen der Berichtigung im Falle festgestellter Vertragsverletzungen werden von dem Konzept nicht erfaßt.[97] Enthalten die Verträge dahingehende Regelungen, so stellt die institutionalisierte Berichtigung vielmehr einen eigenen Abschnitt, die zweite Phase der internationalen Aufsicht, dar.

Use of On-Site Inspections, in: Dahlitz (Hrsg.), S. 9 Fn. 1. Siehe ferner *W. Lang*, Monitoring or Compliance Control?, in: Szasz (Hrsg.), S. 255 ff., der beide Begriffe parallel verwendet. Zu den Abgrenzungsproblemen auch *S. Oeter*, Inspection in International Law, in: Netherlands YIL 28 (1997), S. 101, 106; *L. Sohn*, Verification Dilemmas, in: Diehl/Johnson (Hrsg.), S. 190, 192 f., sowie *M. Bothe*, Verification of Facts, in: EPIL IV (2000), S. 1264, 1265.

93 So etwa die Begriffsbildung der ersten UN-Studie über "Verfication in All Its Aspects", UN-Doc. A/45/372 v. 28. August 1990, Para. 12. In diesem Sinne pointiert auch *T. Slink*, Satellitenfernerkundung zur Verifikation, S. 25: *"Verifikation [ist] ein spezifischer, vertagsgebundener [...] Prozeß [...]."*

94 So die zweite UN-Studie, die mit dem Ausdruck nicht nur vertragliche Pflichten assoziiert, sondern namentlich vor dem Hintergrund des Vorgehens der UN im Irak betont, daß als Richtmaß der Verifikation neben bi- und multilateralen Verträgen auch anderweitige Verpflichtungen (u.a. aus Entscheidungen Internationaler Organisationen und einseitig übernommene Verpflichtungen) in Betracht kommen können. Verification in All Its Aspects, UN-Doc. A/50/377 v. 22. September 1995, Para. 15.

95 Etwa bei *T. Slink*, Satellitenfernerkundung und Verifikation, S. 29 m.w.N.

96 *W. Vitzthum*, Rechtsfragen der Rüstungskontrolle, in: BDGV 30 (1990), S. 95, 120 f.

97 So deutlich die erste UN-Studie, "Verification in All Its Aspects", UN-Doc. A/45/372 v. 28. August 1998, Para. 14; siehe ferner *A. Rosas*, Concept of Verification, in: Hanski u.a. (Hrsg.), 1. Kapitel (ohne Seitenangabe); *R. Hanski*, On-Site Inspection, in: Bothe u.a. (Hrsg.), S. 37, 37: *"Concrete actions in order to achieve compliance are not included."* Im Ergebnis folgt dem auch *H. Hahn*, der in seiner am nichtrüstungsbezogenen Völkerrecht entwickelten Terminologie zwischen "beobachtender" und "berichtigender" Aufsicht unterscheidet. Siehe *H. Hahn*, Internationale Kontrollen, in: AVR 7 (1958/59), S. 88, 90 ff.; *H. Hahn*, Maßstab der internationalen Aufsicht, in: JIR 10 (1961), S. 2, 16 ff.; 23 ff.

Die folgende Analyse der Verifikationsverfahren orientiert sich an ihrer zeitlichen Abfolge und funktionalen Stufung in den Verträgen der Abrüstung und Rüstungskontrolle. Für diese Systematisierung sind zwei Kriterien maßgeblich: Nach dem Grad der durch die kontrollierten Rechtssubjekte geforderten Mitwirkung bei der Aufklärung sind nationale und kooperative Maßnahmen des "fact finding" zu trennen.[98] Weiter läßt sich eine Unterscheidung danach vornehmen, inwieweit die betreffenden Verfahren Eingriffe in den Bereich staatlicher Souveränität vornehmen.

Folgt man dieser Systematisierung, so steht auf einer ersten Stufe die Kontrolle mit "Nationalen technischen Mitteln". Der vertraglich geregelte Einsatz nationaler Instrumente erfolgt ohne Eingriff in die staatliche Souveränität. Im Übrigen macht er auch andere Mitwirkungshandlungen der überwachten Vertragsstaaten meist entbehrlich.

Diesen Mitteln schließen sich Informationspflichten und Berichtsverfahren an. Auch der Datenaustausch ist eine souveränitätsschonende Kontrolltechnik, die auf den staatlichen Vorbehaltsbereich keinen Zugriff nimmt. Funktionsfähigkeit und Wirksamkeit dieser Verfahren hängen jedoch ganz entscheidend von der Kooperation der beteiligten Vertragsstaaten ab.

Auf der dritten Stufe schließlich stehen die Instrumente der Vor-Ort-Kontrolle. Das Kennzeichen der Inspektionen an Ort und Stelle besteht darin, daß die von den Parteien oder Internationalen Organisationen entsandten Kontrolleure in besonders aufdringlicher Weise Eingriffe in die staatliche Souveränität vornehmen. Ungeachtet ihrer vertraglichen Absicherung sind entsprechende Maßnahmen jedoch nur bei Mitwirkung der überwachten Rechtssubjekte ausführbar. Kooperation ist hier also Grundvoraussetzung der Kontrolle. Inspektionsverfahren gehören zu den das Recht der Rüstungsbeschränkung am stärksten prägenden Modalitäten der Erfüllungskontrolle.

1. Kontrolle mit nationalen Mitteln

Seit Anfang der 1970er Jahre sehen namentlich die bilateralen Abkommen den Einsatz "Nationaler technischer Mittel" vor, um die Einhaltung der Abrüstungs- und Rüstungskontrollbestimmungen zu überwachen. Neben dieser Kontrollmethode wurde 1996 im UMFASSENDEN TESTSTOPP-VERTRAG ein "Internationales Überwachungssystem" vereinbart. Daß auch dieses seinem Grundgedanken

98 Zu diesem Systematisierungsansatz siehe auch *D. Koplow,* Arms Control Inspection, in: NYULR 63 (1988), S. 229, 240 ff.; *W. Lang,* Compliance with Disarmament Obligations, in: ZaöRV 33 (1995), S. 69, 73 f.; sowie *M. Merle,* Le contrôle exercé par les organisations internationales, in: AFDI 5 (1959), S. 411, 424-429.

nach – entgegen der Bezeichnung – eine Überwachung mit nationalen Mitteln darstellt, wird nachzuweisen sein.

a) Nationale technische Mittel (NTM)

Frühe multilaterale Übereinkommen der Rüstungsbeschränkung enthalten keine Bestimmungen über den Einsatz nationaler, d.h. innerstaatlicher technischer Mittel zur Tatsachenfeststellung.[99] Ausdrückliche Erwähnung finden innerstaatliche Instrumente des "fact finding" erstmals in den SALT I-ABKOMMEN von 1972. Im ABM-VERTRAG[100] heißt es:

---

99 Ohne daß dies hier umfassend ausgeführt werden könnte, legen die Vertragstexte und die Begleitumstände eine stillschweigende Verständigung der Parteien über den Einsatz nationaler Kontrollmittel nahe:
Nach Art. III Abs. 1 Meeresboden-Vertrag *überprüfen* die Parteien *durch Beobachtung* der Tätigkeit anderer Vertragsstaaten deren Einhaltung des Vertrags. Siehe dazu *E. Myjer,* Supervisory Mechanisms, in: Dahlitz (Hrsg.), S. 149, 156; *A. Malion,* The Sea-Bed Treaty, in: Sur (Hrsg.), S. 191, 192; *L. Migliorino,* Seabed Treaty, in: Ronzitti (Hrsg.), S. 595, 617 ff.
Nach Art. XV Abs. 1 Mond-Vertrag *vergewissert* sich jeder Staat, daß die Tätigkeiten anderer Staaten in Übereinstimmung mit dem Vertrag sind. Nach Art. VII Abs. 4 Antarktis-Vertrag ist es jeder Partei, die ein Recht auf Ernennung von Beobachtern hat, gestattet, *Luftbeobachtungen* über der Antarktis durchzuführen. Diese Vorschrift soll auch die Satelliten-Fernerkundung umfassen. So *M. Voelckel,* Inspection en Antarctique, in: Fischer/Vignes (Hrsg.), S. 223, 235, und *G. Cottereau,* Antarctic Treaty, in: Sur (Hrsg.), S. 67, 78. Zu allen drei Verträgen auch *K. Stendahl,* Verification in the Global Commons, in: Bothe u.a. (Hrsg.), S. 59, 71 ff., die die Abhängigkeit der Verifikationsregime dieser Verträge von nationalen technischen Mitteln kritisiert (S. 77). – Schließlich gewährt Art. VI Abs. 1 BW-Übereinkommen jeder Vertragspartei das Recht, Beschwerde beim UN-Sicherheitsrat einzulegen, wenn ein anderer Vertragsstaat das Übereinkommen verletzt, ohne daß der Vertrag explizite Kontrollvorschriften aufweist. Hieraus zieht etwa *E. Myjer* (Closer Towards an International Arms Control Organization, in: ders. [Hrsg.], S. 61, 70), den Schluß, daß die Parteien mangels anderweitiger Regelungen auf NTM angewiesen sind.
Der partielle Teststopp-Vertrag (1963) enthält keinerlei Hinweise auf eine Verifikation durch nationale technische Mittel. Daß die USA im Jahr 1963 zwei spezielle Fernerkundungssatelliten starteten und eine Reihe seismologischer Überwachungsstationen errichteten, legt nahe, daß man hier zumindest stillschweigend von einer Kontrolle mit NTM ausging. Siehe *K. Abbott,* Trust but Verify, in: Cornell ILJ 26 (1993), S. 1, 33 u. Fn. 11; *T. Slink,* Satellitenfernerkundung, S. 127 m.w.N.

100 Übereinstimmende Regelungen finden sich in Art. V Interims-Abkommen und Art. XV SALT II-Abkommen.

"Artikel XII

(1) Um eine Gewähr für die Einhaltung dieses Vertrags zu bieten, wird jede Vertragspartei die ihr zur Verfügung stehenden innerstaatlichen technischen Nachprüfungsmittel in einer Weise einsetzen, die mit den allgemein anerkannten Grundsätzen des Völkerrechts in Einklang steht.

[...]"

Vergleichbare Vorschriften über den Einsatz nationaler technischer Methoden der Erfüllungskontrolle finden sich in allen späteren bilateralen Verträgen über Mittel- und Langstreckenwaffen[101], den bilateralen Abkommen über Kernversuche[102] sowie in zwei multilateralen Übereinkommen über Kernversuche und konventionelle Waffen[103]. Während entsprechende Klauseln sich regelmäßig auf den Gebrauch der Mittel durch eine einzelne Vertragspartei beziehen, sieht der KSE-VERTRAG ausdrücklich die Möglichkeit *kooperativer Verifikation* durch mehrere Parteien vor, wenn er den Einsatz *"[...] nationaler oder **multinationaler** technischer Mittel"* eröffnet.[104] Diese Bestimmung reflektiert die dem Vertrag bis ins Jahr 1990 zugrundeliegende Sicherheitsarchitektur. Parteien, die demselben Militärbündnis angehören, können durch den Einsatz innerstaatlicher Methoden gewonnene Erkenntnisse untereinander austauschen. Über die Datenweitergabe hinaus besteht ferner die Möglichkeit echter kooperativer Verifikation durch staatengemeinschaftliche Mittel. Ziel des gemeinschaftlichen Einsatzes ist es, die Wirksamkeit der Verifikation zu verbessern und zugleich die mit der Fernüberwachung verbundenen Kosten zu reduzieren.[105]

101 Art. XII Abs. 1 INF-Vertrag; Art. IX Abs. 1 START I-Vertrag. Auf das START II-Abkommen finden gemäß seinem Art. V Abs. 1 grundsätzlich die Verifikationsvorschriften des START I-Vertrags Anwendung. Soweit nicht ausdrücklich anders bestimmt, gelten nachfolgende Hinweise auf den START I- daher für den START II-Vertrag.

102 Art II Testschwellen-Vertrag (TTBT, 1974); Art. IV Vertrag über friedliche Kernexplosionen (PNET, 1976).

103 Art. XV Abs. 1 KSE-Vertrag (1990) sieht eine Überwachung mit innerstaatlichen Mitteln vor. Siehe ferner Art. IV Abs. 5 umfassender Teststopp-Vertrag (CTBT): Mit dieser Vorschrift hat sich die Verhandlungsposition der westlichen Staaten durchgesetzt, die den Einsatz nationaler Mittel zur Ergänzung der Informationen aus dem Internationalen Überwachungssystem gefordert hatten. Zu den verschiedenen Verhandlungspositionen und ihren Hintergründen siehe den Bericht von *W. Hoffmann,* CTBT Verification System, in: Disarmament 18 (1995), S. 70, 82.

104 Vgl. Art. XV Abs. 1 KSE-Vertrag [Hervorhebung v. Verf.].

105 Die Regelung bleibt auch nach der 1999 angepaßten Fassung des Vertrags erhalten. Zum Hintergrund dieser Regelung siehe *P. Dunay,* Verifying Conventional Arms Limitations, S. 82 f.; *P. Lewis,* Verifying the CFE Agreement, in: Croft (Hrsg.), S. 187 ff., beschreibt die verschiedenen, im Ergebnis gescheiterten Pläne zur Er-

Im Folgenden wird zu untersuchen sein, wie die genannten Verträge die Verifikation durch Nationale technische Mittel ausgestalten, vor allem unter welchen völkerrechtlichen Rahmenbedingungen der Einsatz erfolgt.[106]

aa) Begriff "Nationale technische Mittel"

"Nationale technische Mittel" sind in den Übereinkommen nicht definiert.[107] Ursache für das Fehlen einer Begriffsbestimmung ist zunächst, daß die Parteien die ihnen zur Verfügung stehenden Instrumente nicht offen legen wollten. Die Nennung erlaubter Mittel hätte anderen Parteien Einblick in den Entwicklungsstand und die technischen Möglichkeiten eines Staates gegeben. Durch eine Aufzählung wäre eine abschließende Begriffsbestimmung geschaffen worden, die den Verträgen die im Hinblick auf die Entwicklung und den Einsatz neuer Mittel wünschenswerte Flexibilität genommen hätte.

Gleichwohl ergibt sich schon aus dem Begriff "Nationale technische Mittel", daß hierzu alle Instrumente und Einrichtungen zählen, die regelmäßig der Kontrolle nur eines Staates unterliegen, um sie zur Überwachung bestimmter Aktivitäten auf dem Territorium anderer Staaten einzusetzen, ohne daß dafür der Zugang zum Staatsgebiet oder die Kooperation der beobachteten Mächte erforderlich wäre.[108] Gemeint sind Mittel der Fernerkundung, wie Seismographen, Radarstationen und andere Formen einseitiger Informationsbeschaffung, vor allem aber Satelliten.[109]

---

richtung eines gemeineuropäischen Satellitensystems. Allein Frankreich gelang es, Spanien und Italien für eine Kooperation bei seinem "Helios-Projekt" zu gewinnen.

106 Zu den technischen Fragen der Überwachung mit nationalen Mitteln siehe *R. Kokoski,* National Technical Means, in: Kokoski/Koulik (Hrsg.), S. 17-55.

107 Zum Fehlen einer Begriffsbestimmung vgl. in Hinblick auf die SALT-Abkommen *J. Rhinelander,* SALT I Agreements, in: Willrich/Rhinelander (Hrsg.), S. 139; *J. Rhinelander/S. Wasserman Goodman,* Legal Environment, in: Chayes/Doty (Hrsg.), S. 50 f.; *N. Calvo-Goller/M. Calvo,* SALT Agreements, S. 271 f.; für die SALT- und die anderen Verträge etwa *G. Lysén,* Law of Disarmament, S. 204; *B. Schmidt am Busch,* Amerikanisch-Sowjetische Rüstungskontrollabkommen, S.117 f.

108 Siehe *H. Blix,* Development Since the First Hague Peace Conference (1999), Para. 243; *B. Schmidt am Busch,* ibid., S. 117, sowie *J. Rhinelander/S. Wasserman Goodman,* Legal Environment, in: Chayes/Doty (Hrsg.), S. 50 f.

109 Vgl. *H. Blix,* ibid.; *D. Classen,* Fernerkundung und Völkerrecht, S. 83 m.z.N.; *J. Rhinelander,* SALT I Agreements, in: Willrich/Rhinelander (Hrsg.), S. 139; *N. Calvo-Goller/M. Calvo,* SALT Agreements, S. 229, 271; *G. Lysén,* Law of Disarmament, S. 205; *J. Goldblat,* Arms Control, S. 214.
Zur Unterscheidung zwischen erlaubter Fernerkundung durch Satelliten und Spionagetätigkeit siehe *W. Vitzthum,* Rechtsfragen der Rüstungskontrolle, in: BDGV 30

bb) Einleitung und Gegenstand des Kontrollverfahrens

Recht allgemein formuliert der ABM-VERTRAG die Zweckbestimmung der Kontrolle durch innerstaatliche Mittel als "Gewähr für die Einhaltung des Vertrags".[110] Nähere Hinweise auf die ***Einleitung*** des Kontrollverfahrens lassen sich auch entsprechenden Vorschriften anderer Übereinkommen nicht entnehmen. Das Fehlen spezieller Regelungen legt *e contrario* nahe, daß Nationale technische Mittel *Instrumente der Routinekontrolle* sind. Von besonderen Ereignissen losgelöst dienen sie zur fortlaufenden Überwachung der Vertragserfüllung. Im Gegensatz zu anderen Maßnahmen routinemäßiger Überwachung ist ihr Ziel aber nicht unmittelbar die Verhinderung der Nichterfüllung, sondern vor allem deren Aufdeckung. Nationale Mittel sollen Vertragsverletzungen unter das Risiko der Entdeckung stellen und die Parteien so von derartigem Tun oder Unterlassen abhalten.

Weiter ist bemerkenswert, daß die Verträge keine spezifischen Vorschriften über den genauen ***Überwachungsgegenstand*** enthalten. Vielmehr nehmen die Kontrollklauseln insoweit auf den gesamten materiellen Regelungsgehalt Bezug, wenn es heißt, daß der Einsatz nationaler Instrumente *"[...] eine Gewähr für die Einhaltung [des] Vertrags"* bieten soll.[111] Schon aus technischen Gründen wird es jedoch kaum möglich sein, die mittels Fernerkundung durchgeführte Überwachung gezielt zu begrenzen. Im Gegensatz zu einer Kontrolle durch Staatenberichte etwa läßt sich die Ermittlung von Fakten bei der Fernerkundung ja nur in begrenztem Umfang selektiv steuern.[112]

cc) Völkerrechtsgemäßer Einsatz

Dem ABM-VERTRAG entsprechend bestimmen die anderen Übereinkommen, daß die Vertragsparteien Nationale technische Mittel nur in Einklang mit den allgemein anerkannten Grundsätzen des Völkerrechts einsetzen. Mit dieser Formulierung wollten die Staaten zum Ausdruck bringen, daß die Konventionen

---

(1990), S. 95, 126, sowie *L. Rühl,* Ohne Aufklärung keine Verifizierung, in: FAZ v. 17. April 2001, S. 5.

110 So Art. XII Abs. 1 ABM-Vertrag.

111 Zu diesem Gedanken *G. Lysén,* Law of Disarmament, S. 206.

112 Zu den Möglichkeiten und Grenzen, kooperative und nichtkooperative Verifikationsverfahren selektiv zu steuern, siehe auch *W. Vitzthum,* Rechtsfragen der Rüstungskontrolle, in: BDGV 30 (1990), S. 95, 126.

keinesfalls nach allgemeinem Völkerrecht unzulässige Maßnahmen, wie beispielsweise Überflüge, legalisieren.[113]

(1) Achtung staatlicher Souveränität

Der Einsatz innerstaatlicher Mittel darf insbesondere *die territoriale Integrität anderer Staaten nicht verletzen,* d.h. er hat unter *"[...] Achtung der Souveränität der Staaten"* zu erfolgen.[114] Neben dem Landgebiet und den Binnengewässern gehören zum Staatsgebiet das Küstenmeer[115] und der über dem Landgebiet und dem Küstenmeer befindliche Luftraum[116]. Ohne vorige Zustimmung dürfen demnach weder Gegenstände auf dem Gebiet des überwachten Staates installiert werden, noch ist es gestattet, in dessen Luftraum einzudringen. Es ist jedoch inzwischen allgemein anerkannt, daß der Einsatz von Satelliten die Hoheitsrechte des beobachteten Staates nicht berührt und somit von den Verträgen gedeckt ist.[117]

(2) Keine Verletzung sonstigen Völkerrechts

Beim Einsatz nationaler Mittel ist nicht nur die Gebietshoheit des überwachten Staates zu wahren, es darf auch *kein Verstoß gegen andere völkerrechtliche Grundsätze* vorliegen. Der Einsatz innerstaatlicher Instrumente dürfte demnach auch dann nicht von den Verträgen gedeckt sein, wenn Hoheitsrechte Dritter verletzt werden. So bedarf die Überwachung vom Territorium eines Nachbarstaates aus dessen ausdrücklicher Zustimmung.

Eine rechtliche Beschränkung des Satelliteneinsatzes könnte sich auch aus dem WELTRAUM-VERTRAG ergeben. Danach unterliegt der Einsatz von Satelliten jedoch keinen besonderen Bedingungen.[118] Gleichwohl könnte das Weltraum-

113 Kritisch zu der Formel des völkerrechtskonformen Einsatzes *G. Levitt,* Verification of SALT Agreements, in: Harvard ILJ 22 (1981), S. 379, 392 ff.

114 So Art. IV Abs. 5 CTBT.

115 Vgl. Art. 2 Abs. 1 Seerechtsübereinkommen der Vereinten Nationen v. 10. Dezember 1982 (SRÜ); BGBl. 1994 II, S. 1799.

116 Art. 2 Abs. 2 SRÜ sowie Art. 1 und 2 Chicagoer Abkommen über die internationale Zivilluftfahrt v. 07. Dezember 1944; UNTS, Vol. 84, S. 389; BGBl. 1956 II, S. 442; zuletzt geändert am 16. Oktober 1974.

117 *N. Calvo-Goller/M. Calvo,* SALT Agreements, S. 285; *A. Verdross/B. Simma,* Universelles Völkerrecht, § 1150 m.w.N.; *G. Fahl,* SALT II vor START, S. 76; *D. Classen,* Fernerkundung und Völkerrecht, S. 107 ff.
Die USA haben indes diese Position schon länger vertreten. Siehe *J. Rhinelander,* SALT I Agreements, in: Willrich/Rhinelander (Hrsg.), S. 139.

118 Siehe etwa *D. Classen,* Fernerkundung und Völkerrecht, S. 97 ff., 107.

Registrierungsabkommen von 1975[119] einschlägig sein. Nach diesem Vertrag müssen Staaten alle von ihnen gestarteten Weltraumgegenstände beim UN-Generalsekretär in ein Register eintragen lassen, das von anderen Mitgliedern eingesehen werden kann. Durch Einblick in die Liste könnten andere Vertragsstaaten vom Start bestimmter Satelliten frühzeitig Kenntnis erlangen und vertragswidriges Verhalten für den Zeitraum der Kontrolle einstellen. Eine Registrierungspflicht könnte somit Ziel und Zweck der Verifikation vereiteln.[120]

Unter Umständen können sich Beschränkungen der Fernüberwachung aber aus Seerecht ergeben. Nach den Art. 17 ff. Seerechts-Übereinkommen besitzen alle Staaten das Recht auf friedliche Durchfahrt durch das Küstenmeer ("innocent passage"). Der Durchzug gilt jedoch dann nicht mehr als friedlich, wenn er durch das Sammeln von Informationen auf eine Beeinträchtigung der Verteidigung oder Sicherheit des Küstenstaates gerichtet ist.[121]

(3) Keine Informations- und Konsultationspflichten

Weitere Bedingungen für den Einsatz nationaler technischer Mittel bestehen nicht; insbesondere lassen sich aus den Abkommen keine speziellen Informations- oder Konsultationspflichten ableiten.[122] Wollte man derartige Pflichten statuieren, so würden diese dem Zweck der Überwachung, der Kontrolle der Einhaltung der Verträge, zuwiderlaufen.

dd) Flankierende Maßnahmen der Zusammenarbeit

Soweit der Einsatz innerstaatlicher Verifikationsmittel in Einklang mit dem Völkerrecht erfolgt, wird er durch flankierende Maßnahmen abgesichert und effektiviert. Insoweit läßt sich auch von *passiven Kooperationspflichten* sprechen. Es lassen sich *positive* und *negative Flankierungsbestimmungen* unterscheiden.[123] So heißt es im ABM-VERTRAG:[124]

---

119 Übereinkommen über die Registrierung von in den Weltraum gestarteten Gegenständen v. 14. Januar 1975; BGBl. 1979 II, S. 650.

120 Siehe zutreffend mit dieser Bewertung *B. Schmidt am Busch,* Amerikanisch-Sowjetische Rüstungskontrollübereinkommen, S. 120.

121 Sog. Propagandahandlung, Art. 19 Abs. 2 *lit.* c SRÜ. Zu den Beschränkungen nach Seerecht vgl. insbesondere *G. Lysén,* Law of Disarmament, S. 207.

122 Vgl. *D. Classen,* Fernerkundung und Völkerrecht, S. 83. Diese werden aber sonst für die Fernerkundung durch Satelliten diskutiert. Dazu *ibid.*, S. 92 ff. m.w.N., sowie *H. Fischer,* in: Ipsen, § 56 Rn. 64.

123 Zu dieser Begriffsbildung *G. Lysén,* Law of Disarmament, S. 206.

124 Wortgleich Art. V Interims-Abkommen; Art. XV SALT II-Abkommen.

"Artikel XII

[...]

(2)Jede Vertragspartei verpflichtet sich, in die innerstaatlichen technischen Nachprüfungsmittel der anderen Vertragspartei, die im Einklang mit Absatz 1 tätig wird, nicht störend einzugreifen.

(3)Jede Vertragspartei verpflichtet sich, keine vorsätzlichen Verschleierungsmaßnahmen anzuwenden, welche die Nachprüfung der Einhaltung dieses Vertrags mit innerstaatlichen technischen Mitteln behindern. Diese Verpflichtung bedingt keine Änderung der gegenwärtigen Bau-, Montage-, Umbau- oder Überholungsverfahren."

(1) Negative Flankierungsbestimmungen

Die Vertragsparteien dürfen auf den Einsatz Nationaler technischer Mittel weder mittelbar noch unmittelbar einwirken, also ihn nicht direkt behindern oder indirekt durch Verschleierungsmaßnahmen beeinträchtigen.

Das ***Behinderungsverbot*** zielt vor allem auf die Verbote des "Blendens" von Satelliten und des Einsatzes von Antisatellitensystemen ab.[125] Auf den ersten Blick mag das Behinderungsverbot überflüssig erscheinen, weil Verträge von den Parteien *bona fide* zu erfüllen sind.[126] Da der Einsatz nationaler technischer Mittel in den Verträgen ausdrücklich vereinbart wurde, würde es gegen den Grundsatz von Treu und Glauben verstoßen, den Gebrauch zu behindern. Das Behinderungsverbot stellt daher eine "Beweislastregelung" dar: Die behindernde Vertragspartei muß beweisen, daß die kontrollierende Vertragspartei Verifikationsmittel verwendet, die von den allgemein anerkannten Grundsätzen des Völkerrechts nicht gedeckt sind. Im Umkehrschluß braucht die überwachende Partei nicht zu beweisen, daß der Einsatz ihrer Mittel rechtmäßig ist.[127]

Über das Behinderungsverbot hinaus dürfen die Parteien ***keine Verschleierungsmaßnahmen*** anwenden, die die Überwachung der Vertragsbestimmungen durch Nationale technische Mittel erschweren.[128] Was eine Verschleierungs-

Weitgehend vergleichbar Art. XII Abs. 2 INF-Vertrag; Art. XV KSE-Vertrag (1990/ 1999); Art. IX START I/II-Verträge. Etwas anders Art. IV Abs. 6 CTBT, der den Vertragsparteien die Beeinflussung der Verifikation durch nationale technische Mittel untersagt. Siehe auch Art II Abs. 2 TTBT (1974); Art. IV Abs. 2 PNET (1976).

125 Siehe dazu *N. Calvo-Goller/M. Calvo,* SALT Agreements, S. 264 m.w.N.; *G. Fahl,* SALT II vor START, S. 82. – Zu den jüngsten Plänen Chinas, das Antisatellitensystem "Parasitärer Star" weiterzuentwickeln, siehe *N. Busse,* Rüstung im All, in: FAZ v. 9. Mai 2001.

126 Vgl. Art. 26 WVK.

127 So *N. Calvo-Goller/M. Calvo,* SALT Agreements, S. 265.

128 Ein nachdrückliches Plädoyer für die Stärkung der Verschleierungsverbote findet sich bei *S. Graybeal/P. McFate,* Assessing Verfication, in: Chayes/Doty (Hrsg.), S. 178, 192.

maßnahme ist, wird von den Verträgen nicht definiert. Als Anhaltspunkte können aber die gleichzeitig abgegebenen Erklärungen der Staaten dienen.[129] Entscheidend dürfte danach auf die Wirkung der Maßnahme (Beeinträchtigung der Überwachung) abzustellen sein. Eine Verschleierungsmaßnahme ist demnach immer dann anzunehmen, wenn die Verifikation durch innerstaatliche Mittel beeinträchtigt, ggf. sogar unmöglich gemacht wird. Im Gegensatz zum Behinderungsverbot, das ein direktes Einwirken auf die Überwachungsmittel untersagt, geht es beim Verschleierungsverbot also um solche Maßnahmen, die nur mittelbar auf die technischen Verifikationsmittel einwirken.[130] Beispiele indirekter Behinderung sind Abdeckungen, Attrappen von Raketen und Silos, die Verschlüsselung telemetrischer Informationen oder die Errichtung von Schutzbauten.

Während frühe Verträge, wie der ABM-VERTRAG, den Parteien untersagen, *"**vorsätzliche** Verschleierungsmaßnahmen anzuwenden"*, neben der Verschleierungshandlung also ein entsprechendes subjektives Element erforderlich ist, entfällt das Merkmal "vorsätzlich" seit dem INF-VERTRAG. Seither muß nicht mehr nachgewiesen werden, daß dem Einsatz einer Verschleierungsmaßnahme subjektiv eine entsprechende Verschleierungsabsicht korrespondiert. Vielmehr sollen durch die weiter gefaßte Formulierung Beweisschwierigkeiten vermieden werden.[131]

Einige Verträge enthalten überdies explizite Ausnahmen vom Verschleierungsverbot: Änderungen im Bau- und Überholungsverfahren sind nicht notwendig[132]; Verschleierungsmaßnahmen, die mit Ausbildungs- und Wartungstätigkeiten zu tun haben bzw. der Wartung von Flugkörpern dienen[133].

---

129 Vgl. insoweit die Zweite und Dritte Absprache zu Art. XV Abs. 3 des SALT II-Abkommens, die den Einsatz telemetrischer Verschlüsselungen beschränken.

130 Siehe *B. Schmidt am Busch,* Amerikanisch-Sowjetische Rüstungskontrollabkommen, S. 122 m.w.N.

131 Vgl. U.S.-Department of State, Article-by-Article-Analysis zum INF-Vertrag, in: ILM 27 (1988), S. 221.
Fragen der unbeabsichtigten Störung oder Behinderung des Einsatzes nationaler technischer Mittel werden im Rahmen der Vertragsgremien erörtert; so Art. XIII *lit.* c ABM-Vertrag (gilt gem. Art. VII Interims-Abkommen auch für dieses); Art. XVII Abs. 2 *lit.* c SALT II-Abkommen.

132 Art. XII Abs. 3 ABM-Vertrag; Art. V Abs. 3 INF-Vertrag.

133 Art. XII Abs. 2 *lit.* b INF-Vertrag; Art. XV Abs. 3 KSE-Vertrag (1990/1999); Art. IX Abs. 3 START I/II-Vertrag. Siehe auch Art. IV Abs. 6 CTBT.

(2) Positive Flankierungsbestimmung: Unterstützungsgebot

Seit dem INF-VERTRAG wurde die zuvor rein passiv durchführbare nationale Verifikation mit "Maßnahmen der Zusammenarbeit" gekoppelt. Kooperative Maßnahmen, wie das Öffnen von Abdeckungen und Aufstellen von Flugkörpern im Freien sowie die Bekanntgabe von Versuchsorten[134], sollen die Effektivität innerstaatlicher Verifikationsmittel steigern. Die Unterstützungshandlungen sind auf die Mitteilung einer Vertragspartei hin innerhalb eines vorgeschriebenen Zeitraums an vereinbarten Orten auszuführen. Durch diese, die aussenstehende Beobachtung fördernden Maßnahmen wird für den Einsatz nationaler technischer Mittel ein gewisser Kooperationsrahmen geschaffen.[135] Im SALT II-ABKOMMEN (1979) verständigten sich die Parteien sogar darauf, die Effizienz der mit innerstaatlichen Instrumenten vorgenommenen Kontrolle noch dadurch zu steigern, daß bestimmte Waffentypen "funktionsbezogene, erkennbare Unterschiede" aufweisen. Eben diese Unterschiede in der Bauart machen eine zweifelsfreie Beobachtung der Waffensysteme durch NTM erst möglich.[136]

ee) Auswertung erlangter Informationen

Allein der CTB-VERTRAG geht, wenn auch nur indirekt, auf die Frage der Auswertung der durch Fernerkundung erlangten Informationen ein. So gestattet der Vertrag, einen bei der Vertragsorganisation CTBTO einzureichenden Antrag auf Durchführung einer Vor-Ort-Inspektion auch auf solche Informationen zu stützen, *"[...] die in einer mit den allgemeinen Grundsätzen des Völkerrechts zu vereinbarenden Weise durch nationale technische Mittel erlangt wurden".*[137] Die anderen Übereinkommen enthalten dagegen keine Regelungen über die Ver-

---

134 Vgl. Art. XII Abs. 3 INF-Vertrag; Art. XII START I/II; Abs. 1 Abs. 1 Protokoll zum TTBT (1974).

135 Zu den Verifikationsmitteln des INF-Vertrags siehe ausführlich *S. Sur,* Traité Américano-Soviétique du 8 Décembre 1987, in: AFDI 33 (1987), S. 69, 80.

136 Vgl. die Erste Absprache zu Artikel II Abs. 3 des SALT II-Abkommens: *"[...] Funktionsbezogene, erkennbare Unterschiede müssen durch NTM nachprüfbar sein."* Dazu näher *P. Orphanos,* INF Treaty On-Site Verification, in: NYLSch JICL 10 (1998), S. 421, 432 Fn. 6.

137 Art. IV (D) Abs. 37 CTBT. Während die USA zu den Befürwortern einer derartigen Regelung zählten, trat vor allem China gegen die Verwendung von Informationen ein, die mittels nationaler Methoden erlangt waren. Zu den Einzelheiten dieser Kontroverse siehe *W. Hoffmann,* CTBT Verification Regime, in: Disarmament 18 (1995), S. 70, 77; *H. Llewellyn,* The CNTBT, in: Leiden JIL 10 (1997), S. 269, 277.

wertung der durch innerstaatliche Mittel gewonnenen Informationen.[138] Die Verträge werden daher nur so verstanden werden können, daß mangels anderweitiger Regelungen allein diejenige Partei zuständig und zur Evaluierung ermächtigt ist, die die Daten durch Einsatz ihrer nationalen Mittel erlangt hat. Ein Anspruch Dritter auf Teilhabe an ermittelten Informationen besteht also nicht.[139] Insgesamt liegt hier weder eine Internationalisierung, noch eine Institutionalisierung der Kontrollmaßnahmen vor.

Wirft die nationale Evaluierung die Frage nach einer möglichen Nichteinhaltung auf, so hat ihre Diskussion gemäß den allgemeinen vertraglichen Regelungen über die Erörterung von Erfüllungsproblemen in den jeweiligen Vertragsgremien zu erfolgen.[140] Nicht selten werden sich dabei Zweifel an der Richtigkeit der subjektiv vorgenommenen Bewertung ergeben.[141] Mangels kooperativer und institutionalisierter Auswertung ist der Einsatz nationaler Mittel hier folglich mit all denjenigen Problemen verbunden, die sich stets bei der einseitigen Wahrnehmung von Vorgängen ergeben.

ff) Zwischenergebnis

Seit den SALT I-VERTRÄGEN von 1972 gehören Nationale technische Mittel zum Verifikationsstandard bilateraler Übereinkommen.[142] Daß innerstaatliche

---

138 Art. XIII *lit.* c ABM-Vertrag, Art. VII Abs. 2 *lit.* c SALT II-Abkommen; Art. V Abs. 1 *lit.* c PNET sehen jedoch die Zuständigkeit der Beratungskommissionen für die Erörterung von Fragen des unbeabsichtigten, störenden Eingriffs in nationale technische Mittel vor. Die insoweit getroffene Kompetenzzuweisung legt die Zuständigkeit entsprechender Gremien auch für die Auswertung ermittelter Informationen nahe.

139 So wurde vor allem von *H. Blix* kritisiert, daß etwa der IAEO kein Anspruch auf Teilhabe an Informationen zusteht, die mittels NTM erlangt wurden. Siehe *H. Blix,* Nuclear Non-Proliferation and Safeguards, in: Disarmament 43 (1992), S. 33. Ferner *T. Lohmann,* Law of IAEO Safeguards, in: Bothe u.a. (Hrsg.), S. 103 f. m.w.N., sowie *B. Monahan,* Non-Proliferation Treaty, in: Virginia JIL 33 (1992), S. 161, 180.

140 Dazu nachfolgend B.4.b).
Vgl. insoweit Art. XIII Abs. 1 *lit.* a ABM, der gem. Art. VII Interims-Abkommen auch für dieses gilt; Art. XVII Abs. 2 *lit.* a SALT II-Abkommen; Art. XIII Abs. 1 *lit.* a INF-Vertrag; Art. XV *lit.* a START I/II-Verträge; Art. XVI Abs. 2 *lit.* A KSE-Vertrag.

141 So listet etwa *G. Duffy,* Compliance and the Future of Arms Control, S. 185 ff., eine Reihe wechselseitig behaupteter Vertragsverletzungen auf.

142 Mittels Aufnahmen amerikanischer und sowjetischer Satelliten war es möglich, im Jahr 1977 das südafrikanische Kernwaffenprogramm aufzudecken und im Jahr 1991 wichtige Anhaltspunkte über das irakische Massenvernichtungswaffen-Pro-

Mittel überdies Eingang in den KSE- und den UMFASSENDEN TESTSTOPP-VERTRAG (1996) gefunden haben, ist Indiz dafür, daß diese Instrumente nicht ein "historisches Phänomen" der noch dem Zeitalter der Ost-West-Konfrontation verhafteten (bilateralen) Konventionen sind. Vielmehr ist zu erwarten, daß sie auch weiterhin eine Rolle bei der Verifikation von Abrüstungs- und Rüstungskontrollvereinbarungen spielen werden.[143]

Die durch nationale Mittel ausgeübte Überwachung ist Routinekontrolle. Da ihr Zweck die Aufdeckung von Vertragsverletzungen ist, entfaltet ihr Einsatz vor allem abschreckende Wirkung. Aus Sicht der USA bestand das Ziel des Gebrauchs nationaler Mittel zunächst darin, *"[...] to provide reassurance that the Soviet Union was* ***substantially*** *complying with the obligations it had undertaken"*.[144] Während nationale Mittel anfänglich also dazu dienten, sich im Wesentlichen über die Vertragserfüllung zu versichern, konnte die Effektivität der nationalen Kontrolle strategischer Waffen durch die Einführung bestimmter Kooperationspflichten deutlich gesteigert werden. Seit dem INF-VERTRAG (1987) enthalten Übereinkommen zwecks Effektivierung neben Behinderungs- und Verschleierungsverboten auch Unterstützungsgebote. Das Öffnen von Dächern und Aufstellen der Flugkörper im Freien sind Maßnahmen, die nicht nur der Vertrauensbildung dienen, sondern die gerade erst die Voraussetzungen für eine wirksame Überwachung mit nationalen Instrumenten schaffen. Insgesamt läßt sich beim Einsatz innerstaatlicher Mittel also eine Entwicklung von rein unilateralen Kontrollmitteln, entstanden aus der fehlenden Bereitschaft zur Zusammenarbeit während des Kalten Krieges, zu auf passiver Kooperation basierenden Instrumenten der Tatsachenfeststellung verzeichnen.

Eine Auswertung der durch den Einsatz Nationaler technischer Mittel erlangten Informationen sehen die Verträge typischerweise nicht vor. Mangels spezifischer Regelungen liegt die Befugnis zur Evaluierung daher allein bei derjenigen Vertragspartei, die die Daten durch den Einsatz ihrer Mittel erlangt hat. Für sie können entsprechende Informationen von Interesse sein, um das Lagebild zu einem bestimmten Stichtag abzurunden.[145] Im Unterschied zu allen anderen Formen der Vertragskontrolle, die ganz oder teilweise von der Kooperation der Beteiligten abhängig sind, besteht der Vorteil nationaler Verifikationsmittel darin,

---

gramm zu sammeln. Dazu *H. Blix,* Development Since the First Hague Peace Conference (1999), Para. 245.

143 Mit ähnlicher Bewertung *ibid.* Siehe auch *K. Abbott* (Trust but Verify, in: Cornell JIL 26 [1993], S. 1, 33), der die Auffassung vertritt, daß *"[... t]oday, NTM remains at the heart of arms control verification."*

144 So *A. Chayes/A.H. Chayes,* New Sovereignty, S. 146 [Hervorhebung v. Verf.].

145 Vgl. Denkschrift zum Entwurf eines Gesetzes zur Ratifizierung des KSE-Vertrags durch die Bundesrepublik Deutschland, BT-Drs. 12/1133, S. 151, 161.

daß ihr Einsatz wie auch die Auswertung der erlangten Daten letztlich nicht der Zusammenarbeit mit anderen Mächten unterworfen sind. Die Überwachung ist nicht nur *de jure* genehmigt, sie kann auch *de facto* nicht verhindert werden.

Welche Rolle Nationale technische Mittel in Zukunft bei der Einhaltungskontrolle einnehmen werden, wird schließlich auch davon abhängen, ob und ggf. inwieweit weiteren Staaten Zugang zu dieser Kontrollmethode eröffnet wird. *Rechtlich* besteht ein Anspruch auf Einsicht und Teilhabe an erlangten Informationen bislang nicht.[146] *Faktisch* sind es vor allem die mit der Fernerkundung verbundenen hohen Kosten, die nur militärischen Großmächten den Einsatz von Satelliten ermöglichen.[147] In Anbetracht dessen läßt sich auf Seiten derjenigen Staaten, die nicht über entsprechende Finanzmittel verfügen, eine gewisse Abneigung gegenüber nationalen Kontrollmitteln im Kontext multilateraler Verträge verzeichnen.[148] Gegenwärtig ist auch nicht ersichtlich, daß die militärischen Großmächte bereit wären, ihre Verifikationssysteme breiteren Kreisen zu öffnen – sei dies zugunsten der Staatengemeinschaft oder von weniger weit entwickelten Ländern.

b) Das "Internationale Überwachungssystem" des CTB-Vertrags

Das Verifikationsregime des UMFASSENDEN TESTSTOPP-VERTRAGS (1996) umfaßt außer Vor-Ort-Inspektionen und den bereits erörterten NTM auch ein "Internationales Überwachungssystem".[149] Entsprechend der hier vorgenommenen Systematisierung müßte dies ein Überwachungssystem mit nationalen Mitteln darstellen.

---

146 Kritisch daher *J. Goldblat,* Arms Control, S. 215, sowie die zweite UN-Studie über "Verification in All Its Aspects", UN-Doc. A/50/377 v. 22. September 1995, Paras. 46 f.

147 Zum Kostenfaktor als faktischem Hindernis eines gleichberechtigten Einsatzes nationaler Mittel siehe *K. Abbott,* Trust but Verify, in: Cornell JIL 26 (1993), S. 1, 35; sowie kritisch *K. Stendahl,* Verification in the Global Commons, in: Bothe u.a. (Hrsg.), S. 59, 77. Siehe ferner ILA, 5th Report of the Committee on Arms Control and Disarmament Law (London 2000, Berichterstatter: *D. Fleck*), Para. 12.

148 Vgl. etwa *A. Chayes/A.H. Chayes,* New Sovereignty, S. 183.
Zum Vorschlag Frankreichs, eine internationale Organisation für die Satellitenüberwachung zu schaffen, vgl. *F. Barnaby,* Introduction, in: ders. (Hrsg.), S. 5.

149 Dazu Art. IV Abs. 16-28 CTBT i.V.m. Teil I Abs.1-23 Protokoll zum CTBT. Siehe ergänzend den Überblick bei *L. de la Fayette,* Implementation of the CTBT, in: ASIL/NVIR Proceedings 4 (1997), S. 100, 104.
Wie in der Resolution über die Errichtung einer CTBTO-Vorbereitungskommission (CTBT/MSS/RES/1 v. 17. Oktober 1996, Para. 14) vorgesehen, hat das Internationale Überwachungssystem bereits vorläufig seine Arbeit aufgenommen. Dazu näher *M. Asada,* CTBT Legal Questions, in: JCSL 7 (2002), S. 85, 104 f.

Organisatorisch ist das "Internationale Überwachungssystem" dem Technischen Sekretariat der Vertragsorganisation CTBTO unterstellt und dient zur Überwachung des Verbots, Kernwaffenversuche in unterschiedlichen Umweltmedien durchzuführen.[150] Zu diesem Zweck bezieht es fortlaufend, d.h. von besonderen Ereignissen losgelöst, Informationen aus weltweiten, synergetisch wirkenden Datennetzen von Einrichtungen zur seismologischen und hydroakustischen Überwachung, Radionukleid-Kontrolle und Infraschall-Messung.[151] Entsprechende Überwachungseinrichtungen stehen im Eigentum derjenigen Staaten, auf deren Hoheitsgebiet sie sich befinden und die sie betreiben.[152] Sie werden vom Vertrag als "nationale Einrichtungen" bezeichnet. Räumlich erstreckt sich die Kontrolltätigkeit nationaler Einrichtungen über den jeweiligen Sitzstaat hinaus auch auf die jeweiligen Nachbarstaaten.

Das Internationale Datenzentrum empfängt, sammelt, verarbeitet, analysiert, meldet und archiviert die von den nationalen Überwachungseinrichtungen fortlaufend übermittelten Angaben.[153] Mittels automatisierter Verarbeitungsverfahren stellt es aus den Rohdaten "im Namen aller Vertragsstaaten" sog. standardisierte Erzeugnisse her und archiviert diese. *"Diese Erzeugnisse werden allen Vertragsstaaten kostenlos zur Verfügung gestellt und* ***lassen die endgültige Beurteilung hinsichtlich der Art eines Ereignisses, die weiterhin in die Verantwortung der Vertragsstaaten fällt, unberührt*** *[...]".*[154] Wenn auch in den Vertragsverhandlungen zunächst anders vorgesehen, bleibt damit die Befugnis zur Beurteilung der Meßdaten allein den Vertragsparteien vorbehalten.[155]

Damit läßt sich festhalten, daß das im CTBT vereinbarte "Internationale Überwachungssystem" die Tatsachenermittlung auf nationaler Ebene beläßt. Durch die Übermittlung der Angaben an das Vertragsorgan zwecks Aufbereitung findet in einem zweiten Schritt sodann ein Element der Internationalisierung in den Prozeß der Beweisaufnahme Eingang. Die Institutionalisierung

---

150 Lithosphäre, Hydrosphäre und Erdatmosphäre. Zur Notwendigkeit einer zusätzlichen Weltraumüberwachung siehe den Beitrag des deutschen Verhandlungsführers *W. Hoffmann,* CTBT Verification Regime, in: Disarmament 18 (1995), S. 70, 79 ff.

151 Siehe Art. IV Abs. 16 CTBT i.V.m. Teil I Abs. 1 Protokoll zum CTBT.

152 Vgl. Art. IV Abs. 17 CTBT.

153 Teil I Abs. 16 Protokoll zum CTBT.

154 Teil I Abs. 18 Protokoll zum CTBT [Hervorhebung v. Verf.]. Jeder Vertragsstaat hat das Recht, sich am Austausch von Daten zu beteiligen und Zugang zu allen Daten zu erhalten, die dem Internationalen Datenzentrum zur Verfügung gestellt werden. Vgl. Art. IV Abs. 18 CTBT.

155 Ein Verhandlungsentwurf sah demgegenüber vor, daß der Exekutivrat der CTBTO auf der Basis der Meßergebnisse des Internationalen Überwachungssystems entscheidet, ob *"[...] the suspicious event has been a nuclear weapons test".* Siehe CD-Doc. CD/NTB/WP.325 v. 01. April 1996, Para. 36.

der Datenaufbereitung, die einen Abgleich von Angaben unterschiedlicher Meßstationen ermöglicht, gewährleistet ein höheres Maß an Aussagekraft. Schließlich schafft die Zwischenschaltung der Behörde die institutionellen Voraussetzungen für die Verwirklichung des Anspruchs aller Vertragsparteien auf gleichen, freien, angemessenen und rechtzeitigen Zugang zu den gesammelten Daten.[156] Davon unberührt bleibt die endgültige Auswertung und vor allem die juristisch-politische Bewertung der Daten, die allein in den Händen der Vertragsparteien liegen.[157] Da die zur Faktenermittlung erforderlichen Instrumente und auch die Beurteilung der Daten damit auf nationaler Ebene verbleiben, handelt es sich auch beim "Internationalen Überwachungssystem" des CTBT um ein Kontrollregime mit nationalen Mitteln.[158]

c) Zusammenfassende Würdigung

Neben den Abkommen über die Begrenzung strategischer Waffen und den (ursprünglich) bilateralen Verträgen über Kernversuche weisen mit dem KSE- und dem CTB-ÜBEREINKOMMEN derzeit auch zwei multilaterale Verträge der Rüstungsbeschränkung standardisierte Bestimmungen über die Kontrolle durch "Nationale technische Mittel" auf. Der Gebrauch innerstaatlicher Instrumente gestattet eine routinemäßige Erfüllungskontrolle, die die staatliche Souveränität unberührt läßt. Nationale Mittel sollen vertragswidriges Verhalten unter das Risiko der Entdeckung stellen und dadurch die Parteien von entsprechendem Tun oder Unterlassen abhalten.

Die innerstaatlichen Mittel selbst, aber auch die abschließende Beurteilung der ermittelten Informationen verbleiben auf nationaler Ebene. Soweit sich die Frage nach dem Vorliegen einer Verletzungshandlung stellt, kann diese auf dem Hintergrund der national ermittelten und bereits bewerteten Informationen in den betreffenden Vertragsgremien erörtert werden. Insoweit ist zwar das Überwachungsverfahren nicht selbst internationalisiert, jedoch besteht ein zwischenstaatlicher Rahmen für die Diskussion der Kontrollergebnisse. Hier kann daher von einem völkerrechtlich determinierten, nationalen Kontrollverfahren gesprochen werden.

Während die Bestimmungen der SALT I-VERTRÄGE lediglich das "laisser passer" nationaler Mittel regeln, sehen die seit dem SALT II-ABKOMMEN ge-

---

156 Zu diesem Anspruch siehe Art. IV, Abschnitt A, Para. 14 *lit.* f CTBT.

157 Auch die Entscheidung über weitergehende Maßnahmen, Konsultationen und das Ersuchen um eine Vor-Ort-Inspektion liegt bei den Vertragsparteien. Vgl. Art. IV Abs. 29 ff. CTBT.

158 Mit gleicher Kategorisierung siehe etwa *H. Blix*, Development Since the First Hague Peace Conference (1999), Para. 245.

schlossenen jüngeren Verträge zur Steigerung der Überwachungseffizienz gewisse Kooperationshandlungen der kontrollierten Vertragsparteien vor. Funktionsbezogene Bauunterschiede und das Aufstellen der Flugkörper im Freien sind Maßnahmen der Zusammenarbeit, die gerade den Einsatz innerstaatlicher technischer Mittel wirksamer gestalten sollen. Gleichwohl bleibt die Kontrolle von der Mitwirkungsbereitschaft anderer grundsätzlich unabhängig und kann daher weder verweigert, noch verhindert werden.

Neben einer Standardklausel über den Einsatz findet sich im CTB-VERTRAG erstmals eine Bestimmung, die auf die Auswertung der durch "Nationale technische Mittel" erlangten Informationen Bezug nimmt.[159] Daneben zählt zum Verifikationsregime des Vertrags ein bislang einzigartiges "Internationales Überwachungssystem".[160] Bei diesem erfolgt zwar die Ermittlung von Fakten durch nationale Einrichtungen, die Tatsachenaufbereitung wurde jedoch internationalisiert und institutionalisiert. Die Anbindung an die Behörde gewährleistet ein größeres Maß an Aussagekraft und Authentizität der Informationen. Zugleich schafft sie einen Rahmen für die Verwirklichung des Anspruchs aller Staaten auf kostenlose Teilhabe an sicherheitsrelevanten Daten. Durch Zwischenschaltung des Vertragsorgans wird der Verifikationsprozeß erheblich versachlicht und die Rechtsdurchsetzung weniger konfrontativ ausgestaltet. Damit bleibt zu erwarten, daß das Kontrollregime des CTBT weniger mit der für nationale Kontrollen typischen Verzerrung des Tatsachenbildes belastet sein wird. Insgesamt ergibt sich daraus eine relativ günstige Ausgangssituation für den weiteren Verifikationsprozeß, vor allem für die Akzeptanz von Vor-Ort-Inspektionen und von möglichen Reaktionen, wenn und soweit sich ein Verdacht der Nichterfüllung bestimmter Vertragspflichten erhärten läßt.

Ungeachtet der Tatsache, daß der CTBT einen neuen "Standard" an Internationalisierung im Bereich des "fact finding" setzt, verbleibt auch bei diesem Kontrollregime die rechtliche Würdigung der Informationen in den Händen der Vertragsstaaten. Dieser Befund entspricht insoweit der Situation "traditioneller" Kontrolle durch NTM. Er rechtfertigt es, das "Internationale Überwachungssystem" den innerstaatlichen Kontrollverfahren zuzuordnen.

2. *Informationspflichten und Berichtsverfahren*

Erste und noch recht allgemein gehaltene Pflichten zum zwischenstaatlichen Austausch vertragsbezogener Angaben finden sich in den frühen Konventionen

159 Art. IV (D) Abs. 37 CTBT.

160 Art. IV (D) Abs. 16 ff. CTBT. Das System ist seit Mitte 1999 funktionsfähig. Siehe *M. Asada,* CTBT Legal Questions, in: JCSL 7 (2002), 85, 90.

über den internationalen Nachrichtenverkehr und den Rohstoffaustausch. Stärker systematisierte und deutlich detaillierter formulierte Mitteilungspflichten stehen in der Tradition des völkerbundlichen Mandatssystems und der Kontrolle arbeits- und sozialschützender Abkommen durch die Internationale Arbeitsorganisation (ILO).[161] Heute zählen Berichtssysteme in vielen Bereichen des Völkerrechts zum Standardinstrumentarium von Erfüllungskontrolle und -sicherung. Danach übernehmen die Parteien multilateraler Verträge mit der materiellen Bindung typischerweise auch die Verpflichtung, über solche Maßnahmen zu berichten, die sie zur Umsetzung vertraglicher Regelungs- und Verwaltungsaufträge ergriffen haben.

Der Austausch von Informationen, der ohne physischen Zugriff auf den Hoheitsbereich überwachter Staaten erfolgt, stellt eine besonders souveränitätsschonende Modalität der Erfüllungskontrolle dar.[162] Mit der Erstattung von Berichten und Meldungen unterwerfen sich Staaten einem zweistufigen Revisionsprozeß: Auf innerstaatlicher Ebene geben Mitteilungspflichten den zuständigen Stellen Anlaß, das Verhalten der öffentlichen Gewalt und auch privater Rechtssubjekte auf dem Wege der Selbstkontrolle auf seine Völkerrechtskonformität zu prüfen.[163] Zwischenstaatlich verschaffen Informationssysteme und Berichtsverfahren anderen Ländern, vor allem aber vertraglich geschaffenen Institutionen und Organisationen Einblick in das Erfüllungsverhalten von Staaten. Der routinemäßige Austausch von Daten macht staatliches Verhalten transparent und wirkt vertrauensbildend. Er gestattet *bona fide* handelnden Parteien, ihre Vertragstreue unter Beweis zu stellen; aus der Perspektive der Meldungsempfänger vermag er Mißverständnisse in Hinblick auf die Systemloyalität der Mitglieder aufzuklären. Berichts- und Meldeverfahren lassen zudem Erfüllungsschwierigkeiten und mangelnde Erfüllungsbereitschaft oft lange im voraus erkennen.[164] Wegen ihrer partnerschaftlichen Ausgestaltung kommt den Instrumenten des In-

161 Siehe zu diesen Instrumenten schon oben A.I.

162 So *C. Tomuschat,* Menschenrechte, Staatenberichte, in: HdbVN, S. 559, 559, in Hinblick auf Berichtssysteme beim Menschenrechtsschutz. *A. Chayes/A.H. Chayes* (New Sovereignty, S. 162) sprechen von der *"[...] least intrusive method of achieving transparency".* Zu frühen Berichtssystemen im Bereich der Rüstungsbeschränkung siehe auch *J. Delbrück,* Verifikation, in: ders. (Hrsg.), S. 1327, 1336.

163 So *B. Simma,* in: A. Nußberger, International Labour Organization, in: v. Maydell/Nußberger (Hrsg.), S. 211, 229. Siehe auch *R. Wolfrum,* Mechanisms to Monitor Implementation, v. Maydell/Nußberger (Hrsg.), S. 87, 92; *J. Delbrück,* Verifikation, in: ders. (Hrsg.), S. 1327, 1336; *H. Spieker,* Status of an Evaluating Body (Typoskript).

164 Darauf weisen *A. Chayes/A.H. Chayes,* New Sovereignty, S. 155, hin.

formationsaustauschs daher insgesamt eine vergleichsweise große Bedeutung bei der Verhinderung von Vollzugsdefiziten zu.[165]

Während Berichtsprüfungsverfahren beim Menschenrechtsschutz schon zu den "klassischen" Aufsichtsinstrumenten zählen,[166] haben sie in das Recht der Abrüstung und Rüstungskontrolle erst jüngst auf breiterer Basis Eingang gefunden. In der Gestalt von schlichten Informationspflichten und formalisierten Berichtsverfahren weisen rüstungsbeschränkende Vereinbarungen heute zwei vergleichbare, gleichwohl qualitativ unterschiedliche Instrumente der Einhaltungskontrolle auf. Rein formal lassen sich zwischenstaatliche Informationspflichten von institutionalisierten Berichts- und Deklarationssystemen abgrenzen. Während ersteren der Gedanke einer wechselseitigen und gleichrangigen Kontrolle zugrunde liegt,[167] ist für letztere die Anbindung des Kontrollverfahrens an internationale Behörden charakteristisch.[168] Eine getrennte Darstellung dieser Mechanismen bietet sich daher an.

a) Zwischenstaatliche Informationspflichten

Pflichten zur Förderung gegenseitigen Informationsaustauschs finden sich in den Verträgen über staatsfreie Räume. Der Gedanke einer Kontrolle durch wechselseitige Information ist derartigen Klauseln zum Teil jedoch fremd. So sieht Art. III Abs. 1 *lit.* a ANTARKTIS-VERTRAG vor, daß zwischen den Vertragsparteien, soweit möglich und durchführbar, *"[...] Informationen über Pläne für wissenschaftliche Programme in der Antarktis ausgetauscht werden"*.[169] Ziel solcher Regelungen ist die allgemeine, zwischenstaatliche Datenweitergabe zur Förderung der wissenschaftlichen Zusammenarbeit und der Erforschung staatenge-

165 So etwa von *K. Sachariew,* Reporting Mechanisms, in: YIEL 2 (1991), S. 41 f.; andererseits skeptisch *J. Delbrück,* Verifikation, in: ders. (Hrsg.), S. 1327, 1336.

166 Siehe dazu *K.-J. Partsch,* Reporting Systems, in: EPIL IV (2000), S. 191-195; *E. Kornblum,* Comparison of Reporting Systems, in: IRRC 77 (1995), S. 40-68, 137-161; *C. Tomuschat,* Menschenrechte, Staatenberichte, in: HdbVN, S. 559 ff. m.w.N; *R. Wolfrum,* Reporting System under Human Rights (Typoskript).

167 Es liegt nahe, in der wechselseitigen Kontrolle die Vorstufe des "peer review" zu erblicken, das sich beim internationalen Wirtschafts- und Finanzrecht, aber auch bei der Aufsicht im technischen Bereich findet. Zu letzterem *M. Washington,* Peer Review through the IAEA, in: Szasz (Hrsg.), S. 193 ff.

168 Zu dieser Unterscheidung bei umweltvölkerrechtlichen Verträgen siehe *T. Marauhn,* Procedural Law of Compliance Control, in: ZaöRV 56 (1996), S. 696 ff.; *U. Beyerlin/ T. Marauhn,* Rechtsetzung im Umweltvölkerrecht, S. 96.

169 Auch die Regelungen über Informationsaustausch in Art. IX und XI Weltraum-Vertrag, Art. 5 Mond-Vertrag sowie Art. X Abs. 1 BW-Übereinkommen sind nicht Bestandteile von Erfüllungskontrollsystemen, sondern zielen vor allem auf die Förderung der Kooperation zwischen den Parteien.

meinschaftlicher Großräume.[170] Ferner dient der Austausch der Verbesserung des technischen Verständnisses bestimmter Umweltprobleme.[171] Von einer Überwachung rüstungsbeschränkender Regelungen und Verbote kann hier aber nicht gesprochen werden.

Von der Weitergabe von Informationen zur Förderung der wissenschaftsbezogenen Kooperation unterscheiden sich qualitativ solche Normen, die auf die Durchsetzung rüstungsbegrenzender Regelungsgehalte zielen. Derartige zwischenstaatliche Informationspflichten, die sich im ANTARKTIS-, BANGKOK- und RAROTONGA-VERTRAG finden, stellen gleichsam die Vorstufe institutionalisierter Berichtssysteme dar.[172] Nach Art. 9 Abs. 2 RAROTONGA-VERTRAG sind die Parteien bestrebt, *"[...] sich gegenseitig über Fragen informiert zu halten, die sich aus oder in Verbindung mit dem Vertrag ergeben."* Eine vergleichbare Regelung findet sich in Art. 11 Abs. 2 BANGKOK-VERTRAG, wonach die Vertragsparteien *"[...] may exchange information on matters arising under or in relation to this Treaty"*. Bemerkenswert ist insoweit, daß der Datenaustausch allein auf fakultativer Basis erfolgt ("may exchange").

Einen *obligatorischen* Informationsaustausch zwischen den Mitgliedern kennt der ANTARKTIS-VERTRAG. Nach Art. VII Abs. 5 berichtet jede Partei bei Unterzeichnung und jeweils im voraus über alle von ihr durchgeführten bzw. von ihrem Hoheitsgebiet aus organisierten Expeditionen, über die von ihren Staatsangehörigen besetzten Stationen sowie über das militärische Personal und Material, das sie in die Antarktis verbringen möchte. Mangels periodischer Abfolge kann *stricto sensu* jedoch nicht von einer Systematisierung der Mitteilungen gesprochen werden. Gleichwohl wirkt auch ein derartiges Berichtsverfahren transparenzfördernd und schafft gewisse Vergleichsmöglichkeiten zwischen den Nachrichten. Damit kommt ihm jedenfalls vertrauensbildende Wirkung zu.

Mit Ausnahme des ANTARKTIS-VERTRAGS sind bei vorgenannten Notifikationssystemen Bestimmungen, die das Verfahren in Hinblick auf Einleitung oder Inhalt der Mitteilungen näher konturieren, nicht vorhanden. An der Wirksamkeit der Kontrolle lassen auch das Fehlen einer systematischen Auswertung sowie der Festlegung weiterer Verfahrensschritte zweifeln.[173] Dem läßt sich entgegen hal-

---

170 Siehe etwa *R. Wolfrum,* Internationalisierung staatsfreier Räume, S. 66, in Hinblick auf Art. III Antarktis-Vertrag.

171 Auf diese Zielsetzung weisen zu Recht *U. Beyerlin/T. Marauhn,* Rechtsetzung im Umweltvölkerrecht, S. 97, hin.

172 So zutreffend schon *T. Marauhn,* Durchsetzung von Rüstungskontrollvereinbarungen, in: FW 74 (1999), S. 159, 176 f.

173 So zutreffend die Schlußfolgerung bei *K.-J. Partsch* (Reporting Systems, in: EPIL IV [2000], S. 191, 192): *"Reporting systems which do not establish a special organ for examining reports have not proved very effective, as for example the 1954*

ten, daß Regionalverträge, wie sie hier in Rede stehen, in der Regel auch ohne institutionalisierte Kontrollen ein hohes Maß an Erfüllung erreichen können. Dem liegt die soziologisch motivierte, im Völkerrecht indes nur begrenzt nachweisbare Annahme zugrunde, daß Rechtsregeln in Kleingruppen quasi selbstdurchsetzend sind, da Transparenz die Rechtssubjekte von normwidrigem Verhalten abhält.[174] Nach alledem kann bei vorgenannten Klauseln wohl von einem Kontrollverfahren, nicht aber von einem Typus internationaler Aufsicht gesprochen werden.

b) Institutionalisierte Staatenberichtssysteme

Von den Pflichten zum zwischenstaatlichen Informationsaustausch zu unterscheiden sind Systeme institutionalisierter Staatenberichte. Kennzeichen der behördenbezogenen Berichtsverfahren ist ihre asymmetrische Struktur, bei der in der Regel ein internationaler Akteur in den Ablauf einbezogen wird. Die Staaten sind dann nicht mehr im Verhältnis zueinander meldepflichtig, sondern erstatten ihre Reporte über die in den Übereinkommen benannte Verwaltung.[175] Die konkrete Ausgestaltung dieser Notifikationssysteme variiert dabei beträchtlich und reicht von der Verpflichtung, die zuständigen Stellen über vertragsbezogene Aktivitäten zu unterrichten, bis hin zu detailliert gefaßten Berichtsstandards. Die Mitteilungen bilden typischerweise den Ausgangspunkt weitgehend systematisierter Aufsichtsverfahren.

Die folgende Untersuchung konzentriert sich auf einen Vergleich der zentralen Schritte institutionalisierter Berichtsverfahren: die Verfahrenseinleitung, den Gegenstand und Umfang der Mitteilungen sowie ihre Auswertung.

aa) Verfahrenseinleitung

Berichtssysteme sind vor allem Instrumente der Routinekontrolle. Notifikationen und Mitteilungen sind von besonderen Anlässen unabhängig zu vertraglich fixierten Zeitpunkten zu erstatten. Grundsätzlich werfen sie daher keine besonderen Fragen in Hinblick auf die Verfahrenseinleitung auf. Einige Verträge sehen neben Routinemitteilungen aber auch die Übermittlung außerordentlicher, anlaß-

---

UNESCO Convention [...]." Zu Berichten unter der 1954er UNESCO-Konvention siehe *E. Kornblum,* Comparison of Reporting Systems, in: IRRC 77 (1995), S. 40-68, 137-161; *H. Spieker,* in: S. Seidel, Erfüllungssicherung durch Berichtsverfahren, in: HuV-I 12 (1999), S. 172, 175.

174 Näher dazu *A. Chayes/A.H. Chayes,* New Sovereignty, S. 149 f. m.w.N.

175 Siehe zu dieser Unterscheidung bereits *T. Marauhn,* Durchsetzung von Rüstungskontrollvereinbarungen, in: FW 74 (1999), S. 159, 180.

abhängiger Reporte vor. Rein formal sind folglich Routine- und Sonderberichte zu unterscheiden.

(1) Routinemäßige Staatenberichte

Bei routinemäßigen Berichtspflichten kann zwischen (einmaligen) *Initialmitteilungen,* die eine Partei bei Inkrafttreten des betreffenden Vertrags zu erstatten hat, und Systemen der Datensammlung unterschieden werden, deren Grundlage *in bestimmten Intervallen* zu übermittelnde Reporte bilden.

(a) Initialberichte ("baseline reports")

Das CW-ÜBEREINKOMMEN und das Modell-Sicherungsabkommen INFCIRC/153 (Corr.) zum NV-VERTRAG verpflichten die Vertragsstaaten, ***umfangreiche Initialberichte*** ("baseline" bzw. "initial reports") an die Vertragsorganisationen OPCW bzw. IAEO zu erstatten.

Während der Verhandlungen zwischen der IAEO und jeder Vertragspartei über Ergänzungsabkommen zum NV-VERTRAG (§ 42)[176] sind der Agentur vorhandene Nuklearanlagen[177] und die dort angewandte Technologie insoweit mitzuteilen, wie dies für die Kontrolle des Spaltmaterialflusses durch Sicherungs-

176 Das Aufsichtsmandat der IAEO ergibt sich nicht unmittelbar aus dem NV-Vertrag und bedarf daher einer Anmerkung:
Nach Art. III Abs. 1 NV-Vertrag ist jede Partei, die den Vertrag als Nichtkernwaffenstaat ratifiziert, verpflichtet, die mit der IAEO auszuhandelnden Sicherungsmaßnahmen anzunehmen. Sicherungsmaßnahmen dienen zur Überprüfung der Einhaltung der Verpflichtungen aus dem Vertrag, um zu verhindern, daß Kernenergie von der friedlichen Nutzung abgezweigt und für die Herstellung von Kernwaffen verwendet wird. In Ausführung dieser Vorschrift schließen die Parteien bilateral mit der IAEO sog. Sicherungsabkommen, die als internationale Verträge in vielen Staaten ratifikationsbedürftig und damit nur bedingt anpassungsfähig sind. Sie richten sich nach dem IAEO-Musterdokument INFCIRC/153 (Corr.) v. Juni 1972 (ILM 10 [1971], S. 855) und erteilen der IAEO das Kontrollmandat: Nach § 2 INFCIRC/153, der Art. III Abs. 1 NV-Vertrag nachgebildet ist, überwacht die IAEO die Nichtabzweigung von Kernmaterial für die Herstellung von Kernsprengkörpern. Die technischen Einzelheiten der Sicherungsmaßnahmen werden durch Ergänzungsabkommen bestimmt, die zwischen der Regierung und der IAEO ausgehandelt werden und kontinuierlich angepaßt werden können.
Ausführlich zu den normativen Grundlagen der Sicherungsmaßnahmen siehe *P. Szasz,* Law and Practices of the IAEA, S. 531 ff.; *T. Lohmann,* Sicherungsmaßnahmen der IAEO, S. 59 ff., S. 82 ff. m.w.N.; *C.-G. Hasselmann,* New IAEA Safeguards?, in: German YIL 27 (1984), S. 259 ff., sowie auch *K. Ipsen,* Sicherheitsmaßnahmen im Rahmen der IAEO, in: FS Fabricius, S. 357, 361 ff.

177 Zum Begriff der Nuklearanlage siehe § 106 INFCIRC/153.

maßnahmen erforderlich ist.[178] Überdies ist der IAEO innerhalb von 30 Tagen nach Inkrafttreten des Sicherungsabkommens ein Initialbericht über das gesamte, in einem Staat vorhandene Kernmaterial, das den Sicherungsmaßnahmen zu unterstellen ist, vorzulegen (§ 62). Den Mitteilungen kommt eine Vorbereitungsfunktion für die anlagenspezifische Ausgestaltung der Sicherungsmaßnahmen und die Bestimmung des Spaltmaterialbestandes zu.[179]

Die derzeit am weitesten "ausgefeilte und detailbezogene" Verpflichtung zur Vorlage von Initialberichten findet sich im CW-ÜBEREINKOMMEN.[180] Nach Art. III Abs. 1 *lit.* (a)-(d) CWC übermittelt jeder Vertragsstaat an die OPCW *"[...] spätestens 30 Tage, nachdem das Übereinkommen für ihn in Kraft getreten ist"*, einmalige, umfassende Initialberichte über chemische Waffen, alte und zurückgelassene chemische Waffen, Einrichtungen zur Herstellung und Entwicklung solcher Waffen und andere Einrichtungen.[181] Die Informationen dienen als Grundlage für Inspektionen im Zusammenhang mit der Lagerung und Vernichtung chemischer Waffen und der Zerstörung von Einrichtungen zu ihrer Herstellung.

---

178 §§ 8, 42 ff. INFCIRC/153. Diese Pflicht erstreckt sich auch auf nach Inkrafttreten noch errichtete Nuklearanlagen.

179 Vgl. § 46. Zu diesen Mitteilungen siehe *T. Lohmann*, Law of IAEA Safeguards, in: Bothe u.a. (Hrsg.), S. 79, 104; sowie ausführlich *T. Lohmann*, Sicherungsmaßnahmen der IAEO, S. 156 ff. m.w.N.
Die Frühwarnfunktion von Staatenberichten zeigt in diesem Zusammenhang der Fall von Nordkorea. Obwohl Nordkorea 1985 dem NV-Vertrag beigetreten war, kam es bis zum Januar 1992 nicht zum Abschluß eines Abkommens über die Anwendung der IAEO-Sicherungsmaßnahmen (vgl. IAEO-Doc. INFCIRC/403 v. Mai 1992) sowie zur Vorlage eines Initialberichts. Erst im Mai 1992 wurde ein Eingangsbericht über spaltbares Material vorgelegt, der sich jedoch bald als zweifelhaft erwies. Zu Einzelheiten *D. Sloss*, Nuclear Nonproliferation Treaty, in: Virginia JIL 35 (1995), S. 841, 864 ff.; sowie insbesondere *S. Carnody*, North Korea's Nuclear Facilities, in: Fordham ILJ 18 (1994), S. 229, 253 m.w.N.

180 So die Bewertung von *A. Chayes/A.H. Chayes*, New Sovereignty, S. 167, namentlich unter Vergleich mit anderen Sachmaterien des Völkerrechts.

181 Vgl. die detaillierten Regelungen in Art. III CWC i.V.m. Teilen IV (A), IV (B) und V (A) des Verifikationsanhangs (insgesamt 10 Seiten).
Ausführlich zu den Initialmeldungen *J. Robinson*, Verification System, in: Bardonnet (Hrsg.), S. 489, 494; *T. Marauhn*, Routine Verification, in: Bothe u.a. (Hrsg.), S. 219 ff.; *E. Myjer*, Arms Control Law Experience (Typoskript). Zu den praktischen Problemen, in Hinblick auf alte und zurückgelassene chemische Waffen bis ins Jahr 1946 zurückgehend zu berichten, siehe *J. Rautenbach*, in: The Ban on Chemical Weapons (Discussion), in: ASIL/NVIR Proceedings 4 (1997), S. 90, 109.

(b) Datensammlung durch Routineberichte

Von der Erstattung einmaliger Initialberichte unterscheiden sich ***Systeme der Datensammlung***. Sie beruhen auf der regelmäßigen Aktualisierung und Ergänzung bestimmter Angaben und gestatten in gewissem Umfange eine Systematisierung der internationalen Vertragsaufsicht: Angaben in Folgeberichten können zu den Informationen aus einem Grundbericht oder aus früheren Mitteilungen ins Verhältnis gesetzt werden. Die vergleichende Würdigung ermöglicht es, die zur Erreichung der Vertragsziele gemachten Fortschritte wie noch vorhandene Rückstände nachzuweisen.

Von den (vormals) ***bilateralen Abkommen*** kennen insbesondere die SALT I-ABKOMMEN keinen obligatorischen Datenaustausch zwischen den Parteien. Ein solcher war jedoch auf freiwilliger Basis möglich.[182] Demgegenüber sehen die SALT II-, INF- und START-VERTRÄGE die Führung "Vereinbarter Datenbasen" im Rahmen der Vertragsinstitutionen vor. Zur Errichtung der Datenbasen notifizierten sich USA und UdSSR vor Inkrafttreten des SALT II-ABKOMMENS die Anzahl ihrer vertraglich begrenzten strategischen Waffen.[183] Diese Zahlen wurden anläßlich jeder ordentlichen, in der Regel halbjährlichen Tagung der Sondernachprüfungskommission (SVC) als Vertragsinstitution aktualisiert und erörtert.[184]

Nach Art. IX Abs. 3 INF-VERTRAG übermitteln die Parteien 30 Tage nach Inkrafttreten des Vertrags eine Erstmeldung mit Daten über ihre Bestände an vertraglich begrenzten Kurz- und Mittelstreckenwaffen und Waffensystemen. Danach unterrichten sich die Parteien jeweils mindestens 30 Tage vorher über jede anstehende Beseitigung von Flugkörpern und aktualisieren spätestens 30 Tage nach Ablauf von je sechs Monaten die in der Datenbasis enthaltenen Angaben über vertragsbegrenzte Rüstungsmaterialien.[185]

Auch nach Art. VIII Abs. 1 START I-VERTRAG wird eine Datenbasis über vertraglich begrenzte Rüstungsmaterialien geschaffen. Wie bei den vorgenannten Konventionen übermitteln die Parteien 30 Tage nach Inkrafttreten eine Erst-

---

182 Vgl. Art. XIII Abs. 1 *lit.* b ABM-Vertrag; Art. VI Interims-Abkommen. Dazu *J. Rhinelander*, SALT I-Agreements, in: Willrich/Rhinelander (Hrsg.), S. 125, 154.

183 Vgl. die Vereinbarung zwischen den USA und der UdSSR über die Errichtung einer Vereinbarten Datenbasis für die Zahl strategischer Offensivwaffen; abgedruckt bei *G. Fahl*, Rüstungsbeschränkung, S. 338. Zur Bedeutung der Datenbasis und zur Begriffswahl ausführlich *S. Talbott*, Endgame, S. 23, 91 ff.; *P. Orphanos*, INF Treaty On-Site Verification, in: NYLSch JICL 10 (1989), S. 420, 433 f.

184 Vgl. Art. XVII Abs. 3 SALT II-Abkommen i.V.m. der Vereinbarten Erklärung zu Art. XVII Abs. 3.

185 Art. IX Abs. 4 und Abs. 5 INF-Vertrag. Siehe dazu *S. Sur*, Traité Américano-Soviétique du 8 Decembre 1987, in: AFDI 33 (1987), S. 69, 75.

meldung, dann jeweils spätestens 30 Tage nach Ablauf jedes sechsmonatigen Zeitraums Mitteilungen zur Aktualisierung.[186] Das über 30seitige Notifikationsprotokoll zu START I sieht eine Reihe zusätzlicher Meldepflichten vor. Sie beziehen sich, *inter alia,* auf die Verlagerungen und die Konversion vertraglich begrenzter Waffen und Waffensysteme, die vor oder nach jeder Veränderung anzuzeigen sind, oder stehen mit dem Einsatz anderer Verifikationsmittel im Zusammenhang.[187] Die Berichtszeitpunkte sind stets kalendermäßig genau bestimmt oder bestimmbar.

Die Mehrzahl der ***multilateralen Übereinkommen*** ist mit periodischen Berichtspflichten ausgestattet.[188] Relativ schlicht gestaltete Klauseln über derartige Reporte finden sich in TLATELOLCO- und PELINDABA-VERTRAG:

Nach Art. 14 Abs. 1 TLATELOLCO-VERTRAG legen die Parteien halbjährlich der Vertragsorganisation OPANAL wie auch der IAEO Berichte vor.[189] Demgegenüber sieht der PELINDABA-VERTRAG in Art. 13 Abs. 1 vor, daß die Parteien einen "annual report" an das Vertragsorgan[190] übersenden. Bei diesen Bestim-

---

186 Vgl. I.1 und I.2 Protocol on Notifications Relating to the START I-Treaty.

187 Siehe dazu U.S. Department of State, Article-by-Article Analysis of the Protocol on the Notifications (über 20 Seiten), abrufbar unter: http://www.state.gov/www/global/arms/starthtm/start/abanoti.htm#Article-by-Article (Stand: 01.07.2002).

188 Das Fehlen einer Berichtspflicht wurde insbesondere beim BW-Übereinkommen immer wieder beklagt. Zwar haben sich sowohl die erste wie auch die zweite Vertragsstaatenkonferenz mit der Einführung eines Berichtsverfahrens befaßt, jedoch gelang es lediglich, sich auf einen Informationsaustausch auf fakultativer Basis zu verständigen. Vgl. die jeweiligen Schlußerklärungen, BWC/Conf.I/10 v. 21. März 1980 und BWC/Conf.II/13 v. 26. September 1986, Art. V. Insoweit ist daher von einer vertrauensbildenden Maßnahme gesprochen worden. Siehe näher *A. Karkoszka,* Convention on Biological Weapons, in: Sur (Hrsg.), S. 209 ff.; *K. Ipsen,* Verification of BWC, in: Thränert (Hrsg.), S. 31 ff.; sowie *J. Wheatley,* Monitoring Compliance with Arms Control Agreements, in: Szasz (Hrsg.), S. 219, 227 ff. Zur mangelnden Berichtsbereitschaft der Vertragsparteien sowie zum Gang der Verhandlungen über ein BW-Verifikationsprotokoll siehe auch *N. Busse,* in: FAZ v. 11. November 1999, S. 5, sowie *N. Busse,* FAZ v. 27. März 2000, S. 6.

189 Wie die anderen Verträge über nuklearwaffenfreie Zonen basiert der Tlatelolco-Vertrag auf einem doppelten Kontrollansatz. Das in den Art. 12-18 geregelte Aufsichtssystem überträgt zum einen Kontrollbefugnisse auf die Internationale Atomenergie-Organisation (IAEO). Gleichzeitig wird durch Art. 7 die Organisation zum Verbot von Kernwaffen in Lateinamerika (OPANAL) errichtet. Nach Art. 14 Abs. 2 sollen ihr Kopien der Berichte an die IAEO übersandt werden, soweit diese für ihre Arbeit relevant sind. Siehe dazu *R. Haßenpflug,* Nuklearwaffenfreie Zonen, S. 117.

190 Vertragsorgan ist die nach Art. 12 geschaffene African Commission on Nuclear Energy, die die Ausübung der Berichtspflichten zwischen den Mitgliedstaaten überwacht. Siehe näher *E. Nwogugu,* Treaty of Pelindaba, in: African YIL 4 (1996), S. 227, 236 ff.; *N. Pelzer,* Nuclear-Free Zones, in: EPIL II (1995), S. 705, 713.

mungen fällt auf, daß beide Verträge zwar den Berichtsturnus festlegen, die Mitteilungszeitpunkte aber nicht kalendermäßig bestimmt werden. Die Begriffe "halbjährlich" bzw. "jährlicher Bericht" können daher zu unterschiedlichen Handhabungen Anlaß geben.[191]

Präziser gefaßte Klauseln enthalten die großen multilateralen Konventionen. Nach Art. XIII Abs. 1 KSE-VERTRAG (1990) übermittelt jeder Vertragsstaat *"[...] Notifikationen und tauscht Informationen aus, welche seine konventionellen Streitkräfte und Ausrüstungen betreffen, um die Verifikation der Einhaltung dieses Vertrags zu gewährleisten".*[192] Die Informationen sind zunächst bei Vertragsunterzeichnung vorzulegen, sodann 30 Tage nach Inkrafttreten des Vertrags sowie zum 15. Dezember jeden Jahres zu aktualisieren.[193] Im Zuge der Anpassung des Vertrags wurden 1999 einige weitere Meldepflichten eingeführt. Ihr Ziel ist vor allem die Erfassung von Verlagerungen vertraglich begrenzter konventioneller Waffen vom Hoheitsgebiet eines Staates in das eines anderen. Um die Veränderungen registrieren zu können, führt das nunmehr 39seitige Protokoll über Notifikationen zusätzliche jährliche[194] und vierteljährliche[195] Routinemeldungen ein.

Nach dem Musterabkommen INFCIRC/153 zum NV-VERTRAG haben die Parteien der IAEO regelmäßig Buchhaltungsberichte über Nuklearmaterial zu liefern, das den Sicherungsabkommen unterliegt. Über Bestandsveränderungen ist die Agentur spätestens 30 Tage nach Feststellung jeder Veränderung zu unter-

---

191 Ausführlich zum Problem unbestimmter Berichtszeitpunkte bei umweltvölkerrechtlichen Übereinkommen *K. Sachariew,* Reporting Mechanisms, in: YIEL 2 (1991), S. 31, 42 ff.

192 Dem Übereinkommen über die Anpassung des KSE-Vertrags (1999) entsprechend wird zusätzlich über konventionelle Waffen und Ausrüstungen anderer Vertragsstaaten zu berichten sein, die sich auf dem Hoheitsgebiet einer Partei befinden.

193 Abschnitt VII, Para. 1 Protokoll über Notifikationen und Informationsaustausch (1990/1999). Zu den Berichtszeitpunkten siehe *P. Dunay,* Verifying Conventional Arms Limitations, S. 81 f.

194 Über den Dislozierungsort vertraglich begrenzter konventioneller Waffen, die sich außerhalb des Hoheitsgebiets des berichtenden Vertragsstaats befinden, ist jeweils bis zum 21. Januar jeden Jahres zu berichten. Vgl. Abschnitt IX Protokoll über Notifikationen und Informationsaustausch (1999).

195 Über vertraglich begrenzte konventionelle Waffen und Ausrüstungen, die im Anwendungsgebiet und im Hoheitsgebiet eines Vertragsstaats tatsächlich vorhanden sind, ist zum 31. Januar, 30. April, 31. Juli und 31. Oktober zu berichten. Vgl. Abschnitte XIII und XIV Protokoll über Notifikationen und Informationsaustausch (1999).

richten;[196] 30 Tage nach einer physischen Bestandsaufnahme sind durch Materialbilanzberichte die Ergebnisse der Aufnahme mitzuteilen.[197]

Das CW-ÜBEREINKOMMEN sieht im Rahmen der Nichtherstellungskontrolle die regelmäßige Erstattung von Meldungen, *inter alia,* über vorhandene Chemikalien, ihre Vorprodukte, Produktionsstätten und dort beabsichtigte Tätigkeiten vor.[198] Erstmeldungen sind gemäß Art. VI Abs. 7 CWC spätestens 30 Tage nach Inkrafttreten für die betreffende Partei abzugeben.[199] Die Mitteilungen sind spätestens 90 Tage nach Ablauf jeden Jahres zu ergänzen und zu aktualisieren.[200] Weiter gibt das CW-ÜBEREINKOMMEN einen detaillierten Zeitplan für jährliche Mitteilungen über die Vernichtung von chemischen Waffen und über Einrichtungen zu ihrer Herstellung vor, die sich im Eigentum oder Besitz eines Staates befinden. Jede Partei berichtet vor und nach Ablauf jedes jährlichen Vernichtungszeitraums *"[...] über die Durchführung ihrer Pläne zur Vernichtung".*[201] Ferner bestätigt sie 30 Tage nach Ablauf eines jährlichen Vernichtungszeitraums, daß die chemischen Waffen bzw. Einrichtungen zu ihrer Herstellung zerstört wurden.[202] Sie berichtet überdies über in ihrem Besitz befindliche Mittel

196 §§ 63 *lit.* a, 64 INFCIRC/153. Nach *D. Fischer,* Safeguarding the Atom, S. 28, werden diese Berichte der Agentur üblicherweise monatlich zugesandt. *De facto* handelt es sich hier also um ein System periodischer Berichte.

197 §§ 63 *lit.* b, 67 INFCIRC/153. Siehe dazu *C.-G. Hasselmann,* New IAEA Safeguards?, in German YIL 27 (1984), S. 259, 276; *P. Szasz,* Law and Practices of the IAEA, S. 598.

198 Vgl. Art. VI CWC i.V.m. Teil VI des Verifikationsanhangs. Ausführlich zu diesen Mitteilungen *T. Marauhn,* Routine Verification, in: Bothe u.a. (Hrsg.), S. 219, 223 ff.; *J. Robinson,* Verification System, in: Bardonnet (Hrsg.), S. 489, 494, und Tabelle 2 mit genauer Aufstellung aller insoweit zu erstattenden Mitteilungen.

199 Vgl. Art. VI Abs. 7 CWC i.V.m. Teil VI, Abschnitt D, Abs. 13, 17; Teil VII Abschnitt A, Abs. 2 *lit.* a, 4; Teil VIII, Abschnitt A, Abs. 2 *lit.* a, 4 *lit.* a Verifikationsannex.

200 Siehe Art. VI Abs. 8 CWC i.V.m. Teil VI, Abschnitt D, Abs. 15, 16, 19, 20; Teil VII, Abschnitt A, Abs. 2 *lit.* b, 4 *lit.* b und c; Teil VIII, Abschnitt A, 2 *lit.* b, 4 *lit.* b Verifikationsannex.

201 60 Tage vor Beginn eines jährlichen Vernichtungszeitraums legt sie Pläne über die Vernichtung chemischer Waffen vor (Art. IV Abs. 7 *lit.* a CWC) und gibt 60 Tage nach seinem Ablauf eine Meldung über die Durchführung der Pläne ab (ibid., *lit.* b). 180 Tage vor Beginn eines jährlichen Vernichtungszeitraums legt sie Pläne über die Vernichtung von Einrichtungen zu Herstellung chemischer Waffen vor (Art. V Abs. 9 *lit.* a CWC) und gibt 90 Tage nach seinem Ablauf eine Meldung über die Durchführung der Pläne ab (ibid., *lit.* b).

202 Art. IV Abs. 7 *lit.* c; Art. V Abs. 9 *lit.* c CWC.

zur Bekämpfung von Unruhen und aktualisiert diese Angaben spätestens 30 Tage nach jeder Veränderung.[203]

Nach Art. 7 des LANDMINEN-ÜBEREINKOMMENS verpflichtet sich jede Vertragspartei, dem UN-Generalsekretär so bald wie möglich, spätestens jedoch 180 Tage nachdem das Übereinkommen für sie in Kraft getreten ist, einen Bericht vorzulegen. Die Angaben werden spätestens zum 30. April jeden Jahres auf den aktuellen Stand gebracht.[204]

(2) Sonderberichte

Neben routinemäßig zu übermittelnden Reporten sieht eine Reihe von Verträgen Sonderberichtspflichten vor. Ist ein solcher Bericht bei Eintreten eines "besonderen Ereignisses" zu erstatten, so ist das auslösende Moment inhaltlicher Natur. Bei Sonderberichtspflichten lassen sich daher formale und materiale Verfahrenselemente nicht konsequent trennen.[205] Ein Beispiel für diesen Zusammenhang bietet der RAROTONGA-VERTRAG:

> ***"Artikel 9***
> *(1)Jede Partei berichtet dem Direktor des Südpazifik-Büros für Wirtschaftliche Zusammenarbeit so bald wie möglich über jedes bedeutsame Vorkommnis innerhalb ihrer Hoheitsgewalt, das die Implementierung dieses Vertrags berührt. Der Direktor leitet die Berichte unverzüglich allen Parteien zu.*
> *[...]"*[206]

Vergleichbare Bestimmungen finden sich auch im BANGKOK- und PELINDABA-VERTRAG. Sie verpflichten die Parteien, bei Auftreten eines *"[...] significant event affecting the implementation of the Treaty"* Bericht zu erstatten.[207] Proble-

---

203 Art. III Abs. 1 *lit.* e CWC. Für derartige Mitteilungen ist kein weiteres Überprüfungsverfahren vorgesehen. Sie wurden daher als eine vertrauensbildende Maßnahme bezeichnet. Siehe *W. Krutzsch/R. Trapp,* Commentary, Art. III, S. 57.

204 Art. 7 Abs. 2 Landminen-Übereinkommen. Durch diese Maßnahmen soll eine relativ hohe Datendichte erreicht werden, die von westlichen Staaten gefordert wurde. Vgl. die Denkschrift zum Entwurf eines Gesetzes zur Ratifizierung des Landminen-Übereinkommens durch die Bundesrepublik Deutschland, BT-Drs. 13/9817, S. 24, 29.

205 Derartige Pflichten zum Informationsaustausch erhalten damit insgesamt eher einen passiven, statt aktiven sowie einen negativen, statt positiven Charakter. Siehe dazu *T. Findlay,* Rarotonga Treaty, in: Sur (Hrsg.), S. 291, 293.

206 Das Büro für wirtschaftliche Zusammenarbeit fungiert als Sekretariat des Südpazifik-Forums. Siehe näher *N. Fyfe/C. Beeby,* South Pacific Nuclear Free Zone Treaty, in: Victoria University of Wellington Law Review 17 (1987), S. 33, 45.

207 Art. 11 Abs. 1 Bangkok-Vertrag; Art. 13 Abs. 2 Pelindaba-Vertrag.

matisch ist insoweit, daß sich der Ausdruck "bedeutsames Ereignis, das die Durchführung des Vertrags berührt", auch im Wege der Vertragsauslegung nicht näher bestimmen läßt. Die Verwendung derartig unbestimmter Formulierungen kann daher zu Spannungen Anlaß geben.[208]

In anderen Verträgen finden sich Sonderberichtspflichten, die auf Stückzahlveränderungen oder örtliche Verlagerungen beschränkter Rüstungsgüter Bezug nehmen.

Nach § 68 des Musterabkommens INFCIRC/153 hat jeder Nichtkernwaffenstaat, der Partei des NV-VERTRAGS ist, bei Auftreten eines ungewöhnlichen Ereignisses unverzüglich die IAEO durch Sonderbericht zu informieren. Das gleiche gilt, wenn es zu einem Verlust spaltbaren Materials gekommen ist oder Bestandsveränderungen Anlaß zu dem Verdacht gegeben haben, es liege ein unbefugter Eingriff in den Nuklearkreislauf vor.[209] Eine solche Meldung ist ferner zu machen, wenn während eines internationalen Transfers Unregelmäßigkeiten auftreten, die Verluste spaltbaren Materials wahrscheinlich erscheinen lassen.[210]

Ad hoc-Berichte bei Bestands- oder Ortsveränderungen der geregelten Rüstungsmaterialien finden sich auch im angepaßten KSE-VERTRAG (1999)[211] und den START-ABKOMMEN[212].

---

208 So zutreffend *E. Nwogugu,* Treaty of Pelindaba, in: African YIL 4 (1996), S. 227, 237. Im Gegensatz zum Rarotonga-Vertrag kann unter dem Pelindaba-Vertrag auch über vertragsbezogene Ereignisse *außerhalb des eigenen Hoheitsgebiets* berichtet werden. – Für Vertragsorgane besteht bei diesen Vorschriften die Möglichkeit, durch autoritative Auslegung im Rahmen der Wortlautgrenze auf eine einheitliche Berichtspraxis hinzuwirken.

209 Nach *T. Lohmann* (Sicherungsmaßnahmen der IAEO, S. 162) sind jedenfalls bis 1992 keine Sonderberichte nach § 68 INFCIRC/153 von Staaten an die IAEO erstattet worden. Daraus kann jedoch nicht zwingend auf das Ausbleiben derartiger Ereignisse geschlossen werden. Vielmehr dürfte es etwa während der Luftangriffe auf Installationen im Irak zu meldepflichtigen Veränderungen gekommen sein. Die Agentur ist berechtigt, den Inhalt der Sonderberichte durch Sonderinspektionen nach §§ 73, 77 INFCIRC/153 zu überprüfen.

210 §§ 97, 68 INFCIRC/153. Zu diesen Vorschriften und zu den Sonderberichten insgesamt siehe *P. Szasz,* Law and Practices of the IAEA, S. 599; *C.-G. Hasselmann,* New IAEA Safeguards, in: German YIL 27 (1984), S. 259, 276.

211 Berichte über Veränderungen an vertraglich begrenzten Waffen und Ausrüstungen, soweit die Änderungen die Zahl von 30 Boden- und 18 Luftkampfwaffensystemen übersteigen, sowie über die einem anderen Staat erteilte Ermächtigung, vom Spielraum zwischen den eigenen nationalen Beständen und der territorialen Obergrenze an vertraglich begrenzten Rüstungsmaterialien Gebrauch zu machen, sowie über vorgenommene Überschreitungen der territorialen Obergrenze. Vgl. Abschnitte XV, XVI, XVII und XVIII Protokoll über Notifikationen und Informationsaustausch (1999).

(3) Zwischenergebnis

Über periodisch zu erstattende Mitteilungen hinaus sehen das CW-ÜBEREINKOMMEN und die zwischen der IAEO und den NV-Vertragsparteien geschlossenen Sicherungsabkommen spezifische Initialberichte vor. Eingangsmitteilungen dienen der Vorbereitung weiterer Aufsichtsmaßnahmen, insbesondere von Vor-Ort-Inspektionen. Bei der CWC sind "baseline"-Berichte kurz nach Inkrafttreten zu erstatten, während nach dem Modellabkommen INFCIRC/153 die Parteien des NV-VERTRAGS schon während der Verhandlungen über die nähere Ausgestaltung der IAEO-Sicherungsmaßnahmen meldepflichtig sind. Daß die Berichtszeitpunkte unter diesen Systemen so weit nach vorne verlagert wurden, läßt sich mit der Bedeutung dieser Mitteilungen für die Ausgestaltung nachfolgender Aufsichtsverfahren, namentlich der Mittel der Vor-Ort-Kontrolle, erklären.

In nahezu allen Konventionen der Rüstungsbeschränkung finden sich Systeme der Datensammlung auf der Basis routinemäßig zu erstellender Staatenberichte. Während es etwa bei individualschützenden Verträgen für zweckmäßig befunden wurde, die Berichtskalender flexibel zu halten und ihre nähere Ausgestaltung in die Hände der Vertragsorgane zu legen,[213] findet sich in keinem der Verträge der Abrüstung und Rüstungskontrolle eine solche Gestaltungsbefugnis.[214] Vielmehr sind hier Zeitpunkt und Abfolge der Berichte und Meldungen stets präzise und dauerhaft durch die Übereinkommen vorgezeichnet. Dabei besteht eine enge Verknüpfung zwischen prozeduralen und materiellen Verfahrenselementen.

---

212 So etwa die im Zusammenhang mit Art. VIII Abs. 3 *lit.* b START-Abkommen stehenden Mitteilungen über Ortsveränderungen vertragsbegrenzter Rüstungsgüter.

213 Siehe näher die Ausführungen bei *C. Tomuschat,* Menschenrechte, Staatenberichte, in: HdbVN, S. 559, 561. *U. Beyerlin/T. Marauhn* (Rechtsetzung im Umweltvölkerrecht, S. 99) weisen mit Blick auf das Umweltvölkerrecht darauf hin, daß der Zeitrahmen sich am Erfüllungshorizont der Primärpflichten ausrichten und der Situation des jeweiligen Vertragsstaats Rechnung tragen sollte. Soll der Gesichtspunkt der Kosteneffizienz hier als Maßstab dienen, so erfordert dies die Vorgabe flexibler Rahmenbedingungen durch die Verträge.

214 *J. Robinson* (Verification System, in: Bardonnet [Hrsg.], S. 489, 495) weist zutreffend darauf hin, daß das CW-Übereinkommen nach Art. XV Abs. 1, 4, 5 für die im Verifikationsannex enthaltenen Festlegungen der Berichtszeitpunkte ein vereinfachtes Modifikationsverfahren gestattet, während für eigentliche Vertragsänderungen ein schwerfälliges Änderungsverfahren vorgesehen ist.
Auch der KSE-Vertrag kennt ein vereinfachtes Änderungsverfahren für das Protokoll über Notifikationen und Informationsaustausch, vgl. Abschnitt XIII, Abs. 1.

Obgleich sich beim Menschenrechtsschutz Berichtsintervalle von fünf Jahren als allgemein vorteilhaft erwiesen haben,[215] finden sich im Recht der Rüstungsbeschränkung wesentlich dichter gefüllte Berichtskalender. Jüngere Kollektivverträge geben in der Regel einen Berichtsturnus von einem Jahr vor, während bilaterale Rüstungskontrollabkommen typischerweise halbjährliche Takte kennen. Daß die Intervalle hier durchweg kürzer als in anderen Bereichen des Völkerrechts ausfallen, spiegelt den erhöhten Bedarf an Transparenz wider, der durch Beschränkungen der Rüstungsfreiheit bedingt wird. Dieser Zusammenhang legt auch den Schluß nahe, daß Berichtsintervalle von einem Jahr bei den sicherheits- wie verteidigungspolitisch besonders bedeutsamen (vormals) bilateralen Abkommen als zu lang empfunden wurden.

Während Routineberichte Bestandteile einer anlaßunabhängigen, regelmäßigen Kontrolle sind, sind die in einigen Konventionen vorgesehenen Sonderberichte auf Einzelfälle bezogen. Insoweit sind formale und materiale Gesichtspunkte untrennbar miteinander verbunden. Auslösendes Moment der *post hoc*-Mitteilungen ist das Auftreten "besonderer Ereignisse". Verdachtsberichten kommt damit zwar eine transparenzfördernde Wirkung zu, von einer vertrauensbildenden Funktion kann indes nicht gesprochen werden. Vielmehr zielen Sonderberichte auf die Ausräumung von Mißverständnissen und beruhen auf dem Gedanken des überprüften Mißtrauens.

bb) Gegenstand und Umfang der Meldungen und Berichte

Die Reichweite eines vertraglichen Aufsichtsmechanismus muß nicht zwingend mit den sachlichen Verpflichtungen übereinstimmen. Für die Funktionsfähigkeit und Glaubwürdigkeit jedes Kontrollverfahrens ist es aber erforderlich, seinen Gegenstand und seinen Umfang hinreichend zu bestimmen.[216] Dies gilt für Berichtssysteme zunächst in Hinblick auf die Übermittlung erfüllungsbezogener, quantitativ erfaßbarer Informationen und Daten, trifft aber auch auf andere Mitteilungen zu, wie solche über legislative und administrative Durchführungsmaßnahmen.

---

215 So *C. Tomuschat*, Menschenrechte, Staatenberichte, in: HdbVN, S. 559, 561. Der Berichtsturnus von fünf Jahren trägt der begrenzten Belastbarkeit der Parteien und dem Umstand Rechnung, daß die Umsetzung von Verbesserungsvorschlägen nicht unmittelbar Wirkungen zeigen kann.

216 Vgl. insoweit auch die Ausführungen zu umweltvölkerrechtlichen Berichtssystemen bei *T. Marauhn*, Procedural Law of Compliance Control, in: ZaöRV 56 (1996), S. 696, 703.

(1) Abhängigkeit des Berichtsumfangs vom materiellen Regelungsgehalt

Der Inhalt staatlicher Mitteilungen wird im Wesentlichen durch die sachliche Bindung vorgezeichnet, wenn die Berichtsklauseln allgemein gehalten sind oder ein Vertragsorgan ermächtigt wird, das Format der Meldungen zu bestimmen.

Fehlen nähere Hinweise über Gegenstand und Umfang einer Berichtspflicht und wird nur allgemein auf den materiellen Regelungsgehalt eines Vertrags verwiesen, so kann dies zu Problemen Anlaß geben. Nach Art. 14 Abs. 1 TLATELOLCO-VERTRAG legen die Vertragsparteien *"[...] der Organisation und der Internationalen Atomenergie-Organisation [...] Berichte zur Kenntnisnahme vor, in denen erklärt wird, daß in ihrem Hoheitsgebiet keine durch diesen Vertrag verbotene Betätigung stattgefunden hat."* Eine solche Meldung "Fehlanzeige!" entspricht zwar dem materiellen Regelungsgehalt, verkehrt jedoch die Wirkung des Berichtssystems. Die Parteien berichten nicht positiv über ihr Verhalten, sondern geben eine (inhaltliche) Nachricht nur dann, wenn nach ihrer Ansicht ein vertragswidriges Ereignis eingetreten ist. Bei derartigen *post hoc*-Berichten beurteilt somit nicht das Vertragsorgan, sondern jede Vertragspartei selbst, ob eine bestimmte Begebenheit als verboten und damit als meldepflichtig anzusehen ist. Allerdings wird einer Partei durch die Meldung rechtliches Gehör gewährt.

Ist eine Notifikationspflicht recht allgemein gehalten, so kann die nähere Präzisierung auf eine Vertragsinstitution übertragen werden. Die Berichtsklausel im PELINDABA-VERTRAG etwa verweist zwar allgemein auf den materiellen Gehalt, räumt jedoch dem Afrikanischen Ausschuß für Kernenergie als Vertragsorgan die Befugnis zur Bestimmung des Berichtsformats ein. So übermittelt jede Partei *"[...] an annual report [...] on its nuclear activities as well as other matters relating to the Treaty, in accordance with the format for reporting to be developed by the Commission".*[217] Die Kompetenz zur Konkretisierung des Mitteilungsformats gestattet es, Einheitlichkeit und Vergleichbarkeit der Meldungen einigermaßen zu gewährleisten.[218] Ferner kann das Berichtssystem in gewissem Umfange für spätere Veränderungen flexibel gehalten werden. Eine solche Ausgestaltung der Berichtsklauseln wurde daher als empfehlenswert bezeichnet.[219]

217 Vgl. Art. 13 Abs. 1 i.V.m. Abs. 3 Annex III. In Ausführung dieser Bestimmungen ist eine Präzisierung bislang nicht erfolgt.

218 Zu diesem Aspekt bei umweltvölkerrechtlichen Berichtssystemen siehe *K. Sachariew,* Reporting Mechanisms, in: YIEL 2 (1991), S. 31, 44.

219 So unter Hinweis auf die einschlägige Vertragspraxis im Umweltvölkerrecht *U. Beyerlin/T. Marauhn,* Rechtsetzung im Umweltvölkerrecht, S. 98, und *T. Marauhn,* Procedural Law of Compliance Control, in: ZaöRV 56 (1996), S. 696, 705 f.

(2) Detailliert geregelte Berichtsstandards

Weitaus präziser gefaßte Berichtsstandards finden sich bei einer Reihe jüngerer Abkommen. Während es beim SALT II-VERTRAG noch ausreichte, den Gegenstand der Mitteilungen, Zahlenveränderungen in bestimmten Kategorien strategischer Angriffswaffen, in einer Vereinbarten Erklärung zu benennen,[220] benötigen INF- und START-ABKOMMEN detailliert gefaßte Anhänge. Beim INF-VERTRAG bestimmt ein "Memorandum of Understanding" die Angaben, die über Flugkörper mittlerer und kürzerer Reichweite, Abschußrampen für solche Flugkörper und mit ihnen im Zusammenhang stehende Unterstützungsbauwerke von den Parteien vorzulegen sind.[221] Den gleichen Ansatz verfolgen nach Art. VIII Abs. 1 auch die START-ABKOMMEN. Entsprechend verweist neben dem "Memorandum of Understanding" Art. VIII Abs. 3 START I-VERTRAG auf ein über 30seitiges Protokoll, das die genauen Inhalte der einzelnen Berichtstypen bestimmt. So notifizieren die Parteien, *inter alia,*

- die Zahlen vertragsbegrenzter Rüstungsgüter,
- Ortsveränderungen, Umwandlungen und Außerdienststellungen vertragsbegrenzter Güter,
- das Fluggewicht von ICBM und SLBM,
- Maßnahmen der Zusammenarbeit zur Steigerung der Wirksamkeit des Einsatzes nationaler Überwachungsmittel,
- Flugtests von ICBM und SLBM, neue Typen und Arten strategischer Offensivwaffen,
- Veränderungen der Angaben aus anderen Mitteilungen sowie
- Inspektions- und andere Überwachungstätigkeiten.[222]

Daß die Berichtsinhalte hier sehr detailliert ausformuliert wurden, spiegelt nicht nur die angesichts des rüstungstechnischen Fortschritts gestiegene Kom-

220 Nach der Vereinbarten Erklärung zu Art. XVII Abs. 3 SALT II-Abkommen ist zu berichten über ICBM-Abschußvorrichtungen, ortsfeste ICBM-Abschußvorrichtungen, Abschußvorrichtungen für mit MIRV ausgerüstete ICBM, Abschußvorrichtungen für SLBM, Abschußvorrichtungen für mit MIRV ausgerüstete SLBM, schwere Bomber, für Marschflugkörper mit einer Reichweite von mehr als 600 Kilometern ausgerüstete schwere Bomber, nur für ASBM ausgerüstete schwere Bomber, ASBM sowie über mit MIRV ausgerüstete ASBM.

221 Vgl. Art. IX Abs. 1 INF-Vertrag; Memorandum of Understanding on Data Regarding the Establishment of the Data Base, unter: http://www.state.gov/www/global/arms/treaties/infmon.html (Stand: 01.07.2002).

222 Vgl. Paras. I-IX des Protocol on Notifications Relating to the Treaty between the USA and the USSR on the Reduction and Limitation of Strategic Offensive Arms.

plexität der materiellen Regelungen wider. Detailgenauigkeit dürfte insoweit auch Ausdruck der hohen sicherheits- und verteidigungspolitischen Bedeutung der START-ABKOMMEN sein.

Sehr detaillierte Bestimmungen der Berichtsinhalte finden sich auch in den nachfolgend genannten, jüngeren ***multilateralen Übereinkommen***.

Für den KSE-VERTRAG regelt ein umfangreiches Protokoll über Notifikationen und Informationsaustausch den Inhalt der Mitteilungen. Nach der Vertragsfassung aus dem Jahr 1990 übermittelt jede Partei Informationen über

- die Streitkräftestruktur der konventionellen Land- und Luftstreitkräfte bis zur Führungsebene Brigade/Regiment bzw. Geschwader/Fliegerregiment,
- Gesamtbestände in jeder Kategorie vertragsbegrenzter Waffen und Ausrüstungen,
- nach Standorten von Truppenteilen aufgeschlüsselte Angaben über Zahlen und Typen der an den jeweiligen Dislozierungsorten befindlichen vertragserfaßten konventionellen Waffen und Ausrüstungen,
- Gesamtzahl und Lage der im Inspektionsprotokoll genannten Verifikationsobjekte und gemeldeten Inspektionsstätten,
- Gerät, das nicht bei den konventionellen Streitkräften in Dienst gestellt ist, jedoch von militärischer Bedeutung sein kann, sowie
- In- und Außerdienststellungen und das Verbringen in das und aus dem Anwendungsgebiet von durch den Vertrag begrenzten konventionellen Waffen und Ausrüstungen.[223]

Gegenstand der im Zuge der Anpassung des KSE-VERTRAGS 1999 zusätzlich eingeführten Berichtspflichten sind vor allem Verlagerungen von vertragsbegrenzten konventionellen Waffen und Ausrüstungen von einem Vertragsstaat in einen anderen.[224]

Im Rahmen der Nichtherstellungskontrolle geben die Parteien des CW-ÜBEREINKOMMENS nach Art. IV Abs. 7 und 8, *inter alia,* Meldungen über die vorhandenen Chemikalien und ihre Vorprodukte sowie über Stätten zu ihrer Herstellung und dort beabsichtigte Tätigkeiten ab. Die anlagenbezogenen Mit-

223 Abschnitte I, II, III, IV, V, IX, X Protokoll über Notifikationen und Informationsaustausch (1990). Diese Berichtspflichten bleiben auch nach der Vertragsanpassung von 1999 im Wesentlichen erhalten. Siehe zu den Vorschriften die Denkschrift zum Entwurf eines Gesetzes zur Ratifizierung des KSE-Vertrags durch die Bundesrepublik Deutschland, BT-Drs. 12/1133, S. 151, 159, und ausführlich *P. Dunay,* Verifying Conventional Arms Limitations, S. 76 ff.

224 Vgl. die neueingefügten Abschnitte IX, XIII, XIV, XV, XVI, XVII sowie XVIII im Protokoll über Notifikationen und Informationsaustausch (1999).

teilungen umfassen Daten über die Einrichtung, Arten und Mengen der dort produzierten, erworbenen, verbrauchten oder gelagerten Chemikalien und Änderungen an der Einrichtung.[225] Der genaue Berichtsinhalt und die Kontrolldichte richten sich nach der Einordnung der betreffenden Einrichtungen in drei im Anhang aufgeführte Listen (Chemikalienanhang). Für die Zuordnung maßgeblich ist der Grad des Risikos, daß die in der Anlage hergestellten Chemikalien oder ihre Vorprodukte für die Produktion chemischer Waffen Verwendung finden. Entsprechend sind auch gegenüber der Erstmeldung geplante Änderungen an bestehenden Einrichtungen zu notifizieren.[226] Die Parteien bestätigen überdies die Vernichtung von chemischen Waffen sowie von Einrichtungen zu ihrer Herstellung.[227]

Nach Art. 7 LANDMINEN-ÜBEREINKOMMEN berichtet jede Partei über

- die Gesamtzahl der in ihrem Eigentum oder Besitz befindlichen gelagerten Minen sowie deren technische Merkmale,
- die Lage aller bekannten verminten Gebiete und über Maßnahmen zur Warnung der Zivilbevölkerung in Hinblick auf die Gebiete,
- alle für die Ausbildung und zur Entwicklung von Verfahren der Minenräumung zurückbehaltenen Minen,
- Art und Menge aller nach Inkrafttreten des Übereinkommens vernichteten Minen sowie
- die technischen Merkmale jeder hergestellten Art von Antipersonen-Landminen.[228]

(3) Berichte über Vernichtungsprogramme und Maßnahmen der innerstaatlichen Durchführung

Von vorgenannten Meldungen über eher technisch gehaltene Daten unterscheiden sich sachlich Mitteilungen über *Pläne und Programme* sowie über *innerstaatliche Durchführungsmaßnahmen.*

225 Art. VI Abs. 7 und 8 CWC i.V.m. Teil VI, Abschnitt D, Abs. 13, 17; Teil VII, Abschnitt A, Abs. 1, 4; Teil VIII, Abschnitt A, Abs. 1, 3, 6, 7, 8 Verifikationsannex. Eine detaillierte Aufstellung der zu übermittelnden Angaben findet sich bei *J. Robinson,* Verification System, in: Bardonnet (Hrsg.), S. 489, 494 und in Tabelle 2.

226 Ausführlich zu diesen Mitteilungen *T. Marauhn,* Routine Verification, in: Bothe u.a. (Hrsg.), S. 219, 223-225; sowie *E. Myjer,* Arms Control Law Experience (Typoskript).

227 Art. IV Abs. 7 *lit.* c, Art. V Abs. 9 *lit.* c CWC.

228 Art. 7 Abs. 1 *lit.* b, c, d, g, h, i Landminen-Übereinkommen.

CW- und LANDMINEN-ÜBEREINKOMMEN sehen als echte Abrüstungsverträge zum einen die ***Vorlage von Plänen*** bzw. ***Programmen*** über die Zerstörung vertragsbeschränkter Waffen vor.[229] So haben die Vertragsparteien nach Art. 7 Abs. 1 *lit.* e, f LANDMINEN-ÜBEREINKOMMEN über *"[...] den Stand der Programme zur Vernichtung von Antipersonenminen"* sowie *"[...] über den Stand der Programme zur Umstellung oder Stillegung von Einrichtungen zur Herstellung von Antipersonenminen"* zu berichten. An dieser Mitteilungspflicht ist bemerkenswert, daß dem Vertrag eine Konversionsbestimmung fehlt. Offensichtlich schießt also die Reichweite der Kontrollmaßnahmen über die sachlichen Regelungen hinaus.[230] Fraglich ist indes, was mit dem Begriff "Stand" eigentlich gemeint sein soll. Mangels eindeutiger Anhaltspunkte für die Auslegung dürfte der Ausdruck so zu verstehen sein, daß die Vertragsparteien nicht gezwungen sind, die von ihnen gemachten Angaben auch zu bewerten. Vielmehr wird die Übermittlung entsprechenden Zahlenmaterials ausreichen, um der Verpflichtung Genüge zu tun.

Derart verstanden, geht die Berichtspflicht im CW-ÜBEREINKOMMEN einen Schritt weiter. Haben die Vertragsparteien im Eingangsbericht notifiziert, daß sie chemische Waffen bzw. Einrichtungen zu ihrer Herstellung besitzen, in ihrem Eigentum, unter ihrer Hoheitsgewalt oder ihrer Kontrolle haben, so ist von ihnen zunächst ein allgemeiner Plan über die Vernichtung der Waffen und Einrichtungen vorzulegen.[231] Ferner sind jährliche Vernichtungspläne zu präsentieren und ist retrospektiv *"[...] über die Durchführung [der] Pläne zur Vernichtung"* zu berichten.[232] Daß insoweit auch auf Probleme einzugehen ist, welche die Vernichtungsprogramme beeinträchtigen können,[233] erscheint – wie namentlich die Pra-

229 Eine entsprechende Regelung fehlt dem BW-Übereinkommen. Siehe dazu *K. Ipsen,* Biologische und chemische Kampfmittel, S. 368 ff., 371 f.

230 Die Vorschrift wird daher so zu verstehen sein, daß diejenigen Vertragsparteien, die sich auf freiwilliger Basis zu einer Umstellung ihrer Einrichtungen verpflichtet haben, zur Vorlage von Berichten angehalten sein sollen. So *K. Calvo Goller,* Convention Banning Anti-Personnel Mines, in: Israel Law Review 32 (1998), S. 645, 672.

231 Art. III Abs. 1 *lit.* a (v), *lit.* c (v) und c (vii) CWC: Verpflichtung zur Vorlage eines allgemeinen Plans über die Vernichtung chemischer Waffen und über die Vernichtung von Einrichtungen zu ihrer Herstellung.

232 Art. IV Abs. 7 *lit.* a, b CWC. Siehe auch Art. V Abs. 9 *lit.* a, b CWC: Vorlage eines Plans über die Vernichtung von Einrichtungen zur Herstellung chemischer Waffen 180 Tage vor dem Vernichtungszeitraum und Bericht über seine Umsetzung spätestens 90 Tage nach Ablauf des Vernichtungszeitraums. Zu diesen Normen siehe *T. Marauhn,* Routine Verification, in: Bothe u.a. (Hrsg.), S. 219, 222.
Die vergleichbaren Vorschriften des Landminen-Übereinkommens kennen eine derartige, erfolgsorientierte Berichterstattung nicht.

233 Dies ergibt sich aus Teil IV (A), Abs. 6 *lit.* h Verifikationsannex.

xis beim völkerrechtlichen Individualschutz[234] und beim Umweltschutz[235] belegt – jedenfalls geboten: Solche Berichte geben Staaten Anlaß, die von ihnen getroffenen Maßnahmen zu bewerten, und setzen damit Anreize, Erfüllungsproblemen effektiver zu begegnen. Hieran zeigt sich, daß unter dem CW-ÜBEREINKOMMEN ein gegenüber dem LANDMINEN-ÜBEREINKOMMEN deutlich höherer Grad an Systematisierung bei der Berichtskontrolle erreicht wurde.

Charakteristisch für die Vertragsaufsicht beim völkerrechtlichen Individualschutz wie bei Verbotskonventionen anderer Bereiche ist die ***Berichterstattung über innerstaatliche Durchführungsmaßnahmen.*** Entsprechend fordern auch Übereinkommen der Rüstungsbeschränkung als typischer Fall der "non-self-executing-treaties", daß die Parteien die zuständigen Stellen über von ihnen ergriffene Maßnahmen des innerstaatlichen Vollzugs informieren. Während dem BW-ÜBEREINKOMMEN eine entsprechende Regelung fehlt,[236] finden sich derartige Vorschriften derzeit in drei Konventionen der Rüstungsbeschränkung.

Allgemein gehalten ist die Klausel des CTB-VERTRAGS. Nach Art. 3 Abs. 3 unterrichtet jede Partei *"[...] die Organisation über die [zur innerstaatlichen Durchführung] getroffenen Maßnahmen".*[237] Präziser gefaßt ist die Mitteilungspflicht im CW-ÜBEREINKOMMEN, der zufolge die Parteien über *"[...] die zur Durchführung dieses Übereinkommens getroffenen Gesetzgebungs- und Verwaltungsmaßnahmen"* berichten.[238] Eine vergleichbare Regelung findet sich schließlich im LANDMINEN-ÜBEREINKOMMEN. Nach Art. 7 Abs. 1 *lit.* a berichtet jede Partei über *"die in Artikel 9 bezeichneten innerstaatlichen Durchführungsmaßnahmen",* also *"gesetzliche, verwaltungsmäßige und sonstige Maßnahmen, einschließlich der Verhängung von Strafen ".*

---

234 Dazu *C. Tomuschat,* Menschenrechte, Staatenberichte, in: HdbVN, S. 559, 560.

235 Siehe *U. Beyerlin/T. Marauhn,* Rechtsetzung im Umweltvölkerrecht, S. 98 f.

236 Schon während der Verhandlungen wurde deutlich, daß damit eine entscheidende Lücke im Verifikationssystem besteht. Dazu *K. Ipsen,* Biologische und chemische Kampfmittel, S. 368 ff. – Auf der ersten Überprüfungskonferenz haben sich die Parteien des BW-Übereinkommens verständigt, auf freiwilliger Basis über Maßnahmen der innerstaatlichen Umsetzung zu berichten, vgl. BWC/Conf.I/10 v. 21. März 1980. Die Bedeutung dieses Schritts ist auf der zweiten Überprüfungskonferenz unterstrichen worden, vgl. BWC/Conf.II/13/II v. 26. September 1986, Art. IV. Auf dieser Grundlage erfolgt seit Oktober 1987 jährlich eine Weitergabe entsprechender Mitteilungen über das UN Department for Disarmament Affairs an die Vertragsparteien. Die Berichtsbereitschaft der Parteien ist jedoch gering.

237 Siehe Art. III Abs. 3 CTBT.

238 Art. VII Abs. 5 CW-Übereinkommen. Zur Frage der nationalen Umsetzung des CW-Übereinkommens siehe *L. Wollomes Tabassi,* National Implementing Legislation, in: YIHL 2 (1999), S. 264 ff.; *R. Mathews/T. McCormack,* National Requirements, in: Security Dialogue 26 (1995), S. 93 ff. Zur deutschen Rechtslage siehe namentlich *C. Bundscherer,* Deutschland und das CW-Übereinkommen, S. 28 ff.

Die Klauseln der letztgenannten Verträge sind nicht nur detaillierter gefaßt; durch Bezug auf administrative Maßnahmen reflektieren sie auch den Umstand, daß gerade der öffentlichen Verwaltung eine entscheidende Rolle beim innerstaatlichen Vollzug aus dem Völkerrecht transformierter Normen[239] zukommt. Dies gilt unstreitig jedenfalls dann, wenn auf nationaler Ebene Pflichten für Subjekte des innerstaatlichen Rechts entstehen.[240] Berichte über administrative Maßnahmen können insoweit als Grundlage für die Feststellung dienen, welche Wirksamkeit gesetzgeberischen Schritten innerstaatlich zukommt. So vermitteln etwa Angaben über die Verhängung von Bußgeldern oder die Erteilung von Genehmigungen ein Bild, ob und ggf. in welchem Umfang nationales (Verwaltungs-)Recht zur Geltung gebracht wird.[241] Vor diesem Hintergrund ist die Berichterstattung über Verwaltungsmaßnahmen, die im CW- und LANDMINEN-ÜBEREINKOMMEN vorgesehen ist, sehr zu begrüßen.

(4) Zwischenergebnis

Namentlich am Gegenstand der zu erstattenden Mitteilungen zeigt sich, wie unterschiedlich die Berichtsverfahren der Regelungs- und Verwaltungsregime ausgestaltet sind. Inhalt und Umfang der Reporte und Meldungen tragen den materiellen Bindungen Rechnung und zeichnen damit den vertragsspezifischen Charakter der Berichtssysteme aus.

Inhaltlich lassen sich drei Typen von Berichtsklauseln unterscheiden. Auf einer ersten Stufe stehen solche Bestimmungen, die allgemein auf die materiellen Regelungsgehalte der Verträge verweisen. Ermächtigen derartige Regelungen die zuständigen Vertragsorgane nicht, durch die Vorgabe von Berichtsstandards auf eine einheitliche Ausgestaltung der Mitteilungen hinzuwirken, so besteht die Gefahr, daß staatliche Meldungen relativ pauschal bleiben und nur geringe Aussagekraft erlangen.

---

239 Völkerrechtlich folgt die Verpflichtung zur Umsetzung internationaler Verträge aus dem Grundsatz, daß diese nach Treu und Glauben zu erfüllen sind (vgl. Art. 26 WVK). Ferner kann sich eine Partei nach Art. 27 WVK bei Nichterfüllung eines völkerrechtlichen Vertrags nicht auf entgegenstehendes innerstaatliches Recht berufen.

240 Dies ist typischerweise im internationalen Umweltrecht der Fall. Heute unzutreffend ist jedoch die Aussage, daß Adressaten rüstungskontrollrechtlicher Pflichten allein Staaten sind. Vielmehr ergeben sich auch hier zunehmend Auswirkungen außerhalb des Handelns öffentlicher Gewalt, die Aufsichtsmechanismen für Private erforderlich machen. Dazu schon *A. Chayes/A.H. Chayes,* New Sovereignty, S. 184.

241 Insoweit nicht nur zum Umweltvölkerrecht überzeugend die Argumentation bei *U. Beyerlin/T. Marauhn,* Rechtsetzung im Umweltvölkerrecht, S. 98.

Wesentlich detailliertere Berichtspflichten über eher technisch gehaltene Daten geregelter Rüstungsmaterialien finden sich in den jüngeren Verträgen. Bei derartigen Systemen sind Einheitlichkeit und Vergleichbarkeit der Mitteilungen schon aufgrund der vertraglichen Bestimmungen weitgehend gewährleistet. In den Mittelpunkt der Inhalte rücken dann meist bestimmte Schlüsselelemente, wie etwa besonders waffentaugliche chemische Substanzen. Die weitgehende Standardisierung der Berichte gestattet es hier, einen wesentlich höheren Grad an Systematisierung bei der Einhaltungskontrolle zu erreichen. Die Notwendigkeit, vertraglichen Organen oder Institutionen eine Kompetenz zur Präzisierung der einschlägigen Berichts- und Meldepflichten zu gewähren, besteht dann nicht mehr.

Von den allgemeinen Berichtspflichten zu unterscheiden sind schließlich Angaben über den Vollzug der Übereinkommen durch Maßnahmen der Gesetzgebung und der Verwaltung sowie über Programme zur Vernichtung geregelter Waffenbestände. Erstere sind regelmäßig Bestandteile solcher Verträge, deren Pflichtenstrukturen sich nicht allein an die öffentliche Gewalt wenden, sondern die – wie das CW-ÜBEREINKOMMEN – über den Bereich hoheitlichen Handelns hinaus auch die Aktivitäten innerstaatlicher (Privat-) Rechtssubjekte berühren. Für echte Abrüstungsverträge charakteristisch sind überdies Mitteilungen über nationale Programme der Zerstörung und Konversion bestimmter Rüstungsmaterialien und Einrichtungen. Im Wege turnusmäßiger Berichterstattung zwingen derartige Meldesysteme die Vertragsparteien, nicht nur eine umfassende Strategie zur Umsetzung völkerrechtlicher Reduktionspflichten zu entwickeln, sondern diese auch einer kontinuierlichen Überprüfung in Hinblick auf Fortschritte und Defizite zu unterwerfen. Die fortlaufende Revision der ergriffenen Maßnahmen durch Staaten und Vertragsorgane ermöglicht es, einen insgesamt wesentlich höheren Grad an Wirksamkeit bei der Vertragsaufsicht zu erzielen.[242]

Eine grobe Skalierung der Berichtsinhalte kann auch aus der Perspektive der Sicherheitsrelevanz der Konventionen vorgenommen werden. Während Verträge mit geringerer sicherheitspolitischer Bedeutung ihren Parteien zum Teil nur Formalmitteilungen abverlangen, weisen solche mit höherer Relevanz deutlich detailliertere Berichtsstandards auf. Dies zeigt sich zunächst am Beispiel der differenzierten Mitteilungsgegenstände unter den START I/II-VERTRÄGEN, welche die Wehrfähigkeit nicht unerheblichen Beschränkungen unterwerfen. Dieser Befund spiegelt sich aber auch bei multilateralen Übereinkommen wider. So enthalten die Konventionen über atomwaffenfreie Zonen, deren materieller Gehalt im Wesentlichen deklaratorisch und von begrenzter sicherheitspolitischer Trag-

242 *A. Chayes/A.H. Chayes*, New Sovereignty, S. 167, 248 f., sehen die Revision daher zu Recht als ein Schlüsselelement einer "compliance strategy" an.

weite ist, nur vergleichsweise schlicht ausgestaltete Berichtsklauseln. Bei den universellen Kollektivverträgen, namentlich dem CW-ÜBEREINKOMMEN, finden sich dagegen sehr differenzierte Berichtsstandards. Um diese handhabbar zu machen, hat das Technische Sekretariat der OPCW ein Handbuch zum CW-ÜBEREINKOMMEN erstellt, das die komplexen Regelungen über Staatenberichte erläutert und den Staaten als Anleitung für die Erstellung entsprechender Mitteilungen dienen soll.[243]

cc) Auswertung

Der Einleitung als dem ersten Abschnitt folgt nach der Erstellung der Mitteilungen schließlich ihre Übermittlung und die Auswertung. Diese läßt sich in eine tatsächliche und eine rechtliche Evaluierung unterteilen. Zunächst ist in tatsächlicher Hinsicht verbindlich zu klären, ob mit den berichteten Informationen bestimmte, entscheidungserhebliche Fakten vorliegen oder nicht. Die rechtliche Auswertung ist der sodann folgende Prozeß der Gegenüberstellung von Tatsachen und Rechtsnormen. Das Ergebnis dieser Subsumtion entscheidet darüber, inwieweit eine Vertragspartei die ihr obliegenden Pflichten erfüllt hat oder nicht. Ist die dafür zuständige Stelle oder Institution nicht in der Lage, die Frage nach der Vertragseinhaltung zweifelsfrei zu beantworten, weil etwa Angaben fehlen oder an der Richtigkeit der vorgelegten Informationen Bedenken bestehen, so sind weitere Maßnahmen der Tatsachenfeststellung erforderlich, vor allem Vor-Ort-Inspektionen. Ihr Ziel ist es dann, die für eine rechtliche Beurteilung noch erforderlichen Fakten beizubringen.

Gegenstand des folgenden Abschnitts ist die Frage, ob und inwieweit die untersuchten Verträge der Abrüstung und Rüstungskontrolle eine Auswertung der durch die Staaten übersandten Mitteilungen vorsehen. Im Einzelnen ist dabei zu klären, welches Gremium für die Auswertung zuständig ist, welche Regelungen für die tatsächliche Evaluierung bestehen und – falls vorgesehen – inwieweit die rechtliche Bewertung formalisiert wurde.

Unter dem LANDMINEN-ÜBEREINKOMMEN ist Empfänger der nach Art. 7 Abs. 1 zu erstattenden Staatenberichte der UN-Generalsekretär, der zur Auswertung allerdings nicht befugt ist. Art. 7 Abs. 3 weist ihm lediglich eine "Briefkastenfunktion" zu: Er nimmt die Meldungen entgegen und leitet *"[...] die ihm zugegangenen Berichte an die Vertragsstaaten weiter."* Auf dieser Grundlage können die Parteien ihre Datenbanken führen und die zur Erreichung der Ver-

243 Näher zum "Declaration Handbook" siehe *T. Marauhn,* Routine Verification, in: Bothe u.a. (Hrsg.), S. 219, 227 f.

tragsziele gemachten Fortschritte verfolgen.[244] Vom Ergebnis her betrachtet, unterscheidet sich das Verfahren dabei nicht wesentlich von Instrumenten des zwischenstaatlichen Informationsaustauschs.[245] Es ist jedoch zu beachten, daß im Rahmen der bis zur ersten Überprüfungskonferenz jährlich stattfindenden Treffen der Vertragsstaaten *"[...] Angelegenheiten, die sich im Zusammenhang mit den aufgrund dieses Übereinkommens vorgelegten Berichten ergeben",*[246] Erörterung finden können. Bei den Treffen kommt es somit auch zu einer Diskussion der Reporte, die sich aber auf Sachfragen ("matters") beschränken wird. Wünscht ein Staat überdies, das Erfüllungsverhalten anderer Mächte zur Diskussion zu stellen, so kann er mit diesen bilateral in Konsultationen eintreten und die Angelegenheit einem Sondertreffen der Vertragsstaaten vorlegen. Dieses kann über die Entsendung einer Mission zur Tatsachenfeststellung entscheiden. Mangels routinemäßiger Vor-Ort-Überprüfung wird das Berichtssystem hier als eine bloße Maßnahme der Vertrauensbildung aufgefaßt werden können.[247]

In keinem der Verträge über kernwaffenfreie Zonen finden sich spezielle Regelungen über die Auswertung der Staatenberichte. Den Übereinkommen lassen sich aber implizit Hinweise entnehmen, daß die zuständigen Stellen hier über Briefkasten-Aufgaben hinausreichende Befugnisse besitzen.

Unter dem TLATELOLCO-VERTRAG ist nach Art. 11 Abs. 3 das Sekretariat der OPANAL für die Entgegennahme der Staatenberichte zuständig.[248] Einen Anhaltspunkt dafür, wie die Meldungen ausgewertet werden, gibt zunächst Art. 14 Abs. 3. Nach dieser Norm darf die Organisation die ihr zugeflossenen Informationen nicht weitergeben, soweit der betreffende Staat dem nicht ausdrücklich zugestimmt hat. Die Regelung, die 1992 im Zuge einer Anpassung Aufnahme fand, will der allgemeinen Kritik begegnen, dem Vertrag fehle ein System zum Schutz vertraulicher Informationen.[249] Vor allem aber hat die Vertragsanpassung zu einer Verlagerung von Kompetenzen von der OPANAL auf die IAEO ge-

---

244 *K. Calvo Goller,* Convention Banning Anti-Personnel Mines, in: Israel LR 32 (1998), S. 645, 672, mit dem Hinweis, daß dem hier verwirklichten Kontrollsystem mangels Routineinspektionen die Annahme zugrunde liegt, daß die in den Berichten gemachten Angaben der Wirklichkeit entsprechen.

245 Siehe beispielhaft Art. VII Abs. 5 Antarktis-Vertrag: *"Jede Vertragspartei unterrichtet [...] die anderen Vertragsparteien [...]."*

246 Art. 11 Abs. 1 *lit.* a Landminen-Übereinkommen.

247 So die Bewertung der Denkschrift zum Entwurf eines Gesetzes zur Ratifizierung des Landminen-Übereinkommens durch die Bundesrepublik Deutschland, BT-Drs. 13/9817, S. 24, 29.

248 Siehe insoweit auch OPANAL-Doc. CG/498 v. 15. November 1999, Para. 4 und 7, und OPANAL-Res. 355 (XV) v. 10. Juli 1997 über die Anwendung der Art. 13 und 14 des Vertrags.

249 Siehe *M. Estrada Oyuela,* Tlatelolco Treaty, in: Sur (Hrsg.), S. 149, 152 m.w.N.

führt.[250] Danach besitzt das Sekretariat eine über die Prüfung der Reporte in tatsächlicher Hinsicht hinausreichende Kompetenz nicht mehr.[251] Diese Befugnis läßt sich *a maiore ad minus* daraus folgern, daß der Generaldirektor seinerseits gehalten ist, dem Rat und der Generalkonferenz jährlich über *"[...] die Tätigkeit der Organisation"* zu berichten.[252]

Auch RAROTONGA-, BANGKOK- und PELINDABA-VERTRAG beruhen prinzipiell auf einem Nebeneinander von Regionalaufsicht und internationaler Überwachung durch die IAEO.[253] Wie bereits erwähnt, erfolgt der Informationsaustausch unter RAROTONGA- und BANGKOK-VERTRAG grundsätzlich zwischenstaatlich; routinemäßige Berichte und Mitteilungen werden ohne Zwischenschaltung von Vertragsorganen übermittelt und ausgewertet.[254] Nur bei Eintreten eines "besonderen Ereignisses" sind die Staaten gehalten, an ein Vertragsorgan Bericht zu erstatten. Empfänger der Mitteilungen ist unter dem RAROTONGA-VERTRAG der Generaldirektor des Südpazifik-Büros für Wirtschaftliche Zusammenarbeit, der die Berichte unverzüglich den Parteien zuleitet.[255] Ferner unterliegt er einer jährlichen Berichtspflicht gegenüber dem Südpazifik-Forum in Hinblick auf *"[...] den Status des Vertrags und Fragen, die sich aus ihm oder in*

250 Deutlichere Hinweise enthielt die ursprüngliche Fassung des Vertrags, nach der sich die Befugnis des Sekretariats zur Auswertung der Berichte *a maiore ad minus* aus der des Generalsekretärs zur Anforderung von Sonderberichten folgern lies. Die OPANAL hat jedoch von diesen Kompetenzen keinen Gebrauch gemacht. Siehe zu den ursprünglichen Befugnissen der OPANAL etwa *N. Brandt,* Der lateinamerikanische Atomsperrvertrag, in: JIR 14 (1969), S. 280, 293. – Seit der Vertragsänderung bilden Sonderberichte die Vorstufe einer "special inspection" nach Art. 16, die allein auf Aufforderung einer Partei (*"[...] at the request of any of the Contracting Parties [...]"*) durchgeführt werden kann. Der Generalsekretär der OPANAL nimmt das Ersuchen eines Staates, eine andere Partei möge einen Sonderbericht vorlegen, entgegen und leitet es mit der respektiven Gegenäußerung an die Parteien weiter, Art. 15 Abs. 1. Ausführlich zu der Vertragsänderung und den Hintergründen *J. Goldblat,* Nuclear-Weapon-Free-Zones, in: The Nonproliferation Review 1997, S. 18, 21 f. m.w.N.; *R. Haßenpflug,* Regime der Nichtverbreitung, S. 116 f. m.w.N.

251 So weist etwa *R. Haßenpflug,* Regime der Nichtverbreitung, S. 117, darauf hin, daß der OPANAL im Wesentlichen Berichts- und Konsultationsbefugnisse verblieben sind. Nach Art. 7 Abs. 2 kann die OPANAL regelmäßige und außerordentliche Konsultationen zwischen den Vertragsparteien in Zusammenhang mit den im Vertrag festgelegten Zielen, Verfahren und Maßnahmen durchführen.

252 Vgl. Art. 11 Abs. 4 Tlatelolco-Vertrag. Siehe dazu OPANAL-Doc. CG/498 v. 15. November 1999, Para. 4.

253 Die internationale Aufsicht wird durch Sicherungsmaßnahmen der IAEO ausgeübt.

254 Die fehlende Institutionalisierung des Verfahrens ist etwa beim Rarotonga-Vertrag nicht ohne Kritik geblieben. Siehe dazu ausführlich *T. Findlay,* Rarotonga Treaty, in: Sur (Hrsg.), S. 291, 299 m.w.N.

255 Vgl. Art. 9 Abs. 1 S. 2 Rarotonga-Vertrag.

Verbindung damit stellen [...]".[256] Daß insoweit eine Evaluierung nur in tatsächlicher Hinsicht erfolgt, legt hier der Wortlaut mit den Begriffen "status" und "matters" nahe. Mangels Auftretens "besonderer Ereignisse" war in der Praxis vor allem der Ratifikationsstand Gegenstand der Berichte an das Südpazifik-Forum.[257] Weitergehende Auswertungsbefugnisse lassen sich nicht herleiten.[258]

Nach Art. 11 Abs. 1 BANGKOK-VERTRAG ist Empfänger von Sonderberichten das gem. Art. 9 eingesetzte Exekutivkomitee als Suborgan des Vertragsorgans. Das Exekutivkomitee ist nach Art. 9 Abs. 3 *lit.* a, *inter alia,* dafür zuständig, *"[to] ensure the proper operation of verification measures [...]",* zu denen auch das Berichtssystem zählt.[259] Eine spezielle Regelung, ob und inwieweit das Exekutivkomitee eine Auswertung der Reporte vornimmt, findet sich nicht. Das Gremium wird jedenfalls als Forum für die Erörterung ihrer Inhalte dienen können: Es ist in der Berichtsklausel ausdrücklich als Empfänger der Sonderberichte benannt,[260] die gem. Art. 9 Abs. 5 unter den Mitgliedern des Komitees zu verteilen sind. Auch seine Struktur spricht dafür, daß im Exekutivkomitee eine Diskussion der Meldungen stattfinden wird,[261] denn es handelt sich gemäß Art. 9 Abs. 2 um ein mit je einem staatlichen Experten besetztes, relativ kleines Arbeitsorgan.

Unter dem PELINDABA-VERTRAG ist nach Art. 13 Abs. 1 der Afrikanische Ausschuß für Kernenergie der Empfänger der Mitteilungen. Nach Art. 12 Abs. 2 *lit.* a ist der Ausschuß, *inter alia,* zuständig für *"[...] collating the reports",* weitergehende Befugnisse kennt der Vertrag auch in Hinblick auf Sonderberichte nicht. Die hier vom Ausschuß geforderte Zusammenfassung der Mitteilungen erfordert zwar keine faktische Evaluierung im eigentlichen Sinne, aufgrund der Filterfunktion kommt sie ihr aber sehr nahe. Bei den Vertragsverhandlungen wurde das Berichtssystem gleichwohl nicht *stricto sensu* als Kontrollinstrument, sondern eben nur als eine vertrauensbildende Maßnahme verstanden.[262]

---

256 Art. 9 Abs. 3 Rarotonga-Vertrag.

257 So die Stellungnahme von *A. Fong Toy,* International Legal Adviser beim Sekretariat des Südpazfik-Forum, der darauf hinweist, daß bislang kein Sonderbericht erstellt worden ist (beim Verf.). In diesem Sinne auch das Forum Communiqué für das Jahr 2000 v. 30. Oktober 2000, Para. 50 und Anhang.

258 Vor allem läßt sich ein Kausalzusammenhang zwischen einem Sonderbericht und einem Bericht an das Forum nicht nachweisen. Vielmehr wird letzterer jährlich erstellt, ohne daß Sonderberichte den Anstoß dafür geben.

259 Vgl. Art. 10 Abs. 2 *lit.* b Bangkok-Vertrag.

260 Vgl. Art. 11 Abs. 1 Bangkok-Vertrag.

261 So auch *N. Pelzer,* Nuclear-Free Zones, in: EPIL II (1995), S. 711.

262 So *S. Szurek,* De Rarotonga à Bangkok et Pelindaba, in: AFDI 52 (1996), S. 164, 179 unter Hinweis auf ein vorangegangenes Expertentreffen.

Unter dem CW-ÜBEREINKOMMENS ist nach Art. VIII Abs. 38 *lit.* d das Technische Sekretariat der OPCW Empfänger aller Mitteilungen, welche die Durchführung des Vertrags betreffen.[263] Die von den Parteien gemachten Angaben finden Aufnahme in eine Datenbank und dienen dem Zweck, besseren Einblick in das Erfüllungsverhalten zu gewinnen.[264] Die Weitergabe von Informationen an die Parteien steht jedoch in einem Spannungsfeld.[265] Grundsätzlich trägt der Vertrag in Paragraph 2 *lit.* b Vertraulichkeitsanhang der Notwendigkeit, die Angaben der Initialberichte und Routinemitteilungen weiterzugeben, Rechnung und stellt dazu fest:

"Data required by States Parties to be assured of the continued compliance with this Convention by other States Parties shall be routinely provided to them. Such data shall encompass:

i) The initial and annual reports and declarations provided by the States Parties under Article III, IV, V and VI, in accordance with the provisions set forth in the Verification Annex;

[...]"

Gleichzeitig wurde der OPCW jedoch aufgegeben, *"[...] alle Vorsichtsmaßnahmen zum Schutz der Vertraulichkeit von Informationen über zivile und militärische Tätigkeiten und Einrichtungen"* zu treffen und insbesondere den Vertraulichkeitsanhang zu berücksichtigen.[266] In Ausführung dieser Verpflichtung hat das Technische Sekretariat die eingegangenen Mitteilungen darauf zu untersuchen, inwieweit sie vertrauliche Angaben enthalten.[267] Art. VII Abs. 6 CWC, der sich unmittelbar an die Staaten wendet und diese verpflichtet, vertraulich erhaltene Angaben mit besonderer Sorgfalt zu behandeln, ist für die Tätigkeit der Agentur so aufgefaßt worden, daß auf nationaler Ebene nur Regierungsbeamte, die mit der Umsetzung des Übereinkommens beschäftigt sind, Zugang zu den

---

263 Die Regelung wurde auch als "'post box' provision" bezeichnet. Siehe *W. Krutzsch/ R. Trapp,* Commentary, Art. VIII, S. 164; *J. Robinson,* Verification System, in: Bardonnet (Hrsg.), S. 489, 496.

264 Siehe insoweit *J. Robinson,* ibid, S. 496.

265 Bei Angaben, die aus dem Bereich der privaten Industrie herrühren und wichtige Produktionsdaten enthalten, besteht ein schützenswertes Interesse an ihrer vertraulichen Behandlung. Auf der anderen Seite erfordern die Wirksamkeit des Aufsichtssystems und das Vertrauen der Parteien in die Kontrolle ein gewisses Maß an Transparenz.

266 Vgl. Art. VIII A Abs. 5 S. 3 CW-Übereinkommen.

267 Siehe Para. 2 *lit.* b Vertraulichkeitsanhang. Zu Einzelheiten des Vorgehens zur Feststellung vertraulicher Informationen, insbesondere den anwendbaren Kriterien, siehe die Guidelines for the Release of Classified Information, OPCW-Doc. C-I/DEC.13 v. 16. Mai 1997, Paras. 9 ff.

von der OPCW vertraulich übermittelten Informationen erhalten dürfen.[268] Andere Beamte und die Öffentlichkeit sind vom Einblick in diese Daten ausgeschlossen.[269]

Das Technische Sekretariat nimmt eine Auswertung der Berichte vor und arbeitet den *"[...] Entwurf eines Berichts der Organisation über die Durchführung dieses Übereinkommens [...] aus"*, der durch den Exekutivrat geprüft wird.[270] Dabei wird das Technische Sekretariat den Exekutivrat insbesondere *"[...] über jedes Problem, das sich bei der Wahrnehmung seiner Aufgaben ergeben hat"*, unterrichten, soweit es Zweifel und Unsicherheiten in Hinblick auf die Einhaltung nicht durch Konsultation mit der betreffenden Vertragspartei hat ausräumen oder klären können.[271] Eine Überprüfung der in den Staatenberichten gemachten Angaben erfolgt schließlich durch routinemäßig durchgeführte Vor-Ort-Inspektionen.[272]

Unter dem Musterabkommen INFCIRC/153 zum NV-VERTRAG unterliegen die von Nichtkernwaffenstaaten übersandten Berichte und Mitteilungen der Auswertung durch die IAEO. Zwar enthält das Abkommen dafür keine ausdrückliche Regelung. In der Praxis wurde jedoch die faktische Evaluierung der Staatenberichte auf das Technische Sekretariat übertragen.[273] Eine Einschaltung des Gouverneursrats erfolgt nur dann, wenn das Sekretariat nach Ausschöpfung aller ihm zur Verfügung stehenden Mittel der Auffassung ist, ein Fall der "non-compliance" liege vor.[274] Entstehen bei der Auswertung der Berichte Zweifel oder Unklarheiten in tatsächlicher Hinsicht, so kann die IAEO zunächst nach § 69 INFCIRC/153 "amplifications or clarifications" verlangen. Hierbei handelt

---

268 Vgl. Art. VII Abs. 6 CW-Übereinkommen und die Stellungnahme von *J. Robinson,* Verification System, in: Bardonnet (Hrsg.), S. 489, 496; *W. Krutzsch/R. Trapp,* Commentary, Art. VII, S. 122.

269 Dazu deutlich *J. Robinson,* ibid. 496. Das auf der Basis von Art. VIII Abs. 21 *lit.* i CWC erarbeitete Klassifizierungssystem regelt insoweit, wie die in drei Vertraulichkeitsgrade eingestuften Informationen von der Organisation zu behandeln sind. Zu den vertraglichen Grundlagen *E. Greco,* Protection of Confidential Information, in: Bothe u.a. (Hrsg.), S. 353, 369 f.; zu ihrer Handhabung siehe OPCW-Doc. C-I/DEC.13 v. 16. Mai 1997, Part V, VII.

270 Art. VIII Abs. 38 *lit.* b; Art. VIII Abs. 32 *lit.* b CWC.

271 Art. VIII Abs. 40 CWC. Siehe insoweit auch *E. Myjer,* Non-Compliance Procedures, in: ASIL/NVIR Proceedings 4 (1997), S. 355, 360.

272 Zu diesem Zusammenhang *T. Marauhn,* Routine Verification, in: Bothe u.a. (Hrsg.), S. 219, 228; *J. Robinson,* Verification System, in: Bardonnet (Hrsg.), S. 489, 497; *E. Myjer,* Arms Control Law Experience (Typoskript).

273 Dies ergibt sich aus Art. XII.C IAEO-Statut. Zur Kompetenzverteilung innerhalb der IAEO siehe *T. Lohmann,* Sicherungsmaßnahmen der IAEO, S. 224.

274 So ausführlich *Ibid.*, S. 224 ff., 231; *A. v. Baeckmann,* Treaty on the Non-Proliferation of Nuclear Weapons, in: Sur (Hrsg.), S. 167, 175.

es sich nicht um ein allgemeines Fragerecht der Agentur, vielmehr ist dies Korrelat der Berichtspflicht. Ein Staat ist daher zur weiteren Auskunft nur insoweit gehalten, wie der betreffende Sachverhalt der Berichtspflicht unterliegt und damit Grundlage von Sicherungsmaßnahmen ist.[275] Schließlich hat die Agentur die Möglichkeit, die Staatenberichte durch Inspektionen an Ort und Stelle zu überprüfen.

Ungeachtet zahlreicher und differenzierter Berichtspflichten kennt das CW-ÜBEREINKOMMEN ein vergleichbares Fragerecht der OPCW nicht. Gleichwohl trifft die Staaten nach Art. VII Abs. 2 und Art. IX Abs. 1 CWC ausdrücklich die Pflicht, untereinander und mit der Organisation *bona fide* zusammenzuarbeiten. Diese Regelungen lassen sich hier als Obliegenheit der Vertragsparteien begreifen, im Falle unvollständiger Angaben ergänzende Informationen zu liefern.[276]

Im Unterschied zu den multilateralen Verträgen mit universeller Verbreitungstendenz steht bei den (vormals) ***bilateralen Abkommen*** die bloße Gewinnung von Informationen über die Einhaltung der Rüstungskontrollverpflichtungen im Mittelpunkt. Entsprechend regeln SALT-, INF- und START-VERTRÄGE vor allem den Weg des Informationsflusses: Die Parteien übermitteln[277] erfüllungsrelevante Daten über die Zentren zur Verringerung des nuklearen Risikos[278] und schreiben demgemäß ihre Datenbanken fort.[279] Sie sind es also selbst, die für eine Analyse der Daten zuständig sind. Das SALT II-ABKOMMEN bringt ferner erstmalig die Möglichkeit zum Ausdruck, die übermittelten Angaben im Rahmen des Vertragsgremiums, der Ständigen Beratungskommission (SCC), zu erörtern.[280] Bei den Folgeverträgen, bei denen dies so ausdrücklich nicht formuliert wurde, läßt sich dies aber aus den allgemeinen Kompetenzen herleiten. So geben die jeweiligen Vertragsgremien den institutionellen Rahmen vor, um *"[...] Fragen betreffend die Einhaltung der übernommenen Verpflichtungen und damit zusammenhängende Umstände, die unklar erscheinen",*[281] zu erörtern. Insoweit überwachen die Gremien jedoch weder selbst die Einhaltung der Verträge, noch entscheiden sie darüber, ob eine Verletzung vor-

275 Siehe zum Fragerecht *T. Lohmann,* ibid., S. 165 f.; *T. Lohmann,* Law of IAEO Safeguards, in: Bothe u.a. (Hrsg.), S. 79, 88.

276 So *T. Lohmann,* Law of IAEO Safeguards, in: Bothe (Hrsg.), S. 79, 88.

277 Art. XIII Abs. 2 *lit.* a INF-Vertrag; Art. VIII Abs. 4 START I/II-Vertrag.

278 Vgl. das Abkommen zwischen den USA und der UdSSR über die Errichtung von Zentren zur Verringerung des nuklearen Risikos v. 15. September 1987; ILM 27 (1988), S. 78.

279 Vgl. etwa Art. IX Abs. 2 INF-Vertrag.

280 Vgl. die Vereinbarte Erklärung zu Art. XVIII Abs. 3 SALT II-Abkommen.

281 Art. XVII Abs. 2 *lit.* a SALT II-Vertrag. Ähnlich Art. XIII Abs. 1 INF-Vertrag; Art. XV *lit.* a START I/II-Vertrag.

liegt.[282] Sie sind lediglich mit Staatenvertretern besetzte Ausschüsse, die die Parteien für Zwecke der Erfüllungskontrolle nutzen *können*.[283]

Der KSE-VERTRAG weist in seinen institutionellen Elementen große Ähnlichkeit mit den vorgenannten Verträgen auf. Sein Art. XVI setzt als Vertragsorgan eine Gemeinsame Beratungsgruppe (JCG) ein mit der Aufgabe, *"[...] die Ziele dieses Vertrags und seine Durchführung zu fördern"*.[284] Eine Regelung, daß die Parteien im Rahmen des Organs eine Auswertung der Mitteilungen vornehmen, findet sich nicht. Vielmehr können die Vertragsstaaten nach Art. XVI Abs. 6 auch *"[...] auf anderen Wegen oder in anderen Gremien als der Gemeinsamen Beratungsgruppe von anderen Vertragsstaaten* ***Informationen*** *[...]* ***erbitten*** *oder mit diesen Konsultationen über Fragen aufnehmen, die diesen Vertrag und seine Durchführung berühren"*.[285] Es können also auch außerhalb des Vertragswerks stehende Institutionen in die Erfüllungskontrolle einbezogen werden. Diese Regelung kann *e contrario* nur so verstanden werden, daß eine Evaluierung übermittelter Angaben in dem Gremium gerade nicht stattfindet. Vielmehr bleibt die Auswertung der Informationen den Parteien überlassen, die diese dann im Forum ihrer Wahl erörtern können.

Zusammenfassend läßt sich festhalten, daß die mehrseitigen Verträge der Rüstungsbeschränkung zum Teil keine genauen Vorgaben über die Auswertung der Mitteilungen enthalten. Häufig unterliegen die als Empfänger benannten Stellen aber ihrerseits Berichtspflichten gegenüber Hauptorganen. Dann läßt sich jedenfalls eine Befugnis zur tatsächlichen Auswertung folgern. Eine solche Kompetenz kann unter LANDMINEN- und KSE-VERTRAG nicht hergeleitet werden.

Über die tatsächliche Evaluierung hinausgehende Ermächtigungen zur Prüfung der Nachrichten finden sich nicht; im Übrigen machen die Verträge auch keine näheren Angaben, in welcher Weise die den Behörden zugegangenen Mitteilungen ausgewertet werden. Die Zuständigkeiten liegen meist bei den Technischen Sekretariaten. Bei den Regionalverträgen über kernwaffenfreie Zonen sind dagegen Ausschüsse mit Regierungsvertretern zur Auswertung befugt. Diese Komitees werden allerdings nur bei Sonderberichten in die Kontrollverfahren einbezogen.

Mangels entsprechender Regelungen in den (vormals) bilateralen Abkommen sind es hier die Vertragsparteien, die die Auswertung der Mitteilungen vorneh-

---

282 Siehe dazu ausführlich *A. Chayes/A.H. Chayes,* Living Under a Treaty Regime, in: Chayes/Doty (Hrsg.), S. 197, 203.

283 So *ibid.*, S. 203; siehe dazu unten unter B.I.4.b).

284 Art. XVI Abs. 1 KSE-Vertrag (1990). Siehe ferner das Protokoll über die Gemeinsame Beratungsgruppe; BGBl. 1991 II, S. 1154, Anhang.

285 Hervorhebung v. Verf.

men müssen. Lediglich bei Zweifeln an der Richtigkeit der übermittelten Angaben können sie auf die Vertragsinstitutionen zurückgreifen.

dd) Zusammenfassende Würdigung

Informationspflichten und Berichtsverfahren sind aus dem nicht rüstungsbezogenen Völkerrecht stammende "klassische" Instrumente der Erfüllungskontrolle, die sich auch im Recht der Abrüstung und Rüstungskontrolle etabliert haben. Vor allem bei den multilateralen Übereinkommen über die Demilitarisierung staatsfreier Räume vollzieht sich der Datenaustausch noch auf zwischenstaatlicher Ebene; die Verifikation beruht auf einem "schlanken Modell" wechselseitiger Kontrolle. Hiervon unterscheiden sich qualitativ institutionalisierte Berichtssysteme, die erstmals als Teil der IAEO-Sicherungsmaßnahmen zum NV-VERTRAG vereinbart wurden. Kennzeichen dieser Verfahren ist ihre asymmetrische Struktur, bei der ein internationaler Akteur in den Ablauf eingebunden wird. Diesem Modell folgen alle jüngeren multilateralen Verträge, allein das LANDMINEN-ÜBEREINKOMMEN weist mangels eigener Vertragsinstitution dem UN-Generalsekretär bestimmte Aufgaben zu. Ein Sonderfall entsprechender Systeme findet sich auch in den (ursprünglich) bilateralen Abkommen, bei denen die Institutionalisierung eher formaler Natur ist. Der Weg des Informationsflusses verläuft hier über die Zentren zur Verringerung des Nuklearen Risikos. Zudem stehen als Rahmen zur Diskussion übermittelter Informationen und Daten die vertraglichen Verifikationskommissionen zur Verfügung.

Bei den Systemen des zwischenstaatlichen Informationsaustauschs sind die Berichtsklauseln durchweg einfach strukturiert; konkrete Vorgaben für Einleitung, Inhalt und Auswertung der Meldungen enthalten sie nicht. Wesentlich detaillierter gefaßt sind Regelungen über institutionalisierte Staatenberichtssysteme, die in Gestalt von Initialberichten und Regimen der Datensammlung zwei verschiedene Arten von Routinemitteilungen umfassen. Es handelt sich um formalisierte Informationsverfahren zur Inventarisierung bestimmter Rüstungsmaterialien, bei denen Berichtszeitpunkte und -intervalle stets vertraglich präzise vorgezeichnet sind. Von diesen zu unterscheiden sind Regime von Sonderberichten, die die Parteien bei Auftreten "besonderer Ereignisse" vorzulegen haben. Sie besitzen eine Routinemitteilungen nur zum Teil vergleichbare Zielrichtung: *Post hoc*-Berichte dienen der Aufdeckung von Vertragsverletzungen und beruhen auf dem Gedanken des überprüften Mißtrauens. Pflichten zur turnusmäßigen Berichterstattung hingegen ermöglichen *bona fide* handelnden Parteien, ihre

Vertragstreue unter Beweis zu stellen, und entfalten präventive Wirkung.[286] Sie schaffen Gelegenheit zur Kommunikation zwischen Staaten und Internationalen Organisationen. Werden sie von den Beteiligten ernst genommen, so sind sie geeignet, zur Vorbeugung von weiteren Erfüllungsprobleme zu dienen.[287]

Gegenstand und Umfang der Mitteilungen bestimmen sich beim Grundtypus der Berichtsklauseln allein unter Verweis auf materielle Regelungsgehalte. Die jüngeren bi- und multilateralen Konventionen sehen dagegen detailliert ausformulierte Standards für Meldungen über vertraglich geregelte Rüstungsmaterialien vor. Bei den komplexen Verträgen, wie dem CW-ÜBEREINKOMMEN, erfolgt hier eine Schlüsselkontrolle, bei der das Aufsichtssystem nur Angaben über besonders wichtige chemische Substanzen registriert. Vereinbarungen mit echtem Abrüstungscharakter verpflichten die Vertragsparteien ferner über Vernichtungsprogramme zu berichten. Endlich kennen diese Verträge Notifikationspflichten für Maßnahmen des innerstaatlichen Vollzugs. Das CW-ÜBEREINKOMMEN verlangt von den Vertragsstaaten hier auch eine turnusmäßige Bewertung der von öffentlichen Stellen und Privaten ergriffenen Durchführungsmaßnahmen.[288] Da die Parteien insoweit aber nur zum Teil über die notwendigen Angaben verfügen, sind sie gehalten, für ihre Unternehmen neue Mitteilungspflichten einzuführen und auch innerstaatlich ergänzende Berichtssysteme aufzubauen.[289]

Hinsichtlich der Auswertung der Berichte und Mitteilungen bestehen in der Regel nur begrenzte Befugnisse internationaler Behörden. Bei den älteren multilateralen und den (ursprünglich) bilateralen Verträgen wurde auf eine Institutionalisierung dieser Phase sogar ganz verzichtet, folglich sind allein die Vertragsparteien zur Evaluierung befugt. Die Befugnisnormen der Regionalabkommen über kernwaffenfreie Zonen sind unklar formuliert. Da die als Empfänger benannten Vertragsorgane in aller Regel ihrerseits berichtspflichtig sind, vertritt die vorliegende Untersuchung die Auffassung, daß diese jedenfalls zur faktischen Evaluierung ermächtigt wurden. Bei der IAEO und der OPCW

286 Zu den verschiedenen Funktionen von Routine- und Verdachtsverfahren siehe nur *T. Marauhn*, Routine Verification, in: Bothe u.a. (Hrsg.), S. 219; *T. Marauhn*, Durchsetzung von Rüstungskontrollvereinbarungen, in: FW 74 (1999), S. 159, 173 f.

287 Näher dazu *S. Seidel*, Erfüllungssicherung durch Berichtsverfahren, in: HuV-I 12 (1999), S. 172, 176.

288 *A. Chayes/A. H. Chayes* (New Sovereignty, S. 229 ff., 248) sprechen insoweit von einem "potentially powerful process" des aktiven Vertragsmanagements.

289 Nach § 6 des in Deutschland erlassenen Ausführungsgesetzes zum CW-Übereinkommen (CWÜAG; BGBl. 1994 I, S. 1954) ist das zum Geschäftsbereich des Bundesministeriums für Wirtschaft gehörende Bundesamt für Wirtschaft und Ausfuhrkontrolle (früher: Bundesausfuhramt) für die Industrieverifikation zuständig. Näher dazu *C. Bundscherer*, Deutschland und das CW-Übereinkommen, S. 151 ff.

schließlich nehmen die Sekretariate die Aufgaben routinemäßiger Analyse wahr. Sollte sich bei dieser Tätigkeit die Frage nach dem Vorliegen einer Vertragsverletzung stellen, so besteht eine Vorlagepflicht an politisch geprägte Gemeinschaftsorgane. Die umfassende rechtliche Beurteilung ist also gerade kein unmittelbarer Verfahrensbestandteil.

Während die weitaus überwiegende Zahl einschlägiger Verträge für übermittelte Angaben zumindest eine Parteiöffentlichkeit vorsieht, Berichte also entweder an die Vertragsparteien übersandt oder in den mit Staatenvertretern besetzten Gremien zirkuliert werden, finden sich in TLATELOLCO- und CW-ÜBEREINKOMMEN wie im IAEO-Musterabkommen Regelungen über die vertrauliche Behandlung ermittelter Informationen.[290] Danach dürfen entsprechende Erkenntnisse in aller Regel nicht weitergegeben werden. Die Bestimmungen spiegeln die erhöhte Sicherheitsrelevanz der Konventionen wider, deren Verifikationsmaßnahmen über den öffentlichen Bereich hinaus auch das Verhalten Privater berühren.

Informationspflichten und Berichtsverfahren sind kooperative Instrumente der Erfüllungskontrolle. Funktionsfähigkeit und Wirksamkeit der Mechanismen hängen in nicht unerheblichem Maße von der Mitwirkungsbereitschaft der überwachten Staaten ab. Fehlt diese, so wird die Wirksamkeit der Kontrolle mangels Erzwingbarkeit relativiert. Als Schwachpunkte völkerrechtlicher Berichtssysteme haben sich dabei die Verweigerung von Berichten, aber auch unvollständig oder verspätet übersandte Meldungen erwiesen.[291] Inwieweit die rüstungskontrollrechtlichen Aufsichtssysteme in der Lage sein werden, diesen Problemen effektiv zu begegnen, wird sich in der Staatenpraxis zeigen müssen. Daß "echte" Rückfragerechte der Institutionen nur vereinzelt in den Verträgen formuliert wurden, dürfte aufgrund der Kombination verschiedener Aufsichtsinstrumente jedenfalls das Problem ungenauer Berichte relativieren. Nationale Mittel und Vor-Ort-Inspektionen gestatten es, vom Parteivortrag unabhängig Daten zu überprüfen, diese ggf. zu korrigieren oder zu ergänzen. Anders als etwa beim Individualschutz, bei dem die Erfüllungskontrolle sehr weitgehend auf Staatenberichten beruht, besteht bei der Rüstungsbeschränkung also die Möglichkeit, auf andere Instrumente des "fact finding" zurückzugreifen. Im Übrigen wird man internationalen Behörden aufgrund des im Prinzip der Gemeinschaftstreue verorteten Gedankens der prozeduralen Kooperation regelmäßig die Befugnis zusprechen

---

290 Art. 14 Abs. 3 Tlatelolco-Vertrag in der durch das IAEO-Dokument INFCIRC/411 v. 12. Juli 1993 geänderten Fassung.

291 So das Ergebnis der umfassenden Analyse zur Rechtsdurchsetzung von *A. Chayes/A. H. Chayes,* New Sovereignty, S. 155 ff. Siehe andererseits den zutreffenden Hinweis der Autoren auf S. 172, daß *"[n]onreporting does not necessarily equate with noncompliance with the substantive obligations of the treaty."*

können, sich jedenfalls mit unverbindlichen Rückfragen an ihre Mitglieder zu wenden.

4. Inspektionsverfahren

Als Vor-Ort-Inspektionen[292] lassen sich solche verschiedenartigen Verifikationsmaßnahmen begreifen, bei denen die Erfüllung internationaler Verträge unter physischem Zugriff auf den staatlichen Hoheitsbereich überwacht wird.[293] Visitationen sind das den "Panzer staatlicher Souveränität" am stärksten durchbrechende Mittel zur Herstellung von Transparenz.[294] Im Rahmen der Inspektionsmaßnahmen betreten die Kontrolleure anderer Vertragsparteien und Internationaler Organisationen kurzzeitig oder dauerhaft das Territorium eines Staates, um zu überprüfen, ob die betreffende Partei bestimmte ihr obliegende Maßnahmen ergriffen hat. Kraft völkerrechtlichen Auftrags suchen sie gewisse Tatsachen zu ermitteln, die der zu inspizierende Staat möglicherweise zu verbergen sucht. Im Schrifttum wurde daher zutreffend darauf hingewiesen, daß für Besichtigungen an Ort und Stelle ein "Element der Intervention" kennzeichnend ist.[295]

Im Unterschied zum Einsatz Nationaler technischer Mittel reicht es bei der "enquête sur place" nicht aus, daß Überwachungsmaßnahmen schlicht geduldet werden. Ortsinspektionen setzen vielmehr bestimmte Kooperationshandlungen voraus. Dabei bewegen sie sich in einem Spannungsfeld: Zunächst hat der überwachte Staat den Kontrolleuren Zugang zu seinem Hoheitsgebiet zu gewähren

---

292 Von Vor-Ort-Inspektionen zu unterscheiden sind Luftinspektionen. Diese sind zulässig, wenn sich die Vertragsparteien bereit erklären, Überflüge über ihr Hoheitsgebiet zu gestatten, um die Einhaltung eines Vertrags zu kontrollieren. Siehe Art. VII Abs. 4 Antarktis-Vertrag. Der KSE-Vertrag enthält keine entsprechende Regelung. Über die Zulässigkeit entscheidet insoweit der Vertrag über den Offenen Himmel v. 1992. Vgl. näher *P. Lewis,* Verifying the CFE Agreement, in: Croft (Hrsg.), S. 178, 180 ff.

293 Vgl. *J. Delbrück,* Verifikation, in: ders. (Hrsg.), S. 1332; *G. Fischer/D. Vignes,* Une Fonction d'inspection?, in: dies. (Hrsg.), S. 7 ff.; *B. Schmidt am Busch,* Amerikanisch-sowjetische Rüstungskontrollabkommen, S. 124.
Siehe dazu auch *G. Rueckert,* On-Site Inspection, S. 1 ff.; *R. Hanski,* On-Site Inspection, in: dies. u.a. (Hrsg.), Kapitel 3 (ohne Seitenangabe); *S. Graybeal/M. Krepon,* On-Site Inspections, in: Krepon/Umberger (Hrsg.), S. 92 ff.; *P. Orphanos,* INF Treaty On-Site Verification, in: NYLSch JICL 10 (1989), S. 421 ff.; *D. Koplow,* Arms Control Inspection, in: NYULR 63 (1988), S. 228 ff.

294 Hierzu *T. Marauhn,* Durchsetzung von Rüstungskontrollvereinbarungen, in: FW 74 (1999), S. 159, 180.

295 So *ibid.,* S. 180, unter Berufung auf *S. Oeter,* Inspection in International Law, in: Netherlands YIL 28 (1997), S. 101, 107.

und sie zu den dort gelegenen Einrichtungen zu verbringen. Ferner sind im Rahmen einzelner Verifikationsmaßnahmen bestimmte Mitwirkungsakte erforderlich. Um diese auszuführen, aber auch um sicherzustellen, daß fremdnationale Inspektoren ihre völkerrechtlich begründeten Befugnisse nicht überschreiten, stellt die überprüfte Vertragspartei dem Inspektionsteam eine Begleitgruppe zur Seite. Das Begleitteam soll die Vertraulichkeit sicherheitsrelevanter Informationen nach Möglichkeit schützen und vor allem verhindern, daß Betriebsinformationen privater Unternehmen, soweit diese Beobachtungsmaßnahmen zu dulden haben, der beliebigen Weitergabe unterliegen. In Anbetracht dieser Interessenskollision kommt dem völkerrechtlichen Verfahrensrecht, das zum einen Ablauf und Reichweite der Kontrollen festlegt, zum anderen bestimmte Interessen der Beteiligten konkret schützen soll, eine Schlüsselposition zu.

a) Zur Entwicklung der Inspektionsverfahren

Untersuchungen an Ort und Stelle sind nichts grundlegend Neues auf dem Gebiet der Rüstungssteuerung. Schon vor den Haager Friedenskonferenzen finden sich in der Staatenpraxis erste Ansätze, rüstungsbeschränkende Vereinbarungen durch physische Kontrollen zu überwachen.[296] Bei den frühen Verträgen war die Befugnis zum Zutritt auf fremdes Territorium jedoch Ausdruck des zugrundeliegenden Ungleichgewichts der Kräfte. Das Visitationsrecht besaß im Rahmen der reaktiven Friedensbemühungen daher stets eine asymmetrische Struktur. So sah der Versailler Vertrag, den anderen Pariser Vorort-Verträgen von 1919/20 vergleichbar, vor, daß die rüstungsbeschränkenden Maßnahmen *"[...] von Deutschland unter Überwachung interalliierter Ausschüsse durchzuführen"* waren, die zu diesem Zweck von den alliierten und assoziierten Mächten eingesetzt wurden.[297] Nach Art. 205 Abs. 2 des Vertrags waren die Kontrollausschüsse berechtigt, sich sechs Tage nach Ankündigung *"[...] an jeden beliebigen Ort des deutschen Reichsgebiets zu begeben"* bzw. dorthin Mitglieder zu entsenden. Eine derart systematische Überwachung durch physische Inspektionen war zu jener

296 So etwa Art. 4 Abkommen zwischen Großbritannien und Spanien die Überprüfung des Befestigungsverbots der Insel Casina betreffend v. 1786; Art. 8 Suez-Kanal-Konvention v. 1888. Beide abgedruckt bei *J. Delbrück* (Hrsg.), Friedensdokumente, Nrn. 325 und 627. – Siehe zur historischen Entwicklung namentlich die Dokumentation von *G. Rueckert*, On-Site Inspection, S. 9 ff.

297 Art. 203 Vertrag v. Versailles. Zu den Kontrollsystemen der anderen Verträge siehe Art. 149-155 Vertrag v. St.-Germain-en-Laye; Art. 133-139 Vertrag v. Trianon; Art. 94-100 Vertrag v. Neuilly; Art. 196-205 Vertrag v. Sèvres.

Zeit ein Novum und genoß nur begrenzten Rückhalt.[298] Die USA etwa lehnten die Teilnahme an interalliierten Besichtigungsmaßnahmen von vornherein ab und standen jeder Form außenstehender Kontrolle skeptisch gegenüber. So stellte US-Außenminister *Kellogg* im Jahr 1926 fest, die amerikanische Politik

> *"[... was to rely upon] international good faith and respect for treaties. The United States will not tolerate the supervision of any outside body [...] nor be subjected to inspection or supervision by foreign agencies or individuals".*[299]

Auch nach Ende des Zweiten Weltkriegs wurden im Rahmen der Rüstungsregelung für Europa Inspektionsverfahren vereinbart. Nach dem Scheitern der Pläne über eine Europäische Verteidigungsgemeinschaft ermöglichten die Alliierten Deutschland den Beitritt zur NATO. Der am 1. Oktober 1954 auf der Londoner Neun-Mächte-Konferenz durch Bundeskanzler *Adenauer* erklärte Verzicht Deutschlands auf die Herstellung von atomaren, biologischen und chemischen Waffen wurde in den Anhang des Protokolls Nr. III zum Vertrag über die Westeuropäische Union (WEU) aufgenommen, der die Bundesrepublik mit Wirkung vom 6. Mai 1955 beigetreten war.[300] Mit dem Zweck, die Einhaltung des Übereinkommens zu kontrollieren, wurde in Paris das Rüstungskontrollamt der WEU errichtet. Nach Art. 7 Abs. 1 WEU-Protokoll IV hatte es die Aufgabe, asymmetrisch zwei verschiedene Arten von Kontrollen durchzuführen: allgemeine Rüstungsstandsinspektionen in allen WEU-Mitgliedstaaten und, darüber hinausgehend, die Überwachung der für Deutschland geltenden besonderen Rüstungsbeschränkungen. Während die allgemeinen, im Geiste der Kooperation ausgeführten Rüstungsstandsinspektionen positiv beurteilt wurden,[301] ist die in Deutschland durchgeführte Nichtherstellungskontrolle für biologische und che-

---

298 Zur Bewertung des Kontrollsystems siehe *J. Goldblat,* Negotiations and Agreements, S. 12; *S. Croft,* Strategies of Arms Control, S. 27; *S. Graybeal/M. Krepon,* On-Site Inspections, in: Krepon/Umberger (Hrsg.), S. 92, 95; *S. Oeter,* Inspection in International Law, in: Netherlands YIL 28 (1997), S. 101, 110 f.

299 *F. Kellogg,* zitiert bei *S. Graybeal/M. Krepon,* ibid., S. 92, 95 [Hinzufügung dort]. Siehe ferner *R. Burns,* Arms Inspection Policies, in: Historian 1969, S. 583, 585 ff.

300 Protokoll zur Änderung und Ergänzung des Vertrags über wirtschaftliche, soziale und kulturelle Zusammenarbeit und über kollektive Selbstverteidigung (Brüsseler Vertrag) v. 23. Oktober 1954; BGBl. 1955 II, S. 256.

301 *J. Delbrück,* Maßnahmen zur Kriegsverhütung, in: Picht/Eisenbarth (Hrsg.), S. 566, 599; ILA Committee on Arms Control and Disarmament Law, Report 2000, Para. 11 *lit.* b. Ähnlich *H. van der Graaf* (Past Experiences with Verification, in: Grin/v. der Graaf [Hrsg.], S. 17, 20), der die Inspektionen als erfolgreich ansieht aufgrund der Tatsache, daß *"[...] they took place in a friendly environment."*

mische Substanzen differenziert bewertet worden.[302] Nachdem jedoch in den 1920er Jahren alle Versuche, die BC-Kriegführung durch vorbeugende Bestimmungen auszuschließen, an der Verifikationsfrage gescheitert waren,[303] war hier erstmals der Versuch unternommen worden, ein Herstellungsverbot durch ein engmaschiges Kontrollnetz abzusichern, das über den Bereich hoheitlicher Tätigkeit hinaus auch die industrielle Fertigung der Substanzen erfaßte.[304] Die Erfahrungen mit diesen Regelungen konnten in den 1960er und den Folgejahren den Initiativen zur Überwachung von BC-Waffen als Anknüpfungspunkt dienen.[305]

Im Rahmen der paritätischen Rüstungsbeschränkung nach Ende des Zweiten Weltkriegs fanden Inspektionsverfahren zunächst Eingang in die Verträge über die Demilitarisierung staatsfreier Räume. Beobachtungen an Ort und Stelle erfolgen insoweit aber nur in Nichtstaatsgebieten. Den Anstoß, die Einhaltungskontrolle durch Inspektionen grundlegend weiterzuentwickeln, gab in den 1980er Jahren ein Positionswandel der *Reagan*-Administration, die statt einem "adäquaten" nunmehr einen "effektiven und absoluten" Verifikationsstandard forderte.[306] Die hundertprozentige Überprüfbarkeit, die geeignet sein sollte, *jeden* Verstoß gegen Rüstungskontrollvereinbarungen aufzudecken, war mit den nationalen Mitteln der SALT-ABKOMMEN allein nicht zu erreichen. Für den Abschluß weiterer Verträge erhoben die USA daher zum Junktim, daß es möglich sein müsse, ihre Einhaltung durch Inspektionen "anytime, anywhere and without a right of refusal" zu kontrollieren.[307] Konkreteren Niederschlag fand dieses

302 Wie *Ipsen* (Biologische und chemische Kampfmittel, S. 313 ff., 316 f.) festhält, war es zwar gelungen, ein technisch wirksames Kontrollverfahren zu entwickeln, jedoch wurde die Effektivität des Kontrollsystems durch die Abhängigkeit von Informationen des kontrollierten Staats, die fehlende Erzwingbarkeit und das damit fehlende Überraschungsmoment relativiert. In diesem Sinne auch *T. Marauhn,* Der deutsche Chemiewaffen-Verzicht, S. 181-190, 188.

303 So die Feststellung bei *K. Ipsen,* BC-Waffen im Völkerrecht, in: v. Weizsäcker (Hrsg.), S. 42, 43 ff., mit einer Darstellung der Bemühungen in den 1920er Jahren. Dazu auch *H.-J. Schütz,* in: Delbrück (Hrsg.), B- und C-Waffen, S. 829, 831 f.; *H. Kausch,* Internationale Rüstungstransfers, in: Delbrück (Hrsg.), S. 1155, 1161 f.

304 Zu Einzelheiten der WEU-Kontrolle siehe *K. Ipsen,* ibid., S. 42, 44 ff., hier 46.

305 Näher dazu in Hinblick auf chemische Waffen *C. Bundscherer,* Deutschland und das Chemiewaffen-Übereinkommen, S. 57 ff.

306 Ausführlich zu den Verifikationsstandards und ihren Hintergründen siehe *L. Sohn,* Verification Dilemmas, in: Diehl/Johnson (Hrsg.), S. 190, 198 ff.; *P. Orphanos,* INF Treaty On-Site Inspection, in: NYLSch JICL 10 (1989), S. 421, 424 ff.; vgl. ferner *A. Chayes/A.H. Chayes,* New Sovereignty, S. 175 f. m.w.N.

307 Siehe dazu die bei *D. Koplow* (Arms Control Inspection, in: NYULR 63 [1988], S. 229, 232 f.) zitierte Radioansprache v. 29. Oktober 1986 des seinerzeitigen US-Verteidigungsministers *C. Weinberger: "We have simply got to have absolutely reliable*

Leitmotiv erstmals 1987 im Kontrollregime des INF-ABKOMMENS, das weitreichende Inspektionsbefugnisse auf dem Hoheitsgebiet der Vertragsparteien und ihrer Verbündeten vorsieht. Vergleichbare Regelungen finden sich seitdem auch in anderen bi- und multilateralen Konventionen zur Rüstungsregelung.

Der folgende Abschnitt unternimmt eine vergleichende Würdigung des für Vor-Ort-Inspektionen maßgeblichen Verfahrensrechts. Die Untersuchung konzentriert sich dabei auf die vom Völkerrecht her bestimmten, zentralen prozeduralen Schritte. Dies sind die Einleitung der Kontrollen und ihr Mandat, die Mittel und Methoden der Tatsachenfeststellung sowie schließlich der Abschluß des Verfahrens durch die Anfertigung und Auswertung von Inspektionsberichten. Dabei ist entsprechend Zielsetzung, Auslösemechanismus und Wirkweise der Untersuchungen am Ort grundlegend zwischen Routinekontrollen und Verdachtsinspektionen zu unterscheiden.

b) Routineinspektionen

Neben oder in Folge des Einsatzes von Nationalen Mitteln und Berichtsverfahren sieht eine Reihe jüngerer Abrüstungs- und Rüstungskontrollverträge die Tatsachenermittlung durch Routineinspektionen vor. Turnusmäßig durchgeführte Besuche und Beobachtungen an Ort und Stelle zielen darauf ab, die Richtigkeit und die Vollständigkeit vor allem durch Staatenberichte gewonnener Informationen und Daten zu überprüfen. Dem fortlaufend erbrachten Nachweis, daß die Parteien an gemeldeten Einrichtungen die ihnen obliegenden Pflichten und Verbote einhalten, kommt transparenzfördernde und damit vertrauensbildende Wirkung zu. Routinekontrollen geben *bona fide* handelnden Parteien Gelegenheit, ihre Vertragstreue unter Beweis zu stellen, und vermögen Mißverständnisse bei nicht verbotenem Verhalten vorzubeugen.[308] Sie dokumentieren den Beteiligten, daß der zur Vertragserfüllung notwendige Aufwand nicht außer Verhältnis zu dem begehrten Sicherheitsvorteil steht, und schaffen so vor allem positive Anreize für die eigene Vertragstreue.

---

verification, which in effect means that we have to be free to go anywhere we want, at any time, on Soviet soil. They have never granted that kind of thing before, and they have talked about 'adequate' verification. [...]"
Diese Position hatten die USA und Großbritannien auch schon Jahre zuvor in die Initiativen zum Verbot chemischer Waffen eingebracht. Siehe dazu den US-Verhandlungsentwurf für ein vertragliches Verbot chemischer Waffen, CD-Doc. CD/500 v. 18. April 1984, Para. 10 f., sowie die umfangreichen Nachweise der einzelnen Positionen bei *W. Krutzsch/R. Trapp,* Commentary, Art. IX, S. 175 ff.

308 So *T. Marauhn,* Routine Verification, in: Bothe u.a. (Hrsg.), S. 219, mit grundlegenden Ausführungen zur Wirkweise von Routine- und Verdachtsverfahren.

Während insbesondere die Konventionen über staatsfreie Räume keine Systeme turnusmäßiger Vor-Ort-Inspektionen kennen, lassen sie sich in allen modernen bi- und multilateralen Verträgen mit entsprechenden Gemeinschaftsorganen nachweisen. Das Musterdokument INFCIRC/153 (Corr.) zum NV-VERTRAG, das für die Ausgestaltung der IAEO-Sicherungsabkommen maßgeblich ist, kennt in Gestalt von "ad hoc"- und "routine-inspections" zwei Arten anlaßunabhängiger Vor-Ort-Sicherungsmaßnahmen.[309] Der INF-VERTRAG und sein 15seitiges Inspektionsprotokoll sehen fünf Typen routinemäßiger Untersuchungen am Platz vor.[310] Für die Überwachung der START I/II-ABKOMMEN finden sich dort wie in dem fast 60seitigen Inspektionsprotokoll dreizehn verschiedene Formen turnusmäßiger *in-situ*-Kontrollen.[311] In der (noch) geltenden Fassung des KSE-VERTRAGS von 1990 und in dem zugehörigen 20seitigen Protokoll lassen sich vier Arten anlaßunabhängiger Visitationsrechte nachweisen.[312] Sieben verschiedene Formen routinemäßiger Beweisaufnahme vor Ort enthält schließlich das CW-ÜBEREINKOMMEN mit dem zugehörigen 108seitigen Verifikationsanhang: Neben Kontrollmaßnahmen für *militärische* Einrichtungen zur Herstellung, Lagerung und Zerstörung chemischer Waffen unterwirft der Vertrag *zivile* Einrichtungen für die Herstellungen von Chemikalien der Listen 1-3 eines Chemikalienanhangs Überwachungsmaßnahmen (sog. Industrieverifikation). Ferner besteht die Möglichkeit, Routineinspektionen auch auf sonstige Industrieeinrichtungen, in denen

---

309 Art. XII.A.6 IAEO-Statut i.V.m. §§ 2, 27 ff. INFCIRC/153.
Als internationale Aufsichtsverfahren finden diese Sicherungsmaßnahmen ferner auf die Regionalverträge über kernwaffenfreie Zonen Anwendung.

310 Art. XI INF-Vertrag i.V.m. dem Inspektionsprotokoll: "baseline inspections", "close-out inspections", "short-notice inspections", "continuous portal monitoring " und "elimination inspections".

311 Art. XI START-Abkommen i.V.m. dem Inspektionsprotokoll. Die wichtigsten Arten sind "baseline inspections", "data-update inspections", "new facility inspections", "suspect-site inspections", "close-out inspections", "reentry-vehicle inspections" sowie "post-exercise dispersal inspections". Diese sollen zukünftig auch auf den jüngst zwischen *Bush* und *Putin* abgeschlossenen Vertrag über strategische Waffen Anwendung finden, vgl. U.S. Department of State, Fact Sheet: Mosow Treaty on Strategic Offensive Reductions v. 24. Mai 2002, unter: http://usinfo.state.gov/topical/pol/arms (Stand: 01.07.2002).

312 Art. XIV KSE-Vertrag i.V.m. dem Inspektionsprotokoll: Inspektionen in gemeldeten Einrichtungen, Inspektionen in nicht gemeldeten Einrichtungen ("specified areas"), Inspektionen zur Überwachung der Reduzierung und Inspektionen zur Überwachung der Zertifizierung. Mit Inkrafttreten der im Jahr 1999 geänderten Fassung werden zwei weitere Inspektionstypen hinzutreten.

bestimmte organische Chemikalien hergestellt und verarbeitet werden, zu erstrecken.[313]

Von der Auswertung abgesehen ohne größeren Einfluß auf das Verfahrensrecht ist die Frage, ob die Inspektionen wechselseitig zwischen den Vertragsparteien oder durch vertraglich begründete Organisationen durchgeführt werden. Das erstgenannte Modell ist das zur Überwachung der genuin bilateralen Verträge und des KSE-VERTRAGS. Angesichts des Fehlens internationaler Aufsichtsbürokratien mit eigener Rechtspersönlichkeit erfolgt unter INF-, START- und KSE-ABKOMMEN der Vollzug der Inspektionsmaßnahmen gegenseitig zwischen den Vertragsparteien. Unter den Kollektivverträgen mit universeller Verbreitungstendenz existieren dagegen Vertragsinstitutionen mit entsprechendem Mandat. Im Rahmen des CW-ÜBEREINKOMMENS wurde die OPCW, bei den Sicherungsmaßnahmen zum NV-VERTRAG die IAEO mit der Durchführung der Kontrollen beauftragt.[314]

Einer Vorbemerkung bedürfen schließlich Rechtsgrundlagen und Struktur der Inspektionen zum INF-VERTRAG.[315] Zwar wurde der Vertrag bilateral zwischen USA und UdSSR abgeschlossen, er besitzt jedoch unmittelbar rechtliche Auswirkungen auf Drittstaaten, da er Visitationen auf dem Territorium der Mächte vorsieht. So heißt es in Art. XI Abs. 2 INF-VERTRAG:

> *"Jede Vertragspartei hat das Recht, die in diesem Artikel vorgesehenen Inspektionen sowohl im Hoheitsgebiet der anderen Vertragspartei als auch im Hoheitsgebiet von Stationierungsländern durchzuführen."*

Da nach der Maxime *pacta tertiis nec nocent nec prosunt* völkerrechtliche Verträge zu Lasten Dritter prinzipiell unzulässig sind,[316] wurden parallel zum INF-VERTRAG mit den Stationierungsstaaten der erfaßten Kurz- und Mittel-

313 Art. IV Abs. 3, 4, 5; Art. V Abs. 3, 6; Art. VI Abs. 2, 3, 4, 5, 6 CWC. Zu dieser Systematisierung siehe statt vieler *J. Robinson,* Verification System, in: Bardonnet (Hrsg.), S. 489, 497.

314 Nach Art. VIII Abs. 37 führt das Technische Sekretariat der OPCW die im Vertrag vorgesehenen Verifikationsmaßnahmen durch. Zu den institutionellen Fragen siehe *A. de Guttry,* The OPCW, in: Bothe u.a. (Hrsg.), S. 119, 132.

315 Ausführlich zu den rechtlichen Auswirkungen des INF-Vertrags auf dritte Staaten siehe *B. Schmidt am Busch,* Amerikanisch-sowjetische Rüstungskontrollabkommen, S. 301 ff. m.w.N., auch mit Ausführungen zu den Besonderheiten, die sich hier aus der deutschen Vereinigung ergeben.

316 Art. 34 WVK. Näher dazu *I. Sinclair,* Vienna Convention, S. 98 ff.; *I. Brownlie,* Principles of International Law, S. 628; sowie *W. Heintschel v. Heinegg,* in: Ipsen, § 12 Rn. 23 ff.

streckenraketen "Stationierungsländer-Übereinkommen" abgeschlossen.[317] Vertragspartner waren die USA und die Bundesrepublik Deutschland, Belgien, Großbritannien, Italien und die Niederlande einerseits sowie die UdSSR mit der DDR und CSSR andererseits. In diesen Abkommen gestatten die Stationierungsländer, daß Kontrolleure aus der Sowjetunion bzw. den USA anreisen, um die Kontrollmaßnahmen durchzuführen. Jedes Stationierungsland hat dabei das Recht, die Inspektoren während das gesamten Auftenthalts begleiten zu lassen.

Schließlich wurde in einem Notenwechsel[318] zwischen jedem der fünf westlichen Stationierungsstaaten und der Sowjetunion sowie zwischen den USA und DDR sowie CSSR sichergestellt, daß die Stationierungsländer vertragsgemäße Kontrollmaßnahmen auf ihrem Hoheitsgebiet zulassen und USA wie UdSSR als ausführende Staaten sich strikt an die Begrenzungen des INF-Inspektionsprotokolls wie auch an nationale Gesetze halten.

aa) Inspektionseinleitung und Inspektionsmandat

Als periodisch durchgeführte Kontrollmaßnahmen werfen Routineinspektionen keine besonderen Probleme bei der Verfahrenseinleitung auf. Das Verfahren findet unabhängig davon statt, ob an der Vertragstreue einer Partei Zweifel bestehen oder nicht.[319] Gleichwohl bedarf der Erörterung, wann ein bestimmter Schritt eines turnusmäßigen Aufsichtsverfahrens vollzogen wird. Die vorliegende Untersuchung geht dabei von der These aus, daß für den Inspektionszeitpunkt insbesondere der Kontrollgegenstand maßgeblich ist, formale und materiale Elemente also zueinander in Beziehung stehen. Die Frage nach der Inspektionseinleitung läßt sich daher nur im Zusammenhang mit dem Untersuchungsmandat sinnvoll erörtern. Es ist zunächst das Mandat, durch dessen Festlegung die zu ermittelnden Tatsachen angegeben und so der inhaltliche Radius der Verifikationsmaßnahmen vorgezeichnet wird. Das Mandat ist maßgeblich dafür verantwortlich, staatliche Souveränitätsinteressen, Belange betroffener Industriezweige und das Begehren nach einem möglichst alle Zweifel ausräumenden Inspektionsergebnis zu einem schonenden Ausgleich zu bringen. Es ist das Spannungsfeld

317 Siehe das Übereinkommen zwischen den USA und Belgien, der Bundesrepublik Deutschland, Italien, den Niederlanden und Großbritannien über Inspektionen in bezug auf den Vertrag zwischen den USA und der UdSSR über die Beseitigung ihrer Flugkörper mittlerer und kürzerer Reichweite; BGBl. 1988 II, S. 429.

318 Vgl. die Verordnung zu dem Notenwechsel v. 4. Mai 1988 zwischen der Bundesrepublik Deutschland und der UdSSR über Inspektionen in bezug auf den INF-Vertrag; BGBl. 1988 II, S. 535 f.

319 So zutreffend *T. Marauhn,* Durchsetzung von Rüstungskontrollvereinbarungen, in: FW 74 (1999), S. 159, 182.

dieser gegenläufigen Interessen, das die genaue Bestimmung der Ziele und Befugnisse zur unabdingbaren Voraussetzung für die Glaubwürdigkeit und Akzeptanz von Vor-Ort-Untersuchungen, den aufdringlichsten Kontrollmaßnahmen des geltenden Völkerrechts, macht.[320]

Den Ausgangspunkt für die Bestimmung des Inspektionsmandats bilden die Vorschriften über den Kontrollgegenstand. Nach diesen Regelungen lassen sich drei Inspektionstypen unterscheiden: auf (Rest-)Bestände vertragsbegrenzter Rüstungsgüter bezogene Eingangs- und Folgeinspektionen, Kontrollen von Verfahren der Beseitigung und Konversion sowie Visitationen in Stationierungs- und Herstellungseinrichtungen. Anhand dieses Grundrasters sind die wesentlichen Gesichtspunkte der Inspektionseinleitung zu ermitteln: Verifikationszeitpunkt, Ankündigungsfristen sowie etwaige Verfahrensbeschränkungen durch Ablehnungsrechte und Inspektionsquoten.

(1) Eingangs- und Folgeinspektionen zur Überprüfung von Rüstungsbeständen

Eingangs- und Folgeinspektionen sind Instrumente der Inventarkontrolle. Sie dienen typischerweise dazu, die in den Anfangs- und Folgemitteilungen der Vertragsparteien enthaltenen Angaben über die Bestände vertraglich geregelter Verifikationsobjekte zu überprüfen. Kennzeichen dieser Visitationsmaßnahmen ist also, daß die Staatenberichte ihr Bezugspunkt sind.

(a) Eingangsinspektionen

Umfaßt das Verifikationsinstrumentarium der Abrüstungs- oder Rüstungskontrollverträge Routineuntersuchungen vor Ort, so sind Eingangsinspektionen ("baseline inspections") stets ihr Ausgangspunkt. Erstvisitationen dienen dazu, die von den Vertragsparteien vorgelegten ***Erst***meldungen, Berichte und Erklärungen ("baseline declarations") umfassend auf ihre Richtigkeit und ggf. Vollständigkeit zu überprüfen, kurz der *"[...] validation through routine inspections"*.[321] Entsprechend beziehen sie sich gewöhnlich nur auf solche Angaben über Arten und Zahlen vertraglich begrenzter Rüstungsmaterialien und Einrichtungen, die von den Parteien deklariert wurden. Dies bedeutet, daß das gesamte Regime routinemäßiger Untersuchungen an die Erklärungen der Parteien gebun-

320 Siehe schon *ibid.,* S. 181; ferner *T. Marauhn,* Routine Verification, in: Bothe u.a. (Hrsg.), S. 219, 232 f.

321 So *J. Robinson,* Verification System, in: Bardonnet (Hrsg.), S. 489, 496.

den ist, also ausschließlich gemeldete Objekte turnusmäßigen Inspektionen unterworfen werden.[322]

Von den IAEO-Sicherungsabkommen abgesehen, fomulieren alle einschlägigen Verträge das ***Inspektionsmandat*** recht allgemein unter Verweis auf die Eingangsmitteilungen. So heißt es im START I-ABKOMMEN, daß der Zweck der Erstinspektionen vor Ort darin besteht,

> *"[...] to confirm the accuracy of data on the numbers and types of items specified for such facilities* ***in the initial exchange of data*** *[...]".*[323]

Eine vergleichbare Aussage macht der Verifikationsanhang zum CW-ÜBEREINKOMMEN. Erstbesuche und -besichtigungen dienen hier

> *"[...] dem Zweck, die Richtigkeit der nach Artikel III abgegebenen einschlägigen Meldungen durch Inspektionen vor Ort zu bestätigen."*[324]

Eine präzisere Bestimmung des Mandats trifft allein das Sicherungsabkommen zum NV-VERTRAG. Nach § 71 *lit.* a Musterabkommen INFCIRC/153, dem die zwischen der IAEO und den Parteien des NV-VERTRAGS vereinbarten Sicherungsabkommen folgen, besteht das Ziel der Erstinspektionen (hier: "ad hoc-inspections") vor allem in der Bestätigung der Richtigkeit der in den Anfangsberichten enthaltenen Angaben über Nuklearmaterial. Über diese Berichte hinaus

---

322 Vgl. mit Blick auf die CWC *ibid.*, S. 497: *"[T]he universe of the validation system is bound by the declarations: only facilities which States Parties have declared are liable to routine inspection by the OPCW Inspectorate."*

323 Art. XI Abs. 2 START-Abkommen [Hervorhebung v. Verf.].
Etwas präziser gefaßt ist Art. XI Abs. 3 INF-Vertrag: *"Zweck der Inspektion ist es, die Zahl der Flugkörper, Abschußvorrichtungen, Unterstützungsbauwerke und Unterstützungsausrüstungen sowie sonstige Daten, die dem Stand zum Zeitpunkt des Inkrafttretens dieses Vertrags entsprechen und nach Art. IX Absatz 3 zur Verfügung gestellt worden sind, nachzuprüfen."*
Siehe auch Art. XIV Abs. 1 (A) KSE-Vertrag: *"Zweck dieser Inspektionen ist es, auf der Grundlage der nach dem Protokoll über Informationsaustausch zur Verfügung gestellten Informationen die Einhaltung der in den Artikeln IV, V und VI festgelegten zahlenmäßigen Begrenzungen durch die Vertragsstaaten zu verifizieren."*
Zu den "Baseline"-Inspektionen unter INF und START siehe *J. Blackwell,* On-site Inspection in INF and START, in: Dunn/Gordon (Hrsg.), S. 95, 98 f., 108 f.; *S. Oeter,* Inspection in International Law, in: Netherlands YIL 28 (1997), S. 101, 120.

324 Teil IV (A) Abs. 37 Verifikationsanhang. Dies schließt jedoch nicht aus, daß Eingangsinspektionen auch das Ziel verfolgen, zusätzliche Informationen für die weitere Ausgestaltung der Verifikationsmechanismen zu ermitteln, vgl. Teil III (A) Abs. 1 S. 2 Verifikationsanhang. Dazu *J. Robinson,* Verification System, in: Bardonnet (Hrsg.), S. 489, 487; *E. Myjer,* Arms Control Law Experience (Typoskript).

kommen Erstkontrollen auch bis zur Vereinbarung von anlagenbezogenen Ergänzungsabkommen zu den Sicherungsabkommen zum Einsatz. Schließlich können sie sich auf Substanzveränderungen beziehen, die seit der Übermittlung der Eingangsberichte eingetreten sind.[325]

Neben dem Mandat ist die ***Inspektionseinleitung*** zu erörtern. Da Eingangsbesuche auf das Inkrafttreten des zugrundeliegenden Vertrags bezogen sind, im Übrigen aber von äußeren Ereignissen unabhängig erfolgen, bedarf es für die Verfahrenseinleitung keines besonderen Auslösemoments wie etwa eines Antrags. Hier ist daher allein der Frage nachzugehen, zu welchem Zeitpunkt die Maßnahmen der Verifikation erfolgen und inwieweit sie vorher angekündigt werden müssen.

Während die "baseline inspections" unter dem INF-VERTRAG zwischen dem 30. und 90. Tag nach Inkrafttreten erfolgten,[326] waren entsprechende Maßnahmen unter dem START I-ABKOMMEN zwischen dem 85. und 205. Tag nach Inkrafttreten durchzuführen.[327] Unter beiden Verträgen ist eine "enquête sur place" 16 Stunden vor Eintreffen der Inspektionsgruppe am Punkt der Einreise zu notifizieren.[328]

Unter dem KSE-VERTRAG wurden innerhalb der ersten 120 Tage nach Inkrafttreten des Vertrags (sog. Evaluierungsphase) insgesamt 20 Prozent der Ortsinspektionen durchgeführt.[329] Nach Abschluß einer dreijährigen Reduzierungs-

---

325 Vgl. §§ 71, 76 *lit.* a INFCIRC/153. Da durch *ad hoc*-Inspektionen nach §§ 93, 96 INFCIRC/153 überdies auch der grenzüberschreitende Transfer von Nuklearmaterial kontrolliert werden kann, ist ihr Mandat insgesamt weiter gefaßt. *Stricto sensu* sind sie also keine reinen Eingangsinspektionen. Siehe zu Einzelheiten etwa *P. Szasz,* Law and Practice of the IAEA, S. 599; *C.-G. Hasselmann,* New IAEA Safeguards?, in: German YIL 27 (1984), S. 259, 277; *T. Lohmann,* Sicherungsmaßnahmen der IAEO, S. 182 ff.

326 Vgl. Art. XI Abs. 3 S. 2 INF-Vertrag. Unter dem INF-Vertrag haben die USA vom 1. Juli bis 31. August 1988 insgesamt 117, die Sowjetunion 26 "baseline"-Inspektionen durchgeführt. Ausführlich zu diesen Kontrollmaßnahmen *E. Lacey,* INF Experience, in: Dunn/Gordon (Hrsg.), S. 7 ff.; *J. Blackwell,* in: Dunn/Gordon (Hrsg.), S. 95, 98; *J. Woodworth,* INF Experience, in: Dahlitz (Hrsg.), S. 181, 196 ff.

327 Vgl. Abschnitt VII Abs. 1 Inspektionsprotokoll zu den START-Abkommen. Unter dem START I-Vertrag haben die USA vom 1. März bis 28. Juni 1995 insgesamt 75, die Sowjetunion und ihre Nachfolgestaaten 37 derartige Vor-Ort-Kontrollen vollzogen. Vgl. zu diesen Angaben *G. Rueckert,* On-site Inspections, S. 82 f.

328 Siehe Abschnitt IV Abs. 1 *lit.* a Inspektionsprotokoll zum INF-Vertrag; Abschnitt III Abs. 3 Inspektionsprotokoll zum START-Abkommen.

329 Abschnitt II Abs. 10 (A) Inspektionsprotokoll zum KSE-Vertrag. Die USA haben vom 17. Juli bis 13. November 1992 insgesamt 44 Inspektionen vorgenommen, vgl. *G. Rueckert,* On-site Inspection, S. 84. Ausführlich zu den Inspektionen unter dem KSE-Vertrag *P. Lewis,* Verifying the CFE Agreement, in: Croft (Hrsg.), S. 178, 189 ff.; *P. Dunay,* Verifying Conventional Arms Limitations, S. 83 ff.

phase mit verringerter Kontrolltätigkeit folgte eine zweite, 120tägige Evaluierungsphase für Reststärken. Innerhalb dieses Zeitraums konnten wiederum 20 Prozent der Verifikationsobjekte besichtigt werden.[330] Die Visitationen sind spätestens 36 Stunden vor Eintreffen der Inspektoren anzukündigen.[331]

Die bis zum Inkrafttreten anlagenspezifischer Ergänzungsabkommen gemäß den Sicherungsabkommen mit der IAEO durchgeführten *ad hoc*-Kontrollen zum NV-VERTRAG unterliegen keinen ausdrücklichen quotenmäßigen Beschränkungen.[332] Sicherungsmaßnahmen werden regelmäßig eine Woche vor Eintreffen der Inspektoren angekündigt.[333] Mit Abschluß der Ergänzungsabkommen werden die *ad hoc*-Kontrollen durch Routine-Inspektionen abgelöst, § 76 INFCIRC/153.

Das CW-ÜBEREINKOMMEN schließlich formuliert den Grundsatz, daß *"[...] jede gemeldete Einrichtung, die nach den Artikeln IV und V sowie Artikel VI Absatz 3 einer Inspektion vor Ort unterliegt, [...] umgehend, sobald die Einrichtung gemeldet ist, einer Erstinspektion unterzogen"* werden soll.[334] Der Begriff "umgehend" findet im Vertragstext jedoch keine einheitliche Verwendung. Seine Bedeutung ist vielmehr im systematischen Zusammenhang der jeweiligen Inspektionstypen zu ermitteln.[335]

Für *Einrichtungen zur Lagerung chemischer Waffen* bestimmt Art. IV Abs. 4 CWC, daß jeder Vertragsstaat "sofort" nach Abgabe seiner Initialmeldung Zugang zu entsprechenden Einrichtungen zu gewähren hat. Demgegenüber sprechen die einschlägigen Vorschriften des Verifikationsanhangs davon, daß eine Erstinspektion "umgehend" und "so bald wie möglich" erfolgen soll.[336] In Hinblick auf *Einrichtungen zur Herstellung chemischer Waffen* ist der Vertrag präziser gehalten: Hier ergibt sich aus dem Verifikationsanhang, daß jede Einrichtung 90-120 Tage nach dem Inkrafttreten für die jeweilige Vertragspartei

330 Vgl. Abschnitt II Abs. 10 (B) Inspektionsprotokoll.

331 Abschnitt IV Abs. 2 Inspektionsprotokoll.

332 Eine Beschränkung kommt indes aus den allgemeinen Verfahrensgrundsätzen in Betracht, vgl. die §§ 6, 7, 32 INFCIRC/153.

333 §§ 48, 83 *lit.* a INFCIRC/153. Zu den Ankündigungsfristen siehe auch *T. Lohmann,* Sicherungsmaßnahmen der IAEO, S. 211, sowie *C.-G. Hasselmann,* New IAEA Safeguards?, in: German YIL 27 (1984), S. 259, 277.

334 Siehe Teil III (A) Abs. 1 S. 1 CW-Verifikationsanhang. Ausführlich zu den "baseline"-Inspektionen *J. Robinson,* Verification System, in: Bardonnet (Hrsg.), S. 489, 496 ff.; *T. Marauhn,* Routine Verification, in: Bothe u.a. (Hrsg.), S. 219, 229 f.

335 So zutreffend *T. Marauhn,* Routine Verification, in: Bothe u.a. (Hrsg.), S. 219, 229.

336 Vgl. Teil IV (A) D Abs. 38 und D Abs. 42 Verifikationsanhang. Für eine eingehende Erörterung dieser Vorschriften siehe *W. Krutzsch/R. Trapp,* Commentary, Verification Annex, Part IV (A), S. 349 ff.

erstmalig durch die OPCW kontrolliert werden soll.[337] Keine kalendermäßige Bestimmung enthält der Vertrag für *Einrichtungen, in denen* in Übereinstimmung mit Art. VI *nicht verbotene Tätigkeiten ausgeführt werden,* also die Industrieverifikation:[338] Wann insoweit Erstinspektionen zu erfolgen haben, richtet sich zunächst nach der Einstufung der in der Einrichtung verarbeiteten Chemikalien in die Listen 1-3 des Chemikalienanhangs.[339] Weiter sind für Ausgestaltung und Zeitpunkt der Untersuchungen Mustervereinbarungen zwischen der OPCW und der jeweiligen Vertragspartei maßgeblich, die ggf. durch Anlagenvereinbarungen ergänzt werden.[340] In aller Regel sind die Visitationsmaßnahmen 48 Stunden vor Eintreffen eines Kontrollteams anzukündigen.[341]

(b) Routinemäßige (Folge-)Inspektionen

Bei allen genannten Übereinkommen werden die Eingangskontrollen durch *anlaßunabhängig durchgeführte* ***(Folge-)Inspektionen*** abgelöst. Allgemein gesprochen, handelt es sich dabei um die Fortsetzung der Erstinspektionen unter veränderten Rahmenbedingungen. Ziel dieser Maßnahmen ist es, durch routinemäßige Überwachung fortlaufend übermittelter Angaben die Bestandsaufzeichnungen für vertraglich geregelte Verifikationsobjekte zu ergänzen und fortzuschreiben.

Besonders deutlich wird dieser Zusammenhang unter dem KSE-VERTRAG. Folgebesuche sind hier nichts anderes als die unter Herabsetzung der Quote, aber

---

337 Teil V (C) Abs. 43 Verifikationsanhang.

338 Insoweit handelt es sich um Industrieeinrichtungen zur Herstellung von Chemikalien der Listen 1-3.

339 Bei Herstellung von Liste 1-Chemikalien hat die Erstinspektion der Einrichtung spätestens 180 Tage (Teil VI [E] Abs. 25 Verifikationsanhang), im Falle von Liste 2-Chemikalien spätestens drei Jahre nach Inkrafttreten zu erfolgen (Teil VII [B] Abs. 16 Verifikationsanhang). Bei Einrichtungen zur Herstellung von Liste 3-Chemikalien erfolgt die Auswahl nach dem Zufallsprinzip, Teil VIII (B) Abs. 14 Verifikationsanhang.

340 Eine Anlagenvereinbarung ist *"[...] eine Vereinbarung oder eine Regelung zwischen einem Vertragsstaat und der Organisation über eine bestimmte Einrichtung, die nach den Artikeln IV, V und VI der Verifikation vor Ort unterliegt",* Teil I Abs. 7 CW-Verifikationsanhang. Dazu näher *T. Marauhn,* Routine Verification, in: Bothe u.a. (Hrsg.), S. 219, 235 ff.

341 Vgl. Teil IV (A) D Abs. 45; Teil V C Abs. 52 Verifikationsanhang. Siehe auch die Denkschrift zum Entwurf eines Gesetzes zur Ratifizierung des CW-Übereinkommens durch die Bundesrepublik Deutschland, BT-Drs. 12/7206, S. 170, 176.

mit identischem Mandat durchgeführten Erstinspektionen.[342] Während einer dreijährigen Reduzierungsphase, die sich an die viermonatige Evaluierung der Ausgangsdaten anschließt, können jährlich bis zu 10 Prozent der Visitationen vorgenommen werden. Nach der Reduzierungsphase folgt eine zweite zweimonatige Periode intensiver Inspektionen, die hinsichtlich der Kontrollstruktur der Eingangsphase entspricht. Nach Erreichen der Reststärken schließlich können jährlich bis zu 15 Prozent der gemeldeten Verifikationsobjekte inspiziert werden.[343] Die Besuche und Besichtigungen dürfen nicht verweigert werden, die inspizierende Partei kann sie jedoch bei Unmöglichkeit infolge höherer Gewalt absagen.[344]

Von ihrer quotenmäßigen Begrenzung abgesehen, entsprechen auch die unter den INF- und START-VERTRÄGEN durchgeführten sog. "short notice-" bzw. "data update-inspections" den Erstvisitationen. Sie dienen der Bestätigung der Korrektheit der von den Parteien gemachten Angaben über Restbestände vertraglich begrenzter Rüstungsmaterialien in gemeldeten Einrichtungen.[345] "Short notice"-Visitationen unter dem INF-ABKOMMEN begannen am 90. Tag nach Inkrafttreten, können während eines Zeitraums von 13 Jahren durchgeführt werden und unterliegen einer rückläufigen Höchstzahlregelung.[346] Während der ersten drei Jahre dürfen 20, während der darauffolgenden fünf Jahre 15 und während der letzten fünf Jahre zehn solcher Rüstungsstandinspektionen je Kalenderjahr vorgenommen werden.[347]

---

342 Vgl. Abschnitt II Abs. 10 KSE-Inspektionsprotokoll. Siehe dazu auch die Erläuterungen in der Denkschrift zum Entwurf eines Gesetzes zur Ratifizierung des KSE-Vertrags durch die Bundesrepublik Deutschland, BT-Drs. 12/1133, S. 151, 159 f.

343 Abschnitt II Abs. 10 KSE-Inspektionsprotokoll. Siehe ausführlich zu den Inspektionsquoten *P. Lewis,* Verifying the CFE Agreement, in: Croft (Hrsg.), S. 178, 191 ff.; *P. Dunay,* Verifying Conventional Arms Limitations, S. 91 ff.

344 Abschnitt VII Abs. 1 KSE-Inspektionsprotokoll. Zu der Figur der *force majeure* siehe nachfolgend Fn. 351.

345 Vgl. Art. XI Abs. 5 *lit.* a INF-Vertrag; Art. XI Abs. 3 START-Abkommen.
Zu dieser systematischen Einordnung von INF-"short notice-inspections" vgl. schon *M. Asada,* Effectiveness and Limitations of Challenge Inspection, in: Schoenbaum u.a. (Hrsg.), S. 227, 234 f., sowie *L. Davis,* INF Treaty, in: Foreign Affairs 66 (1987/88), S. 720, 728 f.

346 Vgl. Art. XI Abs. 5 *lit.* a INF-Vertrag i.V.m. Abschnitt VII Abs. 2 ff. des Inspektionsprotokolls. Zu diesen Regelungen siehe U.S. Department of State, Article-by-Article-Analysis, in: ILM 27 (1988), S. 199, 219; *E. Lacey,* INF Experience, in: Dunn/Gordon (Hrsg.), S. 3, 10; *J. Woodworth,* INF Experience, in: Dahlitz (Hrsg.), S. 181, 200.

347 Art. XI Abs. 5 INF-Abkommen.

"Short notice-inspections" unter den START-ABKOMMEN begannen am 205. Tag nach Inkrafttreten; ein Endzeitpunkt ist nicht bestimmt.[348] Jeder Partei stehen bis zu 15 solcher Besuche pro Kalenderjahr zur Verfügung.[349] Die START-VERTRÄGE kennen überdies zwei weitere Typen von Visitationen, die sich systematisch den Folgeinspektionen zuordnen lassen: "Reentry vehicle inspections" dienen der Kontrolle der Kernsprengkopfzahl in bestimmten Raketentypen. Durch "post-exercise dispersal inspections" überwachen die Parteien, daß die Zahlen mobiler, d.h. nicht an einen Stützpunkt gebundener Interkontinentalraketen die für den betreffenden Stützpunkt geltenden Höchstzahlen nicht überschreiten.[350] Ablehnungsrechte bestehen hier nicht. Jedoch kann die *inspizierende Partei* unter den INF- und START-ABKOMMEN eine Verifikationsmaßnahme absagen, wenn diese wegen höherer Gewalt nicht durchgeführt werden kann.[351]

Mit Abschluß von Ergänzungsabkommen zu den Sicherungsabkommen zum NV-VERTRAG werden die *ad hoc*-Kontrollen durch Routineinspektionen der IAEO abgelöst, § 76 *lit.* a INFCIRC/153. Ziel dieser Maßnahmen ist vor allem die Feststellung, daß die von den Parteien vorgelegten Staatenberichte mit den Anlagenaufzeichnungen übereinstimmen sowie die Ermittlung möglicher Ursa-

---

348 START verwendet den Begriff der "data update"-inspections, vgl. Art. XI Abs. 3 START I-Abkommen i.V.m. Abschnitt VII des Inspektionsprotokolls.

349 Abschnitt VII Abs. 2 START-Inspektionsprotokoll.

350 "Reentry vehicle inspections" begannen am 205. Tag nach Inkrafttreten und sind auf zehn Inspektionen pro Jahr begrenzt, vgl. Art. XI Abs. 6 START-Abkommen i.V.m. Abschnitt IX Inspektionsprotokoll. Für "post-exercise dispersal inspections" ist ein Anfangszeitpunkt nicht bestimmt. Sie dürfen einen Anteil von 40 Prozent an den auf Interkontinentalraketen bezogenen Inspektionen nicht überschreiten, vgl. Art. XI Abs. 7 START-Abkommen i.V.m. Abschnitt X Inspektionsprotokoll.

351 Siehe Abschnitt X INF-Inspektionsprotokoll; Abschnitt XVII START-Inspektionsprotokoll. Zu den einschlägigen Regelungen bei INF siehe *P. Orphanos*, INF Treaty On-Site Verification, in: NYLSch JICL 10 (1989), S. 421, 438.
Die Article-by-Article-Analysis des INF-Inspektionsprotokolls des U.S. Department of State (ILM 27 [1988], S. 238, 251) definiert höhere Gewalt als *"[...] a 'superior or irresistable force' outside the control of the Parties that could not be avoided by the exercise of due care."*
Die Bestimmung entspricht in weiten Teilen Art. 23 Abs. 1 des Artikelentwurfs der UN-Völkerrechtskommission (Berichterstatter: *J. Crawford*) zur Staatenverantwortlichkeit (UN-Doc. A/CN.4/L.602/Rev.1 v. 3. August 2001). Dort heißt es:
"(1) The wrongfulness of an act of a State not in conformity with an international obligation of that State is precluded if the act is due to force majeure, that is the occurence of an irresistible force or of an unforseen event, beyond the control of the State, making it materially impossible in the circumstances to perform the obligation."
Näher dazu der ILC-Bericht (UN-Doc. A/56/10), S. 183 ff.

chen für Spaltmaterialbilanzdifferenzen.[352] Die Inspektionen unterliegen den in den jeweiligen Sicherungsabkommen und den Anlagenabkommen festgelegten quotenmäßigen Beschränkungen. Insoweit bestehen keine starren Richtlinien, vielmehr sollen die Kontrollen der relativen Proliferationsrelevanz der inspizierten Orte Rechnung tragen.[353] Für innerhalb des Kontingents ausgeführte Untersuchungen der IAEO braucht nicht vorab das Einverständnis der überwachten Staaten eingeholt werden. In aller Regel kündigt die IAEO ihre Beobachtungen eine Woche vor Beginn an,[354] ein Teil kann aber auch in Gestalt von Überraschungsinspektionen ohne vorherige Ankündigung durchgeführt werden, § 84. Bislang hat die Agentur von dieser Befugnis kaum Gebrauch gemacht.[355]

Unter dem CW-ÜBEREINKOMMEN richtet sich die Durchführung weiterer Inspektionen nach den betreffenden Verifikationsobjekten. Es ist zwischen Einrichtungen zur Zerstörung chemischer Waffen und Lagerung, Produktionsstätten sowie Industrieeinrichtungen, die zur Herstellung von Chemikalien der Listen 1-3 des Chemikalienanhangs dienen, zu unterscheiden.[356]

Nach Art. IV Abs. 4 CWC hat jede Vertragspartei zwecks systematischer Verifikation Zugang zu chemischen Waffen während ihrer Lagerung und zum Zeitpunkt der Verbringung zu einer Zerstörungseinrichtung zu gewähren.[357] Ergänzt wird dies durch kurzfristig angekündigte ("short notice")-Inspektionen und eine dauerhafte Überwachung durch *in-situ*-Instrumente.[358] Vergleichbare Regelungen gelten auch für Einrichtungen zur Herstellung[359] und für solche zur Vernichtung chemischer Waffen. Die Einzelheiten der Inspektionen werden insoweit

---

352 Siehe im einzelnen § 72 INFCIRC/153.

353 Maßgeblich sind vor allem die Art des vorhandenen spaltbaren Materials, die Wirksamkeit des nationalen Kontrollsystems der inspizierten Vertragspartei sowie Besonderheiten des nationalen Nuklearkreislaufs, vgl. § 81 INFCIRC/153. Nach § 78 ist die Agentur bei der Einleitung von Inspektionen überdies verpflichtet, die Kosten-Nutzen-Relation zu berücksichtigen. Siehe statt vieler auch *C.-G. Hasselmann,* New IAEA Safeguards, in: German YIL 27 (1984), 259, 277.

354 § 83 *lit.* c INFCIRC/153. Zur Ankündigung von Inspektionen der IAEO siehe auch *R. Hanski,* On-site Inspections, in: Bothe u.a. (Hrsg.), S. 37, 46.

355 Vgl. *T. Lohmann,* Sicherungsmaßnahmen der IAEO, S. 212 f. Zu Einzelheiten siehe *D. Fischer,* Safeguarding the Atom, S. 31 ff. m.w.N.: Die erste unangekündigte Inspektion wurde 1983 in Schweden ausgeführt. Insgesamt wird diese Ermächtigung aufgrund des Diskriminierungsverbots beschränkt, wonach sich die Auswahl der Inspektionsorte nicht auf einzelne Länder beschränken darf.

356 Siehe allgemein zu den Inspektionstypen der CWC *J. Robinson,* Verification System, in: Bardonnet (Hrsg.), S. 489, 497.

357 Näher zu dieser Vorschrift *W. Krutzsch/R. Trapp,* Commentary, Art. IV, S. 66.

358 Vgl. Part IV (A) Verifikationsanhang. Insoweit dürfte die Priorität bei den kurzfristig angekündigten Inspektionen liegen. Vgl. *ibid.*, S. 66.

359 Für Einzelheiten siehe Teil IV (A) Abs. 50-70 Verifikationsanhang.

nicht durch den Vertrag, sondern individuell durch Anlagenabkommen ("facility agreements") näher bestimmt.[360]

Anders ausgestaltet ist die weitere Überwachung von Einrichtungen, in denen nach dem Übereinkommen nicht verbotene Tätigkeiten ausgeführt werden (Industrieverifikation).[361] Für das Kontrollmandat entscheidend ist hier die Zuordnung der Einrichtungen zu den Listen 1-3 des Anhangs nach Maßgabe der am Ort hergestellten Chemikalien: Besuche in Kleinanlagen zur Herstellung von Liste 1-Chemikalien dienen dem Zweck, die über die Anlage vorgelegten Informationen zu verifizieren sowie zu prüfen,

> *"[....] ob die produzierten Mengen von Chemikalien der Liste 1 richtig gemeldet wurden und insbesondere, ob ihre Gesamtmenge 1 Tonne nicht überschreitet".*[362]

Genauer gefaßt ist das Mandat für andere *Einrichtungen zur Herstellung von Liste 1-Chemikalien.* Insoweit ist Aufgabe der Kontrollen zu prüfen,

> *"a) daß die Einrichtung nicht dazu genutzt wird, außer den gemeldeten Chemikalien andere Chemikalien der Liste 1 zu produzieren;*
> *b) daß die Menge der produzierten, verarbeiteten oder verbrauchten Chemikalien der Liste 1 richtig gemeldet wurde und mit den Bedürfnissen für den gemeldeten Zweck übereinstimmt;*
> *c) daß die Chemikalie der Liste 1 nicht abgezweigt oder für andere Zwecke verwendet wird".*[363]

Wegen des Bezugs auf die korrekte Meldung von Liste 1-Chemikalien wurde das Kontrollmandat hier enger gefaßt als bei anderen Einrichtungen. Unter Verweis auf die *travaux préparatoires,* denen gemäß Art. 32 WVK aber nur die Bedeutung ergänzender Auslegungsmittel zukommt, wurde daher argumentiert, die unterschiedlichen Textfassungen seien nicht beabsichtigt.[364] Gegen eine solche Auslegung spricht indes, daß das Übereinkommen in Hinblick auf Kleinanlagen keine vollständige Kontrolle des Materials anstrebt. Während also Teil IV (E) Abs. 28 auch auf die weitere Verwendung der Chemikalien abstellt, konzentriert sich die Kontrolle der Kleinanlagen lediglich auf die Herstellung, ungeachtet der Frage der späteren Nutzung.[365] *E contrario* liegt damit nahe, das großzügiger de-

---

360 Vgl. *T. Marauhn,* Routine Verification, in: Bothe u.a. (Hrsg.), S. 219, 230 f.

361 Zu den Einzelheiten der Verfahrenseinleitung in Einrichtungen zur Herstellung von Liste 1-3 Chemikalien siehe *ibid.,* S. 231 f.

362 Teil VI (E) Abs. 21 und 24 Verifikationsanhang.

363 Teil VI (E) Abs. 28 Verifikationsanhang.

364 So *W. Krutzsch/R. Trapp,* Commentary, Verification Annex, Part VI, S. 425, mit der Schlußfolgerung, Abs. 28 sei auch auf einzelne Kleinanlangen anwendbar.

365 So zu Recht *T. Marauhn,* Routine Verification, in: Bothe u.a. (Hrsg.), S. 219, 234.

finierte Kontrollmandat für andere Einrichtungen als eine Ausnahme gegenüber dem auf Kleinanlangen anwendbaren Mandat anzusehen.

Dem Verifikationsanhang entsprechend bestimmen sich *Anzahl, Dauer und Zeitpunkt* weiterer Inspektionen in Industrieeinrichtungen zur Herstellung von Liste 1-Chemikalien nach *"[...] dem Risiko [...], das die betreffenden Chemikalien für Ziel und Zweck dieses Übereinkommens darstellen [...]".*[366] Die Vertragsstaatenkonferenz hat hierfür ergänzende Richtlinien erlassen.[367] Zutreffend wurde insoweit darauf hingewiesen, daß das maßgebliche Kriterium für die Risikobeurteilung in der Möglichkeit zu sehen ist, daß die betreffenden Einrichtungen unentdeckt für die Herstellung von Liste 1-Chemikalien Verwendung finden können.[368]

Mit Blick auf *Produktionsstätten für Chemikalien der Listen 2 und 3* wird besonders deutlich, daß sich internationale Aufsichtsverfahren oft auf die Kontrolle bestimmter Schlüsselfaktoren beschränken. So sind in Anlagen zur Herstellung von Liste 2-Chemikalien folgende Punkte zu verifizieren:

"a) Chemikalien der Liste 1 sind nicht vorhanden, [...];
b) der Umfang der Produktion, der Verarbeitung und des Verbrauchs von Chemikalien der Liste 2 stimmt mit den Meldungen überein;
c) Chemikalien der Liste 2 werden nicht für nach diesem Übereinkommen verbotene Tätigkeiten abgezweigt."[369]

Entsprechendes gilt für Produktionsstätten von Liste 3-Chemikalien.[370]

Bei Einrichtungen zur Herstellung von Liste 2-Chemikalien hängt die Initiierung weiterer Kontrollen ab von einer während der Erstinspektionen vorzunehmenden Risikoanalyse. Die Risikoabschätzung der Kontrolleure dient als Maßstab für die Häufigkeit und Gründlichkeit weiterer Ortsinspektionen,[371] im Übrigen entscheidet ein Zufallsverfahren über die Auswahl der Verifikationsobjekte.[372] Auswahl und Häufigkeit von Untersuchungen in Einrichtungen zur Herstellung von Chemikalien der Liste 3 schließlich richten sich nach Produk-

---

366 Vgl. Teil VI (E) Abs. 23 und 30 Verifikationsanhang. Zu diesen Vorschriften siehe *T. Marauhn,* Durchsetzung von Rüstungskontrollvereinbarungen, in: FW 74 (1999), S. 159, 182 f.; *R. Hanski,* On-Site Inspection, in: Bothe u.a. (Hrsg.), S. 37, 48.

367 Ausführlich dazu der Vorschlag der einschlägigen Expertengruppe: OPCW-Prep-Com-Doc. PC/XVI/B/WP.3 v. 6. Februar 1997.

368 So *W. Krutzsch/R. Trapp,* Commentary, Verification Annex, S. 425 Fn. 28.

369 Teil VII (B) Abs. 15 Verifikationsanhang.

370 Vgl. Teil VIII (B) Abs. 17 Verifikationsanhang.

371 Siehe Teil VII (B) Abs. 18 Verifikationsanhang, der auch die für die Risikoabschätzung maßgeblichen Kriterien auflistet.

372 Siehe Teil VII (B) Abs. 20 Verifikationsanhang.

tionsmengen und den der OPCW zur Verfügung stehenden Finanzmitteln. Vertraglich sind insoweit allein zahlenmäßige Obergrenzen fixiert.[373]

(c) Zusammenfassung

Die modernen bi- und multilateralen Abrüstungs- und Rüstungskontrollverträge unterwerfen gemeldete Verifikationsobjekte schon kurz nach Inkrafttreten der erstmaligen Kontrolle durch ***Eingangsinspektionen***. Ziel dieser Maßnahmen ist es, die von den Parteien vorgelegten ***Erst***meldungen, -berichte und -erklärungen an Ort und Stelle umfassend auf ihre Richtigkeit und ggf. Vollständigkeit zu überprüfen. Gleichzeitig können die Kontrollen dem Zweck dienen, Ausgangsdaten für die nähere Ausgestaltung späterer Visitationsmaßnahmen zu ermitteln. Ihr Ziel ist in aller Regel jedoch nicht die Prüfung, ob eine Partei alle auf ihrem Hoheitsgebiet zu meldenden Einrichtungen und Anlagen tatsächlich deklariert und somit der Kontrolle unterworfen hat.[374]

Keine einheitlichen Regelungen lassen sich hinsichtlich des Zeitpunkts der Erstinspektionen nachweisen. Vielmehr finden sich an der Übermittlung der Erstberichte sowie an der Komplexität und am Umfang der wahrzunehmenden Verifikationsaufgaben orientierte, im Einzelnen differenziert gestaltete Inspektionskalender. Die Kontrollmaßnahmen unterliegen dabei durchweg nur knappen Ankündigungsfristen, die von 16 Stunden bis zu maximal einer Woche reichen. Ziel dieser Regelungen ist es, der kontrollierten Macht möglichst wenig Gelegenheit zu geben, vertragsbegrenzte Gegenstände von der Inspektionsstätte zu entfernen.[375] Insgesamt bestehen weder Höchstzahlbegrenzungen durch Verifikationsquoten, noch sind die betreffenden Staaten zur Ablehnung der Maßnahmen befugt.[376]

Mit Beendigung der Eingangsphase werden die Erstvisitationen unter allen Verträgen durch ***Folgeinspektionen*** abgelöst. Letztere lassen sich allgemein als "data update-inspections" beschreiben. Sie dienen der routinemäßig wiederkehrenden Rüstungsstandskontrolle durch Vor-Ort-Beobachtung vertraglich relevanter Verifikationsobjekte sowie der Bestätigung mitgeteilter Veränderungen. Maßstab der Kontrollen sind die fortlaufend übermittelten Staatenberichte, die auf ihren Wahrheitsgehalt zu überprüfen sind. Hier kann daher von einer *"[...]*

---

373 Vgl. Teil VIII (B) Abs. 12 ff. Verifikationsanhang.

374 So zutreffend *R. Hanski,* On-Site Inspections, in: Bothe u.a. (Hrsg.), S. 37, 49.

375 *G. Rueckert,* On-site Inspections, S. 81, spricht insoweit davon, daß die Inspektionen dem "short notice model" folgen.

376 Für den KSE-Vertrag siehe insoweit *P. Lewis,* Verifying the CFE Agreement, in: Croft (Hrsg.), S. 178, 190.

validation through routine inspections" gesprochen werden.[377] Etwas weiter gefaßt ist das Mandat der Routineinspektionen im Rahmen der IAEO-Sicherungsmaßnahmen.

Die inspizierten Vertragsstaaten sind zur Ablehnung der Folgeinspektionen nicht befugt. Lediglich bei Undurchführbarkeit wegen höherer Gewalt kann die inspizierende Partei unter INF-, START- und KSE-ABKOMMEN anstehende Maßnahmen absagen.

Alle Verträge enthalten quotenmäßige Beschränkungen der Folgeinspektionen. Während INF-, START- und KSE-ABKOMMEN dabei starre Inspektionskalender vorsehen, bestehen für IAEO-Sicherungsmaßnahmen und die Visitationen der OPCW flexiblere Rechtsrahmen. Für die Kontrolldichte maßgeblich ist hier vor allem eine Risikobewertung der in den betreffenden Anlagen vorhandenen Materialien, ferner sind die Prinzipien der Gerechtigkeit und Gleichbehandlung zu berücksichtigen.[378] Zum Teil ist auch eine Auswahl der Objekte auf dem Wege der Randomisierung möglich. Die Regelungen über die Industrieverifikation unter dem CW-ÜBEREINKOMMEN geben im Übrigen ein Beispiel dafür, wie ausufernden Kontrollaufgaben durch eine Begrenzung des Mandats auf bestimmte Schlüsselsubstanzen begegnet werden kann. Soll zukünftig dem Gedanken der Kosteneffizienz auch unter anderen Verträgen stärker Rechnung getragen werden, so sind diese Elemente weiter auszubauen. Um eine Flexibilisierung von Häufigkeit, Breite und Tiefe der Kontrollmaßnahmen zu ermöglichen, sollte der vertragliche Rechtsrahmen weniger strikte Vorgaben enthalten und sich dort stärker am Erfüllungshorizont der Primärpflichten orientieren.

(2) Inspektionen von Beseitigungs- und Konversionsvorgängen

Neben der Inventarkontrolle durch Rüstungsstandsinspektionen kommt in Verträgen mit Reduzierungspflichten der Überwachung von Zerstörung und Umwandlung geregelter Rüstungsmaterialien eine zentrale Aufgabe zu. Entsprechende Regelungen über Vor-Ort-Untersuchungen bei ***Konversions-*** und ***Beseitigungsverfahren*** finden sich in INF- und START-ABKOMMEN, KSE- und CW-VERTRAG. Ziel dieser Kontrollmaßnahmen ist es, durch Beobachtungen an Ort und Stelle zu bestätigen, daß bestimmte Verifikationsobjekte zerstört, d.h. nach vertraglich näher geregelten Verfahren für eine militärische Nutzung unbrauchbar gemacht wurden.[379]

---

377 So *J. Robinson,* Verification System, in: Bardonnet (Hrsg.), S. 489, 496.

378 Siehe zu diesen Punkten *T. Marauhn,* Durchsetzung von Rüstungskontrollvereinbarungen, in: FW 74 (1999), S. 159, 182 f.

379 Zu Umweltstandards, die bei der Unschädlichmachung ggf. zu beachten sind, siehe *U. Beyerlin/T. Marauhn,* Abrüstung und Umweltschutz, S. 34 ff.

Mittels "elimination inspections" stellen die Parteien unter den INF- und START-ABKOMMEN *"[...] den Abschluß der für die Beseitigung von Flugkörpern, Abschußvorrichtungen und Unterstützungsausrüstungen angegebenen Verfahren fest".*[380] Dem vergleichbar ist die "Inspektion der Reduzierungen" unter dem KSE-VERTRAG. Sie dient dazu, *"[...] den Prozeß der Reduzierung [...], der in Übereinstimmung mit Artikel VIII und dem Reduzierungsprotokoll an Reduzierungsstätten durchgeführt wird, zu überwachen".*[381] Mit der "Inspektion der Zertifikation" kennt der Vertrag einen weiteren, vergleichbaren Typus physischer Kontrollen. Ziel dieser Maßnahmen ist es, den Abschluß des Umbaus von Kampfhubschraubern und Flugzeugen in zivile Luftfahrzeuge festzustellen, so daß diese nicht mehr als vertraglich begrenzte Rüstungsgüter eingesetzt werden können (sog. Zertifikation).[382] Unter dem CW-ÜBEREINKOMMEN schließlich dienen die systematische Verifikation der Vernichtung wie auch der Einsatz von Vor-Ort-Instrumenten *"[...] dem Zweck, [...] Identität und Menge der zu vernichtenden Bestände chemischer Waffen zu bestätigen, [sowie] zu bestätigen, daß diese Bestände vernichtet worden sind".*[383]

Die Rückläufigkeit der ***Inspektionszahl*** ergibt sich unter dem INF-VERTRAG daraus, daß dieser die vollständige Abschaffung aller Kurz- und Mittelstreckenraketen, also die Vernichtung einer gesamten Waffengattung vorschreibt. Bei den START-ABKOMMEN, die keine umfassenden Abrüstungsregelungen enthalten, besteht eine Vernichtungspflicht in dem Umfang, wie sie die Verminderung der Verifikationsobjekte auf die vertraglich fixierten Obergrenzen (sog. Deckelung) erforderlich macht, sowie im Rahmen des Austauschs alter durch neue Waffensysteme. Die zur Überprüfung vorgesehenen "elimination or conversion inspections" unterliegen keiner Höchstzahlbegrenzung.[384] Dem vergleichbar kennt der KSE-VERTRAG keine unmittelbare Beschränkung der Reduzierungs- und Zertifizierungsinspektionen.[385] Eine solche findet sich auch im

---

380 Art. XI Abs. 7 INF-Vertrag; siehe auch Art. XI Abs. 8 INF-Vertrag. Weitgehend ähnlich ist Art. XI Abs. 8 START-Abkommen über "conversion or elimination inspections". Zu den Verfahren dieser beiden Verträge siehe näher *G. Rueckert*, Onsite Inspection, S. 105 ff.

381 Art. XIV Abs. 2 (B) KSE-Vertrag i.V.m. Abschnitt VIII Inspektionsprotokoll.

382 Vgl. Art. XIV Abs. 2 (C) KSE-Vertrag i.V.m. Abschnitt IX Inspektionsprotokoll.

383 Teil IV (A) D Abs. 50 CW-Verifikationsanhang. Ausführlich zu diesen Vorschriften siehe *R. Krutzsch/W. Trapp*, Commentary, Verification Annex, Part IV (A), S. 353.

384 Nach Abschnitt IX Abs. 3 START-Inspektionsprotokoll indes dürfen in der Phase der Eingangsinspektionen, d.h. der ersten 205 Tage, nicht mehr als zwei derartige Inspektionen zur gleichen Zeit durchgeführt werden.

385 Nach Abschnitt IX Abs. 1, Abschnitt X Abs. 1 KSE-Inspektionsprotokoll darf jedoch nicht mehr als eine Inspektion gleichzeitig an einer Reduzierungs- bzw. Zerti-

CW-ÜBEREINKOMMEN nicht. Nähere Bestimmungen können hier jedoch einrichtungspezifisch in den Anlagenabkommen getroffen werden.[386]

Nach alledem läßt sich feststellen, daß die Besichtigung der Zerstörung und Umwandlung vertragsbegrenzter Rüstungsmaterialien, die bereits während der Phase der Eingangsinspektionen aufgenommen werden kann, prinzipiell weder Inspektionsquoten unterliegt, noch der Zustimmung der kontrollierten Staaten bedarf.[387] Derartig einheitliche Regelungen bestehen in Hinblick auf die Ankündigungsfristen nicht. Während "elimination inspections" unter INF- und START-ABKOMMEN 72 Stunden vor Eintreffen angekündigt werden,[388] wird die Kontrolle der Zertifikation bzw. Reduzierung unter dem KSE-VERTRAG 96 Stunden vor Ankunft des Inspektionsteams am Einreiseort mitgeteilt.[389] Im Unterschied dazu geht das CW-ÜBEREINKOMMEN, bei dem ein anstehender Zerstörungsvorgang fünf Stunden vor Beginn notifiziert wird, offensichtlich davon aus, daß das Inspektionsteam schon an der Zerstörungseinrichtung anwesend ist.[390] Müßte es noch anreisen, so wäre in einem so kurzen Zeitraum eine Überwachung kaum denkbar.

(3) Inspektionen von Stationierungs- und Herstellungseinrichtungen

Neben den auf den Bestand und die Reduzierung vertraglich begrenzter Rüstungsgüter bezogenen Untersuchungsverfahren bestehen bei einigen Verträgen eigene Inspektionstypen zur Überwachung von (früheren) ***Stationierungs- und Herstellungseinrichtungen***. Die Kontrolle von Stationierungsstätten soll bestätigen, daß diese ab dem Zeitpunkt ihrer Stillegung bzw. Umwandlung in eine zivile Nutzung nicht mehr militärischen Zwecken dienen. Darüber hinaus unterwerfen einige Verträge auch die Herstellungseinrichtungen besonderen Verifikationsverfahren.

Um die ***Stillegung von Stationierungseinrichtungen*** überwachen zu können, sehen INF-VERTRAG und START-ABKOMMEN sog. "close out inspections" vor. Ziel dieser Maßnahmen ist es, innerhalb von 60 Tagen nach Stilllegung einer Einrichtung zu bestätigen, daß diese nicht mehr als Flugkörperstützpunkt bzw.

---

fizierungsstätte durchgeführt werden. Zur Rückläufigkeit der Reduzierungsinspektionen unter KSE siehe die Grafiken bei *G. Rueckert,* On-site inspection, S. 108 ff.

386 Siehe Teil IV (A) Abs. 50-70, insb. 53 ff. CW-Verifikationsprotokoll.

387 So schon *G. Rueckert,* On-site Inspection, S. 102 ff.

388 Abschnitt IV Abs. 1 *lit.* b INF-Inspektionsprotokoll; Abschnitt III Abs. 5 START-Inspektionsprotokoll.

389 Abschnitt IV Abs. 3 KSE-Inspektionsprotokoll.

390 Vgl. Teil IV (A) D Abs. 61 CW-Inspektionsprotokoll. Siehe dazu *W. Krutzsch/R. Trapp,* Commentary, Verification Annex Part IV (A), S. 357.

Flugkörperunterstützungsanlage genutzt wird.[391] Um festzustellen, daß an entsprechenden Stätten verbotene Aktivitäten auch später nicht aufgenommen wurden, können diese ferner der Überwachung durch "short notice"- bzw. "formerly declared facilities"-Inspektionen unterworfen werden.[392] Die Beobachtungsmaßnahmen unterliegen keinen Ablehnungsrechten und sind spätestens 16 Stunden vor Eintreffen der Kontrolleure an der Verifikationsstätte anzukündigen.[393]

Handelt es sich *nicht* um echte Abrüstungsverträge, welche die vollständige Abschaffung ganzer Waffenkategorien vorsehen, bleibt die Herstellung bestimmter Kampfmittel grundsätzlich erlaubt. Die betreffenden Produktionsstätten sind daher der Kontrolle zu unterwerfen. Entsprechend unterliegen die im Zeitpunkt des Inkrafttretens bzw. davor bestehenden ***Einrichtungen zur Herstellung vertraglich begrenzter Rüstungsgegenstände*** besonderer Überwachung durch Vor-Ort-Instrumente. Der INF-VERTRAG sieht vor, durch ständige Überwachung *"[...] die Eingänge jeder Einrichtung der anderen Vertragspartei, in der die Endmontage eines GLBM [...] vorgenommen wird"*, zu inspizieren.[394] Deutlicher formuliert das START I-ABKOMMEN: Ziel der Überwachung der Eingänge von Einrichtungen zur Herstellung von ICBMs ist es, *"[...] to confirm the number of ICBMs for mobile launchers of ICBMs produced"*.[395] Hierbei handelt es sich um Verfahren der permanenten Überwachung an Ort und Stelle, für die weder eine Ankündigung erforderlich ist, noch Ablehnungsansprüche geltend gemacht werden können.

---

391 Siehe Art. XI Abs. 4 2 INF-Vertrag; Art. XI Abs. 9 START-Abkommen i.V.m. Abschnitt XII Abs. 1 Inspektionsprotokoll. Abweichende Regelungen treffen die Verträge hinsichtlich der Ankündigung sog. "close out-inspections". Während diese unter START 72 Stunden vorher angekündigt werden müssen, sieht der INF-Vertrag nur eine Frist von 16 Stunden vor. Vgl. Abschnitt IV Abs. 1 *lit.* a INF-Inspektionsprotokoll einerseits und Abschnitt III Abs. 5 START-Inspektionsprotokoll andererseits.

392 Siehe Art. XI Abs. 5 *lit.* b INF-Vertrag; Art. XI Abs. 10 START-Abkommen.

393 Abschnitt IV Abs. 1 *lit.* b INF-Inspektionsprotokoll; Abschnitt III Abs. 3 START-Inspektionsprotokoll.
Nach Art. XI Abs. 5 *lit.* b INF-Vertrag i.V.m. Abschnitt VII Inspektionsprotokoll gelten für diese "short notice-inspections" die gleichen jährlichen Inspektionsquoten und eine dreizehnjährige Begrenzung wie bei den auf vertragsbegrenzte Rüstungsgüter bezogenen Folgeinspektionen. Nach Abschnitt XIII Abs. 1 des START-Inspektionsprotokolls beginnen "formerly declared facility inspections" frühestens 165 Tage nach Inkrafttreten und unterliegen einer Quotierung von höchstens drei Inspektionen pro Jahr.

394 Art. XI Abs. 6 *lit.* a und b INF-Vertrag i.V.m. Abschnitt IX des Inspektionsprotokolls.

395 Art. XI Abs. 14 START I-Abkommen i.V.m. Abschnitt XVI Abs. 1-3 des Inspektionsprotokolls.

(4) Weitere Inspektionstypen des revidierten KSE-Vertrags

Der bislang nicht in Kraft getretene, im Jahre 1999 angepaßte KSE-VERTRAG führt gegenüber der Fassung aus dem Jahr 1990 zwei weitere Formen der "enquête sur place" ein. Als Reaktion auf die Notifikation der Überschreitung einer territorialen Obergrenze oder Zwischenobergrenze infolge militärischer Übungen können die Vertragsparteien nach Abschnitt IX des angepaßten Inspektionsprotokolls "Inspektionen innerhalb ausgewiesener Gebiete" durchführen. Die Kontrollen dürfen nicht verweigert werden und haben Vorrang vor anderen Ortsinspektionen im gleichen Gebiet.[396]

Beabsichtigt eine Partei vertraglich begrenzte konventionelle Waffen und Ausrüstungen über die Reduzierungspflicht hinaus durch Zerstörung oder Modifikation einer vertraglich nicht erfaßten Verwendung zuzuführen, so ist diese gehalten, zur Bestätigung des Vorgangs ein Beobachtungsteam einzuladen.[397] Nach Abschnitt XII Abs. 4 KSE-Inspektionsprotokoll (1999) hat ein solcher Besuch entweder die Beobachtung des Verwertungsverfahrens oder die spätere Verwertung selbst zum Gegenstand.

(5) Zwischenergebnis

Routinemäßig durchgeführte Eingangs- und Folgeinspektionen dienen bei allen einschlägigen Verträgen der Abrüstung und Rüstungskontrolle zur kontinuierlichen Überwachung der Einhaltung allgemeiner Rüstungsverbote und -beschränkungen. Als Korrelat der Eingangsberichte verfolgen die Erstinspektionen den Zweck, den Parteivortrag in Hinblick auf Angaben über vertraglich geregelte Waffen und Einrichtungen zu überprüfen. Ziel der Folgevisitationen ist es, durch den kontinuierlichen Abgleich der tatsächlichen Verhältnisse mit den von den Vertragsparteien periodisch vorgelegten Meldungen, Berichten und Erklärungen das Vertrauen in die Einhaltung der Verträge zu stärken und zu erhalten. Routinebesichtigungen am Ort erstrecken sich insoweit allein auf gemeldete Einrichtungen. Mandat und Reichweite der Kontrollen sind stets vertraglich skizziert und werden durch die Berichte und Anlagenvereinbarungen im Einzelnen näher konkretisiert.

Die Inspektionskalender, welche die Kontrollzeitpunkte und -folge festlegen, sind meist durch die Verträge selbst dauerhaft gefüllt. Lediglich bei den Sicherungsabkommen der IAEO und insbesondere der Verifikation der industriellen Fertigung durch die OPCW bestehen Spielräume für eine flexible Handhabung,

---

396 Abschnitt IX Abs. 1, 2 KSE-Inspektionsprotokoll (1999).

397 Vgl. Abschnitt XII KSE-Inspektionsprotokoll (1999).

die sich neben den Primärpflichten an der Proliferationsrelevanz der betreffenden Verifikationsobjekte orientieren. Beim CW-ÜBEREINKOMMEN beschränkt sich ein Teil der Kontrollen auf besonders waffentaugliche chemische Substanzen als Schlüsselelemente. Routineinspektionen unterliegen durchweg quotenmäßigen Begrenzungen, Verweigerungsrechte bestehen nicht. Die Kontrollmaßnahmen sind meist 2-3 Tage vor Beginn bekanntzugeben.

Von den vorgenannten Übwachungsverfahren zu unterscheiden sind Besichtigungen von Beseitigungs- und Konversionsvorgängen in Verträgen mit echten Abrüstungspflichten. Ziel dieser Maßnahmen ist die Überwachung der Zerstörungs- und Beseitigungsverfahren sowie der Feststellung, daß die Verifikationsobjekte für eine militärische Zweckbestimmung unbrauchbar gemacht wurden. Meist können diese Inspektionen schon während der Eingangsphase kurz nach Inkrafttreten der Verträge aufgenommen werden. Quotenmäßige Begrenzungen sind insoweit nicht bestimmt, rückläufige Zahlen ergeben sich aber zwangsläufig aufgrund der voranschreitenden Reduzierungsvorgänge. Für die Kontrollmaßnahmen sind in aller Regel längere, d.h. Ankündigungsfristen von nicht weniger als 3-4 Tagen vorgesehen; zum Teil bestehen auch Verweigerungsbefugnisse.

INF- und START-ABKOMMEN kennen überdies besondere Inspektionsverfahren für (frühere) Stationierungs- und Herstellungseinrichtungen. Sie unterliegen keinen Ablehungsrechten und sehen mit nur 16 Stunden extrem kurze Ankündigungsfristen vor. Ihrer Zielsetzung und Wirkungsweise nach sind diese Inspektionen in gewissem Umfang der turnusmäßig durchgeführten Industrieverifikation in *zivilen* Anlagen für die Herstellung bestimmter chemischer Substanzen unter dem CW-ÜBEREINKOMMEN vergleichbar.

Unter dem KSE-VERTRAG werden mit Inkrafttreten der Vertragsänderung aus dem Jahr 1999 weitere Inspektionstypen hinzutreten. Die Kontrolle innerhalb ausgewiesener Gebiete dient der Reaktion auf die Überschreitung territorialer Obergrenzen. Bei vertraglich nicht vorgesehenen Verfahren der Konversion veralteter Rüstungsgüter ist daneben nunmehr die Einladung zur Beobachtung verbindlich vorgeschrieben.

bb) Mittel und Methoden der Tatsachenfeststellung

Die Festlegung der Mittel und Methoden, die im Rahmen der Beweisaufnahme an Ort und Stelle Verwendung finden können, stellt den wohl sensibelsten Punkt der Inspektionsverfahren dar. Welche Instrumente im Einzelnen für einen Einsatz vorgesehen sind, hängt von der Art der verifizierten Einrichtung und dem Kontrolltyp ab. Sie reichen von Formen ständiger Überwachung durch Vor-Ort-Mannschaften und -instrumente über periodische Besuche bis zu der Befugnis, während der Besichtigungen Proben zu ziehen und in Dokumente Einsicht zu nehmen.

(1) Überwachung durch ständig ortsanwesende Mannschaften bzw. Instrumente

Mit Ausnahme des KSE-VERTRAGS sehen alle hier einschlägigen Übereinkommen zur permanenten Überwachung von Herstellungseinrichtungen die Stationierung von Mannschaften und/oder die Installation von Kontrollinstrumenten an Ort und Stelle vor. Die Besonderheit dieser Aufsichtsmethode besteht in der ununterbrochenen und dauerhaften Präsenz von Überwachungsteams und -geräten auf dem Territorium der inspizierten Vertragspartei. Zum Teil haben entsprechende Mannschaften und Instrumente jedoch keinen direkten Einblick in bestimmte vertragsrelevante Vorgänge oder Anlagen, sondern beobachten diese vielmehr nur von außen.

Unter der ***Überwachung durch Vor-Ort-Instrumente*** ist die Installation und der Betrieb von technischen Gerätesystemen zu verstehen mit dem Ziel, sich über die Erfüllung vertraglicher Pflichten zu versichern und verbotene Aktivitäten aufzudecken. Ausdrückliche Regelungen der kontinuierlichen Überwachung der Verifikationsobjekte durch Vor-Ort-Instrumente finden sich im CW-ÜBEREINKOMMEN und im Musterabkommen INFCIRC/153 zum NV-VERTRAG. In der Abgrenzung bestimmter Räume durch Versiegeln und Anbringen von Beobachtungsinstrumenten wie Video-Kameras (sog. "containment & surveillance") sieht das Musterabkommen jedoch nur *"[...] important complementary measures [...]"*, um durch permanente Überwachung auch in den Zeiträumen zwischen einzelnen Inspektionen die Abzweigung spaltbaren Materials beobachten und verfolgen zu können.[398] Im CW-ÜBEREINKOMMEN steht der Einsatz dauerhafter *in-situ*-Instrumente im Zusammenhang mit Visitationen in Einrichtungen zur Lagerung, zur Herstellung und zur Zerstörung chemischer Waffen und in Stätten zur Produktion von Liste 1-Chemikalien.[399] Der Vertrag gibt dabei nur die Rahmenbedingungen vor, während die Einzelheiten individuell für jede Einrichtung

398 Vgl. § 29 INFCIRC/153. Ausführlich zu diesen Maßnahmen *C. Grossmann,* Supervision within the IAEA, in: van Dijk u.a. (Hrsg.), S. 502 f.; *C.-G. Hasselmann,* New IAEA Safeguards?, in: German YIL 27 (1984), S. 259, 272.

399 Siehe Art. IV Abs. 3, 5; Art. V Abs. 3, 7 *lit.* b, 15; Art. VI Abs. 3 CWC sowie die zugehörigen Vorschriften des Verifikationsanhangs. Allein für die Überwachung von Zerstörungseinrichtungen ist überdies die ständige Anwesenheit eines Inspektors vorgesehen, vgl. Teil IV (A) Abs. 66 Verifikationsanhang.

durch Anlagenübereinkommen festgelegt werden, die zwischen der OPCW und der betreffenden Vertragspartei auszuhandeln sind.[400]

Deutlich aufdringlicheren Charakter als die Installation von Überwachungsinstrumenten besitzt die ***dauerhafte Stationierung von Inspektionsteams*** an Ort und Stelle, die dem INF-VERTRAG vergleichbar auch unter den START-ABKOMMEN vorgesehen ist.[401] Eingänge von Einrichtungen zur Montage und Herstellung vertragsbegrenzter Kurz- und Mittelstrecken- bzw. Interkontinentalraketen werden von ununterbrochen und langfristig an Ort und Stelle anwesenden Mannschaften (sog. "portal monitoring teams") überwacht, die mit technischen Mitteln wie Videokameras und Sensoren ausgestattet sind und die Produktionsstätten rund um die Uhr observieren. Durch Patrouillengänge sowie insbesondere durch die Kontrolle einer beschränkten Zahl von Eisenbahnzugängen und Zufahrtsstraßen zu den betreffenden Anlagen soll sichergestellt werden, daß vertragsbegrenzte Gegenstände diese nicht unbeobachtet verlassen können.[402] Spezielle Verfahren sind zur Überprüfung der Ladung ausfahrender Züge und Lastkraftwagen vorgesehen.[403]

(2) Periodische Vor-Ort-Inspektionen ("on-site-inspections")

Den "Regelfall" stellen periodische Besuche von Inspektionsteams in bestimmten Einrichtungen dar. Insoweit bedürfen zunächst diejenigen Normen besonderer Aufmerksamkeit, die im Rahmen der Kontrollmaßnahmen den Zugang der Inspektoren zu den Einrichtungen regeln. Dabei weisen die untersuchten Verträge außer INF- und START-ABKOMMEN Vorschriften auf, denen zufolge Inspektoren ungehinderten Zugang zu gemeldeten Einrichtungen zwecks systematischer Verifikation vor Ort zu gewähren ist.[404] Zugleich aber sind sie gehalten,

---

400 Ausführlich zum Einsatz von Instrumenten der Vor-Ort-Überwachung unter der CWC siehe *T. Marauhn,* Routine Verification, in: Bothe u.a. (Hrsg.), S. 219, 237.

401 Siehe Art. XI Abs. 6 INF-Vertrag; Art. XI Abs. 14 START-Abkommen.

402 Vgl. Abschnitt VIII Abs. 4, 6 INF-Inspektionsprotokoll; Abschnitt XVI Abs. 10, 11, 14 START-Inspektionsprotokoll. Zu den Regelungen dieser beiden Verträge siehe *J. Blackwell,* On-site Inspection in INF and START, in: Dunn/Gordon (Hrsg.), S. 95, 100 ff., 112 ff.; *G. Rueckert,* On-site Inspection, S. 143 ff. m.w.N. und zahlreichen Abbildungen. Speziell zum INF-Vertrag siehe auch *E. Lacey,* INF Experience, in: Dunn/Gordon (Hrsg.), S. 3, 12 f.; *J. Woodworth,* INF Experience, in: Dahlitz (Hrsg.), S. 181, 200.

403 Vgl. Abschnitt VIII Abs. 12-14 INF-Inspektionsprotokoll; Abschnitt XVI Abs. 36 und Annex 5 START-Inspektionsprotokoll.

404 Automatischer Zugang wird unter dem CW-Übereinkommen in Hinblick auf die Inspektion chemischer Waffen, Zerstörungs- und Lagereinrichtungen sowie Einrichtungen zur Herstellung von Liste 1-Chemikalien gewährt, vgl. etwa Art. IV Abs. 4

"[...] nicht unmittelbar in laufende Tätigkeiten an der Inspektionsstätte störend einzugreifen, und müssen es vermeiden, den Betrieb einer Einrichtung unnötig zu behindern oder zu verzögern [...]".[405]

Ziel dieser Bestimmungen ist es, durch Interessensausgleich einen möglichst reibungslosen Ablauf der Kontrollen zu gewährleisten.

Ergeben sich während einer Inspektion Unklarheiten, so sind die Kontrolleure berechtigt, um Klarstellung von Zweifelsfragen zu ersuchen. Bei einem solchen Antrag sorgt der Vertreter des inspizierten Staates nach Möglichkeit für die gewünschte Klärung. Können während der Maßnahme gleichwohl Zweifel nicht ausgeräumt werden, so wird eine Fotografie des fraglichen Gebäudes oder Gegenstands angefertigt, die zwecks späterer Klarstellung dem Inspektionsbericht angefügt wird.[406] Im Gegensatz zu vorgenannten Regelungen eröffnet der KSE-VERTRAG dem Begleitteam an besonders empfindlichen Punkten nur beschränkten Einblick in die tatsächlichen Verhältnisse. Der inspizierten Vertragspartei bleibt es überlassen, den Zugang zu diesen Orten zu verweigern oder einzelne, dort anwesende Ausrüstungsgegenstände abzudecken.[407] Soweit dabei der Verdacht besteht, daß vertragsbegrenzte Gegenstände verborgen werden, wird dieser nicht immer zweifelsfrei ausgeräumt werden können.[408] Vor allem in der fehlenden Erzwingbarkeit umfassender und unbeschränkter Überwachungsmaßnahmen besteht folglich eine Schwäche des Aufsichtssystems unter dem KSE-VERTRAG.

Grundsätzlich sind die Kontrolleure auch nach Beendigung einer Mission zur vertraulichen Behandlung solcher Informationen verpflichtet, von denen sie bei

---

CWC i.V.m. Teil IV (A) Abs. 8, 49, 65 Verifikationsanhang. Eingeschränkter Zugang besteht demgegenüber bei Industrieeinrichtungen zur Herstellung von Chemikalien der Listen 2 und 3. – Siehe auch Abschnitt VI Abs. 23 KSE-Inspektionsprotokoll.
Demgegenüber basieren die IAEO-Sicherungsmaßnahmen zum NV-Vertrag nicht auf einem unbegrenzten Zugangsrecht der IAEO. Vielmehr beschränken die Ergänzungsvereinbarungen zu den Sicherungsabkommen grundsätzlich das Zugangsrecht der Agentur auf bestimmte Orte und Aufzeichnungen innerhalb der Nuklearanlagen. Zu dieser Praxis siehe *T. Lohmann,* Sicherungsmaßnahmen der IAEO, S. 205.

405 So Abschnitt VI Abs. 3 INF-Inspektionsprotokoll. Vgl. auch Abschnitt VI Abs. 6 START-Inspektionsprotokoll; Abschnitt VI Abs. 6, 22 KSE-Inspektionsprotokoll. In Hinblick auf das Musterabkommen INFCIRC/153 zum NV-Vertrag, dem eine entsprechende Regelung fehlt, siehe *ibid.*, S. 214.

406 So Teil II Abs. 51 CW-Verifikationsanhang; Abschnitt VI Abs. 12 INF-Inspektionsprotokoll; Abschnitt VI Abs. 27 START-Inspektionsprotokoll; Abschnitt VI Abs. 38 KSE-Inspektionsprotokoll.

407 Abschnitt VI Abs. 27, 28 KSE-Inspektionprotokoll.

408 So deutlich *P. Lewis,* Verifying the CFE Agreement, in: Croft (Hrsg.), S. 178, 195.

Erfüllung ihrer Aufgaben Kenntnis erlangt haben. Informationen dürfen nur mit ausdrücklicher Genehmigung der inspizierten Vertragspartei weitergegeben werden.[409] Im Rahmen der Sicherungsmaßnahmen zum NV-VERTRAG und beim CW-ÜBEREINKOMMEN werden die Inspektoren aber nicht als Vertreter bestimmter Vertragsparteien tätig, sondern sind in der Wahrnehmung ihrer Aufgaben allein den Vertragsorganisationen IAEO und OPCW verpflichtet. Bestimmte Informationen vertraulich zu behandeln, ist unter diesen Verträgen folglich nicht nur eine dienstliche Obliegenheit der Inspektoren,[410] sondern überdies eine Verpflichtung der betreffenden Vertragsorgane.[411]

(3) Fotoaufzeichnungen, Entnahme von Proben und Zugang zu Dokumenten

Das typische Verfahren der Informationsermittlung besteht darin, vertraglich geregelte Gegenstände und Vorgänge in Augenschein zu nehmen.[412] Explizit oder stillschweigend ist die Sichtbeobachtung bei allen Verträgen mit Inspektionsverfahren möglich und zulässig. Von besonderem Interesse sind daher solche Regelungen, die über die Inaugenscheinnahme hinausgehende Aufsichtsmöglichkeiten vorsehen, wie etwa die Entnahme von Proben oder den Zugang zu Dokumenten.

Über die zur späteren Ermittlung bestimmter Gegenstände und zur Aufklärung bestimmter Vorgänge vorgesehenen ***Fotografien*** hinaus gestatten die Verträge grundsätzlich nicht, (weitere) Foto- oder Videoaufzeichnungen anzufertigen. Diese Möglichkeit sehen allein INF- und START-ABKOMMEN vor. Die Erstellung der Aufnahmen steht jedoch unter dem Vorbehalt, daß sie durch das Begleitteam, das von der inspizierten Vertragspartei gestellt wird, angefertigt werden.[413] Vergleichbare Regelungen finden sich auch hinsichtlich bestimmter ***Messungen:*** Auf Ersuchen der Inspektionsteams werden diese stets von Staatsangehörigen der kontrollierten Partei durchgeführt. Soweit das Kontrollteam eigene Geräte mit sich führt, unterliegen diese der Überwachung durch das Be-

---

409 Abschnitt VI Abs. 2 INF-Inspektionsprotokoll; Abschnitt VI Abs. 2 START-Inspektionsprotokoll; Abschnitt VI Abs. 10 KSE-Inspektionsprotokoll.

410 Vgl. Art. VII IAEO-Statut; Teil B Abs. 7 CW-Vertraulichkeitsanhang.

411 Vgl. §§ 5, 8 INFCIRC/153; Teil A Abs. 2 *lit.* c CW-Vertraulichkeitsanhang. Zum Gesamtkomplex der vertraulichen Behandlung von Informationen siehe *E. Greco,* Protection of Confidential Information, in: Bothe u.a. (Hrsg.), S. 353 ff.

412 Siehe beispielhaft etwa Abschnitt VI Abs. 26 KSE-Inspektionsprotokoll.

413 Abschnitt VI Abs. 9 INF-Inspektionsprotokoll; Abschnitt VI Abs. 18 START-Inspektionsprotokoll.
Im Gegensatz dazu sind die Inspektoren nach Abschnitt VI Abs. 34-35 des KSE-Inspektionsprotokolls berechtigt, an Lagerungsstätten konventioneller Waffen unter Ausnahme sensitiver Punkte Fotografien und Videoaufzeichnungen anzufertigen.

gleitteam. Aufgezeichnete Meßwerte werden durch Gegenzeichnung beider Seiten bestätigt.[414] Noch weiter gehen indes die Regelungen über Messungen im CW-ÜBEREINKOMMEN und dem Musterabkommen INFCIRC/153 zum NV-VERTRAG. Nach diesen Dokumenten können Inspektoren nicht nur die ***Entnahme zusätzlicher Proben*** für Zwecke der Vertragsorganisationen IAEO bzw. OPCW verlangen, sondern auch eigenständig Messungen vornehmen.[415] Um mit technischen Neuerungen Schritt halten zu können, sehen die entsprechend dem Musterabkommen INFCIRC/153 ausgestalteten Sicherungsabkommen ferner eine Art "Öffnungsklausel" vor, nach der die Agentur im Rahmen des technischen Fortschritts auch andere Überprüfungshandlungen vornehmen darf.[416]

Explizite Regelungen über den ***Zugang zu Dokumenten*** finden sich allein im CW-ÜBEREINKOMMEN und den Dokumenten zum NV-VERTRAG. Nach § 74 *lit.* a INFCIRC/153 dienen der IAEO routinemäßige Kontrollen dazu, die Konsistenz von Berichten und Aufzeichnungen, die jeder Staat nach den §§ 51-58 anzufertigen hat, abzugleichen. Auch unter dem CW-ÜBEREINKOMMEN sind Inspektoren unter Ausnahme von Liste 3-Einrichtungen berechtigt, soweit nötig, Dokumente und Aufzeichnungen in den kontrollierten Anlagen einzusehen.[417] Während die Akteneinsicht hier aber nur als ergänzende Kontrollmodalität anzusehen ist, stellt sie unter den IAEO-Sicherungsmaßnahmen eines der Ziele der Routineinspektionen dar.

cc) Abschlußberichte und Informationsauswertung

Schließlich stellt sich vor allem bei Verdachtsverfahren, aber auch bei der Routinekontrolle die Frage, ob und ggf. wie die gewonnenen Informationen und Daten ausgewertet werden. Dabei wurde schon bei den Berichtsinstrumenten

---

414 Siehe Abschnitt VI Abs. 9-11 INF-Inspektionsprotokoll; Abschnitt VI Abs. 19 START-Inspektionsprotokoll; §§ 74 *lit.* c, 75 *lit.* a INFCIRC/153.

415 Vgl. §§ 7, 74 *lit.* b INFCIRC/153. Nach Teil II Abs. 52 ff. CW-Verifikationsanhang erfolgt die Auswertung der Proben grundsätzlich an Ort und Stelle. Es besteht jedoch die Möglichkeit, entsprechende Proben auch nach außen an unabhängige Laboratorien abzugeben. Die Ergebnisse der Analysen werden durch das Technische Sekretariat gesammelt, das sie in den Abschlußbericht aufnimmt. Zu den für Einrichtungen zur Herstellung von Liste 3-Chemikalien einschlägigen Verfahren siehe *T. Marauhn*, Routine Verification, in: Bothe u.a. (Hrsg.), S. 219, 240; *W. Krutzsch/ R. Trapp*, Commentary, Verification Annex, S. 462.

416 Zu § 74 *lit.* e INFCIRC/153 siehe *T. Lohmann*, Sicherungsmaßnahmen der IAEO, S. 217 m.w.N.

417 In Hinblick auf Liste 3-Einrichtungen besteht ein Verweigerungsrecht seitens der inspizierten Partei, vgl. Teil VIII Abs. 21 und Teil IX Abs. 18 des CW-Verifikationsanhangs.

darauf hingewiesen, daß zwischen einer tatsächlichen und der rechtlichen Auswertung zu unterscheiden ist. Während erstere die Frage betrifft, ob bestimmte, entscheidungserhebliche Fakten vorliegen, so ist bei letzterer zu klären, ob die vertraglichen Pflichten eingehalten wurden oder nicht. Es handelt sich also um zwei verschiedene, konsekutive Schritte.[418]

Die Untersuchung geht zunächst auf die Vorschriften über die Anfertigung von Abschlußberichten zu Inspektionsmaßnahmen ein. Sodann wird der Frage nachzugehen sein, wie die vertraglich als Empfänger benannten Stellen mit den ihnen vorgelegten Inspektionsberichten verfahren.

(1) Abschlußberichte

Den förmlichen Abschluß einer Inspektionsmaßnahme bildet üblicherweise die Erstellung eines Inspektionsberichts. Dieser kann zwar nicht als Auswertung im eigentlichen Sinne betrachtet werden, jedoch stellt er eine Verdichtung des ermittelten Tatsachenmaterials dar. Die Anfertigung des Berichts erfolgt also nicht beliebig, sondern vor einem konkreten normativen Hintergrund. Die Bestimmungen über die zu berichtenden Informationen geben daher jedenfalls Hinweise für die Beantwortung der Frage nach der tatsächlichen Auswertung.

Nach INF- und START-ABKOMMEN, deren Regelungen der KSE-VERTRAG im Wesentlichen entspricht, übermittelt der Leiter der Inspektionsgruppe innerhalb von 1-2 Stunden nach Abschluß einer Inspektion dem Begleitteam des kontrollierten Staates einen auf Tatsachen beruhenden Inspektionsbericht. Der nach einem standardisierten System erstellte Report geht namentlich auf die Inspektionsstätte und alle dort beobachteten vertragsbegrenzten Gegenstände ein; Meßdaten und Fotos sind als integrale Bestandteile angefügt.[419] Der inspizierte Staat muß sodann gehört werden, d.h. er hat das Recht, schriftliche Bemerkungen in den Bericht aufnehmen zu lassen. Daß sich die Beteiligten schon in diesem Stadium um die Klärung von Zweifelsfragen bemühen, unterstreicht, daß es sich um ein kooperatives Verifikationsverfahren handelt.[420] Der Abschlußbericht wird durch die Leiter der Inspektionsgruppe und des Begleitteams unterzeich-

418 Siehe hierzu bereits oben B.I.2.b).cc).

419 Abschnitt XI Abs. 1 INF-Inspektionsprotokoll; Abschnitt XVIII Abs. 1 START-Inspektionsprotokoll; Abschnitt XII Abs. 1, 3, 4, 5 KSE-Inspektionsprotokoll. Zu den Abschlußberichten unter dem KSE-Vertrag siehe *P. Dunay,* Verifying Conventional Arms Limitations, S. 106.

420 Abschnitt XI Abs. 3, 4 INF-Inspektionsprotokoll; Abschnitt XVIII 3, 4 START-Inspektionsprotokoll; Abschnitt XII Abs. 1 (B) KSE-Inspektionsprotokoll.

net.[421] Schließlich hat die inspizierte Partei erneut Anspruch, ihre Bemerkungen in den Bericht aufnehmen zu lassen.[422]

Wesentlich detailliertere Regelungen über die Erstellung des Abschlußberichts finden sich im CW-ÜBEREINKOMMEN. Vorrangiges Ziel dieser Normen ist es, durch den Ausbau verfahrensrechtlicher Grundsätze möglichen Spannungen vorzubeugen und damit den partnerschaftlichen Charakter der Verifikationsmaßnahmen zu stärken und zu sichern. So sieht der Vertrag vor der Erstellung eines Berichts eine Schlußbesprechung für jede Inspektionsmaßnahme vor. Das Treffen, das spätestens 24 Stunden nach Abschluß der Kontrollen endet, dient dem Zweck, die vorläufigen Feststellungen des Inspektionsteams zu überprüfen. Gleichzeitig bietet die Schlußbesprechung eine erste Gelegenheit, in Anwesenheit des Begleitteams Unklarheiten auszuräumen. Die Regelung unterstreicht damit den Grundgedanken, daß eine Vor-Ort-Kontrolle prinzipiell ein kooperatives Unterfangen darstellt.[423] Bei dieser Gelegenheit übergibt das Inspektionsteam einen vorläufigen Abschlußreport, der, *inter alia,* eine Liste entnommener Proben enthält. Der Bericht wird durch den Vertreter des kontrollierten Vertragsstaats gegengezeichnet, um zu verdeutlichen, daß er von seinem Inhalt Kenntnis genommen hat.[424]

Spätestens 10 Tage nach der Inspektion fertigen die Inspektoren einen *"[...] sachlichen Schlußbericht über die von ihnen durchgeführten Tätigkeiten und über ihre Feststellungen an."* Der Schlußbericht geht zum einen auf Tatsachen ein, *"die sich auf die Einhaltung des Übereinkommens beziehen",* und überdies

---

421 Siehe Abschnitt XI Abs. 4 INF-Inspektionsprotokoll; Abschnitt XII Abs. 2 Inspektionsprotokoll zum KSE-Vertrag. Demgegenüber werden nach Abschnitt XVIII Abs. 1 START-Inspektionsprotokoll Kommentare nach Unterzeichnung in einen endgültigen Schlußbericht aufgenommen.
Im Falle der von den INF- und START-Abkommen vorgesehenen dauerhaften Vor-Ort-Kontrollen werden binnen drei Tagen nach Ablauf jeden Monats Berichte erstellt, die im Wesentlichen den vorgenannten Regelungen entsprechen. Vgl. Abschnitt XI Abs. 2 INF-Inspektionsprotokoll; Abschnitt XVIII Abs. 2 START-Inspektionsprotokoll.

422 Siehe Abschnitt XI Abs. 3 INF-Inspektionsprotokoll; Abschnitt XVIII Abs. 3 START-Inspektionsprotokoll; Abschnitt XII Abs. 1 KSE-Inspektionsprotokoll. Unter dem KSE-Vertrag kann auch der stationierende Vertragsstaat Stellungnahmen in den Bericht aufnehmen lassen. Er erhält überdies eine Kopie des Berichts, vgl. Abschnitt XII Abs. 8.

423 Darauf weisen *T. Marauhn,* Routine Verification, in: Bothe u.a. (Hrsg.), S. 219, 241, und *W. Krutzsch/R. Trapp,* Commentary, Verification Annex, S. 316, hin. Siehe ferner *T. Kurzidem,* Conflict Management, in: Bothe u.a. (Hrsg.), S. 287, 314.

424 Teil II (E) Abs. 60 CW-Verifikationsanhang. Zum Abschlußbericht siehe insgesamt auch *J. Robinson,* Verification System, in: Bardonnet (Hrsg.), S. 489, 498.

auf die Frage, *"[...] wie der inspizierte Vertragsstaat mit dem Inspektionsteam zusammengearbeitet hat"*.[425] Wenn auch faktenbezogen, so nimmt der Bericht hier eine subjektive Wertung vor. Das Inspektionsteam wird daher solche Tatsachen berichten, die ihm gestatten, seine Bewertung erforderlichenfalls zu substantiieren.[426] Einzelne Inspektoren sind berechtigt, dem Bericht abweichende Bemerkungen anzufügen.[427] Schließlich wird dem inspizierten Staat nochmals Gelegenheit gegeben, innerhalb von 20 Tagen zu dem Bericht Stellung zu nehmen. Spätestens 30 Tage nach der Inspektion wird der Bericht dem Generaldirektor der OPCW präsentiert.[428]

Während vorgenannte Verträge detaillierte Regelungen kennen, enthält das Musterdokument INFCIRC/153 zum NV-VERTRAG keine ausdrücklichen Vorgaben für die Erstellung von Abschlußberichten zu IAEO-Inspektionen. Es hat sich jedoch die Praxis herausgebildet, daß zunächst jeder Kontrolleur einen Bericht an den Generalinspektor erstattet,[429] der durch das Sekretariat ausgewertet wird.[430] Mangels entsprechender Regelungen läßt sich hier aber nicht abstrakt feststellen, nach welchen Kriterien und Maßgaben die Reporte an das Sekretariat abgefaßt werden.

(2) Informationsauswertung

In welcher Weise die als Empfänger benannten Stellen die übersandten Inspektionsberichte schließlich auswerten, läßt sich zum Teil weder den Verträgen noch den Begleitdokumenten entnehmen. Über die tatsächliche Auswertung finden sich dort meist nur vage Bestimmungen, während die rechtliche Bewertung gerade kein integraler Verfahrensbestandteil ist.

Mangels entsprechender Vertragsinstitutionen und bestimmter Vorgaben für die Auswertung der Berichte verbleiben unter den KSE-, INF- und START-ABKOMMEN die Inspektionsergebnisse bei den beteiligten Vertragsparteien. Hier sind es die innerstaatlich zuständigen Ministerien und Behörden, die gemäß nationaler Vorgaben eine Analyse der ermittelten Daten und Informationen vor-

---

425 Teil II (E) Abs. 62 CW-Verifikationsanhang.

426 So deutlich *W. Krutzsch/R. Trapp,* Commentary, Verification Annex, S. 317.

427 *Ibid.*, weisen darauf hin, daß einzelne Inspektoren solche Beobachtungen zu Protokoll geben können, die bestimmte Resultate der Inspektion fraglich erscheinen lassen, etwa wenn der Leiter des Inspektionsteams einen Vorschlag der inspizierten Partei akzeptiert hat, der sich auf die Wahrnehmung der Aufgaben des Inspektionsteams beschränkend ausgewirkt hat.

428 Teil II (E) Abs. 63 CW-Verifikationsanhang.

429 So *P. Szasz,* Law and Practice of the IAEA, S. 615.

430 Dazu *T. Lohmann,* Sicherungsmaßnahmen der IAEO, S. 226 f. m.w.N.

nehmen. Sollten dabei Unklarheiten und Zweifel an der Vertragstreue einer Partei zu Tage treten, so kann die betreffende Angelegenheit vor ein Vertragsgremium gebracht werden. Entsprechend sieht etwa Art. XIII Abs. 1 INF-VERTRAG vor, im Rahmen der Überprüfungskommission, *inter alia, "[...] Fragen in bezug auf die Einhaltung der übernommenen Verpflichtungen zu lösen"*. Derartige Regelungen enthalten auch die START-ABKOMMEN und der KSE-VERTRAG.[431] Bei den Vertragsgremien handelt es sich letztlich nur um institutionalisierte Formen von Konsultationen zwischen den Parteien über die Befolgung der Verträge.[432] Mangels umfassender Internationalisierung ist hier also nicht einmal die tatsächliche Auswertung durch das Völkerrecht geregelter Verfahrensbestandteil.

Unter dem CW-ÜBEREINKOMMEN wird der abschließende Bericht ggf. mit den Stellungnahmen der inspizierten Vertragspartei dem Generaldirektor der OPCW vorgelegt. Enthält der Bericht Unklarheiten, so ersucht er die inspizierte Partei erneut um Klärung.[433] Bleiben gleichwohl Zweifel bestehen oder lassen die festgestellten Tatsachen vermuten, daß die übernommenen Verpflichtungen nicht eingehalten wurden, so unterrichtet der Generaldirektor gem. Teil II, Abs. 65 unverzüglich den Exekutivrat über das Ergebnis der Maßnahme.[434] Dieser prüft alle Bedenken bezüglich der Einhaltung des Übereinkommens. Schließlich bleibt es ihm und ggf. der Vertragsstaatenkonferenz überlassen, wie sie den vorgelegten Fall rechtlich beurteilen und welche weitergehenden Maßnahmen sie ergreifen.[435]

Alle Informationen aus Routineinspektionen verbleiben grundsätzlich beim Technischen Sekretariat der OPCW und werden vertraulich behandelt.[436] Ist

---

431 Vgl. Art. XV *lit.* a START-Abkommen; Art. XVI Abs. 2 KSE-Vertrag. Zu letzterem siehe *P. Lewis,* Verifying the CFE Agreement, in: Croft (Hrsg.), S. 178, 196.

432 So *B. Schmidt am Busch,* Amerikanisch-sowjetische Rüstungskontrollabkommen, S. 127 ff. m.w.N.; siehe ferner *G. Lysén,* Law of Disarmament, S. 212 ff.

433 Diese Regelung zielt jedoch nicht auf ein Klarstellungsverfahren im eigentlichen Sinne, vielmehr bietet sie nur einen Ansatzpunkt für entsprechende Mechanismen. Siehe *W. Krutzsch/R. Trapp,* Commentary, Verification Annex, Part II, S. 317.

434 Teil II (E) Abs. 65 CW-Verifikationsanhang. Auf der Basis entsprechender Angaben können dann Konsultationen und ein Klarstellungsverfahren in Gang gesetzt werden, die den Startpunkt für Verdachtsinspektionen nach Art. IX CWC bilden. Siehe näher *ibid.,* S. 317.

435 Vgl. *T. Marauhn,* Routine Verification, in: Bothe u.a. (Hrsg.), S. 219, 242.

436 Teil II (E) Abs. 62 CW-Verifikationsanhang. Siehe näher *J. Robinson,* Verification System, in: Bardonnet (Hrsg.), S. 489, 498.
Überdies wurde nach Art. VIII Abs. 21 *lit.* f CWC, der die Errichtung von Nebenorganen zur Vertragsstaatenkonferenz gestattet, eine "Commission for the Settlement of Disputes Related to Confidentiality" errichtet. Diese beschäftigt sich mit Fällen angeblicher oder tatsächlicher Verletzung der Regelungen über die vertrauliche Behandlung bestimmter Informationen. Siehe dazu *T. Kurzidem,* Conflict Ma-

gleichwohl die Weitergabe erforderlich, so wird der Report, soweit er etwa Informationen über private Industrieanlagen und Produktionsverfahren enthält, zuvor in eine weniger sicherheitsempfindliche Form gebracht.[437]

Im Rahmen der Sicherungsmaßnahmen der IAEO zum NV-VERTRAG gibt bereits das Mandat der Routineinspektionen (§§ 71, 72) gewisse Richtlinien für die Auswertung vor: Zunächst vergleicht die IAEO die Ergebnisse ihrer Inspektionsaktivitäten mit den von Staaten übermittelten Informationen.[438] Ergeben sich insoweit signifikante Differenzen in der Spaltmaterialbilanz (vgl. § 111), so kann wegen möglicher Meßungenauigkeiten und Betriebsfehler zwar nicht zwingend auf das Vorliegen von Abzweigungen spaltbaren Materials geschlossen werden, ein entsprechender Verdacht liegt aber nahe. Gem. §§ 30, 90 INFCIRC/153 berichtet die IAEO dem inspizierten Vertragsstaat für jede Materialbilanzzone über festgestellte Differenzen in der Materialbilanz und deren Bedeutung. Ein solcher Bericht ist lediglich vorläufiger Natur. Meist wird er den Vermerk enthalten, daß Unregelmäßigkeiten nicht festgestellt wurden.[439] Dem inspizierten Staat wird Gelegenheit gegeben, Stellung zu nehmen.[440] Alle Informationen verbleiben prinzipiell beim Sekretariat.[441]

In der Regel werden weitere Evaluierungen und mehr als eine Visitation durchgeführt, bis die Agentur ihre "technischen Schlußfolgerungen" formuliert. Allein das Vorliegen von Indizien führt dabei nicht zu einem Bericht an den Gouverneursrat. Ist das Sekretariat gleichwohl der Ansicht, die positive Verifikation, d.h. die Feststellung, daß ein Staat seine Verpflichtungen einhält, sei nicht möglich, so schaltet es nach Art. XII.C IAEO-Statut den Gouverneursrat ein.[442] Auf der Basis dieser Nachricht ist der Gouverneursrat in der Lage, eine

---

nagement, in: Bothe u.a. (Hrsg.), S. 287, 317 ff.; *M. Asada,* Treaty Compliance Disputes, in: Dahlitz (Hrsg.), S. 225 ff.; sowie ausführlich, jedoch in Teilen überholt *E. Myjer,* Confidentiality Commission, in: Bardonnet (Hrsg.), S. 537 ff.

437 Vgl. Absatz 17 CW-Vertraulichkeitsanhang.

438 Zu Einzelheiten dieses Abgleichs siehe *C.-G. Hasselmann,* New IAEA Safeguards, in: German YIL 27 (1984), S. 259, 279.; *T. Lohmann,* Sicherungsmaßnahmen der IAEO, S. 227 f.

439 So *P. Szasz,* Law and Practice of the IAEA, S. 615; siehe ferner *C.-G. Hasselmann,* ibid., in: German YIL 27 (1984), S. 259, 279.

440 Siehe nur *P. Szasz,* ibid., S. 615.

441 Gegenüber der Öffentlichkeit äußert sich die IAEO nur global in den Jahresberichten (sog. "safeguards statements"). Diese enthalten im Normalfall den Tenor, daß die IAEO *"[...] did not detect any event which would indicate the diversion of safeguarded nuclear material."* Dazu näher *C.-G. Hasselmann,* New IAEA Safeguards, in: German YIL 27 (1984), S. 259, 294; *T. Lohmann,* Sicherungsmaßnahmen der IAEO, S. 232 f.

442 Zu Einzelheiten siehe etwa *T. Lohmann,* Sicherungsmaßnahmen der IAEO, S. 224

Sonderinspektion entsprechend §§ 73 *lit.* b, 77 durchführen zu lassen oder andere Maßnahmen zu ergreifen.

(3) Zwischenergebnis

Außer dem für die Sicherungsabkommen zum NV-VERTRAG maßgeblichen Musterdokument INFCIRC/153 enthalten die Verträge recht umfangreiche Regelungen über die Erstellung von Abschlußberichten zu den Inspektionsmaßnahmen. Ziel der sehr detailgenauen Vorschriften ist die möglichst zweifelsfreie Abgrenzung der Rechte und Pflichten der Verfahrensbeteiligten. In der Gestalt von Abschlußbesprechungen und Anhörungspflichten betonen insbesondere jüngere Verträge verfahrensrechtliche Grundsätze wie den der prozeduralen Kooperation oder den des rechtlichen Gehörs. Daneben finden sich auch inhaltliche Maßstäbe für Abschlußberichte. Diese sind allein faktenbezogen abzufassen; sie sollen über den Sach-, nicht über den Streitstand informieren. Der umfassende Charakter dieser Meldungen als Abschluß der Beweisaufnahme vor Ort ist insbesondere daher zu begrüßen, weil die verbindliche Tatsachenfeststellung unabdingbare Voraussetzung für eine wirksame Rechtsdurchsetzung ist.

Regelungen über die Auswertung der Inspektionsberichte finden sich in den maßgeblichen Verifikationsdokumenten zu CW- und NV-VERTRAG; mangels umfassender Internationalisierung fehlen sie dagegen bei KSE-, INF- und START-ABKOMMEN. Bei letzteren obliegt es der jeweiligen Vertragspartei, die von ihr ermittelten Informationen zunächst faktisch auszuwerten und dann auch rechtlich zu bewerten. Entstehen dabei Zweifel an der Vertragstreue, die eine weitergehende Diskussion erforderlich erscheinen lassen, so können Fragen der Einhaltung in den Vertragsgremien Erörterung finden. Die Verifikationsausschüsse nehmen jedoch weder selbst Aufgaben der Erfüllungskontrolle wahr, noch sind sie befugt, über etwaige Aufklärungsmaßnahmen zu befinden.

Grundlegend anders gestaltet sich die Rechtslage beim CW-ÜBEREINKOMMEN und bei den Sicherungsmaßnahmen der IAEO zum NV-VERTRAG. Infolge der Internationalisierung der Aufsicht finden sich hier Regelungen über die tatsächliche Auswertung der Inspektionsberichte. So legen die Sekretariate den inspizierten Parteien die Ergebnisse ihrer Auswertung vor und geben ihnen Gelegenheit zur Stellungnahme. Machen letztere von ihrem Anhörungsrecht Gebrauch, so führt dies dazu, daß der Sachverhalt in Teilen streitig gestellt wird. Wie die Sekretariate auf solche Informationswidersprüche reagieren, wird nicht vollständig deutlich. Kann zwischen den Verfahrensbeteiligten kein Konsens über eine bestimmte Sachverhaltsversion erzielt werden, müßte ein Organ die

Entscheidung über die "richtige" Version treffen.[443] Im Übrigen wäre zu klären, welchen Verfahrensbeteiligten für welche Tatsachen die Darlegungs- und Beweislast trifft. Zur Frage der Feststellungslast finden sich indes nur im Musterdokument INFCIRC/153 für die IAEO-Sicherungsmaßnahmen bestimmte Anhaltspunkte.[444]

Die rechtliche Auswertung durch Subsumtion der Fakten unter die vertraglichen Bestimmungen wurde auch bei den jüngeren Verträgen jedenfalls nicht zum Bestandteil der Regelungen über die Durchführung von Inspektionen gemacht. Wegen ihres juristisch-politischen Charakters obliegt die Bewertung zu Recht nicht den für die Durchführung der Kontrollen zuständigen Teams und Technischen Sekretariaten, sondern fällt in den Aufgabenkreis politisch geprägter Organe. Bei der OPCW ist hier der Exekutivrat, bei der IAEO der Gouverneursrat zuständig.

Die im Rahmen der Inspektionsmaßnahmen erlangten Informationen verbleiben zum Schutz legitimer Geheimhaltungsinteressen prinzipiell bei den Sekretariaten. Um das Risiko militärischer, wissenschaftlicher und industrieller Spionage möglichst gering zu halten, wird ihre Weitergabe aus Gründen der Verhältnismäßigkeit nur dann zulässig sein, wenn zusätzliche Anhaltspunkte für das Vorliegen einer Vertragsverletzung gegeben sind, die etwa Verdachtsinspektionen oder unmittelbar Reaktionsmaßnahmen erforderlich erscheinen lassen.

dd) Zusammenfassende Würdigung

Routineinspektionen als Mittel der Tatsachenfeststellung, die erstmals bei den Sicherungsmaßnahmen der IAEO zur Überwachung des NV-VERTRAGS vereinbart wurden, sind heute ebenfalls unter INF-, START- und KSE-ABKOMMEN sowie dem CW-ÜBEREINKOMMEN vorgesehen. Die Auslösung des Verfahrens und der Inhalt der Kontrollen sind dabei der Selbstbeurteilung der Staaten weitgehend entzogen und werden meist schon durch die Verträge konkret vorgezeichnet. Anders als verdachtsabhängige Kontrollverfahren dienen routinemäßige Untersuchungen an Ort und Stelle dem Nachweis kontinuierlicher Ver-

443 Zu derartigen Defiziten bei Verifikationssystemen des Umweltvölkerrechts siehe *U. Beyerlin/T. Marauhn,* Rechtsetzung im Umweltvölkerrecht, S. 103 f.

444 Für die Aufsicht der IAEO gilt nur beschränkt der Inquisitionsgrundsatz. Die IAEO trägt hier die Feststellungslast für bestimmte Indizien, der betreffende Staat die für Umstände, welche die Indizien widerlegen. Hat etwa die IAEO eine signifikante Materialbilanzdifferenz nachgewiesen (vgl. §§ 28-31), so hat der Staat weitere Aufklärungsmaßnahmen zu dulden und muß ggf. für ihn günstige Beweise vorlegen. Dazu näher *T. Lohmann,* Sicherungsmaßnahmen der IAEO, S. 225 f. m.w.N.

tragserfüllung durch die Parteien. Durch die Herstellung von Transparenz entfalten sie vertrauensbildende Wirkung und geben positive Anreize für die eigene Vertragstreue. Dabei bewegen sie sich in einem Spannungsfeld: Staatliche Souveränitätsinteressen, ggf. Belange betroffener Industriezweige und das Begehren nach einem möglichst eindeutigen Inspektionsergebnis sind miteinander zum Ausgleich zu bringen. Dem internationalen Verfahrensrecht kommt insofern eine Schlüsselposition zu.

Auf abstrakter Ebene sind in den Abrüstungs- und Rüstungskontrollverträgen drei verschiedene Typen turnusmäßiger Vor-Ort-Inspektionen zu unterscheiden: Routinemäßige Eingangs- und Folgekontrollen von Rüstungsbeständen, Inspektionen von Beseitigungs- und Konversionsvorgängen und die Überwachung von Stationierungs- und Herstellungseinrichtungen. Bei all diesen Inspektionstypen sind formale und materiale Verfahrenselemente, Kontrolldichte und -maßstab, mehrfach miteinander verknüpft.

Turnusmäßige Rüstungsstandsinspektionen sollen den Nachweis erbringen, daß in staatlichen Mitteilungen gemachte Angaben mit den tatsächlichen Verhältnissen übereinstimmen. Während Erstinspektionen in den ersten Monaten nach Inkrafttreten der Verträge der Überprüfung von Eingangsberichten dienen, sind Folgekontrollen darauf bezogen, fortlaufend die Richtigkeit und ggf. auch die Vollständigkeit übermittelter Informationen und Daten zu überwachen. Sie dienen *nicht* dem Zweck, vertragsbegrenzte Gegenstände und Anlagen außerhalb deklarierter Standorte nachzuweisen. Erstbesuche unterliegen keinen Höchstzahlbegrenzungen, für Folgevisitationen bestehen in aller Regel Quoten. Über die Dichte entsprechender Kontrollen bestimmen meist starre vertragliche Rechtsrahmen. Bei der CW-Verifikation und bei den Sicherungsmaßnahmen der IAEO ist es dagegen möglich, im Rahmen anlagenspezifischer Risikobewertungen über Anzahl und Breite der Beobachtungsmaßnahmen zu entscheiden. Schließlich können andere Faktoren, vor allem die Zufallsauswahl, bei der Inspektionseinleitung eine Rolle spielen. Soll zukünftig auch unter anderen Konventionen der Kosten-Nutzen-Relation stärker Rechnung getragen werden, so wird hier solchen Elementen der Flexibilisierung größere Aufmerksamkeit zu widmen sein.

Zählen Beseitigungs- und/oder Konversionspflichten zu den materiellen Regelungen, wie dies bei INF-, START-, KSE- und CW-ÜBEREINKOMMEN der Fall ist, so sind zur Überwachung entsprechender Einrichtungen eigene Inspektionsverfahren vorgesehen. Durch Beobachtungen an Ort und Stelle sollen diese Maßnahmen bestätigen, daß vertraglich begrenzte Verifikationsobjekte tatsächlich zerstört oder für die militärische Nutzung unbrauchbar gemacht wurden. Beseitigungs- und Konversionsinspektionen dürfen oft schon parallel zu den Eingangskontrollen aufgenommen werden und unterliegen in der Regel Ankündigungsfristen von 3-4 Tagen. Rückläufige Inspektionsquoten ergeben sich zwangsläufig durch den voranschreitenden Prozeß der Vernichtung und Umwandlung geregelter Rüstungsmaterialien.

Unter INF- und START-ABKOMMEN kann ferner die Stillegung von Stationierungsanlagen überwacht werden, daneben gestatten die Verträge auch die Kontrolle von Herstellungseinrichtungen. Während erstere Visitationen in vertraglich fixierten Abständen nach dem Abbau der Einrichtungen vorgenommen werden, zeichnen sich letztere dadurch aus, daß eine dauerhafte Überwachung möglich ist. Im Unterschied zu allen anderen Inspektionstypen, die gewöhnlich nur periodische Besuche durch Kontrolleure vorsehen, werden die Verifikationsobjekte hier durch ständig ortsanwesende Mannschaften überwacht. Auf dem Territorium der USA und der UdSSR bzw. Russischen Föderation stationierte "portal monitoring teams" observieren entsprechende Einrichtungen rund um die Uhr, damit vertragsbegrenzte Gegenstände diese nicht unbeobachtet verlassen können. Hierbei handelt es sich um eine der intrusivsten Aufsichtsmodalitäten des Völkerrechts.

Grundsätzlich gestatten die Verträge nur die Sichtbeobachtung von Anlagen und Gegenständen anläßlich periodischer Vor-Ort-Besuche. Zum Teil ist darüber hinaus die dauerhafte Installation von Video-Kameras und anderen Überwachungsinstrumenten möglich. Zur Entnahme von Proben und zur Anfertigung von Fotografien sind grundsätzlich nur die von der inspizierten Partei gestellten Begleitmannschaften befugt. Im Rahmen der Sicherungsmaßnahmen der IAEO und beim CW-ÜBEREINKOMMEN können überdies Dokumente eingesehen werden.

Den formalen Abschluß routinemäßiger Vor-Ort-Inspektionen bildet die Erstellung und Übermittlung faktenbezogener Berichte über vorgenommene Maßnahmen und ihre Ergebnisse. Während KSE-, INF- und START-ABKOMMEN den kontrollierten Staaten dabei vor allem ein Recht auf Gegendarstellung einräumen, sieht das CW-ÜBEREINKOMMEN weitere Klärungsmöglichkeiten vor und unterstreicht damit den partnerschaftlichen Charakter des Aufsichtsverfahrens. Detaillierte Normen sollen die Balance zwischen Rechten und Pflichten der Verfahrensbeteiligten herstellen. Völkerrechtliche Regelungen über die Auswertung der Ergebnisse finden sich allein bei CW-ÜBEREINKOMMEN und Sicherungsmaßnahmen zum NV-VERTRAG. Hier wurde dieser Verfahrensschritt im Rahmen von OPCW und IAEO institutionalisiert. Bei den anderen Verträgen finden sich keine dahingehenden Regelungen, vielmehr sind nationale Vorgaben einschlägig. Die Untersuchung weist schließlich auf das Problem hin, daß es im Rahmen der völkerrechtlich determinierten Auswertung praktisch keine Regeln für den Umgang mit Informationswidersprüchen gibt. Aufsichtsverfahren bedürfen daher vor allem mit Blick auf Fragen der Darlegungs- und Beweislast der

Weiterentwicklung. Ob und inwieweit Akzeptanz und Glaubwürdigkeit der Kontrollmaßnahmen damit verbessert werden, wird die Staatenpraxis noch zeigen müssen. Theoretisch jedenfalls sollte der Ausbau rechtsstaatlicher Verfahrenselemente geeignet sein, einen entscheidenden Beitrag für die Ausbildung des Referenzcharakters der vorgestellten Kontrollmaßnahmen zu leisten.

c) Verdachtsinspektionen

Während Nationale technische Mittel und Berichtsverfahren zu einer ersten Datengewinnung dienen, kommen Routineinspektionen zum Einsatz, um die erlangten Informationen über bestimmte (Schlüssel-)Aspekte vertraglicher Pflichten an Ort und Stelle zu überprüfen.[445] Umfassenden Nachweis, daß die Vertragsparteien ihnen obliegende Pflichten erfüllen, vermögen diese Verifikationsmaßnahmen nicht zu erbringen. Aufgrund der Bindung an vereinbarte Kontrollobjekte und Überprüfungszeitpunkte bieten sie vielmehr allein dafür Gewähr, daß zu bestimmten Augenblicken an deklarierten Einrichtungen keine vertragswidrigen Aktivitäten vorgenommen werden.

Verdachtsinspektionen ("challenge inspections") sind typischerweise in den Kollektivverträgen der Abrüstung und Rüstungskontrolle anzutreffende Verifikationsverfahren, die am Ende des Prozesses der Tatsachenermittlung stehen. Sie hängen in zahlreichen Punkten mit den oben erörterten Routineverfahren zusammen, sind aber nicht auf Verträge beschränkt, die solche Instrumente vorsehen. Unabhängig von Routinekontrollen dienen sie dem Zweck, an der Einhaltung völkerrechtlicher Verpflichtungen bestehende Zweifel auszuräumen. Unter dem Oberbegriff Verdachtsinspektionen lassen sich demnach solche Formen von Beobachtungen vor Ort erfassen, bei denen meist nicht vertragliche Institutionen und Organisationen zur Auslösung des Kontrollverfahrens befugt sind, sondern der Anstoß von einer der Vertragsparteien ausgeht.[446] Hierbei erweitern die Inspektionen den durch Routinemaßnahmen gesteckten Kontrollradius gewöhnlich in zweierlei Hinsicht. Durch verdachtsinitiierte Visitationen können zum einen gemeldete Einrichtungen außerhalb des gewöhnlichen Turnus' überprüft werden. Zum anderen wird die Möglichkeit der Verletzung oder Umgehung vertraglicher Begrenzungen auch außerhalb deklarierter Standorte unter das Risiko der Entdeckung gestellt.[447] Zusammengefaßt lassen sich "challenge inspections" daher

445 Zu diesem Gedanken siehe bereits oben B.I.3.b).aa).(1).

446 Vgl. *T. Marauhn,* Durchsetzung von Rüstungskontrollvereinbarungen, in: FW 74 (1999), S. 159, 183.

447 Auf diese Zielsetzung der Verdachtsinspektionen weist namentlich die Denkschrift zum Entwurf eines Gesetzes zur Ratifizierung des KSE-Vertrags durch die Bundesrepublik Deutschland hin, BT-Drs. 12/1133, S. 159.

als anlaßabhängige, meist durch die Vertragsparteien mit dem Einwand der Nichterfüllung veranlaßte Beweisaufnahmen an Ort und Stelle beschreiben.

Schon in den älteren Verträgen über staatsfreie Räume finden sich Vorläufer moderner Verfahren der Verdachtsinspektion – obgleich nicht als solche bezeichnet. Bei ANTARKTIS-, WELTRAUM-, MEERESBODEN- und MOND-VERTRAG wurde auf eine routinemäßige Vor-Ort-Kontrolle der Vertragseinhaltung verzichtet. Stattdessen sieht etwa der ANTARKTIS-VERTRAG in Art. VII Abs. 2 und 3 vor, daß durch die Vertragsparteien benannte Beobachter *"[...] jederzeit völlig freien Zugang zu allen Gebieten der Antarktis"* erhalten, wobei *"[a]lle Gebiete der Antarktis einschließlich aller Stationen, Einrichtungen und Ausrüstungen [...] jedem [...] benannten Beobachter jederzeit zur Inspektion offen[stehen]."* In der Sache schaffen diese und vergleichbare Regelungen[448] sehr umfassende Inspektionsregime, da das zeitlich und örtlich unbeschränkte Besuchsrecht davon unabhängig ist, ob etwa ein Anfangsverdacht besteht.[449] Damit erübrigt es sich, die Schlüssigkeit des Vorbringens durch eine wie auch immer strukturierte internationale Institution prüfen zu lassen. Wenn auch *de jure* nicht erforderlich, dürfte angesichts der zu erwartenden hohen Kosten faktisch gleichwohl nicht davon auszugehen sein, daß eine der Parteien ohne Vorliegen einer entsprechenden Vermutung eine Kontrollmaßnahme einleiten wird. Daher scheint es berechtigt, die in diesen Verträgen radizierten Inspektionssysteme auch der Verdachtskontrolle zuzuordnen.[450]

Darüber hinaus finden sich Vorschriften über Verdachtsinspektionen vor allem in jüngeren Kollektivverträgen der Rüstungsbeschränkung: im KSE-,[451] CW-[452] und LANDMINEN-ÜBEREINKOMMEN[453] wie dem UMFASSENDEN TEST-

---

448 Art. XII Weltraum-Vertrag, Art. 15 Mond-Vertrag; Art. III Meeresboden-Vertrag.

449 In diesem Sinne *M. Asada,* Effectiveness and Limitations of Challenge Inspections, in: Schoenbaum u.a. (Hrsg.), S. 227, 229, insbesondere Fn. 9.

450 So auch die Systematisierung bei *R. Hanski,* On-site Inspection, in: Bothe u.a. (Hrsg.), S. 37, insbesondere 47, 57, und *K. Stendahl,* Verification in the 'Global Commons', in: Bothe u.a. (Hrsg.), S. 59, 71 ff.

451 Abschnitt VIII KSE-Inspektionsprotokoll: Verdachtsinspektionen innerhalb spezifizierter Gebiete.

452 Art. IX CWC trägt die Überschrift "Konsultationen, Zusammenarbeit und Tatsachenfeststellung". Der dritte Abschnitt (beginnend bei Abs. 8) ist als "Verfahren bei Verdachtsinspektionen" gekennzeichnet. Einen Sonderfall der Verdachtsinspektionen, auf den hier nur der Vollständigkeit halber eingegangen werden kann, stellen die Untersuchungen im Falle eines behaupteten Einsatzes chemischer Waffen dar. Zum systematischen Verständnis insgesamt siehe *T. Kurzidem,* Challenge Inspections, in: Bothe u.a. (Hrsg.), S. 249, insb. Fn. 3.

453 Zwar ist Art. 8 Landminen-Übereinkommen mit "Maßnahmen zur Erleichterung und Klarstellung der Einhaltung des Übereinkommens" überschrieben. Gegenstand der Regelung ist jedoch – neben Konsultationen – die Einsetzung einer "Mission

STOPP-VERTRAG (CTBT)[454]. Ihre Regelungen werden nachfolgend näher behandelt.

Unter den (vormals) bilateralen Abkommen kennt der INF-VERTRAG sog. "short notice"-Inspektionen. Diese stellen allerdings keine Verdachtsinspektionen dar, sondern sind Eingangskontrollen unter veränderten Rahmenbedingungen.[455] Auch die START-VERTRÄGE weisen kein als Verdachtsinspektion betiteltes Verifikationsverfahren auf. Unter bestimmten Bedingungen kann eine Vertragspartei hier aber eine Sondersitzung der "Joint Compliance and Inspection Commission" einberufen lassen und zur Klärung zweifelhafter Situationen einen "visit with special right of access" vorschlagen.[456] Wegen des verdachtsabhängigen Auslösemechanismus sowie der mit den Besuchen verbundenen weitgreifenden Zugangsrechte bietet sich an, die Visitationen in den nachfolgenden Vergleich einzubeziehen.

Schließlich sind der NV-VERTRAG und die damit zusammenhängenden Übereinkommen zu nennen. Nach dem Musterdokument INFCIRC/153 (Corr.) über die IAEO-Sicherungsmaßnahmen ist die Agentur berechtigt, bei hinreichender Vermutung der Abzweigung spaltbaren Materials Sonderinspektionen vorzunehmen.[457] Seit der Vertragsänderung aus dem Jahr 1992 dienen diese Kontrollen auch als verdachtsabhängige Inspektionen unter dem TLATELOLCO-VERTRAG.[458]

---

zur Tatsachenfeststellung", die die Aufgaben einer Verdachtsinspektion wahrnimmt.

454 Art. IV (D) Abs. 34 ff. CTBT ist als "Inspektion vor Ort" überschrieben und damit verschiedenen Deutungen zugänglich. Der Vertrag kennt allerdings keine Routine-, sondern allein Verdachtsinspektionen. Die insoweit maßgeblichen Regelungen entsprechen in weiten Teilen denen des CW-Übereinkommens. Siehe dazu die Denkschrift zum Entwurf eines Gesetzes zur Ratifizierung des Vertrags über ein umfassendes Verbot von Nuklearversuchen durch die Bundesrepublik Deutschland, BT-Drs. 13/10075, S. 111, 117; und *L. de la Fayette,* Implementation of the CTBT, in: ASIL/NVIR Proceedings 4 (1997), S. 100, 100 f.
Das Inspektionssystem wird unter dem CTB-Vertrag erst mit Inkrafttreten zur Verfügung stehen, Art. IV Abs. 1 S. 2 CTBT. Zur Bedeutung dieser Regelung näher *M. Asada,* Verifying an Unratified Treaty (Typoskript), S. 3.

455 "Short notice inspections" werden weder anlaßabhängig durchgeführt, noch erweitern sie den Kreis der Verifikationsobjekte. Siehe statt aller *E. Lacey,* The INF Experience, in: Dunn/Gordon (Hrsg.), S. 3, 10 ff., insb. 13 f.; sowie *S. Fetter/S. Rodionov,* Verifying START, in: Calogero u.a. (Hrsg.), S. 95.

456 Siehe Abschnitt III des START-"Protocol on the Joint Compliance and Inspection Commission". Zu dieser Einordnung siehe *M. Asada,* Effectiveness and Limitations of Challenge Inspection, in: Schoenbaum u.a. (Hrsg.), S. 227, 235; *S. Oeter,* Inspection in International Law, in: Netherlands YIL 28 (1997), S. 101, 121.

457 Vgl. §§ 73, 77 INFCIRC/153.

458 Siehe Art. 16 Abs. 2 des IAEO-Doc. INFCIRC/411 v. 12. Juli 1993 über die Anpassung des Tlatelolco-Vertrags.

Im Rahmen der anderen Regionalverträge finden sich dagegen eigene vertragsspezifische Inspektionssysteme, die durch Zweifel an der Vertragserfüllung ausgelöst werden.[459] So kennt der RAROTONGA-VERTRAG ein als "Beschwerdeverfahren" bezeichnetes Sonderinspektionsregime.[460] Vergleichbare Instrumente enthalten BANGKOK- und PELINDABA-VERTRAG: Während ersterer dabei von einer "Fact Finding Mission" spricht, wählt letzterer die Bezeichnung "Complaints Procedure".[461] Diese Systeme, die in der Sache nichts anderes als Verdachtsinspektionsverfahren sind, sind nachfolgend zu berücksichtigen.

Entsprechend dem Gang der Darstellung bei den Routineinspektionen konzentriert sich die Untersuchung auf die einzelnen Verfahrensschritte. Besonderer Aufmerksamkeit bedürfen die Verfahrenseinleitung, das Inspektionsmandat, aber auch die Auswertung der ermittelten Tatsachen. Bei der Analyse dieser Punkte wird unter anderem der Frage nachzugehen sein, inwieweit die untersuchten Kontrollregime dem von den USA Ende der 1980er Jahre formulierten Referenzmaßstab der "anytime, anywhere, and without a right of refusal"-Inspektionen Rechnung tragen.[462]

aa) Inspektionseinleitung

Damit die mit den Routinekontrollen verbundenen Zielsetzungen nicht unterlaufen werden, kommt es beim Verdachtsverfahren ganz entscheidend auf die Festlegung der Einleitungsvoraussetzungen an.[463] Im Unterschied zum anlaßunabhängig durchgeführten Routineverfahren geht bei "challenge inspections" der Anstoß meist nicht von vertraglich geschaffenen Institutionen oder Organisationen aus, vielmehr liegt die Inititative bei den Vertragsparteien.[464] Um die mit der

459 Davon unberührt bleibt die Möglichkeit der IAEO, auch unter diesen Konventionen ihre Sonderinspektionen durchzuführen.

460 Vgl. Art. 8 Abs. 2 *lit.* d Rarotonga-Vertrag i.V.m. Anhang 4. Da der Anhang als Streitbeilegungsverfahren überschrieben wurde, ordnet *R. Haßenpflug,* Regime der Nichtverbreitung, S. 89 ff., die Beschwerdeverfahren von Rarotonga-, aber auch die von Bangkok- und Pelindaba-Vertrag der Streitbeilegung zu. Damit wird jedoch die Abgrenzung zu den Schiedsklauseln verwischt. Zur Kritik siehe *S. Seidel,* in: FW 76 (2001), S. 305, 307 f.

461 Vgl. einerseits Art. 13 Bangkok-Vertrag i.V.m. Anhang und andererseits Art. 12 Abs. 2 *lit.* d Pelindaba-Vertrag i.V.m. Anhang IV. Die Bezeichnung "special inspection" wurde beim Pelindaba-Vertrag bewußt vermieden, vgl. *E. Nwogugu,* Treaty of Pelindaba, in: African YIL 4 (1996), S. 227, 238.

462 Siehe dazu oben B.I.3.a).

463 So zutreffend *T. Marauhn,* Durchsetzung von Rüstungskontrollvereinbarungen, in: FW 74 (1999), S. 159, 183.

464 *Ibid.*

Einleitung durch Staaten verbundenen Mißbrauchsmöglichkeiten einzuschränken, wird meist eine Schwelle errichtet, die durch einen speziellen Auslösemechanismus ("trigger mechanism") überwunden werden kann, wenn besondere Momente und Handlungen vorliegen. Dabei ist zunächst von Interesse, auf welche Weise der Kontrollvorgang in Gang gebracht wird. Spiegelbildlich entgegengesetzt ist der Frage nachzugehen, ob und ggf. welchen Restriktionen die Verfahrenseinleitung unterworfen ist. Vor allem Verweigerungsrechte und Inspektionsquoten, aber auch Substantiierungspflichten und andere Regelungen sollen der Verhinderung unbegründeter Kontrollmaßnahmen dienen.

(1) Klarstellungs- und Konsultationsvorverfahren

Bevor über die Durchführung einer Verdachtsinspektion entschieden wird, sind die Vertragsparteien typischerweise gehalten, einen mutmaßlichen Vertragsverstoß durch ein ***Vorverfahren,*** bestehend aus ***Konsultationen*** und ***Klarstellungsbemühungen,*** aufzuklären.[465] Im Zentrum dieser Anstrengungen steht das Auskunftsersuchen einer Partei, das diese zum Teil noch informell an einen anderen Vertragsstaat richten kann. Dem Adressaten wird Gelegenheit zur Stellungnahme, also rechtliches Gehör gewährt. Entsprechende Vorschriften sind im Detail recht unterschiedlich ausgestaltet.

Gewöhnlich sehen die Verträge vor, daß sich die Vertragsparteien zunächst dafür einsetzen sollen, zweifelhafte Angelegenheiten *auf bilateraler Ebene* zu klären. Entsprechend verlangt etwa das CW-ÜBEREINKOMMEN als ersten Schritt ***Konsultationen*** der betreffenden Staaten. Nach Art. IX Abs. 2 S. 1 sollen sie sich ***vor*** jedem Ersuchen bemühen,

> *"[...] durch Austausch von Informationen und durch Konsultationen untereinander jede Angelegenheit zu klären und zu bereinigen, die Zweifel über die Einhaltung dieses Übereinkommens hervorrufen kann oder wegen einer damit zusammenhängenden Angelegenheit, welche als zweifelhaft betrachtet werden kann, [und die] zu Bedenken Anlaß gibt. [...]"*

---

465 Der Begriff "Vorverfahren" wird hier im weitesten Sinne verstanden und umfaßt diejenigen Schritte, die einem Antrag auf Durchführung einer Verdachtsinspektion vorausgehen. Dies ist in der Regel wenigstens ein Auskunftsersuchen.
Unter dem KSE-Vertrag (vgl. Abschnitt VIII [2] Inspektionsprotokoll) braucht einem Inspektionsbegehren weder ein Auskunftsersuchen vorherzugehen, noch ist dieses zu begründen. Damit setzt der Vertrag die Schwelle zur Inspektionseinleitung sehr niedrig an. Siehe dazu den Vergleich zwischen KSE-Vertrag und den Sicherungsmaßnahmen der IAEO bei *D. Sloss,* Nuclear Nonproliferation Treaty, in: Virginia JIL 35 (1995), S. 841, 878.

Wird ein Auskunftsantrag gestellt, so übermittelt die ersuchte Partei so bald wie möglich, spätestens jedoch zehn Tage nach Eingang, die zur Aufklärung notwendigen Angaben. Mit der Wahl des Begriffs "Zweifel" anstelle von "Streitigkeit" unterstreicht die Regelung einen der Grundgedanken des CW-Verifikationsregimes, die Konfliktvermeidung.[466] Vergleichbare Klauseln finden sich aber auch in anderen Verträgen.[467] Der Grundsatz rechtlichen Gehörs folgt insoweit aus der Pflicht zur prozeduralen Kooperation und dient dem Zweck, deeskalierend auf Spannungssituationen einzuwirken.

Andere Verträge relativieren das Gegenseitigkeitsverhältnis der Staaten stärker und sehen neben bilateralen Konsultationen bereits ein *institutionalisiertes Vorverfahren* vor. Unter dem CTB-VERTRAG etwa kann ein Auskunftsersuchen unmittelbar an eine andere Vertragspartei gerichtet werden, es besteht indes auch die Möglichkeit,

> *"[...] den Exekutivrat [der CTBTO] zu ersuchen, von einem anderen Vertragsstaat die* ***Klarstellung*** *einer Angelegenheit zu erwirken, die Bedenken wegen der Nichteinhaltung der grundlegenden Verpflichtungen dieses Vertrags hervorrufen kann".*[468]

Auch diese Regelung verfolgt das Ziel, dem betreffenden Staat Gelegenheit zu geben, zweifelhafte Umstände noch vor ihrer Steigerung zur Streitigkeit durch Klarstellung und Konsultationen auszuräumen.[469] Sie verdeutlicht beispielhaft den Stellenwert, der partnerschaftlichen und streitvermeidend wirkenden Verfahrenselementen bei jüngeren Konventionen zukommt.[470] Daneben

466 So *T. Kurzidem,* Conflict Management, in: Bothe u.a. (Hrsg.), S. 287, 299: *"The primary function of this Article [...] is to facilitate the prevention of disputes."* Ähnlich *I. Kenyon/T. Dunworth,* Conflict Management, in: Leiden JIL 10 (1997), S. 81, 87.

467 Siehe Art. IV C Abs. 29 f. CTBT, wonach die Parteien in Konsultationen eintreten sollen. Ähnlich auch Annex 4 Abs. 1 Rarotonga-Vertrag; Art. 12 Abs. 1 Bangkok-Vertrag; Annex IV Abs. 1 Pelindaba-Vertrag.

468 Art. IV C Abs. 32 CTBT [Hervorhebung v. Verf.]. Während diese Möglichkeit alternativ neben bilateralen Konsultationen steht, stellt Art. IX Abs. 3 CWC die Einschaltung des Exekutivrates schon als die zweite Stufe des Vorverfahrens unter dem Vertrag dar. Hintergrund dieser unterschiedlichen Regelungen ist die Tatsache, daß unter der CWC eine deutlich größere Präferenz besteht, Spannungen möglichst informell und mit unaufdringlichen Mitteln zu lösen. – Ausführlich zu diesem Stufenbau *T. Kurzidem,* Conflict Management, in: Bothe u.a. (Hrsg.), S. 287, 302 ff.

469 Letztlich beruht auch diese Regelung auf dem Gedanken der Konfliktprävention, wie *V. Lalla,* Comprehensive Test Ban Treaty, in: Cardozo JICL 8 (2000), S. 103, 110, betont.

470 So sprechen *I. Kenyon/T. Dunworth,* Conflict Management, in: LeidenJIL 10 (1997), S. 81, 88, in Hinblick auf die Parallelvorschriften der CWC von einer Stufenfolge der Konfliktvermeidung.

besteht zum Teil auch die Möglichkeit, ein Vertragsorgan um Aufklärung einer zweifelhaften Situation, die das *eigene Erfüllungsverhalten* betrifft, zu ersuchen.[471] Ein solcher Antrag kann etwa dann von Interesse sein, wenn der anfragenden Partei aufgrund des Verdachts mangelnder Vertragstreue konkrete politische oder wirtschaftliche Nachteile drohen.

Im Hinblick auf den ***Gegenstand*** eines möglichen Aufklärungsverlangens lassen sich zwei Typen von Regelungen ausmachen: Während zwei der Regionalverträge über kernwaffenfreie Zonen auf eine mögliche Vertragsverletzung Bezug nehmen (*"[...] eine andere Partei habe ihre Verpflichtungen unter diesem Vertrag verletzt";*[472] *"[...] grounds for a complaint that another Party [...] is in breach of its obligations"*[473]*)*, hat man sich bei den anderen Konventionen bemüht, den Terminus "Vertragsverletzung" zu vermeiden. Anknüpfungspunkte der verdachtsabhängigen Aufsichtsverfahren sind insoweit Begriffe wie "Einhaltung/Erfüllung" oder ihr Antonym, die "Nichteinhaltung" *("[...] event or circumstance which affects the compliance with this Treaty";*[474] *"[...] Zweifel hinsichtlich der Erfüllung der nach diesem Vertrag übernommenen Verpflichtungen";*[475] *"[...] Bedenken wegen der möglichen Nichteinhaltung";*[476] *"[...] situation which may be considered ambiguous or which may give rise to doubts about the compliance";*[477] *"[...] urgent concern relating to compliance";*[478] *"[...] Zweifel über die Einhaltung dieses Übereinkommens"*[479]*)*. Angesichts dieser Vielfalt an Formulierungen liegt der Schluß nahe, daß die Verwendung der Termini hier keinen rechtlich stringenten Kriterien folgt. Vielmehr wirkt die Begriffswahl politisch motiviert und ist das Resultat der jeweiligen Verhandlungsprozesse.[480]

---

471 So etwa Art. IV C Abs. 31 CTBT. Zum Hintergrund der Parallelvorschrift, Art. IX Abs. 5 CWC, siehe *W. Krutzsch/R. Trapp,* Commentary, Art. IX Rdnr. 5, S. 180, sowie *J. Robinson,* Verification System, in: Bardonnet (Hrsg.), S. 489, 499.

472 Anhang 4 Abs. 1 Rarotonga-Vertrag.

473 Annex IV Abs. 1 Pelindaba-Vertrag, der den Regelungen des Rarotonga-Vertrags weitgehend nachgebildet wurde.

474 Art. 15 Abs. 1 Tlatelolco-Vertrag i.d. durch IAEA-Doc. INFCIRC/411 v. 12. Juli 1993 angepaßten Fassung.

475 Art. III Abs. 2 Meeresboden-Vertrag.

476 Art. IV Abs. 29 ff. CTBT.

477 Art. 12 Abs. 1 Bangkok-Vertrag.

478 Abschnitt III Abs. 1 des Protocol on the Joint Compliance and Inspection Commission Relating to the START-Treaty.

479 Zu Art. IX Abs. 2 S. 2 CWC ausführlich siehe *T. Kurzidem,* Conflict Management, in: Bothe u.a. (Hrsg.), S. 287, 299 ff.

480 Dieser Überlegung vergleichbar ist etwa bei den "Non-compliance Procedures" umweltvölkerrechtlicher Übereinkommen nachgewiesen worden, daß für die begriffli-

Für den Fortgang des Verfahrens kommt entscheidende Bedeutung der Frage zu, welcher ***Zeitraum*** für ein Konsultationsverfahren vorgesehen wurde. Während RAROTONGA-[481] und BANGKOK-VERTRAG[482] nur unbestimmte zeitliche Vorgaben enthalten, sehen LANDMINEN- und PELINDABA-ÜBEREINKOMMEN mit 28 bzw. 30 Tagen[483] relativ lange Fristen für die Abgabe einer Erklärung vor. Mangels präziser und knapper Zeitvorgaben besteht hier die Gefahr der Verfahrensverschleppung. Wesentlich straffere Fristen setzen demgegenüber der START I-VERTRAG mit sieben Tagen und der CTB-VERTRAG mit 48 bzw. 96 Stunden.[484] Unter dem CW-ÜBEREINKOMMEN dagegen ist ein Auskunftsersuchen binnen 10 Tagen zu beantworten.[485] Unter diesen Verträgen besteht ferner ausdrücklich das Recht, von Konsultationen und Klarstellungsbemühungen unabhängig eine Verdachtsinspektion beantragen zu können.[486] Jedoch kann die betreffende Partei das zuständige Vertragsorgan erst dann um Einleitung einer Maßnahme ersuchen, wenn bei Fristablauf eine zufriedenstellende Antwort ausgeblieben ist.[487] Schließlich ist hervorzuheben, daß bei CWC und CTBT das Vertragsorgan schon in diesem Verfahrensabschnitt berechtigt ist, vertragskonforme Berichtigungsmaßnahmen zu empfehlen.[488] Voraussetzung dafür dürfte

---

chen Ansatzpunkte dieser Instrumente keine stringenten Kriterien bestehen. Siehe dazu *M. Ehrmann,* Erfüllungskontrolle im Umweltvölkerrecht, S. 389 ff., 394 ff.

481 Annex 4 Abs. 1 zum Rarotonga-Vertrag: *"[...] reasonable opportunity to provide it with an explanation and to resolve the matter."*

482 Art. 12 Abs. 1 zum Bangkok-Vertrag: *"The requested State Party shall duly respond by providing without delay the necessary information [...]."*

483 Vgl. Art. 8 Abs. 2 a.E. Landminen-Übereinkommen; Annex IV Abs. 1 zum Pelindaba-Vertrag.

484 Abschnitt III Abs. 2 Protocol on the Joint Compliance and Inspection Commission Relating to the START Treaty; Art. IV C Abs. 30, 32 *lit.* a, b und c CTBT. Die zeitliche Begrenzung des Vorverfahrens beim CTBT hebt *L. de la Fayette,* Implementation of the CTBT, in: ASIL/NVIR Proceedings 4 (1997), S. 100, 104, hervor.

485 Sind Zweifel oder Bedenken nicht binnen 60 Tagen ausgeräumt, so kann eine außerordentliche Tagung der Konferenz der Vertragsstaaten einberufen werden, Art. IX Abs. 7 CWC. *T. Kurzidem* (Conflict Management, in: Bothe u.a. [Hrsg.], S. 287, 309) weist zu Recht darauf hin, daß die praktische Bedeutung der Regelung angesichts der überlangen Frist durchaus fragwürdig ist.

486 Vgl. Art. IV C Abs. 29 CTBT; Art. IX Abs. 2 CWC.

487 Fraglich ist indes, ob dies auch vor Fristablauf zulässig ist. In Hinblick auf die Verpflichtung der Vertragsparteien zur Zusammenarbeit (vgl. Art. VII Abs. 2 CWC; Art. III Abs. 2 CTBT) wird dies jedenfalls dann zu verneinen sein, wenn das Vorverfahren eingeleitet, aber noch nicht abgeschlossen ist. – Zur Gegenposition siehe *T. Kurzidem,* Conflict Management, in: Bothe u.a. (Hrsg.), S. 287, 310.

488 Vgl. Art. IV C Abs. 33 CTBT. In Hinblick auf die Parallelnorm, Art. IX Abs. 7 CWC, siehe *W. Krutzsch/R. Trapp,* Commentary, Art IX Rdnr. 7, S. 180 f.

allerdings sein, daß das Organ schon jetzt die sichere Überzeugung vom Vorliegen einer Vertragsverletzung gewinnen konnte.

(2) Initiativrecht

Um die Durchführung einer Verdachtsinspektion kann gewöhnlich dann ersucht werden, wenn die betreffende Vertragspartei das Auskunftsbegehren des Antragstellers gar nicht, verspätet oder nur unzureichend beantwortet hat. Ferner wurde darauf hingewiesen, daß CW- und CTB-ÜBEREINKOMMEN auch gestatten, unmittelbar die Durchführung einer Kontrollmaßnahme zu beantragen.[489] Unbeantwortet bleibt damit jedoch, durch welche Verfahrensbeteiligten Verdachtsinspektionen in Gang gesetzt werden können, wer also ***aktivlegitimiert*** ist. Vor allem bei mehrseitigen Verträgen der Rüstungsbeschränkung ist denkbar, die Vertragserfüllung ganz in das Interesse der Völkergemeinschaft zu stellen, so daß das Verfahren mangels Verletzung staatlicher Rechtspositionen nur *ex officio* durch ein Vertragsorgan eingeleitet werden kann. Andererseits liegt es stets zumindest auch im Interesse einer jeden Partei, in Einzelfällen an der Vertragstreue anderer bestehende Zweifel ausräumen zu lassen. Das Initiativrecht bei Verdachtskontrollen könnte also gleichwohl bei den Vertragsparteien angesiedelt sein.

Allein das Musterabkommen INFCIRC/153 zum NV-VERTRAG sieht nicht vor, daß Verdachtsinspektionen auf Antrag einer Vertragspartei durchgeführt werden können.[490] Vielmehr steht die Verfahrenseinleitung hier allein unter dem Vorbehalt, daß

> *"[...] **the Agency considers** that information made available by a State [...] is not adequate for the Agency to fulfil its responsibilities under the Agreement".*[491]

489 Denn nach Art. IX Abs. 2 CWC bzw. Art. IV C Abs. 2 CTBT tritt jede Vertragspartei (nur) unbeschadet ihres Rechts, um eine Verdachtsinspektion zu ersuchen, in Konsultationen mit einer anderen Partei ein bzw. setzt das Klarstellungsverfahren in Gang. Wird eine Verdachtsinspektion jedoch ohne Durchlaufen des Vorverfahrens beantragt, so wird man dem Generaldirektor des Technischen Sekretariats der OPCW die Rechtsmacht zusprechen müssen, den Antrag zu prüfen. So überzeugend *T. Kurzidem,* Challenge Inspections, in: Bothe u.a. (Hrsg.), S. 249, 257.

490 Das Fehlen eines Initiativrechts für Drittstaaten betont etwa *T. Lohmann,* Law of IAEA Safeguards, in: Bothe u.a. (Hrsg.), S. 79, 103.

491 § 73 *lit.* b INFCIRC/153 [Hervorhebung v. Verf.]. Durch Bezugnahme auf die im Sicherungsabkommen definierten Aufgaben beschränkt die Regelung das der IAEO bei der Verfahrenseinleitung eingeräumte Ermessen so weit, daß jedenfalls sachfremde Erwägungen nicht für eine Inspektionseinleitung in Frage kommen können.

Ist also die IAEO als Aufsichtsbehörde der Auffassung, die ihr vorgelegten Informationen reichten zur Erfüllung der übertragenen Aufgaben nicht aus, so können unter den vom Musterabkommen formulierten Bedingungen Sonder- bzw. Verdachtsinspektionen durchgeführt werden. Nach den §§ 73 *lit.* b, 77 INFCIRC/153 kommen diese jedoch nur subsidiär in Betracht,[492] soweit die IAEO ihre "ordentlichen Kompetenzen" zur Informationsgewinnung ausgeschöpft hat.[493] Die Agentur muß demnach zunächst die ihr vorliegenden Berichte und die Ergebnisse der Routine-Visitationen ausgewertet haben, überdies dürfen die von dem betreffenden Staat gegebenen Erläuterungen nicht zur Aufklärung geführt haben.[494]

Bei Inadäquanz der vorliegenden Informationen zur Aufgabenerfüllung, also der Feststellung einer signifikanten Differenz der Spaltmaterialbilanz oder bei Bestehen eines Verdachts der Nicht-Deklaration von Nuklearmaterial,[495] ist die Agentur nach § 77 zunächst gehalten, in Konsultationen mit der Partei einzutreten, um auf diese Weise möglichst eine Zugangsgenehmigung zu erhalten. Verweigert ein Staat den Zugang, so kann der Gouverneursrat nach Anhörung und durch Mehrheitsbeschluß[496] gleichwohl die Durchführung einer Kontrolle am Ort mandatieren. Die ***Verfahrenseinleitung ex officio*** setzt nach § 18 jedoch voraus, daß der Generaldirektor dem Gouverneursrat auf der Basis der vorliegenden Verdachtsmomente schlüssig darlegen konnte, daß die mit der Sonderinspektion verbundenen Rechte erforderlich sind.[497] Die Agentur hat bislang nur ein einziges Mal, im Jahr 1993 im Fall von Nordkorea, die Durchführung einer

---

492 Eine Ausnahme bildet insoweit die Überprüfung von Sonderberichten, die stets durch Sonderinspektionen erfolgt. Vgl. § 73 *lit.* a INFCIRC/153.

493 Zur Subsidiarität der Sonderinspektionen siehe *T. Lohmann,* Sicherungsmaßnahmen der IAEO, S. 199; *B. Monahan,* Non-Proliferation Treaty, in: Virginia JIL 33 (1992), S. 161, 181.

494 Zu Einzelheiten siehe etwa *T. Lohmann,* ibid.

495 Nach § 2 INFCIRC/153 besteht die Aufgabe der IAEO darin, sicherzustellen, *"[...] that safeguards will be applied in accordance with the terms of the Agreement, on all source or special fissionable material in all peaceful nuclear activities [...]."* Da demnach das gesamte Nuklearmaterial eines Staates Kontrollen zu unterwerfen ist, müssen Sicherungsmaßnahmen auch auf solches Material erstreckt werden können, das aufgrund von Nichtdeklaration noch keinen IAEO-Kontrollen unterliegt. So auch die Auffassung der überwiegenden Zahl der Teilnehmer der 3. Überprüfungskonferenz, vgl. CD-Doc. NPT/Conf.IV/DC/1 Add.3 (1) v. 13. September 1990. Zu anderen Interpretationen referierend etwa *T. Lohmann,* Law of IAEA Safeguards, in: Bothe u.a. (Hrsg.), S. 79, 107 f.

496 Zum Abstimmungsverfahren des Gouverneursrats siehe Art. VI.E IAEO-Statut.

497 Ausführlich dazu *D. Sloss,* Nuclear Nonproliferation Treaty, in: Virginia JIL 35 (1995), S. 841, 881, u.a. mit einem Vergleich zur Rechtslage unter dem CW-Übereinkommen.

Sonderinspektion beantragt.[498] Der Staat hat das Begehren zunächst zurückgewiesen, zwei Tage später gab er seinen Rücktritt vom NV-VERTRAG bekannt.[499]

Eine grundlegend andere Struktur besitzt der Auslösemechanismus unter den anderen Abrüstungs- und Rüstungskontrollverträgen. Obwohl nahezu alle multilateralen Konventionen über eigene Vertragsorganisationen verfügen, sind diese nicht befugt, selbst Verdachtskontrollen in Gang zu setzen. Das Initiativrecht liegt vielmehr stets bei den Vertragsparteien. Beispielhaft kann insoweit auf Art. IX Abs. 8 CW-ÜBEREINKOMMEN hingewiesen werden. Dort heißt es:

> *"Verfahren bei Verdachtsinspektionen*
> *(8) Jeder Vertragsstaat hat das Recht, um eine Verdachtsinspektion vor Ort in jeder Einrichtung oder an jedem Standort im Hoheitsgebiet oder an einem anderen Ort unter der Hoheitsgewalt oder Kontrolle eines anderen Vertragsstaats ausschließlich zum Zweck der Klarstellung oder Lösung von Fragen über die mögliche Nichteinhaltung dieses Übereinkommens zu ersuchen und diese Inspektion unverzüglich [...] durchführen zu lassen."*

Auch unter den anderen Verträgen können allein die Vertragsparteien ein Verdachtsverfahren anhängig machen. Die Verlagerung des Initiativrechts auf die Parteien soll die Behörden der Bürde entheben, eine hochpolitische Entscheidung fällen zu müssen. Auf diese Weise sollen nicht nur Unabhängigkeit und Unparteilichkeit der Institutionen, sondern auch ihre Glaubwürdigkeit und Ak-

---

498 Nachdem Nordkorea im Mai 1992 seinen Eingangsbericht ("initial report") übermittelt hatte, führte die IAEO im September 1992 Eingangsinspektionen ("ad hoc-inspections") durch, bei denen keine Anzeichen für ein Kernwaffenprogramm gefunden wurden. Kurze Zeit später wurden der Agentur Geheimdienstinformationen zugespielt, denen zufolge in einem verborgenen Gebäudeteil einer Inspektionsstätte, einem Forschungszentrum in Nyongbyon, verbotene Aktivitäten ausgeführt würden. Der Gouverneursrat verabschiedete am 25. Februar 1993 (IAEO-Doc. GOV/2636) eine Resolution, in der er eine Sonderinspektion in dem Gebäude als *"[...] essential and urgent"* bezeichnete. – Zu Einzelheiten siehe ausführlich *S. Carmody,* North Korea's Nuclear Facilities, in: Fordham ILJ 18 (1994), S. 229, 252 ff., insb. 255 ff.; *A. Perez,* Withdrawal and Continuing Right of IAEA Safeguards, in: Virginia JIL 34 (1994), S. 749, 762 ff., jeweils m.w.N.

499 In seinem Schreiben vom 10. März 1993 an IAEO-Generaldirektor *Blix* erklärte der nordkoreanische Atomminister *Choi Hak Gun,* der Antrag auf Sonderinspektion sei unzulässigerweise auf die Geheimdienstinformationen Dritter gestützt und berühre eine militärische Einrichtung. Die USA und Südkorea hätten damit einen "state of semi-war" herbeigeführt. Die Inspektion sei unter diesen Umständen nicht möglich. Mit Schreiben vom 12. März gab Nordkorea die Kündigung des NV-Vertrags bekannt. Nach Verhandlungen mit den USA erklärten die Staaten in einer gemeinsamen Erklärung vom 11. Juni 1993 die Aussetzung der Kündigungserklärung. – Die betreffenden Dokumte sind abgedruckt im Bericht der IAEO an den UN-Sicherheitsrat, UN-Docs. A/48/133 bzw. S/25556 v. 12. April 1993, Anhang.

zeptanz gesichert werden.[500] Diesem Verfahrensmodell stehen aber auch Bedenken gegenüber. Auf der einen Seite trägt es dem Prinzip der souveränen Gleichheit der Staaten[501] Rechnung, da alle Parteien mit gleichen Initiativrechten versehen werden. Andererseits ist fraglich, ob nicht tatsächlich bestehende Unterschiede einer gleichberechtigten Ausübung des Antragsrechts entgegenstehen. Da die meisten Staaten nicht über die erforderlichen technischen Mittel verfügen, um vertragsrelevante Informationen umfassend ermitteln und einen Antrag substantiieren zu können, dürfte mit einer Initiative von ihrer Seite *de facto* kaum zu rechnen sein.[502]

Im Vergleich zu den Kontrollverfahren anderer Bereiche des Völkerechts fällt hier vor allem auf, daß keinerlei Initiativrechte zugunsten von NGOs und Individuen bestehen. Hier wurde also ein Modell der Staatenbeschwerde verwirklicht, das etwa beim internationalen Menschenrechtsschutz kaum praktische Relevanz besitzt.[503] Dort sind es allerdings Rechtspositionen von Individuen, deren Verwirklichung die Instrumente dienen. Solche wurden im Vertragsrecht der Rüstungsbeschränkung jedenfalls bislang nicht vereinbart. Es ist daher nachvollziehbar, daß die Staaten auch die Möglichkeit anderer Durchsetzungsmechanismen nocht nicht näher erörtert haben.

Im modernen Umweltvölkerrecht findet sich bei Verfahren der Staatenbeschwerde gelegentlich die Möglichkeit der Selbstanzeige.[504] Ein solches Recht

---

500 *J. Robinson,* Verification System, in: Bardonnet (ed.), S. 489 499, vertritt die Auffassung, daß sich das Technische Sekretariat der OPCW alsbald auf der einen oder anderen Seite einer politischen Streitigkeit wiederfände, wenn es für die Einleitung des Verfahrens verantwortlich wäre. Insoweit differenziert *T. Kurzidem,* Challenge Inspections, in: Bothe u.a. (Hrsg.), S. 249, 254 f.

501 Vgl. Art. 2 Ziff. 1 UN-Charta.

502 Dieser Gesichtspunkt hat vor allem in den Verhandlungen zum umfassenden Teststopp-Vertrag eine Rolle gespielt. Dort wurde von Entwicklungsländern das Begehren geäußert, das Erfüllungskontrollsystem unter Ausschluß nationaler Mittel allein auf ein internationales Überwachungssystem zu stützen. Die Initiative blieb im Ergebnis allerdings erfolglos. Siehe den Bericht des deutschen Verhandlungsführers *W. Hoffmann,* CTBT Verification System, in: Disarmament 18 (1995), S. 70, 82. Siehe ferner *M. Asada,* Effectiveness and Limitations of Challenge Inspections, in: Schoenbaum u.a. (Hrsg.), S. 227, 238 f., mit der nicht ganz überzeugenden Argumentation, daß die Möglichkeit bestehe, einen Antrag stellvertretend durch einen Staat stellen zu lassen, der über die erforderlichen Möglichkeiten verfügt.

503 Siehe dazu *K.J. Partsch,* Menschenrechte, Staatenbeschwerde, in: HdbVN, S. 567, 572.

504 Die Aktivlegitimation der säumigen Partei wurde erstmalig unter dem Montrealer Protokoll (BGBl. II 1988, S. 1014) zum Wiener Übereinkommen zum Schutz der Ozonschicht v. 22. März 1985 (BGBl. II 1988, S. 901) vereinbart. Dazu etwa *M. Ehrmann,* Erfüllungskontrolle im Umweltvölkerrecht, S. 150 ff.

findet sich bei der Rüstungsbeschränkung nicht, wenn auch die "Inspektion auf Einladung" vergleichbare Züge besitzt.[505] Ähnlich wie ein Selbstanzeigeverfahren dient sie dazu, einem Staat drohende Nachteile wirtschaftlicher oder politischer Art durch Bereinigung einer zweifelhaften Lage möglichst abzuwenden. Welche praktische Bedeutung dem Besuch auf Einladung zukommen wird, läßt sich derzeit kaum abschätzen.

(3) Sachliche Beschränkungen des Initiativrechts

Geht die Verfahrensinitiative statt von vertraglichen Gemeinschaftsorganen von den Vertragsparteien aus, so unterliegt jedes Kontrollsystem aufgrund der Selbstbeurteilung zumindest theoretisch dem Risiko, zu machtpolitischen Zwekken instrumentalisiert zu werden. Falsche Anträge können dazu führen, unbegründete Kontrollmaßnahmen in Gang zu setzen. Um derartigen Mißbrauchsmöglichkeiten besser zu begegnen, aber auch um Sicherheits- und Kostenfragen Rechnung zu tragen, sehen einige Systeme sachliche Verfahrensbeschränkungen durch Quoten oder Ablehnungsrechte vor.

Bemerkenswerterweise sind RAROTONGA-, BANGKOK- und PELINDABA-VERTRAG Verfahrensbeschränkungen durch Höchstzahlen wie durch Ablehnungsrechte fremd. Sie verlangen vor einer Verdachtsinspektion allein umfangreiche Konsultationen und Klarstellungsbemühungen.[506] Insoweit wurde die Schwelle für die Verfahrenseinleitung relativ niedrig angesetzt. Umgekehrt kennen Verträge mit weniger umfassenden Vorverfahren typischerweise formalisierte Verfahrensrestriktionen durch ***Inspektionsquoten*** und/oder ***Ablehnungsrechte***.

Eine zahlenmäßige Begrenzung der Visitationsbefugnis durch ***Inspektionsquoten*** findet sich im KSE-VERTRAG. Nach dem Inspektionsprotokoll können während der ersten 44 Monate nach Inkrafttreten 15 Prozent, danach 23 Prozent der zulässigen Gesamtzahl an Beobachtungsmaßnahmen als Verdachtskontrollen ausgeführt werden.[507] Daß Verdachtsinspektionen dagegen meist keinen quotenmäßigen Beschränkungen unterworfen werden, dürfte mit vertragsradizierten

505 So etwa in Art. 8 Abs. 8 Landminen-Übereinkommen. *P. Szasz,* Introduction, in: ders. (Hrsg.), S. 1, 8, spricht insoweit auch von einer Art "Selbstanzeigeinstrument".

506 Zu diesem Gedanken in Hinblick auf den Rarotonga-Vertrag siehe *M. Asada,* Effectiveness and Limitations of Challenge Inspection, in: Schoenbaum u.a. (Hrsg.), S. 227, 239 Fn. 34. Zu den Verträgen von Bangkok und Pelindaba siehe etwa *S. Szurek,* De Rarotonga à Bangkok et Pelindaba, in: AFDI 42 (1996), S. 164, 178 f.

507 Abschnitt II Abs. 11 Inspektionsprotokoll zum KSE-Vertrag. Nach Abschnitt II Abs. 16 zählen Verdachtsinspektionen jedoch doppelt, da sie auf die allgemeine und die für Verdachtskontrollen geltende Quote angerechnet werden. Siehe dazu *P. Dunay,* Verifying Conventional Arms Limitations, S. 92 f., 105.

Ablehnungsrechten zusammenhängen. Ist die inspizierte Macht nämlich befugt, die Durchführung von Besichtigungen vor Ort ganz zu verweigern, so macht die "Deckelung" der Inspektionsanzahl durch Quoten in der Tat kaum noch Sinn.[508]

Statt Beschränkungen durch Höchstzahlen ermächtigen einige der untersuchten Verträge die besuchte Partei, eine Verdachtsinspektion zu versagen. Ein ausdrückliches ***Ablehnungsrecht*** über die Quotierung hinaus kennt der KSE-VERTRAG, wenn er der betreffenden Macht gestattet, *"[...] Verdachtsinspektionen spezifizierter Gebiete zu verweigern"*.[509] Während hier ein expliziter Anspruch besteht, können das Musterabkommen INFCIRC/153 zum NV-VERTRAG und der TLATELOLCO-VERTRAG[510] so verstanden werden, daß sie stillschweigende Verweigerungsbefugnisse enthalten. So ist nach § 77 INFCIRC regelmäßig die Zustimmung der inspizierten Vertragspartei für die Durchführung einer IAEO-Sonderinspektion erforderlich. Versagt der betreffende Staat diese ernsthaft und endgültig, so kann der Gouverneursrat feststellen, daß es der Agentur nicht möglich ist, die Nichtabzweigung spaltbaren Materials zu überprüfen.[511]

508 So überzeugend *M. Asada*, Effectiveness and Limitations of Challenge Inspection, in: Schoenbaum u.a. (Hrsg.), S. 227, 239.

509 Abschnitt VIII Abs. 4 Inspektionsprotokoll zum KSE-Vertrag. In diesem Fall ist der betreffende Staat gehalten, jegliche angemessene Zusicherung dafür zu geben, daß in dem spezifizierten Gebiet keine durch den Vertrag begrenzten konventionellen Waffen oder Ausrüstungen anwesend sind, vgl. ebd., Abschnitt VIII Abs. 9. Ist die Versicherung unbefriedigend, so besteht nach Art. XVI Abs. 3 KSE-Vertrag die Möglichkeit, die Angelegenheit in der Gemeinsamen Beratungsgruppe zu erörtern. Zu diesem Verfahren im Vergleich zu den IAEO-Sicherungsmaßnahmen *D. Sloss*, Nuclear Nonproliferation Treaty, in: Virginia JIL 35 (1995), S. 841, 878.
P. Lewis, Verifying the CFE Agreement, in: Croft (Hrsg.), S. 178, 190 weist darauf hin, daß man bei den Verhandlungen davon ausgegangen sei, daß eine Partei durch das Risiko, bei Ausübung des Verweigerungsrechts das allgemeine Mißtrauen auf sich zu lenken und damit weiteren Verdachtsinspektionen ausgesetzt zu werden, von ihrem Ablehnungsrecht keinen Gebrauch machen werde. Siehe dazu auch *S. Oeter*, Inspection in International Law, in: Netherlands YIL 28 (1997), S. 101, 122 f.

510 Seit der Vertragsanpassung findet dieses Verfahren auch auf Inspektionen unter dem Tlatelolco-Vertrag Anwendung, vgl. Art. 15 ff. des durch das IAEA-Doc. INFCIRC/ 411 v. 12. Juli 1993 angepaßten Vertrags.

511 Siehe dazu *T. Lohmann*, Sicherungsmaßnahmen der IAEO, S. 201 f. In der Praxis der Agentur wurde bislang allein Nordkorea um die Erteilung des Einverständnisses für die Durchführung einer Verdachtsinspektion ersucht. Siehe dazu oben unter Fn. 499 und 500, sowie ausführlich *D. Sloss*, Nuclear Non-Proliferation Treaty, in: Virginia JIL 35 (1995), S. 841, 861 ff., 866 ff.

(4) Die Entscheidung über die Durchführung einer Inspektion

Für die Einleitung einer Verdachtsinspektion ist überdies meist die Entscheidung eines Vertragsorgans erforderlich, sei diese positiv in Gestalt der Zustimmung des Gremiums oder negativ durch die Nichtausübung eines bestehenden Veto-Rechts. Hierbei handelt es sich um eine politische Entscheidung, die nur geringen rechtlichen Bindungen unterliegt.

Einen Sonderfall stellen der KSE-VERTRAG und die Verträge über staatsfreie Räume dar, bei denen es nicht erforderlich ist, eine ***Inspektionsgenehmigung*** bei einem Organ einzuholen. Wird die Quote nicht überschritten und macht die inspizierte Partei von ihrem Ablehnungsrecht keinen Gebrauch, so bedarf eine Inspektion hier nicht der Autorisierung durch ein Vertragsorgan. Entsprechendes gilt für ANTARKTIS-, MOND- und MEERESBODEN-VERTRAG. Im antarktischen Regime haben die von den Parteien entsandten Inspektoren *"[...] jederzeit völlig freien Zugang zu allen Gebieten der Antarktis"*.[512] Die Verträge sehen lediglich die vorherige Anmeldung der Maßnahme vor.[513] Angesichts fehlender Ablehnungsbefugnisse[514] und Einwirkungsmöglichkeiten auf Art und Ablauf der Kontrolle dürfte die Ankündigungspflicht hier als vertragliche Obliegenheit und nicht als echte Rechtspflicht zu charakterisieren sein.[515]

Im Unterschied zu vorgenannten Verträgen ist typischerweise die ***Entscheidung eines Vertragsorgans*** für die Einleitung einer Verdachtsinspektion erforderlich. Dabei ist zu unterscheiden, ob ein positiver oder ein negativer Beschluß gefordert wird. In aller Regel erfolgt eine Verdachtsinspektion nur dann, wenn die Mitglieder eines Vertragsorgans positiv für den Antrag votieren. Das CW-ÜBEREINKOMMEN kennt dagegen einen negativen Mechanismus. Eine Inspektion kommt demnach nur dann nicht zustande, wenn die Mehrheit der Staatenvertreter gegen die Maßnahme stimmt.

Einige Verträge verlangen für die Initiierung einer Verdachtsinspektion die ***stattgebende Entscheidung*** des Vertragsorgans im "consensus"-Verfahren. Im

512 Art. VII Abs. 2 Antarktis-Vertrag. Nach Art. VII Abs. 1 sind indes nur diejenigen Vertragsparteien berechtigt, Inspektoren zu entsenden, die berechtigt sind, an den Konferenzen der Vertragsstaaten mit *"Ausführung erheblicher wissenschaftlicher Forschungsarbeiten in der Antarktis"* (vgl. Art. IX Abs. 2) teilzunehmen.

513 Vgl. Art. VII Abs. 5 Antarktis-Vertrag; Art. XII S. 2 Weltraum-Vertrag; Art. XV Abs. 1 S. 2 Mond-Vertrag. Zu den Ankündigungspflichten der Verträge siehe *K. Stendahl,* Verification in the 'Global Commons', in: Bothe u.a. (Hrsg.), S. 59, 72 ff.

514 Unter dem Meeresboden-Vertrag allerdings ist eine Inspektion nur nach vorheriger Zustimmung der inspizierten Partei möglich. Siehe dazu *A. Mahiou,* Sea-Bed Treaty, in: Sur (Hrsg.), S. 191, 194.

515 Zu den fehlenden Einflußmöglichkeiten siehe etwa *R. Wolfrum,* Internationalisierung staatsfreier Räume, S. 64.

Unterschied zum Einstimmigkeitsprinzip zeichnet das Konsensverfahren aus, daß nicht die Zustimmung aller Beteiligten erforderlich ist, sondern nur das Fehlen ausdrücklicher Gegenstimmen festgestellt wird. Eine förmliche Abstimmung findet also gerade nicht statt.[516]

Nach Anhang 4 Abs. 2 zum RAROTONGA-VERTRAG ist der Konsultativausschuß für die Einsetzung einer Verdachtsinspektion zuständig.[517] Dieser ist befugt, die Durchführung einer Sonderinspektion zu autorisieren. Entsprechende Beschlüsse über die Initiierung einer Verdachtsinspektion werden

"[...] durch Konsens angenommen oder in Ermangelung eines Konsens' durch Zweidrittelmehrheit der anwesenden und abstimmenden Vertreter. [...]"

Eine nahezu identische Regelung findet sich im BANGKOK-VERTRAG.[518] Ein ähnliches Verfahren kennt das LANDMINEN-ÜBEREINKOMMEN. Mangels Behörde kann bei diesem Vertrag aber eine Entscheidung nur auf einem regulären Treffen der Vertragsstaaten, in Ausnahmefällen auch auf einem Sondertreffen, gefällt werden.[519] Dieses beschließt nach Art. 8 Abs. 6 grundsätzlich durch Konsens, hilfsweise mit einfacher Mehrheit, ob die Angelegenheit weiter geprüft werden soll. Fällen die anwesenden und abstimmenden Staatenvertreter gem. Art. 8 Abs. 8 einen positiven Beschluß, so wird eine Mission zur Tatsachenfeststellung entsandt.

Vorgenanntem Verfahren vergleichbar ist der Mechanismus unter dem CTB-VERTRAG, der für die Einsetzung einer Verdachtsinspektion jedoch stets eine

516 Zu Hintergrund und praktischer Bedeutung siehe *W. Heintschel v. Heinegg*, in: Ipsen, § 10 Rdnr. 12, S. 108 f.; *E. Klein*, in: Vitzthum (Hrsg.), 4. Abschn. Rn. 135.

517 Der Ausschuß wird bei Eingang eines Inspektionsersuchens durch den Generaldirektor des Südpazifikforums einberufen, vgl. Art. 10 i.V.m. Anhang 3 Rarotonga-Vertrag. Zu Einzelheiten siehe *G. Fischer*, Zone dénucléarisée de Pacifique Sud, in: AFDI 31 (1985), S. 27, 47.

518 Unter dem Bangkok-Vertrag liegt die Organkompetenz insoweit beim Exekutivkomitee, Art. 9 Abs. 3, einem Suborgan der Kommission. Es entscheidet grundsätzlich durch Konsens über die Einsetzung einer Tatsachenfeststellungsmission, vgl. Abs. 2 *lit.* b Anhang i.V.m. Art. 9 Abs. 8 Bangkok-Vertrag.

519 Zu der Möglichkeit, ein Sondertreffen einzuberufen, siehe *L. Caflisch/F. Godet*, Interdiction des mines antipersonnel, in: SZIER 1998, S. 1, 30 f.
Die Denkschrift zum Entwurf eines Gesetzes zur Ratifizierung des Landminen-Übereinkommens durch die Bundesrepublik Deutschland, BT-Drs. 13/9817, S. 24, 29, weist in diesem Zusammenhang darauf hin, daß das Fehlen einer "aufwendigen Verifikationsbehörde" zugunsten eines "schlanken Mechanismus" die *"[...] Akzeptabilität und Attraktivität dieses Verifikationssystems beträchtlich erhöht"* habe.

(positive) Mehrheitsentscheidung verlangt.[520] Ersucht eine Vertragspartei die CTBTO um eine "challenge inspection", so prüft der Exekutivrat nach Art. IV (C) Abs. 39 den Antrag. Wird das Begehren nicht zurückgezogen oder die Angelegenheit vorher aufgeklärt, so faßt der Exekutivrat gem. Art. IV (C) Abs. 46 mit einer Mehrheit von mindestens 30 Stimmen der insgesamt 51 Mitglieder einen Beschluß über die Inspektion. Eine Kontrollmaßnahme erfolgt mithin nur dann, wenn das zuständige Vertragsorgan seinerseits "grünes Licht" gegeben hat. Das Verfahren wurde daher als "green light-procedure" bezeichnet.[521]

Das umgekehrte Verfahren, die "red light-procedure", findet sich im Aufsichtssystem des CW-Übereinkommens.[522] Diesem Mechanismus zufolge bedarf die Einleitung einer Verdachtsinspektion ***nicht der Zustimmung des Vertragsorgans,*** die Kontrollmaßnahme wird vielmehr nur dann nicht ausgeführt, wenn sich der Exekutivrat als zuständiges Vertragsorgan dagegen ausspricht. So heißt es in Art. IX Abs. 17 CWC:

> *"Verfahren bei Verdachtsinspektionen*
> *[...]*
> *(17) Der Exekutivrat kann spätestens 12 Stunden, nachdem er das Inspektionsersuchen erhalten hat, mit Dreiviertelmehrheit aller seiner Mitglieder beschließen, daß die Inspektion nicht vorgenommen wird, wenn er der Auffassung ist, daß das Ersuchen nicht stichhaltig, sondern mißbräuchlich ist oder [...] ganz eindeutig den Rahmen dieses Übereinkommens überschreitet. [...]."*

Visitationen sind insoweit also prinzipiell durchzuführen, d.h. der Exekutivrat wird sich nicht nach freiem Ermessen über ein Inspektionsersuchen hinwegsetzen können.[523] Zur Ablehnung müßte das Begehren vielmehr mißbräuchlich oder nicht stichhaltig sein oder aber außerhalb des Vertragsrahmens liegen. Um die Zulässigkeit feststellen zu können, sind unschlüssige Anträge zu unterlas-

---

520 Einige westliche Staaten forderten dagegen, wie im CW-Übereinkommen sollten Verdachtsinspektionen in der Regel erfolgen und nur bei 2/3-Mehrheit unterbleiben. Zu dieser Verhandlungsposition siehe *H. Llewellyn,* The CTBT, in: Leiden JIL 10 (1997), S. 269, 277.

521 Zu diesem Begriff siehe etwa *J. Zanders/J. Hart,* Chemical and Biological Arms Control, in: SIPRI Yearbook 1998, S. 457, 473; *B. Gustafsson,* Challenge Inspections, S. 40. Zu den politischen Hintergründen von "green light"- und "red light"-Verfahren siehe *N. Gallagher,* Politics of Verification, in: Contemporary Security Policy 18 (1997), S. 138, 160 f.

522 *M. Bothe/N. Ronzitti/A. Rosas,* Conclusions, in: dies. (Hrsg.), S. 591, 603, sprechen insoweit von einem der wichtigsten Unterschiede zu dem Verifikationssystem des CTBT. Ähnlich auch *L. de La Fayette,* Implementation of the CTBT, in: ASIL/ NVIR Proceedings 4 (1997), S. 100, 101.

523 Darauf weist *M. Bothe,* General Overview, in: ders. u.a. (Hrsg.), S. 1, 10, hin.

sen,[524] alle einschlägigen Beweismittel über Art und Umstände einer möglichen Vertragsverletzung vorzulegen und die betreffenden Vorschriften zu benennen (Substantiierungspflicht).[525] Auch wenn der Vertrag also eine deutliche Vorentscheidung für die Durchführung verdachtsabhängiger Ortsbesichtigungen trifft, stellen die genannten Punkte einem ausufernden Antragsrecht doch ein Korrektiv entgegen.[526]

Das CW-ÜBEREINKOMMEN kennt zwar weder ein Quotensystem noch Ablehnungsrechte zur Verhinderung mißbräuchlicher Inspektionsersuchen. Der Vertrag enthält jedoch einen finanziellen Mechanismus mit abschreckender Wirkung, der zeitlich nach der Durchführung einer "enquête sur place" angesiedelt ist. Gemäß Art. IX Abs. 22 prüft der Exekutivrat nach Abschluß der Maßnahme den Schlußbericht u.a. darauf, ob *"[...] das Recht, um eine Verdachtsinspektion zu ersuchen, mißbraucht wurde."* Ist er der Auffassung, die betreffende Partei habe einen ungerechtfertigten Antrag gestellt, so prüft er ferner, ob *"[...] der ersuchende Vertragsstaat die finanziellen Lasten der Verdachtsinspektion mitzutragen hat".*[527] Der Begriff "finanzielle Lasten" wird im Vertrag nicht näher bestimmt. Er kann allerdings so verstanden werden, daß nicht nur die Aufwendungen der Vertragsorganisation für die Durchführung der Inspektion umfaßt sind,[528] sondern überdies auch der Schaden, der der inkriminierten Partei entstanden ist.[529] Noch weitergehende negative Anreize zur Verhinderung mißbräuchlicher Verifikationsgesuche bestehen unter dem CTB-VERTRAG: Der Exekutivrat prüft, die Rechte des Antragstellers zu suspendieren, so daß dieser keine weiteren Verdachtsinspektionen erwirken kann bzw. im Exekutivrat nicht

---

524 Vgl. Art. IX Abs. 9 CWC; ähnlich Art. IV Abs. 36 CTBT. *W. Krutzsch/R. Trapp,* Commentary, Art. IX Rdnr. 9, S. 183, weisen darauf hin, daß die vorzulegenden Informationen als Grundlage für die Entscheidung des Exekutivrats dienen. Eine nahezu identische Regelung findet sich auch in Abs. 3 Anhang zum Bangkok-Vertrag: Das Executive Committee entscheidet darüber, ob ein Inspektionsbegehren *"[...] frivolous, abusive or clearly beyond the scope of the Treaty"* ist.

525 Art. IX Abs. 9 CWC i.V.m. Abschnitt X Para. 4 *lit.* d Verifikationsanhang. Ähnlich Art. IV Abs. 37 CTBT i.V.m. Teil II Para. 41 Verifikationsanhang. Substantiierungspflichten finden sich auch in anderen Verträgen, sie sind jedoch weniger detailliert gehalten. Vgl. Anhang 4 Abs. 2 Rarotonga-Vertrag; Anhang IV Abs. 4 Pelindaba-Vertrag; Abs. 1 Anhang zum Bangkok-Vertrag; Art. 8 Abs. 2 Landminen-Übereinkommen.

526 Siehe insoweit *M. Bothe,* General Overview, in: ders. u.a. (Hrsg.), S. 1, 11.

527 Art. IX Abs. 23 CWC; ähnlich Anhang IV Abs. 4 *lit.* h zum Pelindaba-Vertrag.

528 *T. Kurzidem,* Challenge Inspections, in: Bothe u.a. (Hrsg.), S. 249, 274, sieht von der Regelung alle Aufwendungen des Sekretariats außer Personalkosten erfaßt. Insoweit deutlicher Art. IV Abs. 67 *lit.* a CTBT: *"[...] die Kosten für die Vorbereitungen durch das Technische Sekretariat [der CTBTO] [...]".*

529 So *W. Krutzsch/R. Trapp,* Commentary, Art. IX Rdnr. 23, S. 197 f.

vertreten ist.[530] Insgesamt stehen damit nicht nur einschneidende ökonomische Instrumente, sondern auch durchgreifende politische Sanktionen zur Verfügung.

(5) Zwischenergebnis

Um sicherzustellen, daß Verdachtsinspektionen Zielsetzungen und Rechtsrahmen von Routinekontrollen nicht unterlaufen, kommt den normativen Grundlagen der Verfahrenseinleitung eine zentrale Rolle zu. Sie bestimmen darüber, wie hoch das betreffende Übereinkommen die Schwelle für die Auslösung einer verdachtsabhängigen Ortsbesichtigung ansetzt. Um eine Kontrollmaßnahme in Gang zu setzen, sehen die Verträge meist einen mehrstufigen Mechanismus vor, bei dem anhand bestimmter auslösender Handlungen und Momente über die Schlüssigkeit eines Inspektionsbegehrens entschieden wird.

Vor dem Ersuchen um eine Verdachtinspektion ist ein mutmaßlicher Vertragsverstoß möglichst durch ein Vorverfahren, bestehend aus Konsultationen und einem mehrseitigen Klarstellungsprozeß, aufzuklären. Erst nach dessen fruchtlosem Abschluß kann die Einleitung der Kontrollmaßnahme beantragt werden.[531] Das insoweit bestehende Anhörungsrecht des betroffenen Staats folgt aus dem Grundsatz der prozeduralen Kooperation, der seinerseits Ausdruck einer "international rule of law" ist.[532] Einige Verträge sehen für eine Stellungnahme nur recht kurze Fristen von 2-4 Tagen vor, meist finden sich jedoch längere Zeiträume von etwa einem Monat. Soll nach Verstreichen einer derartig langen Frist die Maßnahme noch ausgeführt werden, so besteht die Gefahr weitgehender Relativierung des mit den Verdachtskontrollen intendierten Überraschungsmoments.

Bei den Verträgen der Abrüstung und Rüstungskontrolle liegt das Inititativrecht für "challenge inspections" grundsätzlich bei den Vertragsparteien. Nur die IAEO-Sicherungsmaßnahmen zum NV-VERTRAG sind als *ex officio*-Verfahren ausgestaltet. Stellt die Agentur die Inadäquanz der vorgelegten Informationen zur Aufgabenerfüllung fest, so kann formell allein der Gouverneursrat durch

---

530 Art. IV Abs. 67 *lit.* b und c CTBT. Zu dieser Vorschrift siehe die Denkschrift zum Entwurf eines Gesetzes zur Ratifizierung des Vertrags über das umfassende Verbot von Nuklearversuchen durch die Bundesrepublik Deutschland, BT-Drs. 13/10075, S. 111, 118; sowie *V. Lalla,* Comprehensive Test Ban Treaty, in: Cardozo JICL 8 (2000), S. 103, 110.

531 Der CTBT etwa verlangt, daß der CTBTO für die Beratungen über eine Verdachtsinspektion die Ergebnisse des Konsultations- und Klarstellungsprozesses nach Art. IV vorgelegt werden bzw. dargelegt wird, warum ein entsprechendes Vorverfahren nicht stattgefunden hat, vgl. Teil II Para. 41 *lit.* h Protokoll zum CTBT.

532 Eingehend zu diesem Begriff *A. Watts,* International Rule of Law, in: German YIL 36 (1993), S. 15 ff.

Mehrheitsbeschluß die Ausführung der Ortsbesichtigungen mandatieren. Weitere Antragsrechte, etwa für Individuen oder NGOs, sind bei keinem der Verträge vorgesehen. Nach Abschluß des Vorverfahrens können die Vertragsparteien selbst den Anstoß für eine physische Inspektion geben oder sich mit einem entsprechenden Antrag an die zuständigen Vertragsorgane wenden. Um die Subjektivität eines solchen Antrags zu mildern, haben diese sodann die Schlüssigkeit zu prüfen und insgesamt über das Ersuchen zu befinden.

Dessen ungeachtet unterliegt die Verfahrenseinleitung bei einer Reihe von Verträgen sachlichen Beschränkungen. Im KSE-VERTRAG dient eine Quotenregelung dem Zweck, daß nur ein Teil der zulässigen Inspektionen als Verdachtsmaßnahmen ausgeführt werden kann. Der Vertrag kennt überdies Ablehnungsbefugnisse. Auch bei den Sicherungsmaßnahmen der IAEO besteht die Rechtsmacht, Kontrollmaßnahmen zu verweigern. Hält der Gouverneursrat die Inspektion gleichwohl für erforderlich, so kann er dessen ungeachtet die Ausführung beschließen. Insgesamt entspricht mithin nur der KSE-VERTRAG *in puncto* "without a right of refusal"-Inspektionen nicht dem von den USA formulierten Standard. Aufgrund der Kombination von Inspektionsquoten und Verweigerungsrechten wird bei ihm die Erzwingbarkeit der Kontrolle und damit die Wirksamkeit des Verdachtsverfahrens insgesamt in Frage gestellt.

Verfahrensbeschränkend wirken überdies Substantiierungspflichten. Danach kann mit Ausnahme des KSE-VERTRAGS[533] eine Verdachtsinspektion nur dann eingeleitet werden, wenn eine Partei ihr Begehren durch Vorlage entsprechender Belege und durch die Angabe mutmaßlich verletzter Normen hinreichend dargelegt und bewiesen hat. Ist dies nicht der Fall, so können die zuständigen Stellen den Antrag als unsubstantiiert oder unbegründet zurückweisen. Andernfalls ist typischerweise noch die positive Entscheidung politisch geprägter Vertragsorgane erforderlich, um den Vollzug der Inspektion zu autorisieren.

Grundsätzlich verlangen die Verträge der Rüstungsbeschränkung einen bejahenden Beschluß der zuständigen Vertragsorgane, der teils im Konsens-Verfahren herbeigeführt werden kann. Während insoweit der Souveränitätsvorbehalt deutlich ausgeprägt ist, enthält das CW-ÜBEREINKOMMEN eine Vorentscheidung zugunsten eingereichter Inspektionsanträge. Gemäß der "red light-procedure" wird eine Kontrollmaßnahme nur dann nicht eingeleitet, wenn sich eine ¾-Mehrheit im Exekutivrat gegen das Ersuchen ausspricht. Der Vertrag enthält damit eine deutliche Präferenz für den Vollzug entsprechender Anträge. Den normativen Grundlagen nach vermag die Vertragsaufsicht hier insgesamt größe-

533 *D. Sloss*, Nuclear Nonproliferation Treaty, in: Virginia JIL 35 (1995), S. 841, 878, weist darauf hin, daß eine Verdachtsinspektion unter dem KSE-Vertrag eingeleitet werden könne, ohne daß die inspizierende Partei Beweismaterial vorlegt.

re Wirksamkeit zu erzielen.[534] Wie weit dieser Mechanismus in der Staatenpraxis Akzeptanz oder Ablehnung finden wird, bleibt noch abzuwarten.

Jüngere Verträge sehen neben Substantiierungspflichten schließlich die Möglichkeit vor, die Inspektionskosten auf den Antragsteller abzuwälzen, wenn sich sein Ersuchen in *ex ante*-Sicht als unbegründet erwiesen hat. Ziel und Zweck dieser Mechanismen ist es, die Parteien und die Vertragsinstitutionen vor mißbräuchlichen oder beliebigen Anfragen zu schützen.

bb) Inspektionsmandat

Bei den Routinekontrollen dient die vertragliche Fixierung des Mandats vor allem dem Ziel, einen möglichst präzisen Abgleich zwischen den Angaben aus dem Informationsaustausch und den Resultaten der Beobachtungsmaßnahmen zu ermöglichen. Bei Verdachtsinspektionen kommt diesem Zusammenhang geringere Bedeutung zu, da sie in zeitlicher und örtlicher Hinsicht über das gewöhnliche Verifikationsinstrumentarium hinausreichen. Anstelle starrer vertraglicher Vorgaben kann hier das von einer Partei vorgebrachte Inspektionsersuchen als Maßstab der jeweiligen Kontrolltätigkeit dienen. So verzichtet etwa der BANGKOK-VERTRAG ganz auf eine vertragliche Fixierung des Kontrollmandats. Das Fehlen entsprechender Regelungen kann hier nur so verstanden werden, daß man bei den Vertragsverhandlungen davon ausging, der Rahmen einer Verdachtsinspektion werde im Einzelfall schon durch den Antrag hinreichend bestimmt.

RAROTONGA-, PELINDABA-, LANDMINEN- und CW-ÜBEREINKOMMEN sowie der CTBT überlassen es ausdrücklich den zuständigen Vertragsorganen, nähere Anordnungen über Aufgaben und Ziel der betreffenden Inspektionsmaßnahmen, ggf. auch über das Verfahren und die Vertraulichkeit zu treffen.[535] Insoweit zeichnen die Verträge lediglich den Rahmen vor, innerhalb dessen Vertragsorgane autonom über die Ausgestaltung des Mandats entscheiden. Den größten Gestaltungsspielraum eröffnet das LANDMINEN-ÜBEREINKOMMEN, nach dessen Art. 8 Abs. 8 *"[...] eine Mission zur Tatsachenfeststellung ermächtigt und deren Auftrag beschlossen"* wird. Eine nähere Präzisierung des Verifikationsmaßstabs sieht der Vertrag nicht vor.[536] Die Einzelheiten der Kontrollmaßnahme

534 Darauf weist zutreffend *M. Asada,* Effectiveness and Limitations of Challenge Inspection, in: Schoenbaum u.a. (Hrsg.), S. 227, 241, hin.

535 Siehe die Regelungen in Anhang 4 Abs. 5 Rarotonga-Vertrag; Art. 8 Abs. 8 Landminen-Übereinkommen; Art. IX Abs. 18 CWC; Teil II Abs. 42 CTBT-Protokoll.

536 Etwas mehr Gestalt geben Rarotonga- und Pelindaba-Vertrag dem Inspektionsmandat. Nach Anhang 4 Abs. 4 Rarotonga-Vertrag beschließt der Konsultativausschuß über *"[...] Aufgabe, Ziel, Vertraulichkeit und Verfahren [...]"* der Sonderinspektion. Nach Anhang IV Abs. 4 Pelindaba-Vertrag soll das von der Commission erstellte

sind für die inspizierte Partei daher kaum vorhersehbar, sondern ergeben sich vielmehr erst im Zuge der Autorisierung der betreffenden Mission.

Im Unterschied dazu verlangen CW-ÜBEREINKOMMEN und CTB-VERTRAG eine präzise Skizze des der jeweiligen Maßnahme zugrundeliegenden Mandats. Beispielhaft kann der CTBT herangezogen werden. Dort findet sich in Art. IV (D) folgende Regelung:

"Folgemaßnahmen nach Genehmigung einer Inspektion durch den Exekutivrat
[...]
(54) Der Generaldirektor erteilt einen Inspektionsauftrag für die Durchführung der Inspektion vor Ort. Der Inspektionsauftrag enthält die in Teil II Absatz 42 des Protokolls festgelegten Informationen."

Dazu führt das Protokoll zum CTBT in Teil II aus:

"Inspektionsauftrag
(42) Der Auftrag für eine Inspektion vor Ort enthält folgendes:
a) den Beschluß des Exekutivrats über das Ersuchen um eine Inspektion vor Ort;
[...]
c) die auf einer Karte kenntlich gemachte Lage des Inspektionsgebiets und seiner Grenzen [...];
d) die geplanten Arten von Tätigkeiten des Inspektionsteams im Inspektionsgebiet;
[...]".

Erteilt das zuständige Organ diesen Vorgaben gemäß einen Auftrag, so ist die Inspektion nach Rechtsgrundlage, Ort und Umfang deutlich umrissen. Der Vertrag sieht ferner vor, daß die Maßnahme dem inspizierten Staat gegenüber ***bekanntzugeben*** ist. Nach Art. IV Abs. 55 CTBT teilt der Generaldirektor der CTBTO der betreffenden Partei die Inspektion 24 Stunden vor dem Eintreffen der Kontrolleure am Punkt der Einreise mit.[537] Auch wenn dabei zur Erhaltung des Überraschungsmoments die genaue Inspektionsstätte nicht angegeben wird,

---

Inspektionsersuchen *"[...] the tasks and objectives of such inspection [...]"* vorzeichnen. Zu dieser Regelung siehe *E. Nwogugu,* Treaty of Pelindaba, in: African YIL 4 (1996), S. 227, 238.

537 Art. IX Abs. 15 CWC und Abs. 4 Anhang zum Bangkok-Vertrag sehen entsprechende Mitteilungen vor. Auch Abschnitt VIII Abs. 2 des KSE-Vertrags sieht eine Notifikation vor, die den Einreiseort und das Inspektionsgebiet umfaßt.
Demgegenüber können Anhang 4 Abs. 4 Rarotonga-Vertrag, Anhang 4 Abs. 4 Pelindaba-Vertrag so verstanden werden, daß keine inhaltlichen Angaben über die Kontrollmaßnahme gemacht werden.

sind Ziel und Reichweite der Beobachtungsmaßnahme für die betroffene Vertragspartei weitgehend vorhersehbar.[538]

Das Verfahren der Verdachtsinspektion wird insoweit zwar nicht an den rechtsstaatlichen Grundsätzen eines nationalen Verwaltungsverfahrens gemessen werden können. Betrachtet man aber Inhalt und Umfang der vorzunehmenden Konkretisierung und der Mitteilungspflichten, so finden sich hier etwa hinsichtlich Bekanntgabe und Bestimmtheit durchaus Maßstäbe, die den für den Bereich der Eingriffsverwaltung geltenden rechtsstaatlichen Grundsätzen zumindest nahe kommen.[539]

cc) Inspektionsdurchführung: Zeit und Ort

Für den effektiven Ablauf von Verdachtsinspektionen sind vor allem zwei Faktoren von entscheidender Bedeutung:[540] die Zeitspanne, die zwischen der Anordnung bis zum tatsächlichen Beginn der Visitationen liegt, und die Frage, welche Einrichtungen und Gegenstände das Objekt der Kontrollmaßnahmen sein können.

(1) Die Zeitspanne bis zum Inspektionsbeginn

Auch wenn Verdachtsinspektionen grundsätzlich keinerlei Beschränkungen durch Ablehnungsrechte oder Höchstzahlen unterworfen sind, hängt die Wirksamkeit des Verfahrens entscheidend davon ab, zu welchem Zeitpunkt der kontrollierten Partei der Ort der Besichtigung bekanntgegeben wird, wie rasch das Team ihn erreicht und Zugang erhält.[541] Um die Wahrscheinlichkeit der Entdeckung vertragswidriger Aktivitäten möglichst hoch zu halten, sollte die Zeitspanne zwischen Festlegung und Bekanntgabe der Visitationsstätte und dem tatsächlichen Beginn der Beobachtungen an Ort und Stelle möglichst kurz sein. Die Inspektionsstätte sollte der kontrollierten Partei also denkbar spät mitgeteilt werden, um ihr nur geringe Möglichkeit zu eröffnen, Anhaltspunkte und Beweise für tatsächliche oder mutmaßliche Vertragsverletzungen zu verschleiern oder zu verbergen.

538 Entsprechend stellt *M. Bothe*, General Overview, in: Bothe u.a. (Hrsg.), S. 1, 11, die Vorhersehbarkeit des Verdachtsverfahrens als ein Charakteristikum heraus.

539 Zum Bestimmtheitsgrundsatz des deutschen Rechts und seiner Rezeption im Völkerrecht *A. Watts*, International Rule of Law, in: German YIL 36 (1993), S. 15, 18 ff.

540 Dazu eingehend *R. Hanski*, On-Site Inspections, in: Bothe u.a. (Hrsg.), S. 37, 48.

541 Ausführlich zu diesem Hintergrund *M. Asada*, Effectiveness and Limitations of Challenge Inspection, in: Schoenbaum u.a. (Hrsg.), S. 227, 241.

Nur vage oder relativ großzügige Fristbestimmungen finden sich in den Verträgen über kernwaffenfreie Zonen. RAROTONGA und PELINDABA-VERTRAG sind insoweit nur unpräzise gefaßt. Beide Übereinkommen enthalten allein den Hinweis, daß das zuständige Vertragsorgan bestimmt, daß *"[...] die Sonderinspektion **so schnell wie möglich** durch eine Sonderinspektionsgruppe [...] durchgeführt wird"*.[542] Eine großzügige Fristbestimmung findet sich auch im BANGKOK-VERTRAG. Nach Abs. 4 des Anhangs bestimmt das zuständige Organ einen Termin für die Entsendung der Mission. Der tatsächliche Visitationsbeginn erfolgt spätestens drei Wochen nach Eingang des Inspektionsersuchens.

Eine präzise, aber *extrem kurze Fristbestimmung* enthält dagegen der KSE-VERTRAG. Gibt die inspizierende Partei am Punkt der Einreise die Inspektionsstätte bekannt, so entscheidet die inspizierte Partei innerhalb von zwei Stunden darüber, ob sie die Visitation ablehnt oder dem Ersuchen stattgibt.[543] Stimmt sie dem Begehren zu, so hat sie dafür Sorge zu tragen, daß das Beobachtungsteam spätestens neun Stunden nach Zustimmung an der Inspektionsstätte eintrifft. An Ort und Stelle kann sie den Beginn der Kontrolle bis zu vier Stunden verzögern.[544] Insgesamt liegt damit ein Zeitraum von höchstens 15 Stunden zwischen der Bekanntgabe der Inspektionsstätte und dem tatsächlichen Beginn der Kontrolle am Ort.[545]

Kalendermäßig genau bestimmte Fristvorgaben enthalten auch CW-, CTB- und LANDMINEN-ÜBEREINKOMMEN. Letzteres sieht in Art. 8 Abs. 11 vor, daß

> *"[d]ie Mitglieder der Mission zur Tatsachenermittlung [...] nach einer Vorankündigung von mindestens 72 Stunden bei der frühesten Gelegenheit im Hoheitsgebiet des ersuchten Vertragsstaats [...]"*

eintreffen. Mangels anderweitiger Bestimmungen über den Beginn der Kontrolltätigkeit vor Ort kann diese Vorschrift nur so verstanden werden, daß mit diesem Zeitpunkt zugleich auch die Eröffnung der Inspektion an der betreffenden Stätte bezeichnet werden soll.[546] Die Frist umfaßt also auch die Zeit für den Transport vom Einreisepunkt zu der Zieleinrichtung.

---

542 Anhang 4 Abs. 4 Rarotonga-Vertrag [Hervorhebung v. Verf.]. Die Vorschrift stimmt insoweit nahezu wörtlich mit Anhang IV Abs. 4 des Pelindaba-Vertrags überein.

543 Abschnitt VIII Abs. 4 und 5 Inspektionsprotokoll zum KSE-Vertrag.

544 Abschnitt VIII Abs. 6 Inspektionsprotokoll zum KSE-Vertrag.

545 Ausführlich zu den Notifikationsfristen siehe *P. Dunay*, Verifying Conventional Arms Limitations, S. 103 f.

546 So auch *K. Calvo Goller*, Convention Banning Anti-personnel Mines, in: Israel LR 32 (1998), S. 645, 672.

Der CTB-VERTRAG sieht in Art. IV (D) Abs. 53 vor, daß das Inspektionsteam spätestens sechs Tage nach Eingang des Visitationsbegehrens beim Exekutivrat am Punkt der Einreise eintrifft. Spätestens 24 Stunden vor dem geplanten Eintreffen der Kontrolleure am Einreisepunkt notifiziert der Generaldirektor der CTBTO dem inspizierten Staat die Maßnahme und gibt das Verifikationsgebiet bekannt.[547] Vom Ort der Einreise aus erreicht das Inspektionsteam in spätestens 36 Stunden die zu untersuchende Stätte, an der es höchstens 72 Stunden nach der Ankunft am Einreisepunkt die Besichtigungstätigkeit aufnimmt.[548] Zwischen Mitteilung über die Durchführung einer Verdachtsinspektion und deren tatsächlichem Beginn vergehen insgesamt also maximal 96 Stunden, d.h. vier Tage.

Die größte Zeitspanne vergeht unter dem CW-ÜBEREINKOMMEN: Der Generaldirektor der OPCW meldet dem inspizierten Vertragsstaat spätestens 12 Stunden vor der geplanten Ankunft am Punkt der Einreise das Inspektionsersuchen.[549] Am Einreisepunkt und später in der Nähe des Zielorts handeln das Inspektionsteam und der betreffende Vertragsstaat die äußeren Grenzen der Inspektionsstätte (sog. "perimeter") aus. Für die Verhandlungen über die Außengrenze und für den Transport des Inspektionsteams in die Nähe der Inspektionsstätte ist ein Zeitraum von maximal 108 Stunden nach Ankunft am Einreisepunkt vorgesehen.[550] Der inspizierte Staat hat mithin höchstens 120 Stunden, also fünf Tage Zeit, sich auf die Kontrolle einer bestimmten Einrichtung einzustellen.[551]

Im Vergleich zu den Zeitvorgaben des KSE-VERTRAGS erscheinen diejenigen von CTBT, CWC und LANDMINEN-ÜBEREINKOMMEN relativ lang. Alle drei Verträge enthalten überdies Regelungen, denen zufolge die Inspektionsstätte der kontrollierten Partei *vorab* bekanntzugeben ist. Die Frage, ob durch derartige Mitteilungen nicht das Überraschungsmoment und damit die Wirksamkeit der Kontrolle insgesamt zu stark abgeschwächt werden, läßt sich auf normativer Ba-

547 Art. IV (D) Abs. 55 CTBT.

548 Abschnitt D Para. 36 und Abschnitt E Para. 57 Protokoll zum CTBT.

549 Vgl. Art. IX Abs. 15 CWC; Teil X Abs. 11 Verifikationsanhang. Mit den einschlägigen Fristbestimmungen beschäftigt sich ausführlich *T. Kurzidem,* Challenge Inspections, in: Bothe u.a. (Hrsg.), S. 249, 260 ff.

550 Teil X Abs. 39 Verifikationsanhang. Dieser Zeitraum setzt sich aus maximal 36 Stunden für die Beförderung vom Einreisepunkt sowie maximal 72 Stunden für Verhandlungen über die Außengrenze der Inspektionsstätte zusammen, vgl. Teil X Abs. 19 und 21 Verifikationsanhang. *T. Kurzidem* (Conflict Management, in: Bothe u.a. [Hrsg.], S. 287, 313), weist zu Recht auf die konfliktvorbeugende und –lösende Funktion derartiger Verfahrensregelungen hin.

551 Ein Verhandlungspapier von USA, Großbritannien, Japan und Australien sah ursprünglich sogar eine Spanne von 168 Stunden, also sieben Tage, zwischen Mitteilung und tatsächlichem Inspektionsbeginn vor. Siehe CD-Doc. CD/CW/WP.352 v. 15. Juli 1991, Para. 10.

sis allein nicht sinnvoll erörtern. Hier wird vielmehr die Staatenpraxis abzuwarten sein.[552] Unter Experten jedenfalls gibt es unterschiediche Auffassungen darüber, wie zügig eine Verdachtsinspektion zu erfolgen hat, um vertragswidriges Verhalten noch aufdecken zu können. Dies zeigte sich etwa in den Verhandlungen zum CW-ÜBEREINKOMMEN. Einerseits vertrat ein früherer US-Botschafter und Unterhändler in der Genfer Abrüstungskonferenz hier die Auffassung, daß

> *"[... e]ven after intensive cleanup efforts at storage or production facilities, an inspection team with sophisticated instrumentation can determine whether chemical weapons-related chemicals have been present".*[553]

Auf der anderen Seite steht die Aussage eines hohen Beamten der US-amerikanischen Regierung, der die Ansicht vertritt, daß

> *"[...] you can clean up a chemical plant in 12 hours, or maybe as few as eight, and make it look like a factory for producing medicine".*[554]

(2) Der Inspektionsort

Ebenso wichtig wie der Zeitraum bis zum tatsächlichen Beginn einer Verdachtsinspektion ist die Frage, welche Objekte Gegenstand der Kontrolle sein können. Um Gewißheit zu erlangen, daß eine Partei ihre vertraglichen Pflichten umfassend einhält, müssen die Inspektoren im Verdachtsverfahren Zugang zu allen Orten im Hoheitsgebiet einer Vertragspartei erhalten, an denen Beweismittel für eine mutmaßliche Vertragsverletzung aufgefunden werden können. Idealtypisch gedacht, müßten damit nicht nur gemeldete, sondern vor allem nichtgemeldete Inspektionsstätten Verifikationsmaßnahmen unterzogen werden können.

Einen Anspruch auf ***unbeschränkten Zugang zu allen Orten*** innerhalb des räumlichen Geltungsbereichs gewährten zuerst die Verträge über staatsfreie Räume. So eröffnet der ANTARKTIS-VERTRAG den Inspektoren *"[...] jederzeit*

---

552 Das Verhandlungspapier von USA, Großbritannien, Japan und Australien (CD-Doc. CD/CW/WP.352 v. 15. Juli 1991) zum CW-Übereinkommen sah in Para. 6 zunächst vor, der inspizierten Partei die Inspektionsstätte erst 24 Stunden nach Eintreffen der Inspektoren am Ort der Einreise mitzuteilen. Diese Position hat sich jedoch nicht durchsetzen können.

553 *C. Floweree,* Chemical Weapons Convention, in: Arms Control Today 22 (1992), S. 3, 5, unter Berufung auf amerikanische Regierungsexperten.

554 Zitiert nach *M. Asada,* Effectiveness and Limitations of Challenge Inspection, in: Schoenbaum u.a. (Hrsg.), S. 227, 243.

völlig freien Zugang zu allen Gebieten der Antarktis".[555] Nach WELTRAUM-, MOND- und MEERESBODEN-VERTRAG sind *"[...] alle Stationen, Einrichtungen, Geräte und Raumfahrzeuge auf dem Mond und anderen Himmelskörpern [...]"* sowie alle *"[...] Gegenstände, Bauten, Anlagen oder sonstige Einrichtungen [...]"* frei zugänglich.[556] Der WELTRAUM-VERTRAG macht indes den Vorbehalt, daß die Vertragsparteien ihre Einrichtungen *"[...] auf der Grundlage von Gegenseitigkeit [...]"* öffnen. Die Bedeutung dieser Klausel ist strittig. Richtigerweise wird sie so zu verstehen sein, daß derjenige Staat seine Inspektionsberechtigung verwirkt, der Beobachtungen in eigenen Stationen verweigert.[557]

Während vorgenannte Verträge nur souveränitätsfreie Räume betreffen, sehen RAROTONGA- und PELINDABA-VERTRAG die Möglichkeit vor, innerhalb von Hoheitsgebieten uneingeschränkt an jedem Ort Inspektionen vornehmen zu können. Entsprechend hat nach Anhang 4 Abs. 6 zum RAROTONGA-VERTRAG jede Sonderinspektion

> *"[...] unbeschränkten und freien Zugang zu allen Unterlagen und Orten innerhalb des Hoheitsgebiets, die erheblich sind, um die Sonderinspektoren in den Stand zu setzen, die ihnen durch den Konsultativausschuß erteilten Weisungen auszuführen".*[558]

Bestehen wie bei vorgenannten Verträgen keinerlei Beschränkungen für den Zutritt der Kontrollteams zur Inspektionsstätte, läßt sich die Pflicht, eine Inspektion zuzulassen, bereits *a maiore ad minus* aus der uneingeschränkt gewährten Zugangsberechtigung herleiten. Eine Reihe von Verträgen, wie CW-ÜBEREINKOMMEN und CTBT, enthält jedoch ***Zugangsregelungen***. Als Kehrseite der Begrenzungen weisen diese Verträge dann explizite Duldungspflichten auf. So heißt es in Art. IV CTBT:

> *"[...]*
> *Durchführung einer Inspektion vor Ort*
> *(56) Jeder Vertragsstaat erlaubt der Organisation, in seinem Hoheitsgebiet oder an jedem Ort unter seiner Hoheitsgewalt oder Kontrolle eine Inspektion vor Ort in Übereinstimmung mit diesem Vertrag und dem Protokoll durchzuführen. [...]"*[559]

---

555 Art. VII Abs. 2 Antarktis-Vertrag.

556 Vgl. Art. XII Weltraum-Vertrag; Art. XV Abs. 1 S. 2 Mond-Vertrag; Art III Abs. 2 S. 2 Meeresboden-Vertrag.

557 So *R. Wolfrum,* Internationalisierung staatsfreier Räume, S. 283 unter Verweis auf die Entstehungsgeschichte. *K. Stendahl* (Verification in the 'Global Commons', in: Bothe u.a. [Hrsg.], S. 59, 73) sieht die Regelung als Anlaß für den Hinweis, daß das Inspektionsverfahren unter den anderen Verträgen "in Analogie zum Antarktis-Vertrag" in einer von Kooperation und Konsens geprägten Weise ausgeübt werden soll.

558 Ähnlich Anhang IV Abs. 4 *lit.* c Pelindaba-Vertrag.

559 Eine vergleichbare Regelung enthält Art. IX Abs. 10 CW-Übereinkommen.

In Hinblick auf Art und Umfang der Zugangsbeschränkungen variieren die Verträge sichtbar. Am knappsten gehalten ist insoweit der BANGKOK-VERTRAG. Auf der einen Seite ist die inspizierte Partei nach Abs. 5 des Anhangs gehalten, *"[...] unimpeded access of the fact-finding mission to the location in question"* zu gewähren. Gleichzeitig ist sie jedoch befugt,

> *"[...] to take measures to protect sensitive installations and to prevent disclosures of confidential information and data not related to the Treaty".*[560]

Da Ausführungsvorschriften bislang nicht ergangen sind, bleibt abzuwarten, wie die Regelung praktisch zu handhaben sein wird.

Beschränkungen des Zugangsrechts bestehen auch unter dem LANDMINEN-ÜBEREINKOMMEN. Nach Art. 8 Abs. 14 gewährt jeder Vertragsstaat *"[...] Zugang zu allen Bereichen und Einrichtungen unter seiner Kontrolle, in denen Tatsachen im Zusammenhang mit der Frage der Nichteinhaltung ermittelt werden könnten [...]."* Diese Regelung ist unbestimmt und hemmt daher die Wirksamkeit der Kontrolle.[561] Zum einen dürfen nur Objekte besichtigt werden, an denen mit der Ermittlung von Fakten gerechnet werden kann. Überdies muß *a priori* feststehen, daß diese Informationen geeignet sind, zur Aufklärung einer Frage der Nichteinhaltung beizutragen.[562] Schließlich kann dabei die Tatsachenermittlung Beschränkungen unterworfen werden, die die inspizierte Vertragspartei für erforderlich hält

> *"a) zum Schutz sicherheitsempfindlicher Ausrüstungsgegenstände, Informationen und Bereiche,*
> *[...] oder*
> *c) zum Schutz der körperlichen Unversehrtheit und für die Sicherheit der Mitglieder der Mission zur Tatsachenfeststellung".*[563]

Macht der inspizierte Vertragsstaat von dieser Möglichkeit Gebrauch, so ist er gleichwohl gehalten, die vertragsgemäße Durchführung des Übereinkommens auf andere Art unter Beweis zu stellen.[564] Letztlich wird jedoch nur der Einblick

---

560 Anhang Abs. 6 zum Bangkok-Vertrag.

561 Siehe insoweit etwa die Analyse von *K. Calvo Goller,* Convention Banning Antipersonnel Mines, in: Israel LR 32 (1998), S. 645, 674.

562 *B. Gustafsson,* Challenge Inspections, S. 41, weist darauf hin, daß die inspizierte Vertragspartei die gesuchten Gegenstände etc. nur an einem Ort zu verbergen braucht, an dem nicht damit gerechnet werden kann, daß dort entsprechende Beweise aufzufinden sind. Eine Inspektion dieser Stätte wäre nicht möglich.

563 Art. 8 Abs. 14 Landminen-Übereinkommen.

564 *Ibid.*

in fragwürdige Vorgänge und Objekte über die Erfüllung des Übereinkommens Gewißheit geben können. Derartig restriktive Zugangsregelungen bedeuten daher insgesamt eine nicht unerhebliche Beschränkung der Kontrolleffektivität. Daher wurde schon davon gesprochen, daß einer Mission zur Tatsachenfeststellung hier überhaupt die Möglichkeit der Informationsermittlung genommen wird.[565]

Eine dem LANDMINEN-ÜBEREINKOMMEN vergleichbare Regelung findet sich im KSE-VERTRAG. Der Vertrag gestattet Verdachtsinspektionen grundsätzlich an jedem Ort, d.h. an gemeldeten militärischen Standorten und auch außerhalb deklarierter militärischer Objekte.[566] Betreffen die Kontrollen zivile Einrichtungen, so gelten in vielen Staaten verfassungsrechtliche Beschränkungen zum Schutz von Privaträumen vor ungerechtfertigten Durchsuchungen und Beschlagnahmen.[567] Daneben räumt der KSE-VERTRAG prinzipiell das Recht ein, den Zugang zu einem von der inspizierenden Vertragspartei bestimmten Gebiet zu verweigern. Macht die betreffende Partei davon Gebrauch, so hat sie

"[...] jegliche angemessene Zusicherung [zu geben], daß in dem spezifizierten Gebiet keine durch den Vertrag begrenzten konventionellen Waffen und Ausrüstungen vorhanden sind".[568]

Eine derartige Kontrolltätigkeit wird auf die Quote nicht angerechnet. Das Inspektionsteam kann entweder eine andere Stätte für eine Visitation benennen oder die Maßnahme für beendet erklären.[569]

Zugangsregelungen enthalten auch CTB- und CW-ÜBEREINKOMMEN. Ein Konzept des kontrollierten Zugangs ("managed access"), das den Verträgen zu-

565 So *K. Calvo Goller*, Convention Banning Anti-personnel Mines, in: Israel LR 32 (1998), S. 645, 674.

566 Vgl. die Denkschrift zum Entwurf eines Gesetzes zur Ratifizierung des KSE-Vertrags durch die Bundesrepublik Deutschland, BT-Drs. 12/1133, S. 151, 160.

567 Die Bundesrepublik Deutschland hat während der Verhandlungen zwei Erklärungen abgegeben, die sie bei Ratifikation erneuert hat. Deutschland weist darauf hin, daß auch Produktionsstätten der gewerblichen Wirtschaft Gegenstand von Inspektionen sein können. Jedoch dürfen aufgrund des verfassungsrechtlichen Schutzes der Wohnung (Art. 13 Abs. 1 GG) Verdachtsinspektionen nicht in Räumen durchgeführt werden, die dem Wohnen dienen, und nicht außerhalb der üblichen Betriebs- und Geschäftszeiten. Die von Deutschland abgegebenen Erklärungen sind abgedruckt als Anlage C zur Denkschrift zum Entwurf eines Gesetzes zur Ratifizierung des KSE-Vertrags durch die Bundesrepublik Deutschland, BT-Drs. 12/1133, S. 151, 168. Ausführlich zu den Erklärungen auch *P. Dunay*, Verifying Conventional Arms Limitations, S. 105.

568 Abschnitt VIII Abs. 9 (A) Inspektionsprotokoll zum KSE-Vertrag.

569 *Ibid.*, Abschnitt VIII Abs. 9 (B).

grunde liegt, gestattet es der betreffenden Vertragspartei, den Zugang innerhalb des Inspektionsgebiets zu beschränken. Diese Maßnahme soll ihren Interessen am Schutz sicherheitsempfindlicher Einrichtungen und Orte sowie vertraulicher Informationen Rechnung tragen.[570] Durch detailgenaue Regelungen kann dabei allen denkbaren Konfliktszenarien weitgehend vorgebeugt werden.[571]

Unter dem CW-ÜBEREINKOMMEN unterliegt bereits die endgültige Außengrenze des Untersuchungsgebiets Verhandlungen.[572] Bezieht sich die Inspektion auf eine Stätte mit der Außengrenze einer gemeldeten Einrichtung oder ist diese in ihr enthalten, so wird die gemeldete Außengrenze als endgültige Außengrenze betrachtet.[573] Andernfalls schlägt der inspizierte Vertragsstaat, sofern er mit der beantragten Außengrenze nicht einverstanden ist, eine alternative Außengrenze vor. Erklärt sich das Beobachtungsteam mit dem Vorschlag einverstanden, so wird diese zur endgültigen Außengrenze, andernfalls werden die Verhandlungen über die Außengrenze spätestens nach 24 Stunden beendet. Konnte eine Verständigung nicht erzielt werden, so wird die alternative Außengrenze zur endgültigen und das Team wird an die Inspektionsstätte verbracht.[574]

Die Inspektion innerhalb der (endgültigen) Untersuchungsstätte folgt einem in beiden Verträgen ähnlich gerelten Verfahren. Dabei werden

> *"[...] Art und Umfang des Zugangs zu einem oder mehreren bestimmten Orten innerhalb dieser Außengrenzen [...] zwischen dem Inspektionsteam und dem inspizierten Vertragsstaat entsprechend den Bestimmungen über den kontrollierten Zugang ausgehandelt".*[575]

Grundsätzlich ist der inspizierte Vertragsstaat verpflichtet, *im Rahmen seiner verfassungsrechtlichen Bestimmungen* in größtmöglichem Umfang Zugang zu gewähren.[576] Macht der betreffende Staat von seinem Recht auf Beschränkung

570 Vgl. die Denkschrift zum Entwurf eines Gesetzes zur Ratifzierung des Vertrags über das umfassende Verbot von Nuklearversuchen durch die Bundesrepublik Deutschland, BT-Drs. 13/10075, S. 111, 117.

571 Zur deeskalierenden Wirkung des "managed access"-Prinzips siehe *T. Kurzidem,* Conflict Management, in: Bothe u.a. (Hrsg.), S. 287, 314.

572 Teil X Abs. 14 CW-Verifikationsanhang.

573 *Ibid.*, Abs. 15 *lit.* b.

574 *Ibid.*, Abs. 16-20.

575 *Ibid.*, Abs. 38, ähnlich Teil II Abs. 91 Protokoll zum CTBT.

576 Dies folgt aus der Pflicht der Vertragsparteien, materielle und prozedurale Pflichten *bona fide* zu erfüllen, Art. 26 WVK. In vielen Staaten bestehen dabei verfassungsrechtliche Schranken, die zu beachten sind.
Zu den Beschränkungen, die sich in Deutschland aus dem Grundrecht auf Unverletzlichkeit der Wohnung (Art. 13 Abs. 1 GG) ergeben, ausführlich *C. Bundscherer,* Deutschland und das CW-Übereinkommen, S. 182 ff. Zu den USA etwa *D. Kop-*

des Zutritts zu bestimmten Plätzen, Einrichtungen oder Informationen Gebrauch, so hat er sich nach besten Kräften zu bemühen, zur Aufklärung einer mutmaßlichen Nichteinhaltung gegenteilige Beweise vorzulegen. Insbesondere ist er berechtigt, die Preisgabe von Informationen, die mit Ziel und Zweck der Inspektion nicht in Zusammenhang stehen, durch entsprechende Maßnahmen, wie Abdecken und die Beschränkungen von Zugang, Probenentnahme und Messungen, zu verhindern.[577] Weist das Inspektionsteam glaubhaft nach, daß die im Auftrag festgelegten Tätigkeiten nicht von außen vorgenommen werden können, so hat der betreffende Staat unter dem CTBT zumindest einigen Mitgliedern des Untersuchungsteams Zugang zu gewähren.[578] Insgesamt läßt sich damit unter dem CTBT der Zutritt zu bestimmten Einrichtungen nicht verhindern; der inspizierten Partei verbleibt aber die Möglichkeit, ihn wesentlich zu verlangsamen.[579]

(3) Zwischenergebnis

Für die Wirksamkeit von Verdachtsinspektionen von zentraler Bedeutung ist die Zeitspanne, die zwischen der Ankündigung der Maßnahme und dem tatsächlichen Beginn an Ort und Stelle vergeht. Dessen ungeachtet enthalten die Verträge über kernwaffenfreie Zonen hierzu nur großzügige oder unbestimmte Vorgaben. Mit nur 15 Stunden kennt der KSE-VERTRAG die kürzeste Frist; sie beginnt mit dem Eintreffen des Inspektionsteams am Ort der Einreise. Längere Fristen mit 72-120 Stunden finden sich bei LANDMINEN-, CW- und CTB-ÜBEREINKOMMEN. Unter den letzteren beiden Verträgen sind in den betreffenden Zeiträumen überdies Verhandlungen zu führen, bei denen sich die Beteiligten über die endgültigen Außengrenzen des Untersuchungsgebiets zu verständigen haben.

Neben der Frage, wieviel Zeit bis zum Beginn der Verdachtsinspektion verstreicht, hängen die Eingriffstiefe und somit die Wirksamkeit einer Visitation entscheidend davon ab, ob für bestimmte Einrichtungen und Gegenstände Zugangs- und Beobachtungsbeschränkungen bestehen. Solche fehlen zunächst in

---

low, Arms Control Inspection, in: NYULR 63 (1988), S. 229 ff.; *J. Hersey/A. Ventura,* Challenging Challenge Inspections, in: Florida SULR 25 (1998), S. 569 ff.; *D. Bing-Zaremba,* Chemical Weapons Inspectors, in: Temple ICLJ 11 (1997), S. 57 ff.

577 Teil II Abs. 88, 89 Protokoll zum CTBT. Ausführlich zu den Parallelvorschriften der CWC, Teil X Abs. 42, 48, 52 CW-Verifikationsanhang, siehe *T. Kurzidem,* Challenge Inspections, in: Bothe u.a. (Hrsg.), S. 249, 267 ff.

578 Teil II Abs. 96 Protokoll zum CTBT.

579 Auch Teil X Abs. 41 CW-Verifikationsanhang betont, daß das Konzept des "kontrollierten Zugangs" vom inspizierten Vertragsstaat nicht herangezogen werden darf, um *"[...] die Unterlassung seiner Verpflichtung, keine nach diesem Übereinkommen verbotenen Tätigkeiten vorzunehmen, zu verschleiern."*

den Konventionen über staatsfreie Räume, die den Inspektionsteams durchweg unbeschränkten Zutritt eröffnen. Auch RAROTONGA- und PELINDABA-VERTRAG gewähren Sonderinspektoren freien und uneingeschränkten Zugang. Die Eintrittsberechtigung brauchte bei diesen Verträgen nicht mehr positiv formuliert zu werden, sie folgt vielmehr als Kehrseite aus dem Fehlen ausdrücklicher Restriktionen.

Auch bei den großen mehrseitigen Verträgen reicht die Zutrittsbefugnis prinzipiell über gemeldete Einrichtungen, die auch durch Routineinspektionen überwacht werden können, hinaus. In diesen Konventionen finden sich einerseits explizite Duldungspflichten, andererseits enthalten sie jedoch konkrete Zugangsbeschränkungen oder Ermächtigungsnormen, die es der inspizierten Partei gestatten, Maßnahmen zum Schutz sicherheitsempfindlicher Einrichtungen und Informationen zu treffen. Sehr weitreichende Regelungen dieser Art finden sich in LANDMINEN- und KSE-VERTRAG. Hier können die Parteien den Zutritt zu bestimmten Anlagen und Gebieten verhindern, wenn sie Beweismittel dafür vorlegen, daß in den Bereichen keine vertraglich geregelten Kampfstoffe und Ausrüstungen vorhanden sind. Zum Teil ergeben sich weitere Restriktionen aus den verfassungsrechtlichen Bestimmungen einiger Staaten, die Durchsuchungen und Beschlagnahmen in Privaträumen einschränken. So hat die Bundesrepublik Deutschland etwa zum KSE-VERTRAG Erklärungen abgegeben, die die betroffene Privatindustrie vor beliebigen Untersuchungsakten schützen sollen. Entsprechende Mitteilungen wurden von Deutschland und anderen Staaten auch im Rahmen der Industrieverifikation zum CW-ÜBEREINKOMMEN abgegeben.

Wurden bei CTB- und CW-VERTRAG die Verdachtsinspektionen durch die Aufsichtsbehörde genehmigt, so läßt sich der Zutritt der Inspektoren zu bestimmten Gebieten und Einrichtungen nicht vollständig verhindern. Im Wege des "managed access"-Verfahrens, das im Wesentlichen auf einem Diskurs der Beteiligten beruht, besteht vielmehr nur die Möglichkeit, den Zugang zu verzögern und zu steuern. So müssen beim CTBT letztlich alle Verifikationsobjekte zumindest einigen Inspektoren zur Besichtigung freigegeben werden, falls die Überprüfung nicht auf andere Weise möglich ist. Insgesamt werden diese Verträge also dem in den 1980er Jahren von den USA formulierten Postulat der "anywhere"-Inspektionen noch gerecht. Im Übrigen erfüllen es lediglich die Verträge über staatsfreie Räume und mit BANGKOK- und PELINDABA-VERTRAG die modernen Regionalabkommen über kernwaffenfreie Zonen. Bei letzteren,[580] wie auch beim CTBT[581], sind die USA – jedenfalls bislang – keine Vertragspartei.

580 Zur amerikanischen Position zu kernwaffenfreien Zonen siehe *M. Rosen*, Nuclear Weapons Free Zones, in: Duke JCIL 8 (1997), S. 29 ff.

dd) Abschlußberichte und Informationsauswertung

Bei Verdachtsinspektionen, die mit Blick auf zweifelhaft erscheinende Momente und Handlungen eingeleitet werden, kommt der Auswertung der erlangten Informationen und Daten besondere Bedeutung zu. Bei der Evaluierung ist zu klären, ob sich der Anfangsverdacht aufgrund der ermittelten Tatsachen hat erhärten lassen oder nicht. Näheren Aufschluß darüber, wie die Beteiligten hier zu einer Entscheidung gelangen, geben die normativen Grundlagen der Verfahrensbeendigung. Wie bei den Routineinspektionen sind dies zum einen die Vorgaben für die am Ende einer Maßnahme zu erstellenden Schlußberichte der Inspektionsteams, zum anderen die Bestimmungen über die Auswertung der ermittelten Informationen.[582]

(1) Abschlußberichte

Bei Inspektionsmaßnahmen unter ANTARKTIS-, WELTRAUM-, MEERESBODEN- und MOND-VERTRAG ist ein Abschlußbericht nicht vorgesehen. Mangels Institutionalisierung sehen die Verträge Inspektionen als rein nationale Kontrollmaßnahmen an, bei denen die inspizierende Vertragspartei intern von ihrem Beobachtungsteam über das Ergebnis der Beweisaufnahme unterrichtet wird. Eines völkerrechtlich determinierten Abschlußberichts bedarf es also nicht.

Eine konkrete Aussage zum Abschlußbericht macht auch das LANDMINEN-ÜBEREINKOMMEN nicht. Nach Art. 8 Abs. 17 berichtet eine Mission zur Tatsachenermittlung auf einem regulären oder außerordentlichen Treffen der Vertragsstaaten *"[...] über den Generalsekretär der Vereinten Nationen über die Ergebnisse ihrer Feststellungen."* Während diese Regelung zwar den UN-Generalsekretär in Pflicht nimmt und ihm im Rahmen des Datenflusses eine Briefkasten-Funktion zuweist,[583] bleibt dabei offen, inwieweit die Inspektoren eine Auswertung vornehmen. Daß das Inspektionsteam über "Ergebnisse" berichten soll,

---

581 Der CTBT scheiterte im US-amerikanischen Senat u.a. an dem Vorwurf, der Vertrag sei nicht umfassend verifizierbar. Dazu ausführlich *H. Müller,* US-Senatsabstimmung über CTBT, in: FW 75 (2000), S. 163, 172 ff.; siehe ferner *N. Busse,* Ermutigende Signale, in: FAZ v. 10. November 1999, mit Replik von *S. Seidel,* Atomteststopp-Vertrag, in: FAZ v. 18. November 1999.

582 Siehe dazu bereits oben unter B.I.3.b).cc).

583 Die Denkschrift zum Entwurf eines Gesetzes zur Ratifzierung des Landminen-Übereinkommmens durch die Bundesrepublik Deutschland (BT-Drs. 13/9817, S. 24, 29) hebt insoweit etwas lakonisch die "aktive Rolle des UN-Generalsekretärs bei der Verifikation" hervor.

läßt immerhin den Schluß zu, daß eine Verdichtung des Tatsachenmaterials erfolgt. Im Übrigen dürfte hier Bedarf für nähere Präzisierung bestehen.

Recht unterschiedliche Regelungen enthalten die Verträge über kernwaffenfreie Zonen. Im BANGKOK-VERTRAG finden sich nur vage Vorgaben für Abschlußberichte. Nach Abs. 7 *lit.* c und d des Anhangs übersendet eine Mission zur Tatsachenermittlung zunächst *"[...] preliminary or interim reports to the Executive Committee".* Schließlich soll die Inspektion *"[...] complete its task with undue delay and shall submit its final report to the Executive Committee within a reasonable time upon completion of its work."* Neben dem Fehlen inhaltlicher Leitlinien für die Abfassung der Abschlußberichte ist problematisch, daß auch in zeitlicher Hinsicht keine hinreichend bestimmten Vorgaben gemacht werden, wann Reporte zu präsentieren sind.

Ausführlichere inhaltliche Maßstäbe für die Erstellung von Abschlußberichten finden sich bei den anderen beiden Verträgen über atomwaffenfreie Zonen. So heißt es in Anhang 4 zum RAROTONGA-VERTRAG, der dabei wörtlich mit dem PELINDABA-VERTRAG[584] übereinstimmt:

> *"[...]*
> *(8) Die Sonderinspektoren berichten schriftlich so schnell wie möglich dem Konsultativausschuß, indem sie ihre Tätigkeit umreißen, ausführlich erhebliche von ihnen ermittelte Tatsachen und Informationen mit, soweit dienlich, sie tragendem Beweis und Dokumentierung darlegen,* ***und ihre Schlußfolgerungen*** *vortragen. [...]"*[585]

Eine Inspektionsgruppe wird zwar vor allem Fakten berichten und keine *abschließenden* Feststellungen zur Rechtslage treffen. Die Befugnis, "Schlußfolgerungen" an die zuständigen Organe zu richten, macht aber deutlich, daß sie die gewonnenen Informationen auch *rechtlich bewerten* muß.

Dem KSE-VERTRAG, dessen Aufsicht auf einem Nebeneinander von Verdachts- und Routinemaßnahmen beruht, fehlen besondere Regelungen über den Schlußbericht bei Verdachtsinspektionen. Nach den allgemeinen Vorschriften über Vor-Ort-Untersuchungen, die insoweit subsidiär gelten, fertigt die Inspektionsgruppe nach Beendigung einer Maßnahme einen standardisierten Bericht an.[586] Ist der Inspektionsbericht vom Leiter des Beobachtungsteams und der inspizierten Partei unterzeichnet, gilt die Maßnahme als abgeschlossen.[587] Der Be-

---

584 Anhang IV Abs. 4 *lit.* e Pelindaba-Vertrag.

585 Hervorhebung v. Verf.

586 Vgl. Abschnitt XII KSE-Inspektionsprotokoll. Siehe dazu die Denkschrift zum Entwurf eines Gesetzes zur Ratifizierung des KSE-Vertrags durch die Bundesrepublik Deutschland, BT-Drs. 12/1133, S. 151, 160.

587 Abschnitt VI Abs. 39 KSE-Inspektionsprotokoll.

richt ist faktenbezogen und gibt die durch Beweismittel wie Fotos und Meßdaten belegten Feststellungen wider.[588]

Auch bei den Sicherungsmaßnahmen der IAEO zum NV-VERTRAG besteht kein eigenes Rechtsregime für die Erstellung der Schlußberichte bei Sonderinspektionen. Vielmehr erstatten die Kontrolleure ebenso wie bei Routinemaßnahmen an den Generalinspektor Bericht.[589]

Im CW-ÜBEREINKOMMEN dagegen finden sich neben den allgemein für Abschlußberichte zu Inspektionsmaßnahmen geltenden Vorschriften noch einige Sonderregeln für Verdachtskontrollen,[590] die denen des CTB-VERTRAGS weitgehend entsprechen. Danach kommt das Beobachtungsteam binnen 24 Stunden nach Ende der Maßnahme mit dem Vertreter der inspizierten Vertragspartei zusammen, um die vorläufigen Feststellungen zu prüfen und Zweifelsfragen zu klären. Jener erhält einen vorläufigen Bericht über die Feststellungen des Teams, der von beiden Seiten unterschrieben wird.[591] Der Bericht, der zunächst *"[...] ganz allgemein die von dem Inspektionsteam vorgenommenen Tätigkeiten und seine festgestellten Tatsachen"* zusammenfaßt, geht auch auf die vor Ort geleistete Zusammenarbeit und den Umfang des gewährten Zugangs ein.[592] Insoweit hat das Untersuchungsteam zwar die geleistete Kooperation zu bewerten, juristische Schlüsse zieht es aber nicht.[593] Schließlich wird der Report dem Generaldirektor der OPCW bzw. der CTBTO präsentiert.

(2) Informationsauswertung

Neben der Erstellung der Inspektionsberichte ist zu untersuchen, ob und ggf. in welcher Weise die als Empfänger benannten Stellen die ihnen zugeflossenen Informationen tatsächlich und/oder rechtlich bewerten.[594]

Während WELTRAUM- und MOND-VERTRAG keine entsprechenden Regelungen enthalten, finden sich in ANTARKTIS- und MEERESBODEN-VERTRAG unbestimmte Hinweise. Nach Art. IX Abs. 3 ANTARKTIS-VERTRAG werden die Berichte der Inspektoren *"[...] den Vertretern der Vertragsparteien übermittelt, die*

---

588 Siehe dazu bereits oben B.I.3.b).cc).

589 Siehe dazu *ibid.*

590 Sie finden sich vor allem in Teil X (D) Abs. 59-61 CW-Verifikationsanhang. Siehe dazu *T. Kurzidem,* Challenge Inspections, in: Bothe u.a. (Hrsg.), S. 249, 271 ff.

591 Abs. 109 CTBT-Protokoll; vgl. Teil II Abs. 50 CW-Verifikationsanhang.

592 Siehe Art. IX Abs. 21 CWC i.V.m. Teil X Abs. 59 CW-Verifikationsanhang; ähnlich Art. IV Abs. 62 CTBT.

593 So deutlich *T. Kurzidem,* Challenge Inspections, in: Bothe u.a. (Hrsg.), S. 249, 271 f. Die Inspektoren sind ferner berechtigt, abweichende Stellungnahmen anzufügen.

594 Siehe dazu bereits oben B.I.3.b).cc).

an den in Absatz 1 genannten Tagungen teilnehmen". Hier kommt es mangels institutioneller Absicherung zwar nicht zu einer internationalen Auswertung, immerhin ist aber die Weitergabe der Inspektionsergebnisse an bestimmte Parteien vorgesehen.[595] Einen Schritt weiter geht der MEERESBODEN-VERTRAG: In Art. III Abs. 2 heißt es, daß *"[...] die Vertragspartei, die die Verfahren [der Nachprüfung] veranlaßt hat, den anderen Vertragsparteien einen sachdienlichen Bericht"* zuleitet. Zwar ist auch hier die Evaluierung nicht ausdrücklich bestimmt, sie wird aber im Rahmen pflichtgemäßen Ermessens von der inspizierenden Partei vorzunehmen sein, wenn diese anderen einen *sachdienlichen* Report zuzusenden hat.[596]

Unter dem LANDMINEN-ÜBEREINKOMMEN übermittelt der UN-Generalsekretär die Ergebnisse der Feststellungen einer Verdachtsinspektion einem regulären oder außerordentlichen Treffen der Vertragsstaaten. Das Treffen *"[...] prüft alle sachdienlichen Informationen, einschließlich des von der Mission zur Tatsachenfeststellung vorgelegten Berichts [...]"*, und kann die betreffende Vertragspartei auffordern, erforderliche Maßnahmen zu ergreifen.[597] Neben Erkenntnissen aus dem Inspektionsbericht kann hier also auf andere Quellen zurückgegriffen werden. Eine rechtliche Bewertung ist insoweit nicht vorgesehen.

Eine nur begrenzte institutionelle Trennung zwischen "fact finding" und rechtlicher Bewertung findet sich auch unter RAROTONGA-, PELINDABA- und BANGKOK-VERTRAG. Unten den erstgenannten zwei Verträgen legen die Inspektionsteams speziellen Konsultativausschüssen[598] neben dem mit Beweismitteln versehenen Sachbericht ihre "Schlußfolgerungen" vor.[599] Über diese Vorauswertung hinaus berichtet der jeweilige Ausschuß ausführlich allen Vertragsparteien und *"[...] gibt seine Entscheidung bekannt, ob die beschwerte Partei ihre*

595 Einige Parteien folgen inzwischen dem Beispiel Australiens, das seine Inspektionsresultate allen Vertragsparteien zur Verfügung gestellt hat. Siehe dazu *G. Cottereau,* Antarctic Treaty, in: Sur (Hrsg.), S. 67, 78.

596 Der Staatenpraxis lassen sich keine Hinweise zur Handhabung der Norm entnehmen, da bislang keine entsprechende Inspektion durchgeführt wurde. Siehe dazu *K. Stendahl,* Verification in the 'Global Commons', in: Bothe u.a. (Hrsg.), S. 59, 72.

597 Art. 8 Abs. 18 Landminen-Übereinkommen.

598 Empfänger der Inspektionsberichte unter dem Pelindaba-Vertrag ist gem. Anhang 4 Abs. 8 der Konsultativausschuß, der entsprechend dem Anhang 3 beim Südpazifik-Forum eingerichtet wurde.
Unter dem Pelindaba-Vertrag ist nach Anhang IV *lit.* e der Afrikanische Ausschuß für Kernenergie Adressat der Inspektionsberichte, der gem. Art. 12 Abs. 1 i.V.m. Anhang III geschaffen wird.

599 Siehe dazu bereits oben B.I.3.b).cc).(1).

Verpflichtungen unter dem Vertrag verletzt hat".[600] Insoweit nehmen die Durchführungsausschüsse also eine abschließende rechtliche Bewertung vor, auf deren Basis die Vertragsstaatenkonferenzen dann weitergehende Entscheidungen treffen können.

Im Ergebnis vergleichbar gestaltet sich die Rechtslage unter dem BANGKOK-VERTRAG. Das als Empfänger des Abschlußberichts benannte "Executive Committee" soll *"[...] consider the reports submitted by the fact-finding mission and reach a decision on whether or not there is a breach of the Treaty".*[601] Auch dieser Ausschuß wird somit eine umfassende rechtliche Bewertung vornehmen müssen, bevor er den Antragsteller, die inspizierte Partei und die Kommission für die Südostasiatische Kernwaffenfreie Zone als Hauptorgan über das Ergebnis unterrichten kann.[602]

Hinsichtlich der Auswertung bestehen bei den Sicherungsmaßnahmen der IAEO zum NV-VERTRAG gegenüber routinemäßigen Inspektionen keine Besonderheiten. Das Sekretariat wertet die Inspektionsberichte *technisch* aus und gleicht sie mit anderen Informationen aus Staatenberichten und früheren Inspektionsmaßnahmen ab. Gelangt die Agentur dabei zu dem Schluß, daß die positive Feststellung der Verpflichtungserfüllung durch den betreffenden Staat nicht möglich ist, so kommt es gem. Art. XII.C IAEO-Statut durch Bericht des Generaldirektors zu einer *politischen* Bewertung durch den Gouverneursrat.[603]

Die Reporte der Inspektoren unter CW- und CTB-ÜBEREINKOMMEN werden dem Generaldirektor der jeweiligen Vertragsorganisation vorgelegt. Dem kontrollierten Staat wird Gelegenheit gegeben, zu dem Bericht Stellung zu nehmen und die Angaben zu benennen, die seines Erachtens mit dem Zweck der Kontrollmaßnahme nicht zusammenhängen. Diese sollen aus dem Bericht gestrichen,[604] Änderungsvorschläge nach Prüfung durch den Generaldirektor möglichst übernommen werden.[605] Spätestens 30 Tage nach Abschluß der Maßnahme wird dem Generaldirektor der OPCW bzw. CTBTO der endgültige Bericht vorgelegt, den er umgehend dem ersuchenden Vertragsstaat, dem inspizierten Vertragsstaat, dem Exekutivrat und allen anderen Parteien übermittelt.[606] Diese

---

600 Anhang 4 Abs. 8 S. 2 zum Rarotonga-Vertrag; Anhang IV Abs. 4 *lit.* e S. 2 zum Pelindaba-Vertrag.

601 Abs. 8 *lit.* a Annex zum Bangkok-Vertrag.

602 Abs. 8 *lit.* b und c Annex zum Bangkok-Vertrag.

603 Siehe dazu die Einzelheiten bei *P. Szasz,* Law and Practice of the IAEA, S. 615; *T. Lohmann,* Sicherungsmaßnahmen der IAEO, S. 231, 236.

604 Art. IV Abs. 63 CTBT. Beim CW-Übereinkommen wird der inspizierten Partei der Entwurf des Schlußberichts zur Verfügung gestellt, aus dem sie dann Informationen streichen lassen kann, Teil X (D) Abs. 61 CW-Verifikationsanhang.

605 Art. IV Abs. 63 CTBT; Teil X (D) Abs. 60, 61 CW-Verifikationsanhang.

606 So Art. IX Abs. 21 CWC; ähnlich Art. IV Abs. 64 CTBT.

können Stellungnahmen abgeben, die der Generaldirektor allen anderen Vertragsstaaten zur Verfügung stellt. Alle Mitteilungen werden grundsätzlich nicht veröffentlicht,[607] sondern vom Technischen Sekretariat vertraulich behandelt. Schließlich prüft der Exekutivrat den Abschlußbericht und greift dabei, *inter alia,* die Frage auf, ob ein Fall der Nichteinhaltung des Vertrags vorlag.[608] Bei der CW-KONVENTION besteht hier also ein Unterschied zum Routineverfahren: Während dort das Technische Sekretariat prüft, ob ein Fall der Nichteinhaltung vorlag, fällt diese Aufgabe im Rahmen des Verdachtsverfahrens dem Exekutivrat zu.

(3) Zwischenergebnis

In den Verträgen über staatsfreie Räume finden sich keine Regelungen über Abschlußberichte zu Inspektionsmaßnahmen. Auch die Auswertung der ermittelten Informationen und Daten wird mangels institutioneller Absicherung der Vertragsaufsicht insoweit nicht vom Völkerrecht bestimmt. Ungeachtet bestehender Regelungen über die Weitergabe der Inspektionsergebnisse sind hier also allein nationale Stellen für die Evaluierung zuständig.

Nur unbestimmte und großzügige formale und inhaltliche Vorgaben für die Erstellung und Vorlage der Inspektionsberichte finden sich in den Verträgen über kernwaffenfreie Zonen. Wenn die Inspektionsteams unter RAROTONGA- und PELINDABA-VERTRAG über einschlägige Tatsachen hinaus auch über die von ihnen gezogenen Schlußfolgerungen berichten sollen, so werden sie in begrenztem Umfang auch eine rechtliche Bewertung vornehmen müssen. Schließlich entscheiden spezielle Konsultativausschüsse als Empfänger der Mitteilungen darüber, ob die jeweils inspizierte Vertragspartei ihre Verpflichtungen unter dem Vertrag verletzt hat.

Wesentlich detailliertere Vorgaben für die Erstellung von Abschlußberichten zu Verdachtsinspektionen finden sich im CW- und CTB-VERTRAG. Ziel der Regelungen ist es, eine möglichst eindeutige Abgrenzung der Rechte und Pflichten der Verfahrensbeteiligten zu gewährleisten. Aber auch inhaltlich setzen die Verträge neue Maßstäbe, wenn sie die Inspektoren verpflichten, nicht nur detailbezogenes Tatsachenmaterial zu liefern, sondern auch über die Zusammenarbeit mit der inspizierten Partei und die Zugangsmöglichkeiten zu berichten. Mit der Befugnis, Angaben zu benennen, die aus dem Bericht gestrichen werden sollen,

607 Siehe *T. Kurzidem,* Challenge Inspections, in: Bothe u.a. (Hrsg.), S. 249, 273, der betont, daß eine Veröffentlichung das Verfahren für die Chemieindustrie inakzeptabel machen könnte, andererseits aber zutreffend darauf hinweist, daß angesichts der großen Zahl der Empfänger keine umfassende Geheimhaltung zu erreichen sei.

608 Art. IX Abs. 22 CWC; Art. IV Abs. 65 CTBT.

finden sich in den Verträgen auch neue Mechanismen zum Schutz vertraulicher Informationen und Daten. Sie sind vor dem Hintergrund zu sehen, daß mit Verdachtsinspektionen außerhalb öffentlicher Einrichtungen erhebliche Eingriffe in Individualgrundrechte verbunden sind. Ob damit hinreichende Vorkehrungen getroffen wurden, um Glaubwürdigkeit und Akzeptanz der Verdachtsinspektionen auch bei betroffenen Industriezweigen zu sichern und zu erhöhen, wird die Staatenpraxis noch zeigen müssen.

Im Unterschied zum Routineverfahren wurde bei den Verdachtsinspektionen die rechtliche Bewertung der erlangten Informationen nicht dem Sekretariat, sondern dem Exekutivrat der betreffenden Organisation übertragen. Er nimmt eine umfassende Auswertung der Inspektionsergebnisse vor und entscheidet auch darüber, ob eine Vertragsverletzung festgestellt wurde.

Damit verglichen wirken die normativen Vorgaben des LANDMINEN-ÜBEREINKOMMENS recht pauschal. Im Unterschied zur institutionalisierten Auswertung der Berichte bei vorgenannten Verträgen übernimmt hier der als Empfänger benannte UN-Generalsekretär bestimmte Aufgaben: Er leitet die Mitteilungen an die Vertragsstaatenkonferenz weiter. Dort müssen die Vertreter die Informationen selbst auswerten, Zweifelsfragen können allerdings im Rahmen des Gremiums zur Diskussion gestellt werden.

e) Zusammenfassende Würdigung

Verfahren der Verdachtsinspektion finden sich heute bei allen jüngeren Kollektivverträgen der Abrüstung und Rüstungskontrolle und in der Gestalt des außerordentlichen Besuchsrechts auch unter den START-ABKOMMEN. Verdachtsvisitationen stehen zeitlich am Ende des Prozesses der Vertragsverifikation und dienen dem Zweck, die beim "fact finding" durch Routineinstrumente vorhandenen Lücken zu schließen. Sie erweitern den durch Routineinspektionen gesteckten Radius in zweierlei Hinsicht: Örtlich gestatten Verdachtsbeobachtungen grundsätzlich auch die Überprüfung nicht deklarierter Objekte. Zeitlich ermöglichen sie eine Überwachung außerhalb vertraglich fixierter Verifikationskalender. Neben den "portal monitoring"-Maßnahmen durch dauerhaft stationierte Mannschaften gehören sie daher zu den einschneidensten Aufsichtsmodalitäten des heutigen Rüstungskontrollrechts. Ziel dieser Maßnahmen ist es, durch die Ermittlung zusätzlicher Hinweise und Fakten zweifelhafte Situationen aufzuklären und deren Eskalation zur Streitigkeit zu vermeiden. Die Verfahren wirken jedoch vornehmlich repressiv, nicht präventiv, da auslösendes Moment der in Tatsachen begründete Einwand der Nichterfüllung ist.

Umfangreichen Raum nehmen im Rahmen der verdachtsinitiierten Instrumente die Regelungen über die Verfahrenseinleitung ein. Während die IAEO im

Rahmen ihres Ermessens *ex officio* über die Einleitung entscheidet, sind unter allen anderen Verträgen der Abrüstung und Rüstungskontrolle allein die Vertragsparteien aktivlegitimiert. Die Verletzung eigener Rechte oder Interessen braucht von ihnen jedoch nicht vorgetragen zu werden. Um den mit der Selbstbeurteilung verbundenen, weitgreifenden Mißbrauchsgefahren zu begegnen, müssen Ersuchen auf Durchführung von "challenge inspections" grundsätzlich von den zuständigen Institutionen und Organisationen auf ihre Schlüssigkeit geprüft werden.

Daneben wirkt sich eine Reihe von Faktoren inspektionsbeschränkend aus, wie Quotenregelungen, Verweigerungsrechte und Pflichten zur Substantiierung eingereichter Anträge. Im Regelfall bedarf es schließlich positiv der mehrheitlichen Zustimmung der Vertreter der zuständigen Organe, damit eine Besichtigungsmaßnahme autorisiert wird. Lediglich im CW-ÜBEREINKOMMEN findet sich mit der "red light-procedure" der umgekehrte Mechanismus: Inspektionsanträge werden ausgeführt, soweit sich nicht eine ¾-Mehrheit im Gouverneursrat dagegen ausspricht. Der Vertrag enthält somit einen starken Automatismus zugunsten der Kontrollmaßnahmen.

Im Vergleich zu Routineinspektionen finden sich bei den Verdachtsinspektionen gewöhnlich nur allgemeine Normen zum Inspektionsmandat. An die Stelle starrer Vertragsvorgaben treten hier weit gespannte Rechtsrahmen, innerhalb derer die zuständigen Organe selbst den Kontrollradius der einschlägigen Missionen definieren. Richtschnur ist dabei der jeweilige Antrag. CTB- und CW-ÜBEREINKOMMEN enthalten im Übrigen Bestimmungen, die die genaue Festlegung von Rechtsgrundlagen, Örtlichkeiten und Eingriffstiefe der Maßnahmen verlangen. In aller Regel ist die betreffende Macht vorab über diese Festsetzungen zu informieren, damit sie alle erforderlichen Vorbereitungen treffen kann. Die jüngeren Verträge enthalten zum Teil sehr detaillierte Vorgaben hinsichtlich der Bestimmung und Bekanntmachung von "challenge inspections".

Unbeschadet der Autorisierung unterliegen Verdachtsmaßnahmen unter der Mehrzahl der Konventionen konkreten vertraglichen Beschränkungen in zeitlicher und örtlicher Hinsicht. Während die Regionalverträge über kernwaffenfreie Zonen ungenaue Normen aufweisen, finden sich bei den anderen Übereinkommen meist präzise Zeitvorgaben für den Beginn der Beobachtungen an Ort und Stelle. Unter dem KSE-VERTRAG sind die Kontrollteams berechtigt, schon nach 15 Stunden ihre Tätigkeit vor Ort aufzunehmen; dagegen beginnen unter den universellen Kollektivverträgen Besichtigungen am Ort erst 72-120 Stunden nach Bekanntgabe.

Inspektionsmaßnahmen ohne örtliche Beschränkung sahen zunächst die Verträge über staatsfreie Räume vor, inzwischen gewähren auch zwei der Regionalverträge über atomwaffenfreie Zonen völlig freien Zutritt. Die anderen Konventionen kennen unterschiedlich weitreichende Zugangsrestriktionen oder gestatten andere Maßnahmen zum Schutz sicherheitsempfindlicher Informationen und Bereiche. Das in diesem Zusammenhang stehende "managed access"-Verfahren von CW- und CTB-VERTRAG beruht auf einem Diskurs zwischen den Verfahrensbeteiligten über die Festlegung der Inspektionsstätte. Im Ergebnis soll das Verfahren jedoch nicht dazu führen, daß einzelne Verifikationsobjekte ganz aus Visitationen ausgeklammert werden. Das System dient vielmehr dazu, den Zugang gezielt zu steuern und zu verlangsamen. Nach hier vertretener Ansicht werden diese Übereinkommen dem von den USA Ende der 1980er Jahre formulierten Postulat der "anywhere"-Inspektionen daher weitgehend gerecht.

Die Auswertung der durch Verdachtsinspektionen ermittelten Daten und Informationen wurde nur zum Teil auf Internationale Organisationen übertragen. So finden sich bei den Konventionen über staatsfreie Räume mangels entsprechender Behörden keine völkerrechtlichen Vorgaben für die Evaluierung. Die anderen Verträge dagegen enthalten Regelungen über die Abfassung von Inspektionsberichten und über deren Auswertung. Während die Regionalverträge über atomwaffenfreie Zonen hier eher unbestimmt sind, treffen CW- und CTB-VERTRAG detailierte Anordnungen, die durch genaue Abgrenzungen der Rechte und Pflichten der Verfahrensbeteiligten möglichen Konflikten vorbeugen sollen. Überdies enthalten die Verträge bestimmte Vorkehrungen zum Schutz vertraulicher Daten und Informationen, deren abschließende Bewertung nicht den Sekretariaten, sondern politisch geprägten Vertragsorganen obliegt.

Bislang sind die Erfahrungen mit Verdachtsinspektionen zu gering, um über ihren Erfolg abstrakt Aussagen treffen zu können. Die im Geiste der Kooperation unter dem ANTARKTIS-VERTRAG durchgeführten Visitationen sind in der Praxis insgesamt aber positiv bewertet worden.[609] Ob unter anderen Verträgen bald auch über erfolgreiche Verdachtsinspektionen berichtet werden kann, wird hier neben der Mitwirkungsbereitschaft der Parteien von der Glaubwürdigkeit der Maßnahmen abhängen. Über diese bestimmen vor allem verfahrensgestaltende Prinzipien, die einen schonenden Ausgleich widerstreitender Interessen ermöglichen sollen. Sie sind in jüngeren Verträgen deutlich ausgebaut worden. Von ihnen wird es abhängen, inwieweit der Ablauf der Kontrollen in der Staatenpraxis als faires und rechtsstaatliches Verfahren wahrgenommen wird und damit auf Akzeptanz stoßen kann. Nur dann bleibt zu erwarten, daß die Rege-

609 Siehe statt vieler *R. Wolfrum*, Internationalisierung staatsfreier Räume, S. 65: Alle der bis 1983 durchgeführten sechs Inspektionen kamen zu dem Ergebnis, daß der Vertrag in vollem Umfange befolgt wird. Die eigentliche Bedeutung des Kontrollsystems liege daher inzwischen bei den umfangreichen Berichtspflichten. So auch *M. Voelckel*, L'inspection en Antarctique, in: Fischer/Vignes (Hrsg.), S. 223, 237.

lungen über Verdachtsinspektionen als Muster für zukünftige Vereinbarungen herangezogen werden.

4. Rechtliche Auswertung erlangter Tatsachen

In tatsächlicher Hinsicht kann die Auswerung regelmäßig noch als ein Bestandteil der einzelnen Aufsichtsmaßnahmen angesehen werden. Unabhängig davon stellt sich schließlich die Frage nach der rechtlichen Beurteilung der erlangten Informationen und Daten. Diese kann auf internationaler Ebene erfolgen, wenn das Erfüllungskontrollverfahren vollständig institutionalisiert wurde. Idealtypisch gedacht, müßten die zuständigen Stellen dann umfassend auf die Erkenntnisse des "fact finding" Zugriff nehmen können, um anlaßunabhängig in bestimmten Intervallen oder auf den Einwand mangelnder Vertragstreue hin eine abschließende rechtliche Beurteilung der vorliegenden Fakten vorzunehmen. Bei Abschluß der Phase der Tatsachenfeststellung haben etwaig geschaffene internationale Institutionen und Organisationen jetzt also festzustellen, ob denn die ihnen unterstellten Rechtssubjekte ihre vertraglichen Pflichten erfüllt haben oder nicht.

Der folgende Abschnitt befaßt sich mit der abschließenden rechtlichen Bewertung der ermittelten Informationen und Daten. Zunächst ist der Frage nachzugehen, ob die Staaten diesen Schritt überhaupt zu einem Gegenstand des internationalen Verfahrensrechts gemacht haben oder ob er mangels völkerrechtlicher Vorgaben allein auf nationaler Ebene vollzogen wird. Sodann sind einschlägige Regelungen darauf zu untersuchen, welche Typen von Vertragsorganen für die juristische Evaluierung zuständig sind und welche Erkenntnisse des "fact finding" in diesen Vorgang einfließen können. Endlich ist zu klären, anhand welchen Maßstabs und in welcher Weise die Organisationen und Institutionen die Beurteilung der Rechtslage vornehmen.

Schon während der Analyse des Verfahrensrechts wurde angedeutet, daß das Recht der Rüstungsbeschränkung mit Blick auf die Institutionen einige Besonderheiten aufweist. Diesem Umstand soll hier indes nur insoweit Rechnung getragen werden, wie dies für das Verständnis des Verfahrensrechts unabdingbar notwendig ist. Wegen grundlegender Unterschiede bei den behördlichen Rahmenbedingungen der Erfüllungskontrolle in zwei- und mehrseitigen Verträgen ist es hier zwingend erforderlich, diese Typen voneinander getrennt zu betrachten.

a) Multilaterale Verträge

Im Folgenden werden zunächst die institutionellen Rahmenbedingungen der Kollektivverträge vorgestellt, bevor die Frage erörtert wird, anhand welcher Maßstäbe materielle Beurteilungen vorgenommen werden.

aa) Frühe Verträge ohne Institutionen

Vor allem in den *frühen Abkommen* der Abrüstung und Rüstungskontrolle fehlen instutionelle Vorgaben für die Erfüllungskontrolle ganz. So haben die Parteien des PARTIELLEN TESTSTOPP-VERTRAGS (1963) infolge des Verzichts auf internationale Verifikationsmechanismen davon abgesehen, eine Behörde oder andere Vertragsorgane mit entsprechendem Mandat zu errichten.[610] Solche sind allerdings auch in anderen Konventionen nicht vorgesehen, obgleich diese Mittel und Verfahren der Erfüllungskontrolle und -sicherung kennen.

Das Fehlen eines vertraglichen Verifikationsregimes machte auch beim BW-ÜBEREINKOMMEN Vertragsnormen für die Auswertung entbehrlich. Daß eine Partei befugt sein soll, bei Zweifeln an der Vertragseinhaltung mit dem betreffenden Staat in Konsultationen einzutreten (Art. V) oder sich mit einer Beschwerde an den UN-Sicherheitsrat zu wenden (Art. VI),[611] unterstreicht *e contrario,* daß das Übereinkommen die Auswertung als rein nationale Aufgabe ansieht. Um ihre Vertragstreue unter Beweis zu stellen und das Vertrauen in die Einhaltung zu stärken, haben die Parteien auf der zweiten und dritten Überprüfungskonferenz (1986 und 1991) einen Informationsaustausch auf freiwilliger Basis und weitere transparenzfördernde Maßnahmen vereinbart.[612] Diese Instrumente stehen jedoch außerhalb der Konvention und leiden in der Praxis vor

610 Zum Fehlen internationaler Verifikationsregelungen vor allem *K. Stahl,* Einstellung der Kernwaffenversuche, S. 567 ff., 588 m.w.N.; *G. Fischer,* L'interdiction partielle des essais nucléaires, in: AFDI 1963, S. 3, 22 ff. Siehe ferner *J. Goldblat,* Nuclear Test-Limitation Treaties, in: Sur (Hrsg.), S. 95, 97; sowie *A. Rosas,* Reactions to Non-Compliance with the CWC, in: Bothe u.a. (Hrsg.), S. 415, 441.

611 Ausführlich zu den vorhandenen Konsultations- und Beschwerdemöglichkeiten *K. Ipsen,* Biologische und chemische Kampfmittel, S. 373 ff.; zum Fehlen eines vertraglichen Verifikationsmechanismus *K. Ipsen,* Verification of the BW-Convention, in: Thränert (Hrsg.), S. 31 ff.; sowie unlängst *R. Dolzer,* Ohne Biß, in: FAZ v. 26. Oktober 2001, S. 10.

612 Siehe die Abschlußdokumente, CD-Docs. BWC/Conf.II/13 v. 26. September 1986, Art. V; BWC/Conf.III/23 v. 27. September 1991, Art. V. Zu diesen Maßnahmen siehe etwa *K. Ipsen,* Verification of the BW-Convention, in: Thränert (Hrsg.), S. 31, 37; *E. Myjer,* Closer Towards an International Arms Control Organization, in: ders. (Hrsg.), S. 61, 70 f.

allem unter dem Fehlen einer systematischen Auswertung der Mitteilungen.[613] Seit den 1990er Jahren wird über ein vertragsergänzendes Verifikationsprotokoll verhandelt, das dem CW-ÜBEREINKOMMEN vergleichbar eine eigene Behörde mit umfassenden Aufsichtsbefugnissen (die OPBTW) errichten soll.[614]

Wie bei vorgenannten Abkommen wurden auch unter ANTARKTIS-, WELTRAUM-, MEERESBODEN- und MOND-VERTRAG keine Systeme institutionalisierter Einhaltungskontrolle geschaffen.

Der ANTARKTIS-VERTRAG sieht in Art. IX lediglich eine Versammlung der Konsultativstaaten vor, die ihrem Wesen nach einer Vertragsstaatenkonferenz entspricht.[615] Im Rahmen dieses Gremiums, das in nicht näher festgelegten Intervallen zusammentritt, halten die Parteien Tagungen ab, um Informationen auszutauschen und sich über Fragen von gemeinsamem Interesse, durch welche die Grundsätze und Ziele des Vertrags gefördert werden, zu konsultieren. Hierzu zählen, *inter alia,* Maßnahmen *"[...] zur Nutzung der Antarktis ausschließlich zu friedlichen Zwecken"* und solche *"[...] zur Ausübung der Inspektionsrechte nach Artikel VII".* Ebensowenig wie sich dort die Ermächtigung zur Auswertung bestimmter Informationen findet, ist das Gremium befugt, andere Überwachungsfunktionen wahrzunehmen. Es handelt sich um ein System *rein* zwischenstaatlicher Kontrolle.

Wie das Regime des WELTRAUM-VERTRAGS kann der MOND-VERTRAG, der ersterem nachgebildet wurde, ebenfalls auf keinerlei Institution zurückgreifen. Die Konventionen sehen nicht einmal Staatenkonferenzen vor.[616] Da über eine allgemeine Unterrichtungspflicht hinausgehende Regelungen über die Weitergabe von Daten fehlen, liegt auch hier ein System gegenseitiger Kontrolle zwischen den Vertragsparteien vor.[617]

---

613 Zur mangelnden Berichtsbereitschaft siehe den Status-Report: Background Information Document on the Participation of States in the Agreed Confidence-Building Measures, CD-Doc. BWC/Conf.V/2 v. 28. September 2001. Zum Problem der fehlenden Auswertung der Mitteilungen siehe statt vieler *J. Wheatley,* Chemical and Biological Weapons, in: Szasz (Hrsg.), S. 219, 227 ff. m.w.N.

614 Zu Einzelheiten und Stand der Vorarbeiten siehe etwa *A. Kelle,* Verhandlungen zur Stärkung des BW-Übereinkommens, in: FW 75 (2000), S. 204, 214 ff.

615 So *R. Wolfrum,* Internationalisierung staatsfreier Räume, S. 69 m.w.N.

616 Der Mond-Vertrag kennt allerdings die Möglichkeit, Revisionskonferenzen einzuberufen. Eine solche hat bislang nicht stattgefunden.

617 Zum Weltraum-Vertrag siehe etwa *K. Stahl,* Militärische Nutzung des Weltraums, S. 705, 722; *D. Shuhua,* Outer Space and Moon Treaties, in: Sur (Hrsg.), S. 123, 125. - Art. XIII und andere Regelungen lassen jedoch erkennen, daß die Errichtung einer Weltraum-Organisation angedacht war. Anhaltspunkte dafür, welche Kontrollbefugnisse übertragen werden sollten, finden sich jedoch nicht. Siehe *R. Wolfrum,* Internationalisierung staatsfreier Räume, S. 280 ff.

Der MEERESBODEN-VERTRAG beruht zunächst ebenfalls auf einem Regime rein nationaler Kontrolle.[618] Über Revisionskonferenzen hinaus kennt er weder eine Aufsichtsbehörde, noch andere Formen institutionalisierter Zusammenarbeit. Allerdings kann ein Vertragsstaat, soweit *"[...] Zweifel [...] nicht beseitigt [werden] und [...] eine ernste Frage bezüglich der nach diesem Vertrag übernommenen Verpflichtungen bestehen [...]"* bleibt, die Angelegenheit vor den UN-Sicherheitsrat bringen.[619] Eben diese Regelung macht implizit deutlich, daß die Parteien gerade auf nationaler Ebene eine umfassende tatsächliche Auswertung und eine rechtliche Beurteilung der Erkenntnisse vornehmen müssen.[620]

Zusammfassend läßt sich festhalten, daß bei den älteren multilateralen Konventionen der Souveränitätsvorbehalt noch derart ausgeprägt ist, daß auf die Errichtung internationaler Überwachungsinstitutionen verzichtet wurde. Sie sehen keine vertraglichen Behörden oder Gremien zur Verifikation, ja zum Teil nicht einmal Staatenkonferenzen vor. Bei keinem der vorgenannten Abkommen kann daher von einer Informationsauswertung als Bestandteil eines Systems *institutionalisierter Erfüllungskontrolle* gesprochen werden.[621] Vielmehr beruhen die Konventionen noch auf den formlosen, dezentralisierten Mechanismen und Instrumenten des klassischen Völkerrechts, bei denen sich die Staaten in ihrer Subjektivität unmittelbar gegenüberstehen.

Für die Kontrolle der Befolgung und die Durchsetzung der Pflichten maßgeblich sind dabei die Modalitäten der Selbstinterpretation, Selbstentscheidung und Selbstdurchsetzung durch Staaten. Hierbei kann jedoch den bei der Vor-Ort-Kontrolle tätigen Inspektoren eine wichtige Rolle zukommen. Gelangen sie bei Wahrnehmung ihrer Aufgaben zu der Auffassung, die inkriminierte Macht erfülle ihre Pflichten nicht, so könnten sie als "quasi-Diplomaten" mit Vertretern der betreffenden Partei unmittelbar in Verhandlungen eintreten.

---

618 Vgl. *K. Stendahl,* Verification in the 'Global Commons', in: Bothe u.a. (Hrsg.), S. 59, 72. *P. Szasz,* Proliferation of Arms Control Organizations, in: Blokker/Schermers (Hrsg.), S. 135, 137.

619 Art. III Abs. 4 Meeresboden-Vertrag. Dazu näher unten B.II.2.d).bb).

620 So wohl *E. Myjer,* Supervisory Mechanisms and Dispute Settlement, in: Dahlitz (Hrsg.), S. 149, 157 f., der zum einen die individuelle Auswertung durch die Parteien, zum anderen das Beschwerdesystem an den UN-Sicherheitsrat herausstellt. Zu diesen auch *K. Ipsen,* Biologische und chemische Kampfmittel, S. 333 ff.

621 Mangels Institution ist gerade die Diskussion nicht möglich, die zu den wesentlichen Bestandteilen eines Aufsichtssystems gehört. Siehe dazu etwa *H. Spieker,* Composition and Status of an Evaluating Body (Typoskript).

bb) Institutionalisierte Erfüllungskontrollregime

Dagegen sehen *moderne Kollektivverträge* der Rüstungsbeschränkung durchweg vertragliche Organe zur Rechtsdurchsetzung vor. Die Beziehung der Unmittelbarkeit der Staaten wird dabei vervollständigt bzw. umgeformt in ein durch internationale Vermittlung objektiviertes Verhältnis.[622] Die zwischen den Staaten bestehenden Rechte und Pflichten werden ergänzt oder sogar weitgehend ersetzt durch solche gegenüber der Organisation. Internationale Institutionen sollen sicherstellen, daß das Verfahren im Interesse und zum Nutzen der jeweiligen Vertragsgemeinschaft ausgeführt wird. Sie befriedigen den Bedarf nach einheitlicher Vertragsanwendung und einer zentralen Auslegungsinstanz. Darüber hinaus qualifiziert sie ihre dauerhafte Struktur wie auch ihr "institutional memory". Idealtypisch kommen dabei vier Formen von Organen in Betracht: internationale Spezialbürokratien, Expertenausschüsse, gerichtliche oder gerichtsähnliche Institutionen und "politische" Organe, wie insbesondere die Vertragsstaatenkonferenzen.[623] Welcher Typus sich für die Überwachung am besten eignet, hängt im Wesentlichen von den ihm jeweils zugewiesenen Funktionen ab. Auch Mischformen sind denkbar. Besondere Vorteile verspricht ein arbeitsteiliges Zusammenwirken verschiedener Organtypen und -ebenen innerhalb vertraglicher Organisationen im Rahmen eines Aufsichtsverfahrens.

(1) Verfahrensleitende Organe

Mit dem LANDMINEN-ÜBEREINKOMMEN wurde keine eigene Internationale Organisation geschaffen. Vielmehr übernimmt der UN-Generalsekretär einzelne Sekretariatsaufgaben, wenn er staatliche Mitteilungen entgegennimmt und sie den Parteien zur Evaluierung vorlegt.[624] Die Abschlußberichte der Inspektionsmaßnahmen gehen über ihn der Konferenz der Vertragsstaaten zu. Das Plenarorgan tritt gem. Art. 11 zu routinemäßigen oder außerordentlichen Treffen zusammen, *"[...] um alle Angelegenheiten in bezug auf die Anwendung oder Durchführung dieses Übereinkommens zu prüfen."* Neben den durch das Inspektionsteam berichteten "Ergebnissen der Feststellungen" berücksichtigt das Organ hier *"[...] **alle** sachdienlichen Informationen, einschließlich des von der Mission*

622 Siehe dazu *H. Steiger*, Kontroll- und Durchsetzungsverfahren gegenüber Mitgliedstaaten, in: FS Schlochauer, S. 649 ff.

623 Näher dazu *W. Lang*, Institutional Necessities, in: ZaöRV 56 (1996), S. 685, 686 f.

624 Die Denkschrift zum Entwurf eines Gesetzes zur Ratifizierung des Landminen-Übereinkommens durch die Bundesrepublik Deutschland (BT-Drs. 13/9817, S. 24, 29) hebt hervor, daß der schlanke Mechanismus die Akzeptanz und Attraktivität des Verifikationssystems beträchtlich erhöht habe.

zur Tatsachenfeststellung vorgelegten Berichts".[625] Auch wenn nicht ausdrücklich festgelegt wurde, auf welche zusätzlichen Informationsquellen zurückgegriffen werden kann, wird sie die Konferenz jedenfalls in ihre Erwägungen einbeziehen dürfen. Hier ist vor allem an Berichte von humanitären Zielen verpflichteten NGOs und Mitteilungen aus allgemein zugänglichen Quellen (Presse, Rundfunk) zu denken.[626] Schließlich kann die Staatenkonferenz die betreffende Partei auffordern, bei Nichteinhaltung die notwendigen Maßnahmen zu ergreifen. Eine rechtliche Beurteilung spricht sie dabei nicht aus. An die Stelle abschließender Feststellungen zur Rechtslage treten vielmehr unmittelbar Verhandlungen und partnerschaftliche Lösungsstrategien, die auf den Ergebnissen des "fact finding" aufbauen. Die "reine" Tatsachenfeststellung dürfte hier als hinreichende, wenn nicht sogar als notwendige Bedingung für die einvernehmliche Problemlösung angesehen worden sein.[627]

Während beim TLATELOLOCO-VERTRAG die Aufsichtsfunktionen weitgehend auf die IAEO und somit auf die internationale Ebene verlagert wurden, verfügen unter den anderen Regionalverträgen die vertraglich geschaffenen Organisationen noch über eine stärkere Rechtsstellung.

Mit dem Zweck, die Einhaltung des TLATELOLCO-VERTRAGS zu überwachen, wurde in Mexiko City die OPANAL gegründet.[628] Seit der Vertragsanpassung 1993 nimmt sie kaum noch Aufgaben der Erfüllungskontrolle wahr, vor allem die Kompetenzen zur Durchführung von Vor-Ort-Inspektionen wurden an die IAEO abgegeben.[629] Die verbliebenen Zuständigkeiten erfüllt der Rat der OPANAL, der sich aus fünf durch die Generalkonferenz gewählten Mitgliedern zusammensetzt und über das ordnungsgemäße Funktionieren des lokalen Kontrollsystems wacht.[630] Neben Konsultationsmöglichkeiten umfaßt dies heute nur noch das Berichtssystem.

Die Verwaltungsregime der anderen Regionalverträge unterscheiden sich davon deutlich. Unter dem RAROTONGA-VERTRAG nimmt der Direktor des Südpazifik-Forums für Wirtschaftliche Zusammenarbeit Sekretariatsfunktionen wahr, während beim PELINDABA-VERTRAG die Vertragsstaatenkonferenz das

---

625 Art. 8 Abs. 18 Landminen-Übereinkommen [Hervorhebung v. Verf.].
626 Denkbar wären überdies Informationen nationaler Stellen, etwa von Ministerien.
627 *T. Marauhn,* Durchsetzung von Rüstungskontrollvereinbarungen, in: FW 74 (1999), S. 159, 184, sieht in einer derartigen Ausgestaltung des Verfahrens das entscheidende Potential der Rechtsdurchsetzung im Bereich der Rüstungsbeschränkung.
628 Vgl. Art. 7 Tlatelolco-Vertrag.
629 So deutlich *R. Haßenpflug,* Regime der Nichtverbreitung, S. 117.
630 Art. 10 Abs. 5 Tlatelolco-Vertrag.

Hauptorgan ist.[631] Die eigentlichen Kontrollfunktionen erfüllen unter beiden Verträgen Implementierungsausschüsse: Die vom PELINDABA-VERTRAG geschaffene Afrikanische Kommission für Kernenergie setzt sich aus zwölf *ad personam* gewählten Mitgliedern zusammen, was nicht einmal 25 Prozent der avisierten Parteien entspricht.[632] Neben hoher fachlicher Kompetenz kommt dem Ausschuß daher in ähnlicher Weise finanzielle und anderweitige Unabhängigkeit zu, wie dies bei Beamten internationaler Verwaltungsbehörden der Fall ist. Der unter dem RAROTONGA-VERTRAG errichtete Konsultativausschuß ist – wie die Bezeichnung andeutet – ein mit je einem Staatenvertreter[633] besetztes politisches Plenarorgan.

Im Rahmen der Verdachtsinspektionen fließen den Ausschüßen die von den Beobachtungsteams festgestellten Tatsachen nebst "Schlußfolgerungen" zu. Mit Abschluß der Beweisaufnahme liegen somit Präjudizien vor, auf die sie ihre Tätigkeit stützen können.[634] Das betreffende Organ prüft die ihm vorgelegten Informationen und berichtet *"[...] ausführlich [... an alle Vertragsparteien] und gibt* ***seine Entscheidung*** *bekannt, ob die beschwerte Partei ihre Verpflichtungen unter diesem Vertrag erfüllt hat".*[635] Eine Konkretisierung des Aufsichtsmaßstabs enthalten die Verträge nicht. Die Ausschüsse werden daher anhand der allgemeinen Regelungs- und Verbotstatbestände wie ggf. auch politischer Erwägungen darüber befinden, ob ein Fall der Nichterfüllung vorlag. Gelangt das betreffende Organ zu dem Ergebnis, *"[...] daß die beschwerte Partei ihre Verpflichtungen unter [dem] Vertrag verletzt hat [...]",*[636] so kommen alle Parteien unverzüglich zu einem außerordenlichen Treffen zusammen, um die Angelegenheit zu beraten.

Der BANGKOK-VERTRAG wurde dem südpazifischen Regime teilweise nachgebildet. Zentrales Organ ist die Kommission für die Südostasiatische Kernwaffenfreie Zone. Sie setzt sich aus den durch Berater begleiteten Außenministern

631 Der Direktor des Südpazifik-Forums für Wirtschaftliche Zusammenarbeit ("South Pacific Forum for Economic Cooperation") wird gem. Art. 9 ff. in den Rarotonga-Vertrag eingebunden. – Die Vertragsstaatenkonferenz ist gem. Art. 14 Hauptorgan des Pelindaba-Vertrags.

632 Zu dem Ausschuß vgl. Art. 12 und Annex III. Jedem der Mitglieder wird ein Vertreter mit besonderer Expertise zur Seite gestellt, vgl. Annex III Abs. 1 zum Pelindaba-Vertrag.

633 Dieser kann durch Stellvertreter und Berater begleitet werden, vgl. Anhang 3 Abs. 1 zum Rarotonga-Vertrag.

634 Siehe dazu oben B.I.3.b).cc).(1).

635 Anhang 4 Abs. 8 zum Rarotonga-Vertrag; Annex IV Abs. 4 *lit.* e S. 2 zum Pelindaba-Vertrag [Hervorhebung v. Verf.].

636 Anhang 4 Abs. 9 zum Rarotonga-Vertrag; Annex IV Abs. 4 *lit.* f zum Pelindaba-Vertrag.

zusammen und stellt – anders als es ihre Bezeichnung nahelegt – eher ein Forum diplomatischer Verhandlungen dar. Zentrales Organ der Erfüllungskontrolle ist der nachgeordnete Exekutivausschuß, der seinerseits je Vertragspartei einen "senior official" nebst Stellvertretern und Beratern umfaßt.[637] Der Exekutivausschuß prüft den Abschlußbericht jeder "challenge inspection" und muß, *inter alia, "[...] reach a decision on whether or not there is a breach of the Treaty".*[638] Der Maßstab der Entscheidung ist nicht näher bestimmt. Die Kommission wird daher im Rahmen vertraglicher Bestimmungen weitgehend frei beschließen können.[639]

Unter den vorgenannten Verträgen findet sich demnach ein zwei- oder dreistufiges Zusammenspiel verschiedener Organe und Institutionsebenen. Zunächst erfolgt eine Auswertung in tatsächlicher Hinscht in der Regel noch durch die Mission zur Tatsachenfeststellung. Auf ihren Schlußfolgerungen aufbauend vollzieht sich die eigentliche rechtliche Beurteilung in kleineren Arbeitsorganen, die abschließend oder jedenfalls vorbereitend über die Rechtslage befinden. Dabei bleibt auch nach dem Urteil für praktische politische Regelungen Raum, wenn auch jetzt das Druckmittel zu erwartender Sanktionen dahinter steht. Über diese und andere erforderliche Maßnahmen beschließen dann die Staatenkonferenzen und andere Plenarorgane auf der Basis der rechtlichen Feststellungen.

Da typischerweise solche Organe in das Verfahren eingebunden sind, die aus Staatenvertretern bestehen, ist den betreffenden Staaten hier jeweils ein Mitentscheidungsrecht eingeräumt. Damit bleibt auch hier ein gewisser Grad an Selbstentscheidung erhalten, er hat jedoch ein geringeres Gewicht als im einstufigen Verfahren des LANDMINEN-ÜBEREINKOMMENS. Denn mit den Feststellungen der Expertenausschüsse liegen Präjudizien vor, die bei der Entscheidungsfindung später nicht einfach übergangen werden können.

Zur Verwirklichung von Ziel und Zweck des CW-ÜBEREINKOMMENS, zur Gewährleistung der Durchführung seiner Bestimmungen sowie als Rahmen für Konsultationen und Zusammenarbeit wurde in Den Haag die Organisation über das Verbot chemischer Waffen (OPCW), eine internationale Spezialbürokratie, errichtet.[640] Vergleichbare Aufgaben nimmt unter dem CTB-ÜBEREINKOMMEN

---

637 Aufgabe der nach Art. 8 geschaffenen Kommission für die Südostasiatische Kernwaffenfreie Zone ist es, *"[...] to oversee the implementation of this Treaty and ensure compliance with its provisions".* Der Exekutivausschusses, der nach Art. 9 Bangkok-Vertrag Hilfsorgan ist, hat, *inter alia, "[...] to ensure the proper operation of verification measures [...]."*

638 Abs. 8 *lit.* a Annex zum Bangkok-Vertrag.

639 Er teilt sein Urteil der inspizierten Partei, dem Antragsteller und der Kommission mit. Hält diese weitergehende Maßnahmen für erforderlich, so befindet er darüber.

640 Art. VIII CW-Übereinkommen.

die Organisation zum CTB-VERTRAG (CTBTO) wahr, die mit Inkrafttreten des Vertrags in Wien geschaffen wird.[641] Beide Institutionen nehmen in mehreren Schritten eine Auswertung erlangter Informationen vor, wobei je drei Organe arbeitsteilig zusammenwirken. Vornehmlich sind die Technischen Sekretariate mit der Evaluierung befaßt, die unter Umständen den Exekutivrat und auch die betreffende Vertragsstaatenkonferenz als politisches Plenarorgan einschalten.

Maßnahmen der ***Routineverifikation*** fallen unter beiden Verträgen prinzipiell in die alleinige Zuständigkeit der Technischen Sekretariate. Beim CW-ÜBEREINKOMMEN verbleiben alle Informationen aus staatlichen Mitteilungen und Vor-Ort-Inspektionen beim Sekretariat der OPCW. Durch Abgleich der Erkenntnisse aus diesen Informationsquellen wird es sich in aller Regel über die Vertragserfüllung versichern können. Erst wenn Zweifel, Unklarheiten oder Unsicherheiten hinsichtlich der Einhaltung auftreten, die durch Konsultationen mit der betreffenden Partei nicht aufgeklärt werden konnten, unterrichtet das Organ unverzüglich den Exekutivrat.[642] Das Technische Sekretariat der CTBTO, *inter alia,* überwacht und koordiniert den Betrieb des Internationalen Überwachungssystems.[643] Um Zweifel an der Einhaltung des CTB-ÜBEREINKOMMENS so bald wie möglich aufklären zu können, koordiniert und erleichtert es Ersuchen einzelner Parteien um zusätzliche Daten anderer Vertragsstaaten oder aus dem Überwachungssystem.[644]

Der Exekutivrat der jeweiligen Organisation setzt sich generell *"[...] für die wirksame Durchführung und Einhaltung"* der Übereinkommen ein.[645] Insbesondere ist er dafür zuständig, *"[...] alle von einem Vertragsstaat vorgebrachten Bedenken wegen einer möglichen Nichteinhaltung [des] Vertrags"* zu prüfen.[646] Ihm fließen unmittelbar die Erkenntnisse der ***Verdachtsinspektionen*** zu: Das Sekretariat leitet dem Rat Abschlußberichte sowie dazu ggf. eingegangene Stellungnahmen des Antragstellers, der inkriminierten Partei und anderer Staaten

641 Art. II CTB-Übereinkommen. Derzeit arbeitet in Wien die Vorbereitungskommission der CTBTO unter Vorsitz des deutschen Diplomaten *W. Hoffmann.*

642 Art. II (G) Abs. 65 CW-Übereinkommen. Der Exekutivrat besteht aus 41 auf zwei Jahre von der Konferenz gewählten Mitgliedern. Die Zusammensetzung erfolgt nach einem geographischen Schlüssel. Jedes Mitglied hat eine Stimme. Beschlüsse in Sachfragen werden grundsätzlich mit 2/3-Mehrheit gefaßt. Vgl. Art. VIII Abs. 23-29. Siehe dazu *E. Myjer,* Non-Compliance Procedures, in: ASIL/NVIR Proceedings 4 (1997), S. 355, 360 f.

643 Art. II (D) Abs. 43 CTB-Übereinkommen.

644 Art. IV (A) Abs. 14 *lit.* h, I CTB-Übereinkommen.

645 Art. VIII (C) Abs. 31 CW-Übereinkommen; Art II (C) Abs. 38 *lit.* a CTB-Übereinkommen.

646 Art. II (C) Abs. 41 CTB-Übereinkommen; ähnlich Art. VIII (C) Abs. 35 CW-Übereinkommen.

zu.[647] Das Organ wertet die vorgelegten Informationen und Materialien aus, das Verfahren ist nicht besonders formalisiert. In diesem Stadium erfolgt jedoch eine umfassende rechtliche Würdigung des Erfüllungsverhaltens mit Blick auf die Frage, ob ein Fall der Nichteinhaltung vorlag. Ist dies anzunehmen, konsultiert der Exekutivrat alle Vertragsstaaten und fordert die betreffende Macht auf, innerhalb einer festzulegenden Frist die notwendigen Maßnahmen zu ergreifen. Im Übrigen kann er die Angelegenheit der Staatenkonferenz vorlegen und Empfehlungen zur Bereinigung der Lage abgeben.[648] Unter dem CW-ÜBEREINKOMMEN kann er als *ultimum remedium* schließlich die Sache unmittelbar dem UN-Sicherheitsrat oder der Generalversammlung zur Kenntnis bringen.[649]

Die Internationale Atomenergie-Organisation (IAEO), die 1957 mit Sitz in Wien geschaffen wurde, soll zur friedlichen Nutzung der Kernenergie in der Welt beitragen und zugleich sicherstellen, daß ihrer Überwachung unterstehende Gegenstände nicht zur Förderung militärischer Zwecke genutzt werden.[650] Ihre Sicherungsmaßnahmen, welche die Staaten mit Beitritt zum NV-VERTRAG annehmen, erstreckt die Agentur umfassend auch auf die Verträge über kernwaffenfreie Zonen. Neben den regional bestehenden Aufsichtsverfahren steuert die IAEO hier also internationale Kontrollmechanismen bei.[651]

Die Auswertung von Informationen, die im Rahmen der Sicherungsmaßnahmen zum NV-VERTRAG erlangt wurden, erfolgt arbeitsteilig zwischen dem Technischen Sekretariat und dem Gouverneursrat der IAEO. Dem Sekretariat obliegt die umfangreiche technische Evaluierung. Es prüft zunächst die vorgelegten Staatenberichte und Inspektionsergebnisse nach statistischen Verfahren auf ihre innere Plausibilität, bevor für jeden Staat ein Abgleich von Soll-Wert und Ist-Bestand vorgenommen wird. Läßt sich in der Spaltmaterialbilanz eine signifikante Differenz nachweisen, so hat das Technische Sekretariat zunächst alle ihm verfügbaren Aufklärungsmittel, vor allem das Frage- und Klärungsrecht, zu nutzen. Kann gleichwohl nicht festgestellt werden, daß der überwachte Staat die Verpflichtungen erfüllt hat, so gelangt die Angelegenheit durch Bericht des Ge-

---

647 Art. IX Abs. 21 CWC; Art. IV (D) Abs. 64 CTBT.

648 Art. IV (D) Abs. 66 i.V.m. Art. V Abs. 1 CTBT. Nach Art. VIII Abs. 36 CWC kann er überdies alle Vertragsstaaten über die Angelegenheit unterrichten. *W. Krutzsch/R. Trapp*, Commentary, Art. VIII, S. 160, und *E. Myjer*, Closer Towards an International Arms Control Organization, in: ders. (Hrsg.), S. 61, 120, sprechen hingegen von einer "moralischen Sanktion". Insoweit ist allerdings fraglich, wie die Autoren den Moralbegriff verstanden wissen wollen.

649 Art. VIII Abs. 36; Art. IX Abs. 23 CWC.

650 Art. II IAEO-Statut.

651 Siehe Art. 13 Tlatelolco-Vertrag; Art. 8 Abs. 2 *lit.* c Rarontonga-Vertrag i.V.m. Anhang 2; Art. 5 Bangkok-Vertrag; Art. 9 *lit.* b Pelindaba-Vertrag i.V.m. Anhang II.

neraldirektors zur Bewertung an den Gouverneursrat.[652] Hierbei handelt es sich um ein politisches Gremium von 35 Staatenvertretern, die nach einem geographischen Schlüssel gewählt bzw. kooptiert werden.[653]

Der Gouverneursrat ist bei seiner Beurteilung an Sekretariatsvorlagen nicht gebunden, er besitzt vielmehr ein eigenständiges Feststellungsrecht.[654] Bei Unklarheiten gibt er dem betreffenden Nichtkernwaffenstaat zunächst Gelegenheit, einen Abzweigungsverdacht durch Gegenbeweis auszuräumen.[655] Ist er der Auffassung, die Verifikation könne durch bestimmte Maßnahmen ermöglicht werden, so wird er der betreffenden Partei gem. § 18 INFCIRC/153 aufgeben, die notwendigen Schritte zu ergreifen. Insbesondere wird die Agentur den Staat auffordern, eine Verdachtsinspektion als "essential and urgent" zuzulassen. Stellt der Gouverneursrat dann fest, daß die Agentur nicht in der Lage ist, die Nichtabzweigung spaltbaren Materials positiv abzuleiten (Fall des *non liquet*), so kann der Rat unter Beachtung des Verhältnismäßigkeitsgrundsatzes entsprechend der Mitwirkungslast des betreffenden Staats entscheiden.[656]

Praktische Bedeutung haben diese Handlungsmöglichkeiten bisher zweimal erlangt. In beiden Fällen hat der Gouverneursrat entgegen dem Wortlaut positiv die Nichterfüllung der Sicherungsabkommen festgestellt.[657] Während einer Resolution zur Lage im Irak eine entsprechende Beurteilung durch den UN-Sicherheitsrat vorausgegangen war,[658] hat das Organ im Fall von Nordkorea unmittelbar die Nichterfüllung des "Safeguards Agreement" konstatiert. So heißt es in der Resolution vom 25. Februar 1993:[659]

---

652 Art. VI.F IAEO-Statut.

653 Art. VI.A. IAEO-Statut. Dazu *T. Lohmann,* Sicherungsmaßnahmen der IAEO, S. 40. Der Gouverneursrat ist gegenüber der Generalversammlung als dem politischen Plenarorgan verantwortlich.

654 Vgl. § 19 INFCIRC/153, Art. III.C IAEO-Statut.

655 Vgl. § 21 INFCIRC/153.

656 Vgl. § 19 INFCIRC/153. Dazu näher *T. Lohmann,* Sicherungsmaßnahmen der IAEO, S. 238 ff.; *D. Sloss,* Nuclear Nonproliferation Treaty, in: Virgina JIL 35 (1995), S. 841, 857 ff.

657 Siehe dazu *R. Mathews/T. McCormack,* Pre-Empting Inspection-Related Disputes, in: Contemporary Security Policy 16 (1995), S. 396, 398 f.

658 UN-Doc. A/Res/45/1037 v. 18. Juli 1991, Para. 1. Der Gouverneursrat begründete seine Entscheidung mit der Nichtdeklaration spaltbaren Materials, das IAEO-Sicherungsmaßnahmen zu unterstellen war.

659 IAEO-Doc. GOV/2636 v. 25. Februar 1993; wiedergegeben in UN-Doc. A/48/133 bzw. S/25556 v. 12. April 1993, S. 14 ff.

"The Board of Governors,
[...]
*1.***Finds***, based on the Report of the Director General,* ***that the DPRK is in non-compliance*** *with its obligations under its Safeguards Agreement with the Agency;*
2.Further finds, pursuant to Article 19 of the Agreement, that ***the Agency is not able to verify that there has been no diversion of nuclear material*** *required to be safeguarded under the terms of the Safeguards Agreement to nuclear weapons or other nuclear explosive devices;*
[...]".[660]

Entgegen § 19 stellte der Rat nicht allein die Unmöglichkeit der Verifizierbarkeit der Nichtabzweigung fest, sondern zugleich eine Verletzung des Sicherungsabkommens. Dem Sachverhalt lag jedoch nicht eine Abzweigung aus der zivilen Nutzung, sondern die Nichtdeklaration von den Sicherungsmaßnahmen unterfallendem spaltbaren Material zugrunde. Weitergehende Maßnahmen hat die IAEO aufgrund der jeweiligen Umstände weder im Fall von Irak, noch von Nordkorea ergriffen.

Zusammenfassend läßt sich festhalten, daß die institutionalisierte Informationsauswertung bei den modernen anders als bei den älteren Kollektivverträgen zu einem Bestandteil des internationalen Verfahrensrechts gemacht wurde. Die Absicherung der Kontrolle durch internationale Insitutionen und Organe läßt eine unvoreingenommene und unparteiische Form der Rechtsdurchsetzung erwarten. Dabei wirken in der Regel mehrere Organe in arbeitsteiliger Weise zusammen und nehmen zunächst eine faktisch-technische Evaluierung vor, bevor eine politisch-rechtliche Beurteilung erfolgt, an die sich ggf. Reaktionsmaßnahmen anschließen können. Allein das LANDMINEN-ÜBEREINKOMMEN verzichtet auf eine Trennung dieser Phasen. Hier erfolgt die abschließende Tatsachenfeststellung vielmehr unmittelbar durch die Staatenkonferenz, also ein politisches Organ, das *uno actu* über Reaktionsmaßnahmen befindet. Das Fehlen einer ausdrücklichen Feststellung der Pflichtverletzung birgt dabei die Gefahr, daß von der Frage möglicher Sanktionen aus auch die rechtliche Beurteilung getroffen wird.

Im Übrigen wurden in den modernen Kollektivverträgen zwei- und dreistufige Verfahren der Informationsauswertung vereinbart, bei denen die rechtliche neben der tatsächlichen Evaluierung stets einen eigenen Abschnitt einnimmt. Diese Trennung wirkt sich auf das Institutionengefüge aus. Während zunächst kleinere Arbeits- und Expertengremien oder Sekretariate die vorgelegten Informationen und Daten in tatsächlicher Hinsicht analysieren, sind für die rechtliche Beurteilung, aber auch für die Abgabe von Empfehlungen bei festgestellten Pflichtverstößen politisch geprägte Institutionen, ja häufig sogar Plenarorgane

660 Hervorhebung v. Verf.

zuständig.[661] Bei CW- und CTB-ÜBEREINKOMMEN findet sich ein dreistufiges Verfahren, bei dem zwischen der tatsächlicher Evaluierung, der Feststellung von Pflichtverletzungen und der Sanktionsentscheidung zu trennen ist. Diese Aufgaben wurden stets anderen Organen zugewiesen. Die Beurteilung der Vertragserfüllung wie die Verhängung von Sanktionen fallen dabei in den Bereich politischer Organe, deren Mitglieder weisungsgebundene Regierungsvertreter sind. Abstrakt läßt sich also feststellen, daß sich die Entscheidungsfindung von Organen, deren Mitglieder sich ganz durch Sachkenntnis und Unabhängigkeit auszeichnen, zunehmend auf regierungsgebundene Organe verlagert. Damit wandelt sich der Charakter von der Fremd- zur Mitentscheidung und ihr Inhalt von rechtlich genauen zu politisch determinierten Beschlüssen.

(2) Materieller Aufsichtsmaßstab

Die nähere Eingrenzung des Spielraums, der den Organen bei der Entscheidungsfindung eröffnet ist, bereitet Schwierigkeiten. Denn den Vertragstexten und insbesondere den Vorgaben über Verdachtsverfahren läßt sich nicht entnehmen, welche inhaltlichen Maßstäbe die Institutionen bei der Formulierung der "compliance judgements" anwenden. Die Analyse zeigt, daß sich hier schon der Begrifflichkeit nach kein einheitliches Bild zeichnen läßt. Während in der Regel die Feststellung der Nichteinhaltung von Vertragspflichten ("non-compliance") als mögliches Ergebnis von Verifikationsmaßnahmen benannt wird,[662] findet sich dort zum Teil auch der Begriff der Vertragsverletzung ("breach of Treaty").[663] Warum diese unterschiedlichen Formulierungen in die Texte Eingang gefunden haben, läßt sich mangels *travaux préparatoires* nicht nachweisen. Als das Resultat unterschiedlicher Verhandlungsprozesse erscheint die Begriffswahl jedoch politisch motiviert. Jedenfalls aber läßt sich nicht feststellen, daß sie mit abweichenden Vorstellungen vom Konzept der Vertragsaufsicht verbunden ist.

Bei dem Gedanken der "non-compliance" handelt es sich um einen Rechtsbegriff, dessen Verortung in den Pflichtenstrukturen Probleme bereitet. Gegen eine Gleichsetzung mit der Figur des "material breach" (Art. 60 WVK) spricht, daß die Haftungsfolgen dieser Norm mit den spezifischen Zielen institutionali-

661 So deutlich zur IAEO *C. Grossmann,* Supervision within the IAEA, in: van Dijk u.a. (Hrsg.), S. 489, 505.

662 So etwa Art. XII.C IAEO-Statut ("non-compliance"); Art. VIII (C) Abs. 36 CWC und Art. II Abs. 65 CTBT ("Einhaltung" und "Nichteinhaltung").

663 So etwa Art. 14 Abs. 1 Bangkok-Vertrag (*"[...] that there is a breach of this Treaty [...]"*); Abs. 4 *lit.* g Annex IV zum Pelindaba-Vertrag (*"[...] held to be in breach of its obligations [...]"*).

sierter Rüstungskontrollregime kaum vereinbar sind. Gemäß Art. 60 Abs. 2 *lit.* c. WVK kann jede Partei eine "erhebliche Vertragsverletzung", also den Bruch *"[...] einer für die Erreichung des Vertragsziels oder Vertragszwecks wesentlichen Bestimmung"* eines mehrseitigen Übereinkommens mit integraler Pflichtenstruktur,[664] als Grund für dessen gänzliche oder teilweise Suspendierung in Hinblick auf sich selbst geltend machen. In ihren Vorarbeiten zum Wiener Übereinkommen über das Recht der Verträge hat die UN-Völkerrechtskommission als typischen Anwendungsfall der Norm namentlich die Verletzung rüstungsregelnder Konventionen angeführt.[665] Die in der WVK normierte Rechtsfolge, die vollständige oder teilweise Suspendierung, wird jedoch modernen, auf Dauer angelegten Übereinkommen der Abrüstung und Rüstungskontrolle nur unter Umständen gerecht. Im Regelfall dagegen wird sie dem Ziel der Abkommen, dem *dauerhaften* Vorrang globaler bzw. regionaler Demilitarisierung unter internationaler Kontrolle vor den vertraglichen Rechtspositionen der Mitgliedstaaten, nicht ausreichend Rechnung tragen.

Daß die Abkommen gewöhnlich nicht mit den Begriffen "Rechtswidrigkeit" bzw. "Rechtmäßigkeit" operieren, ist hervorzuheben. Staatliches Verhalten in dieser Art und Weise zu qualifizieren, motivierte nach klassischer Lesart nämlich dazu, unmittelbar das Konzept der Staatenverantwortlichkeit zu bemühen.[666] Dies aber wird – schon wegen dessen formeller Subsidiarität[667] – gerade nicht gewollt sein.[668] Vielmehr hat sich im Schrifttum ein Gedanke gradueller und flexibler Normabweichungen durchgesetzt. Dieser begreift "non compliance" zunächst wörtlich als die Nichteinhaltung eines völkerrechtlichen Vertrags. Die

---

664 Siehe Art. 60 Abs. 3 *lit.* b WVK.

665 ILC, ILC Yearbook 1966, Vol. II, S. 255: Die ILC geht davon aus, daß die Verletzung eines Abrüstungsvertrags die Beziehungen zwischen den Beteiligten so grundlegend verändert, daß eine Partei notfalls unmittelbar von allen Pflichten freikommen wird, ohne zuvor die Zustimmung der anderen Beteiligten eingeholt zu haben. Dazu eingehend *B. Simma,* Article 60 of the Vienna Convention, in: ÖZöRV 20 (1970), S. 5, 75 ff. m.w.N.

666 Siehe *StIGH,* Case Concerning the Factory at Chorzów, P.C.I.J., Serie A, Nr. 17, S. 29: *"It is a principle of international law, and even a general conception of law, that any breach of an engagement involves an obligation to make reparation."* Dazu auch Art. 1 des ILC-Entwurfs zur Staatenverantwortlichkeit (UN-Doc. A/CN.4/ L.602/Rev.1 v. 3. August 2001); *R. Wolfrum,* Internationally Wrongful Acts, in: EPIL II (1995), S. 1398, 1402.

667 Nach Art. 55 ILC-Entwurf findet das Konzept der Staatenverantwortlichkeit keine Anwendung, wo und soweit rechtswidriges Verhalten durch besondere Regeln des Völkerrechts erfaßt ist. Als solche werden die vertraglichen Vorgaben über die Folgen bei Nichterfüllung anzusehen sein.

668 So deutlich die Argumentation bei *T. Marauhn,* Durchsetzung von Rüstungskontrollvereinbarungen, in: FW 74 (1999), S. 159, 185.

durch Verifikationsmaßnahmen, vor allem Verdachtsinspektionen, festgestellte Vertragsverletzung ist der Ansatzpunkt. Diese gilt es dann jedoch in den Kontext der Vertragspflichten einzuordnen und vor diesem Hintergrund überdies sicherheitspolitisch zu bewerten.

Die Erfüllung völkerrechtlicher Verträge ist kein "schwarz-weiß-Phänomen". Die Verletzung vertraglicher Bestimmungen wird daher nicht in jedem Fall weitere Schritte der Organe auslösen. Ob die zuständigen Gremien und Institutionen in den vorgesehenen Verfahren entsprechende Feststellungen treffen, ist – nicht zuletzt wegen ihrer Zusammensetzung aus Staatenvertretern – jedenfalls dann *auch* eine politische Entscheidung. In einem Diskurs ist zu ermitteln, ob lediglich ein Fall geringfügiger und damit zu vernachlässigender oder schon ein Fall kritischer und somit beachtlicher Nichteinhaltung vorliegt.[669] Für die Beurteilung maßgeblich dürften der Charakter der mißachteten Vertragsnorm, der Grad der Abweichung sowie insbesondere die militärische und verteidigungspolitische Tragweite der Verletzung sein. Vornehmlich anhand dieser Kriterien werden die aus Staatenvertretern zusammengesetzten Vertragsorgane ihre formalen Feststellungen treffen, die gleichsam eine politische Bewertung durch politische geprägte Institutionen darstellen. Daß es bei den Beurteilungen nicht um absolute Standards geht, sondern Vertragsverletzungen zu bewerten sind, beweist das Konzept der "military significance".[670] Nach diesem von Strategieexperten entwickelten Gedanken können Abweichungen von rüstungsregelnden Konventionen geduldet werden, wenn sie militärstrategisch und verteidigungspolitisch nicht von Bedeutung sind. Dies dürfte allgemein dann anzunehmen sein, wenn die in Rede stehende Vertragsverletzung für die Sicherheit der Konventionsstaaten ohne Belang ist, sich also gar nicht oder aber nur unwesentlich auf den vertraglich geregelten Bereich der Verteidigungsfähigkeit auswirkt.[671]

Letztlich entscheidend ist der verbleibende Gestaltungsspielraum. Wann Verstöße gegen Regelungs- und Verbotstatbestände für die Gemeinschaft der Vertragsstaaten nicht mehr tolerabel sind, richtet sich nicht zuletzt aufgrund der Nachholbarkeit bestimmter Leistungen und Pflichten nicht nach absoluten Standards.[672] Die kritische Schwelle läßt sich *in abstracto* daher nicht exakt bestim-

669 Ausführlich dazu *A. Chayes/A.H. Chayes*, New Sovereignty, S. 17 ff.

670 Zu diesem Gedanken auch *W. Lang*, Compliance with disarmament obligations, in: ZaöRV 55 (1995), S. 69 ff., 71 m.w.N.

671 Näher dazu die Ergebnisse eines Forschungsprojekts der Stanford University bei *G. Duffy*, Compliance and the Future of Arms Control, S. 10 ff.

672 Das Kriterium der "Unumkehrbarkeit" einer Verletzung haben die USA im Zusammenhang mit Verstößen gegen das SALT II-Abkommen entwickelt. Dort stellt sich mangels Inkrafttreten die Frage, wann eine Vertragsverletzung so gravierend ist, daß sie als Verstoß gegen Ziel und Zweck des Vertrags im Sinne von Art. 18 WVK

men. Entscheidend ist vielmehr im Einzelfall die Relation beim Stand der Erfüllung und Umsetzung im Verhältnis der Vertragsparteien untereinander. Die Fortsetzung einer bisherigen Staatenpraxis der Nichtreduzierung von Waffen und Nichteinschränkung bestimmter Rüstungsmaßnahmen durch den betreffenden Staat ist es, die Spannungen begründet, wenn die anderen Parteien ihre nationale Praxis geändert und entsprechende Abrüstungs- und Regelungsmaßnahmen ergriffen haben. Wann hier die kritische Schwelle erreicht bzw. überschritten ist, muß angesichts sicherheitspolitischer Spielräume verhandelt werden. Gestört ist das durch die Übereinkommen hergestellte, rüstungsregelnde und sicherheitsbewahrende Kooperationsverhältnis der Vertragsstaaten untereinander. Die Schwelle von der tolerierbaren Verletzung zur nicht mehr hinnehmbaren Nichterfüllung liegt demnach also dort, wo eine sicherheits- und verteidigungspolitisch relevante Beeinträchtigung der vertraglich begründeten Kooperation der Mitglieder vorliegt, die der betreffenden Partei zuzurechnen ist.

b) Bilaterale Verträge und KSE-Vertrag

Mit dem ABM-VERTRAG wurde ein neuer Typus von Vertragsorganisation geschaffen. Dem Muster dieser Institution folgend wurden später unter anderen bilateralen Abrüstungs- und Rüstungskontrollverträgen Behörden errichtet. Dem Grundgedanken nach handelt es sich um paritätisch besetzte Gremien, die den Vertragsparteien als Foren dienen, um Fragen der Einhaltung ihrer Rüstungskontrollverpflichtungen zu erörtern. Inwieweit diese Struktur durch die Multilateralisierung der Verträge verändert wurde, wird zu untersuchen sein. Im Übrigen ist mit dem KSE-VERTRAG ein mehrseitiges Übereinkommen zu berücksichtigen, das in seiner Ausrichtung auf zwei Gruppen von Vertragsstaaten auch eine bipolare Struktur aufweist.

aa) Struktur und Mandat der Institutionen in den ursprünglichen Verträgen

"Um die Ziele [des] Vertrags und die Durchführung seiner Bestimmungen zu fördern [...]", wurde nach Art. XIII ABM-VERTRAG die Ständige Beratungskommission (SCC) geschaffen.[673] Ihre Zuständigkeiten erstrecken sich nach Art. VI INTERIMS-ABKOMMEN und Art. XVII SALT II-ABKOMMEN auch auf diese

---

zu qualifizieren ist. Siehe dazu *M. Asada,* CTBT Legal Questions, in: JCSL 7 (2002), S. 87, 94 ff., 96 f. mit Hinweisen auf eine Anhörung im amerikanischen Senat.

673 Errichtet wurde das Gremium erst durch die Vereinbarung über die Einsetzung einer Ständigen Beratungskommission v. 21. Dezember 1972; ILM 12 (1973), S. 46.

Verträge.[674] Unter den späteren Rüstungskontrollabkommen wurden eigene Institutionen errichtet, die in ihren Aufgaben- und Kompetenzzuweisungen jedoch der SCC weitgehend nachgebildet sind. Auch in der praktischen Tätigkeit verfolgen sie die gleichen Ziele. So sollen die Besondere Nachprüfungskommission (SVC) nach Art. XIII INF-VERTRAG und die Gemeinsame Erfüllungs- und Inspektionskommission (JCIC) nach Art. XV START I-VERTRAG den Parteien als Foren dienen, um *"[...] Fragen in bezug auf die Einhaltung der übernommenen Verpflichtungen zu lösen"*. Ähnliche Aufgaben wird die nach Art. III des zwischen *Bush* und *Putin* ausgehandelten Vertrags über strategische Waffen zu schaffende Bilaterale Implementierungskommission (BIC) übernehmen.

Den vorgenannten Gremien nachgebildet wurde die Gemeinsame Beratungsgruppe (JCG) unter dem KSE-VERTRAG. Entsprechend Art. XVI dient sie dazu, *"[...] die Ziele dieses Vertrags und seine Durchführung zu fördern"*, und namentlich *"Fragen [zu] behandeln, welche die Einhaltung oder die mögliche Umgehung des Vertrags betreffen"*.

Nach Art. XIII Abs. 2 ABM-VERTRAG wird die Zusammensetzung der SCC durch die Vertragsparteien festgelegt. In einer ergänzenden Vereinbarung haben sich USA und Sowjetunion verständigt, daß die Kommission aus einem *"[...] Beauftragten und eine[m] stellvertretenden Beauftragten"* besteht, *"[...] denen der erforderliche Arbeitsstab beigegeben ist"*.[675] Eine nähere Festlegung der Struktur ist nicht erfolgt. Vielmehr wurde ein breiter Gestaltungsspielraum eröffnet, der auch durch die ergänzenden Verfahrensregeln ("Regulations") nicht merklich eingeschränkt wird. Nach den "Regulations" umfaßt der Ausschuß je eine *"[...] U.S. component and Soviet component, each of which shall be headed by a Commissioner"*,[676] wobei *"[e]ach component of the Commission may invite such advisers and experts as it deems necessary to participate in a meeting"*.[677] Die konkrete Zusammensetzung des Arbeitsstabs kann daher weitgehend an den Bedürfnissen der Vertragsstaaten ausgerichtet werden, insbesondere können Vertreter der innerstaatlich für die Rüstungsbeschränkung zuständigen Behörden

---

674 Die Zuständigkeit umfaßt nach Punkt II der Vereinbarung über die Errichtung einer Ständigen Beratungskommission ferner das Abkommen über Maßnahmen zur Verminderung der Gefahr des Ausbruchs eines Atomkriegs v. 30. September 1971.

675 Vgl. Punkt III Vereinbarung über die Einsetzung einer Ständigen Beratungskommission v. 21. Dezember 1972.

676 Punkt 1 Standing Consultative Commission Regulations, abgedruckt in: *M. Willrich/R. Rhinelander* (Hrsg.), SALT, S. 321-322.

677 Punkt 5 Standing Consultative Commission Regulations. Dazu *T. Marauhn*, Dispute Settlement in Nuclear Arms Control, in: Institut de France (Hrsg.), S. 25, 27.

berücksichtigt werden. Die unter den Folgeverträgen geschaffenen Institutionen entsprechen dieser Struktur im Wesentlichen.[678]

Ähnlich wie die Zusammensetzung sind auch die Verfahrensregeln lediglich den äußeren Rahmenbedingungen nach vorgezeichnet, wobei insbesondere die Arbeitsweise betreffende Einzelfragen der späteren Ausgestaltung durch die Vertragsparteien überlassen wurden.[679] Der Rahmen ist insgesamt also flexibel gehalten.[680] Jede Vertragspartei soll die andere vorab über die zu erörternden Punkte informieren; sie ist aber auch berechtigt, innerhalb der Zuständigkeit liegende Themen unangekündigt anzusprechen.[681] Die Verhandlungen der Kommission werden aufgezeichnet, unterliegen jedoch strenger Geheimhaltung. Abgesehen von den Andeutungen einzelner Ausschußmitglieder ist daher im Wesentlichen unbekannt, welche Fragen in diesem "closed shop" tatsächlich erörtert wurden.[682] Frühere Mitglieder verweisen darauf, daß es gerade die vertrauliche Atmosphäre der Beratungen zwischen den Supermächten gewesen sei, die wesentlich zur erfolgreichen Tätigkeit der Beratungskommission beigetragen habe.[683]

Aufgaben und Kompetenzen der Ständigen Beratungskommission werden durch Art. XIII Abs. 1 ABM-VERTRAG im Einzelnen festgelegt. Nach dieser Re-

---

678 Im weitesten Sinne trifft dies auch auf die mit zwei Gruppen von Vertragsstaaten besetzte Gemeinsame Beratungsgruppe unter dem KSE-Vertrag (1990) zu. Sie setzt sich aus den von jedem Vertragsstaat bezeichneten Vertretern zusammen, vgl. Punkt 1 Protokoll über die Gemeinsame Beratungsgruppe. Näher zur JCG siehe *P. Dunay,* Verifying Conventional Arms Limitations, S. 110 ff.

679 Statt aller siehe *S. Graybeal/M. Krepon,* Improving SCC Utility and Effectivenss, in: Krepon/Umberger (eds.), S. 239, 241 ff.

680 So erläßt die SCC eigenständig die notwendigen Verfahrensregeln und *"[...] may amend them as it deems appropriate."* Punkt V Vereinbarung über die Einsetzung einer Ständigen Beratungskommission v. 21. Dezember 1972.

681 Punkt 3 Standing Consultative Commission Regulations: *"The Commissioners shall, when possible, inform each other in advance of the matters [...]."*

682 Vgl. Punkte 7 und 8 Standing Consultative Commission Regulations. *G. Duffy* (in: Compliance and the Future of Arms Control, S. 165) kommt daher zu dem Schluß, daß *"[o]ne can sketch a picture of the SCC's internal functions only by assembling scattered pieces of evidence and relying on the recollections of people who have participated in the SCC process."*

683 Vgl. die uneingeschränkt positive Bewertung bei *D. Caldwell,* Standing Consultative Commission, in: Potter (Hrsg.), S. 217, 223. Siehe auch *T. Marauhn,* Dispute Settlement in Nuclear Arms Control, in: Institut de France (Hrsg.), S. 25, 27.
Unter dem KSE-Vertrag fehlte zunächst eine entspechende Bestimmung über die vertrauliche Behandlung von Informationen. Aufgrund der positiven Erfahrungen namentlich unter dem ABM-Abkommen wurde diese alsbald eingefügt (vgl. Art. XVI Abs. 2 [G]). Dazu *P. Dunay,* Verifying Conventional Arms Limitations, S. 111.

gelung, die den Bestimmungen der Folgeverträge als Vorlage diente, wollen die Parteien im Rahmen der SCC

"a) Fragen betreffend die Einhaltung der übernommenen Verpflichtungen und damit zusammenhängende Umstände, die unklar erscheinen, erörtern;
b) freiwillig alle Informationen zur Verfügung stellen, die eine Vertragspartei für erforderlich hält, um das Vertrauen in die Einhaltung der übernommenen Verpflichtungen zu gewährleisten;
c) Fragen erörtern, die mit einem unbeabsichtigten störenden Eingriff in die innerstaatlichen technischen Nachprüfungsmittel zusammenhängen;
d) etwaige Veränderungen der strategischen Lage erörtern, die sich auf diesen Vertrag auswirken;
e) Verfahren und Termine für die Zerstörung oder Demontage von ABM-Systemen oder ihren Bestandteilen in den in diesem Vertrag vorgesehenen Fällen vereinbaren;
f) soweit angebracht, mögliche Vorschläge für eine weitere Stärkung der Lebensfähigkeit dieses Vertrags erörtern, einschließlich von Änderungsvorschlägen im Einklang mit seinen Bestimmungen;
g) soweit angebracht, Vorschläge für weitere Maßnahmen zur Begrenzung strategischer Waffen erörtern."

Die Zuständigkeiten der Kommission erstrecken sich demnach auf zwei Kernbereiche: Die Punkte (a)-(c) umfassen Aufgaben der Vertragsimplementierung und -erfüllung, die Absätze (d)-(g) solche der gemeinsamen Vertragsinterpretation sowie der Vertragsentwicklung und -anpassung.[684] Während die Kommission im letztgenannten Bereich nahezu untätig geblieben ist,[685] hat sie bei der Vertragsdurchführung große Bedeutung erlangt.[686] Der Schwerpunkt ihrer Arbeit lag vor allem bei der gemeinsamen Überprüfung des von einer Seite vorgelegten Informationsmaterials. Von der Öffentlichkeit nahezu unbemerkt wurden zahlreiche Fragen der Vertragseinhaltung und -interpretation verhandelt.[687] Obwohl das Gremium in Zeiten unüberwindbarer Konfrontationen auch zum politischen Schlagabtausch instrumentalisiert wurde, wurde die Arbeit überwiegend

---

684 *T. Marauhn,* Dispute Settlement in Nuclear Arms Control, in: Institut de France (Hrsg.), S. 25, 28, spricht insoweit von einer "review function" einerseits und einer "creative function" andererseits.

685 Siehe dazu *S. Graybeal/M. Krepon,* Improving SCC Utility and Effectiveness, in: Krepon/Umberger (eds.), S. 239, 241.

686 Entsprechend formulierte der frühere Leiter der amerikanischen SCC-Delegation *Graybeal: "The primary responsibility of the SCC delegations is to make sure that basic objects and purposes of existing agreements within their jurisdiction are met." S. Graybeal/M. Krepon,* ibid., in: Krepon/Umberger (eds.), S. 239, 241.

687 Überblicke über die erörterten Problemfälle finden sich bei *G. Duffy,* Compliance and the Future of Arms Control, S. 163-184, und *G. Levitt,* Verification and the SALT Agreements, in: Harvard ILJ 22 (1984), S. 379, 394 ff.

positiv beurteilt:[688] In diesem Forum sei es regelmäßig gelungen, Zweifelsfragen dadurch zu lösen, daß entweder eine Einstellung des fraglichen Verhaltens erwirkt wurde oder die Hintergründe durch die Übermittlung zusätzlicher Informationen und Daten aufgeklärt werden konnten.[689]

Wie schon der Wortlaut von Art. XIII ABM-VERTRAG ("Fragen erörtern") andeutet, überwacht die Ständige Beratungskommission die Einhaltung der Vertragspflichten nicht *ex officio*.[690] Vielmehr bleibt die Ermittlung erfüllungsrelevanter Tatsachen durch entsprechende Kontrollmittel wie auch ihre Bewertung allein in die Zuständigkeit der Staaten gestellt. Die SCC vermag weder in tatsächlicher, noch in rechtlicher Hinsicht verbindliche Entscheidungen zu fällen. Sie befindet weder als "judicial body" noch gar als "grand jury" darüber, ob ein bestimmtes Verhalten eine Nichterfüllung darstellt oder nicht.[691] Sie bietet lediglich einen institutionellen Rahmen, in dem die Parteien die wechselseitige Erfüllungskontrolle ausüben können.[692] Letztlich handelt es sich bei der Beratungskommission also nicht um mehr als institutionalisierte Formen von Konsultationen zwischen den Vertragsparteien mit dem Ziel, bei der Durchführung der einschlägigen Regelungs- und Kontrollaufträge entstehende Zweifelsfragen zu erörtern und zu klären.[693]

Einen gewissen Funktionszuwachs erfuhr die SCC im Zusammenhang mit den quantitativen und qualitativen Beschränkungen für strategische Waffen und

---

688 So die uneingeschränkt positive Bewertung bei *D. Caldwell* (Standing Consultative Commission, in: Potter [ed.], S. 217, 223): *"[... T]he SCC has proved its worth as a forum in which technical issues could be addressed in a nonpolemical, businesslike manner by specialists who are knowledgeable about the issues involved."*

689 So stellte das U.S. Department of State (Verification of SALT II Agreements, Special Report No. 56, August 1976, S. 3) fest, daß *"[...] in every case [of a questionable practice raised by the US in the SCC] the activity has ceased, or subsequent information has clarified the situation and allayed our concern."*

690 Mißverständlich insoweit *T. Marauhn,* Dispute Settlement in Nuclear Arms Control, in: Institut de France (Hrsg.), S. 25, 28, der der Kommission die Befugnis zumißt, staatliches Verhalten auf seine Vertragskonformität hin zu untersuchen.

691 Siehe *D. Caldwell,* Standing Consultative Commission, in: Potter (ed.), S. 217, 220; *A. Handler Chayes/A. Chayes,* From Law Enforcement to Dispute Settlement, in: International Security 14 (1990), 140, 161.

692 In einer Reihe von Fällen haben sich USA und UdSSR anderer Wege, vor allem diplomatischer Mittel bedient, um in den Zuständigkeitsbereich der SCC fallende Fragen zu klären. Näher zu diesen regimeexternen Konsultationen *N. Calvo-Goller/ M. Calvo,* SALT Agreements, S. 306.

693 Vgl. *B. Schmidt am Busch,* Amerikanisch-sowjetische Rüstungskontrollabkommen, S. 127 ff.; ferner *G. Lysén,* Law of Disarmament, S. 212 ff., sowie *S. Sur,* Le traité Américano-Sovietique du 8 Décembre 1987, in: AFDI 33 (1987), S. 69, 82 f.

Waffensysteme unter dem SALT II-ABKOMMEN.[694] Da der Vertrag erstmals in der Geschichte der bilateralen Rüstungsbeschränkung einen routinemäßigen Informationsaustausch zwischen den Supermächten vorsieht, wurde das Gremium in die erweiterten Verifikationsverfahren eingebunden.[695] Für die Ausschüsse der Folgeverträge ergaben sich zusätzliche Aufgaben im Zusammenhang mit den Vor-Ort-Kontrollmaßnahmen.[696] Mangels ausdrücklicher Verifikationsregelungen ist noch nicht klar, welche Rolle die Kommission unter dem soeben zwischen *Bush* und *Putin* unterzeichneten Vertrag über strategische Waffen übernehmen soll.[697] Jedenfalls verfügen all diese Gremien wie schon die SCC über keinerlei Befugnisse, das Erfüllungsverhalten der Parteien rechtlich zu bewerten oder selbst über die Nichteinhaltung vertraglicher Pflichten ("non-compliance") zu entscheiden.

bb) Multilateralisierung der bilateralen Abkommen

Grundlegende Änderungen haben Zuständigkeiten und Befugnisse der Beratungskommissionen durch eine Reihe von Schritten zur Multilateralisierung der bilateralen Abkommen *nicht* erfahren.[698]

---

694 So verständigen sich die Parteien nach Art. XVII Abs. 2 *lit.* e SALT II-Abkommen im Rahmen der SCC auch auf Verfahren *"[...] für die Ersetzung, den Umbau und die Demontage oder Zerstörung strategischer Waffen"*. Siehe dazu *N. Calvo-Goller/M. Calvo,* SALT Agreements, S. 304 f.

695 Nach Art. XVII Abs. 2 *lit.* e, 3 SALT II-Abkommen notifizieren sich die Parteien zweimal jährlich Gesamtzahlen an vertragsbegrenzten strategischen Waffen und schreiben dies in vereinbarten Datenbasen fort. Siehe dazu näher D. Caldwell, Standing Consultative Commission, in: Potter (ed.), S. 217, 223.

696 Namentlich die Ständige Verifikationskommission unter INF hat sich mit der Weiterentwicklung des vertraglichen Verifikationsregimes befaßt. So wurde etwa im Jahre 1989 ein Memorandum über die Implementierung der Verifikationsvorschriften angenommen. Dieses Dokument wird derzeit durch 16 Ergänzungen weiter konkretisiert. Siehe dazu US State Department, State Departement on 1987 INF Missile Treaty, Pressemitteilung v. 18. Mai 2001 anläßlich des 13. Jahrestag des Inkrafttretens, abrufbar unter http://usinfo.state.gov/topical/pol/arms (Stand: 01.07.2002).

697 Der Vertrag, der keine eigenen Verifikationsverfahren vorsieht, läßt offen, inwieweit die USA und Rußland auf die Instrumente des START I-Abkommens zurückgreifen wollen. Siehe dazu auch die Kritik in FAZ v. 25. Mai 2002, S. 2.

698 Allgemein zur Frage der Multilateralisierung siehe *T. Graham,* Laws, Politics and the ABM Treaty, in: JCSL 5 (2000), S. 275 ff.; *T. Marauhn,* Dispute Settlement in Nuclear Arms Control, in: Institut de France (Hrsg.), S. 25, 29 f.; *E. Coher,* Processus Américan-Russe de limitation des armements nucléaires stratégiques, in: AFDI 63 (1997), S. 199, 208 ff.

Eine informelle Lösung ergab sich unter dem zwischenzeitlich gekündigten ABM-VERTRAG. Nach einem "Memorandum of Understanding" aus dem Jahr 1997, das vom amerikanischen Senat nie ratifiziert wurde, sind neben Rußland die Staaten Kasachstan, Weißrußland und Ukraine in die Vertragspflichten der Sowjetunion eingerückt.[699] Von einer Erweiterung auf fünf Delegationen abgesehen blieb die Arbeitsweise der Ständigen Beratungskommission davon prinzipiell unberührt. Das Memorandum aus dem Jahr 1997 hält lediglich fest, daß die Staaten der Multilateralisierung vor allem durch Gleichbehandlung der Beteiligten bei der Entscheidungsfindung Rechnung tragen.[700]

Im Ergebnis ähnlich gestaltet sich die Rechtslage unter dem INF-VERTRAG. Auch hier sind neben Rußland die Staaten Weißrußland, Ukraine und Kasachstan aktiv in die Vertragsdurchführung nachgefolgt. Turkmenistan und Usbekistan dagegen haben die Inspektionsstätten auf ihrem Hoheitsgebiet geöffnet, nehmen an den Sitzungen des Vertragsgremiums aber nicht teil.[701] Grundlage der Multilateralisierung sind bislang nur informelle Absprachen, eine vertragliche Regelung wurde nicht getroffen.

Eine Absicherung auf vertraglicher Basis hat aber unter dem START I-VERTRAG stattgefunden. Nach Art. I des völkerrechtlich bindenden Lissabonner Protokolls[702] sind neben Rußland auch Weißrußland, Kasachstan und die Ukraine als Parteien in den Vertrag eingerückt. Ihre Vertreter nehmen als gleichberechtigte Mitglieder an den Sitzungen der Vertragsinstitution teil, die nunmehr als multilaterales Forum tagt (Art. IV). Zusätzliche Änderungen oder Ergänzungen des Mandats wurden nicht vorgenommen.

c) Schaffung einer zentralen Aufsichtsinstitution?

Möglichkeiten, die Institutionenlandschaft im Bereich der Rüstungskontrolle grundlegend umzugestalten, sind schon länger diskutiert worden.[703] Bereits aus

699 Art. I Memorandum of Understanding Relating to the Treaty between the United States of America and the Union of Soviet Socialist Republics on the Limitation of Anti-Ballistic Missile Systems v. 26. September 1997; Arms Control Reporter 1997, 603.D.57, sowie 1999, 603.A.2 f.

700 Art. VII Memorandum of Understanding.

701 Zur Staatennachfolge unter dem INF-Vertrag Arms Control Reporter 1999, 403.A.2 f., und 2001, 840.A.2 f. Siehe ferner *A. Zimmermann,* Staatennachfolge, S. 733 ff.

702 Siehe Arms Control Reporter 1995, 611.A.1 ff., und 1999, 611.A.2. Zu den Vorverhandlungen siehe *G. Bunn/J. Rhinelander,* Arms Control Obligations, in: Virginia JIL 33 (1993), S. 323, 342 ff.; A. Zimmermann, Staatennachfolge, S. 816.

703 Zu einem holländischen Vorschlag aus den 1970er Jahren, eine zentrale Abrüstungsinstitution zu schaffen, siehe *E. Myjer,* Closer Towards an International Arms Control Organization, in: ders. (Hrsg.), S. 61, 132 ff. m.w.N.

Kosten- und Effizienzüberlegungen ergibt sich die Frage, ob eine Proliferation internationaler Organisationen und Institutionen nötig ist oder nicht die Errichtung einer zentralen Behörde für die Überwachung einiger oder aller rüstungsbeschränkender Verträge sinnvoll wäre.

Für die bilateralen Abkommen hat der frühere Leiter der amerikanischen SCC-Delegation *Graybeal* wiederholt vorgeschlagen, die in ihren Aufgaben und Kompetenzen nahezu identischen Implementierungskommissionen zusammenzuführen, statt mit jedem Vertrag eine neue Institution zu schaffen.[704] Dies eröffnete vor allem die Möglichkeit, hochqualifizierte Fachleute über Einzelverträge hinaus auf breiterer Basis einzusetzen und dadurch Personalkosten zu senken. Auch wenn sich die Realisierungschancen mangels Einblick in die Arbeitsweise der Ausschüsse kaum beurteilen lassen, spricht jedoch neben der Zusammensetzung auch ein hohes Maß an Homogenität beim Mandat der Gremien für diesen Gedanken. Soweit ersichtlich ist er gleichwohl nicht weiter erörtert worden.

Wesentlich heterogener fallen die Strukturen der Institutionen unter den multilateralen Verträgen aus. Der Vorschlag, die Kontrollsysteme von TLATELOLCO-, RAROTONGA-, BANGKOK- und PELINDABA-VERTRAG mit den IAEO-Sicherungsmaßnahmen und den Kontrollen von Euratom zusammenzulegen, erscheint in der Sache nicht undenkbar.[705] Insbesondere die Regionalverträge über kernwaffenfreie Zonen führen in weiten Teilen ein Schattendasein, da umfassende Aufsichtsmaßnahmen ohnehin durch die IAEO in Wien ausgeführt werden. Andererseits würde die Zusammenlegung ihrer Institutionen auch keine wesentliche Veränderung bedeuten, da sie kaum finanzielle oder andere Ressourcen binden.

Weniger realistisch dürfte dagegen der Gedanke der Errichtung einer internationalen Abrüstungsorganisation mit umfassenden Zuständigkeiten für atomare, biologische und chemische Waffen sein. Eine solche "Superorganisation" müßte vier derzeit existierende bzw. noch entstehende Institutionen zusammenfassen: IAEO, CTBTO, OPCW und die OPBTW. Bislang bestehen hier allerdings grundlegende Abweichungen im Rechtsrahmen der Vertragsaufsicht, etwa bei den Vor-Ort-Inspektionen und im Sanktionsregime. Sollen sehr weitgreifende Unterschiede nicht bestehen bleiben, so wären umfassende Anpassungen der vertraglichen Grundlagen notwendig, welche die Schaffung einer einzigen zentralen Institution momentan nicht realistisch erscheinen lassen. Im Übrigen ist

704 So *S. Graybeal/P. Bliss McFate,* Assessing Verification and Compliance, in: Chayes/Doty (Hrsg.), S. 178, 194; *S. Graybeal/M. Krepon,* Improving SCC Utility and Effectiveness, in: Krepon/Umberger (Hrsg.), S. 239, 249.

705 Zu diesem Gedanken siehe *P. Szasz,* Proliferation of Arms Control Organizations, in: Blokker/Schermers (Hrsg.), S. 135, 137 ff. m.w.N.

fraglich, inwieweit eine entsprechende Fusion Kostenersparnisse ermöglichen könnte. Zwar bestehen zwischen chemischen und biologischen Substanzen gewisse Gemeinsamkeiten, die eine kombinierte Überwachung in Expertenkreisen nicht grundsätzlich undenkbar erscheinen lassen. Die Kontrolle von Nuklearmaterial aber erfordert besondere Spezialisten und eigene Ausrüstungseinrichtungen, so daß eine umfassende Lösung für alle Massenvernichtungswaffen in näherer Zukunft nicht besonders wirklichkeitsnah erscheint.[706]

Weitere Einwände gegen entsprechende Fusionsvorschläge ergeben sich aus der allgemeinen Überlegung, daß gerade Verträge der Abrüstung und Rüstungskontrolle spezifische Aufsichtsverfahren und -institutionen benötigen, die ganz auf die jeweiligen materiellen Regelungen abgestimmt sind.[707] Die Begründung einer neuen, zentralen Institution würde diesen Überlegungen widersprechen. Dabei ist allerdings zwischen Verfahrensrecht und den Institutionen zu differenzieren. Jedenfalls bei technischen Organen kann – soweit sinnvoll – der vorhandene Sachverstand dadurch nutzbar gemacht werden, daß auf vorhandene Ausschüsse und Sekretariate zurückgegriffen wird. Politische Organe, wie Exekutivräte und Staatenkonferenzen, müssen dagegen schon wegen der heterogenen Mitgliederstruktur der Verträge jeweils gesondert eingesetzt werden. Im Übrigen sind es gerade diese Institutionen, die den Eigenarten der Entscheidungsfindung, etwa den Gremienstrukturen und dem Verfahren, Rechnung tragen.

d) Zusammenfassende Würdigung

Im Vergleich zu anderen Normkomplexen des Völkerrechts existieren im Recht der Abrüstung und Rüstungskontrolle recht heterogene Institutionsrahmen bei der vertraglichen Erfüllungskontrolle. Um den Charakteristika in Hinblick auf Organtypen und deren Befugnisse gerecht zu werden, ist hier zwischen den bi- und den multilateralen Konventionen zu unterscheiden.

Regelungen über die Auswertung erfüllungsrelevanter Tatsachen finden sich in älteren Kollektivverträgen nicht. Unter diesen wurden keine vertraglichen Gemeinschaftsorgane mit Aufsichtsfunktionen geschaffen, vielmehr hat die Völkerrechtsgemeinschaft auf die umfassende Internationalisierung der Regelungs- und Verwaltungsaufträge verzichtet. Weder bei PARTIELLEM TESTSTOPP- und BW-ÜBEREINKOMMEN, noch bei den Verträgen über Staatengemeinschaftsräume finden sich Aufsichtsinstitutionen. Hier sind es stets die Mittel und Methoden der Selbstinterpretation, Selbstentscheidung und Selbstdurchsetzung, mit denen die Mitglieder ggf. erlangte Informationen analysieren und vertragliche Rechte und

---

706 So die Einschätzung von *Szasz,* ibid., S. 139 ff., 141.

707 Dazu nachdrücklich *T. Marauhn,* Comments, in: Myjer (Hrsg.), S. 155, 156.

Pflichten zur Geltung bringen. Von einer internationalen Aufsicht kann nicht gesprochen werden.

Davon grundlegend zu unterscheiden ist die Rechtslage unter den modernen mehrseitigen Konventionen. Unter diesen Verträgen wurden internationale Organe und Institutionen geschaffen, die gemäß völkerrechtlicher Normen in einem Subordinationsverhältnis die Erfüllung der Verträge durch die Parteien überwachen. Je nach Vertrag ist der Grad der Internationalisierung, der das Opfer an Selbstentscheidungsbefugnissen zugunsten internationaler Kooperation reflektiert, stärker oder schwächer. Während das LANDMINEN-ÜBEREINKOMMEN auf die Errichtung eines Vertragssekretariats verzichtet, wurden bei anderen Verträgen meist eigene Spezialbürokratien geschaffen. Unter ihrem Dach sind verschiedene Organebenen und -typen an der Vertragsaufsicht beteiligt, die arbeitsteilig zusammenwirken.

Vor allem in den Regionalverträgen über kernwaffenfreie Zonen finden sich hier zweistufige Verfahrensarten. Dabei erfolgt in der Regel zunächst eine technische Auswertung durch kleinere Arbeitsorgane oder Sekretariate, bevor politsch geprägte Organe, insbesondere Plenarorgane eine rechtliche Beurteilung der ihnen unterbreiteten Fakten vornehmen. Sie entscheiden auch über weitergehende Maßnahmen. Unter den modernen universellen Verträgen, wie CW- und CTB-Übereinkommen, wurden diese Schritte auf drei Organe verteilt, wodurch jedenfalls für die Phase der Tatsachenauswertung ein höheres Maß an Entpolitisierung erreicht werden kann. Gerichtliche oder gerichtsähnliche Institutionen, die sich vor allem beim internationalen Menschenrechtsschutz und in dem Regime von GATT/WTO etabliert haben, finden sich nicht.

Materieller Schlüssel der Aufsichtstätigkeit durch Internationale Organisationen ist die "non-compliance", ein Rechtsbegriff, dessen Verortung in den Pflichtenstrukturen Schwierigkeiten bereitet. In seiner Verwendung in Verdachtsverfahren ist er auf Tatbestands- bzw. Rechtsfolgenseite vom Konzept der erheblichen Vertragsverletzung (Art. 60 WVK) und der Figur der Staatenverantwortlichkeit abzugrenzen. Wörtlich bedeutet "non compliance" die Nichteinhaltung völkerrechtlicher Verträge. Welche Feststellungen die mit Staatenvertretern besetzten Organe neben der Völkerrechtswidrigkeit treffen, bestimmt sich im Einzelfall auch nach politischen Erwägungen. In Anbetracht eines gewissen Ermessens spielt hierbei eine Rolle, inwieweit rechtswdriges Verhalten "military significance" aufweist. Maßgeblich sind der Charakter der mißachteten Vertragsnorm, der Grad der Abweichung sowie insbesondere die militärische und verteidigungspolitische Tragweite der Verletzung. Die Nichteinhaltung rüstungsbeschränkender Regelungen erlangt dann militärische Bedeutung, wenn sie das stabilitätsbewahrende Kooperationsverhältnis der Vertragsstaaten in Frage stellt. Ob und wann dies anzunehmen ist, muß angesichts verbleibender sicherheitspolitscher Spielräume im Einzelfall zwischen den Vertragsparteien ausgehandelt werden.

Unter den zweiseitigen Abkommen wurde dagegen ein Modell gleichrangiger Überwachung verwirklicht. Dem Muster der Ständigen Beratungskommission folgend, die unter dem ABM-ABKOMMEN geschaffen wurde und auch für die anderen SALT I/II-VERTRÄGE zuständig ist, wurden unter den späteren bilateralen Verträgen und dem KSE-VERTRAG eigene Institutionen errichtet. Paritätisch besetzte Gremien dienen den Vertragsparteien hier als Foren, um Fragen der Einhaltung ihrer Rüstungskontrollverpflichtungen zu erörtern. Sie sind jedoch nicht befugt, die Erfüllung der Verträge *ex officio* zu kontrollieren und in tatsächlicher oder rechtlicher Hinsicht verbindliche Entscheidungen zu fällen. Die Informationsauswertung erfolgt vielmehr rein national im Wege der Selbstinterpretation und Selbstbeurteilung durch die Vertragsstaaten. Bei den Behörden handelt es sich lediglich um eine recht kostengünstige,[708] institutionalisierte Form von Konsultationen, um bei der Implementierung und Interpretation vertraglicher Regelungsaufträge entstehende Zweifelsfragen erötern und klären zu können. Im weitesten Sinn kann angesichts der Institutionalisierung hier durchaus von einer internationalen Kontrolle gesprochen werden. Diese hat aber bei weitem nicht den Grad an organisatorischer Festigkeit und Kompetenzfülle erreicht, wie dies bei den jüngeren Kollektivverträgen der Fall ist.

Grundlegende Änderungen in Zuständigkeiten und Befugnissen haben sich für die Behörden durch die Multilateralisierung der ursprünglich bilateralen Konventionen nicht ergeben. Während unter ABM- und INF-ABKOMMEN informelle Lösungen gefunden wurden, sind mit dem Lissabonner Protokoll zum START I-ABKOMMEN die Staaten Rußland, Weißrußland, Kasachstan und die Ukraine völkervertraglich bindend in die Rechtsstellung der früheren Sowjetunion eingerückt. Ihre Vertreter nehmen als gleichberechtigte Mitglieder an den Sitzungen des Vertragsorgans teil, das nunmehr als ein mehrseitiges Verhandlungsforum tagt.

Unbeschadet etwaiger Kosten- und Effizienzüberlegungen haben Vorschläge für eine grundlegende Reform der Institutionenlandschaft im Bereich der Rüstungsbeschränkung derzeit geringe Aussicht auf Erfolg. Alle derartigen Entwürfe werden sich an der Frage messen lassen müssen, ob und inwieweit die Fusion bestimmter Internationaler Organisationen den vertragsspezifischen Besonderheiten der Aufsichtsverfahren auch hinreichend Rechnung trägt. Bei allen Reformüberlegungen wird daher zwischen Möglichkeiten der Angleichung des

708 Die vorteilhafte Kosten-Nutzen-Relation dieser Art des "institution building" hebt die ILA, Report of the Committee on Arms Control and Disarmament Law (Rapporteur: *D. Fleck*), London 2000, Para. 16, hervor.

Verfahrensrechts, die weniger sinnvoll erscheinen, und solchen der teilweisen Zusammenlegung einzelner Kontrollaufgaben zu differenzieren sein. Letztere erscheint theoretisch nicht undenkbar, während der Vorschlag zur Schaffung einer einzigen, zentralen Aufsichtsinstitution für den gesamten Bereich der Abrüstung und Rüstungskontrolle derzeit nicht sehr erfolgversprechend sein dürfte.

II. Vertragliche Reaktionsmöglichkeiten

In der Völkerrechtspraxis wird meist schon die reine Tatsachenfeststellung geeignet sein, die Beseitigung normwidriger Zustände herbeizuführen;[709] weitergehender Schritte bedarf es dann nicht mehr. Sehen völkerrechtliche Verträge gleichwohl nicht nur die Beobachtung staatlichen Verhaltens und die Aufdeckung von Vollzugsdefiziten vor, sondern ermächtigen sie Internationale Organisationen überdies zu deren Beseitigung, wird die Grenze vom "fact finding" zur institutionalisierten Reaktion überschritten. Notwendige Voraussetzung für die Ergreifung von Ausgleichs- und Abwehrmaßnahmen ist jedoch der verbindliche Abschluß der Beweisaufnahme, der aus völkerrechtspolitischen oder anderen Gründen nicht immer zu einem unmittelbaren Bestandteil vertraglicher Aufsichtsverfahren gemacht wurde. Schließt die Phase der Informationsermittlung ohne eindeutige Tatsachenfeststellung, die auch zu einer Gegenüberstellung mit den einschlägigen Rechtsnormen führt, dann sind institutionalisierte Reaktionsmaßnahmen gewöhnlich kein Bestandteil von Erfüllungskontrollverfahren mehr. Insoweit dürfte schon mit Ende der Beobachtungstätigkeit eine "Schmerzschwelle" erreicht sein, die in dem politisch sensiblen Bereich der Rüstungsbeschränkung jedenfalls nicht zwangsläufig überschritten wird.[710]

Ziel und Zweck der Berichtigungsphase ist es, durch zwangsweises Vorgehen gegenüber Vertragsstaaten festgestellte Rechtsverletzungen rückgängig zu machen und so einen vertragskonformen Zustand wiederherzustellen.[711] Die Grundgedanken dahingehender Bestimmungen finden sich bereits in den Regeln des allgemeinen Völkerrechts über die Rechtsfolgen bei Vertragsverletzung. Vertragsspezifische Zwangs- und Beugemittel haben sich erst in der Epoche des jüngeren Völkerrechts in Folge weitergehender Ablösung der internationalen

709 So *H. Hahn,* Maßstab der internationalen Aufsicht, in: JIR 10 (1961), S. 2, 20; siehe ferner *K.J. Partsch,* Fact Finding and Inquiry, in: EPIL II (1995), S. 343 ff.

710 Darauf weist zu Recht *T. Marauhn,* Durchsetzung von Rüstungskontrollvereinbarungen, in: FW 74 (1999), S. 159, 184, hin.

711 Ausführlich dazu *H. Hahn,* Internationale Kontrollen, in: AVR 7 (1958/59), S. 88, 104; *H. Hahn,* Maßstab der internationalen Aufsicht, in: JIR 10 (1961), S. 2, 23, je m.w.N.

Kooperation von nationalstaatlichen Vorbehalts- und Einflußsphären entwickelt.[712] Sie sind Ausdruck eines über die jeweilige Organisation vermittelten Rechtsverhältnisses, in dem die Gegenseitigkeitsbeziehung der Staaten weitgehend in ein objektive Geltung forderndes Rechtsregime umgeformt wurde. Im Gegensatz zu allgemeinen Instrumenten lassen institutionalisierte Berichtigungsmaßnahmen nicht nur eine adäquatere Reaktion auf Erfüllungsdefizite erwarten. Das entscheidende Potential dürfte gerade darin zu sehen sein, daß das Ergebnis der Tatsachenfeststellungen nicht starren Haftungsregeln unterliegt, sondern zum Gegenstand von Verhandlungen und partnerschaftlichen Lösungsstrategien gemacht werden kann.[713]

Ein für das Recht der Rüstungsbeschränkung besonders charakteristisches Instrument der Rechtsdurchsetzung sind vertragliche ***Rücktritts- und Kündigungsklauseln.***[714] Als einseitige Gestaltungsrechte können sie nicht zu den Aufsichtsverfahren im eigentlichen Sinne gerechnet werden. Ziel der Vorschriften ist es, das im Spannungsbogen zwischen Flexibilität und Systemstabilität begründete Gleichgewicht der Kräfte zu erhalten. Die erste Regelung dieser Art haben die Parteien im PARTIELLEN TESTSTOPP-VERTRAG (1963) vereinbart. Während der Vertrag nach Art. IV Abs. 1 auf *"[...] unbegrenzte Dauer"* abgeschlossen ist, heißt es andererseits in Abs. 2:

> *"Jede Vertragspartei ist in Ausübung ihrer nationalen Souveränität berechtigt, von dem Vertrag zurückzutreten, wenn sie feststellt, daß durch außergewöhnliche, den Gegenstand dieses Vertrags berührende Ereignisse eine Gefährdung der lebenswichtigen Interessen ihres Landes eingetreten ist. Sie zeigt diesen Rücktritt allen anderen Vertragsparteien drei Monate im voraus an."*[715]

---

712 Zur historischen Entwicklung der Berichtigungsfunktion siehe bei *H. Hahn*, Internationale Kontrollen, in: AVR 7 (1958/59), S. 88 ff.

713 So deutlich *T. Marauhn*, Durchsetzung von Rüstungskontrollvereinbarungen, in: FW 74 (1999), S. 159, 184.

714 Eine Übersicht über vertragliche Kündigungsregelungen geben *H. Blix/J. Emerson (Hrsg.)*, Treaty Maker's Handbook, S. 104-115, sowie *R. Bilder*, Risks of International Agreement, S. 52 ff. m.w.N. Speziell zur Rüstungsbeschränkung siehe *C. Cohn*, Withdrawal Clause in Arms Control Treaties, in: Michigan JIL 10 (1989), S. 849 ff.

715 Zu dieser Klausel siehe die Stellungnahme des *Legal Adviser* beim U.S. Department of State vor dem Senate Committee on Foreign Relations, in: AJIL 58 (1964), S. 175, 179 ff. Ferner *G. Lyons*, Compliance under Arms Control Agreements, in: JCR 7 (1963), S. 445 ff.; *E. Schwelb*, Nuclear Test Ban Treaty, in: AJIL 58 (1964), S. 642, 661 ff.; *A. Chayes*, Working of Arms Control Agreements, in: Harvard LR 85 (1972), S. 905, 957 ff.

Vergleichbare Normen finden sich in nahezu allen späteren zwei- und mehrseitigen Verträgen der Rüstungsbeschränkung.[716] Da der Wortlaut die Rücktrittsvoraussetzungen relativ weit faßt, wurde im Schrifttum vorgeschlagen, die Bestimmungen einschränkend zu interpretieren.[717] Zum Teil wurden die Normen auch stärker auf eine Verletzung materieller Pflichten bezogen.[718] Sie eröffnen einer Vertragspartei die Möglichkeit, einseitig Maßnahmen zu ergreifen, wenn sie der Auffassung ist, aufgrund bestimmter Umstände sei ihr ein Festhalten am Vertrag nicht zuzumuten.[719] Dabei ist für die Klauseln charakteristisch, daß sie im Vergleich zu der üblichen Jahresfrist verkürzte Kündigungszeiträume von drei bzw. sechs Monaten vorsehen.[720] Die praktische Wirksamkeit dieser Nor-

---

716 Vgl. Art. VII NV-Vertrag, Art. XIII BW-Übereinkommen, Art. XV Abs. 2 ABM-Vertrag, Art. VIII Abs. 3 Interims-Abkommen, Art. 20 Abs. 1 Pelindaba-Vertrag. Am 13. Dezember 2001 haben die USA durch Mitteilung gegenüber Rußland, der Ukraine, Kasachstan und Weißrußland den ABM-Vertrag gem. Art. XV Abs. 2 gekündigt. Zur Begründung führten sie an, der Vertrag hindere Amerika, notwendige Mittel zum Schutz der Bevölkerung vor den Angriffen sog. Schurkenstaaten zu entwickeln. Siehe die Diplomatische Note des U.S. State Department v. 13. Dezember 2001, abrufbar unter: http://usinfo.state.gov/topical/pol/arms (Stand: 01.07.2002). Die Kündigung ist von Seiten der anderen Parteien unwidersprochen geblieben. *W. Heintschel von Heinegg,* Der Rücktritt der USA vom ABM-Vertrag, in: FW 76 (2001), S. 417, 432 ff., macht darauf aufmerksam, daß die ABM-Kündigungsklausel infolge der Multilateralisierung des Abkommens so auszulegen ist, daß eine erhebliche Verletzung zwar die USA berechtigt, sich einseitig von dem Vertrag zu lösen, nicht jedoch die drei Nachfolgestaaten der UdSSR. Diese haften kollektiv und können sich daher allein bei einer Verletzung der USA von dem Abkommen lossagen.

717 So etwa *J. Delbrück* (Vertrag über die Nichtverbreitung, S. 623, 662): Sicherheitspolitische Erwägungen allgemeiner Natur sollen für den Rücktritt nicht ausreichen. *E. Schwelb,* Nuclear Test Ban Treaty, in: AJIL 58 (1964), S. 642, 663, dagegen vertritt die Auffassung, auch ein außerhalb der Vertragssphäre liegendes "außergewöhnliches Ereignis" käme als Rücktrittsgrund in Frage. So wohl auch *H. Neuhold,* Legal Aspects of Arms Control Agreements, in: Böckstiegel u.a. (Hrsg.), S. 427, 439.

718 So in Art. 13 Rarotonga-Vertrag und Art. 22 Bangkok-Vertrag.

719 Zu den Kündigungsklauseln siehe ferner *T. Marauhn,* Durchsetzung von Rüstungskontrollvereinbarungen, in: FW 74 (1999), S. 159, 164 ff.; sowie *H. Fischer,* in: Ipsen, Völkerrecht, 3. Aufl. 1990, § 59 Rn. 67 f. Ausführlich zur Kündigungsklausel im NV-Vertrag *A. Perez,* Withdrawal and the Continuing Right of IAEA Safeguards, in: Virginia JIL 34 (1994), S. 749, 770 ff.

720 Fehlt eine solche Kündigungsregelung, so ist gem. Art. 56 WVK zunächst zu untersuchen, ob eine Beendigung nicht wegen der Natur des Vertrags bzw. der fehlenden Absicht der Parteien, eine Kündigung zuzulassen, ausgeschlossen ist. Ist dies zu verneinen, ist die Absicht zur Kündigung zwölf Monate im voraus den anderen Parteien zu notifizieren.

men ist indes fragwürdig, sind sie doch als Sanktionsregime eher ungeeignet: Liegt eine schwerwiegende Vertragsverletzung vor, so wird meist eine sofortige Reaktion erforderlich sein, damit aus rechtsuntreuem Verhalten kein politischer oder militärischer Vorteil gezogen werden kann. Diese Möglichkeit aber lassen die Bestimmungen gerade nicht zu. Im Übrigen dürfte die Vertragsbeendigung kaum das geeignete Mittel sein, um eine vertragsuntreue Partei zur Rückkehr in die Bahnen des Rechts zu motivieren.[721]

Bei einer Reihe rüstungsbeschränkender Verträge finden sich daneben spezielle Revisionsklauseln, die die Möglichkeit einer ***Vertragsanpassung*** und ***Vertragsentwicklung*** eröffnen.[722] Im Unterschied zu den Kündigungsvorschriften handelt es sich um kooperative Mechanismen der Regimeevolution. Bei grundlegendem Wandel der "Geschäftsgrundlage" gestatten sie die Adaption der Verträge, etwa um auf technische Fortschritte und veränderte sicherheitspolitische Rahmenbedingungen zu reagieren. Wie die Kündigungsklauseln sind sie jedoch keine Instrumente der Vertragsaufsicht im eigentlichen Sinne und können daher nicht näher behandelt werden.[723] Im Übrigen werden die Parteien auch bei Fehlen derartiger Normen jederzeit einvernehmlich Vertragsanpassungen vornehmen können.[724]

Ob zur Durchsetzung von Rechtspositionen neben den zu erörternden vertraglich fixierten Maßnahmen auch die ***im allgemeinen Völkerrecht bekannten Zwangs- und Beugemittel*** zum Einsatz gelangen können, ist allerdings fraglich. Für die Beantwortung von Rechtsbrüchen sind dort vor allem diplomatische Proteste, Appelle an die Weltöffentlichkeit sowie die Reaktion mit unfreundlichem,

---

721 Siehe *D. Högel,* Rüstungskontrolle und Völkerrecht, S. 124 f.; *H. Neuhold,* Legal Aspects of Arms Control Agreements, in: Böckstiegel u.a. (Hrsg.), S. 427, 439 f.

722 Eine Übersicht über typische Revisionsklauseln geben *H. Blix/J. Emerson (Hrsg.),* Treaty Maker's Handbook, S. 223-245; eine ausführliche Analyse der Regelungen findet sich bei *R. Bilder,* Risks of International Agreement, S. 58, 92 ff.

723 Revisionskonferenzen sind in Art. XII Abs. 2 Antarktis-Vertrag, Art. VIII und X Abs. 2 NV-Vertrag, Art. VII Meeresboden-Vertrag, Art. XII BW-Übereinkommen, Art.XIV Abs. 2 ABM-Vertrag, Art. 18 Mond-Vertrag, Art. 20 Bangkok-Vertrag, Art. XV CW-Übereinkommen, Art. 12 Landminen-Übereinkommen, Art. VII CTBT und Art. XXI KSE-Vertrag vorgesehen. Die Konferenzen sind zwar an die Vertragsstaatentreffen als Organe angebunden, *stricto sensu* kann jedoch nicht von einem Aufsichtsinstrument gesprochen werden. Die Revisionskonferenzen tagen von Verifikationsverfahren und dem Auftreten besonderer Ereignisse weitgehend unabhängig. Näher dazu *K. Ipsen,* Explicit Methods of Treaty Evolution, in: Dahlitz/Dicke (Hrsg.), S. 75 ff.; sowie *B. Carnahan/K. Starr,* Amendment of Arms Control Agreements, in: LoyolaLA ICLJ 20 (1998), S. 615 ff.

724 Insoweit ist allein ein dahingehender Konsens der Vertragsparteien erforderlich. Vgl. dazu *I. Brownlie,* Principles of International Law, S. 630 f.

aber erlaubtem Verhalten (Retorsion) vorgesehen.[725] Eine weitere einseitige Antwortmöglichkeit ist der Rekurs auf Vergeltungsmaßnahmen, soweit diese verhältnismäßig und jedenfalls auf die Wiederherstellung der vertraglichen Integrität gerichtet sind (Repressalie, Gegenmaßnahme).[726] Bei letzterer dürfen prinzipiell auch außerhalb des *quid pro quo* liegende Pflichten einbezogen werden. Schließlich könnten unter Umständen die allgemeinen Grundsätze über die Vertragsbeendigung wegen Vertragsverletzung im Sinne der Art. 60 und 62 WVK greifen.[727] Bei allen vorgenannten Möglichkeiten handelt es sich jedoch nicht um Aufsichtsverfahren, die im Mittelpunkt dieser Untersuchung stehen.

Schon auf abstrakter Ebene dürfte sich die Frage der Anwendbarkeit dieser Instrumente nur differenziert beantworten lassen; im Einzelfall wird es zudem von einer Auslegung des betreffenden Vertrags nach Sinn und Zweck abhängen, ob eine Beschränkung endgültig ist. Gegen den Rückgriff auf vertragsexterne Reaktionsmöglichkeiten könnte angeführt werden, daß das Recht der Rüstungsbeschränkung mit seinen integralen Pflichtenstrukturen ein in sich abgeschlossenes Regime darstellt, das die Beantwortung von Vertragsverletzungen durch systemfremde Maßnahmen ausschließt.[728] Die Existenz eines solchen "self contained-régime" hat der IGH in seiner Entscheidung im *Teheraner Geisel-Fall* für das Diplomatenrecht erörtert.[729] Dort kam das Gericht zu dem Ergebnis, daß

---

725 Näher zu diesen Handlungsmöglichkeiten, insbesondere der Retorsion *K.J. Partsch,* Retorsion, in: EPIL IV (2000), S. 232 f.; *B.-O. Bryde,* Self-Help, in: EPIL IV (2000), S. 377 ff.; *H. Fischer,* in: Ipsen, § 59 Rn. 44.

726 Grundlegend zur Repressalie *W. Wengler,* Völkerrecht, Bd. I, S. 515 ff.; aus dem jüngeren Schrifttum siehe *K.J. Partsch,* Reprisals, in: EPIL IV (2000), S. 200 ff.; *H. Fischer,* in: Ipsen, § 59 Rn. 45 ff. Die ILC hingegen ist vom Begriff "Repressalie" abgerückt. Der Entwurf zur Staatenverantwortlichkeit führt als Repressalie allein kriegsrechtliche Vergeltungsmaßnahmen an, während er im Übrigen von "Gegenmaßnahme" spricht. Näher dazu die Kommentierung des ILC-Berichterstatters *J. Crawford,* Articles on State Responsibility, S. 281 ff.

727 Zu Art. 60 WVK siehe oben B.I.4.a).bb).(2).
Nach Art. 62 WVK kann ein grundlegender Wandel der bei Abschluß gegebenen Umstände als Anlaß für die Beendigung des Vertrags oder für einen Rücktritt geltend gemacht werden. Näher dazu etwa *I. Sinclair,* Vienna Convention, S. 188 ff., sowie *A. Verdross/B. Simma,* Universelles Völkerrecht, §§ 811 ff. m.w.N.

728 Ein "self-contained régime" erwägt für das CW-Übereinkommen *N. Ronzitti,* Relations Between the CWC, in: Bardonnet (Hrsg), S. 167, 180: Das Übereinkommen wirke wegen seiner Regelungen wie sein Subsystem. Der Rückgriff auf individuelle Durchsetzungsmaßnahmen sei den Staaten damit verwehrt. Ferner *E. Myjer,* Closer Towards an International Arms Control Organization, in: ders. (Hrsg.), S. 61, 128.

729 Dazu *B. Simma,* Self-Contained Regimes, in: Netherlands YIL 16 (1985), S. 111 ff. m.w.N. Siehe ferner *D. Rauschning,* Verantwortlichkeit der Staaten, in: BDGV 24 (1984), S. 7, 20 f.; *E. Klein,* Gegenmaßnahmen, in: BDGV 37 (1998), S. 39, 49 ff.; sowie *J. Wolf,* Haftung der Staaten für Privatpersonen, S. 362 ff.

"[t]he rules of diplomatic law, in short, constitute a ***self-contained regime*** *which, on the one hand, lays down the receiving State's obligations regarding the facilities, privileges and immunities to be accorded to diplomatic missions and, on the other, forsees their possible abuse by members of the mission and specifies the means at the disposal of the receiving State to counter any such abuse".*[730]

Ungeachtet der Frage, ob der IGH tatsächlich einen umfassenden Ausschluß der allgemeinen Haftungsfolgen gemeint hat, dürfte jedenfalls in anderen Bereichen des Völkerrechts mit der Annahme eines Subsystems Vorsicht geboten sein.[731] So spricht gegen ein geschlossenes System, daß keiner der Verträge der Abrüstung und Rüstungskontrolle regimefremde Ausgleichs- und Abwehrmaßnahmen ausdrücklich ausschließt.[732] Vorschriften über die Exklusivität vertraglicher Durchsetzungsinstrumente finden sich dagegen in den Übereinkommen der internationalen Wirtschaftskooperation. Nach Art. 292 EGV, 193 EAGV sind die Parteien dieser Verträge gehalten, Streitigkeiten ausschließlich durch vertragsimmanente Mittel beizulegen.[733] Kennzeichen dieser Regime ist indes, daß sie neben Streitbeilegungssystemen auch über Aufsichtsorgane mit weitgehenden Befugnissen zur Sekundärrechtsetzung verfügen, die mit Sanktionen die Einhaltung überwachen.[734] Allerdings dürfte auch im Europarecht, bei dem seit dem Maastrichter Vertrag die Sanktionsmöglichkeiten schrittweise ausgebaut

730 *IGH,* Case Concerning United States Diplomatic and Consular Staff in Teheran, Judgement, ICJ Rep. 1980, S. 3, 40.

731 Art. 50 des Entwurfs der UN-Völkerrechtskommission zur Staatenverantwortlichkeit aus dem Jahr 2001 (UN-Doc. A/CN.4/L.602/Rev.1 v. 3. August 2001; Berichterstatter *J. Crawford*) ist mit der Annahme völkerrechtlicher Verpflichtungen, die keinen Gegenmaßnahmen unterliegen, daher zurückhaltend. Gegenmaßnahmen dürfen danach weder das Gewaltverbot der UN-Charta betreffen noch individualschützende, humanitäre und zwingende Verpflichtungen des Völkerrechts berühren. Im Übrigen entheben Gegenmaßnahmen einen Staat nicht Verpflichtungen aus einem anhängigen Streitschlichtungsverfahren und solchen aufgrund von Diplomatenrecht. Siehe dazu den ILC-Bericht, UN-Doc. A/56/10, S. 333 ff.

732 Ein kraft Völkergewohnheitsrecht geschlossenes Subsystem ist zwar nicht undenkbar, gegenwärtig jedoch schon mangels Staatenpraxis nicht in Sicht.

733 Auch nach Art. XXIII GATT sind Streitigkeiten allein durch die Instrumente von GATT/WTO zu erledigen.

734 Der Europäische Gerichtshof hat wiederholt betont, daß die Gemeinschaftsverträge eine autonome Rechtsordnung schaffen, die sowohl Befugnisse, Rechte und Pflichten wie auch die zu ihrer Durchsetzung erforderlichen Verfahren bestimmt. Daher sei den Parteien verwehrt, das Recht in eigene Hände zu nehmen. Siehe grundlegend *EuGHE* 1964, 1329 ff., 1344, Rs. 90 und 91/63 – Kommission gegen Luxemburg und Belgien; sowie zuletzt *EuGHE* 1996 I-2553 ff., 2611, Rs. C-5/94 – The Queen gegen M.A.F.F., ex parte Hedley Lomas (Ireland) Ltd. – Näher zur erstgenannten Entscheidung auch *H. Steiger,* Kontroll- und Durchsetzungsverfahren gegenüber Mitgliedstaaten, in: FS Schlochauer, S. 649, 653 ff. m.w.N.

wurden, eine zufriedenstellende Antwort, ob den Vertragsstaaten bei Handlungsunfähigkeit der Institutionen der Rekurs auf außenstehende Mittel versagt bleiben soll, noch ausstehen.[735]

Mit derartiger Kompetenzfülle versehene Aufsichtsorgane sowie eine vergleichbare Institutionalisierung der Streitschlichtung[736] finden sich im Bereich der Rüstungsbeschränkung nicht. Schon aus diesem Grund wird bei der Annahme eines geschlossenen Systems Zurückhaltung geboten sein. Die bloße Existenz kompromissarischer Klauseln oder eines Haftungsregimes[737] jedenfalls werden nicht ausreichen, um von einem Subsystem ausgehen zu können. Am ehesten sind institutionalisierte Möglichkeiten der Feststellung von Vertragsverletzungen und der Wiederherstellung des *status quo ante* geeignet, ein solches anzunehmen. Auf letztere aber hat man in den (genuin) bilateralen Abkommen bewußt verzichtet.[738] Und auch für Kollektivverträge mit behördenbezogenen Aufsichtsverfahren wird man angesichts der nur begrenzt verfügbaren Zwangsmaßnahmen jedenfalls keine unbedingte Bindung annehmen können. Kein Staat würde sich in einem Bereich, der elementar seine Existenz betrifft, auf Dauer darauf einlassen, Störungen des Vertragsverhältnisses untätig hinnehmen zu müssen. Zwar werden die Parteien bei Abschluß der Verträge nicht prinzipiell davon ausgegangen sein, daß bei geringeren Verstößen auf ihre Beziehungen außerhalb des betreffenden Vertrags, z.B. internationale Wirtschafts- und Finanzvereinbarungen, Zugriff genommen werden soll. Der Extremfall indes, der durch den Übergang zum Krieg das gesamte System vertraglicher Rüstungskontrolle in Frage stellt, wird die von einem Akt der Aggression betroffenen Parteien von ihren Waffenbeschränkungen freiwerden lassen.[739] Internationale Verträge, die den Parteien effektive Reaktions- und Beugemittel zur Erwiderung von Vertragsverstößen aus der Hand schlügen, ohne aber selbst für entsprechende Rechtsdurchsetzung zu sorgen, nähmen sich selbst die Zukunftsmächtigkeit.

---

735 Vgl. *B. Simma,* Self-Contained Regimes, in: Netherlands YIL 16 (1985), S. 111, 127 ff. m.w.N., der jedenfalls bei grundlegendem Wandel der Umstände den Rückgriff auf allgemeine Instrumente des Völkerrechts bejaht. Von dieser Option geht auch *T. Oppermann,* Europarecht, § 7 Rn. 689, aus.

736 Zu den Streitbeilegungsverfahren siehe unten 3. Kapitel.

737 Siehe Art. VI Weltraum-Vertrag, wonach die Staaten für von ihrem Hoheitsgebiet ausgehende Tätigkeiten hoheitlicher und privater Stellen haften.

738 So geht etwa *B. Schmidt am Busch,* Amerikanisch-sowjetische Rüstungskontrollabkommen, S. 289 ff., bei Verletzung bilateraler Verträge ohne weiteres von der Anwendbarkeit der Sanktionsmittel des allgemeinen Völkerrechts aus.

739 *J. Dahlitz* (Arms Control with Effective International Agreements, S. 191) geht daher davon aus, daß der mögliche Übergang zum (Atom-)Krieg als die "ultimate consequences sanction" die Parteien zur Verhandlungslösung zwinge.

Wird man mithin die Anwendung außervertraglicher Zwangsmittel im Extremfall für zulässig erachten müssen, so unterliegt sie jedenfalls dem Subsidiaritätsprinzip. Danach wird ein Staat erst dann auf die archaischen Mittel der Selbstdurchsetzung zurückgreifen dürfen, wenn die vertragsimmanenten Verfahren bereits ausgeschöpft wurden oder aber ihre Anwendung aufgrund von Systemstörungen nicht zum Erfolg führen kann. Ein solches Rang- oder Spezialitätsverhältnis der vertraglichen Mittel als *leges speciales* läßt sich aus Art. 60 Abs. 4 WVK herleiten, wonach allgemeine Kündigungsregeln solche spezifischen *"[...] Vertragsbestimmungen unberührt"* lassen, *"die bei einer Verletzung des Vertrags anwendbar sind"*.[740] Die UN-Völkerrechtskommission hat diesen Gedanken in Art. 55 ihres (derzeitigen) Entwurfs zur Staatenverantwortlichkeit aufgenommen und damit seinen Charakter als allgemeinen Grundsatz des Völkerrechts unterstrichen. Nach dem Entwurf finden die Regeln der Staatenverantwortlichkeit keine Anwendung, wenn und soweit die Folgen völkerrechtswidrigen Handelns durch *"[...] special rules of international law"* bestimmt werden.[741] Damit sind vor allem vertragliche Bestimmungen gemeint, die für den Fall der Nichterfüllung bestimmte Reaktionen vorgeben.[742] Vorrangig vor den Instrumenten des allgemeinen Völkerrechts sind also grundsätzlich die systemeigenen Mittel zu durchlaufen. Einzelstaatlicher Beugezwang kann folglich nur dann zulässig sein, soweit ein für mutmaßliche Vertragsverletzungen vorgesehenes Verfahren[743] ergebnislos geblieben ist oder die vertragsbrüchige Macht nicht zur Wiederherstellung des *status quo ante* bewegen konnte.[744]

---

740 Zu dem Vorrang der Kündigungsklauseln in den Verfassungsverträgen Internationaler Organisationen als *leges speciales* siehe *A. Verdross/B. Simma,* Universelles Völkerrecht, § 817 Fn. 44 m.w.N.

741 Vgl. Art. 55 ILC-Entwurf (UN-Doc. A/CN.4/L.602/Rev.1 v. 3. August 2001).

742 Siehe den ILC-Bericht, A/56/10, S. 357 ff.

743 Dagegen ist die UN-Völkerrechtskommission in ihrem letzten Entwurf zur Staatenverantwortlichkeit vom prinzipiellen Vorrang kompromissarischer Klauseln abgerückt, da vor allem Verhandlungen einem Verschleppungsrisiko unterliegen. Nach Art. 52 Abs. 3 *lit.* b ILC-Entwurf (UN-Doc. A/CN.4/L.602/Rev.1 v. 3. August 2001) sind bereits eingeleitete Gegenmaßnahmen zu suspendieren, sobald ein Verfahren vor einem Gericht oder Schiedsgericht mit der Befugnis zur bindenden Entscheidung anhängig ist. Die Kommission hat sich damit gegen einen grundsätzlichen Vorrang vertragsspezifischer Streitbeilegungsverfahren ausgesprochen. Zum früheren Verhandlungsstand *B. Simma,* Counter-Measures and Dispute Settlement, in: EJIL 5 (1994), S. 102, 104; sowie ausführlich *C. Tomuschat,* Prior Recourse to Dispute Settlement?, in: EJIL 5 (1994), S. 77 ff.

744 Von einer prinzipiellen Zulässigkeit außervertraglicher Gegenmaßnahmen geht der überwiegende Teil des Schrifttums aus. Siehe etwa *R. Zedalis,* Lawfulness of Forceful Remedies, in: NYUJILP 18 (1985/86), S. 73 ff.; *H. Neuhold,* Legal Aspects of Arms Control Agreements, in: Böckstiegel u.a. (Hrsg.), S. 427, 441; *B.*

Der folgende Abschnitt analysiert und vergleicht das Reaktions- und Sanktionsinstrumentarium der geltenden Verträge der Abrüstung und Rüstungskontrolle. Wegen der grundlegenden Unterschiede bei den institutionellen Rahmenbedingungen der Vertragsaufsicht bietet sich insoweit an, bi- und multilaterale Verträge voneinander getrennt zu erörtern. Die Analyse wendet sich daher zunächst den zweiseitigen Abkommen zu, bevor sie der Frage nachgeht, welche aufsichtlichen Berichtigungsmaßnahmen die multilateralen Verträge der Rüstungsbeschränkung vorsehen.

1. Bilaterale Verträge und KSE-Vertrag

Von Kündigungsklauseln abgesehen finden sich in den (genuin) bilateralen Rüstungskontrollabkommen keinerlei Hinweise auf Reaktionsmöglichkeiten, die den vertraglich geschaffenen Institutionen im Fall der Nichterfüllung zur Verfügung stehen könnten. Diese Frage wurde vielmehr bewußt offen gelassen. Für diesen Befund können exemplarisch wiederum die Regelungen über die unter dem ABM-ABKOMMEN geschaffene *Ständige Beratungskommission (SCC)* herangezogen werden, die unter den Folgeverträgen beim Zuschnitt der Institutionen als Vorbild diente.[745] Im ABM-ABKOMMEN heißt es zur SCC:

> *"**Artikel XIII***
> *(1) Um die Ziele dieses Vertrags und die Durchführung seiner Bestimmungen zu fördern, setzen die Vertragsparteien umgehend die Ständige Beratungskommission ein, in deren Rahmen sie*
> *a) Fragen betreffend die Einhaltung der übernommenen Verpflichtungen und damit zusammenhängende Umstände, die unklar erscheinen, erörtern;*
> *b) freiwillig alle Informationen zur Verfügung stellen, die eine Vertragspartei für erforderlich hält, um das Vertrauen in die übernommenen Verpflichtungen zu gewährleisten;*
> *[...]."*[746]

Die Vorschrift stellt eine Aufgabenbeschreibung dar, ein Kompetenztitel ist sie nicht. Sie schafft für die Kommission weder ein Mandat, um verbindlich über das Vorliegen von Pflichtverletzungen zu befinden,[747] noch um Beuge- oder

---

Schmidt am Busch, Amerikanisch-sowjetische Rüstungskontrollabkommen, S. 289 ff.

745 Zu der Vorbildfunktion der SCC siehe etwa *S. Graybeal/P. Bliss McFate,* Assessing Verification & Compliance, in: Chayes/Doty (Hrsg.), S. 178, 194.

746 Vergleichbare Regelungen finden sich in Art. XIII INF-Vertrag, Art. XV START I-Abkommen sowie in Art. XVI Abs. 2 KSE-Vertrag.

747 Nicht zuletzt wegen der Befürchtung, das Vertragsregime könne zusammenbrechen, waren beide Seiten in der Praxis sehr zögerlich, ihrem Verdacht nach einem "mate-

Zwangsmittel einseitig anzuordnen.[748] Die Befugnis, verbindlich über Berichtigungsmaßnahmen zu entscheiden, läßt sich auch aus keiner anderen Vertragsbestimmung herleiten. Hingegen arbeitet die Behörde allein auf der Grundlage einvernehmlicher Schritte der Vertragsparteien. Daher wurde zutreffend festgestellt, daß ihre Tätigkeit nur dann erfolgreich sein kann, *"[...] wenn die politische Führung der Sowjetunion und der Vereinigten Staaten wechselseitig befriedigende Lösungen suchen"*.[749] Der Einsicht in die Notwendigkeit konsensualen Vorgehens folgend, bestand das Ziel ihrer Tätigkeit weniger darin, im Falle mutmaßlicher Vertragsverletzungen die Wahrheit zu ermitteln; es ging in der Kommission vielmehr darum, einen einvernehmlichen Interessensausgleich zu erzielen, um das zwischen den Parteien begründete Gleichgewicht nach Möglichkeit zu erhalten.[750]

Der vorgenannte Befund gilt für die Behörden der Folgeverträge in gleicher Weise. Eine genauere Analyse zeigt, daß Sanktionsregelungen auch in den später ausgehandelten SALT II-, INF- und START-ABKOMMEN nicht akzeptiert wurden.[751] Auch unter diesen Verträgen wurde zwecks Erhaltung der Flexibilität eine Festlegung von Verletzungstatbeständen und ihnen entsprechenden Rechtsfolgen nicht vorgenommen. Vielmehr sollte sich der Vertragspartner gerade nicht darauf einstellen können, wie die andere Seite im Falle einer Nichterfüllung reagieren wird.[752] Schließlich enthalten die Verträge, wie schon das ABM-ABKOMMEN, keine Zuweisungsnormen, die die Möglichkeit eröffnen könnten, außenstehende Institutionen, etwa die Vereinten Nationen oder eine Regionalorganisation, in die Verhandlungen der Parteien einzubeziehen.[753]

---

rial breach" Ausdruck zu geben. Dazu näher *A. Chayes/A.H. Chayes,* Living under a Treaty Regime, in: Chayes/Doty (Hrsg.), S. 197, 200 f.

748 Vgl. *A. Chayes/A.H. Chayes,* ibid., in: Chayes/Doty (Hrsg.), S. 197, 203; *S. Graybeal/M. Krepon,* Improving the Utility and Effectiveness of the SCC, in: Krepon/Umberger (Hrsg.), S. 239, 239; *A. Chayes/A.H. Chayes,* From Law Enforcement to Dispute Settlement, in: International Security 14 (1990), S. 147, 160. Ähnlich auch *G. Look,* Diskussionsbeitrag, in: ASIL Proceedings 84 (1990), S. 407, 413.

749 So der frühere Leiter der amerikanischen SCC-Delegation *Graybeal.* Siehe *S. Graybeal/M. Krepon,* Improving the Utility and Effectiveness of the SCC, in: Krepon/Umberger (Hrsg.), S. 239, 239.

750 *N.N.,* Legal Models of Arms Control, in: Harvard LR 100 (1987), S. 1326, 1342.

751 *D. Högel,* Rüstungskontrolle und Völkerrecht, S. 125 f.; *W. Vitzthum,* Rechtsfragen der Rüstungskontrolle, in: BDGV 30 (1990), S. 95, 132.

752 Siehe dazu sowie zur Kritik an der Sanktionslosigkeit der Verträge *B. Schmidt am Busch,* Amerikanisch-Sowjetische Rüstungskontrollabkommen, S. 289.

753 Die Möglichkeit zur Einschaltung einer dritten Partei dürfte indes auch so bestehen. Angesichts des Fehlens entsprechender Regelungen dürfte dies jedoch nicht gewollt sein. Näher zum "third-party involvement" *N. N.,* Arms Control Dispute Settlement, in: Harvard LR 100 (1987), S. 1326, 1338 ff.

Die Kompetenzen und Zuständigkeiten der nach Art. XVI Abs. 2 KSE-VERTRAG errichteten *Gemeinsamen Beratungsgruppe (JCG)* wurden den bilateralen Abkommen nachgebildet. Wie die dortigen Institutionen besitzt auch sie keinerlei Durchsetzungsbefugnisse.[754]

Im Unterschied zu vorgenannten Verträgen enthält der KSE-VERTRAG indes einen Mechanismus zur institutionalisierten Reaktion auf "außergewöhnliche Umstände". Dieser ist nicht mit der Gemeinsamen Beratungsgruppe, sondern mit der Konferenz der Vertragsstaaten, einem politischen Plenarorgan, verknüpft. Nach Art. XXI Abs. 2 (1990) ruft der Depositar eine außerordentliche Sitzung der Vertragsstaatenkonferenz ein,

> *"[...] wenn ein Vertragsstaat die Auffassung vertritt, daß außergewöhnliche Umstände im Zusammenhang mit diesem Vertrag eingetreten sind, [...] insbesondere, wenn ein Vertragsstaat seine Absicht angekündigt hat, seine Gruppe von Vertragsstaaten zu verlassen oder der anderen Gruppe von Vertragsstaaten [...] beizutreten."*[755]

Nach der revidierten Vertragsfassung aus dem Jahr 1999 wird eine derartige Konferenz dagegen nur noch dann einberufen, wenn ein Vertragsstaat aufgrund außergewöhnlicher Umstände um eine Zusammenkunft ersucht. Ferner führt nach dem neu eingefügten Abs. 1 *bis* die Überschreitung der territorialen Obergrenzen durch die vorübergehende Dislozierung strategischer Waffen zur Einberufung der Vertragsstaatenkonferenz. Bei diesem Treffen sollen aufnehmender und dislozierender Vertragsstaat die Umstände erläutern, die für die Ortsveränderung Anlaß gegeben haben.

Die Möglichkeit, die Vereinten Nationen in den Prozeß der Rechtsdurchsetzung einzubeziehen, sieht der Text nicht vor. Zwar versteht der KSE-VERTRAG den Erhalt der Sicherheit in Europa prinzipiell als kooperatives Unterfangen, er sieht dieses aber offenbar nicht als eine Frage kollektiver Sicherheit im Sinne der UN-Charta.[756]

2. Multilaterale Verträge

Die mehrseitigen Übereinkommen der Abrüstung und Rüstungskontrolle sehen Vollzugsdefizite nicht generell als Tabu an. Bei einer Reihe von Verträgen

---

754 Dazu auch *W. Lang*, Compliance with Disarmament Obligations, in: ZaöRV 55 (1995), S. 69, 83.

755 Zu dieser Regelung siehe *P. Dunay*, Verifying Conventional Arms Limitations, S. 117 ff., 118: Bemerkenswert sei, daß keine Partei die Einberufung einer außerordentlichen Sitzung durch ein Veto verhindern könne.

756 *W. Lang*, Compliance with Disarmament Obligations, in: ZaöRV 55 (1995), S. 69, 83.

lassen sich zumindest ansatzweise Zwangs- und Beugemittel zur Reaktion auf Situationen mangelnder Pflichterfüllung nachweisen.[757] Ein ausdifferenziertes Instrumentarium für die Ergreifung von Rektifikationsmaßnahmen findet sich jedoch erst bei den jüngeren Konventionen, soweit sie vertraglich geschaffene Aufsichtsinstitutionen zur Rechtsdurchsetzung ermächtigen. Die älteren Verträge ohne institutionalisierte Kontrollverfahren kennen dagegen allenfalls rudimentäre Vorgaben, wie die materiellen Pflichten säumigen Mitgliedern gegenüber zur Geltung gebracht werden können. Keinerlei Rechtsgrundlagen für Abwehr- oder Ausgleichsmaßnahmen enthalten ANTARKTIS- und WELTRAUM-VERTRAG sowie das PARTIELLE TESTSTOPP-ÜBEREINKOMMEN: Diese Verträge beruhen auf den Mitteln der Selbstbeurteilung und Selbstdurchsetzung und sehen nicht einmal Klauseln vor, die bei schwerwiegenden Vertragsverletzungen an die Vereinten Nationen oder eine Regionalorganisation verweisen.[758] Sie sind somit insgesamt als völkerrechtlich sanktionslos zu qualifizieren.

Die nachfolgende Würdigung der vertraglichen Gegenmaßnahmen orientiert sich an den strukturellen Vorgaben von CW- und CTB-ÜBEREINKOMMEN. Im Bereich der multilateralen Rüstungsbeschränkung enthalten diese Verträge das umfassendste Reaktionsinstrumentarium, mit dem sich die jeweiligen Organisationen an ihre Mitglieder wenden können. Entsprechend der dort angelegten graduellen Abstufung lassen sich folgende Handlungsformen unterscheiden: Neben unverbindlichen Empfehlungen ermächtigen einige Konventionen die zuständigen Aufsichtsorgane, rechtlich bindende Berichtigungsverfügungen zu erlassen. CW- und CTB-ÜBEREINKOMMEN sehen ferner die Möglichkeit vor, den Vertragsparteien anzutragen, im gemeinschaftlichen Konzert gegen ein säumiges Mitglied vorzugehen. Eine Reihe von Verträgen kennt schließlich besondere Zuweisungsregelungen, die bei Situationen gravierender Vertragsverletzung als *ultima ratio* an die Vereinten Nationen oder eine Regionalorganisation verweisen.

a) Empfehlungen der Aufsichtsorgane, Nachfristsetzung und Aufforderung zur Korrektur

Spezielle Vorgaben für die Ergreifung von Gegenmaßnahmen finden sich vor allem in den jüngeren Verträgen der Rüstungsbeschränkung. Diese enthalten

757 Unzutreffend ist daher die Feststellung, Verträge der Rüstungsbeschränkung sähen generell keine Sanktionsmaßnahmen vor. So *D. Högel*, Rüstungskontrolle und Völkerrecht, S. 125 f., unter Berufung auf *W. Vitzthum*, Rechtsfragen der Rüstungskontrolle, in: BDGV 30 (1990), S. 95, 132.

758 Zur Sanktionslosigkeit dieser Verträge, die auf einer fehlenden institutionellen Absicherung der Kontrolle beruht, siehe bereits oben B.I.4.a).aa).

zum Teil sogar mehrstufige Kataloge mit Beugemöglichkeiten. Das schwächste Instrument, mit dem sich die zuständigen Aufsichtsorgane bei Erfüllungsdefiziten (zunächst) an ihre Mitglieder wenden können, sind dabei typischerweise ***Empfehlungen*** ("recommendations").[759] Durch innerhalb des Aufsichtsmaßstabs formulierte Entschließungen, Ratschläge und sonstige Verlautbarungen streben die Organisationen die Durchsetzung ihrer Ziele an. Die Empfehlungen sollen den betreffenden Staat zunächst auf Mißstände bei der Vertragsdurchführung aufmerksam machen und ihm Gelegenheit geben, durch eigene Anstrengungen den Sollzustand (wieder-)herzustellen.[760] Über den unmittelbaren Adressaten hinaus können sie sich aber auch an die Völkerrechtsgemeinschaft oder die Allgemeinheit wenden, um eine Mißbilligung eines bestimmten staatlichen Verhaltens durch die Öffentlichkeit zu erwirken. Eine derartige ***soziologische Sanktion*** erzeugt Druck und kann daher geeignet sein, den betreffenden Staat zur Rückkehr in die Bahnen des Rechts zu motivieren.[761] Schließlich können die zuständigen Aufsichtsorgane in ihren "recommendations" auch konkrete Schritte vorschlagen, mittels derer die betreffende Partei die geschuldete Leistung nachholen soll.

Während die Abgabe entsprechender Empfehlungen zum Teil als eine Vorstufe rechtsverbindlicher Berichtigungsanordnungen gestaltet wurde, stellt sie unter TLATELOLCO-, PELINDABA- und LANDMINEN-ÜBEREINKOMMEN die ***zentrale Reaktionsmöglichkeit*** der zuständigen Vertragsorgane dar. So heißt es im TLATELOLCO-VERTRAG:

> ***"Art. 20***
>
> *(1) Die Generalkonferenz unterrichtet sich über alle Fälle, in denen eine Vertragspartei nach ihrer Auffassung ihre Pflichten aus diesem Vertrag nicht erfüllt, und macht die betreffende Partei darauf aufmerksam, indem sie ihr geeignet erscheinende Empfehlungen an diese Partei richtet.*
>
> *(2) [...]"*

---

759 *H. Schermers/N. Blokker,* International Institutional Law, § 1218, weisen darauf hin, daß *alle* Internationalen Organisationen – jedenfalls kraft Gewohnheitsrechts – zur Abgabe von Empfehlungen befugt sind, sich aber nur wenige bindender Sanktionen bedienen können.

760 Zum Teil sehen die Konventionen Vollzugsdefizite daher nur als nicht rechtzeitige Vertragserfüllung an. Eine Partei gilt dann als säumig, weil sie die ihr obliegende Leistung trotz Fälligkeit nicht erbracht hat.

761 Der Begriff geht auf *H. Hahn,* Internationale Kontrollen, in: AVR 7 (1958/59), S. 88, 90, zurück. An anderer Stelle weist der Verfasser (Maßstab der internationalen Aufsicht, in: JIR 10 [1961], 2, 18) darauf hin, daß es gängige Übung der Beratenden Versammlung des Europarats sei, dahingehende Entschließungen ohne inhaltliche Empfehlung zu fassen und diese unmittelbar an alle Stellen zu versenden, für die diese von Belang sein könnten.

Eine ähnliche Bestimmung findet sich in Abs. 4 *lit.* g Annex IV zum PELINDABA-VERTRAG.[762] Dem vergleichbar sind Art. 8 Abs. 18 und 19 LANDMINEN-ÜBEREINKOMMEN: Danach kann sich die Staatenkonferenz auch mehrfach mit Entschließungen an ein säumiges Mitglied wenden, um es auf Erfüllungsprobleme aufmerksam zu machen. Neben konkreten Vorschlägen, die das Organ auszusprechen vermag, kann es bei unverschuldeter Säumnis Maßnahmen der Zusammenarbeit und Hilfe gem. Art. 6 anbieten. Hier kommen als mögliche Reaktion also auch ***helfende Maßnahmen*** in Betracht.[763] Nach dem Wortlaut ist dafür Voraussetzung, daß Hinderungsgründe vorliegen, *"[...] die nicht der Kontrolle des ersuchten Vertragsstaats unterliegen"*.[764] Welche konkreten Schritte vorgeschlagen werden, stellt jedoch eine stets nach Effizienz- und Opportunitätsgesichtspunkten im Einzelfall zu treffende Ermessensentscheidung dar. Ein Staatentreffen wird daher auch bei schuldhafter Säumnis einer Vertragspartei positive Unterstützung anbieten können, wenn es derartige Schritte für angezeigt hält. Folglich ist auch eine Zweckmäßigkeitsentscheidung zu fällen.

Von den Handlungsmöglichkeiten in vorgenannten Verträgen unterscheiden sich *systematisch,* nicht aber qualitativ Regelungen, die Aufsichtsorgane *zunächst* zur Abgabe von Empfehlungen ermächtigen. Auch insoweit gefaßte Entschließungen stellen lediglich "recommendations" dar. Der Rechtsqualität nach entsprechen sie denjenigen Maßnahmen, die die Organe unter den oben genannten Bestimmungen ergreifen.

Der Unterschied liegt in der Struktur der Aufsichtsverfahren. Während bei vorgenannten Verträgen die Kompetenzen der Vertragsorgane auf die Erteilung von Empfehlungen beschränkt wurden, ist das Aufsichtssystem der folgend gemeinten Konventionen umfassender angelegt und durch eine ausgeprägte Stufung der Mittel gekennzeichnet. So ist die Abgabe von "recommendations" unter BANGKOK-, CTB- und CW-ÜBEREINKOMMEN wie beim IAEO-Statut nicht mehr als ein den eigentlichen Zwangs- und Beugemitteln vorgeschaltetes Instrument. Leistet eine Partei innerhalb eines bestimmten Zeitraums an sie gerichteten Empfehlungen nicht Folge und erfüllt ihre Verpflichtungen nicht, so bleibt den Vertragsorganen der Rückgriff auf weitergehende Schritte unbenommen. Nachfristsetzung, Konsultationen und Vorschläge über Korrekturmaßnahmen stehen hier also nicht am Schluß des Aufsichtsverfahrens, sie sind gleichsam nur die ***Vorstufe abschließender Berichtigungsanordnungen.***

---

762 *S. Szurek,* De Rarotonga à Bangkok et Pelindaba, in: AFDI 42 (1996), S. 164, 179, kritisiert etwas praxisfern, in der Sache jedoch zu Recht, daß die Bestimmungen über Reaktionsmöglichkeiten angesichts des ausführlichst normierten Tatsachenfeststellungsverfahrens doch sehr begrenzt erscheinen.

763 Dazu etwa *A. Crawford,* Footsteps of Ottawa, in: HuV-I 14 (2001), S. 173, 176.

764 Art. 8 Abs. 19 S. 2 Landminen-Übereinkommen.

Eine entsprechende Regelung enthält das CW-ÜBEREINKOMMEN:

*"**Artikel VIII Die Organisation***
[...]
(36) Bei seiner Prüfung von Zweifeln oder Bedenken wegen der Einhaltung dieses Übereinkommens und der Fälle der Nichteinhaltung, darunter insbesondere des Mißbrauchs der in diesem Übereinkommen vorgesehenen Rechte, konsultiert der Exekutivrat die betroffenen Vertragsstaaten und ersucht gegebenenfalls den Vertragsstaat, Maßnahmen zu treffen, um die Lage innerhalb einer festgesetzten Frist zu bereinigen. [...]"

Vergleichbare Normen finden sich in Art. 14 Abs. 1 BANGKOK-VERTRAG, Art. II Abs. 41 CTBT sowie Art. XII.C Satz 3 IAEO-Statut. Auch diese Verträge sehen die Möglichkeit vor, Vorschläge über Abhilfemaßnahmen an eine säumige Partei zu richten. Bei ihnen wie unter dem CW-ÜBEREINKOMMEN kann die Staatenkonferenz pönalisierende Maßnahmen dann mandatieren, wenn *"[...] ein Vertragsstaat vom Exekutivrat aufgefordert worden [ist], Maßnahmen zur Bereinigung einer Lage zu treffen, [...] und [...] er der Aufforderung innerhalb der festgesetzten Frist nicht [...]"* nachgekommen ist.[765]

In der Praxis umweltvölkerrechtlicher Übereinkommen hat sich ein Vorgehen mit "recommendations" vor allem bei Vollzugsdefiziten im Bereich von Nebenpflichten, wie Nachlässigkeiten bei Berichts- und Informationsverfahren, als sachdienlich erwiesen.[766] Durchführungsprobleme beruhen hier oft nicht auf fehlender Erfüllungsbereitschaft, sondern gehen auf technisches, administratives oder finanzielles Unvermögen zurück. Zwar begründen sie Mängel bei der zwischenstaatlichen Kooperation, diese hindern jedoch die Verwirklichung vertraglicher Primärziele nicht. Dieser Erkenntnis sollen gerade Konsultationen, Nachfristsetzung und Empfehlungen Rechnung tragen. Im Unterschied zu Beugemitteln, die wegen ihres unmittelbaren zwangsweisen Charakters leicht zu einer Verschärfung der Lage führen können, gestatten Empfehlungen, mit der betreffenden Partei in einen Dialog einzutreten. Art und Reichweite, Häufigkeit und Gründe der jeweiligen Erfüllungsprobleme sollen zunächst näher ermittelt werden, um dann angemessen reagieren zu können. Unter Beachtung der Umstände des Einzelfalls kann so gemeinschaftlich nach einer Lösung für die einschlägigen Schwierigkeiten gesucht werden, ohne staatliches Verhalten durch Erörterung in politischen Gremien unmittelbar als Vertragsbruch zu stigmatisieren.

Welche ***Rechtsqualität*** die "recommendations" der Aufsichtsinstitutionen besitzen, ist fraglich. Ihrer Form nach sind sie Entschließungen der jeweiligen

765 Art. XII Abs. 2 CWC. Näher zu dieser Regelung *W. Krutzsch/R. Trapp,* Commentary, Art. XII, S. 221 ff.

766 Näher dazu *M. Ehrmann,* Erfüllungskontrolle im Umweltvölkerrecht, S. 428 ff.

Vertragsorgane. Bindende Wirkung gegenüber den Mitgliedern kommt ihnen kraft der Gründungsverträge nicht zu, denn Anordnungen über die Verbindlichkeit derartiger Beschlüsse enthalten die Verfassungen nicht.[767] Vielmehr legen rüstungsbeschränkende Verträge schon durch die Wahl des Begriffs "Empfehlungen" nahe, daß entsprechend ergriffene Maßnahmen für die Adressaten keinen rechtlich bindenden Charakter haben sollen.[768] Auch die Quellenlehre des allgemeinen Völkerrechts mißt den Beschlüssen von Vertragsorganen unmittelbar keine rechtlichen Wirkungen bei, da sie nicht unter die in Art. 38 Abs. 1 IGH-Statut genannten Völkerrechtsquellen fallen.[769] Schließlich werden Empfehlungen auch nicht von dem in Art. 26 WVK kodifizierten, im Übrigen als allgemeines Prinzip des Völkerrechts geltenden *pacta-sunt-servanda*-Grundsatz erfaßt. Danach erstreckt sich die Vertragserfüllungspflicht der Mitgliedstaaten Internationaler Organisationen, deren Gründungsverträge die Organe zur Abgabe von Empfehlungen ermächtigen, lediglich darauf, an sie gerichtete Ratschläge nach Treu und Glauben zu prüfen. Die Befolgung indes bleibt in ihr politisches Ermessen gestellt.[770] Den "recommendations" Internationaler Organisationen wird man folglich *moralisch* eine Verpflichtungswirkung zusprechen können, *rechtlich* sind sie *per definitionem* nicht verbindlich.[771]

767 Solche werden allgemein für erforderlich angesehen. Vgl. etwa *C. Amerasinghe,* Principles of Institutional Law, S. 200; *H. Köck/P. Fischer,* Recht der Internationalen Organisationen, S. 556; *K. Doehring,* Völkerrecht, Rn. 380.

768 *H. Schermers/N. Blokker* (International Institutional Law, § 1217, S. 755) weisen darauf hin, daß unter den Gründungsverträgen Internationaler Organisationen allein der Vertrag über die Errichtung der EGKS vom 18. April 1951 in Art. 14 dem Begriff "recommendation" Rechtsverbindlichkeit beimißt, da entsprechend erlassene Richtlinien den Mitgliedstaaten verbindlich zu erreichende Ziele vorgeben. Die Römischen Verträge über die EWG und EAG von 1957 wählen dagegen den Begriff "directive". Die Begriffswahl des EGKSV ist insoweit irreführend. Dazu *I. Seidl-Hohenveldern/G. Loibl,* Recht der Internationalen Organisationen, Rn. 1961.

769 Davon unberührt bleibt, daß derartige Beschlüsse die Bildung und inhaltliche Gestaltung neuen Völker(gewohnheits)rechts vorbereiten helfen. Näher insbesondere in Hinblick auf Deklarationen der UN-Generalversammlung *A. Verdross/B. Simma,* Universelles Völkerrecht, § 636; *I. Brownlie,* Principles of International Law, 4th ed., S. 698; *C. Amerasinghe,* Principles of Institutional Law, S. 189 ff., je m.w.N.

770 So namentlich in Hinblick auf die Empfehlungen der IAEO *K. Ipsen,* Sicherheitsmaßnahmen und Sicherheitsstandards, in: Hüffer u.a. (Hrsg.), S. 357, 360 f.
J. Frowein, Effects of Resolutions by International Organizations, in: ZaöRV 49 (1989), S. 778, 785, kommt zu dem Schluß, daß eine Verletzung des *pacta-sunt-servanda*-Prinzips erst bei einer systematischen Grundhaltung anzunehmen ist, die entsprechende Empfehlungen vollständig ignoriert.

771 *I. Seidl-Hohenveldern/G. Loibl,* Recht der Internationalen Organisationen, Rn. 1548, weist ferner darauf hin, daß "Empfehlungen" nicht einmal die Staaten binden, die in den jeweiligen Vertragsorganen für den jeweiligen Akt gestimmt haben. Sie-

Von der Frage nach der rechtlichen Qualität zu unterscheiden ist die nach der ***praktischen Wirksamkeit*** der Empfehlungen.[772] Um die Effektivität auf die Wiederherstellung der Vertragstreue gerichteter Entschließungen zu erhöhen, verpflichten die Gründungsverträge einer Reihe Internationaler Organisationen ihre Mitglieder, über diejenigen Schritte zu berichten, die sie aufgrund von Empfehlungen unternommen haben.[773] Bei der ILO sind die Staaten gehalten, dem Verwaltungsrat Mitteilungen über die von ihnen ergriffenen Maßnahmen vorzulegen.[774] Ein jedenfalls teilweise vergleichbarer Mechanismus findet sich in Art. 8 Abs. 18 S. 2 LANDMINEN-ÜBEREINKOMMEN, wonach *"[d]er ersuchte Vertragsstaat [...] über alle im Zusammenhang mit dieser Aufforderung getroffenen Maßnahmen"* berichtet.[775] Während hier ausdrücklich eine Berichtspflicht etabliert wurde, bleibt bei anderen Rüstungskontrollverträgen offen, wie die Vertragsorgane die Umsetzung der Empfehlungen kontrollieren. Unzweifelhaft ist jedoch, daß unter den Verträgen eine Nachkontrolle erfolgt: Denn die Möglichkeit, weitergehende Maßnahmen gegenüber einer säumigen Partei festzusetzen, steht regelmäßig unter der Bedingung, daß die betreffende Partei ungeachtet von Aufforderungen eine in Widerspruch zum Vertrag stehende Lage nicht bereinigt hat.[776] Diese *conditio* dürfte indes auch bei Fehlen einer ausdrücklichen Regelung aus dem allgemeinen Grundsatz der Verhältnismäßigkeit zu folgern sein, der mittlerweile schon zum festen Bestandteil internationaler Überwachungs-

---

he ferner allgemein sowie namentlich mit Blick auf Empfehlungen der OPCW *A. de Guttry,* The OPCW, in: Bothe u.a. (Hrsg.), S. 119, 142 f. Zu den Empfehlungen nach Art. VIII Abs. 36 CWC siehe besonders *ibid.,* S. 143.

772 Siehe allgemein auch *H. Schermers/N. Blokker,* International Institutional Law, §§ 1220 ff, S. 760 ff.: Welche Wirkung die Beschlüsse Internationaler Organisationen entfalten, hängt nicht allein von ihrer Rechtsqualität ab. Diese stelle vielmehr nur *einen* Faktor für die Befolgung einer Regel dar.

773 Siehe etwa Art. XI Abs. 1 Satzung der UN-Ernährungs- und Landwirtschaftsorganisation v. 16. Oktober 1945 (FAO); Verträge der BRD, Ergänzungsbd. I, S. 5; Art. VIII Satzung der UN-Organisation für Erziehung, Wissenschaft und Kultur v. 16. November 1945 (UNESCO); Verträge der BRD, Bd. 1, S. 371.

774 Ausführlich dazu *E. Landy,* Effectiveness of International Supervision, S. 9 ff. Mit vorgenannten Systemen nur begrenzt vergleichbar ist das Aufsichtssystem der WTO. Eine der Stärken dieses Regimes besteht gerade darin, daß die (allerdings verbindliche) Entscheidung eines Streitbeilegungs-Panels der kontinuierlichen Überwachung durch das Streitbeilegungsgremium unterstellt wird, vgl. Art. XXIII WTO-Dispute Settlement Understanding. Näher dazu etwa *J. Merrills,* International Dispute Settlement, S. 212 ff.; *S. Seidel,* Streitbeilegung im Rahmen der WTO, in: Schleyer-Stiftung (Hrsg.), S. 220, 221.

775 Ähnlich auch Art. 14 Abs. 1 Bangkok-Vertrag.

776 So Art. V Abs. 2 CTBT. Vgl. auch Art. XII Abs. 2 CW-Übereinkommen.

und Durchsetzungsverfahren gerechnet werden kann.[777] Danach dürfen Internationale Organisationen nicht über das zur Verfolgung ihrer Ziele unabdingbar erforderliche Maß hinaus in den Bereich staatlicher Souveränität eingreifen. Auch wenn es vorliegend allein um Maßnahmen mit empfehlendem Charakter geht, werden sie sich vor der Festsetzung weiterer Maßnahmen daher in Kenntnis setzen müssen, ob und ggf. mit welchem Resultat bereits ergangene Empfehlungen durch ihre Adressaten implementiert wurden.

b) Weitergreifende Anordnungsbefugnisse der Vertragsorgane

Ermächtigungsnormen zum Erlaß von Verfügungen mit zwangsweisen wirtschaftlichen oder rechtlichen Wirkungen sind im Völkerrecht selten. Über unverbindliche Empfehlungen hinausgehende Kompetenzen bestehen prinzipiell nur dann, wenn sich aus den Gründungsverträgen internationaler Institutionen und Organisationen herleiten läßt, daß diese berechtigt sein sollen, den Mitgliedern mit ***bindenden Entscheidungen*** entgegenzutreten.[778] Dann können die internationalen Behörden einseitig Anordnungen treffen und in verbindlicher Weise auf das Verhalten der Staaten einwirken, um einen vertragskonformen Zustand wiederherzustellen. Spätestens hier wird also die Grenze zwischen einer auf Koordination beruhenden Beziehung zu einer echten internationalen Eingriffsverwaltung überschritten, die ein gewisses Maß an *Subordination* voraussetzt.[779] Internationale Behörden treten den beaufsichtigten Rechtssubjekten mit bindenden Entscheidungen und einem Instrumentarium von Befehl und Zwang gegenüber. Die Rechtsbeziehungen erhalten somit eine vertikal geprägte Struktur, das Bild

---

777 Das Prizip der verhältnismäßigen Reaktion bei Vertragsbruch bringt vor allem Art. 60 WVK zum Ausdruck, wonach Voraussetzung für die Suspendierung oder Beendigung eines völkerrechtlichen Vertrags dessen *erhebliche* Verletzung ist. Es dürfte sich um einen allgemeinen Grundsatz des Völkerrechts handeln. Vgl. *B.-O. Bryde,* Self-Help, in: EPIL IV (2000), S. 377, 379; *K.J. Partsch,* Reprisals, in: EPIL IV (2000), 200, 202; *J. Delbrück,* Proportionality, in: EPIL III (1997), S. 1140 ff.; *U. Beyerlin/T. Marauhn,* Rechtsetzung im Umweltvölkerrecht, S. 109 f.
Auch die UN-Völkerrechtskommission hat den Gedanken verhältnismäßiger Reaktion auf Völkerrechtsverletzungen in Art. 51 ihres Entwurfs zur Staatenverantwortlichkeit (UN-Doc. A/CN.4/L.602/Rev.1 v. 3. August 2001; Berichterstatter: *J. Crawford*) aufgenommen und seine Bedeutung unterstrichen. Siehe dazu *E. Cannizzaro,* Proportionality in the Law of Countermeasures, in: EJIL 12 (2001), S. 889 ff.

778 Siehe statt vieler *H. Schermers/N. Blokker,* International Institutional Law, § 1320.

779 Dazu auch *I. Seidl/Hohenveldern/G. Loibl,* Recht der Internationalen Organisationen, Rn. 1558.

vom Aufsichtsverfahren als einem internationalen Verwaltungsverfahren wird besonders deutlich.

Wie dem universellen Individualschutz sind vielen Bereichen des Völkerrechts bindende Sanktionen internationaler Institutionen fremd. Neben dem UN-Sicherheitsrat nach Kapitel VII können vor allem regionale Wirtschaftsorganisationen auf derartige Befugnisse zurückgreifen.[780] Auch die internationale Rüstungsregelung zählt zu denjenigen Gebieten, bei denen die Bereitschaft zur Akzeptanz verbindlicher Entscheidungen praktisch gering ist. Von dem Protokoll Nr. III zum WEU-Vertrag mit seinen asymmetrischen Reduktionspflichten abgesehen[781] finden sich in keinem der frühen Übereinkommen der Rüstungsbeschränkung Normen über obligatorische Anordnungen. Und auch bei den jüngeren Verträgen fällt das Instrumentarium bindender Entschließungen – soweit vorhanden – dünn aus. *Krutzsch/Trapp* weisen insoweit darauf hin, daß es bei den Verhandlungen zum CW-ÜBEREINKOMMEN trotz zahlreicher Versuche nicht gelungen sei, eine Liste möglicher Sanktionen zusammenzustellen. Vielmehr sei deutlich geworden, daß Organisationen zur Überwachung rüstungsbeschränkender Verträge nicht in der Art über ökonomische Anreize oder Finanzbeschränkungen verfügen können, wie dies bei solchen der Wirtschafts- und Entwicklungskooperation der Fall sei.[782]

Echte Sanktionsmöglichkeiten finden sich in den Aufsichtssystemen von CTB-, CW- und BANGKOK-VERTRAG sowie im IAEO-Statut. Diese betreffen zwar nicht den operativen Bereich, gleichwohl ermächtigen sie die betreffenden Aufsichtsorgane, gegenüber einzelnen Mitgliedern verbindlich Verwaltungsmaßnahmen mit Zwangscharakter anzuordnen.

Einen Sonderfall stellen dabei solche Reaktionen dar, welche die Internationalen Organisationen bei ***erheblichen Rückständen mit Mitgliedschaftsbeiträgen*** gegenüber säumigen Staaten ergreifen können. CTB-, CW-ÜBEREINKOMMEN und IAEO-Statut sehen im Falle nicht fristgerechter Beitragszahlung quasi

780 Für Beschlüsse des Sicherheitsrats vgl. Art. 25 UN-Charta. *H. Kelsen,* Law of the United Nations, S. 96 ff., folgert aus dieser Regelung, daß die Resolutionen Internationaler Organisationen stets dann verbindlich sind, wenn ihre Nichtbefolgung sanktionsbewehrt ist. Die Verhängung von Sanktionen wird man jedoch, wie *J. Delbrück* (in: Charta-Kommentar, Art. 24, Rn. 10) anmerkt, regelmäßig als eigenen Rechtsakt und nicht als unmittelbare Folge charakterisieren müssen. Dazu auch *J. Frowein,* Effects of Resolutions by International Organizations, in: ZaöRV 49 (1989), S. 778, 783 ff. – Die Europäische Gemeinschaft kann nach Art. 249 Abs. 2, 3 EGV (ziel-)verbindliche Richtlinien und Verordnungen erlassen.

781 Nach Art. 3 WEU-Protokoll Nr. III kann der WEU-Rat mit einfacher Stimmenmehrheit verbindlich über den Rüstungsstand an ABC-Waffen in solchen Staaten entscheiden, die nicht auf die Herstellung dieser Kampfmittel verzichtet haben.

782 *W. Krutzsch/R. Trapp,* Commentary, Art. XII, Rn. 224.

einen Sanktionsautomatismus vor: *"Ein Mitglied der Organisation, das mit der Zahlung seiner finanziellen Beiträge an die Organisation im Rückstand ist, **hat** kein Stimmrecht"* in den Organen, soweit der jeweilige Betrag den Beiträgen von zwei Jahren entspricht oder über diese hinausgeht.[783] Wie bei der entsprechenden Regelung in Art. 19 UN-Charta tritt der Rechtsverlust auf Seiten des Schuldners *ex lege* ein,[784] eines konstitutiven Beschlusses bedarf es also nicht.

Von der Reaktion auf fehlende Zahlungsmoral zu unterscheiden sind ***Sanktionsmöglichkeiten*** im Falle der Verletzung allgemeiner Vertragspflichten. Insoweit ergriffene Maßnahmen sollen dazu dienen, generell den Respekt der jeweiligen Vertragsordnung zu erzwingen. Bereits oben wurde dabei darauf hingewiesen, daß die Befugnis zu derartigen Schritten in den Verträgen subsidiär besteht: Entsprechende Sanktionen können nur dann angeordnet werden, wenn die betreffende Partei die ihr gesetzte Nachfrist ungeachtet an sie ergangener Aufforderungen zur Korrektur ihres Verhaltens tatenlos hat verstreichen lassen.[785]

Eine Ermächtigungsgrundlage für die Verhängung entsprechender Sanktionen findet sich im BANGKOK-VERTRAG. Hat die betreffende Vertragspartei den Ratschlägen des Exekutivrats nicht Folge geleistet, so entscheidet die *ad hoc* einberufene Staatenkonferenz *"[...] on any measure it deems appropriate to cope with the situation, including the submission of the matter to the IAEA [...]"*.[786] Andere Berichtigungsmaßnahmen als die Vorlagemöglichkeit an die IAEO wurden explizit nicht benannt. Mangels allgemeiner Rechtsetzungsbefugnis werden alle denkbaren Sanktionen jedoch allein das administrative Innenverhältnis zwischen der Organisation und der betreffenden Vertragspartei berühren können. Da es sich um verbindliche Schritte handelt, wird bei der Anordnung im Übrigen der als allgemeiner Grundsatz des Völkerrechts bei Reaktion auf Vertragsverstöße geltende Gedanke der Verhältnismäßigkeit zu beachten sein.[787] Danach darf das eingesetzte Mittel nicht über das erforderliche Maß hinausgehen, um die in Rede stehende Nichterfüllung zu beenden.[788]

---

783 Wörtlich übereinstimmend: Art. VIII Abs. 8 CWC; Art. II Abs. 11 CTBT; Art. XIX.A IAEO-Statut. Ist die Vertragsstaatenkonferenz der Auffassung, der Zahlungsrückstand sei unverschuldet, so kann sie dem betreffenden Staat gestatten, gleichwohl an den Abstimmungen teilzunehmen.

784 So eingehend *C. Tomuschat,* in: Simma (Hrsg.), Art. 19 Rn. 13 ff., mit Nachweisen zu der von der UdSSR vertretenen Gegenposition.

785 Vgl. Art. XII Abs. 2 CWC; Art. V Abs. 2 CTBT; Art. 14 Abs. 2 Bangkok-Vertrag; Art. XII.C Satz 2 IAEO-Statut.

786 Art. 14 Abs. 3 Bangkok-Vertrag.

787 Siehe dazu schon oben unter B.II.2.a).

788 Zur verhältnismäßigen Reaktion auf eine Verletzung des CW-Übereinkommens siehe *W. Krutzsch/R Trapp,* Commentary, Art. XII, S. 224.

Wesentlich detaillierter formulieren die drei anderen insoweit einschlägigen Aufsichtsregime mögliche Berichtigungsschritte. Für Sicherungsmaßnahmen zum NV-VERTRAG bestimmt das IAEO-Statut, daß die Agentur eine der in Art. XII.C S. 3 des Statuts genannten konkreten Anordnungen treffen kann, wenn ein Mitglied nicht *"[...] within a reasonable time [...]"* die zur Korrektur seines Verhaltens erforderlichen Maßnahmen ergriffen hat. Im Einzelnen kommen folgende Schritte in Betracht: die Beendigung oder Aussetzung der nuklearen Kooperation mit der Agentur oder anderen Mitgliedstaaten einschließlich der Rückforderung bereits erbrachter Leistungen,[789] die Nichtanwendung von Sicherungsmaßnahmen sowie – im Falle schwerwiegender Verletzungen – die Suspendierung von Mitgliedschaftsrechten und Privilegien,[790] vor allem von Stimmrechten in der Vollversammlung der Agentur.[791] Der Ausschluß eines Mitglieds aus der IAEO ist nicht vorgesehen. Im Übrigen ist festzuhalten, daß der Gouverneursrat neben dem Auswahl- bereits über ein Entschließungsermessen verfügt.[792] Er besitzt einen weiten Ermessensspielraum. Neben Opportunitätsfragen wird er bei der Entscheidungsfindung insbesondere den in Art. IV.C IAEO-Satzung normierten Grundsatz der Gleichbehandlung der Mitglieder zu beachten haben.

Ein vergleichbarer *numerus clausus* der Reaktionsmaßnahmen findet sich unter CTB- und CW-ÜBEREINKOMMEN nicht. Beide Verträge enthalten fast identische Vorschriften, aus denen sich denkbare Berichtigungsmaßnahmen herleiten lassen. Hat eine Vertragspartei die eingeräumte Nachfrist tatenlos verstreichen lassen, so gestatten die Übereinkommen die Einschränkung und Suspendierung von Rechten und Privilegien. Dazu heißt es im CW-ÜBEREINKOMMEN:[793]

"Artikel XII Maßnahmen zur Bereinigung einer Lage und zur Gewährleistung der Einhaltung dieses Übereinkommens, einschließlich Sanktionen

(1) [...]

(2) Ist ein Vertragsstaat vom Exekutivrat aufgefordert worden, Maßnahmen zur Bereinigung einer Lage zu treffen, die hinsichtlich der Einhaltung dieses Überein-

---

789 *I. Seidl-Hohenveldern/G. Loibl,* Recht der Internationalen Organisationen, Rn. 2012, sieht diese aus Art. XII.A.7 und XII.C IAEO-Statut folgende Sanktionsmöglichkeit als den Institutionen der Wirtschaftskooperation vergleichbar an. Eine Beschränkung der nuklearen Kooperation mit der Agentur dürfte jedoch an Bedeutung eingebüßt haben, da die Zahl der nuklearen Lieferländer gestiegen ist und viele Staaten von externen Lieferungen relativ unabhängig geworden sind.

790 Näher zu den einzelnen Maßnahmen *P. Szasz,* Law and Practice of the IAEA, S. 601 ff., 632 f.; *T. Lohmann,* Sicherungsmaßnahmen der IAEO, S. 245 ff. m.w.N.

791 Art. XIX.B IAEO-Statut.

792 So weist Art. XII.C ausdrücklich darauf hin, daß *"[...] the Board **may** take one or both of the following measures [...].* [Hervorhebung v. Verf.]

793 Siehe auch Art. V Abs. 2 CTBT.

kommens durch den Vertragsstaat Probleme aufwirft, und kommt er der Aufforderung innerhalb der festgesetzten Frist nicht nach, so kann die Konferenz unter anderem auf Empfehlung des Exekutivrats die Rechte und Vorrechte des Vertragsstaats aus dem Übereinkommen einschränken oder aussetzen, bis er die notwendigen Schritte unternimmt, um seinen Verpflichtungen aus dem Übereinkommen nachzukommen.

(3)[...]."

Danach kann die Staatenkonferenz bei fruchtlosem Fristablauf verbindlich über konkrete Maßnahmen befinden. Sie kann Rechte und Vorrechte aus dem Vertrag einschränken oder so lange aussetzen, bis der Vertragsstaat die erforderlichen Schritte unternommen hat, um einen vertragskonformen Zustand wiederherzustellen.[794] Welche vertragsimmanenten Rechtspositionen gemeint sein sollen, läßt sich der Vorschrift unmittelbar nicht entnehmen. Dem systematischen Zusammenhang und der Zielsetzung nach kommen jedoch vor allem in Betracht: [795]

- die Inanspruchnahme für die durch eine Verdachtsinspektion verursachten zusätzlichen Kosten sowie die Aussetzung der Befugnis, um eine Verdachtsinspektion zu ersuchen;[796]
- die Umverteilung der an die betreffende Vertragsorganisation zu entrichtenden Mitgliedschaftsbeiträge;[797]
- die Suspendierung oder Beschränkung von Informationsrechten;[798]
- die Suspendierung von Stimm- und anderen Mitwirkungsrechten in den jeweiligen Vertragsorganen, namentlich der Konferenz der Vertragsstaaten;[799] sowie
- der vorübergehende Ausschluß von der Teilnahme am Austausch mit vertraglich erlaubten Chemikalien und Ausrüstungen.[800]

794 Im Unterschied dazu bleibt nach Art. V Abs. 2 CTBT, der Parallelnorm, eine Sanktion so lange in Kraft, bis die Vertragsstaatenkonferenz eine anderweitige Entscheidung fällt.

795 Zu einzelnen Sanktionsmöglichkeiten siehe *W. Krutzsch/R. Trapp,* Commentary, Art. XII Rn. 2, S. 223 f.; *E. Myjer,* Non-Compliance Procedures, in: ASIL/NVIR Proceedings 4 (1997), S. 355, 361 f.

796 Etwa dann, wenn der Exekutivrat festgestellt hat, daß eine Inspektion mißbräuchlich beantragt wurde: Art. IX Abs. 22 *lit.* c, 23 CWC, Art. IV Abs. 67 *lit.* a und b CTBT.

797 Art. VIII Abs. 7 CWC, Art. II Abs. 9 CTBT.

798 Art. VII Abs. 6 CWC, Art. II Abs. 7 CTBT.

799 Entsprechend Art. VIII Abs. 8 CWC, Art. II Abs. 11 i.V.m. Art. IV Abs. 67 CTBT.

800 Art. XI Abs. 2 *lit.* b, c CWC. Näher dazu *E. Myjer,* Closer Towards an International Arms Control Organizsation, in: ders. (Hrsg.), S. 61, 123.

Beim CW-ÜBEREINKOMMEN kommt ferner die Aussetzung des Rechts auf Hilfe und Schutz vor chemischen Waffen gem. Art. X in Frage sowie die Behandlung einer Vertragspartei als Nicht-Mitglied, soweit es um Transfers bestimmter Chemikalen geht.[801] Unzulässig ist dagegen, eine Partei aus der betreffenden Institution auszuschließen.[802] Ein solcher Schritt würde dem Ziel universaler Geltung der Konventionen sowie ihrer Natur als dauerhafte, multilaterale Vertragsregime zuwiderlaufen.[803]

Die Aufzählung möglicher Rechte und Vorrechte, die ggf. ausgesetzt oder eingeschränkt werden können, ist nicht abschließend. Vielmehr soll die in Art. XII Abs. 2 CWC bzw. Art. V Abs. 2 CTBT gewählte Formulierung ("unter anderem") klarstellen, daß die Staatenkonferenz über die genannten Maßnahmen hinaus nach ihrem Ermessen auch andere Anordnungen treffen kann.[804] Dem Wortlaut nach dürfen derartige Entscheidungen indes nur dann getroffen werden, wenn ihnen ein Vorschlag des Exekutivrats vorangegangen ist.[805] Andererseits wird die Staatenkonferenz als Hauptorgan durch die Empfehlung eines Hilfsorgans nicht gebunden werden können, sondern hat diese lediglich nach pflichtgemäßem Ermessen zu prüfen. Liegt ein offensichtlicher Vertragsverstoß vor, so wird sie also auch dann die notwendigen Maßnahmen ergreifen können, wenn der Exekutivrat eine Empfehlung (noch) nicht ausgesprochen hat.[806] *A maiore ad minus* läßt sich daraus die Befugnis der Konferenz folgern, sich auch für andere als die vom Exekutivrat empfohlenen Maßnahmen zu entscheiden.[807]

Schließlich ist der Grundlage der ***Bindungswirkung*** dieser Anordnungen nachzugehen. Gegen die Annahme, daß den vorgenannten Beschlüssen bindende Wirkung zukommt, spricht, daß die Gründungsverträge keine den Art. 25 und 48 UN-Charta vergleichbaren Vorschriften enthalten, welche die Mitglieder aus-

801 In den ersten drei Jahren nach Inkrafttreten ist der Transfer von Liste 2-Chemikalien nur an Vertragsparteien erlaubt.

802 Siehe Art. VIII Abs. 2 CWC, Art. II Abs. 2 CTBT. Dies umfaßt nach überwiegender Ansicht auch die Suspendierung von Mitgliedschaftsrechten. Dazu *W. Krutzsch/R. Trapp,* Commentary, Art. VIII Rn. 2, S. 128; *E. Myjer,* Non-Compliance Procedures, in: ASIL/NVIR Proceedings 4 (1997), S. 355, 361 f.

803 Vgl. *A. Rosas,* Reactions in the Event of Breach, in: Bardonnet (Hrsg.), S. 555, 565.

804 *A. Rosas,* ibid., S. 564; *A. Rosas,* Reactions to Non-Compliance with the CWC, in: Bothe u.a. (Hrsg.), S. 415, 439.

805 Die Notwendigkeit einer vorausgehenden Empfehlung betont *A. Rosas,* Reactions in the Event of Breach, in: Bardonnet (Hrsg.), S. 555, 564.

806 *W. Krutzsch/R. Trapp,* Commentary, Art. XII Rn. 2 (Fn. 7), S. 221. In diesem Sinne auch die Denkschrift zum Entwurf eines Gesetzes zur Ratifizierung des CW-Übereinkommens durch die Bundesrepublik Deutschland, BT-Drs. 12/7206, S. 170, 185.

807 *W. Krutzsch/R. Trapp,* ibid., S. 222. So auch *A. Rosas,* Reactions in the Event of Breach, in: Bardonnet (Hrsg.), S. 555, 565.

drücklich zur Befolgung verpflichten. Solche Regelungen werden allgemein für erforderlich angesehen.[808] Dem ist jedoch entgegenzuhalten, daß hier nicht eine Ermächtigung zur allgemeinen Rechtschöpfung auf internationaler Ebene in Rede steht. Vielmehr geht es um die Befugnis, konkret-individuelle Anordnungen zu erlassen, die sich auf den administrativen Bereich der Organisation beschränken und allein für die Adressaten Wirkungen entfalten. Befugnisse zur Festlegung organisationsinterner Fragen sind ähnlich wie in der UN-Charta zugunsten von Generalversammlung[809] und Sicherheitsrat[810] in den Satzungen fast aller Internationaler Organisationen enthalten.[811] Ihre Verbindlichkeit ist allgemein anerkannt,[812] da es sich nicht um operative Beschlüsse, sondern nur um Verwaltungsmaßnahmen der Organisationen handelt. Sie wirken sich weder faktisch noch rechtlich auf andere Völkerrechtssubjekte aus, noch bedürfen sie deren Zutun. Die Maßnahmen erfassen solche Rechte und Privilegien, die in den jeweiligen Verträgen ausdrücklich vorgesehen sind. Da die Organisationen ihren Mitgliedern diese Vergünstigungen selbst gewähren, können sie sie ihnen durch konstitutiven Bescheid auch wieder entziehen.

Für die Verbindlichkeit entsprechender Maßnahmen spricht schließlich die Terminologie der Vertragstexte. Diese grenzen verschiedene Handlungsformen begrifflich dadurch voneinander ab, daß diesen unterschiedliche Bezeichnungen zugeordnet werden. So unterscheidet das CW-ÜBEREINKOMMEN zwischen "Empfehlungen" auf der einen und "Beschlüssen" auf der anderen Seite, durch welche die Staatenkonferenz handeln kann.[813] Die Bezeichnung "Empfehlung" findet in den einschlägigen Verträgen dann Verwendung, wenn es sich um für den Adressaten unverbindliche Maßnahmen handelt.[814] Bei den Vorschriften über die Anordnung verbindlicher Sanktionen findet sich dieser Begriff ge-

---

808 Dazu *H. Schermers/N. Blokker*, International Institutional Law, § 1320, S. 813.

809 Siehe zum Ausschluß von Mitgliedern (Art. 4, 6), der Suspendierung von Mitgliedschaftsrechten (Art. 5), Wahlen (Art. 23 Abs. 2, 61, 86, 97), der Genehmigung von Verträgen (Art. 63, 85), der Genehmigung des UN-Budgets (Art. 17), der Einsetzung von Hilfsorganen (Art. 22) und der Erteilung von Weisungen an unterstellte Organe (Art. 68, 87 UN-Charta).

810 Vgl. Kapitel VII sowie zur Untersuchung von Streitigkeiten und Situationen (Art. 34), Durchsetzung von IGH-Urteilen (Art. 94 Abs. 2) und die Bestellung von Hilfsorganen und der Erteilung von Weisungen an diese (Art. 29 UN-Charta).

811 *A. Verdross/B. Simma*, Universelles Völkerrecht, § 632.

812 Vgl. *A. Verdross/B. Simma*, ibid.; sowie ferner *E. Klein*, in: Vitzthum (Hrsg.), 4. Abschn., Rn. 138; *K. Doehring*, Völkerrecht, Rn. 440.

813 Vgl. Art. VIII Abs. 19 CWC; Art. II Abs. 24 CTBT.
Zu dieser Differenzierung in Hinblick auf das CW-Übereinkommen siehe *A. de Guttry*, OPCW, in: Bothe u.a. (Hrsg.), S. 119, 142 ff.; *E. Myjer*, Non-Compliance Proce-dures, in: ASIL/NVIR Proceedings 4 (1997), S. 355, 361.

814 Dazu bereits oben B.II.2.a). Siehe ferner Art. V.D IAEO-Statut.

wöhnlich nicht. Damit bringen die Verträge schon sprachlich zum Ausdruck, daß bei solchen Maßnahmen eine Verpflichtungswirkung gewollt ist.[815] Die Mitgliedstaaten sind folglich rechtlich gehalten, im Einzelfall an sie ergangene Anordnungen von OPCW, CTBTO und IAEO zu befolgen.[816]

c) Empfehlung von Kollektivmaßnahmen

Meist erschöpft sich das internationalen Behörden verfügbare Handlungsinstrumentarium in Empfehlungen und, soweit vorgesehen, organisationsinternen Sanktionen. Darüber hinaus weisen einige Verträge der Abrüstung und Rüstungskontrolle ausdrücklich auf die Möglichkeit hin, bei schwerwiegenden Pflichtverletzungen die Vereinten Nationen oder eine Regionalorganisation anzugehen (dazu unten unter d). Die Befugnis, alle Parteien aufzurufen, der Säumnis eines Mitglieds im Konzert der Vertragsstaaten entgegenzutreten, ist den meisten Übereinkommen fremd. Auch die IAEO, die ihrer Satzung nach über relativ weitgreifende Sanktionsbefugnisse verfügt, überläßt es den zuständigen Organen der Vereinten Nationen, ob Kollektivmaßnahmen ergriffen werden sollen.

Die Kompetenz, den Parteien Kollektivmaßnahmen anzutragen, findet sich unter den hier einschlägigen Verträgen allein im gestuften Handlungsinstrumentarium von CW- und CTB-ÜBEREINKOMMEN. Hier kann von einem neuen Instrument gesprochen werden.[817] Beide Konventionen ermächtigen die satzungsgemäß befugten Organe, sich mit Ratschlägen und Empfehlungen *an alle Vertragsparteien* zu wenden. Diese sollen gemeinschaftliche Maßnahmen ergreifen, um aus der Verletzung elementarer Vertragspflichten resultierenden Schaden abzuwenden. Die einschlägige Regelung im CTBT lautet:

"Artikel V Maßnahmen zur Bereinigung einer Lage und zur Gewährleistung der Einhaltung dieses Vertrags einschließlich Sanktionen

[...]

(3) Kann durch die Nichteinhaltung der grundlegenden Verpflichtungen dieses Vertrags Schaden für Ziel und Zweck des Vertrags entstehen, so kann die Konferenz der Vertragsstaaten gemeinsame Maßnahmen im Einklang mit dem Völkerrecht empfehlen. [...]."

---

815 Vgl. Art. XII Abs. 2 CWC, Art. V Abs. 2 CTBT, Art. XII.C IAEO-Statut.

816 So etwa auch *A. Rosas,* Reactions in the Event of Breach, in: Bardonnet (Hrsg.), S. 555, 564; *E. Myjer,* Non-Compliance Procedures, in: ASIL/NVIR Proceedings 4 (1997), S. 355, 361 f.; *T. Lohmann,* Sicherungsmaßnahmen der IAEO, S. 246.

817 Die Innovationswirkung betont vor allem *T. Lohmann,* Law of IAEA Safeguards, in: Bothe u.a. (Hrsg.), S. 79, 89.

Nahezu identisch ist Art. XII Abs. 3 CWC. Im Rahmen der "grundlegenden Verpflichtungen" verweist er jedoch beispielhaft auf die in Art. I CWC angeführten Verbote der Entwicklung, Herstellung, Lagerung und des Einsatzes chemischer Waffen. Ob und inwieweit weitere Regelungs- und Verwaltungsaufträge erfaßt werden, ist nicht deutlich. Dem Zusammenhang nach erscheint jedenfalls geboten, jenseits der zentralen Verbotstatbestände auch die Verletzung weiterer Grundpflichten einzubeziehen, etwa Verstöße gegen Exportbeschränkungen oder gegen das Gebot, die einschlägigen Regelungen in innerstaatliches Recht zu transformieren.[818]

In manchen Einzelheiten sind die Verträge mehrdeutig. So ist zunächst aus ***verfahrensrechtlicher Sicht*** fraglich, welche Voraussetzungen erfüllt sein müssen, um den Mitgliedstaaten entsprechende Kollektivmaßnahmen antragen zu können. Zu weit wird dabei die Annahme gehen, daß die Staatenkonferenz nur bei Fehlschlagen der Empfehlungen des Exekutivrats handeln darf.[819] Diese Bedingung findet weder im Wortlaut Halt, noch läßt sie sich aus dem systematischen Kontext von Abs. 2 der einschlägigen Vorschriften, den oben erörterten Regelungen über bindende Beschlüsse, herleiten. Im Unterschied zu jenen Maßnahmen kommt den hier in Rede stehenden Schritten *keine* rechtsverbindliche Wirkung zu. Daher ist der Schluß, daß dieselben Voraussetzungen erfüllt sein müßten, nicht einmal naheliegend. Im Übrigen ist bereits oben darauf hingewiesen worden, daß die Staatenkonferenz Maßnahmen nach Abs. 2 unter Umständen auch bei Fehlen einer Empfehlung des Exekutivrats ergreifen darf. Jedenfalls werden für ein entsprechendes Vorgehen die unter Abs. 1 der Regelungen genannten Punkte erfüllt sein müssen, die sich als allgemeine Voraussetzungen der Art. XII CW- und Art. V CTB-ÜBEREINKOMMEN begreifen lassen. Bevor eine Kollektivmaßnahme beantragt wird, werden zunächst also alle vom Exekutivrat vorgelegten Informationen zu berücksichtigen sein.[820]

Ferner ist zu klären, welche Schritte hier ***inhaltlich*** im Einzelnen in Betracht kommen. In aller Regel werden sich die Empfehlungen der Konferenz innerhalb des Vertragsregimes bewegen, sich etwa auf die von Art. XI CWC vorgesehenen zwischenstaatlichen Abmachungen der Zusammenarbeit und Hilfe beziehen.[821] Der Wortlaut legt dies allerdings nicht zwingend nahe, vielmehr führt er ausdrücklich nur an, daß entsprechend ergriffene Schritte sich "im Einklang mit

---

818 So zu Recht *A. Rosas,* Reactions to Non-Compliance with the CWC, in: Bothe u.a. (Hrsg.), S. 415, 439.

819 So aber *W. Krutzsch/R. Trapp,* Commentary, Art. XII Rn. 3, S. 225.

820 *A. Rosas,* Reactions in the Event of Breach, in: Bardonnet (Hrsg.), S. 555, 569.

821 Dazu *E. Myjer,* Non-Compliance Procedures, in: ASIL/NVIR Proceedings 4 (1997), S. 355, 362; vgl. auch *J. Rautenbach,* Comments, in: Myjer (Hrsg.), S. 145, 151 ff.

dem Völkerrecht" bewegen müssen. Auch regimeexterne Sanktionsinstrumente, wie Handelsbeschränkungen, sind daher nicht ausgeschlossen, wenn sie völkerrechtskonform sind.[822] Im Einzelfall ist sogar denkbar, die Vertragsparteien aufzufordern, von ihrem Recht auf kollektive Selbstverteidigung nach Art. 51 UN-Charta Gebrauch zu machen, wenn ein Staat etwa unter Verstoß gegen das CW-ÜBEREINKOMMEN mit chemischen Waffen angegegriffen wurde.[823] Auch insoweit ist jedoch zu unterstreichen, daß es sich bei den Aufforderungen der Konferenz stets um "Empfehlungen" handelt, denen rechtlich keine Bindungswirkung zukommt. Da die Wirksamkeit entsprechender Ratschläge ganz entscheidend vom kollektiven Tätigwerden der Staatengemeinschaft abhängt, wird man den Vertragsparteien immerhin eine gesteigerte Sorgfaltspflicht bei der Prüfung der an sie adressierten Empfehlungen abverlangen können.[824]

d) Zuweisungen an Internationale Organisationen

Als *ultimum remedium* der Aufsichtsmaßnahmen sieht die überwiegende Zahl der mehrseitigen Übereinkommen der Abrüstung und Rüstungskontrolle Zuweisungsklauseln an eine Regionalorganisation oder die Vereinten Nationen vor.

---

822 Dabei sind insbesondere Vorgaben des internationalen Wirtschaftsrechts, GATT, EG, EAG, zu beachten, auf die *A. Rosas,* Reactions in the Event of Breach, in: Bardonnet (Hrsg.), S. 555, 567, zu Recht hinweist.
Denkbar ist auch, die Vorschrift so zu verstehen, wie dies *W. Krutzsch/R. Trapp* (Commentary, Art. XII Rn. 3, S. 225) tun: Danach bezieht sich der Verweis auf die Kompetenzen des UN-Sicherheitsrats, namentlich gem. Art. 42 UN-Charta. So verstanden wird man die Regelung im Zusammenhang mit Abs. 4 zu lesen haben, wonach die OPCW gegebenenfalls den Sicherheitsrat anrufen kann. Gegen diese Auffassung spricht allerdings die Entstehungsgeschichte (dazu *A. Rosas,* Reactions to Non-Compliance with the CWC, in: Bothe u.a. [Hrsg.], S. 415, 425, 435, 440): Die in einem Entwurf Australiens (CD-Doc. CD/1143 v. 12. März 1992, S. 31) enthaltene Wendung "including sanctions" wurde später gestrichen. Daher liegt die Folgerung sehr nahe, daß hier jedenfalls keine Sanktionen im Sinne der UN-Charta gemeint sein sollen.

823 Eine derartige Empfehlung dürfte allerdings von der Vorschrift nicht intendiert sein. Um konkurrierendes Handeln zu vermeiden, sollte sich die Staatenkonferenz daher zweckmäßigerweise allein auf innerhalb des Vertragssystems liegende Empfehlungen beschränken. Die Möglichkeit entsprechender Beschlüsse wird prinzipiell jedoch nicht in Frage gestellt werden können. Siehe dazu *A. Rosas,* Reactions to Non-Compliance with the CWC, in: Bothe u.a. (Hrsg.), S. 415, 440.

824 Weitergehend *W. Krutzsch/R. Trapp,* Commentary, Art. XII Rn. 3, S. 236: Die Nichtbefolgung einer derartigen Empfehlung setzt eine Vertragspartei dem Verdacht aus, Unterstützung zu vertragswidrigen Aktivitäten zu leisten. – Dem ist schon rechtsdogmatisch schwer zu folgen, da sich nach dieser Ansicht letztlich jedes Unterlassen als Beihilfe darstellt.

Danach können Staaten oder vertraglich geschaffene Organe bei gravierenden Erfüllungsproblemen die Institutionen anrufen, damit sie für die Rechtsdurchsetzung mögliche Schritte ergreifen. Durch ihnen verfügbare Zwangs- und Beugemittel sollen die Behörden auf Situationen mangelnder Pflichterfüllung einwirken, wenn diese eine konkrete Gefährdung von Weltfrieden und internationaler Sicherheit darstellen. Die Vertragsaufsicht erreicht damit in mehrfacher Hinsicht eine qualitativ neue Ebene: Kennzeichen ist einerseits die asymmetrische Struktur des Verfahrens, bei der nunmehr meist ein weiterer internationaler Akteur in den Aufsichtsprozeß einbezogen wird. Die internationale Kontrolle reicht insoweit aber auch inhaltlich über das im nicht rüstungsbezogenen Völkerrecht Übliche hinaus. Die Vereinten Nationen verfügen nach Art. 39 ff. UN-Charta über ein Potential, dem durch die aufgeführten Handlungsmittel sowie aufgrund der Verbindlichkeit rechtmäßiger Beschlüsse des Weltsicherheitsrats erhebliche Durchschlagswirkung zukommt. Da der Rückgriff auf derartige Sanktionsinstrumente nur bei Bedrohung oder Bruch des Weltfriedens möglich ist, stehen diese Maßnahmen zur Durchsetzung des nicht rüstungsbezogenen Vertragsvölkerrechts meist nicht zur Verfügung. Bei Verletzungen abrüstungs- und rüstungskontrollvertraglicher Normen dagegen werden die Voraussetzungen in aller Regel vorliegen.[825]

Das CW-ÜBEREINKOMMEN enthält zwei Verweisungsnormen in dem gemeinten Sinn. Sie betreffen zum einen den Exekutivrat der OPCW, zum anderen die Konferenz der Vertragsstaaten:

*"**Artikel VIII***
[...]
C. Der Exekutivrat
*(36) [...] In besonders schwerwiegenden und dringenden Fällen bringt **der Exekutivrat** die Frage oder Angelegenheit samt einschlägigen Informationen und Schlußfolgerungen unmittelbar der Generalversammlung oder dem Sicherheitsrat der Vereinten Nationen zur Kenntnis. Gleichzeitig unterrichtet er alle Vertragsstaaten über diesen Schritt.*

Artikel XII
[...]
*(4) In besonders schwerwiegenden Fällen bringt **die Konferenz** die Frage samt sachdienlicher Informationen und Schlußfolgerungen der Generalversammlung und dem Sicherheitsrat der Vereinten Nationen zur Kenntnis."*[826]

825 Die Rückgriffsmöglichkeiten des Sicherheitsrats hebt besonders *J. Dahlitz*, Nuclear Arms Control, S. 185, hervor.
826 Hervorhebungen v. Verf.

Nach vorgenannten Regelungen kann sich die Vertragsstaatenkonferenz in "besonders schwerwiegenden Fällen" an die UN wenden. Ein dahingehendes Handeln des Exekutivrats erfordert dagegen überdies Dringlichkeit. Bemerkenswert ist ferner, daß für beide Organe grundsätzlich eine *Vorlagepflicht* an die Vereinten Nationen besteht.[827]

Nahezu identische Vorgaben finden sich in Art. V Abs. 4 CTBT[828] und Art. XII.C IAEO-Statut[829]. Vergleichbare Regelungen über die Einbindung der Vereinten Nationen bzw. von Regionalorganisationen enthält bereits eine Reihe älterer Verträge. Läßt sich eine mutmaßliche Vertragsverletzung nicht durch Konsultationen und Maßnahmen der Tatsachenfeststellung aufklären, so können sich die Parteien gemäß Art. III Abs. 4 MEERESBODEN-[830] und Art. VI BW-ÜBEREINKOMMEN[831] mit der Angelegenheit an den UN-Sicherheitsrat wenden. Der MOND-VERTRAG kennt in Art. 15 Abs. 3 ein Vorlageverfahren an den UN-Generalsekretär.[832] Nach Art. 20 Abs. 2 TLATELOLCO-, Art. 14 Abs. 3 BANGKOK- sowie Abs. 4 Annex IV PELINDABA-VERTRAG besteht hier für die betreffenden Vertragsorgane die Möglichkeit, einen Sachverhalt der Generalversammlung bzw. dem Sicherheitsrat vorzutragen.[833] Angesichts der Tatsache, daß die Vor-

---

827 Die Vorlage*pflicht* steht, wie *A. Rosas* (Reactions in the Event of Breach, in: Bardonnet [Hrsg.], S. 555, 570) zutreffend hervorhebt, im Unterschied dazu, daß die Vertragsstaatenkonferenz nach der erörterten Regelung von Art. XII Abs. 3 CW-Übereinkommen gemeinsame Maßnahmen empfehlen "kann".

828 Im Unterschied zum CW-Übereinkommen nennt der CTBT jedoch nicht bestimmte UN-Organe ausdrücklich als Adressaten einer Vorlage.

829 Nach Art. XII.C IAEO-Statut berichtet der Gouverneursrat den Mitgliedstaaten sowie Sicherheitsrat und Generalversammlung der Vereinten Nationen über jeden Fall der Nichterfüllung der Sicherungsabkommen, nicht aber des NV-Vertrags. Eine derartige Mitteilung lag dem Sicherheitsrat 1991 in Bezug auf Irak vor, vgl. UN-Doc. S/22812 v. 19. Juli 1991. Der Sicherheitsrat hat seinerseits kurze Zeit später die Verletzung des NV-Vertrags festgestellt.

830 Näher dazu etwa *E. Myjer,* Supervisory Mechanisms and Dispute Settlement, in: Dahlitz (Hrsg.), S. 149, 157 f.; *K. Ipsen,* Biologische und chemische Kampfmittel, S. 333 ff., jeweils m.w.N.

831 Ausführlich zu dieser Vorschrift *K. Ipsen,* Biologische und chemische Kampfmittel, S. 378 ff., mit Hinweis darauf, daß die Wahl des UN-Generalsekretärs als Beschwerdeinstanz gegenüber dem Sicherheitsrat die zweckmäßigere Lösung dargestellt hätte.

832 Die Regelung dürfte kaum geeignet sein, einen Rüstungswettlauf im Weltall in wirksamer Weise zu kontrollieren, sollte dieser wieder entstehen. Zu dieser Kritik *D. Shuhua,* Outer Space and Moon Treaties, in: Sur (Hrsg.), S. 123, 132.

833 Nach Art. 14 Abs. 3 Bangkok-Vertrag und Art. 20 Abs. 2 Tlatelolco-Vertrag besteht überdies die Möglichkeit, die Angelegenheit der IAEO vorzulegen.
Im Unterschied zu vorgenannten Verträgen sieht der Pelindaba-Vertrag in Abs. 4 Annex IV einen zweistufigen Mechanismus vor: Zunächst ist die Organisation der

schriften in der Staatenpraxis bislang keine Anwendung gefunden haben, lassen sich dort auch keine weiteren Anhaltspunkte für ihre Interpretation finden.[834] Als Sonderfall ist schließlich das LANDMINEN-ÜBEREINKOMMEN hervorzuheben: Dieser Vertrag enthält keine explizite Verweisungsnorm. Es ist jedoch ins Gedächtnis zu rufen, daß mangels eigener Vertragsinstitution bestimmte Sekretariatsfunktionen auf den UN-Generalsekretär übertragen wurden. Nach der allgemeinen Befugnisnorm des Art. 99 UN-Charta kann dieser die Aufmerksamkeit des Sicherheitsrats auf jede Angelegenheit lenken, die seiner Auffassung nach geeignet ist, *"[...] die Wahrung des Weltfriedens und der internationalen Sicherheit zu gefährden"*.[835] Auch auf diesem Wege ist also eine Einschaltung des UN-Sicherheitsrats möglich.

Welche Maßnahmen die betreffenden Organisationen auf einen Antrag hin im Einzelnen ergreifen sollen, ist in den Verträgen nicht bestimmt.[836] Die Vertragsorgane sind lediglich befugt, "Empfehlungen" bzw. "Schlußfolgerungen" an die Institutionen zu richten.[837] Deren Kompetenzen und Handlungsformen bestimmen sich unbeschadet dessen allein nach der jeweiligen Satzung. Im Übrigen bestehen für die betreffenden Organisationen zum Teil auch eigene Initiativrechte.[838]

Afrikanischen Einheit (OAU), die nach h.M. als Regionalorganisation i.S.v. Kapitel VIII UN-Charta zu qualifizieren ist, einzuschalten. Laut Vertrag kann diese die Angelegenheit erforderlichenfalls an den UN-Sicherheitsrat weiterleiten. Eine entsprechende Pflicht dürfte sich indes aus Art. 54 UN-Charta ergeben, wonach Regionalorganisationen den Sicherheitsrat über Maßnahmen auf dem laufenden halten, die sie zur Wahrung des Weltfriedens getroffen bzw. in Aussicht genommen haben. Siehe näher *M. Schweitzer/W. Hummer*, in: Simma (Hrsg.), Art. 54, Rdnr. 3 ff.

834 Darauf weist namentlich *A. Rosas*, Reactions in the Event of Breach, in: Bardonnet (Hrsg.), S. 555, 570, hin.

835 Näher zu dieser Norm, die dem Generalsekretär als "world's moderator" ein eigenes Initiativrecht gewährt, *W. Fiedler*, in: Simma (Hrsg.), Art. 99 Rn. 1 ff.; sowie *J. Merrills*, International Dispute Settlement, S. 226 ff.

836 So schon *M. Bothe*, Verification of Facts, in: EPIL IV (2000), S. 1264, 1266.

837 Während der Verhandlungsentwurf zum CW-Übereinkommen noch den Begriff "recommendations" enthielt, hat man sich letztlich nur darauf verständigen können, daß die OPCW den UN-Organen ihre "conclusions" unterbreiten kann. Siehe dazu näher *W. Krutzsch/R. Trapp*, Commentary, Art. VIII, S. 227.

838 So ausdrücklich in Hinblick auf die Generalversammlung *K. Hailbronner/E. Klein*, in: Simma (Hrsg.), Art. 11, Rdnr. 5.

aa) UN-Generalversammlung

Nach Art. 11 Abs. 1 UN-Charta kann sich die Generalversammlung

> *"[...] mit den allgemeinen Grundsätzen der Zusammenarbeit zur Wahrung des Weltfriedens und der internationalen Sicherheit einschließlich der Grundsätze für die Abrüstung und Rüstungsregelung befassen und in Bezug auf diese Grundsätze Empfehlungen an die Mitglieder oder an den Sicherheitsrat oder an beide richten".*

Hierbei handelt es sich um eine subsidiäre Zuständigkeit: Nach Art. 12 Abs. 1 UN-Charta vermag die Vollversammlung nicht tätig zu werden, *"[s]olange der Sicherheitsrat in einer Streitigkeit oder einer Situation die ihm in dieser Charta zugewiesenen Aufgaben wahrnimmt [...]."* Prinzipiell besteht folglich ein Vorrang zugunsten des Sicherheitsrats für die Bewahrung und Wiederherstellung von Weltfrieden und internationaler Sicherheit.

In der "Uniting for Peace"-Resolution, die die Generalversammlung während der Korea-Krise am 3. November 1950 angenommen hat, hat sie ihre Befugnis zur Empfehlung von Kollektivmaßnahmen für den Fall bejaht, daß es der Sicherheitsrat

> *"[...] mangels Einstimmigkeit seiner ständigen Mitglieder [...] in einem Fall einer offenbaren Bedrohung des Friedens, eines Friedensbruchs oder einer Angriffshandlung unterläßt, seine Hauptverantwortung für die Wahrung des Weltfriedens und der internationalen Sicherheit wahrzunehmen".*[839]

Von dieser Regelung der Organkompetenz bleibt die Beschränkung der Handlungsformen auf *Empfehlungen* unberührt.[840] Entsprechende Resolutionen der Generalversammlung sind unverbindlich und können ihre Adressaten weder zu Maßnahmen gegen Staaten berechtigen, noch verpflichten.[841] Sie bewegen sich überdies in einem Bereich konkurrierender Zuständigkeiten: Ist zugleich die

---

839 UN-Doc. GA-Res. 377 A (V), 3. November 1950. Deutsche Übersetzung bei *K. Hailbronner/E. Klein,* in: Simma (Hrsg.), Art. 12, Rdnr. 12.
Der IGH hat die subsidiäre Verantwortung der Generalversammlung für den Weltfrieden bestätigt. Vgl. *IGH,* Case Concerning Certain Expenses of the United Nations, Advisory Opinion, ICJ Rep. 1962, S. 151, 162 f.

840 Vgl. Art. 10 UN-Charta. Das Ziel der Resolution bestand freilich darin, daß die Generalversammlung den Mitgliedern die Ergreifung von Zwangsmaßnahmen empfehlen kann. Näher dazu jüngst *C. Tomuschat,* Uniting for Peace, in: FW 76 (2001), S. 289, 292 ff.

841 *A. Verdross/B. Simma,* Universelles Völkerrecht, § 126; *V. Epping,* in: Ipsen, § 32 Rdnr. 38. So auch *IGH,* Case Concerning Certain Expenses of the United Nations, Advisory Opinion, ICJ Rep. 1962, S. 151, 164.

durch den betreffenden Vertrag errichtete Organisation zur Abgabe entsprechender Empfehlungen befugt, so unterliegen die Schritte der Vollversammlung der Gefahr parallelen Tätigwerdens. Eine Abgrenzung der Aufgaben wäre daher wünschenswert, rechtlich jedoch nicht zwingend, damit sich die Generalversammlung der Empfehlung solcher Maßnahmen enthält, die das jeweilige Vertragsregime selbst betreffen.[842] Sie sollte sich auf allgemein-politische Empfehlungen beschränken und nicht auf das betreffende Übereinkommen unmittelbar Zugriff nehmen.

bb) UN-Sicherheitsrat

Während die Vollversammlung nur subsidiäre Zuständigkeiten besitzt, trägt der Sicherheitsrat gemäß Art. 24 Abs. 1 UN-Charta *"[...] die Hauptverantwortung für die Wahrung des Weltfriedens und der internationalen Sicherheit [...]."* Er kann zunächst nach Kapitel VI eine Angelegenheit als *"[...] Situation, die zu internationalen Reibungen führen oder eine Streitigkeit hervorrufen könnte, untersuchen"*[843] und dann *"[...] Verfahren oder Methoden für deren Bereinigung empfehlen"*.[844] In diesem Fall haben sich die streitbeteiligten Ratsmitglieder auf Grund der "abstentation clause" des Art. 27 Abs. 3 UN-Charta ihrer Stimme zu enthalten. Der Rat kann jedoch unter diesem Kapitel lediglich Empfehlungen aussprechen, die für ihre Adressaten nicht verbindlich sind.

Sehen die Verträge entsprechend die Möglichkeit einer Vorlage an den Sicherheitsrat vor, so wiederholen sie nur das, was gemäß Art. 35 UN-Satzung ohnehin geltendes Recht ist: Jedes Mitglied und jedes Nichtmitglied, das die in der Charta vorgesehenen Verpflichtungen für eine friedliche Regelung *ad hoc* annimmt, kann dem UN-Sicherheitsrat jede Situation der beschriebenen Art unterbreiten.[845] Dieser wird allerdings auch ohne Antrag tätig werden können, wenn denn die Voraussetzungen der UN-Charta vorliegen.[846] Das Initiativrecht erfährt

---

842 So *A. Rosas,* Reactions in the Event of Breach, in: Bardonnet (Hrsg.), S. 555, 572; *A. Rosas,* Reactions to Non-compliance, in: Bothe u.a. (Hrsg.), S. 415, 445.

843 Art. 34 UN-Charta.

844 Art. 36 Abs. 1 UN-Charta.

845 Darauf weist eine Reihe von Autoren hin. Siehe *J. Dahlitz,* Security Council Powers and Possibilities, in: dies. (Hrsg.), S. 57, 63 f.; *W. Vitzthum,* Rechtsfragen der Rüstungskontrolle, in: BDGV 30 (1990), S. 95, 128; *K. Ipsen,* Biologische und chemische Kampfmittel, S. 334 f.; sowie *A. Mahiou,* Sea-Bed Treaty, in: Sur (Hrsg.), S. 191, 195.

846 Wegen der insoweit gegebenen Entkoppelung von Recht und Politik braucht nicht einmal eine Rechtsverletzung als Auslöser oder Anlaß gegeben sein. Vielmehr können auch im Vorfeld schon Maßnahmen ergriffen werden. So hat der Sicherheitsrat in Res. 687 v. 3. April 1991 den Zusammenhang zwischen Iraks Überfall auf Ku-

somit lediglich *ratione personae* Erweiterung: Unbeschadet der Befugnis der Vertragsstaaten, eine Angelegenheit dem Weltsicherheitsrat vorzulegen, können sich bei dahingehenden vertraglichen Regelungen auch die betreffenden Internationalen Organisationen mit einem entsprechenden Begehren an die UN-Organe wenden.

Soweit der Sicherheitsrat Zwangsmaßnahmen nach Kapitel VII UN-Charta ergreifen soll, müssen die ***Voraussetzungen*** von Art. 39 UN-Charta vorliegen. Entsprechend müßte er feststellen, daß eine Bedrohung bzw. ein Bruch des Friedens oder eine Angriffshandlung gegeben ist. Der Begriff "Friedensbedrohung" eröffnet hier einen weiten Ermessensspielraum,[847] den das Organ zunehmend ausgenutzt hat. Während nach traditioneller Ansicht eine Friedensbedrohung im Vorfeld eines mit Waffengewalt ausgetragenen Konflikts zwischen zwei oder mehreren Staaten zu sehen war, hat der Sicherheitsrat in Resolutionen zur Lage in Rhodesien[848] und Südafrika[849] hervorgehoben, daß für die Annahme der Voraussetzungen nicht zwingend unmittelbare Auswirkungen auf andere Staaten erforderlich sind. Vielmehr belegen die zu Irak,[850] Somalia,[851] Ruanda,[852] Haiti[853] sowie dem früheren Jugoslawien[854] ergangenen Beschlüsse,[855] daß eine Friedensbedrohung etwa auch in rein innerstaatlichen Konflikten mit humanitären Auswirkungen, bei ständigen und massiven Völkerrechtsverletzungen, die bewaffnete Gegenmaßnahmen auslösen können, aber auch in der Fortdauer bestimmter politischer Verhältnisse erblickt werden kann.

Darauf, daß die ***Nichteinhaltung von Konventionen der Abrüstung und Rüstungskontrolle*** generell eine Bedrohung bzw. einen Bruch des Friedens durch Staaten darstellt, wurde schon früher hingewiesen.[856] Der UN-Sicherheits-

---

wait und dem Rüstungsstand im Irak als Friedensbedrohung qualifiziert. Siehe dazu näher *T. Marauhn,* UN Disarmament and Arms Control in the Case of Iraq, in: ZaöRV 52 (1992), S. 781, 783, sowie *R. Wedgwood,* Enforcement of Security Council Resolution 687, in: AJIL 92 (1998), 724, 726.

847 So *H. Kelsen,* Law of the United Nations, S. 729 ff.; siehe ferner *J. Frowein,* in: Simma (Hrsg.), Art. 39 Rn. 2 ff., m.w.N.

848 UN-Docs. S/Res/217 v. 20. November 1965; S/Res/221 v. 9. April 1966.

849 UN-Doc. S/Res/418 v. 4. November 1977.

850 UN-Doc. S/Res/688 v. 5. April 1991.

851 UN-Doc. S/Res/794 v. 3. Dezember 1992.

852 UN-Doc. S/Res/929 v. 22. Juni 1994.

853 UN-Doc. S/Res/940 v. 31. Juli 1994.

854 UN-Docs. S/Res/771 v. 13. August 1992; S/Res/787 v. 16. November 1992.

855 Zur Gesamtentwicklung siehe *K. Doehring,* Völkerrecht, Rdnr. 456; *H. Fischer,* in: Ipsen, § 60, Rdnr. 8, sowie *J. Frowein,* in: Simma (Hrsg.), Art. 39 Rn. 5 ff.

856 Siehe statt vieler *M. Bothe,* Diskussionsbeitrag, in: BDGV 30 (1990), S. 163.

rat hat sich diese Position mehrfach ausdrücklich zu eigen gemacht. So forderte er etwa 1995 die Mitglieder der Vereinten Nationen auf,

> *"[...] to give serious attention to the implications that non-compliance with any provisions of arms limitation and disarmament obligations has for international security and stability [...]".*[857]

Der Weltsicherheitsrat hat jedoch nicht schlichtweg jede Nichterfüllung als eine Bedrohung des Weltfriedens qualifiziert. Hingegen hat er insoweit nur recht unbestimmt davon gespochen, daß die "non-compliance" entsprechende Auswirkungen haben *kann.*

Von der Vorlagemöglichkeit bei Vertragsverletzung haben die Organe praktisch kaum Gebrauch gemacht. Der IAEO-Generaldirektor etwa hat 1993 auf Veranlassung des Gouverneursrats über den UN-Generalsekretär dem Sicherheitsrat einen Bericht vorgelegt, in dem er feststellte, daß Nordkorea sich nicht in Einklang mit den mit der IAEO abgeschlossenen Sicherungsabkommen befand.[858] Dem wurden später ergänzende Berichte mit gleicher Aussage angefügt.[859]

Auch in der Irak-Krise hat der IAEO-Gouverneursrat den Weltsicherheitsrat erstmalig 1991 auf die Nichterfüllung der Verpflichtungen aus den IAEO-Sicherungsabkommen hingewiesen.[860] Der Sicherheitsrat hat diese Situation zunächst nur wegen des Zusammenhangs zwischen dem Überfall auf Kuwait und dem Rüstungsstand im Irak verurteilt, ohne indes eine Vertragsverletzung positiv zu konstatieren.[861] Erst in der Folge hat er einen Bruch des NV-VERTRAGS festgestellt, die er als Gefährdung von Frieden und Sicherheit für die Golfregion qualifizierte.[862] Weitere Verletzungen geltenden Vertragsrechts konnten zu diesem Zeitpunkt nicht ausgesprochen werden, da Irak beim BW-ÜBEREINKOMMEN le-

---

857 UN-Doc. S/Res/50/60 v. 12. Dezember 1995 ("Compliance with Arms Limitation and Disarmament Agreements"), Para. 2.

858 Siehe den gem. Art. XII.C IAEO-Statut und den IAEO-Resolutionen Gov/2636 v. 25. Februar 1993 und Gov/2639 v. 18. März 1993 ergangenen Bericht des IAEO-Generalsekretärs *Blix* an die Generalversammlung und den UN-Sicherheitsrat, abgedruckt in den UN-Docs. A/48/133 und S/25556 v. 12. April 1993. Dazu näher *S. Carmody,* North Korea's Nuclear Facilites, in: Fordham JIL 18 (1994), 229, 254 ff.

859 Vgl. die UN-Docs. S/26456 v. 17. September 1993; S/26456/Add.2 v. 7. Dezember 1993; S/1994/254 v. 4. März 1994 und S/1996/906 v. 4. November 1996.

860 Siehe die Resolution des IAEO-Gouverneursrats (IAEO-Doc. Gov/2531 v. 18. Juli 1991).

861 Siehe dazu *T. Marauhn,* UN Disarmament and Arms Control in the Case of Iraq, in: ZaöRV 52 (1992), S. 781, 783, sowie *R. Wedgwood,* Enforcement of Security Council Resolution 687, in: AJIL 92 (1998), 724, 726.

862 UN-Doc. S/Res/707 v. 15. August 1991, Para. 2.

diglich Signatarmacht war, während das CW-ÜBEREINKOMMEN noch gar nicht existierte.[863]

Eine gewisse Zurückhaltung bei der Feststellung von Vertragsverletzungen läßt sich insgesamt nicht übersehen. Für die geringe Zahl der dokumentierten Vorlagen an den Sicherheitsrat dürfte in Zeiten des Kalten Krieges auch das Abstimmungsverfahren verantwortlich gewesen sein. In Anbetracht des in Art. 27 Abs. 3 UN-Charta enthaltenen Veto-Rechts der fünf ständigen Ratsmitglieder wird bei einer Reihe prinzipiell vorlagefähiger Fragestellungen *de facto* davon abgesehen worden sein, das Organ anzurufen. Die Möglichkeit eines positiven Ratsbeschlusses schied angesichts von Kontroversen zwischen USA und UdSSR von vornherein aus. Aufgrund kritischer Analyse der Praxis ist daher durchaus überzeugend festgestellt worden, daß die Tätigkeit des Sicherheitsrats insgesamt *"[...] has not specifically contributed to the supervision of arms control treaties"*.[864]

Ob über die Verletzung vertraglicher Bestimmungen hinaus auch andere ***Maßnahmen der Aufrüstung*** generell als eine Friedensbedrohung zu qualifizieren sind, kann aus dem Blickwinkel dieser Untersuchung dahinstehen. Jedenfalls hat der Sicherheitsrat in Folge der Relativierung des Ost-West-Gegensatzes und einer gewissen "Dynamisierung der Eingriffsvoraussetzungen" zunehmend häufiger auf Gesichtspunkte der Rüstungsbeschränkung Bezug genommen, ohne diese in einen vertraglichen Kontext zu stellen. Insoweit ist jedoch ins Gedächtnis zu rufen, daß der IGH in Hinblick auf allgemeine Rüstungsmaßnahmen von Staaten in der *Nicaragua*-Entscheidung darauf hingewiesen hat, daß diese nicht zwingend als eine Friedensbedrohung zu qualifizieren sind. Der Erwerb von Waffen und Schritte der Aufrüstung müssen in Vorbereitung der Selbstverteidigung so lange als zulässig angesehen werden, wie Art. 51 UN-Charta den Staaten ein Recht auf individuelle und kollektive Selbstverteidigung einräumt.[865] Diese Feststellung des Gerichts hindert den Sicherheitsrat indes nicht, unter Berücksichtigung der Umstände des Einzelfalls festzustellen, daß bestimmte Rüstungsmaßnahmen eine Friedensbedrohung darstellen können.[866]

---

863 Zu Einzelheiten eingehend *D. Fleck*, Developments of the Law of Arms Control as a Result of the Iraq-Kuwait Conflict, in: EJIL 13 (2002), S. 105, 106 ff., insb. 108 f.

864 So *J. Dahlitz*, Security Council Powers and Possibilities, in: dies. (Hrsg.), S. 57, 73. In diesem Sinne auch *J. Goldblat/T. Bernauer*, in: The Third Review of the Biological Weapons Convention: *"It is not its statutory duty to check compliance with arms control treaties, unless there is a threat to international peace and security."* (zitiert in *R. Hanski*, On-site Inspection, in: Hanski u.a. [Hrsg.], Fn. 46).

865 *IGH*, Case Concerning Military and Other Paramilitary Activities in and against Nicaragua, Judgement, ICJ Rep. 1986, S. 14, 134 f., Para. 268.

866 Siehe nur *J. Frowein*, in: Charta-Kommentar, Art. 39, Rn. 23.

Entsprechend hat der Präsident des Sicherheitsrats im Jahr 1992 festgestellt, daß *"[d]ie Proliferation aller Arten von Massenvernichtungswaffen eine Bedrohung des Weltfriedens und der internationalen Sicherheit darstellt".*[867] Im Zusammenhang mit den vorangegangenen Angriffen Iraks auf Kuwait kommt der Sicherheitsrat in Res. 687 (1991) zu dem Schluß, daß die Existenz der Massenvernichtungswaffen und die Fortsetzung der aggressiven Rüstungsmaßnahmen in der Golfregion eine Friedensbedrohung darstellen.[868] In anderen Fällen hat das Organ die *Lieferung von Waffen* und anderen Rüstungsmaterialien in Krisengebiete als Bedrohung für den Weltfrieden und die internationale Sicherheit qualifiziert und zu ihrer Einschränkung entsprechende Sanktionen verhängt.[869] Zur Überwachung der Embargomaßnahmen wurden in Einzelfällen auch Berichtspflichten eingeführt.[870]

Hat der Sicherheitsrat das Vorliegen eines Bruchs oder einer Bedrohung des Friedens oder einer Angriffshandlung festgestellt, so kann er nach Art. 39 UN-Charta Empfehlungen aussprechen oder friedliche und militärische ***Zwangsmaßnahmen*** gem. Art. 41 und 42 anordnen. Art. 41 nennt für den nichtmilitärischen Bereich eine Reihe von Beispielen, zu denen gewichtige Sanktionsmöglichkeiten zählen, wie etwa die vollständige oder teilweise Unterbrechung der Wirtschaftsbeziehungen. Die weitreichendsten Rüstungskontrollmaßnahmen dieser Art wurden bislang gegenüber dem Irak verhängt. Das Land unterlag zunächst keinerlei Rechtspflicht, seine Waffenbestände zu zerstören. Der Sicherheitsrat forderte den Irak daher zunächst auf, das BW-ÜBEREINKOMMEN zu ratifizieren.[871] Überdies beschloß er die Unschädlichmachung, Vernichtung und Beseitigung des irakischen Kernwaffenpotentials, aller chemischen und biologischen Waffen sowie der ballistischen Flugkörper mit einer Reichweite von über 150 km.[872] Zur Überwachung dieser Anordnungen wurde dem Irak ferner aufer-

867 UN-Doc. S/23500 v. 31. Januar 1992 [Übers. v. Verf.].

868 UN-Doc. S/Res/687 v. 3. April 1991, insb. Para. 14. Zu dieser Resolution und den Aktivitäten des Sicherheitsrats siehe *O. Schachter,* United Nations Law, in: AJIL 85 (1991), S. 452 ff.; *T. Marauhn,* UN Disarmament and Arms Control in the Case of Iraq, in: ZaöRV 52 (1992), S. 781 ff.; *R. Wedgwood,* Enforcement of Security Council Resolution 687, in: AJIL 92 (1998), 724 ff.; *G. den Dekker/R. Wessels,* Enforcement of Arms Control in Iraq, in: Leiden JIL 11 (1998), S. 497 ff.; *R. Zedalis,* Weapons Inspection Crisis in Iraq, in: ZaöRV 59 (1999), S. 37 ff.

869 UN-Docs. S/Res/713 v. 25. September 1991 (Jugoslawien); S/Res/733 v. 23. Januar 1992 (Somalia); S/Res/788 v. 19. November 1992 (Liberia); S/Res/918 v. 17. Mai 1994; S/Res/997 v. 9. Juni 1995; S/Res/1011 v. 16. August 1995; S/Res/1161 v. 9. April 1998 (alle Ruanda).

870 So etwa UN-Doc. S/Res/724 v. 15. Dezember 1991, Para. 5 *lit.* b (Jugoslawien).

871 UN-Doc. S/Res/687 v. 3. April 1991, Para. 7.

872 *Ibid.*, Para. 8.

legt, Berichte über Standorte, Mengen und Arten derartiger Waffenbestände vorzulegen sowie umgehend deren Inspektion an Ort und Stelle durch die IAEO und die UN-Sonderkommission UNSCOM zuzulassen.[873] Die in der Folge durchgeführten Inspektionen wurden in Vorbereitung der Operation "Wüstenfuchs" am 16. Dezember 1998 abgebrochen und sind angesichts fortdauernder Differenzen seitdem nicht wieder aufgenommen worden.[874]

3. Zusammenfassende Würdigung

Die Grenze von der Verifikation zur Reaktion wird in der Vertragspraxis dann überschritten, wenn die Konventionen über die Ermittlung und die Auswertung ermittelter Fakten hinaus auch die Berichtigung von Erfüllungsdefiziten vorsehen. Bedingung für diese Maßnahmen ist der verbindliche Abschluß der Beweisaufnahme, der in dem politisch sensiblen Bereich der Abrüstung und Rüstungskontrolle nicht immer zu einem Bestandteil der Kontrollverfahren gemacht wurde. Korrekturmöglichkeiten sind daher vor allem in Verträgen mit institutionalisierten Aufsichtsverfahren enthalten. Das entscheidende Potential dieser Regime wird gerade darin zu sehen sein, daß das Ergebnis der Tatsachenfeststellung nicht starren Haftungsfolgen unterliegt, sondern zum Gegenstand von Verhandlungen und partnerschaftlichen Lösungsstrategien gemacht werden kann.

Rücktritts- und Kündigungsklauseln sind für die Rüstungsbeschränkung typische Instrumente der einseitigen Rechtsdurchsetzung und können nicht zu den Aufsichtsverfahren gerechnet werden. Daneben dürfen die Parteien unter Umständen auf die Durchsetzungsmittel des allgemeinen Völkerrechts zurückgreifen, da jedenfalls nicht abstrakt von einem *self contained régime* ausgegangen werden kann. Unilaterale Reaktionen sind also dann zulässig, wenn vertragliche Maßnahmen ergebnislos durchlaufen wurden oder ihre Anwendung aufgrund von Systemstörungen nicht zum Erfolg führen kann.

Über die vorgenannten einseitigen Instrumente hinaus finden sich in den bilateralen Abkommen im Übrigen keine behördenbezogenen Regelungen über Sanktions- und Beugemittel bei Nichterfüllung. Auch Zuweisungen an die Vereinten Nationen oder eine Regionalorganisation kennen sie nicht. Bei Erfüllungsproblemen sind die Staaten hier gehalten, sich in den Vertragsinstitutionen um einvernehmliche Lösungen zu bemühen oder im Wege der Selbstinter-

873 *Ibid.*, Para. 9.

874 UNSCOM wurde durch Resolution 1284 offiziell beendet, die die UN-Monitoring, Verification and Inspection Commission schuf (UNMOVIC, vgl. UN-Doc. S/Res/ 1284 v. 17. Dezember 1999, Para. 1). Dazu insgesamt *D. Fleck*, Developments of the Law of Arms Control, in: EJIL 13 (2002), S. 105, 114 ff.

pretation und Selbstdurchsetzung ihr Recht zu suchen. Diesem Modell folgt auch der KSE-VERTRAG.

Unter den mehrseitigen Konventionen fehlen jedenfalls den älteren einschlägige Vorgaben. Keinerlei Regelungen über institutionalisierte Abwehr- oder Ausgleichsmaßnahmen bei Vertragsverletzung finden sich bei ANTARKTIS-, WELTRAUM- und PARTIELLEM TESTSTOPP-VERTRAG. Was geschehen soll, wenn ein Mitgliedstaat im konkreten Einzelfall den notwendigen "aufgeklärten Rechtsbefolgungswillen" vermissen läßt, bleibt im Dunkeln. Dagegen sehen die anderen Kollektivverträge der Abrüstung und Rüstungskontrolle Erfüllungsdefizite nicht generell als ein Tabu an.

Das schwächste Instrument, mit dem sich Aufsichtsorgane in mehrseitigen Verträgen bei Leistungsstörungen an ihre Mitglieder wenden können, sind Empfehlungen. Ratschläge und sonstige Verlautbarungen mit fakultativem Charakter sollen die betreffende Vertragspartei zunächst auf Vollzugsprobleme aufmerksam machen und ihr Gelegenheit geben, aus eigenem Antrieb den *status quo ante* wiederherzustellen. Darüber hinaus können sich "recommendations" auch als soziologische Sanktion an die Völkerrechtsgemeinschaft und die Öffentlichkeit wenden, um dort die Mißbilligung staatlichen Verhaltens herbeizuführen. Schließlich können die Organe konkrete Maßnahmen vorschlagen, mittels derer die betreffende Partei die geschuldete Leistung nachholen soll. Ob und ggf. mit welchen Mitteln sich die Aufsichtsinstitutionen an ihre Mitglieder wenden, stellt eine vor allem nach Effizienz- und Opportunitätsgesichtspunkten zu treffende Einzelfallentscheidung dar. Namentlich bei unverschuldeter Pflichtversäumnis werden sie sich insoweit auch für positive Anreize durch Erfüllungshilfe entscheiden können. Rechtlich jedenfalls sind derartige Maßnahmen für ihre Adressaten unverbindlich, ihre Befolgung bleibt in deren politisches Ermessen gestellt.

Weitergehende Anordnungsbefugnisse finden sich vor allem in den großen multilateralen Verträgen. Deren Bestimmungen lassen sich systematisch wie nach Ziel und Zweck so auslegen, daß Internationale Organisationen über Ratschläge hinaus auch verbindliche Verfügungen erlassen können. Diese "decisions" berühren Verwaltungsfragen zwischen den Institutionen und ihren Mitgliedern, also solche Rechte und Vorrechte, die die Organisationen gewähren. Operative Entscheidungen mit Bindungswirkung können sie dagegen nicht treffen. Gegenstand der Anordnungen sind etwa Kosten für die Durchführung von Vor-Ort-Inspektionen, Mitgliedschaftsbeiträge zu den Institutionen, Stimmrechte in den Organen und Informationsansprüche. Bei dem Erlaß entsprechender Verwaltungsakte ist besonders zu beachten, daß die Reaktionen nicht außer Verhältnis zu vorhergehenden Rechtsverletzungen stehen.

CW- und CTB-ÜBEREINKOMMEN sehen darüber hinaus die Möglichkeit vor, die Ergreifung von Kollektivmaßnahmen zu empfehlen. Hat die betreffende

Partei zentrale Regelungs- und Verbotstatbestände der Konventionen verletzt, so können sich OPCW und CTBTO unbeschadet etwaiger Empfehlungen der Exekutivräte an die Gemeinschaft der Vertragsparteien wenden und dieser entsprechende Schritte antragen. Dabei ist nicht empfehlenswert, daß sich die vorgeschlagenen Maßnahmen außerhalb der Regime bewegen. Die Verträge schließen allerdings systemfremde Schritte nicht aus, weshalb etwa allgemeine Handelsbeschränkungen empfohlen werden könnten.

Zuweisungen an Regionalorganisationen sowie den UN-Sicherheitsrat und die Generalversammlung finden sich bei relativ vielen Kollektivverträgen der Rüstungsbeschränkung. Danach sollen die Vertragsparteien oder die Aufsichtsinstitutionen als *ultima ratio* die benannten Stellen anrufen. Nach der UN-Charta können Sicherheitsrat und subsidiär die Vollversammlung auch von sich aus tätig werden. Maßnahmen nach Kapitel VII kann der UN-Sicherheitsrat indes nur dann ergreifen, wenn die allgemeinen Voraussetzungen bejaht wurden, d.h. eine Bedrohung bzw. ein Bruch des Weltfriedens oder eine Angriffshandlung vorliegen. Das Organ hat diese Begriffe in der Praxis zunehmend großzügig ausgelegt. Von der Rechtsfolgenseite her bemerkenswert ist Resolution 687 (1991) zur Lage im Irak, in der der Rat weitgehende qualitativ-materielle Rüstungsbeschränkungen für chemische und biologische sowie für ballistische Waffen unter umfangreicher internationaler Kontrolle mandatiert hat.

Vor allem hat der Sicherheitsrat die Staatengemeinschaft darauf hingewiesen, die Auswirkungen der Nichteinhaltung rüstungsbeschränkender Vereinbarungen für die internationale Sicherheit und Stabilität zu beachten. Daß sich gleichwohl neben den Vorlagen der IAEO zu den Ereignissen in Nordkorea und im Irak keine weiteren Resolutionen nachweisen lassen, belegt, daß der Sicherheitsrat kaum mit Eingaben zur Verletzung einschlägiger Verträge befaßt war und/oder in diesem Forum selten Ergebnisse erzielt werden konnten. Erst in Folge des Aufbrechens des Ost-West-Gegensatzes läßt sich eine zunehmende Zahl an Resolutionen nachweisen, die aber nicht speziell die Vertragsaufsicht, sondern allgemeine Fragen der Rüstungsbeschränkung betrifft. Hauptgegenstand entsprechender Entschließungen ist die Proliferation von Waffen und anderen Rüstungsmaterialien in Kriegs- und Krisengebiete. Hier bleibt die weitere Resolutionspraxis abzuwarten.

Um das Durchschlagspotential der Beschlüsse Internationaler Organisationen stärker nutzbar zu machen, sollten alle Verträge gegenüber UN-Organen und den Regionalorganisationen geöffnet werden. Im Rahmen der Vereinten Nationen könnte im Übrigen die Schaffung eines Ständigen Ausschusses dazu beitragen, die Kompetenzen des UN-Sicherheitsrats zur Intervention bei rüstungsvertraglichen Auseinandersetzungen wie auch bei allgemeinen Fragen der Rüstungsregulierung und Entwaffnung zu stärken.[875] Politisch gesehen erscheint allerdings die Einrichtung eines solchen Gremiums derzeit nicht in greifbarer Nähe.

875 Näher zu dem Vorschlag, einen derartigen Ausschuß im Sicherheitsrat zu schaffen, *J. Dahlitz,* Security Council Powers and Possibilities, in: dies. (Hrsg.), S. 57 ff.

3. Kapitel: Streitbeilegungsverfahren

A. Zur historischen Entwicklung und Begriffsbestimmung

Während Aufsichtsverfahren erst in jüngerer Zeit in internationale Verträge Eingang fanden, lassen sich Vorschriften über die friedliche Beilegung von Streitigkeiten (sog. ***kompromissarische Klauseln***) schon deutlich früher in Vereinbarungen verschiedener Sachmaterien nachweisen.[1] Ziel dieser Normen ist es, den Parteien Instrumente für die rationale Bewältigung von Auseinandersetzungen, die den jeweiligen Übereinkommen entstammen, an die Hand zu geben. Dafür sehen die Regelungen meist die Anwendung diplomatischer Verfahren der Streitschlichtung vor und verweisen zugleich oder alternativ an den Internationalen Gerichtshof oder ein Schiedsgericht.

Erste Vorläufer vertraglicher Schiedsklauseln gehen auf die Abkommen der griechischen Stadtstaaten zurück.[2] Häufiger wurden entsprechende Bestimmungen in der Epoche des jüngeren Völkerrechts kontrahiert, als die Nationalstaaten aufgrund gegenseitiger Abhängigkeiten gleichgeordnete rechtliche Beziehungen untereinander anerkannten. Zu einer bemerkenswerten Zunahme kompromissarischer Klauseln kam es in der Folge der Haager Friedenskonferenzen von 1899 und 1907, bei denen die diplomatischen Mittel der Streitschlichtung kodifiziert und die verfahrensrechtlichen wie institutionellen Bedingungen für die Arbeit des Ständigen Schiedshofs geschaffen wurden.[3] Vom Ausbau des Schiedsge-

---

1 Überblicke über typische Schiedsklauseln finden sich etwa bei *H. Blix/J. Emerson (Hrsg.),* Treaty Maker's Handbook, S. 117-131, sowie *K. Oellers-Frahm/A. Zimmermann (Hrsg.),* Dispute Settlement in Public International Law (2001).

2 Zu den Ursprüngen des Streitbeilegungsgedankens und seinen Rückwirkungen auf das Vertragsvölkerrecht ausführlich *L. Sohn,* Disputes Relating to the Interpretation and Application of Treaties, in: RdC 150 (1976-II), S. 195, 209-227, der auf eine Schiedsklausel im Friedensvertrag zwischen Athen und Sparta aus dem Jahre 445 v. Chr. hinweist. Siehe ferner die Übersichten bei *N. Wühler,* Internationale Schiedsgerichtsbarkeit, S. 24 Fn. 98, sowie *N. Wühler,* Arbitration Clause in Treaties, in: EPIL I (1992), S. 236 ff., jeweils m.w.N.

3 Siehe *N. Wühler,* Internationale Schiedsgerichtsbarkeit, S. 24 ff.; *O. Kimminich/S. Hobe,* Völkerrecht, S. 284 ff., 422 ff.; *I. Diaconu,* Peaceful Settlement of Disputes, in: Macdonald/Johnston (Hrsg.), S. 1095, 1096; *M. Bothe,* Various Dispute Settlement Procedures, in: Bothe u.a. (Hrsg.), S. 367 ff.; eingehend auch *P. Ruegger,* Clauses Arbitrales et de Juridiction, in: FS Guggenheim, S. 687 ff.

richtswesens – nicht aber von der Rüstungsbeschränkung – versprachen sich die Konferenzteilnehmer den entscheidenden Sicherheitsgewinn.[4] Aus dieser Perspektive folgerichtig sahen die Signatarstaaten in Art. 38 des Haager Abkommens von 1907[5] *"[...] in Rechtsfragen und in erster Linie in Fragen der Auslegung und Anwendung internationaler Vereinbarungen"* die Schiedssprechung als *"[...] das wirksamste [...]"* Mittel der Konfliktbewältigung an.

Die vertraglichen Schiedsklauseln gewannen erkennbar an Bedeutung, als die Satzung der Vereinten Nationen das Prinzip der friedlichen Streitbeilegung neu bestätigte und verstärkte. Während die UN-Charta in Art. 2 Ziff. 4 ein generelles Verbot der Erstanwendung von Waffengewalt für die internationalen Beziehungen festschreibt, findet dieser Grundsatz die zur praktischen Konfliktlösung notwendige Ergänzung in Art. 2 Ziff. 3, der Pflicht zur friedlichen Streitbeilegung.[6] Nach dieser Vorschrift sind die Staaten gehalten, *"[...] ihre internationalen Streitigkeiten durch friedliche Mittel"* so beizulegen, *"[...] daß der Weltfriede, die internationale Sicherheit und die Gerechtigkeit nicht gefährdet werden."*

Unmittelbare Adressaten dieser Regelung sind die Mitglieder der Vereinten Nationen. Heute ist die Pflicht zur gewaltfreien Erledigung zwischenstaatlicher Auseinandersetzungen aber auch als ein Grundsatz des allgemeinen Völkerrechts anerkannt, der gewohnheitsrechtlich für alle Staaten gilt.[7] Seine herausragende Bedeutung als Grundnorm des Völkerrechts hat die UN-Generalversammlung

4 So *W. Vitzthum,* Rechtsfragen der Rüstungskontrolle, in: BDGV 30 (1990), S. 95, 104; siehe auch *T. Marauhn,* Durchsetzung von Rüstungskontrollvereinbarungen, in: FW 74 (1999), S. 159, 161.
Namentlich die deutsche Delegation nahm gegenüber dem Arbitrage-Gedanken eine skeptische Haltung ein und verwarf die Schaffung einer ständigen Gerichtsbarkeit mit wechselnden Richtern als ein "Kunstprodukt". Dazu *C. Eick,* Das Deutsche Reich auf der Haager Friedenskonferenz, in: FW 74 (1999), S. 395, 404 ff.

5 Erstes Haager Abkommen zur friedlichen Erledigung internationaler Streitfälle v. 18. Oktober 1907; RGBl. 1910, S. 5.

6 Näher zu diesem systematischen Verständnis *C. Tomuschat,* in: Simma (Hrsg.), Art. 2 Ziff. 3 Rn. 2 f.; *J. Collier/V. Lowe,* Settlement of Disputes, S. 19 ff.; *A. Verdross/ B. Simma,* Universelles Völkerrecht, §§ 213, 463 ff.; *L. Sohn,* Future of Dispute Settlement, in: Macdonald/Johnston (Hrsg.), S. 1131.

7 *IGH,* Case Concerning Military and Paramilitary Activities in and against Nicaragua, Judgement, ICJ Rep. 1986, S. 14, 145, Para. 290. Für das Schrifttum siehe *C. Tomuschat,* in: Simma (Hrsg.), Art. 2 Ziff. 3 Rn. 9, sowie Art. 33 Rn. 7 f.; *H. Fischer,* in: Ipsen, § 62 Rn. 2; *O. Kimminich/S. Hobe,* Völkerrecht, S. 287; *M. Schröder,* in: Vitzthum (Hrsg.), 6. Abschn. Rn. 56; *N. Wühler,* Internationale Schiedsgerichtsbarkeit, S. 39 m.w.N.

namentlich in der "Friendly Relations"-Deklaration von 1970[8] und der Manila-Deklaration von 1982[9] unterstrichen.

Der Sache nach bezieht sich die Streitbeilegungspflicht des Art. 2 Ziff. 3 UN-Charta wie auch nach Gewohnheitsrecht auf alle Streitigkeiten *mit internationalem Charakter*.[10] In der *Mavrommatis*-Entscheidung hat der StIGH die Auffassung vertreten, eine zwischenstaatliche Auseinandersetzung bestehe in einem *"[...] disagreement on a point of law or fact, a conflict of legal views or interests between two persons"*.[11] Diese Definition wird heute zwar überwiegend als zu weit angesehen, sie bildet jedoch den Ausgangspunkt für die Festlegung des Streitgegenstandsbegriffs.[12] Nach allgemeiner Ansicht läßt sich von einer Streitigkeit im vorgenannten Sinne dann sprechen, wenn in einem konkreten zwischenstaatlichen Konflikt die eine Seite Ansprüche geltend macht und die andere Seite diese ernsthaft bestreitet oder zurückweist.[13] In Abgrenzung zur Spannungssituation wird der Streitfall also immer dann gegeben sein, wenn in einer solchen Situation einer der Beteiligten mit konkreten Forderungen hervortritt.

---

8 Declaration on Principles of International Law Concerning Friendly Relations and Co-Operation Among States, UN-Doc. GA-Res. 2625 (XXV) v. 24. Oktober 1970, Anhang. Die Resolution wiederholt den Inhalt von Art. 2 Ziff. 3 UN-Charta, dessen Geltung sie auf *alle* Staaten erstreckt. Im Übrigen betont sie die Idee der freien Wahl der Streitbeilegungsmittel, schreibt also den Vorrang gerichtlicher oder schiedsgerichtlicher Verfahren gerade nicht fest.

9 UN-Doc. A/Res/37/10 v. 15. November 1982, Anhang. Auch die Manila-Deklaration brachte keine Weiterentwicklung der in der UN-Charta enthaltenen und im allgemeinen Völkerrecht anerkannten Grundsätze der friedlichen Streitbeilegung. Vielmehr handelt es sich um eine formelhafte Bekräftigung geltenden Rechts, namentlich etwa des Gedankens der freien Wahl der Streitbeilegungsinstrumente. Dazu näher *N. Wühler*, Internationale Schiedsgerichtsbarkeit, S. 42 ff.

10 Dazu näher *Tomuschat,* in: Simma (Hrsg.), Art. 2 Ziff. 3, Rn. 15 ff.

11 *StIGH,* Mavrommatis Palestine Concessions Case, 1924, P.C.I.J., Ser. A, Nr. 2, S. 11. So etwa auch *R. Higgins,* International Law and How We Use It, S. 196; *I. Brownlie,* Principles of Public International Law, S. 481; ILA Committee on Arms Control and Disarmament Law, Report (2000), Para. 17; *C. Pinto,* From Dispute Resolution to Dispute Avoidance, in: Götz u.a. (Hrsg.), S. 353, 355.

12 Zu den unterschiedlichen Positionen vgl. *I. Diaconu,* Peaceful Settlement of Disputes, in: Macondald/Johnston (Hrsg.), S. 1095, 1100, mit näheren Nachweisen.

13 Siehe *IGH,* South West Africa Case, Judgement, ICJ Rep. 1962, S. 319, 328; *IGH,* Aegean Sea Continental Shelf Case, Judgement, ICJ Rep. 1978, S. 3, 12 f., Para. 30 f. Für das Schrifttum etwa *C. Tomuschat,* in: Simma (Hrsg.), Art. 2 Ziff. 3 Rn. 15; *M. Schröder,* in: Vitzthum (Hrsg.), 6. Abschn. Rn. 56; *G. Cottereau,* Arms Control Disputes, in: Dahlitz (Hrsg.), S. 103, 103, sowie *P. Guckel,* Streitbeilegungsvorschriften, S. 102 f. Ähnlich *J. Merrills,* International Dispute Settlement, S. 1; *R. Bilder,* International Dispute Settlement, in: Emory JIDR 1 (1986), S. 1, 4.

Namentlich mit Blick auf die Rüstungsbeschränkung ist wiederholt erörtert worden, ob nicht die politische Bedeutung entsprechender Auseinandersetzungen schon im Grundsatz einer gerichtlichen Entscheidung im Wege steht.[14] So hat vor allem Deutschland im Rahmen des IGH-Gutachten-Verfahrens zur Frage der Zulässigkeit von Kernwaffen die Auffassung vertreten, die vorgelegte Frage lasse keine rechtliche Antwort zu, da nur das Gewand eines Rechtsstreits benutzt werde, um dem Gericht eine rein politisch motivierte Meinungsverschiedenheit vorzulegen.[15] Diesem Einwand hat der IGH jedoch widersprochen. Nach Ansicht des Gerichts ist es nicht ausreichend, daß das vorgelegte Problem – wie so viele Fragen der internationalen Beziehungen – auch bestimmte politische Hintergründe besitzt, *"[...] to 'deprive the Court of a competence expressly confered on by its Statute'"*.[16] Ungeachtet der Beweggründe für eine Anfrage ist es nämlich Aufgabe des Gerichts, bei seiner Stellungnahme solche Rechtsprinzipien herauszuarbeiten, die es zulassen, die vorgelegte Frage anhand des Völkerrechts zu beantworten.[17] Wenn eine Streitigkeit denn in rechtlicher Form dem IGH präsentiert wird,[18] dann können Fragen der Abrüstung und Rüstungskontrolle also sehr wohl tauglicher Verfahrensgegenstand sein. Im Übrigen wird man auch

---

14 Zur früheren Debatte um die "politische" und "rechtliche" Streitigkeit ausführlich *G. Hoffmann,* Grenzen rechtlicher Streiterledigung, in: BDGV 9 (1969), S. 1, 15, insb. 25 ff., 32, der die Nicht-Justiziabilität von "politschen Auseinandersetzungen" im Völkerrecht ablehnt. Zustimmend etwa *U. Scheuner* und *F. Münch,* Diskussionsbeiträge, *ibid.,* S. 123 und 133.

15 So die Mündliche Stellungnahme für die Bundesregierung vor dem IGH v. 2. November 1995, Para. 12 ff., abgedruckt bei: Hillgenberg (Hrsg.), Das Gutachten-Verfahren vor dem IGH, S. 30 ff., der vorträgt, daß das Gericht in Wirklichkeit zu der politisch streitigen Problematik befragt werde, wie die Rahmenbedingungen globaler Sicherheit und strategischer Stabilität zu gestalten seien.
Der Einwand der "politischen Streitigkeit" war zuvor etwa vom Iran im *Nicaragua*-Verfahren erhoben worden. Zur dortigen US-Position kritisch *T. Franck/J. Lehrman,* America's Commitment to Peace through Law, in: Damrosch (Hrsg.), S. 3 ff.

16 *IGH,* Legality of the Threat or Use of Nuclear Weapons, Advisory Opinion, ICJ Rep. 1996, S. 66, 73, Para. 15; *IGH,* Application for Review of Judgement No. 158 of the United Nations Administrative Tribunal, Advisory Opinion, ICJ Rep. 1973, S. 166, 172, Para. 14. Zur Auffassung des IGH siehe *H. Steinberger,* Judicial Settlement of International Disputes, in: EPIL III (1997), S. 42, 48 f.

17 *IGH,* Legality of the Threat or Use of Nuclear Weapons, Advisory Opinion, ICJ Rep. 1996, S. 66, 73, Para. 15.

18 *J. Merrills,* International Dispute Settlement, S. 136 f., stellt vor allem formal darauf ab, daß die Frage in der richtigen Gestalt vorgelegt wird. *D. Akande* (Competence of International Organizations and Advisory Jurisdiction, in: EJIL 9 [1998], S. 437, 442) hebt dagegen überzeugend hervor, daß im Rahmen der Statthaftigkeit entscheidend ist, ob die vorgelegte Frage eine Antwort aufgrund der in Art. 38 Abs. 1 IGH-Statut normierten Rechtsquellen zuläßt.

politisch geprägten Auseinandersetzungen den Charakter einer Rechtsstreitigkeit jedenfalls dann nicht absprechen können, wenn sie mit den Bestimmungen eines völkerrechtlichen Vertrags Rechtsregeln zum Gegenstand haben.[19] Bei kompromissarischen Klauseln, mit denen eine Frage der Auslegung oder Anwendung eines internationalen Abkommens zur Diskussion gestellt wird und die den Gegenstand dieser Untersuchung bilden, wird dies also prinzipiell anzunehmen sein.

Das Kapitel VI UN-Charta zieht aus der den Mitgliedstaaten in Art. 2 Ziff. 3 auferlegten Pflicht, ihre internationalen Streitigkeiten ausschließlich friedlich zu regeln, eine Reihe institutioneller Schlußfolgerungen. Es umfaßt insbesondere die Befugnisse des UN-Sicherheitsrats, dem in Art. 24 Abs. 1 UN-Charta die Hauptverantwortung für die Wahrung des Weltfriedens übertragen wurde. Der Sicherheitsrat soll die Streitparteien bei ihren Bemühungen unterstützen. Die Satzung nimmt aber vor allem die Beteiligten selbst in die Pflicht, wenn sie "zunächst" diesen die Bewältigung ihrer Auseinandersetzungen zur Aufgabe macht. Entsprechend heißt es in Art. 33 UN-Charta:

> *"(1) Die Parteien einer Streitigkeit, deren Fortdauer geeignet ist, die Wahrung des Weltfriedens und der internationalen Sicherheit zu gefährden, bemühen sich zunächst um eine Beilegung durch Verhandlung, Untersuchung, Vermittlung, Vergleich, Schiedsspruch, gerichtliche Entscheidung, Inanspruchnahme regionaler Einrichtungen oder Abmachungen oder durch andere friedliche Mittel eigener Wahl.*
> *[...]"*

Mit dieser Aufzählung gibt die Charta den Streitparteien weder zwingend noch abschließend bestimmte Methoden vor. Vielmehr stellt sie ihnen anheim, generell oder im Einzelfall zu entscheiden, welches Instrument sie anwenden möchten. Die Satzung geht dabei von einer prinzipiellen Gleichwertigkeit der Beilegungsmittel aus. Eine bestimmte Abstufung der Verfahren läßt sich allenfalls systematisch aus der Reihenfolge der Nennung der Instrumente herleiten, ausdrücklich ist sie nicht formuliert.[20]

Nach heute einhelliger Auffassung reicht es bei Vorliegen einer internationalen Auseinandersetzung nicht aus, daß die Staaten den Streit passiv zwischen sich schwelen lassen. Der IGH hat vielmehr dem Prinzip der friedlichen Streitbeilegung eine *aktive Verhandlungspflicht* der Konfliktparteien entnommen.[21]

---

19 Siehe dazu *N. Wühler*, Internationale Schiedsgerichtsbarkeit, S. 112 m.w.N.

20 Zu Einzelheiten *C. Tomuschat,* in: Simma (Hrsg.), Art. 33 Rn. 20.

21 Dazu ausführlich *A. Verdross/B. Simma,* Universelles Völkerrecht, § 464 f. In diesem Sinne auch *H. Fischer,* in: Ipsen, § 62 Rn. 2, sowie *M. Schröder,* in: Vitzthum (Hrsg.), 6. Abschn. Rn. 58.

Den Beteiligten kann zwar kein konkretes inhaltliches Ergebnis abverlangt werden.[22] Gleichwohl sind sie gehalten,

"[...] so to conduct themselves that the negotiations are meaningful, which will not be the case when either of them insists on its own position without contemplating any modification of it".[23]

Die Parteien werden sich folglich aktiv für eine Lösung ihrer Auseinandersetzungen einsetzen müssen.

Aufgrund des obigen Überblicks, der ohne Anspruch auf Vollständigkeit ist, läßt sich der Begriff der ***Streitbeilegungsverfahren*** noch enger fassen. Gegenstand der vorliegenden Untersuchung sind nicht schlichtweg sämtliche Auseinandersetzungen aus dem Recht der Rüstungsbeschränkung, diese müssen vielmehr vertraglicher Herkunft sein. Vertragsradizierte Streitigkeiten erstrecken sich meist auf die Auslegung und Implementierung materieller Pflichten, insbesondere also auf mutmaßliche Vertragsverletzungen. Damit werden typischerweise auch die Streitbeilegungsverfahren, die ihrer Natur nach auf der Grenze zwischen positiven und negativen Anreizstrukturen anzusiedeln sind, in erster Linie repressive Bedeutung erlangen.[24] Den Weg der Streitschlichtung werden die Parteien vor allem mit dem Ziel beschreiten, durch die angerufenen Institutionen die Nichterfüllung vertraglicher Pflichten feststellen zu lassen.

Für die Beilegung entsprechender Auseinandersetzungen haben die Parteien in einer Reihe von Abrüstungs- und Rüstungskontrollverträgen – wie auch in internationalen Vereinbarungen anderer Sachbereiche – im Anschluß an die materiellen Pflichten Schiedsklauseln kontrahiert. Gemäß diesen Bestimmungen sind Streitigkeiten, die sich über die "Auslegung und Anwendung" der betreffenden Übereinkommen ergeben, meist durch im Einzelnen benannte Instrumente friedlich beizulegen.

Der IGH hat den Anwendungsbereich entsprechender Schiedsklauseln großzügig ausgelegt. Das Gericht hat es abgelehnt, seine Zuständigkeit deswegen zu verneinen, weil bei einer Auseinandersetzung außerhalb des Vertrags liegende Fragen im Streit stünden. Vielmehr ist die Jurisdiktion des Gerichts auch dann zu bejahen, wenn bei einer Streitigkeit über Umstände, die nicht unmittelbar in dem

---

22 Darauf weist namentlich *C. Tomuschat,* in: Simma (Hrsg.), Art. 33 Ziff. 17, hin; so auch *B. Schmidt am Busch,* Amerikanisch-sowjetische Rüstungskontrollabkommen, S. 285.

23 *IGH,* North Sea Continental Shelf Cases, Judgement, ICJ Rep. 1969, S. 3, 47 f., Para. 86 f.; siehe ferner *IGH,* Fisheries Jurisdiction Cases, Judgement, ICJ Rep. 1974, S. 3, 32 (Para 75) und 175, 201 (Para. 86).

24 In diesem Sinne vor allem *T. Marauhn,* Durchsetzung von Rüstungskontrollvereinbarungen, in: FW 74 (1999), S. 159, 167 f.

betreffenden Abkommen begründet liegen, auch die Auslegung und Anwendung des Vertrags selbst in Rede stehen.[25]

B. Vergleichende Würdigung der Streitbeilegungsverfahren im Recht der Abrüstung und Rüstungskontrolle

Im Folgenden sollen die kompromissarischen Klauseln der geltenden Abrüstungs- und Rüstungskontrollabkommen untersucht werden. Angesichts der Bedeutung der Materie waren Streitigkeiten zwischen den Parteien über die Auslegung und Anwendung der Konventionen vorherbestimmt. Zunächst waren jedoch nur die westlichen Staaten bereit, Schlichtungsklauseln in die Verträge aufzunehmen.[26] Unter den sozialistischen Ländern dagegen überwog die Skepsis gegenüber einer Streitbeilegung durch internationale Gerichte und Schiedsgerichte.[27] Sie lehnten Verhandlungen über Schiedsklauseln für multilaterale Verträge ab und taten alles ihnen Mögliche, um den Internationalen Gerichtshof zu umgehen.[28] Erst gegen Ende der 1980er Jahre kam es zu einem Paradigmenwechsel, als sich eine Reihe osteuropäischer Staaten der allgemeinen Bedeutung der Gerichtsbarkeit für die internationalen Beziehungen besann und die gegenüber Schiedsklauseln eingelegten Vorbehalte zurückzog.[29]

Die Streitbeilegungsklauseln rüstungsbeschränkender Verträge lassen sich unter verschiedenen Gesichtspunkten systematisieren. Mit Blick auf die vereinbarten Verfahren wie auch die institutionellen Rahmenbedingungen der Streitschlichtung bietet sich zunächst eine Unterscheidung nach bi- und multilateralen Konventionen an. Eine Sonderrolle kommt dabei dem KSE-VERTRAG zu, der

---

25 *IGH,* Appeal Relating to the Jurisdiction of the ICAO Council Case, Judgement, ICJ Rep. 1972, S. 46, 50-70.

26 Es ist allerdings fraglich, inwieweit das etwa von den USA formulierte Bekenntnis zur Schiedsgerichtsbarkeit nur rhetorischen Charakter hat. Dazu *P. Trimble,* Beyond Verification, in: HarvardLR 102 (1989), S. 885, 895; sowie ausführlich die Kritik an der US-amerikanischen Position bei *T. Franck/F. Lehrman,* America's Commitment to Peace Through Law, in: Damrosch (Hrsg.), S. 3 ff.

27 Diese Staaten lehnten vor allem eine grundsätzliche Unterstellung unter den IGH ab, vgl. *G. Hoffmann,* Grenzen rechtlicher Streiterledigung, in: BDGV 9 (1969), S. 9 f., 13.

28 Näher dazu *C.-A. Fleischhauer,* Der Internationale Gerichtshof und die Staatengemeinschaft, in: FW 74 (1999), S. 113, 115; in Hinblick auf die Schiedsgerichtsbarkeit siehe *N. Wühler,* Internationale Schiedsgerichtsbarkeit, S. 103 ff. m.w.N.

29 Siehe näher *H.-J. Heintze,* Wirtschaftliche Zwangsmaßnahmen, in: ders. (Hrsg.), S. 67, 85 f.; *T. Schweisfurth,* Compulsory Jurisdiction of the ICJ for Six Human Rights Conventions, in: EJIL 2 (1991), S. 110 ff.

zwar ein mehrseitiges Übereinkommen darstellt, in seiner Architektur jedoch den zweiseitigen Abkommen nachgebildet ist. Unter den multilateralen Verträgen wiederum läßt sich zwischen einer Streitbeilegung durch diplomatische Mittel wie einer solchen durch internationale Gerichte und durch Schiedsgerichte unterscheiden.

I. Bilaterale Verträge und KSE-Vertrag

Im Unterschied zur überwiegenden Zahl der mehrseitigen Abrüstungs- und Rüstungskontrollverträge enthält keines der bilateralen Abkommen neben den Kontrollverfahren eine Schiedsklausel im Sinne von Art. 33 UN-Charta.[30] Eine nähere Analyse beweist vielmehr, daß in keinen der (genuin) bilateralen Verträge Regelungen aufgenommen wurden, die besondere Mechanismen für die Beilegung von Auseinandersetzungen über die Auslegung und Anwendung vorsehen. Die Begriffe "dispute" oder "disagreement" werden in den Texten nicht einmal genannt.[31]

Daß den bilateralen Abkommen Regelungen über die Streitschlichtung fehlen, verwundert nicht. Im Grunde war keiner der Verhandlungspartner bereit, sich in Fragen der nationalen Sicherheit vorab auf bestimmte Instrumente der Streitbeilegung festzulegen. Vor allem aber wollte man sich nicht der autoritativen Entscheidung durch unabhängige Dritte im Allgemeinen und der internationalen Gerichts- und Schiedsgerichtsbarkeit im Besonderen unterwerfen. Die *verbindliche* Vertragsinterpretation durch Außenstehende, unabdingbarer Bestandteil für deren Befugnis zur Streitschlichtung, ist in dem hochsensiblen Bereich strategischer Rüstungskontrolle gerade nicht gewollt.[32] Daß die Staaten jede Form der Einschaltung Dritter in den Prozeß der Rechtsverwirklichung ausschließen wollten, beweist im Übrigen das Fehlen von Verweisungen an den UN-Sicherheitsrat.[33] Durch eine Beschränkung auf solche vertragsimmanenten

30 Dazu schon der Bericht des ILA Committee on Arms Control and Disarmament Law, London Conference, Para. 17. Speziell zum ABM-Vertrag jüngst *J. Rhinelander,* ABM Treaty (Part I), in: JCSL 6 (2001), S. 91, 102 f.

31 Darauf weist zu Recht die Untersuchung von *B. Schmidt am Busch,* Amerikanisch-sowjetische Rüstungskontrollabkommen, S. 281, hin.

32 Vgl. *A. Chayes/A.H. Chayes,* From Law Enforcement to Dispute Settlement, in: International Security 14 (1990), S. 147, 158 f.: *"[... I]n the U.S.-Soviet strategic relationship there is no outside arbiter".*

33 Zu der Kritik am fehlenden "third party settlement" und entsprechenden Reformvorschlägen siehe *N.N.,* Legal Models of Arms Control, in: Harvard LR 100 (1987), S. 1327, 1338 ff.; *M. Krepon,* Arms Control Dispute Settlement, in: ASIL Proceedings 84 (1990), S. 407, 412; *P. Trimble,* Arms Control Dispute Settlement, in: ASIL

Mittel, die es den Parteien gestatten, stets die Kontrolle über den Gang des Verfahrens zu behalten, soll das für bilaterale Abkommen zwingend erforderliche Gleichgewicht der Kräfte jederzeit gewahrt werden. Den Beteiligten ist es wichtiger, bei Problemen untereinander nach Lösungen zu suchen, als unter Einschaltung Dritter eine strikte Vertragserfüllung zu erreichen.[34]

Wenngleich die SALT-/INF-/START-VERTRÄGE keine auf Auslegung und Anwendung bezogenen Schiedsklauseln enthalten und insbesondere nicht die Streiterledigung durch Dritte vorsehen, schaffen sie jedoch Raum, um derartige Fragen in den Vertragsinstitutionen aufzugreifen. Wie das Mandat der unter dem ABM-ABKOMMEN geschaffenen Ständigen Beratungskommission (SCC), deren Aufgabe darin besteht, *"[...] die Ziele dieses Vertrags und die Durchführung seiner Bestimmungen zu fördern [...]"*,[35] ist auch das der Folgeinstitutionen zunächst auf die Vertragsimplementierung zugeschnitten. So sollen die Beratungskommissionen, *inter alia, "Fragen in Bezug auf die Einhaltung der übernommenen Verpflichtungen [...] lösen"*[36] bzw. *"Fragen betreffend die Einhaltung der übernommenen Verpflichtungen und damit zusammenhängende Umstände, die unklar erscheinen, erörtern"*[37]. Schon der Wortlaut deutet mit der Formulierung "Fragen betreffend die Einhaltung" darauf hin, daß den Institutionen vor allem das "fact finding" obliegt. Insgesamt sind die Regelungen aber so weit gefaßt, daß sich auch die Streitbeilegung einbeziehen läßt: Die Behörden können zwar nicht unmittelbar als Streitschlichtungsinstanzen angesehen werden, gleichwohl geben sie einen institutionellen Rahmen für Verhandlungen zwischen den Vertragsparteien vor und ermöglichen damit eine Konfliktlösung auf politischem Wege.[38] Insofern ließe sich sogar umgekehrt feststellen, daß die Streitschlichtung hier gerade nicht ausgeschlossen wurde.

Entsprechend wurde die praktische Arbeit der Institutionen nicht auf die Erörterung von Fragen der Vertragsimplementierung beschränkt, vielmehr sind sie

---

Proceedings 84 (1990), S. 407, 423; sowie kritisch *A. Chayes,* Arms Control Agreements, in: Harvard LR 85 (1972), S. 905, 964 f.

34 *T. Marauhn,* Dispute Settlement in Nuclear Arms Control, in: Institut de France (Hrsg.), S. 25, 29, spricht davon, daß unter den bilateralen Verträgen die Glaubwürdigkeit der Parteien von ihrer Bereitschaft abhängt, das durch die Verträge errichtete Gleichgewicht der Kräfte zu erhalten.

35 Art. XIII Abs. 1 ABM-Vertrag. Vergleichbare Bestimmungen finden sich in Art. XIII Abs. 1 INF-Vertrag und Art. XV Abs. 1 START I/II-Vertrag.

36 Art. XIII Abs. 1 *lit.* a INF-Vertrag; Art. XV *lit.* a START I/II-Vertrag.

37 Art. XIII Abs. 1 *lit.* a ABM-Vertrag; Art. XVII Abs. 2 *lit.* a SALT II-Abkommen.

38 *J. McNeill,* Arms Control Dispute Settlement, in: ASIL Proceedings 84 (1990), S. 407, 409, speziell zum ABM-Vertrag siehe *J. Rhinelander,* ABM Treaty, in: JCSL 6 (2001), S. 91, 103.

über diesen Bereich hinausgegangen. So diente die SCC den Parteien des ABM-VERTRAGS insbesondere dafür,

> *"[...]*
> *f) soweit angebracht, mögliche Vorschläge für eine weitere Stärkung der Lebensfähigkeit des Vertrags [zu] erörtern, einschließlich von Änderungsvorschlägen im Einklang mit seinen Bestimmungen".*[39]

Auf diese und entsprechende Regelungen der Folgeverträge gestützt, haben die Gemeinsamen Beratungsinstitutionen nicht zuletzt präventiv zur Vermeidung von Auseinandersetzungen beigetragen.[40] Ihre Tätigkeit erstreckte sich dabei zum einen auf die Klärung von Interpretationsfragen, die sich aus der unterschiedlichen Bedeutung bestimmter Begriffe in der englischen und russischen Textfassung ergeben.[41] Durch den Vertragstext ergänzende, gemeinsame Verständniserklärungen ("common understandings") haben die Beratungskommissionen zum anderen einen Beitrag zur autoritativen Auslegung der Vertragsbestimmungen geleistet. Im Rahmen der SCC etwa ist es gelungen, die Bedeutung des in seiner Reichweite umstrittenen Verbots, bestimmte Flugkörper *"[...] auf ABM-Eigenschaften zu testen"* (Art. VI *lit.* a), durch entsprechende Erklärungen verbindlich festzulegen.[42]

Die Streiterledigung konzentriert sich unter den bilateralen Abkommen daher vorrangig auf die Schaffung institutioneller Voraussetzungen für die Mittel der Verhandlung und Konsultation. Dabei wurde nicht einmal eine Rechtspflicht zur Anwendung dieser Instrumente festgeschrieben.[43] Das Potential dieser Maßnah-

---

39 Art. XIII Abs. 1 ABM-Vertrag. Ähnlich Art. XIII Abs. 1 *lit.* b ABM-Vertrag; Art. XIII Abs. 1 INF-Vertrag; Art. XV Abs. 1 START I/II-Vertrag. Zu diesen Regelungen siehe *A. Chayes/A.H. Chayes,* New Sovereignty, S. 214, 226 f.

40 Diesen Zusammenhang betont jüngst auch das ILA Committee on Arms Control and Disarmament Law, Report (2000), Para. 17.

41 Zur Bedeutung der Vertragsinterpretation bei der Vermeidung von Streitigkeiten unter mehrsprachigen Verträgen siehe *B. Tuzmukhamedov,* Some Matters of Interpretation, in: Dahlitz (Hrsg.), S. 173 ff., 179, mit besonderer Berücksichtigung des ABM-Vertrags.

42 Zu den unterschiedlichen Interpretationsansätzen siehe *J. Rhinelander/S. Wasserman Goodman,* Legal Environment, in: Chayes/Doty (Hrsg.), S. 43, 48 f. Für eine Bewertung der Vertragsinterpretation siehe *A. Chayes/A.H. Chayes,* Living under a Treaty Regime, in: Chayes/Doty (Hrsg.), S. 197, 207; *A. Chayes/A.H. Chayes,* New Sovereignty, S. 213 m.w.N.

43 Im Ergebnis bleibt es folglich weitgehend von der Verhandlungsinitiative der Parteien abhängig, ob es gelingt, innerhalb der *ad hoc* einzuberufenden Vertragsgremien eine Lösung der Streitfragen zu finden. A.A. *B. Schmidt am Busch,* Amerikanisch-sowjetische Rüstungskontrollabkommen, S. 282, die davon spricht, daß sich in den Verträgen eine Pflicht zur Verhandlung andeutet.

men der Konfliktbewältigung sollte gleichwohl nicht unterschätzt werden. Jedenfalls in sachlicher Hinsicht reichen die hier vereinbarten Instrumente über die klassischen Verfahren weit hinaus und können damit nicht unwesentlich zur Lebensfähigkeit und Wirksamkeit der Verträge beitragen.[44] Neben einem gewissen Spielraum im Procedere, etwa der Möglichkeit, die Zusammensetzung der Gremien an den Bedürfnissen der Parteien auszurichten, liegt der Vorteil dieser Herangehensweise darin, daß die Zuständigkeiten der Gremien nicht von vornherein auf Streitfragen im eigentlichen Sinne begrenzt sind. Vielmehr können sich die Parteien in den Vertragsinstitutionen auch mit *"[...] Übergangsproblemen, die der Behandlung bedürfen, bevor sich die Situation verschärft"*, befassen.[45] Es ist also möglich, in den Gremien schon auf dem Wege präventiver Diplomatie dem Entstehen konkreter Streitfälle entgegenzuwirken.[46]

Aufgrund weitgehender Ähnlichkeiten gelten die zu den bilateralen Verträgen in Hinblick auf die Instrumente und ihre institutionelle Absicherung gemachten Ausführungen prinzipiell auch für den KSE-VERTRAG (1990/1999). Gemäß dessen Art. XVI Abs. 1 schufen die Parteien die Gemeinsame Beratungsgruppe (JCG), *"[u]m die Ziele dieses Vertrags und seine Durchführung zu fördern"*. Das Mandat dieser Behörde wurde im Gegensatz zu den vage gehaltenen bilateralen Verträgen in Teilen deutlich detaillierter ausformuliert. Nach Art. XVI Abs. 2 dient die Beratungsgruppe den Parteien als Rahmen, um insbesondere

> *"[...]*
> *(B) [...] Unklarheiten und Auslegungsunterschiede auszuräumen, die hinsichtlich der Art der Durchführung des Vertrags zu Tage treten können;*
> *(C) Maßnahmen [zu] prüfen und, falls möglich, [zu] vereinbaren, welche die Funktionsfähigkeit und Wirksamkeit des Vertrags verbessern;*
> *[...]*
> *(I) **Streitigkeiten [zu] behandeln**, die sich aus der Durchführung des Vertrags ergeben."*[47]

Neben denjenigen Tätigkeitsfeldern, die auch unter den zweiseitigen Abkommen auf die Institutionen übertragen wurden, wollen die Parteien des KSE-

44 Überzeugend dazu schon *T. Marauhn*, Dispute Settlement in Nuclear Arms Control, in: Institut de France (Hrsg.), S. 25, 29.

45 So *G. Cottereau*, Arms Control Disputes, in: Dahlitz (Hrsg.), S. 103, 113 [Übersetzung v. Verf.].

46 *R. Bilder*, International Dispute Settlement, in: Emory JIDR 1 (1986), S. 1, 29 ff., spricht daher davon, daß der Tätigkeitsschwerpunkt der Beratungskommissionen im Bereich der Streitvermeidung liege, die sich konzeptionell von der Streitbeilegung unterscheidet.

47 Hervorhebung v. Verf.

VERTRAGS im Rahmen des Gremiums also ausdrücklich auch Streitigkeiten behandeln, die in der Durchführung des Vertrags wurzeln. Welche Schlichtungsinstrumente hier zur Anwendung gelangen sollen, läßt der Text allerdings offen.[48] Angesichts der Tatsache, daß es sich um einen Regionalvertrag für Europa handelt, erscheint neben den diplomatischen Mitteln der Streitentscheidung und der Einschaltung der Vereinten Nationen insoweit auch die Anrufung und Involvierung von Regionalorganisationen, etwa des Streitschichtungssystems der OSZE, denkbar.[49]

II. Multilaterale Verträge

Im Unterschied zu den bilateralen Verträgen verfügen vor allem die jüngeren mehrseitigen Abrüstungs- und Rüstungskontrollübereinkommen neben Regelungen über Aufsichtsverfahren auch über Streitbeilegungsklauseln.[50] Diesen Vorschriften gemäß legen die Vertragsparteien ihre Auseinandersetzungen über die Auslegung und Anwendung der Verträge durch im Einzelnen vorgesehene Verfahren bei. Einen Sonderfall stellt auch insoweit das Regime des NV-VERTRAGS dar: Während das Übereinkommen selbst keine entsprechende Regelung kennt, finden sich aber in den begleitenden Dokumenten, dem IAEO-Statut und dem IAEO-Musterabkommen INFCIRC/153 (Corr.), auf Auslegung und Anwendung bezogene Streitbeilegungsvorschriften.[51] Sie können im Zusammenhang mit entsprechenden Bestimmungen der anderen Konventionen erörtert werden.

Den Ausgangspunkt einer vergleichenden Analyse bilden die Fragen nach der ***sachlichen*** und nach der ***persönlichen Reichweite*** der kompromissarischen Klauseln. Für die Anwendbarkeit *in sachlicher Hinsicht* sind bestimmte Schlüsselbegriffe maßgeblich, durch welche die Ansatzpunkte der vertraglichen Streitschlichtungsverfahren bestimmt werden.

In der Regel enthalten die Verträge der Rüstungsbeschränkung in sachlicher Hinsicht umfassende Streitbeilegungsklauseln. Wie Art. XIV Abs. 1 CW-ÜBER-

---

48 Darüber schweigen sich auch die einschlägigen Kommentierungen aus. Siehe einerseits die Denkschrift zum Entwurf eines Gesetzes zur Ratifizierung des KSE-Vertrags durch die Bundesrepublik Deutschland, BT-Drs. 12/1133, S. 151, 161, und andererseits *P. Dunay,* Verifying Conventional Arms Limitations, S. 110 ff.

49 So *T. Kurzidem,* Conflict Management, in: Bothe u.a. (Hrsg.), S. 287, 293 f.

50 Auf Auslegung und Anwendung bezogene Streitschlichtungsregelungen fehlen im Mond-, Weltraum-, Meeresboden-, Partiellen Teststopp- und Rarotonga-Vertrag sowie im BW-Übereinkommen.

51 Vgl. Art. XVII.A und B IAEO-Statut; §§ 20-22 INFCIRC/153.

EINKOMMEN beziehen sie sich auf jede *"[...] **Streitigkeit** über die Auslegung und Anwendung [...]"* des betreffenden Vertrags ("**dispute** arising out of the interpretation or application of the Treaty").[52] Unter einer Streitigkeit versteht man – darauf wurde hingewiesen – einen konkreten zwischenstaatlichen Konflikt, bei dem die eine Seite Forderungen geltend macht und die andere Seite diese ernsthaft bestreitet oder zurückweist.[53] Nur das Musterdokument INFCIRC/153 (Corr.) zu den IAEO-Sicherungsabkommen und das IAEO-Statut sehen als möglichen Gegenstand eines Streitbeilegungsverfahrens nicht explizit Streitigkeiten ("disputes") vor, sondern stellen auf *"[...] any **question** arising out of the interpretation and application"* ab.[54] Da eine Situation, die sich (noch) nicht als Streitigkeit im eigentlichen Sinne qualifizieren läßt, bereits geeignet sein kann, eine "Frage" aufzuwerfen, ist diesen Normen ein breiterer Anwendungsbereich eröffnet als vergleichbaren Schlichtungsbestimmungen.[55] Denn eine Frage bedarf keiner konkreten Auseinandersetzung; bei ihr kann vielmehr auch unabhängig vom tatsächlichen Anwendungsfall Klärungsbedarf bestehen.[56]

Die sachliche Reichweite der kompromissarischen Klauseln wird weiter dadurch bestimmt, daß sie typischerweise allein Streitigkeiten über die ***Auslegung und Anwendung*** ("interpretation and application") des betreffenden Kollektivvertrags erfassen.[57] Hierunter werden im Besonderen alle Streitigkeiten fallen

---

52 Hervorhebungen v. Verf.
Vergleichbar sind die Regelungen in Art. XI Abs. 1 Antarktis-Vertrag; Art. 24 Tlatelolco-Vertrag; Art. 10 Abs. 1 Landminen-Übereinkommen; Art. VI Abs. 1 CTBT.

53 Siehe oben unter A.

54 So § 22 INFCIRC/153 (Corr.). [Hervorhebung v. Verf.].
Die Streitbeilegungsklausel des IAEO-Statuts (Art. XVII.A) wurde in Anlehnung an die entsprechende Norm der WHO-Satzung v. 22. Juli 1946 (Art. 75; siehe Verträge der BRD, Bd. 1, S. 259) gestaltet und stellt beide Begriffe nebeneinander: *"Jede Frage **oder** Streitigkeit über die Auslegung oder Anwendung dieser Satzung [...]"*. [Hervorhebung v. Verf.]. Zur Entstehungsgeschichte sowie den Verhandlungspositionen *P. Szasz,* Law and Practices of the IAEA, S. 928.

55 In Hinblick auf die Sicherungsabkommen ist jedoch die besondere Zielsetzung der Regelungen im Auge zu behalten, die in der Durchsetzung von Verfahrensrechten der IAEO besteht. Die Notwendigkeit, einen Rechtsbehelf gegen Anordnungen der Agentur bereitzustellen, ergibt sich aus Art. XI.F.6 IAEO-Statut. In der Praxis ist bislang jedoch kein Verfahren nach dieser Vorschrift durchgeführt worden. Für Einzelheiten siehe *T. Lohmann,* Sicherungsmaßnahmen der IAEO, S. 110 m.w.N.

56 *A maiore ad minus* wird daher (so *P. Guckel,* Streitbeilegungsvorschriften, S. 105) die Einleitung des Schlichtungsverfahrens erst recht möglich sein, wenn eine Schwierigkeit, Meinungsverschiedenheit oder Streitigkeit aufgetreten ist.

57 Für die Begriffe "Auslegung" und "Anwendung" in Schiedsklauseln siehe *ibid.,* S. 108 ff. Der Autor stellt fest, daß die Verknüpfung der beiden Begriffe durch die Operatoren "und" bzw. "oder" ohne Einfluß auf den Anwendungsbereich der Regelungen ist. Im Übrigen weist er zutreffend darauf hin, daß eine Frage der Anwendung stets

und eine praktische Bedeutung erlangen, welche die im Vertrag begründeten Rechte und Pflichten der Parteien und den Umfang und die Bedeutung der einer vertraglich geschaffenen Organisation zugewiesenen Befugnisse betreffen.[58] Es sind jedoch nicht alle Bestimmungen in dieser Weise formuliert. So wurden die Klauseln der jüngeren Übereinkommen über die Errichtung kernwaffenfreier Zonen *prima facie* enger gefaßt. Unter BANGKOK- und PELINDABA-VERTRAG könnte das Beilegungsverfahren dem Wortlaut nach nur dann zur Anwendung gelangen, wenn Streitigkeiten über die *"[...] interpretation of the Treaty"* vorliegen.[59] Die Aufsichtsmechanismen erfaßten dem Wortlaut nach dagegen Fragen der Vertragserfüllung ("verifying compliance with the obligations").[60]

Warum die Streitbeilegungsklauseln allein die Vertragsauslegung in Bezug nehmen, läßt sich mangels *travaux préparatoires* nicht klären.[61] Im Übrigen ist in der Praxis wie im Schrifttum streitig, ob und ggf. welche Konsequenzen eine Begrenzung der Schiedsklauseln auf Fragen der Vertragsauslegung oder eben solche der Vertragsanwendung denn hat.[62] Um vorliegend die Bedeutung der Regelungen zu ermitteln, ist nach Art. 31 Abs. 1 WVK nicht der Buchstabe der Vorschrift maßgeblich, sondern ihr aus dem Wortlaut erkennbarer und mit dem Gesamtzusammenhang der Norm in Einklang stehender Sinn und Zweck.

---

auch die Auslegung betrifft, da eine Rechtsvorschrift ja nur durch Auslegung auf den konkreten Fall angewandt werden kann.

Gemäß dem "rolling text" des Zusatzprotokolls zum BW-Übereinkommen (CD-Doc. BWC/Ad Hoc-Group/56-1 v. 18. Mai 2001) erfaßt die dortige Schiedsklausel alle Streitigkeiten über *"[...] the application, interpretation and implementation of the Convention and this Protocol."*

58 *Ibid.*, S. 118 m.w.N.

59 Art. 15 Pelindaba-Vertrag; Art. 21 Bangkok-Vertrag.

60 Art. 12 Bangkok-Vertrag; Art. 10 Pelindaba-Vertrag.

61 Da die Vorarbeiten zum Pelindaba-Vertrag im Rahmen der Organisation für Afrikanische Einheit (OAU) erfolgten, erscheint es denkbar, daß die Vorschrift in Anlehnung an die Streitbeilegungsklausel der OAU-Charta v. 25. Mai 1963 (in: AJIL 58 [1964], S. 873 ff.) gestaltet wurde. Die dortige Regelung (Art. XXVII) erfaßt allein Streitigkeiten über die Auslegung der Satzung.

62 Nach *P. Guckel,* Streitbeilegungsvorschriften, S. 115 ff., soll in Folge der Gleichsetzung im allgemeinen Sprachgebrauch im Zweifel auch der andere Begriff gemeint sein, wenn nicht ein entgegenstehender Wille der Vertragsparteien zu Tage tritt. Ähnlich vertritt *L. Sohn,* Disputes Relating to the Interpretation and Application of Treaties, in: RdC 150 (1976-II), S. 195, 271, die Auffassung, daß die Frage erst dann praktische Relevanz erlange, wenn die Verträge unterschiedlich strukturierte Verfahren für die Erledigung von Streitigkeiten über die Anwendung einerseits und die Auslegung andererseits bereitstellten. *I. Seidl-Hohenveldern* (Grenzen rechtlicher Streiterledigung, in: BDGV 9 [1969], S. 45, 55) geht dagegen von einer allgemeinen Kompetenzbeschränkung aus.

Nach Ziel und Zweck der vorgenannten Klauseln müssen sich hier Meinungsverschiedenheiten aus der "Auslegung" der Abkommen ergeben. Der Interpretation entstammende Auseinandersetzungen zwischen zwei Vertragsparteien betreffen aber gerade die Frage, in welcher Weise der konkrete Sachverhalt (die "Streitigkeit") der auszulegenden Bestimmung unterzuordnen ist, mit anderen Worten, wie eine abstrakte Regelung auf die in Rede stehende Streitfrage anzuwenden ist.[63] Wollte man die Zuständigkeit für Anwendungsfragen verneinen, so könnte dies eine Aufspaltung einer Streitigkeit in zwei Verfahren – das eine über die Auslegung, das andere über die Anwendung – zur Folge haben.[64] Zwar könnten die Parteien für die Interpretation die diplomatischen Mittel bemühen und vor allem den IGH oder ein Schiedsgericht anrufen. Nach Durchlaufen des Auslegungsstreits wären sie dann aber gezwungen, für den Anwendungsstreit noch die Aufsichtsbehörde einzuschalten. Eine solche Zuständigkeitsaufspaltung wäre nicht nur äußerst kompliziert, sondern auch in Widerspruch zu dem Zweck der Verfahren, den Parteien *eine* Instanz zur Verfügung zu stellen, die zu einer zügigen und erschöpfenden Entscheidung aller strittigen Fragen und ihrer Durchsetzung befähigt ist. Daß ein Auseinanderfallen einer Streitfrage gewollt sein könnte, kann daher nicht angenommen werden. Die Verträge können hier also nur so verstanden werden, daß mit den Schiedsklauseln auch alle Fragen der Anwendung erfaßt werden sollen. Dies wird in Hinblick auf das Verhältnis zu den institutionalisierten Aufsichtsverfahren von Bedeutung sein.[65]

Neben der sachlichen Reichweite der Schiedsklauseln verdient die Frage nach ihrer ***persönlichen Anwendbarkeit*** besondere Aufmerksamkeit. Sie betrifft die an einem Streitbeilegungsverfahren Beteiligten.

Grundsätzlich sind im Rahmen der Streitbeilegungsverfahren nur einzelne oder mehrere Staaten antragsberechtigt, soweit sie Parteien des betreffenden Vertrags sind. Typischerweise sprechen die Bestimmungen daher von einer Streitigkeit zwischen "zwei oder mehr"[66] "Parteien"[67] bzw. "Vertragsparteien"[68]. Darüber hinaus sehen lediglich drei Verträge die Möglichkeit eines Schlichtungsverfahrens zwischen den Parteien und den betreffenden Vertragsorganisa-

63 Vgl. zu diesem Problem das Urteil v. 7. März 1961 in Sachen *Rommenhöller* gegen *Schuh* der Gemischten Kommission zum Abkommen über deutsche Auslandsschulden v. 27. Februar 1953; in: Entscheidungen und Gutachten, Bd. I/1961, S. 2, 17.

64 Vgl. die Argumentation *ibid.*, S. 16 ff., 19.

65 Siehe dazu nachfolgende Ausführungen unter III.

66 Vgl. beispielsweise Art. XI Abs. 1 Antarktis-Vertrag.

67 So Art. XI Abs. 1 Antarktis-Vertrag; Art. 15 Pelindaba-Vertrag; § 20 INFCIRC/153.

68 So Art. 24 Tlatelolco-Vertrag; Art. 21 Bangkok-Vertrag; Art. 10 Abs. 1 Landminen-Übereinkommen.

tionen vor. In dieser Konstellation handelt es sich quasi um ein Vertragsverletzungsverfahren, in dem sich ein Organ und ein Mitgliedstaat Pflichtverstöße vorwerfen. Entsprechend heißt es in Art. XIV Abs. 2 CW-ÜBEREINKOMMEN:

"Entsteht zwischen [...] einem oder mehreren Vertragsstaaten und der Organisation eine Streitigkeit über die Auslegung oder Anwendung dieses Übereinkommens, so konsultieren die Parteien einander mit dem Ziel, eine umgehende Beilegung der Streitigkeit durch Verhandlung oder andere friedliche Mittel ihrer Wahl herbeizuführen, unter anderem durch Inanspruchnahme der geeigneten Organe des Übereinkommens sowie im gegenseitigen Einvernehmen durch Verweisung an den Internationalen Gerichtshof nach Maßgabe seines Statuts."

Nach dieser und ähnlichen Bestimmungen[69] sind prinzipiell auch die betreffenden Vertragsorganisationen (hier: CTBTO) in einem Schiedsverfahren antragsberechtigt.[70] Angesichts der Regelung des Art. 34 Abs. 1 IGH-Statut, wonach allein Staaten befugt sind, vor dem Internationalen Gerichtshof aufzutreten,[71] sind entsprechende Vorschriften allerdings einschränkend auszulegen: Vor dem IGH können Vertragsorganisationen zwar Antragsteller im Gutachten-Verfahren,[72] nicht jedoch Kläger oder Beklagter im streitigen Verfahren sein. Für die Schiedsgerichtsbarkeit wie für die diplomatischen Mittel dagegen erscheint eine Begrenzung der Parteifähigkeit weder notwendig noch zwingend. Internationale Organisationen werden also durchaus als Partei vor einem Schiedsgericht auftreten können, soweit die einschlägigen Verfahrensregeln dies vorsehen.[73]

69 Art. VI Abs. 2 CTBT; Art. XVII.B IAEO-Statut. Einen Sonderfall stellt insoweit die Streitbeilegungsklausel im Musterdokument für IAEO-Sicherungsabkommen, INFCIRC/153 (Corr.), dar, da die Sicherungsabkommen gerade die Beziehung zwischen der Agentur und dem betreffenden Staat ausgestalten.

70 *N. Ronzitti,* Discussion, in: Bardonnet (Hrsg.), S. 399, hebt dies zu Recht als Novum im Rahmen der Rüstungsbeschränkung hervor.

71 Zur Kritik an dieser Regelung und den Umgehungsmöglichkeiten siehe *I. Seidl-Hohenveldern,* Grenzen rechtlicher Streiterledigung, in: BDGV 9 (1969), S. 45, 61 ff., der schon 1969 von einem Anachronismus spricht, der den Entwicklungen des Völkerrechts nicht gerecht wird. So auch *K. Doehring,* Völkerrecht, Rn. 1109.

72 Bei der "advisory procedure" können gem. Art. 96 Abs. 2 IGH-Statut Anfragen auch von Internationalen Organisationen gestellt werden.

73 In diesem Sinne auch *W. Krutzsch/R. Trapp,* Commentary, Art. XIV, S. 236 ff., zu Art. XIV CW-Übereinkommen. Zu dieser und zu vergleichbaren Regelungen anderer Verträge siehe auch nachfolgend unter B. II. 2.

1. Diplomatische Mittel und Methoden

Neben den von Art. 33 Abs. 1 UN-Charta ausdrücklich genannten Instrumenten von Verhandlung, Untersuchung, Vermittlung und Vergleich zählen zu den diplomatischen Mitteln der Streitschlichtung auch die dort nicht aufgeführten "Guten Dienste".[74] Im Unterschied zu den adjudikativen Instrumenten der Streitbeilegung kennzeichnet sie wie die vorgenannten Mittel, daß die Parteien die Kontrolle über das Verfahren behalten und die vorgeschlagene Lösung akzeptieren oder verwerfen können.[75] Diplomatische Instrumente sind also gerade nicht auf ein bindendes Ergebnis gerichtet.

Ihrer Struktur nach sind diplomatische Mittel entweder strikt bilateral (Verhandlungen) oder aber auf die vermittelnde Einschaltung Dritter ausgerichtet (Vermittlung, Untersuchung, Vergleich, gute Dienste).[76] Gute Dienste zielen wie die Vermittlung darauf ab, durch Einschaltung Dritter Kontakte zwischen den Konfliktparteien herzustellen, um diese zu Verhandlungen zu bewegen.[77] Da es keinen *numerus clausus* der Streitschlichtungstechniken gibt, können auch andere als die erwähnten Mittel zum Einsatz gelangen. Mangels hierarchischer Struktur ist es weiter möglich, die Verfahren zu modifizieren und zu kombinieren.[78] Welche Methoden konkret zur Anwendung kommen, ist daher allein von den vertraglichen Bestimmungen und den Umständen des einzelnen Streitfalls abhängig.

Soweit multilaterale Verträge der Rüstungsbeschränkung kompromissarische Klauseln enthalten, führen diese stets ausdrücklich die diplomatischen Mittel der Streitschlichtung an. Gleichwohl weisen jedoch nicht alle Verträge auf ***sämtliche diplomatischen Streitschlichtungsmethoden*** in gleicher Weise hin.

Auf der ersten Stufe der vertraglich vorgesehenen Verfahren stehen typischerweise die besonders souveränitätsfreundlichen bilateralen Instrumente, also ***Konsultationen*** und ***Verhandlungen*** zwischen den an einer Streitigkeit Beteiligten. In älteren und rudimentär gehaltenen Regelungen, die noch keine de-

---

74 Insgesamt zu diesen Mitteln etwa *J. Merrills,* International Dispute Settlement, S. 1 ff.; *J. Collier/V. Lowe,* Settlement of Disputes, S. 20 ff.; *H. Fischer,* in: Ipsen, § 62 Rn. 4 ff.; sowie *T. Lohmann,* Conciliation and Similar Proceedings, in: Bothe u.a. (Hrsg.), S. 409, 410 ff.; *K.J. Partsch,* Fact-Finding and Inquiry, in: EPIL II (1995), S. 343 ff.; *R. Bindschedler,* Good Offices, in: EPIL II (1995), S. 601 ff.

75 *J. Merrills,* International Dispute Settlement, S. 88; *M. Schröder,* in: Vitzthum (Hrsg.), 6. Abschn. Rn. 60.

76 Siehe dazu *L. Sohn,* Disputes Relating to the Interpretation and Application of Treaties, in: RdC 150 (1976-II), S. 195, 260 m.w.N.

77 Siehe näher *H. Fischer,* in: Ipsen, § 62 Rn. 8; *J. Merrills,* International Dispute Settlement, S. 27 ff.

78 Dazu *C. Tomuschat,* in: Simma (Hrsg.), Art. 33 Rn. 33.

taillierten Verfahrensvorgaben kennen, sind sie neben der Möglichkeit der Vorlage an den IGH oft sogar die alleinige ausdrücklich benannte Schlichtungsmodalität.[79] So soll etwa nach Art. XVII.A IAEO-Statut, der der WHO-Satzung nachgebildet wurde, *"[j]ede Frage oder Streitigkeit [...], die nicht im Verhandlungswege beigelegt worden ist, [...] dem Internationalen Gerichtshof [...] unterbreitet [werden], sofern sich die betreffenden Parteien nicht über eine andere Art der Beilegung einigen"*.[80]

Detaillierter ausformulierte Schiedsklauseln enthalten Verträge, die neben Verhandlungen auch die unter Einschaltung Dritter ablaufenden Verfahren von ***Untersuchung, Vermittlung*** und ***Vergleich*** nennen. Angesichts der prinzipiellen Gleichrangigkeit der genannten Instrumente bleibt es dabei meist den Streitparteien überlassen, durch *ad hoc*-Kompromiß das für die Konfliktlösung am besten geeignete Mittel zu wählen.[81] Der insoweit geschaffene Dispositionsrahmen ist indessen nicht unproblematisch. So droht die Gefahr, daß die Parteien durch Zuwarten und nachlässig geführte Verhandlungen eine Verständigung hintertreiben.[82] Ein solches Vorgehen würde im Grunde nicht überraschen. So wird es für Staaten, die ohnehin in der Sache im Streit liegen, nicht einfach sein, sich dann noch über Verfahrensfragen zu verständigen. Die Effektivität der Schiedsklauseln wird also zumindest auch dadurch bestimmt, inwieweit im Konfliktfalle auf ein vorgegebenes Beilegungsverfahren zurückgegriffen werden kann.[83] Daher sollte in der Regel eine straff strukturierte Klausel entscheidend zur praktischen Wirksamkeit der Verfahren beitragen.

In Hinblick auf die angeführten Streitschlichtungsmethoden fallen vor allem zwei der Verträge über kernwaffenfreie Zonen ins Auge: Art. 24 TLATELOLCO-VERTRAG nennt allein die Vorlagemöglichkeit an den IGH, stellt diese aber unter

---

79 Siehe näher *L. Sohn,* Disputes Relating to the Interpretation and Application of Treaties, in: RdC 150 (1976-II), S. 195, 261 ff.

80 Näher zu dieser Regelung *P. Szasz,* Law and Practices of the IAEA, S. 928.

81 So namentlich Art. XI Abs. 1 Antarktis-Vertrag und ähnlich Art. 21 Bangkok-Vertrag. Einige Autoren weisen darauf hin, daß derartige Bestimmungen im Grunde nicht mehr als eine Gedächtnisstütze für die Staaten sind, die sie an die Existenz von Art. 33 UN-Charta erinnern sollen. So *T. Marauhn,* Dispute Settlement in Nuclear Arms Control, in: Institut de France (Hrsg.), S. 25, 30; ähnlich *E. Stein,* New Weapons Technology, in: RdC 133 (1971-II), S. 223, 362.

82 Siehe näher *L. Sohn,* Disputes Relating to the Interpretation and Application of Treaties, in: RdC 150 (1976-II), S. 195, 261 ff.

83 Darauf weist *L. Sohn,* ibid., S. 195, 261, 268 ff., hin. – Im Umweltvölkerrecht, wo eine durchaus vergleichbare Problemlage existiert, wurde angeregt, in neuen Übereinkommen den Vertragsparteien immer Verfahrensregeln an die Hand zu geben, damit die Streitbeilegung beschleunigt und von Auseinandersetzungen über Verfahrensfragen freigehalten werden kann. So der Vorschlag von *U. Beyerlin/T. Marauhn,* Rechtsetzung im Umweltvölkerrecht, S. 148.

den Vorbehalt des Mißlingens einer Verständigung auf andere Mittel der Konfliktbewältigung.[84] Art. 15 PELINDABA-VERTRAG schließlich sieht ein zweigleisiges Verfahren der Streiterledigung vor. Danach besteht neben Verhandlungen die Möglichkeit, ein richterliches Beilegungsverfahren durch ein Schiedsgericht oder den IGH in Gang zu setzen oder alternativ die Angelegenheit dem Vertragsorgan, dem Afrikanischen Ausschuß für Kernenergie, zu unterbreiten. Folglich ist auch eine politische Streitschlichtung möglich,[85] die die Überleitung in das vertragliche Aufsichtsverfahren erlaubt. Eine vergleichbare Verfahrensoption findet sich ferner im LANDMINEN-ÜBEREINKOMMEN.[86]

Neben der Frage, welche Methoden für die Streitschlichtung überhaupt in Betracht kommen, ist zu ermitteln, in welcher ***Reihenfolge*** die genannten Mittel zum Einsatz gelangen. Hierbei geht es um die Frage, ob und inwieweit eine *Abfolge* bestimmter Streitbeilegungstechniken durch die Verträge festgelegt wird und welche näheren Verfahrensvorgaben sie enthalten.

Vor allem in älteren Übereinkommen der Rüstungsbeschränkung finden sich nur knapp gefaßte Streitbeilegungsklauseln, die keine oder nur wenig präzise Vorgaben hinsichtlich der Abfolge der verfügbaren Mittel machen. Sie geben keinen Aufschluß darüber, in welchem Verhältnis die Streitbeilegungsverfahren zueinander stehen. Einige Verträge stellen sogar die diplomatischen Schlichtungsmittel derart neben die gerichtlichen Instrumente, daß sich eine Stufung allenfalls aus der Reihenfolge der Nennung herleiten läßt. So heißt es in Art. 15 PELINDABA-VERTRAG, daß die Vertragsparteien jede Auseinandersetzung beilegen im Wege der

> *"[...] negotiation, by recourse to the Commission or another procedure agreed by the Parties, which may include recourse to an arbitral panel or to the International Court of Justice."*

Dagegen bringen andere Verträge die Subsidiarität gerichtlicher Instrumente deutlich zum Ausdruck. Zweckmäßigerweise treten diese zunächst hinter den diplomatischen Methoden zurück. Diese Abstufung wird besonders deutlich in Art. 21 S. 2 BANGKOK-VERTRAG:

---

84 Allerdings besteht nicht, wie *G. Cottereau* (Comparative View of Arms Control Disputes, in: Dahlitz [Hrsg.], S. 103, 112) ausführt, die Möglichkeit zur einseitigen Erzwingung einer Vorlage. *H. Athanasopulos* (Nuclear Disarmament in International Law, S. 41) meint, daß die Vorschrift *"[...] provides directly for judicial settlement"*, ohne allerdings zu erläutern, was damit gemeint sein soll.

85 Siehe zu dieser Qualifizierung auch *T. Marauhn,* Dispute Settlement in Nuclear Arms Control, in: Institut de France (Hrsg.), S. 25, 31.

86 Art. 10 Abs. 1 Landminen-Übereinkommen: Auf einseitigen Antrag einer Konfliktpartei kann die Streitigkeit dem Treffen der Vertragsstaaten vorgelegt werden.

"If within one month, the parties to the dispute are unable to achieve a peaceful settlement of the dispute by negotiation, mediation, enquiry or conciliation, any of the parties concerned shall, with prior consent of the other parties concerned, refer the dispute to arbitration or to the International Court of Justice."

Gerichtliche und schiedsrichterliche Verfahren gelangen folglich erst dann zur Anwendung, wenn der Einsatz diplomatischer Mittel erfolglos geblieben ist. Vergleichbare Anordnungen treffen Art. 24 TLATELOLCO-VERTRAG und Art. XI Abs. 2 ANTARKTIS-VERTRAG, wonach eine Vorlage an den IGH erst nach Erschöpfung aller anderen Schlichtungsmittel möglich ist.

Über derartig knapp gefaßte Regelungen hinaus haben sich die Staaten in den jüngeren Rüstungskontrollverträgen zum Teil auf erheblich detailliertere Bestimmungen verständigt. Neben der Abfolge der Instrumente lassen diese nähere ***Verfahrensvorgaben*** und ***-strukturen*** erkennen. Während die traditionellen Schiedsklauseln meist streng symmetrisch auf die Streitparteien ausgerichtet sind, erhält das Verfahren hier in Folge der Einbindung eines weiteren Akteurs eine trilaterale Struktur.[87] So erlegen die Übereinkommen den Vertragsorganen auf, eine Verständigung der Parteien auf ein konkretes Schlichtungsinstrument positiv zu unterstützen.[88] Ferner sollen die Institutionen auf eine zügige Abwicklung der Angelegenheit hinwirken, wenn die Verträge sie auffordern, Fristen für den Einsatz einzelner Instrumente zu bestimmen.[89] Unter dem CTB-VERTRAG beispielsweise kann nach Art. VI Abs. 3

"[d]er Exekutivrat [...] zur Beilegung einer Streitigkeit [...] durch die von ihm als zweckmäßig erachteten Mittel beitragen, indem er unter anderem seine guten Dienste anbietet, die an der Streitigkeit beteiligten Vertragsstaaten auffordert, eine Beilegung durch ein Verfahren ihrer Wahl zu versuchen, die Angelegenheit der Konferenz zur Kenntnis bringt und für jedes vereinbarte Verfahren eine Frist vorschlägt."

Das betreffende Vertragsorgan soll sich also gerade nicht auf eine reine Beobachterrolle zurückziehen, sondern vielmehr aktiv zwischen den Streitenden vermitteln.[90] Am Beispiel des LANDMINEN-ÜBEREINKOMMENS wird sich zeigen,

---

87 Siehe näher zu dieser Struktur die Ausführungen bei *T. Marauhn*, Dispute Settlement in Nuclear Arms Control, in: Institut de France (Hrsg.), S. 25, 33.

88 Vgl. Art. XIV Abs. 3 CW-Übereinkommen, Art. VI Abs. 3 CTBT, Art. 10 Abs. 2 Landminen-Übereinkommen.

89 So Art. XIV Abs. 3 CW-Übereinkommen, Art. VI Abs. 3 CTBT, Art. 10 Abs. 2 Landminen-Übereinkommen.

90 Unter dem CW-Übereinkommen etwa besteht hier auch die Möglichkeit, die Angelegenheit in ein Aufsichtsverfahren überzuleiten. So kann der Exekutivrat gem. Art. IX

ob eine derartige Verfahrensstruktur auch dann sinnvoll ist, wenn eigene Vertragsinstitutionen nicht vorhanden sind und auf UN-Organe zurückgegriffen werden muß.

Offen bleibt in den Bestimmungen, ob und ggf. welche Reaktionen ergriffen werden können, wenn die Parteien die zur Streitschlichtung gesetzte Frist schuldhaft verstreichen lassen. Mangels näherer Regelungen ließe sich insoweit an das allgemeine vertragliche Instrumentarium der Rechtsdurchsetzung denken, insbesondere also daran, gegenüber den Beteiligten bestimmte Sanktions- und Beugemaßnahmen zu ergreifen. Über Fristvorgaben hinaus ist es bei einigen Verträgen schließlich möglich, Berichtspflichten über den Fortgang des Verfahrens zu etablieren.[91] Auch diese Schritte sollen einen zügigen Ablauf sicherstellen.

2. *Zuweisungen an Schiedsgerichte, den Internationalen Gerichtshof sowie vertragliche Gemeinschaftsorgane*

Neben diplomatischen Mitteln verweisen die kompromissarischen Klauseln aller einschlägigen multilateralen Abrüstungs- und Rüstungskontrollverträge auch auf die Instrumente der richterlichen Streitentscheidung durch Schiedsgerichte und den Internationalen Gerichtshof. Der wesentliche Unterschied zu den diplomatischen Methoden besteht hier in der Bindungswirkung: Während die Diplomatie darauf abzielt, zwischen den Parteien zu vermitteln und ihnen einen Vorschlag zur Lösung einer Auseinandersetzung zu unterbreiten, soll die Anrufung der internationalen Gerichts- und Schiedsgerichtsbarkeit eine bindende Entscheidung durch Urteil oder Schiedsspruch herbeiführen.[92] Neben nicht bindenden Mechanismen finden sich in allen Verträgen also auch solche Verfahren der Streiterledigung, die mit einem für die Beteiligten obligatorischen Ergebnis abschließen.

Von entscheidender Bedeutung für die praktische Wirksamkeit der Schiedsklauseln sind die Voraussetzungen, unter denen ein Prozeß anhängig gemacht werden kann. Hierbei geht es um die praktisch relevante Frage, ob die Bildung des Gerichts und die Einleitung des Verfahrens dadurch verhindert werden kön-

---

vorschlagen, die Sache zunächst durch Maßnahmen des "fact finding" weiter zu erhellen. Zu dieser Option siehe *A. Chayes/A.H. Chayes*, New Sovereignty, S. 208.

91 Art. XIV Abs. 2 S. 2 CW-Übereinkommen, Art. VI Abs. 2 S. 2 CTBT.

92 Siehe generell wie zu Einzelheiten *J. Merrills*, International Dispute Settlement, S. 88 ff.; *J. Collier/V. Lowe*, Settlement of Disputes, S. 124 ff., 189 ff.; *H. Fischer*, in: Ipsen, § 62 Rn. 20 ff.; *L. Sohn*, Peaceful Settlement of Disputes, in: EPIL III (1997), S. 156 ff., 156 ff.; *H.-J. Schlochauer*, Arbitration, in: EPIL I (1992), S. 215 ff.; *H.-J. Schlochauer*, International Court of Justice, in: EPIL II (1995), S. 1084 ff.

nen, daß eine nicht zur Mitwirkung bereite Streitpartei sich einem entsprechenden Antrag widersetzt.

Wie eine nähere Analyse der einschlägigen Übereinkommen zeigt, ist eine *obligatorische* internationale *Gerichts- und Schiedsgerichtsbarkeit* dem Recht der Rüstungsbeschränkung unbekannt. In keinem der Verträge findet sich die innerstaatlichen Rechtsordnungen geläufige Befugnis, das Verfahren durch schlichte Einreichung der Klage anhängig zu machen.[93] Auch die Möglichkeit, durch die Abgabe einer ***Unterwerfungserklärung*** die Zuständigkeit von Schiedsgerichtsbarkeit und IGH für alle der Auslegung und Anwendung des betreffenden Vertrags entstammenden Streitfragen anzuerkennen, ist den untersuchten Verträgen fremd. Eine Auseinandersetzung kann vielmehr nur durch ***einvernehmlichen Antrag*** der betreffenden Institution vorgelegt werden, wenn sich mithin alle Beteiligten *ad hoc* dafür aussprechen. Es bedarf also stets eines besonderen Einwilligungsakts, durch den die Streitparteien im Einzelfall die Rechtsprechungsgewalt der internationalen Gerichts- oder Schiedsgerichtsbarkeit anerkennen.

Vor allem das Fehlen einer Rechtspflicht, letztlich aber auch entsprechender Unterwerfungsmöglichkeiten, die beim Umweltschutz und in anderen Bereichen zunehmend Eingang in internationale Verträge finden,[94] lassen deutlich Vorbehalte gegenüber einem Ausbau der "rule of law" im Bereich der Rüstungsbeschränkung erkennen. In Anbetracht der weitgreifenden Auswirkungen auf die nationale Verteidigungs- und Sicherheitspolitik war die Staatengemeinschaft bislang nicht bereit, sich auf diesem Gebiet einer obligatorischen Gerichts- und Schiedsgerichtsbarkeit zu unterwerfen, wie sie sich heute etwa in den Wirtschaftsbeziehungen von GATT/WTO findet.[95] Angesichts des relativ niedrigen

---

93 Noch der Verhandlungsentwurf des IAEO-Statuts sah vor, daß die Vertragsparteien die Jurisdiktion des IGH anerkennen und jede Partei berechtigt ist, eine Streitigkeit dem Gericht vorzulegen, soweit sich die Parteien nicht auf eine andere Form der Streitschlichtung verständigen. Der Vorschlag scheiterte jedoch am Widerstand der Sowjetunion, vier osteuropäischer Staaten und Argentiniens. Siehe näher *P. Szasz,* Law and Practices of the IAEA, S. 927 f.
Es ist jedoch zu beachten, daß unter Ausnahme weniger Übereinkommen, etwa Art. 84 des Abkommens über die Internationale Zivilluftfahrt v. 7. Dezember 1944 (BGBl. 1956 II, S. 411), die Zuständigkeitsbegründung durch einseitigen Antrag dem Völkerrecht auch heute prinzipiell fremd ist. – Das Institut de Droit International hat sich frühzeitig mit diesem Problem befaßt. Zu den dortigen Vorarbeiten siehe *P. Ruegger,* Clauses Arbitrales et de Juridiction, in: FS Guggenheim, S. 687 ff.

94 Vgl. *U. Beyerlin/T. Marauhn,* Rechtsetzung im Umweltvölkerrecht, S. 147 m.w.N.

95 Für einen Vergleich unter Darlegung der Defizite im Recht der Vereinten Nationen siehe *E.-U. Petersmann,* Dispute Settlement in International Economic Law, in: JIEL 2 (1999), S. 189 ff., S. 236 f. Zu der Frage, inwieweit das Streitbeilegungssystem von GATT/WTO für das Recht der Rüstungsbeschränkung fruchtbar gemacht werden

Integrationsniveaus ist auch nicht davon auszugehen, daß sich die Staaten in absehbarer Zeit zu derartigen Maßnahmen durchringen werden.[96]

Der wesentliche ***Unterschied*** zwischen der internationalen Gerichts- und der Schiedsgerichtsbarkeit besteht in der Struktur des Streitbeilegungsverfahrens. Der Internationale Gerichtshof wendet bei der Urteilsfindung allein die in Art. 38 IGH-Statut genannten Völkerrechtsquellen an. Auch die Zusammensetzung des Gerichts wird durch die Verfahrensordnung weitgehend vorgezeichnet. Bei der Schiedsgerichtsbarkeit hingegen unterliegen wesentliche Verfahrenselemente der Dispositionsfreiheit der Parteien, deren Zustimmung über die Einleitung hinaus auch für die Bildung der Schiedsinstanz wie die gesamte spätere Durchführung des Prozesses erforderlich ist.[97] Schon Art. 37 des I. Haager Abkommens zur friedlichen Streitbeilegung von 1907 definierte daher die Schiedsgerichtsbarkeit nur recht allgemein als *"[...] die Erledigung von Streitigkeiten zwischen den Staaten durch Richter ihrer Wahl aufgrund der Achtung vor dem Rechte."* Die Schiedsgerichtsbarkeit besitzt gegenüber dem IGH jedoch nicht allein Vorzüge. So birgt der gewährte Gestaltungsspielraum gleichzeitig die Gefahr, daß eine Entscheidung in der Sache gänzlich verhindert oder zumindest nicht unerheblich verzögert wird, wenn sich die Streitparteien über wesentliche Verfahrensfragen nicht verständigen können.

Der folgende Teil untersucht vergleichend die Zuweisungen an die Schiedsgerichtsbarkeit und an den Internationalen Gerichtshof. Einige Verträge sehen im Übrigen die Möglichkeit vor, zur Beilegung auf vertraglich festgelegte Organe zurückzugreifen.

a) Internationale Schiedsgerichtsbarkeit

Die Kollektivverträge der Abrüstung und Rüstungskontrolle sehen ausnahmslos die Möglichkeit der Streitschlichtung durch Schiedsgerichte vor, wenn auch nicht alle ausdrücklich die ***internationale Schiedsgerichtsbarkeit*** anführen. Bei einigen Konventionen ergibt sich die Möglichkeit, ein Schiedsgericht anzurufen, vielmehr allein aus dem Verweis darauf, daß die Parteien einander konsultieren mit dem Ziel, *"[...] eine umgehende Beilegung der Streitigkeit durch Verhand-*

könnte, siehe *P. Trimble,* Beyond Verification, in: Harvard LR 102 (1989), S. 885, 892-895.

96 In diesem Sinne etwa *S. Seidel,* Streitbeilegung im Rahmen der WTO, in: Schleyer-Stiftung (Hrsg.), S. 220, 221.

97 Näher dazu *N. Wühler,* Internationale Schiedsgerichtsbarkeit, S. 4 ff. m.w.N.

lung oder ***andere friedliche Mittel*** *ihrer Wahl herbeizuführen [...]"*.[98] Auch wenn die Schiedsgerichtsbarkeit dabei nicht explizit benannt wird, können sich die Parteien im Rahmen der "anderen friedlichen Mittel" auf ein Schiedsgericht als Forum verständigen.

Im Ergebnis vergleichbar ist die Rechtslage nach Art. 10 LANDMINEN-ÜBEREINKOMMEN. Nach dieser Norm einigen sich jedoch nicht die Parteien unmittelbar auf ein Schiedsverfahren, vielmehr fordert sie das Treffen der Vertragsstaaten als Organ auf, "das Mittel ihrer Wahl" zur Streitschlichtung in Gang zu setzen. Insgesamt bleibt die Konfliktlösung damit ein bilaterales Unterfangen; dem Vertragsorgan kommt allerdings eine aktive Mittlerrolle zu.[99] Diese ist in gewisser Weise der Funktion des UN-Sicherheitsrats vergleichbar, wenn dieser den Streitparteien nach Art. 36 Abs. 2 UN-Charta aufträgt, einen Konflikt durch eines der in Abs. 1 genannten Schlichtungsverfahren beizulegen.

Schließlich kennen einige der einschlägigen Verträge Streitbeilegungsklauseln, die *ausdrücklich* auf die schiedsrichterliche Streiterledigung hinweisen.[100] Da es aber nicht nur *ein* "internationales Schiedsgericht" gibt, ist bei derartigen Regelungen stets eine Verständigung der Parteien darüber erforderlich, vor welchem Forum der Rechtsstreit denn anhängig gemacht werden soll. Insoweit wird in aller Regel der Ständige Schiedshof in Den Haag in Betracht kommen.

Unter dem Gedanken der Effektivität erscheint es bemerkenswert, daß die Schiedsklauseln kaum ***verfahrensgestaltende Regeln*** vorgeben. Gewöhnlich sind die Vorschriften so allgemein gehalten, daß sie nicht einmal einen Hinweis geben, daß der den Parteien eröffnete Dispositionsrahmen der Ausfüllung bedarf. Keine der Bestimmungen macht darauf aufmerksam, daß etwa die Verständigung über bestimmte Verfahrenselemente unabdingbare Voraussetzung für eine Erledigung durch Schiedsspruch ist. Vielmehr bleibt für eine Prozeß-Sabotage relativ viel Raum. Denn durch Nichternennen der erforderlichen Schiedsrichter kann unter Umständen das gesamte Verfahren zum Stillstand ge-

---

98 So Art. XIV Abs. 2 CW-Übereinkommen und Art. VI CTBT [Hervorhebung v. Verf.]. Zur CWC siehe näher *W. Krutzsch/R. Trapp*, Commentary, Art. XIV, S. 231 ff., 235.
Im Unterschied dazu ergibt sich die Möglichkeit der schiedsrichterlichen Konfliktlösung nach Art. 24 Tlatelolco-Vertrag daraus, daß die Parteien schlichtweg ein anderes als die ausdrücklich genannten Mittel (Verhandlungen und Vorlage an den IGH) wählen können.

99 Zur Mittlerrolle siehe *T. Marauhn*, Dispute Settlement in Nuclear Arms Control, in: Institut de France (Hrsg.), S. 25, 33.; *I. Kenyon*, Dispute Resolution in Multilateral Arms Control, in: Dahlitz (Hrsg.), S. 253, 258.

100 So Art. XI Abs. 1 Antarktis-Vertrag; Art. 21 Bangkok-Vertrag; Art. 15 Pelindaba-Vertrag.

bracht werden, da insofern eine Ersatzvornahme durch das Gericht oder Dritte nicht vorgesehen ist.[101]

b) Der Internationale Gerichtshof

Im Unterschied zur schiedsrichterlichen Streitbeilegung, die aufgrund der Dispositionsmöglichkeiten der Parteien auch komplexere Schiedsklauseln hervorgebracht hat, reichen für die Begründung der Zuständigkeit des ***Internationalen Gerichtshofs*** schon einfache Bestimmungen aus.[102] Sie vermögen für *"[...] in geltenden Verträgen und Übereinkommen besonders vorgesehene Angelegenheiten"* (Art. 36 Abs. 1 IGH-Statut) die Zuständigkeit des IGH zu begründen. Wesentliche Verfahrenselemente, wie die anzuwendenden Rechtsquellen oder die Zusammensetzung des Gerichts, sind schon vorab bestimmt. Die Zuweisung einer Streitigkeit bedarf daher nicht detaillierter Umsetzungsregeln, sondern führt ohne weiteres zu einem die Konfliktparteien bindenden Ergebnis.[103] Gleichwohl oder gerade deswegen finden sich im Völkerrecht weitaus weniger Verträge mit Zuweisungen an den IGH als an die internationale Schiedsgerichtsbarkeit.[104]

Unter den einschlägigen Abrüstungs- und Rüstungskontrollverträgen jedoch nennen mit Ausnahme des LANDMINEN-ÜBEREINKOMMENS alle Regelungen ausdrücklich auch die Möglichkeit der Streiterledigung durch den IGH.[105] Allein Art. 10 LANDMINEN-ÜBEREINKOMMEN erwähnt den Gerichtshof nicht explizit, fordert jedoch das Treffen der Vertragsstaaten dazu auf, die Parteien zur Beilegung der Streitigkeit mit dem Mittel ihrer Wahl zu bewegen. Im Rahmen dessen ist also auch hier die Vorlage an den IGH denkbar.

Neben der Beilegung zwischenstaatlicher Streitigkeiten im streitigen Verfahren sehen drei Verträge auch die Möglichkeit vor, den IGH um Erstattung eines – unverbindlichen – ***Rechtsgutachtens*** zu ersuchen.[106] Zunächst fand eine solche

---

101 Eingehend zu dem Problem der Prozeß-Sabotage *G. Hoffmann,* Grenzen rechtlicher Streiterledigung, in: BDGV 9 (1969), S. 1, 24.

102 Deutlich *L. Sohn,* Disputes Relating to the Interpretation and Application of Treaties, in: RdC 150 (1976-II), S. 195, 270: *"[T]he best clauses are the simplest."*

103 Dazu näher *ibid.*, S. 271.

104 *R. Higgins,* International Law and How We Use It, S. 188, beziffert diese mit über 260 bis zum Jahr 1994.

105 Siehe Art. XIV Abs. 2 CWC; Art. 21 Bangkok-Vertrag; Art. 15 Pelindaba-Vertrag; Art. VI Abs. 2 CTBT; Art. 24 Tlatelolco-Vertrag; Art. XI Abs. 2 Antarktis-Vertrag; Art. XVII.A IAEO-Statut.

106 Zu Gutachten-Verfahren siehe *J. Collier/V. Lowe,* Settlement of Disputes, S. 182 ff.; *J. Merrills,* International Dispute Settlement, S. 136 f.; *H. Thirlway,* Advisory Opinions of International Courts, in: EPIL I (1992), S. 38 ff.

Regelung in das Statut der IAEO Eingang, die wesentlich Art. 76 der WHO-Satzung v. 22. Juli 1946[107] nachgebildet wurde.[108] In Art. XVII.B IAEO-Statut heißt es:

> *"Unter Vorbehalt der Ermächtigung durch die Generalversammlung der Vereinten Nationen sind die Generalkonferenz und der Gouverneursrat unabhängig voneinander befugt, den Internationalen Gerichtshof um ein Gutachten über jede Rechtsfrage zu ersuchen, die sich bezüglich der Tätigkeit der Organisation ergibt."*

Auch Art. XIV Abs. 5 CW-ÜBEREINKOMMEN und Art. V Abs. 5 CTBT ermächtigen Exekutivrat und Vertragsstaatenkonferenz als die zuständigen Organe, den Gerichtshof um die Erstattung von Rechtsgutachten zu ersuchen. Wie im IAEO-Statut steht die Befugnis allerdings unter dem Vorbehalt der vorherigen Ermächtigung durch die UN-Generalversammlung. In den Verhandlungen zum IAEO-Statut wurde deshalb die Frage erörtert, ob aufgrund der Formulierung "Vorbehalt der Ermächtigung" in jedem Einzelfall eine Genehmigung erforderlich sei. Diese Frage stellt sich insbesondere aber hinsichtlich der OPCW. Gegen die Annahme, die UN-Generalversammlung könne eine Blankettermächtigung erteilen, welche letzterer Institution die Rechtsmacht einräumt, autonom Rechtsgutachten anzufordern, wurde Art. 96 Abs. 2 UN-Charta angeführt. Dort heißt es:

> *"(2) Andere Organe der Vereinten Nationen und Sonderorganisationen können mit jeweiliger Ermächtigung durch die Generalversammlung ebenfalls Gutachten des Gerichtshofs über Rechtsfragen anfordern, die sich in ihrem Tätigkeitsbereich stellen."*

In Hinblick auf diese Norm wurde argumentiert, daß ihre tatbestandlichen Voraussetzungen bei der OPCW nicht vorliegen. Ihr Adressat sind die "Organe der Vereinten Nationen und Sonderorganisationen"; ein solches ist zwar die IAEO, nicht aber die OPCW.[109] Die aus dieser Rechtsstellung resultierende Problematik hat praktisch dadurch an Bedeutung verloren, daß die "Relationship Agreements", die das Verhältnis zwischen den Organisationen und den Vereinten Nationen näher ausgestalten,[110] und die sie begleitenden Dokumente eindeu-

---

107 Verträge der BRD, Bd. 1, S. 259.

108 Zu den näheren Hintergründen der Regelung und einzelnen Vorschlägen siehe *P. Szasz,* Law and Practices of the IAEA, S. 931 ff.

109 Zu den Positionen in den Verhandlungen zum IAEO-Statut und ihrer Bedeutung vgl. statt aller *P. Szasz,* Law and Practices of the IAEA, S. 931 ff. m.w.N.

110 Siehe Relationship Agreement Between the United Nations and the International Atomic Energy Agency, angenommen von der UN-Generalversammlung, UN-Doc. A/Res/1145 (XII) v. 14. November 1957, Annex, und der IAEO-Generalversamm-

tige Anordnungen treffen. Zunächst erkennen sowohl die UN wie auch beide Internationalen Organisationen in den Abkommen ihre wechselseitigen Zuständigkeiten an.[111] Im Unterschied zur IAEO, die im "Relationship Agreement" dann eine allgemeine Ermächtigung zur Anforderung von Rechtsgutachten erhält,[112] heißt es im Abkommen zwischen UN und OPCW, daß *"[...] jeder entsprechende Antrag [der OPCW] der Generalversammlung vorgelegt werden muß, die in Übereinstimmung mit Art. 96 der Charta über ihn entscheidet."*[113] Diese Formulierung wird daher nur so zu verstehen sein, daß sich die Generalversammlung bei positivem Entscheid mit einer eigenen Anfrage (i.S.v. Art. 96 Abs. 1 UN-Charta) an den Gerichtshof wendet.[114] Die Dokumente sind folglich unterschiedlich gestaltet. Die IAEO hat von der erteilten Ermächtigung bislang keinen Gebrauch gemacht.[115]

Mit der Frage, unter welchen näheren Voraussetzungen Internationale Organisationen um Erstattung eines Rechtsgutachtens ersuchen können, hat sich der IGH in seinen beiden Rechtsgutachten zur Frage der Rechtmäßigkeit der Drohung mit bzw. des Einsatzes von Kernwaffen befaßt.[116] Der Gerichtshof verweist dort auf drei Kriterien: Zunächst muß die Vertragsorganisation, die um ein Gut-

---

lung am 23. Oktober 1957; sowie Relationship Agreement Between the United Nations and the OPCW, UN-Doc. A/Res/55/283 v. 24. September 2001, angenommen von der UN-Generalversammlung am 7. September 2001 und der OPCW-Vertragsstaatenkonferenz am 17. Mai 2001. Zum CTB-Übereinkommen ist eine entsprechende Vereinbarung bislang nicht verhandelt worden.

111 Im Unterschied zu der Vereinbarung mit der IAEO führt dabei das mit der OPCW geschlossene Abkommen unter den Aufgaben der UN ausdrücklich auch die friedliche Streitbeilegung an (Art. I Abs. 3). Angesichts der generellen Vorbehalte gegenüber der internationalen Gerichtsbarkeit dürfte die Aufnahme einer entsprechenden Regelung in das erstgenannte Abkommen zu Zeiten des Kalten Krieges kaum denkbar gewesen sein. Dazu näher International Law Association, Committee on Arms Control and Disarmament Law (*D. Fleck*, Rapporteur), Report (2000), Para. 7.

112 Siehe Art. VII Abs. 2 UN-OPCW Relationship Agreement in Verbindung mit UN-Doc. A/Res/1146 (XII) v. 14. November 1957, Para.1: *"**Authorizes** the International Atomic Energy Agency to request advisory opinions of the International Court of Justice on any legal question [...]."* [Hervorhebung v. Verf.].
Zu Erteilung und Widerruf entsprechender allgemeiner Ermächtigungen an Sonderorganisationen siehe *H. Mosler*, in: Simma (Hrsg.), Art. 96, Rn. 20.

113 Art. VII Abs. 2 UN-OPCW Relationship Agreement [Übers. v. Verf.].

114 *E. Myjer*, Closer Towards an International Arms Control Organization, in: ders. (Hrsg.), S. 61, 127, Fn. 378, hält das "Relationship Agreement" insoweit für unklar.

115 Zur Übersicht über die Praxis siehe *H. Mosler*, in: Simma (Hrsg.), Art. 96, Rn. 21.

116 *IGH*, Legality of the Use by a State of Nuclear Weapons in Armed Conflict, Advisory Opinion, ICJ Rep. 1996, S. 66 ff.; *IGH*, Legality of the Threat or Use of Nuclear Weapons, Advisory Opinion, ICJ Rep. 1996, S. 226 ff.

achten bittet, satzungsgemäß befugt sein, den Gerichtshof entsprechend anzurufen. Ferner darf die beantragte Stellungnahme nicht lediglich eine Rechtsfrage aufgrund der Satzung zum Gegenstand haben. Die Frage muß sich vielmehr gerade im Rahmen der satzungsgemäßen Aktivitäten der betreffenden Organisation stellen.[117] Nicht allgemein, sondern nur unter diesen engen Voraussetzungen wird eine Vertragsorganisation das Gericht um eine Stellungnahme ersuchen können. In Hinblick auf die speziellen Zuständigkeiten von IAEO und OPCW, die Aufsicht über die vertraglichen Beschränkungen von A- und C-Waffen und deren Vernichtung, dürften praktisch jedoch alle Fragen, die sich auf die materiellen Verbotstatbestände und deren Verifikation beziehen, vorlagefähig sein. Im Übrigen lassen sich den "Relationship Agreements" nähere Anhaltspunkte hinsichtlich der Anerkennung und Abgrenzung von Zuständigkeiten entnehmen.[118] Diese sind bei einer entsprechenden Vorlage zu berücksichtigen.

c) Vertragliche Gemeinschaftsorgane

Neben dem Internationalen Gerichtshof und der internationalen Schiedsgerichtsbarkeit sehen CW- und CTB-ÜBEREINKOMMEN zudem die Möglichkeit vor, ***vertragliche Gemeinschaftsorgane*** als Forum der Streitschlichtung zu wählen. Da kein Gerichtshof tätig wird, handelt es sich hier – systematisch betrachtet – um einen Sonderfall der schiedsrichterlichen Streitentscheidung durch eine politische bzw. quasi-juristische Institution. Dies setzt jedoch voraus, daß die Vertragsstaatenkonferenz entsprechende Organe geschaffen hat, die über eine Frage der Auslegung oder Anwendung des betreffenden Rechtsinstruments befinden. Eine dahingehende Befugnisnorm findet sich in Art. XIV Abs. 4 CW-ÜBEREINKOMMEN, wonach die Vertragsstaatenkonferenz *"[...] Organe für die Beilegung [von] Streitigkeiten"* schafft oder *"vorhandene Organe mit dieser Aufgabe"* betraut. Eine nahezu wortgleiche Regelung enthält Art. VI Abs. 4 CTBT. Bislang ist von diesen Bestimmungen kein Gebrauch gemacht worden.[119] Ange-

---

117 *IGH,* Legality of Use by a State of Nuclear Weapons in Armed Conflicts, Advisory Opinion, ICJ Rep. 1996, S. 66, 71-72 (Para. 10).
Eine ausführliche Kritik der Gutachten zu den Anfragen der WHO und der Generalversammlung findet sich etwa bei *D. Akande,* Competence of International Organizations and Advisory Jurisdiction, in: EJIL 9 (1998), S. 437, 441 ff. m.w.N.

118 Vgl. Art. I Relationship Agreement UN-IAEO sowie Art. I Relationship Agreement UN-OPCW.

119 *I. Seidl-Hohenveldern,* Grenzen rechtlicher Streiterledigung, in: BDGV 9 (1969), S. 45, 47 ff., 72, sowie 142 ff., geht überdies vom Bestehen einer "implied power" aus, der zufolge eine Organisation Streitfälle auch dann einer rechtlichen Erledigung zuführen und hierzu *ad hoc* oder auf Dauer eine Instanz schaffen kann, wenn dies in der Satzung nicht ausdrücklich vorgesehen ist, zur Erreichung der Ziele aber

sichts der Möglichkeiten, IGH und Schiedsgerichtsbarkeit um verbindliche Entscheidung einer Streitfrage anzurufen, machte es wenig Sinn, innerhalb des Vertragssystems ähnlich gestaltete Schiedsinstanzen zu schaffen. Denkbar wäre jedoch, diese Regelungen als Rechtsgrundlage für die Errichtung von vertraglichen Beratungskommissionen zu nutzen, wie sie sich in den bilateralen Abrüstungsverträgen finden.[120]

In diesem Zusammenhang ist schließlich darauf hinzuweisen, daß unter dem CW-ÜBEREINKOMMEN mit der "Confidentiality Commission" schon ein Spezialorgan geschaffen wurde, das sich mit Streitigkeiten, die durch die Weitergabe vertraulicher Informationen entstehen, befaßt.[121] Ein Organ mit ähnlich speziellen Kompetenzen sieht auch Art. II Abs. 26 *lit.* j CTBT vor. Ferner bestimmt § 22 des Musterabkommens INFCIRC/153 (Corr.), daß Streitigkeiten zwischen dem betreffenden Staat und der IAEO über die Auslegung und Anwendung der Sicherungsabkommen durch ein besonderes Schiedsgericht beigelegt werden. Die Vorschrift regelt auch die Zusammensetzung des Gerichts. Die Regelungen sind seit Gründung der Agentur noch nicht angewandt worden, vielmehr hat man sich stets bemüht, Differenzen vor ihrer Eskalation zur Streitigkeit auszuräumen. Fachleute vertreten daher die Auffassung, daß die bloße Existenz eines solchen Mechanismus geeignet sei, die Lösung von Auseinandersetzungen herbeizuführen.[122]

---

notwendig erscheint. Dazu zustimmend *C. Ophüls* und *R. Bernhard,* Diskussionsbeiträge, ibid., S. 144, sowie ablehnend *G. Jaenicke* und *K. Zemanek,* ibid., S. 142 f.

120 Soll auf der Basis dieser Regelungen ein Schiedsgericht geschaffen werden, so stellt sich die Frage nach der rechtlichen Verbindlichkeit der von diesem Organ gefällten Entscheidungen. Da die Organe ihre Kompetenzen von den Vertragsstaatenkonferenzen herleiten, diese aber nicht über Rechtsprechungsbefugnisse verfügen, dürften die Organe nur dann ermächtigt sein, bindende Entscheidungen zu fällen, wenn sich die Streitparteien dahingehend verständigen. Vgl. auch Art. VIII Abs. 21 *lit.* f CWC: Die Konferenz der Vertragsstaaten setzt Nebenorgane ein, die sie *"[...] zur Wahrnehmung ihrer Aufgaben in Übereinstimmung mit diesem Übereinkommen"* für nötig hält.

121 Rechtsgrundlage ist Para. 23 CWC-Vertraulichkeitsanhang. Zu diesem Organ siehe *R. Mathews/ T. McCormick,* Disputes Between the Inspected State Party and the Inspection Team, in: Bardonnet (Hrsg.), S. 509 ff.; *R. Mathews/T. McCormick,* Pre-Empting Inspection-Related Disputes, in: Contemporary Security Policy 16 (1995), S. 396 ff.; *M. Asada,* Treaty Compliance Disputes in Multilateral Arms Control, in: Dahlitz (Hrsg.), S. 225 ff.; *E. Myjer,* Closer Towards an International Arms Control Organization, in: ders. (Hrsg.), S. 61, 100 ff.

122 So *R. Mathews/T. McCormick,* Pre-Empting Inspection-Related Disputes, in: Contemporary Security Policy 16 (1995), S. 396, 399, unter Berufung auf Expertengespräche im Sekretariat der IAEO. Siehe ferner *T. Lohmann,* Sicherungsmaßnahmen der IAEO, S. 110 m.w.N.

III. Zusammenfassende Würdigung

Unter Berufung auf den IGH im *Nuklearwaffen-Gutachten* vertritt die vorliegende Untersuchung die Auffassung, daß Auseinandersetzungen im Bereich der Abrüstung und Rüstungskontrolle ungeachtet ihrer politischen Implikationen internationale Streitigkeiten darstellen. Entsprechende Vertragsrechtsstreitigkeiten können daher umfassend Gegenstand von Streitbeilegungsverfahren sein. Auf Auslegung und Anwendung bezogene Schiedsklauseln im Sinne von Art. 33 UN-Charta finden sich gleichwohl nur in den Kollektivverträgen der Rüstungsbeschränkung. Den bilateralen Konventionen sind sie fremd. Keines dieser Abkommen sieht die Möglichkeit vor, einen Streitfall einerseits vor den Internationalen Gerichtshof oder ein Schiedsgericht zu bringen oder andererseits den UN-Sicherheitsrat oder die Vollversammlung anzurufen. Die Verträge klammern vielmehr alle unter Beteiligung Dritter ablaufenden Formen der Streitentscheidung abstrakt aus. Gleichwohl haben die als Organe geschaffenen gemeinsamen Implementierungskommissionen einen institutionellen Rahmen vorgeben können, in dem sich die Parteien neben der Verifikation auch relativ erfolgreich mit Streitfragen auseinandergesetzt haben. Letztlich handelt es sich dabei um eine Form von institutionalisierten Konsultationen und Verhandlungen.[123] Sie dienen insofern der Rechtsdurchsetzung, als sie dem für die Lebensfähigkeit der Verträge wichtigen Kräftegleichgewicht besonders Rechnung tragen. Diese Architektur wurde auch nach der Multilateralisierung der Abkommen nicht aufgegeben und liegt ferner dem im Jahre 1999 revidierten KSE-VERTRAG zugrunde.

Kompromissarische Klauseln, die auf diplomatische Mittel und richterliche Verfahren der Streitbeilegung verweisen, kennen vor allem die jüngeren der mehrseitigen Übereinkommen. Die Möglichkeit der Einschaltung Dritter in den Prozeß der Rechtsverwirklichung ist dabei Ausdruck des in der multilateralen Konstellation erhöhten Bedarfs nach einer einheitlichen Vertragsanwendung sowie einer zentralisierten Auslegungsinstanz.[124] Entsprechende Bestimmungen sind meist einfach strukturiert und geben nur wenige Verfahrenselemente vor. In sachlicher Hinsicht erfassen sie gewöhnlich alle Auseinandersetzungen über Auslegung und Anwendung der Konventionen, in persönlicher Hinsicht sind oft nur die Vertragsstaaten aktivlegitimiert.

---

123 Der Bericht der ILA, Committee on Arms Control and Disarmament Law (*D. Fleck*, Rapporteur), London 2000, Para. 16, hebt ferner hervor, daß es sich hier um eine besonders kostengünstige Form des "institution-building" handelt.

124 Vgl. *D. Högel*, Rüstungskontrolle und Völkerrecht, S. 118.

Welche diplomatischen Schlichtungsmethoden die Parteien zur Anwendung bringen sollen, wurde vor allem in den älteren Verträgen nicht näher bestimmt. Zweckmäßigerweise wurde zum Teil jedoch das Scheitern von Verhandlungen zwischen den Beteiligten zur Bedingung für die Inanspruchnahme richterlicher Mittel der Konfliktlösung gemacht. Vor allem in den älteren Verträgen besitzt das Verfahren eine streng spiegelbildliche Struktur. Kennzeichen der jüngeren Klauseln ist dagegen eine asymmetrische Gestalt, bei der nunmehr ein Vertragsorgan als weiterer Akteur in den Ablauf eingebunden wird. Die Organe sollen die Verständigung der Parteien auf ein Schlichtungsinstrument aktiv vermitteln; außerdem sollen sie durch die Vorgabe von Fristen für einen zügigen Ablauf der Verfahren Sorge tragen. Die Streitschlichtung verliert damit insgesamt an konfrontativem Charakter.

Zuweisungen an die internationale Gerichts- und Schiedsgerichtsbarkeit finden sich in allen mehrseitigen Verträgen der Rüstungsbeschränkung, soweit diese über Schiedsklauseln verfügen. Derartige Vorschriften enthalten oft nur wenige Verfahrensvorgaben. Meist sind die Regelungen recht offen gefaßt und geben den Parteien breite Gestaltungsspielräume. Diese bedürfen bei Schiedsverfahren vor allem in Hinblick auf die Zusammensetzung der Schiedsinstanz wie die Einleitung und die Durchführung des Verfahrens der Konkretisierung. Vermögen sich die Streitbeteiligten nicht *ad hoc* auf die notwendigen Elemente zu verständigen, so besteht hier mangels Ersatzvornahmebefugnis die Möglichkeit der Prozeß-Sabotage. Jedenfalls wird in der Praxis das Risiko der Verfahrensverschleppung nicht zu unterschätzen sein.

Im Übrigen wird die Einleitung bindender Verfahren der Streitentscheidung auch durch das Fehlen eines Obligatoriums bzw. genereller Unterwerfungsmöglichkeiten erschwert. Eine Vorlage an den Internationalen Gerichtshof ist nur durch *ad hoc*-Kompromiß möglich. Daneben sehen CTB-, NV- und CW-ÜBEREINKOMMEN die Möglichkeit vor, den IGH um Erstattung von Rechtsgutachten zu ersuchen. Im Unterschied zum streitigen Verfahren sind insoweit auch die Vertragsorgane antragsberechtigt. Die IAEO kann daher als Sonderorganisation autonom Stellungnahmen anfordern, während die OPCW mangels privilegierter Rechtsstellung stets der Ermächtigung durch die UN-Generalversammlung bedarf. Die genannten Verträge sehen für bestimmte Streitfragen, die sich im Rahmen der Durchführung von Aufsichtsmaßnahmen, vor allem von Vor-Ort-Inspektionen ergeben, ferner Schiedsverfahren vor vertragsinternen Organen vor. Verständigen sich die Beteiligten auf diese Mittel, so können die Organe in "Verwaltungsfragen" bindende Entscheidungen fällen.

Die Einzelanalyse macht insgesamt deutlich, daß der Entwicklungsstand der Streitschlichtung in den Verträgen der Abrüstung und Rüstungskontrolle hinter anderen Normkomplexen des Völkerrechts zurückbleibt. Von Verhandlungen und Konsultationen abgesehen ist diese Methode der Rechtsdurchsetzung in den bilateralen Verträgen bedeutungslos. Und auch unter den multilateralen Abkommen hat eine Institutionalisierung des Verfahrens, wie sie insbesondere im Wirtschaftsvölkerrecht von GATT/WTO, aber auch beim Menschenrechtsschutz anzutreffen ist, bislang nicht stattgefunden. Wie weit vorhandene Souveränitätsvorbehalte gehen und den Weg vor die internationale Gerichts- und Schiedsgerichtsbarkeit behindern, beweist die Tatsache, daß bislang nicht eine der vertraglichen Schiedsklauseln in der Praxis zur Anwendung gelangt ist.[125] Da eine wesentliche Aufwertung der "rule of law" mangels voranschreitender Integration auch nicht zu erwarten ist, kann mit der Vorlage einer einschlägigen Vertragsrechtsstreitigkeit an den IGH oder ein Schiedsgericht derzeit nicht gerechnet werden.

C. Das Verhältnis von Aufsichts- und Streitbeilegungsverfahren

Sehen völkerrechtliche Verträge neben den autoritativen Streitbeilegungsmitteln auch partnerschaftliche Aufsichtsverfahren zur Rechtsdurchsetzung vor, so stellt sich abstrakt die Frage nach dem Verhältnis dieser Instrumente zueinander.[126] Das Abgrenzungsproblem besteht im Recht der Abrüstung und Rüstungskontrolle aber nur unter den mehrseitigen Verträgen. Bei den bilateralen Abkommen kommt ihm keine Bedeutung zu, da diese keine auf Auslegung und Anwendung bezogenen Schiedsklauseln mit Zuweisung an die internationale Gerichts- und Schiedsgerichtsbarkeit kennen.

Aufgrund entsprechender Ansatzpunkte, dem Fall der Normabweichung, ist bei einigen multilateralen Verträgen die Überschneidung der Mechanismen denkbar. Die Bedeutung dieser Problematik läßt sich anhand eines Falls veranschaulichen:[127] Kommt ein Mitglied seinen Vertragspflichten nicht oder nur

125 So der Bericht der ILA, Committee on Arms Control and Disarmament Law (*D. Fleck*, Rapporteur), London 2000, Para. 17. Im Zuge der Ost-West-Annäherung hatten die USA und die Sowjetunion jedoch angekündigt, den Internationalen Gerichtshof stärker nutzen zu wollen. U.a. sollte eine eigene Kammer für bilaterale Streitigkeiten gebildet werden. Siehe dazu *H.-J. Heintze*, Wirtschaftliche Zwangsmaßnahmen, in: ders. (Hrsg.), S. 85 ff. m.w.N.

126 Dazu grundlegend *M. Koskenniemi*, Breach of Treaty or Non-compliance?, in: YIEL 3 (1992), S. 123 ff.; zum Umweltvölkerrecht ferner *U. Beyerlin/T. Marauhn*, Rechtsetzung im Umweltvölkerrecht, S. 145 ff.

127 Zu dieser Fallgestaltung vgl. *W. Lang*, Compliance with Disarmament Obligations, in: ZaöRV 55 (1995), S. 69, 71; zur Frage der Abgrenzung siehe *M. Ehrmann*, Erfüllungskontrolle im Umweltvölkerrecht, S. 463 ff., mit Ausführungen zu umweltvölkerrechtlichen Verträgen.

unzureichend nach, so könnte die Vertragsuntreue dieser Partei als "non-compliance" Gegenstand eines Aufsichtsverfahrens, als Anwendungs- oder Auslegungsfrage aber auch Anlaß für ein (paralleles) Streitbeilegungsverfahren sein. Entsprechend dem Ermessens- und Opportunitätsprinzip wäre die Aufsichtsbehörde im Rahmen des Erfüllungskontrollverfahrens nicht einmal gezwungen, die Rechte einer säumigen Vertragspartei zu suspendieren. Vielmehr könnte sie möglicherweise Unterstützung und Hilfe anbieten, um zukünftig drohenden Vertragsverstößen entgegenzuwirken, oder sogar ganz von einem Einschreiten absehen. Hingegen könnte im Rahmen eines Streitbeilegungsverfahrens der IGH oder ein Schiedsgericht die betreffende Partei zur Staatenhaftung verurteilen. In derselben Ausgangssituation ist es folglich möglich, unterschiedliche Verfahren mit entgegengesetzten Rechtsfolgen zu durchlaufen.

Es stellt sich daher die Frage nach der Beziehung der Instrumente der Erfüllungskontrolle zu denen der Streitbeilegung. Theoretisch sind drei Konstellationen denkbar: ein Vorrang der Aufsichtsverfahren, der Vorrang der Streitbeilegungsmittel oder aber eine konkurrierende Anwendbarkeit. Angesichts der Zögerlichkeit der internationalen Staatengemeinschaft, eine Frage der Rüstungsbeschränkung zur verbindlichen Entscheidung vor den IGH oder ein Schiedsgericht zu bringen, mag die Bedeutung für die Praxis eher gering erscheinen. Abstrakt läßt sich die Problematik kaum beantworten und ist im einschlägigen Schrifttum noch nicht behandelt worden.[128]

Zunächst erscheint klärungsbedürftig, ob denn in Hinblick auf die ***Verfahrensbeteiligten*** überhaupt eine Überlagerung der Mechanismen denkbar ist. So könnten einer Parallelität schon unterschiedliche Regelungen zur persönlichen Anwendbarkeit der Instrumente entgegenstehen.

Von etwaigen Vorlagemöglichkeiten an die Vereinten Nationen abgesehen, haben die Staaten unter MEERESBODEN-, WELTRAUM-, MOND- und BW-ÜBEREINKOMMEN auf vertragsspezifische Aufsichtsregime verzichtet und Modelle unmittelbarer, wechselseitiger Überwachung zwischen den Parteien geschaffen. Überdies verfügt keiner der Verträge über eine kompromissarische Klausel. Die Frage nach der Beziehung zu den Streitbeilegungsverfahren stellt sich hier also nicht.

Anders stellt sich die Rechtslage bei den jüngeren Kollektivverträgen der Rüstungsbeschränkung dar, unter denen durchweg institutionalisierte Erfüllungskontrollsysteme eingerichtet wurden. Hier treten sich im Rahmen des Aufsichtsverfahrens *prima facie* ein Vertragsorgan und die betreffende Partei gegenüber. Diese, am Gedanken eines internationalen Verwaltungsverfahrens orientierte

---

128 Siehe allein die Ausführungen bei *T. Marauhn,* Dispute Settlement in Nuclear Arms Control, in: Institut de France (ed.), S. 25, 34 ff.

Beschreibung gibt die Konstellation der Vertragsaufsicht im Bereich der Abrüstung und Rüstungskontrolle aber nur unvollkommen wieder: Zwar befinden hier vertraglich geschaffene Gemeinschaftsorgane darüber, ob ein Staat seine Pflichten verletzt hat und welche Maßnahmen ggf. zur Wiederherstellung der Vertragstreue ergriffen werden sollten. Im Unterschied zur anlaßunabhängigen Routinekontrolle wird das Verdachtsverfahren aber nicht *proprio motu,* sondern nur auf den Einwand der Vertragsverletzung von der Behörde eingeleitet. Daher sind es die Vertragsparteien selbst, die auf der Basis einer Behauptung eine Verifikationsmaßnahme in Gang setzen, die schließlich in Berichtigungsanordnungen der betreffenden Institution einmünden kann.[129] Das Rechtsverhältnis der Staaten zueinander wird durch die Zwischenschaltung der Organisation zwar relativiert, es bleibt jedoch eine Gegenseitigkeitsbeziehung. Denn über Rechte und Pflichten gegenüber der Organisation könnten die Staaten nicht verhandeln, da diese für sie unverfügbar sind. Konsultationen sind jedoch stets Bestandteil des "Vorverfahrens", das vor einem entsprechenden Antrag typischerweise zu durchlaufen ist.[130] Wie bei der klassischen Staatenbeschwerde wird man jedenfalls bei Verfahrensbeginn den Antragsteller wie die inkriminierte Partei als die Verfahrensbeteiligten ansehen müssen.

Angesichts einer möglichen Parallelität *ratione personae* bedarf die aufgeworfene Problematik unter denjenigen Verträgen der näheren Erörterung, bei denen neben Streitbeilegungsklauseln auch Bestimmungen über parteiinitiierte Kontroll- und Durchsetzungsverfahren vorhanden sind. Dies ist bei BANGKOK-, PELINDABA-, CW- und CTB-ÜBEREINKOMMEN der Fall. Bei diesen Verträgen ist zu klären, wie sich das Verhältnis der Mechanismen in ***sachlicher Hinsicht*** darstellt.

Bedauerlicherweise gibt der ***Wortlaut*** von CW- und CTB-ÜBEREINKOMMEN nur unzureichende Antwort.[131] Die Verträge enthalten zunächst "Unberührtheitsklauseln", denen zufolge die Streitbeilegungsvorschriften *"[...] die Bestimmungen über Maßnahmen zur Bereinigung einer Lage oder zur Gewährleistung der Einhaltung, einschließlich Sanktionen, unberührt"* lassen ("without prejudice").[132] Damit stellen sie die Aufsichtsverfahren explizit neben die Mechanismen der friedlichen Streitbeilegung.[133] Mangels inhaltlicher Abgrenzung droht hier mithin die Gefahr einer beziehungslosen Parallelität der Mechanismen.

129 Siehe dazu oben 2. Kapitel, B.II.2.

130 Siehe dazu oben 2. Kapitel, B.I.3.b).aa).(1).

131 Auf dieses Mißverhältnis weist vor allem *T. Marauhn,* Durchsetzung von Rüstungskontrollvereinbarungen, in: FW 74 (1999), S. 159, 185, hin.

132 Art. XIV Abs. 6 CW-Übereinkommen; so sinngemäß auch Art. VI Abs. 6 CTBT.

133 So mit Blick auf den CTBT auch *T. Marauhn,* Dispute Settlement in Nuclear Arms Control, in: Institut de France (Hrsg.), S. 25, 32. – Anders *W. Krutzsch/R. Trapp,*

Hiervon zu unterscheiden sind – jedenfalls dem Ausgangspunkt nach – die Bestimmungen der beiden jüngeren Konventionen über nuklearwaffenfreie Zonen, BANGKOK- und PELINDABA-VERTRAG. Während dem Wortlaut nach hier allein Streitigkeiten über die Auslegung der Verträge ("dispute arising from the interpretation of this Treaty") Gegenstand kompromissarischer Klauseln sein können,[134] erfassen die Aufsichtsmechanismen Fragen der Vertragserfüllung ("verifying compliance with the obligations").[135] Die Auslegung hat jedoch ergeben, daß nach Ziel und Zweck der Regelungen, den Parteien umfassende und zügig ablaufende Mechanismen zur Durchsetzung ihrer Rechte an die Hand zu geben, die Verträge so zu verstehen sind, daß auch Anwendungsfragen zum Gegenstand der in Schiedsklauseln festgelegten Instrumente gemacht werden können. Nur so kann ein Auseinanderfallen einer Streitfrage verhindert werden.[136] Folglich besteht auch hier die Möglichkeit der Parallelität der Mechanismen.

Die Gefahr einer Überschneidung läßt sich auch aus Sicht der Aufsichtsverfahren beschreiben. Vertragliche Aufsichtsorgane befassen sich zwar allein mit erfüllungsbezogenen Problemen. Im Rahmen dieser Tätigkeit werden sie spätestens bei der rechtlichen Beurteilung ihnen vorgelegter Probleme aber nicht umhin können, vertragliche Pflichten zu präzisieren und damit auch auszulegen. Der Anwendungsbereich der Verfahren läßt sich anhand der Topoi "application and interpretation" einerseits und "non-compliance" andererseits daher nur scheinbar voneinander abgrenzen. In Wirklichkeit wirft die Begrifflichkeit das Problem auf, wer denn darüber entscheidet, ob eine Frage der Interpretation und Anwendung oder aber eben der Erfüllung eines Übereinkommens vorliegt.[137] In Ermangelung inhaltlicher Vorgaben und einer entsprechenden Instanz wird es hier der Selbstentscheidung der Vertragsparteien überlassen bleiben, welches der beiden Verfahren sie in Gang setzen. Daß in einschlägigen Fällen die Streitbeilegungsklauseln zur Anwendung gebracht werden, dürfte angesichts genereller Vorbehalte gegenüber diesen Instrumenten jedoch kaum zu erwarten sein.

Auch wenn sich aufgrund des Wortlauts unter keinem der vier genannten Verträge das Spannungsverhältnis zwischen den partnerschaftlichen Aufsichtsverfahren und den klassischen Instrumenten der Streitbeilegung sinnvoll auflösen läßt, lassen sich aus dem Gesamtzusammenhang sowie einem zielorientierten

---

Commentary, Art. XIV, S. 232: Im Falle einer Konkurrenz der Mechanismen sollen vertragsimmanente spezifische Erfüllungskontrollverfahren den Streitbeilegungsinstrumenten vorgehen.

134 Art. 21 Bangkok-Vertrag; Art. 15 Pelindaba-Vertrag.

135 Art. 12 Bangkok-Vertrag; Art. 10 Pelindaba-Vertrag.

136 Siehe oben B.II.

137 Zu dieser Argumentation siehe bereits *T. Marauhn,* Dispute Settlement in Nuclear Arms Control, in: Institut de France (Hrsg.), S. 25, 35.

Vergleich Argumente für einen ***Vorrang der partnerschaftlichen Aufsichtsverfahren*** vor den konfrontativen Instrumenten der Streitbeilegung herleiten, so daß die Aufsichtsmaßnahmen als eine Art Vorverfahren zu begreifen sind. Im Übrigen sprechen völkerrechtspolitische Überlegungen für eine entsprechende Trennung und Stufung der Mechanismen.

Rein formal kann ein Vorrang der Aufsichts- vor den Streitentscheidungsverfahren zunächst der *systematischen Stellung* entsprechender Vorschriften in den einschlägigen Vertragstexten entnommen werden. So stehen in allen Verträgen die Bestimmungen über die institutionalisierte Erfüllungskontrolle vor denen über die klassische Streitbeilegung.

Eine Trennung der Instrumente läßt sich ferner mit ihrem unterschiedlichen *Charakter* begründen. Zwar verfolgen beide Verfahrenstypen das Ziel der Rechtsdurchsetzung. In bewußter Abgrenzung gegenüber den konfrontativen Streitbeilegungsmechanismen wurden die Aufsichtsverfahren jedoch als kollektive, auf der Zusammenarbeit der Parteien beruhende und auf Verhandlungen abzielende Instrumente gestaltet.[138] Damit soll den besonderen Rahmenbedingungen und Erfordernissen von Erfüllungskontrolle und -sicherung im Bereich der Rüstungsbeschränkung Rechnung getragen werden. Diese vertragsspezifische Ausgestaltung ist es, die deutlich macht, daß vorrangig der Weg der Aufsicht beschritten werden soll. Ein Streitschlichtungsverfahren ist erst dann einzuleiten, wenn die Möglichkeiten des Erfüllungskontrollverfahrens erfolglos ausgeschöpft wurden.[139]

Eine derartige Staffelung der Verfahren entspricht ferner dem *Gedanken der Toleranz bei Normabweichung.* Im Unterschied zur Staatenhaftung, die mit dem Konzept der Vertragsverletzung auf einem "Alles oder Nichts"-Prinzip beruht, lassen sich im Rahmen der "weichen" Aufsichtsverfahren mit dem Begriff der Erfüllung ("compliance") unterschiedliche Grade der Einhaltung völkerrechtlicher Verträge ausmachen. Bewegt sich die Normabweichung innerhalb gewisser Toleranzgrenzen, so ist das Äquivalenzverhältnis meist nicht derart gestört, daß sich das Gesamtziel des Vertrags nicht mehr erreichen ließe. Dann sollte durch bestimmte Maßnahmen, insbesondere durch positive wie negative Anreize gegenüber einer säumigen Partei, versucht werden, Ziel und Zweck der Konventionen noch zu verwirklichen, statt zu Wiedergutmachung oder Genugtuung zu verurteilen. Denn diese Rechtsfolgen dienen zwar als Sanktionen, fördern jedoch in keiner Weise die Erreichung vertragsspezifischer Regelungen und Verbote.

---

138 Siehe ausführlich *C. Pinto,* Performance Management Continuum, in: ASIL/NVIR Proceedings 4 (1997), S. 371, 374.

139 So auch *W. Krutzsch/R. Trapp,* Commentary, Art. XIV, S. 232, die ihre Auffassung jedoch aus dem Wortlaut von Art. XIV CWC herleiten.

Die Vorstellung von einer gewissen Toleranz bei der Vertragserfüllung läßt sich durch zwei Rechtsfiguren stützen. Zwar hat die UN-Völkerrechtskommission in dem jüngsten Artikelentwurf über Staatenverantwortlichkeit die Unterscheidung von Verhaltens- und Erfolgspflichten nicht mehr formuliert, sie ist einer entsprechenden Systematik aber auch nicht ausdrücklich entgegengetreten. Denn nach Art. 12 ILC-Entwurf ist das Vorliegen der Verletzung einer Pflicht weiter von deren Charakter abhängig.[140] Dieser ist mit Blick auf die betreffende Regelung zu beurteilen.[141] Bei einer Reduzierungspflicht für bestimmte Rüstungsgüter etwa wird er stärker in einem Tätigwerden als in einem bedingungslos zu erbringenden Erfolg zu sehen sein. Eine Völkerrechtsverletzung kann daher zu verneinen sein, soweit der Erfolg aufgrund weiterer Bemühungen einer Partei noch nachholbar bleibt. Die Vorschrift macht also deutlich, daß eine anfängliche Abweichung dann toleriert wird, wenn eine Völkerrechtspflicht in einem zweiten Schritt noch erfüllt werden kann. Dieser Gedanke findet auch im Wortlaut von Art. 60 WVK weiteren Halt. Nach dieser Norm kommt die als Reaktion auf eine materielle Verletzung vorgesehene Beendigung oder Suspendierung eines Vertrags nur bei einer "erheblichen" Verletzung zum Tragen.[142] Im Umkehrschluß muß danach für den Fall der ***unerheblichen*** Vertragsverletzung gelten, daß nicht die vorgesehene Vertragsbeendigung oder -suspendierung folgt, sondern weniger weitreichende Rechtsfolgen greifen.

Schließlich steht eine derartige Stufung der Verfahren in Einklang mit ihrer Abfolge *in anderen Bereichen des Völkerrechts*. So sieht das Aufsichtssystem der ILO eine Aufeinanderfolge technischer und politisch-rechtlicher Phasen der Evaluierung staatlichen Verhaltens vor. Sie gestattet es, den Druck auf eine Vertragspartei je nach dem Grad und der Fortdauer der Nichteinhaltung mit organischer Stetigkeit zu steigern.[143] Auch in dem hochwirksamen Subsystem der Wirtschaftskooperation von GATT/WTO gelangen Streitbeilegungsinstrumente bei Erfüllungsproblemen erst dann zur Anwendung, wenn das auf mehrstufigen Konsultationen beruhende, präventive Aufsichtssystem (TPRM) eine Verstän-

---

140 Nach Art. 12 des ILC-Report zur Staatenverantwortlichkeit (UN-Doc. A/CN.4/L.602/Rev.1 v. 3. August 2001, Berichterstatter: *J. Crawford)* liegt die Verletzung einer internationalen Verpflichtung durch einen Staat vor, wenn *"[...] an act of that State is not in conformity with what is required by that obligation, regardless of its origin or character."*

141 Siehe *J. Crawford,* Articles on State Responsibility, Art. 12, S. 129 f.

142 Näher zu dieser Norm *I. Sinclair,* Vienna Convention on the Law of Treaties, S. 188 ff.; B. *B. Simma,* Article 60 of the Vienna Convention, in: ÖZöRV 20 (1970), S. 5 ff.

143 Dazu statt vieler *E. Landy,* Effectiveness of International Supervision, S. 198 ff.; siehe ferner *C. Pinto,* Performance Management Continuum, in: ASIL/NVIR Proceedings 4 (1997), S. 371, 375.

digung zwischen einer Partei und der Organisation nicht hat erbringen können.[144]

Nach alledem bringt der Wortlaut eine derartige Stufung zwar nicht unmittelbar zum Ausdruck, sie läßt sich jedoch dem Gesamtzusammenhang der Bestimmungen in Einklang mit Ziel und Zweck entnehmen. Gleichwohl ist es völkerrechtspolitisch empfehlenswert, den Vorrang der Erfüllungskontrolle im Verhältnis zu den traditionellen Streitbeilegungsmechanismen auch im Wortlaut so zum Ausdruck zu bringen, daß sich Aufsichtsmaßnahmen unzweifelhaft als Vorverfahren begreifen lassen. Autoritative Mittel kommen dann lediglich als *ultimum remedium* zum Einsatz.[145] Die vorgeschlagene Abstufung macht allerdings nur dann Sinn, wenn nach Abschluß des Aufsichtsverfahrens nur noch bestimmte Streitschlichtungstechniken zur Verfügung stehen. Daher sollte der Rückgriff auf diplomatische Mittel dann verwehrt werden, weil die nicht bindenden, konsultativen Instrumente schon im Rahmen der Vertragsaufsicht von den Parteien genutzt werden konnten.[146] Nach dem Grundsatz von Treu und Glauben ("good faith") werden die Beteiligten die Mittel in derselben Sache nun nicht nochmals zur Anwendung bringen können.

Im Übrigen sollte der Zugriff auf autoritative Mittel dann aber nicht nur den Vertragsstaaten, sondern umfassend auch den Gemeinschaftsorganen ermöglicht werden. Sie sind zwar nur begrenzt mit eigenen Verfahrensrechten ausgestattet, jedoch sind sie partiell völkerrechtsfähig. Jedenfalls dann, wenn eine der Parteien nach Abschluß des Aufsichtssystems etwa ein Schiedsverfahren anhängig macht, sollte auch den Behörden die Möglichkeit eröffnet werden, zu ihren Entscheidungen Stellung zu nehmen und ihre Position zu verteidigen. Vertraglichen Organen sollte daher – soweit noch nicht erfolgt – zumindest der Zugriff auf die Schiedsgerichtsbarkeit eröffnet werden.

Völkerrechtspolitisch wäre es daher ***insgesamt*** sehr zu begrüßen, wenn eine entsprechende Stufung der Instrumente in die Vertragstexte aufgenommen würde. Dabei müßte deutlich gemacht werden, daß für erfüllungsbezogene Streitfälle nach Einleitung des Aufsichtsverfahrens der Rückgriff auf die Streitschlichtung zunächst verwehrt ist. Andere Auseinandersetzungen dagegen könnten unmittelbar über die Schiedsklauseln vor gerichtliche, nun aber auch diplomatische Foren gebracht werden. Hiermit würde die richtige Balance zwischen rechtlichen und politischen Elementen bei der Erfüllungskontrolle und -sicherung ermöglicht. Schließlich befände sich eine derartige Systematik in Ein-

144 Siehe oben, 2. Kapitel, A.I.3.b).

145 Vgl. die Parallelwertung im internationalen Umweltrecht bei *U. Beyerlin/T. Marauhn,* Rechtsetzung im Umweltvölkerrecht, S. 117 f.

146 So überzeugend *C. Pinto,* Perfomance Management Continuum, in: ASIL/NVIR Proceedings 4 (1997), S. 371, 375.

klang mit ersten Erkenntnissen der modernen Implementationsforschung, wonach den streitvermeidenden Mechanismen umfassender Vorrang gegenüber streitbeilegenden einzuräumen ist.[147] Soweit sinnvoll, würde durch die Abstufung schließlich auch der Weg frei für eine flexiblere Handhabung der materiellen Vertragspflichten durch Institutionen und Parteien, die gerade im Umweltvölkerrecht schon vorgelebt wird. Im Ergebnis dürften sich auf diesem Wege Streitigkeiten über die Vertragserfüllung in größerem Umfange vermeiden lassen.

147 So für Verträge des Umweltvölkerrechts *A. Adede,* Management of Environmental Disputes, in: Lang (Hrsg.), S. 115 ff.

Zusammenfassung der Ergebnisse

I.

Nach der Bestimmung der Begriffe "Abrüstung" und "Rüstungskontrolle" befaßt sich das **erste Kapitel** mit einschlägigen Verhandlungsinitiativen. Der Gedanke der paritätischen Rüstungsbeschränkung, der auf die Haager Friedenkonferenzen von 1899 und 1907 zurückgeht, konnte über lange Zeit nicht in konkrete Vereinbarungen umgesetzt werden. Erst infolge der massiven Aufrüstung im atomaren Bereich wandten sich die Staaten von der Idee der "allgemeinen und umfassenden Abrüstung" ab und sachlich begrenzten Einzelinitiativen zu. Damit kam es zum Abschluß einer Reihe bedeutender bi- und multilateraler Verträge. Weitere bemerkenswerte Erfolge gelangen nach Aufbrechen des Ost-West-Gegensatzes und mit Errichtung einer europäischen Friedens- und Sicherheitsarchitektur. Heute stellen die Veränderungen des geopolitischen Gleichgewichts alle Bemühungen der Staatengemeinschaft um zwei- und mehrseitige Rüstungsregelungen vor neue Herausforderungen.

Mit seinen punktuellen Vertragsnormen läßt sich das Recht der Abrüstung und Rüstungskontrolle dem Recht der Friedenssicherung zuordnen. Letztlich dient es der frühzeitigen Begrenzung der Kriegsgefahr und wird insoweit durch das für den bewaffneten Konflikt geschaffene humanitäre Völkerrecht ergänzt. Die sachlichen Regelungen der Abrüstungs- und Rüstungskontrollverträge umfassen Ge- und Verbote staatlichen Handelns: Neben gebietsbezogene Vereinbarungen über die Demilitarisierung staatsfreier Räume treten zusammen mit dem NV-VERTRAG vier Regionalabkommen über die Errichtung kernwaffenfreier Zonen in Staatsgebieten. Zwei bi- und mit Inkrafttreten des CTB-ÜBEREINKOMMENS zwei multilaterale Teststopp-Verbote beschränken die Entwicklung neuer Atomwaffen. Zur Begrenzung und Reduzierung ihrer Kernwaffen, vor allem der strategischen Angriffswaffen, haben die USA und Rußland bzw. die Sowjetunion sieben vorliegend analysierte Abkommen abgeschlossen. Diese lösten sich in ihren materiellen Regelungen zum Teil untereinander ab. Daneben treten im multilateralen Bereich Konventionen über biologische und über chemische Waffen wie über Antipersonen-Landminen, die für die jeweiligen Kampfmittel vollständige Verbote festschreiben. Mit dem KSE-VERTRAG existiert schließlich für den europäischen Raum eine Rüstungsbeschränkung für konventionelle Waffen und Streitkräfte. Den sachlichen Regelungen nach läßt sich daher insgesamt nur ein sehr heterogenes Bild für die Vereinbarungen der Abrüstung und Rüstungskontrolle zeichnen, zwischen den zur Durchsetzung und Sicherung der materiellen Gehalte entwickelten Aufsichts- und Streitbeilegungsverfahren bestehen jedoch Entwicklungszusammenhänge wie auch Gemeinsamkeiten. Diese näher zu analysieren und vergleichend zu würdigen, war das Ziel der folgenden Kapitel.

II.

Nach einem Überblick über die Aufsichtsverfahren im nicht rüstungsbezogenen Vertragsvölkerrecht und die Systematisierungsansätze der Lehre wendet sich das **zweite Kapitel** entsprechenden Instrumenten im Recht der Rüstungsbeschränkung zu. Den Kontrollverfahren kommt hier eine entscheidende Rolle zu, da sie als Frühwarnsystem schon bei Erfüllungsproblemen ansetzen. Die traditionellen Instrumente der Rechtsdurchsetzung (Staatenverantwortlichkeit, Retorsion und Repressalien, Streitbeilegung und Sanktionen) sind dagegen kaum geeignet, zur Abwehr drohender nicht reversibler Schäden oder deren Wiedergutmachung beizutragen. Versteht man Aufsicht als die Beobachtung und Berichtigung staatlichen Verhaltens, so läßt sich der Begriff der "Verifikation" dem ersten dieser Abschnitte zuordnen, denn nach hier vertretener Ansicht hat er die Ermittlung, Überprüfung und Auswertung erfüllungsbezogener Tatsachen zum Gegenstand. Ziel der Verifikation ist es, die Einhaltung der Verträge zu überwachen, und durch das Risiko der Entdeckung von vertragswidrigem Tun abzuhalten. Diese Phase der Erfüllungskontrolle ist bei der Rüstungsbeschränkung wesentlich detaillierter als in anderen Bereichen des Völkerrechts geregelt und besitzt insoweit Referenzcharakter. Leitmotiv der Verifikation ist nach wie vor der Gedanke "Vertrauen ist gut, Kontrolle ist besser!".

Grundlage der Tatsachenfeststellung ist ein Dreiklang aus Nationalen technischen Mitteln, Berichtsverfahren sowie routinemäßig und/oder verdachtsabhängig ausgeführten Inspektionen. Die Verfahren dienen dem Zweck, durch die Schaffung von Transparenz das Vertrauen der Parteien in die Einhaltung der Verträge zu stärken; je nach Ausgestaltung kommt ihnen stärker präventive oder repressive Wirkung zu. Welche Methoden und Mittel jeweils vereinbart wurden, bestimmt sich abstrakt nach der Sicherheitsrelevanz der Vertragsregime, also der militärischen Bedeutung der geregelten Rüstungsmaterialien und der Reichweite der sachlichen Regelungen. Nationale technische Mittel – entstanden aus der fehlenden Kooperationsbereitschaft während des Kalten Kriegs – sind die typischen Kontrollinstrumente der amerikanisch-sowjetischen Rüstungskontrollabkommen. In den jüngeren Verträgen finden sich jedenfalls daneben auch kooperative Erfüllungskontrollverfahren. Solche partnerschaftlichen Berichts- und Inspektionssysteme stehen bei der Einhaltungskontrolle der regionalen und universellen Kollektivverträge ganz im Mittelpunkt. Diese wurden durch Anbindung an vertraglich geschaffene Organe meist auch institutionalisiert.

"Klassische" Verifikationsinstrumente im Bereich der Rüstungsbeschränkung sind Nationale technische Mittel, die sich seit dem ABM-ABKOMMEN in den bilateralen Verträgen und auch im KSE- und CTB-ÜBEREINKOMMEN finden. Sie lassen die Souveränität der Staaten unberührt. Zwar verlangt ihr Einsatz in jüngeren Konventionen häufiger die Mitwirkung der kontrollierten Mächte; er kann im Grunde aber weder verweigert, noch verhindert werden. Nationale Mittel haben sich in dem hochgradig sicherheitsempfindlichen Bereich der Rüstungskontrolle, in dem das Fehlen von Kooperation unmittelbar existentielle Interessen der Staaten bedrohen kann, vielfach als unverzichtbares Instrument der Selbstbeurteilung erwiesen. Sie werden daher auch in Zukunft einen Eckstein der Erfüllungskontrolle bilden. Neben einer entsprechenden Standardklausel zählt zum Verifikationsregime des CTB-VERTRAGS ein einzigartiges "Internationales Überwachungssystem". Entgegen der Bezeichnung wurde bei diesem jedoch allein die Phase der Aufbereitung ermittelter Daten internationalisiert und mit der zu schaffenden Vertragsorganisation CTBTO verknüpft. Die abschließende Bewertung der Tatsachen erfolgt auch hier rein national.

Positive Anreize für die Vertragstreue geben den Parteien kooperative Informations- und Berichtsverfahren. In Form des zwischenstaatlichen Informationsaustauschs haben sie in ältere, als institutionalisierte Berichtsverfahren in jüngere Abkommen der Abrüstung und Rüstungskontrolle Eingang gefunden. Sie dienen Vertragsparteien und Internationalen Organisationen zu einer ersten Sammlung wie der fortlaufenden Aktualisierung erfüllungsrelevanter Daten. Während frühe Klauseln noch einfach strukturiert sind, finden sich bei den jüngeren bi- und multilateralen Verträgen komplexe und detaillierte Berichtspflichten, die auch technische Einzelfragen berühren. Durch jährliche, ja sogar gedrängte halbjährliche Berichtsintervalle erreichen Mitteilungs- und Informationssysteme ein Maß an Offenheit, das dem internationalen Recht weithin unbekannt ist. Verbotskonventionen, die über die öffentliche Gewalt hinaus das Verhalten Privater berühren, sollten überdies stets Pflichten zur Vorlage und periodischen Bewertung von Vernichtungsplänen und Maßnahmen der innerstaatlichen Durchführung enthalten. Sie zwingen Staaten zur kritischen Selbstüberprüfung ergriffener Schritte und vermögen so die Wirksamkeit der Berichtspflichten erheblich zu steigern. Einige Abkommen verlangen zudem Sonderberichte, die bei Auftreten "besonderer Ereignisse" vorzulegen sind. Eine unmittelbare rechtliche Auswertung oder Diskussion der Mitteilungen, vergleichbar dem "konstruktiven Dialog" beim Menschenrechtsschutz, findet nicht statt. Die Untersuchung kommt zu dem

Schluß, daß etwaig geschaffene Vertragsorgane zunächst oft nur eine faktische Auswertung der Mitteilungen vornehmen.

Über die Kontrollen der WEU hinausgehende, ganz neue Standards setzt das Recht der paritätischen Rüstungsbeschränkung bei routinemäßigen Inspektionen an Ort und Stelle. Unter weitgehendem Souveränitätsverzicht sollen sie ein Höchstmaß an Gewißheit schaffen. Sie sind das Attribut besonders sicherheitsrelevanter Verträge, bei denen es die Parteien übernommen haben, die mit turnusmäßigen Ortsbesichtigungen verbundenen, erheblichen Kosten zu tragen. In fünf der untersuchten Verträge dienen sie dem Zweck, in staatlichen Mitteilungen gemachte Angaben auf ihre Richtigkeit und ggf. Vollständigkeit zu überprüfen. Die Einleitung des Verfahrens und der Inhalt der Kontrollen sind hier der Beurteilung der Staaten weitgehend entzogen und vertraglich festgelegt. Nach Inspektionsmandat und -einleitung sind drei Typen physischer Kontrollen zu unterscheiden: Eingangs- und Folgeinspektionen vertragsbegrenzter Rüstungsbestände, die Überwachung von Vorgängen der Konversion und Beseitigung zu vernichtender Rüstungsmaterialien sowie Visitationen in Stationierungs- und Herstellungseinrichtungen. Unter CW- und KSE-ÜBEREINKOMMEN sind die Inspektionsteams befugt, sich schon 36-48 Stunden nach Ankündigung auch in Einrichtungen der Privatindustrie zu begeben. Zu den intrusivsten Kontrollmodalitäten zählt ferner die unter INF- und START-ABKOMMEN durchgeführte Überwachung von Herstellungseinrichtungen: Seit Inkrafttreten observieren dauerhaft ortsanwesende "portal monitoring teams" einschlägige Verifikationsobjekte rund um die Uhr. Im Übrigen sehen die Verträge periodische Besuche vor, bei denen Inspektoren Fotoaufzeichnungen anfertigen und Proben entnehmen lassen können. Ihren formalen Abschluß finden die Maßnahmen mit der Erstellung faktenbezogener Schlußberichte durch die Inspektionsteams und deren Übermittlung. Regelungen über die Auswertung der Berichte finden sich nur bei den institutionalisierten Kontrollverfahren, den IAEO-Sicherungsmaßnahmen und beim CW-ÜBEREINKOMMEN. Sie sind vor allem mit Blick auf die Beweislastregelungen bei Informationswidersprüchen lückenhaft und bedürfen der Weiterentwicklung.

Verdachtsinspektionen hängen in zahlreichen Punkten mit routinemäßigen Ortsbesichtigungen zusammen, sind aber nicht auf Konventionen begrenzt, die solche Instrumente vorsehen. Sie sind typischerweise in den jüngeren Kollektivverträgen anzutreffen und stehen am Ende des Prozesses der Tatsachenfeststellung. Ihr Auslöser ist der in Fakten begründete Einwand der Nichterfüllung der Verträge. Umfangreichen Raum nehmen bei diesen Maßnahmen die Regelungen über die Verfahrenseinleitung ein. Während die IAEO im Rahmen ihres Ermessens *ex officio* über die Ausführung einer "enquête sur place" entscheidet, sind bei anderen Regimen allein die Vertragsparteien aktivlegitimiert.

Hier ist zu überlegen, ob nicht auch den Behörden oder nichtstaatlichen Akteuren ein Recht zur Antragstellung eingeräumt werden sollte. Die Verletzung eigener Rechte oder Interessen braucht von den Staaten nicht vorgetragen zu werden. Verfahrensbeschränkend wirken sich Quotenregelungen, Ablehnungsbefugnisse und Pflichten zur Substantiierung eingereichter Anträge aus. Um Mißbrauchsmöglichkeiten vorzubeugen, bedürfen Ersuchen gewöhnlich ausdrücklich der Zustimmung der betreffenden Vertragsorgane. Nur das CW-ÜBEREINKOMMEN enthält einen quasi-Automatismus: Inspektionsersuchen werden ausgeführt, sofern nicht eine ¾-Mehrheit im Gouverneursrat der OPCW gegen die Maßnahme stimmt. Ist eine Ortsbesichtigung genehmigt, so sind die Kontrolleure gewöhnlich befugt, sich 3-6 Tage nach Ankündigung an den Zielort zu begeben. Art und Umfang des Zugangs vor Ort unterliegen zum Teil erheblichen Beschränkungen. Für das "managed access"-Verfahren des CW- und CTB-ÜBEREINKOMMENS vertritt die Untersuchung die Ansicht, daß es praktisch unbegrenzten Zutritt gewährt, also dem amerikanischen Postulat nach "anywhere"-Inspektionen gerecht wird. Wie bei Routineinspektionen bildet die Anfertigung von Berichten den Abschluß der Maßnahmen. Bei institutionalisierten Verfahren schließt sich die Auswertung der Ergebnisse durch die zuständigen Vertragsorgane an.

Deutliche Unterschiede bestehen beim Recht der Rüstungsbeschränkung in Hinblick auf die rechtliche Beurteilung erlangter Tatsachen. Eine Institutionalisierung dieser Tätigkeit ist unter den bilateralen Abkommen und dem KSE-VERTRAG nicht erfolgt, denn die geschaffenen Implementierungskommissionen verfolgen nicht das Ziel, *ex officio* die Einhaltung der Verträge zu überwachen. Die paritätisch besetzten Gremien können den Parteien jedoch als Foren für Konsultationen und Verhandlungen dienen, um Fragen der Verifikation zu erörtern und zweifelhafte Umstände durch die Vorlage zusätzlicher Informationen aufzuklären. Auch unter den Verträgen über staatsfreie Räume, beim PARTIELLEN TESTSTOPP-VERTRAG und BW-ÜBEREINKOMMEN hat eine Institutionalisierung nicht stattgefunden. Die Konventionen beruhen weitgehend noch auf den formlosen, dezentralisierten Methoden und Mitteln der Selbstinterpretation und Selbstentscheidung der unorganisierten Staatengemeinschaft, deren Mitglieder sich in ihrer Subjektivität unmittelbar gegenüberstehen. Unter den modernen Kollektivverträgen wurden dagegen für die Auswertung und Erörterung erlangter Fakten stets eigene Vertragsinstitutionen geschaffen. Auf den Erkenntnissen der Inspektionsteams aufbauend nehmen sie in zwei- oder dreischrittigen Verfahren deren tatsächliche und rechtliche Evaluierung vor. Informationen aus anderen Quellen, etwa von NGOs, können gewöhnlich nicht herangezogen werden. Zunächst sind es meist Vertragssekretariate oder Expertenausschüsse, in denen die Auswertung in tatsächlicher Hinsicht erfolgt. Ihre Feststellungen bereiten die Entscheidung über die Einhaltung der Verträge vor, die durch politische geprägte Ausschüsse oder Plenarorgane getroffen wird. Schließlich befinden typischerweise Vertragsstaatenkonferenzen über Maßnahmen der Sanktion und Reaktion. Gerichtliche Institutionen wurden unter keinem der vorliegend untersuchten Übereinkommen geschaffen.

Da die Feststellung von Pflichtverletzungen und die Sanktionsentscheidung in den Bereich politischer Organe fallen, deren Mitglieder weisungsgebundene Regierungsvertreter sind, überrascht es im Grunde wenig, daß die Entscheidungen der Sache nach politischen Charakter tragen. Im Rahmen vertraglicher Regelungen entscheiden die Organe auch nach Ermessen, ob ein Fall der "noncompliance" vorliegt. Die Untersuchung begreift diesen Begriff, der Forschungsbedarf aufwirft, als ein vertragsspezifisches Konzept, das seinen Voraussetzungen und Rechtsfolgen nach vom "material breach" (Art. 60 WVK) und der Figur der Staatenverantwortlichkeit abzugrenzen ist. Ob ein Fall der Nichterfüllung vorliegt, richtet sich zunächst nach der Völkerrechtswidrigkeit staatlichen Verhaltens. Sodann spielt für etwaige Feststellungen eine Rolle, inwieweit es "military significance" aufweist, sich also auf die vertraglich geregelte Verteidigungsfähigkeit und Sicherheit der anderen Konventionsstaaten auswirkt. Ob und wann dies anzunehmen ist, muß im Einzelfall zwischen den Parteien ausgehandelt werden.

Institutionalisierte Möglichkeiten der Reaktion auf festgestellte Rechtsverletzungen finden sich in rüstungsregelnden Konventionen relativ selten. Die bilateralen Abkommen, der KSE-VERTRAG und mangels Institutionalisierung eine Reihe älterer Kollektivverträge enthalten keine dahingehenden Ermächtigungsnormen. Zuweisungen an die Vereinten Nationen oder eine der Regionalorganisationen finden sich ebenfalls nicht. Welche Maßnahmen ergriffen werden können, wenn die innere Kohärenz zwischen den Mitgliedern und das gemeinsame Interesse an der Rechtsbefolgung fehlen, bleibt hier – von Kündigungsvorschriften abgesehen – offen. Die Parteien sind gezwungen, sich durch Konsultationen und Verhandlungen um einvernehmliche Lösungen zu bemühen oder mit den Mitteln der Selbsthilfe ihr Recht zu suchen.

Die jüngeren Kollektivverträge sehen Durchführungsdefizite nicht generell als Tabu an. Gleichwohl fällt auch hier das Instrumentarium der Abwehr- und Ausgleichsmöglichkeiten nur knapp aus. Welche Maßnahmen die Organisationen ihren Mitgliedern antragen, ist vorbehaltlich spezifischer Regelungen eine nach Opportunitäts- und Effizienzgesichtspunkten zu treffende Einzelfallentscheidung. In der Regel wird es sich um pönalisierende Schritte handeln, bei unverschuldeter Säumnis können zum Teil auch unterstützende Maßnahmen, wie etwa Technologietransfers oder das "capacity building", in Betracht kommen. Bei allen Akten ist der Grundsatz der Verhältnismäßigkeit zu beachten. Stets können sich Internationale Organisationen kraft der Gründungsverträge oder

Gewohnheitsrechts mit unverbindlichen Empfehlungen an ihre Mitglieder und die Staatengemeinschaft wenden. Derartige Ratschläge und Verlautbarungen sollen säumige Parteien anhalten, aus eigenem Antrieb die geschuldete Leistung nachzuholen. Weitergehende Befugnisse bestehen nur ausnahmsweise dann, soweit einschlägige Kollektivverträge den Erlaß rechtlich bindender Anordnungen vorsehen. Dann können die Behörden bindende Entscheidungen fällen, die den Mitgliedern in Verwaltungsfragen gewährte Rechte und Privilegien entziehen. Operative Beschlüsse, um die Parteien zur Vertragstreue anzuhalten, vermögen sie nicht zu fassen. Unter CW- und CTB-ÜBEREINKOMMEN verfügen die Organisationen ferner über die Rechtsmacht, der Gemeinschaft der Vertragsstaaten Kollektivmaßnahmen anzutragen. Im Übrigen ermächtigen zehn von 14 der Kollektivverträge (rd. 71 %) die Parteien oder die Institutionen, bei gravierenden Vertragsverletzungen als *ultima ratio* die Vereinten Nationen oder eine Regionalorganisation anzurufen. Liegt eine Rechtsverletzung vor, die durch Bedrohung des Weltfriedens oder der internationalen Sicherheit dem UN-Sicherheitsrat ein Tätigwerden nach Kapitel VII UN-Charta eröffnet, wird ein Potential freigesetzt, das aufgrund der erheblichen Durchschlagswirkung rechtmäßiger Beschlüsse des Sicherheitsrats den Schwächen des Rüstungskontrollrechts die Spitze zu nehmen vermag. In der Praxis ist von dieser Möglichkeit nur vereinzelt Gebrauch gemacht worden.

Neben den Reaktionsmöglichkeiten, die das institutionalisierte Aufsichtsverfahren eröffnet, enthält die überwiegende Zahl der Verträge spezielle Rücktritts- und Kündigungsklauseln, die den Parteien einseitige Gestaltungsrechte geben, wenn ihnen aufgrund außergewöhnlicher Ereignisse ein Festhalten am Vertrag unzumutbar erscheint. Im Übrigen lassen sich jedenfalls abstrakt keine hinreichenden Anhaltspunkte dafür nachweisen, beim Recht der Abrüstung und Rüstungskontrolle von einem *self-contained régime* auszugehen. Daher können die Vertragsstaaten auf die dem allgemeinen Völkerrecht entstammenden Instrumente der einseitigen Rechtsdurchsetzung, wie Gegenmaßnahmen, zurückgreifen, wenn vertragliche Verfahren und Mechanismen ergebnislos durchlaufen wurden oder ihre Anwendung aufgrund von Systemstörungen nicht zum Erfolg führen kann. Entsprechende Mechanismen unterliegen den allgemeinen Beschränkungen.

Von Aufsichtsverfahren im Sinne einer institutionalisierten Überwachung vertraglicher Rechtspositionen kann demnach nur bei den jüngeren Kollektivverträgen gesprochen werden. Neben einer internationalen Auswertung erlangter Tatsachen ermächtigen sie vertraglich geschaffene Organisationen auch zu Berichtigungsmaßnahmen bei festgestellter Pflichtverletzung. Eine Vorstufe derartig weitgehender Internationalisierung findet sich in den (ursprünglich) bilateralen Abkommen der Rüstungsbeschränkung. Über völkerrechtlich geregelte

Kontrollverfahren hinaus verfügen sie jedenfalls über Foren für die Erörterung von Fragen der Vertragserfüllung. Ältere mehrseitige Verträge kennen dagegen meist weder internationale Kontrollinstrumente, noch schaffen sie Institutionen oder sehen über die Kündigung hinaus Reaktionsmöglichkeiten bei Vertragsverletzung vor.

III.

Einige Besonderheiten weisen Abrüstung und Rüstungskontrolle auch in Hinblick auf die im **dritten Kapitel** untersuchten Streitbeilegungsverfahren auf. Die Schiedsverpflichtungen zeigen ein Bild, das vom nicht rüstungsbezogenen Vertragsvölkerrecht signifikant abweicht. Angesichts der politischen Bedeutung der Materie, bei der regelmäßig besondere Interessen der Staaten auf dem Spiel stehen, wurde bei keinem der (ursprünglich) bilateralen Abkommen eine Schiedsklausel im Sinne von Art. 33 UN-Charta kontrahiert. Keiner der Verträge sieht abstrakt die Möglichkeit vor, einen Streitfall einerseits vor den Internationalen Gerichtshof oder ein Schiedsgericht zu bringen oder andererseits den UN-Sicherheitsrat oder die Vollversammlung anzurufen. In der Praxis haben allerdings die bilateralen Implementierungskommissionen als Foren dienen können, in denen sich die Parteien relativ erfolgreich mit vertragsradizierten Auseinandersetzungen befaßt haben. Die Konsultationen und Verhandlungen in diesen Gremien tragen dem unabdingbar notwendigen Gleichgewicht der Kräfte in besonderer Weise Rechnung. Eine Weiterentwicklung wäre durch Öffnung der Verträge gegenüber anderen Mitteln der Streitschlichtung möglich.

Kompromissarische Klauseln finden sich dagegen bei acht von vierzehn (rd. 57 %) der untersuchten mehrseitigen Verträge. Während sie in älteren Abkommen fehlen, enthalten die jüngeren Kollektivverträge zunehmend detaillierter gefaßte Regelungen. Nach hier vertretener Ansicht erfassen diese in der Sache alle Auseinandersetzungen über die Auslegung und Anwendung der Verträge, persönlich sind meist nur die Vertragsstaaten aktivlegitimiert. Die Schwelle zur Einleitung wurde insgesamt relativ hoch angesetzt, da bei keinem der Verträge ein Verfahren durch einseitigen Antrag anhängig gemacht werden kann. Auch die Jurisdiktionsbegründung durch Unterwerfungserklärung ist nicht vorgesehen. Der von den Klauseln eröffnete weite Dispositionsrahmen bedarf vor allem bei Schieds- und Vergleichsverfahren *ad hoc* der Ausgestaltung durch die Beteiligten, wobei eine Ersatzvornahme nicht geregelt ist. Angesichts dessen ist zu begrüßen, daß bei einer Reihe von Verträgen die Gemeinschaftsorgane eine aktive Rolle in den Schlichtungsbemühungen übernehmen sollen. Neben dem streitigen Verfahren sehen jüngere Kollektivverträge im Übrigen die Möglichkeit vor, den IGH um Erstattung von Rechtsgutachten zu ersuchen. Diese Konventionen lassen auch die Übertragung schiedsrichterlicher Funktionen auf Vertragsorgane zu, deren Zuständigkeit vor allem bei Auseinandersetzungen im Rahmen der Aufsichtsverfahren begründet werden soll. Mangels voranschreitender Integration sind wesentliche Weiterentwicklungen, etwa eine Institutionalisierung der Streitbeilegung wie bei GATT/WTO, vorliegend nicht zu erwarten.

Wie auch in anderen Bereichen des Völkerrechts ist das Verhältnis der Aufsichts- zu den Streitbeilegungsverfahren aufgrund des Wortlauts einschlägiger Vertragsklauseln nicht unproblematisch. Die Untersuchung vertritt dabei die Auffassung, daß sich aufgrund systematischer Stellung, nach Ziel und Zweck und durch Rechtsvergleich eine Stufung der Mechanismen herleiten läßt. Steht eine erfüllungsbezogene Streitigkeit im Zusammenhang mit einer Frage nach der Auslegung und/oder Anwendung des betreffenden Vertrags, wie dies nicht selten der Fall sein dürfte, dann sind die "weichen" Aufsichtsmechanismen gleichsam als "Vorverfahren" zunächst in Anspruch zu nehmen. Erst nach ihrem Abschluß ist der Rückgriff auf "harte" Streitschlichtungsverfahren möglich. Der Weg sollte die Beteiligten dann jedoch unmittelbar zu einer verbindlichen Entscheidung durch die Gerichts- und Schiedsgerichtsbarkeit führen. Rechtspolitisch wäre es zu begrüßen, wenn einschlägige Verträge ein derartiges Rang- bzw. Stufenverhältnis zukünftig deutlicher zum Ausdruck brächten.

Anhang 1: Übersicht über Verfahrenselemente: Multilaterale Verträge (ohne KSE-Vertrag)

1 Die Routineinspektionen der IAEO nach INFCIRC/153 zum NV-Vertrag finden Anwendung.
2 Die Verdachtsinspektionen der IAEO nach INFCIRC/153 zum NV-Vertrag finden Anwendung.

	NTM	Informationsaustausch oder Berichtsverfahren	Routineinspektionen	Verdachtsinspektionen	Institutionalisierte Auswertung	Vorlage an UN-Organe oder Regionalorganisation	Schiedsklausel
Antarktis-V.	—	Info.-Austausch	—	+	—	—	+
Weltraum-V.	—	—	—	+	—	—	—
Meeresboden-V.	—	—	—	+	—	+ (Parteien)	—
Mond-V.	—	—	—	+	—	+ (Parteien)	—
NV-Vertrag bzw. INFCIRC/153	—	Berichtsverfahren	+	+	+	+ (IAEO-Statut)	+
Tlatelolco-V.	—	Berichtsverfahren	—[1]	—[2]	+	+	+
Rarotonga-V.	—	Info.-Austausch	—[1]	+	+	—	—
Bangkok-V.	—	Info.-Austausch	—[1]	+	+	+	+
Pelindaba-V.	—	Berichtsverfahren	—[1]	+	+	+	+
Partieller Teststopp-V.	—	—	—	—	—	—	—
Umfassender Teststopp-V.	+	—	—	+	+	+	+
BW-Übereinkommen	—	— (außerhalb des Vertrags)	—	—	—	+ (Parteien)	—
CW-Übereinkommen	—	Berichtsverfahren	+	+	+	+	+
Landminen-Übereinkommen	—	Berichtsverfahren	—	+	+	— (aber über UNGS möglich)	+

Anhang 2: Übersicht über Verfahrenselemente: Bilaterale Verträge und KSE-Vertrag

1 Der Vertrag sieht keine eigenen Mittel und Methoden der Erfüllungskontrolle vor. Die Parteien haben jedoch angekündigt, in vollem Umfang auf die Instrumente des START I-Abkommens zurückgreifen zu wollen.

2 Der Vertrag sieht ausdrücklich vor, daß sich die Vertragsinstitution auch mit Streitigkeiten zwischen den Parteien befassen soll.

	NTM	**Informationsaustausch oder Berichtsverfahren**	**Routineinspektionen**	**Verdachtsinspektionen**	**Institutionalisierte Auswertung**	**Vorlage an UN-Organe oder Regionalorganisation**	**Schiedsklausel**
ABM-Abkommen	+	Berichtsverfahren (fakultativ)	—	—	Möglich	—	—
Interims-Abkommen	+	Berichtsverfahren (fakultativ)	—	—	Möglich	—	—
SALT II-Abkommen	+	Berichtsverfahren	—	—	Möglich	—	—
INF-Abkommen	+	Berichtsverfahren	+	—	Möglich	—	—
START I-Abkommen	+	Berichtsverfahren	+	+	Möglich	—	—
START II-Abkommen	+	Berichtsverfahren	+	+	Möglich	—	—
Bush-Putin-Abkommen[1]	—	—	—	—	Möglich	—	—
KSE-Vertrag	+	Berichtsverfahren	+	—	Möglich	—	—[2]

Literaturverzeichnis

Abbott, Kenneth W., "Trust But Verify": The Production of Information in Arms Control Treaties and Other International Agreements, in: Cornell Journal of International Law 26 (1993), S. 1-58

Adede, Andronico O., Management of Environmental Disputes: Avoidance versus Settlement, in: W. Lang (ed.), Sustainable Development and International Law, London u.a. 1995, S. 115-124

Akande, Dapo, The Competence of International Organizations and the Advisory Jurisdiction of the International Court of Justice, in: European Journal of International Law 9 (1998), S. 437-467

Amerasinghe, Chettharanjan F., Principles of the Institutional Law of International Organizations, Cambridge 1996

Anderson, Kenneth, The Ottawa Convention Banning Landmines, the Role of International Non-governmental Organizations and the Idea of International Civil Society, in: European Journal of International Law 11 (2000), S. 91-120

Arkin, William M., Secret Plan Outlines the Unthinkable – A Secret Policy Review of the Nation's Nuclear Policy Puts Forth Chilling New Contingencies of Nuclear War, in: The Los Angeles Times, 10. März 2002

Asada, Masahiko, Effectiveness and Limitations of Challenge Inspection: A Comparative Study of the Chemical Weapons Convention and Other Arms Control Agreements, in: T. Schoenbaum/J. Nakagawa/L. Reif (eds.), Trilateral Perspectives on International Legal Issues: From Theory into Practice, Ardsley 1998, S. 227-257

Asada, Masahiko, Treaty Compliance Disputes in Multilateral Arms Control Involving Vital Commercial and Security Interests, in: J. Dahlitz (ed.), Peaceful Resolution of Major International Disputes, New York/Geneva 1999, S. 225-252

Asada, Masahiko, CTBT: Legal Questions Arising from Its Non-Entry-Into-Force, in: Journal of Conflict and Security Law 7 (2002), S. 85-122

Asada, Masahiko, Verifying an Unratified Treaty: Significance of the CTBT in Nuclear Test Ban and Its Verification (unveröffentlichtes Typoskript eines Beitrags zu einem japanisch-amerikanischen Symposium zu Fragen der Rüstungskontrolle, beim Verf.)

van Asbeck, F.M., Quelques aspects du contrôle international non-judiciaire de l'application par les gouvernements des conventions internationales, in: Netherlands International Law Review VI (1959), S. 27-41
Athanasopulos, Haralambos, Nuclear Disarmament in International Law, Jefferson/London 2000
von Baeckmann, Adolf, The Treaty on the Non-Proliferation of Nuclear Weapons (NPT) (1968), in: S. Sur (ed.), Verification of Current Disarmament and Arms Limitation Agreements – Ways, Means and Practices, Aldershot u.a. 1991, S. 167-189
Barents, R., Supervision within the International Monetary Fund, in: P. van Dijk (ed.), Supervisory Mechanisms in International Economic Organisations, Deventer u.a. 1984, S. 351-395
Barnaby, Frank, Introduction, in: F. Barnaby (ed.), A Handbook of Verification Procedures, Houndsmills u.a. 1990, S. 1-6
Barton, John H., Disarmament, in: R. Bernhardt (ed.), Encyclopedia of Public International Law, Vol. I (1992), Amsterdam u.a., S. 1072-1076
Berber, Friedrich, Lehrbuch des Völkerrecht, Band III: Streitbeilegung – Kriegsverhütung – Integration, 2. Aufl., München 1977
Bernath, Erwin, Die Internationale Kontrolle, Diss. (Universität Zürich), 1935
Berthoud, Paul, Le contrôle international de l'exécution des conventions collectives, Diss. (Universität Genf), 1946
Beyerlin, Ulrich/Marauhn, Thilo, Abrüstung und Umweltschutz – eine völkerrechtliche Interessenkollision?, Waffenwirkung und Umwelt IV, Bochum 1994
Beyerlin, Ulrich/Marauhn, Thilo, Rechtsetzung und Rechtsdurchsetzung im Umweltvölkerrecht nach der Rio-Konferenz 1992, Berlin 1997
Bindschedler, Rudolf, Good Offices, in: Encyclopedia of Public International Law, Vol. II (1995), Amsterdam u.a., S. 600-603
Bing-Zaremba, Debbie Ryan, Knock, Knock, Who's There?: Can Chemical Weapons Inspectors Enter U.S. Facilities without a Search Warrant?, in: Temple International and Comparative Law Journal 11 (1997), S. 57-81
Bilder, Richard B., Managing the Risks of International Agreement, Madison 1981
Bilder, Richard B., An Overview of International Dispute Settlement, in: Emory Journal of International Dispute Resolution 1 (1986), S. 1-32
Blackwell, James R., Contributions and Limitations of On-site Inspection in INF and START, in: L. Dunn/A. Gordon (eds.), Arms Control Verification and the New Role of On-site Inspection, Lexington/Toronto 1989, S. 95-120
Bleckmann, Albert, Völkerrecht, Baden-Baden 2001

Blix, Hans/Emerson, Jirina H., The Treaty Maker's Handbook, Stockholm 1973

Blix, Hans, Development of International Law Relating to Disarmament and Arms Control Since the First Hague Peace Conference in 1899, Especially the Rules and Practices Regarding Verification and Compliance – Revised Report Prepared According to GA-Res. A/Res/52/154 and A/Res/53/99, 1999

Blokker, Niels/Muller, Sam, Towards More Effective Supervision by International Organizations – A General Introduction, in: N. Blokker/S. Muller (eds.), Towards More Effective Supervision by International Organizations – Essays in Honour of Henry G. Schermers, Vol. I, Dordrecht 1994, S. 1-6

Blokker, Niels/Muller, Sam, Towards More Effective Supervision by International Organizations – Some Concluding Observations, in: N. Blokker/S. Muller (eds.), Towards More Effective Supervision by International Organizations – Essays in Honour of Henry G. Schermers, Vol. I, Dordrecht 1994, S. 275-311

Bluhm, Georg, Die Begrenzung des Atomklubs, in: Abschreckung und Entspannung – Fünfundzwanzig Jahre Sicherheitspolitik zwischen bipolarer Konfrontation und begrenzter Kooperation, Berlin 1977, S. 598-622

Bothe, Michael, Zur Dogmatik eines völkerrechtlichen Kriegsverhütungsrechts – Verfahren und Inhalt des Rechts der Rüstungskontrolle und Abrüstung, dargestellt am Beispiel der Massenvernichtungsmittel, in: J. Delbrück (Hrsg.), Völkerrecht und Kriegsverhütung – Zur Entwicklung des Völkerrechts als Recht friedenssichernden Wandels, Berlin 1979, S. 213-233

Bothe, Michael, Rechtsfragen der Rüstungskontrolle im Vertragsvölkerrecht der Gegenwart, in: Berichte der Deutschen Gesellschaft für Völkerrecht, Heft 30, Heidelberg 1990, S. 31-93

Bothe, Michael, International Obligations, Means to Secure Performance, in: R. Bernhardt (ed.), Encyclopedia of Public International Law, Vol. II (1995), Amsterdam u.a., S. 1278-1284

Bothe, Michael, The Evaluation of Enforcement Mechanisms in International Environmental Law, in: R. Wolfrum (ed.), Enforcing Environmental Standards: Economic Mechanisms as Viable Means?, Berlin u.a. 1995, S. 13-38

Bothe, Michael, Nuklearstrategie nach dem IGH-Gutachten?, in: Die Friedens-Warte 71 (1996), S. 249-259

Bothe, Michael, The Various Dispute Settlement Procedures – General International Law and the OSCE Perspective, in: M. Bothe/N. Ronzitti/A. Rosas (eds.), The OSCE in the Maintenance of Peace and Security – Conflict Prevention, Crisis Management and Peaceful Settlement of Disputes, Den Haag u.a. 1997, S. 367-379

Bothe, Michael, The Chemical Weapons Convention: A General Overview, in: M. Bothe/N. Ronzitti/A. Rosas (eds.), The New Chemical Weapons Convention – Implementation and Prospects, Den Haag u.a. 1998, S. 1-15

Bothe, Michael/Ronzitti, Natalino/Rosas, Allan, Conclusions, in: dies. (eds.), The New Chemical Weapons Convention – Implementation and Prospects, Den Haag u.a. 1998, S. 591-604

Bothe, Michael, Verification of Facts, in: R. Bernhardt (ed.), Encyclopedia of Public International Law, Vol. IV (2000), Amsterdam u.a., S. 1264-1277

Bowett, Derek W., The Law of International Institutions, 3rd ed., London 1964

Brandt, Niels, Der lateinamerikanische Atomsperrvertrag, in: Jahrbuch für Internationales Recht 14 (1969), S. 280-305

von Bredow, Wilfried, Außerhalb der Ordnung – Schurkenstaaten zwischen Aggression und Isolation, in: FAZ v. 9. April 2002, S. 8

Brown Firmage, Edwin, The Treaty on the Non-Proliferation of Nuclear Weapons, in: American Journal of International Law 63 (1969), S. 711-746

Brownlie, Ian, Principles of Public International Law, 4th ed., Oxford 1990

Brownlie, Ian, Principles of Public International Law, 5th ed., Oxford 1998

Bruha, Thomas, Die normative Struktur des SALT-Prozesses, in: German Yearbook of International Law 24 (1981), S. 166-199

Bruha, Thomas, Strategic Arms Limitation Talks (SALT), in: R. Bernhardt (ed.), Encyclopedia of Public International Law, Vol. IV (2000), Amsterdam u.a., S. 699-704

Bruha, Thomas, Strategic Offensive Arms, Treaties on Reduction and Limitation (START), in: R. Bernhardt (ed.), Encyclopedia of Public International Law, Vol. IV (2000), Amsterdam u.a., S. 704-710

Bryde, Brun-Otto, Self-Help, in: R. Bernhardt (ed.), Encyclopedia of Public International Law, Vol. IV (2000), Amsterdam u.a., S. 377-380

Bundscherer, Christoph, Deutschland und das Chemiewaffenübereinkommen – Wirtschaftsverwaltungsrecht als Instrument der Rüstungskontrolle, Diss. (Universität Greifswald), Frankfurt/M. u.a. 1997

Bunn, George/Rhinelander, John B., The Arms Control Obligations of the Former Soviet Union, in: Virginia Journal of International Law 33 (1993), S. 323-350

Burns, Richard Dean, International Arms Inspection Policies Between World Wars, 1919-1934, in: The Historian 1969, S. 583-603

Burns, Richard Dean, Supervision, Control and Inspection of Armaments, 1919-1941 Perspective, in: Orbis 15 (1971), S. 943-952

Busse, Nikolas, Die Atombombe des kleinen Mannes läßt sich nur schwer kontrollieren – Neue Beratungen über die Konvention zum Verbot biologischer Waffen in Genf, in: FAZ v. 11. November 1999

Busse, Nikolas, Bis heute fehlt ein Kontrollmechanismus – Vor 25 Jahren trat die Konvention zum Verbot biologischer Waffen in Kraft, in: FAZ v. 27. März 2000

Busse, Nikolas, Rüstung im All war bisher tabu, in: FAZ v. 9. Mai 2001

Caflisch, Lucius/Godet, François, De la réglementation à l'interdiction des mines antipersonnel, in: Schweizerische Zeitschrift für Internationales und Europäisches Recht 1998, S. 1-37

Caldwell, Dan, The Standing Consultative Commission: Past Performance and Future Possibilities, in: W. Potter (ed.), Verification and Arms Control, Los Angeles 1985, S. 217-229

Calvo Goller, Karin, Legal Background and Analysis of the 1997 Convention Banning Anti-personnel Mines, in: Israel Law Review 32 (1998), S. 645-680

Calvo Goller, Notburga K./Calvo, Michel A., The SALT Agreements: Content – Application – Verification, Dordrecht u.a. 1987

Cameron, James/Campbell, Karen, Dispute Resolution in the World Trade Organization, London 1998

Cannizzaro, Enzo, The Role of Proportionality in the Law of International Countermeasures, in: European Journal of International Law 12 (2001), S. 889-916

Carmody, Susan, Balancing Collective Security and National Sovereignty: Does the United Nations Have the Right to Inspect North Korea's Nuclear Facilities?, in: Fordham International Law Journal 18 (1994), S. 229-284

Carnahan, Burrus M./Starr, Katherine L., Law and Policy in the Amendment of Arms Control Agreements, in: Loyola of Los Angeles International and Comparative Law Journal 20 (1998), S. 615-640

Carreau, Dominique, Le pouvoir de contrôle du Fonds Monétaire International, in: G. Fischer/D. Vignes (eds.), L'inspection internationale, Brüssel 1976, S. 275-298

Charpentier, Jean, Le contrôle par les organisations internationales de l'exécution des obligations des Etats, in: Recueil des Cours 182 (1983-IV), S. 143-246

Chayes, Abram, An Inquiry into the Workings of Arms Control Agreements, in: Harvard Law Review 85 (1972), S. 905-969

Chayes, Abram/Chayes, Antonia Handler, Living under a Treaty Regime: Compliance, Interpretation, and Adaptation, in: A.H. Chayes/P. Doty (eds.), Defending Deterrence – Managing the ABM Treaty Regime into the 21st Century, Washington D.C. u.a. 1989, S. 197-216

Chayes, Abram/Chayes, Antonia Handler, From Law Enforcement to Dispute Settlement – A New Approach to Arms Control Verification and Compliance, in: International Security 14 (1990), S. 147-164

Chayes, Abram/Chayes, Antonia Handler, On Compliance, in: International Organization 47 (1993), S. 175-205

Chayes, Abram/Chayes, Antonia Handler, The New Sovereignty – Compliance with International Regulatory Agreements, Cambridge MA 1995

Chayes, Antonia Handler/Chayes, Abram/Mitchell, Ronald B., Active Compliance Management in Environmental Treaties, in: W. Lang (ed.), Sustainable Development and International Law, London 1995, S. 75-89

Chayes, Abram, Compliance without Enforcement [Beitrag zu eine Panel über "Implementation, Compliance and Effectiveness"], in: ASIL Proceedings 91, Washington 1997, S. 53-56

Christmann, Werner/Seidel, Sebastian, Der aktuelle Begriff: Landminen, in: Wissenschaftliche Dienste des Deutschen Bundestages (Hrsg.), Der aktuelle Begriff '97, Bonn 1997, S. 47-52

Christol, Carl Q., An Assessment of Present US-USSR Arms Control and Disarmament Negotiations, in: Journal of Space Law 13 (1985), S. 157-168

Classen, Claus Dieter, Fernerkundung und Völkerrecht – Völkerrechtliche Probleme der Fernerkundung der Erde aus dem Weltraum, Diss. (Universität Tübingen), Berlin 1987

Cocher, Emmanuel, L'avenir du processus Américano-Russe de limitation et de réduction des armements nucléaires stratégiques après l'adaptation des traités ABM et START II par les déclarations d'Helsinki (21 Mars 1997) et les accords de New York (26 Septembre 1997), in: Annuaire Français de Droit International XLIII (1997), S. 199-218

Cohn, Cindy A., Note, Interpreting the Withdrawal Clause in Arms Control Treaties, in: Michigan Journal of International Law 10 (1989), S. 849-871

Collier, John/Lowe, Vaughan, The Settlement of Disputes in International Law – Institutions and Procedures, Oxford 1999

Cooper, Julian, The Military Expenditure of the USSR and the Russian Federation, 1987-97, in: SIPRI Yearbook 1998, Oxford u.a. 1998, S. 243-259

Cottereau, Gilles, The Antarctic Treaty (1959), in: S. Sur (ed.), Verification of Current Disarmament and Arms Limitation Agreements – Ways, Means and Practice, Aldershot 1991, S. 67-93

Cottereau, Gilles, A Comparative View of Arms Control Disputes, in: J. Dahlitz (ed.), Avoidance and Settlement of Arms Control Disputes, New York/Geneva 1994, S. 103-121

Cottereau, Gilles, Obligation de négocier et de conclure?, in: S. Sur (ed.), Le droit international des armes nucléaires, Paris 1998, S. 163-177

Crawford, Anna, Following in the Footsteps of Ottawa: A Compliance Mechanism for the CCW?, in: Humanitäres Völkerrecht – Informationsschriften 14 (2001), S. 173-178

Crawford, James, The International Law Commission's Articles on State Responsibility – Introduction, Text and Commentaries, Cambridge 2002

Croft, Stuart, Strategies of Arms Control – A History and Typology, Manchester/New York 1996

Dahlitz, Julie, Nuclear Arms Control With Effective International Agreements, Boston 1983

Dahlitz, Julie, Introduction, in: J. Dahlitz (ed.), Avoidance and Settlement of Arms Control Disputes, New York/Geneva 1994, S. 1-6

Dahlitz, Julie, Security Council Powers and Possibilities, in: J. Dahlitz (ed.), Avoidance and Settlement of Arms Control Disputes, New York/Geneva 1994, S. 57-83

Dahlitz, Julie, The CWC as Culmination, Precedent and Law Laboratory [Beitrag zu einem Panel über "The Ban of Chemical Weapons and Related Arms Control Issues"], in: Proceedings of the ASIL/NVIR Fourth Hague Joint Conference 1996, Den Haag 1997, S. 98-100

Davis, Lynn E., Lessons of the INF Treaty, in: Foreign Affairs 66 (1987/88) II, S. 720-734

Delbrück, Jost, Die Abrüstungsbemühungen 1945-1960, in: Abschreckung und Entspannung – Fünfundzwanzig Jahre Sicherheitspolitik zwischen bipolarer Konfrontation und begrenzter Kooperation, Berlin 1977, S. 460-477

Delbrück, Jost, Der Vertrag über die Nichtverbreitung von Kernwaffen, in: Abschreckung und Entspannung – Fünfundzwanzig Jahre Sicherheitspolitik zwischen bipolarer Konfrontation und begrenzter Kooperation, Berlin 1977, S. 623-682

Delbrück, Jost, Die Errichtung kernwaffenfreier Zonen außerhalb Mitteleuropas, in: Abschreckung und Entspannung – Fünfundzwanzig Jahre Sicherheitspolitik zwischen bipolarer Konfrontation und begrenzter Kooperation, Berlin 1977, S. 683-704

Delbrück, Jost, Einleitung: Abrüstung – Rüstungsbeschränkung – Rüstungssteuerung – Kriegsverhütung, in: J. Delbrück (Hrsg.), Friedensdokumente aus fünf Jahrhunderten, Kehl/Straßburg 1984, S. 1-33

Delbrück, Jost, Die Überwachung von Abrüstungs- und Rüstungsbeschränkungsmaßnahmen (Verifikation), in: J. Delbrück (Hrsg.), Friedensdokumente aus fünf Jahrhunderten, Kehl/Straßburg 1984, S. 1327-1544

Delbrück, Jost, Sicherheits- und rüstungspolitische Maßnahmen zur Kriegsverhütung, in: G. Picht/C. Eisenbart (Hrsg.), Frieden und Völkerrecht, Stuttgart 1973, S. 566-622

Delbrück, Jost/Dicke, Klaus, Zur Konstitution des Friedens als Rechtsordnung, in: U. Nerlich/T. Rendtorff (Hrsg.), Nukleare Abschreckung – Politische und ethische Interpretation einer neuen Realität, Baden-Baden 1989, S. 797-818

Delbrück, Jost, Rüstungskontrolle, in: R. Wolfrum (Hrsg.), Handbuch Vereinte Nationen, 2. Aufl., München 1991, S. 714-721

Delbrück, Jost, Arms Control, in: R. Wolfrum (ed.), United Nations: Law, Policies and Practice (2 Vol.), Dordrecht/Boston/London 1995, S. 39-47

Delbrück, Jost, Proportionality, in: R. Bernhardt (ed.), Encyclopedia of Public International Law, Vol. III (1997), Amsterdam u.a., S. 1140-1144

Delbrück, Jost, Die Adäquanz völkerrechtlicher Kriegsverhütungs- und Friedenssicherungsinstrumente im Lichte der Kriegsursachenforschung, in: K. Dicke/S. Hobe/ K.-U. Meyn/E. Riedel/H.-J. Schütz (Hrsg.), Die Konstitution des Friedens als Rechtsordnung, Berlin 1995, S. 201-237

Delbrück, Jost, Eine internationale Friedensordnung als rechtliche und politische Gestaltungsaufgabe – Zum Verständnis rechtlicher und politischer Bedingungen der Friedenssicherung im internationalen System der Gegenwart, in: K. Dicke/S. Hobe/K.-U. Meyn/E. Riedel/H.-J. Schütz (Hrsg.), Die Konstitution des Friedens als Rechtsordnung, Berlin 1995, S. 254-274

Delbrück, Jost, Von der Staatenordnung über die internationale institutionelle Kooperation zur 'supraterritorial or global governance': Wandel des zwischenstaatlichen Völkerrechts zur Rechtsordnung der Menschen und der Völker?, in: U. Bartosch/J. Wagner (Hrsg.), Weltinnenpolitik, Internationale Tagung anläßlich des 85. Geburtstags von Carl Friedrich v. Weizsäcker, Münster 1998, S. 55-65

Delbrück, Jost, Effektivität des UN-Gewaltverbots – Bedarf es einer Modifikation der Reichweite des Art. 2 (4) UN-Charta?, in: Die Friedens-Warte 74 (1999), S. 139-158

den Dekker, Guido/Wessel, Ramses A., Military Enforcement of Arms Control in Iraq, in: Leiden Journal of International Law 11 (1998), S. 497-511

Diaconu, Ion, Peaceful Settlement of Disputes Between States: History and Prospects, in: R.St.J. Macdonald/D.M. Johnston (eds.), The Structure and Process of International Law, Den Haag u.a. 1983, S.1095-1119

Dimitrijevic, Vojin, The Monitoring of Human Rights and the Prevention of Human Rights Violations through Reporting Procedures, in: A. Bloed (ed.), Monitoring Human Rights in Europe, Den Haag u.a. 1993, S. 1-24

Doehring, Karl, Völkerrecht, 1. Aufl., Heidelberg 1999

Dörmann, Knut, Völkerrechtliche Probleme des Landmineneinsatzes, Diss. (Universität Bochum), im Druck

Dolzer, Rudolf, Ohne Biß – Die Konvention zur Ächtung biologischer Waffen bietet keinen ausreichenden Schutz, in: FAZ v. 26. Oktober 2001, S. 10

Dülffer, Jost, Die Haager Friedenskonferenzen von 1899 und 1907 im internationalen Staatensystem, in: Die Friedens-Warte 74 (1999), S. 98-111

Duffy, Gloria, Compliance and the Future of Arms Control – Report of a Project sponsored by the Center for International Security and Arms Control, Stanford University, and Global Outlook, Cambridge MA 1988

Dunay, Pál, Verifying Conventional Arms Limitations – The Case of the November 19, 1990 Treaty on Conventional Armed Forces in Europe, Bochum 1991

Dupuy, Pierre-Marie, International Control and State Responsibility, in: K. Ginther u.a. (Hrsg.), Völkerrecht zwischen normativem Anspruch und politischer Realität, FS für Karl Zemanek, Berlin u.a. 1994, S. 307-318

Ehrmann, Markus, Erfüllungskontrolle im Umweltvölkerrecht – Verfahren der Erfüllungskontrolle in der umweltvölkerrechtlichen Vertragspraxis, Diss. (Universität Heidelberg), Baden-Baden 2000

Eick, Christophe, Das Deutsche Reich und die Haager Friedenskonferenz von 1899, in: Die Friedens-Warte 74 (1999), S. 395-408

Elaraby, Nabil, Practical Problems with Multilateral Arms Control Treaties, in: J. Dahlitz/D. Dicke (eds.), The International Law of Arms Control and Disarmament, New York 1991, S. 45-57

Estrada Oyuela, Miguel E., The Tlatelolco Treaty (1967), in: S. Sur (ed.), Verification of Current Disarmament and Arms Control Agreements – Ways, Means and Practices, S. 149-165

de la Fayette, Louise, Implementation of the Comprehensive Nuclear Test-Ban Treaty (CTBT) [Beitrag zu einem Panel über "The Ban of Chemical Weapons and Related Arms Control Issues"], in: Proceedings of the ASIL/NVIR Fourth Hague Joint Conference 1996, Den Haag 1997, S. 100-106

Fahl, Gundolf, SALT II vor START – Die strategische Grenznachbarschaft von USA und UdSSR, Berlin 1983

Fahl, Gundolf, Rüstungsbeschränkung durch internationale Verträge, 2. Aufl., Berlin 1989

Feldman, David, The Place of Arms Control and Disarmament in the System of International Law, in: J. Dahlitz/D. Dicke (eds.), The International Law of Arms Control and Disarmament, New York/Genf 1991, S. 35-43

Fetter, Steve/Rodionov, Stanislav N., Verifying START, in: F. Calogero/M. Goldberger/S. Kapitzka, Verification – Monitoring Disarmament, Oxford 1990, S. 95- 121

Findlay, Trevor, The Rarotonga Treaty (1985), in: S. Sur (ed.), Verification of Current Disarmament and Arms Limitation Agreements – Ways, Means and Practices, S. 291-309

Fischer, David A.V., Safeguarding the Atom: A Critical Appraisal, London 1985

Fischer, Georges, L'interdiction partielle des essais nucléaires, in: Annuaire Français de Droit International 1963, S. 3-34

Fischer, Georges, Zone dénucléarisée du Pacifique Sud, in: Annuaire Français de Droit International 31 (1985), S. 27-57

Fischer, Georges, Elaboration et aperçu de l'accord américano-soviétique sur les euromissiles, in: Annuaire Français de Droit International 33 (1987), S. 49-68

Fischer, Georges/Vignes, Daniel, Existe-t-il dans la societé internationale une fonction d'inspection?, in: dies. (éd.), L'inspection internationale – Quinze etudes de la pratique des états et des organisations internationales, Brüssel 1976, S. 7-21

Fleck, Dieter, Developments of the Law of Arms Control as a Result of the Iraq-Kuwait Conflict, in: European Journal of International Law 13 (2002), S. 105-119

Fleischhauer, Carl-August, Der Internationale Gerichtshof und die Staatengemeinschaft am Ende des Jahrhunderts, in: Die Friedens-Warte 74 (1999), S. 113-125

Floweree, Charles, The Chemical Weapons Convention: A Milestone in International Security, in: Arms Control Today 22 (1992), S. 3-7

Forndran, Erhard, Rüstungskontrolle: Friedenssicherung zwischen Abschrekkung und Abrüstung, Düsseldorf 1970

Forndran, Erhard, Abrüstung und Rüstungskontrolle: Historische Erfahrung und theoretische Probleme, Berlin 1981

Franck, Thomas M./Lehrman, Jerome M., Messianism and Chauvinism in America's Commitment to Peace Through Law, in: L. Fisler Damrosch (ed.), The International Court of Justice at Crossroads, New York 1987, S. 3-18

Frei, Daniel, International Humanitarian Law and Arms Control, in: International Review of the Red Cross 70 (1988), S. 491-504

Frowein, Jochen Abr., Die selbständige Bundesaufsicht nach dem Grundgesetz, Diss. (Universität Bonn), Bonn 1960

Frowein, Jochen Abr., The Internal and External Effects of Resolutions by International Organizations, in: Zeitschrift für ausländisches öffentliches Recht und Völkerrecht 49 (1989), S. 778-790

Friedmann, Wolfgang, The Changing Structure of International Law, London 1964

Friedmann, Wolfgang, General Course in Public International Law, in: Recueil des Cours 127 (1969-II), S. 39-246

Fyfe, Nigel/Beeby, Christopher, The South Pacific Nuclear Free Zone Treaty, in: Victoria University of Wellington Law Review 17 (1987), S. 33-51

Gallagher, Nancy W., The Politics of Verification: Why 'How Much?' is Not Enough, in: Contemporary Security Policy 18 (1997), S. 138-170

Garzón Clariana, Gregorio, El Control Internacional – Contribucion al Estudio de los Controles Juridicos, in: Revista Española de Derecho Internacional 35 (1983), S. 9-28

Gasser, Hans-Peter, Einführung in das humanitäre Völkerrecht, Bern/Stuttgart/Wien 1995

Gold, Joseph, International Monetary Fund, in: R. Bernhardt (ed.), Encyclopedia of Public International Law, Vol. II (1995), S. 1271-1277

Goldblat, Jozef, The Nuclear Test-Limitation Treaties, in: S. Sur (ed.), Verification of Current Disarmament and Arms Limitation Agreements – Ways, Means and Practices, Aldershot u.a. 1991, S. 95-122

Goldblat, Jozef, Arms Control – A Guide to Negotiations and Agreements, London/Thousand Oaks/New Delhi 1994

Goldblat, Jozef, The Nuclear Non-Proliferation Régime: Assessment and Prospects, in: Recueil des Cours 256 (1997), S. 9-191

Goldblat, Jozef, Nuclear-Weapon-Free Zones: A History and Assessment, in: The Nonproliferation Review 1997, S. 18-32

van der Graaf, Henny J., Past Experiences with Verification, in: J. Grin/H. J. van der Graaf (eds.), Unconventional Approaches to Conventional Arms Control Verification – An Exploratory Assessment, Amsterdam 1990, S. 17-51

Graham, Thomas, Laws, Politics and the ABM Treaty, in: Journal of Conflict and Security Law 5 (2000), S. 275-280

Graybeal, Sidney N./Krepon, Michael, Improving the Utility and Effectiveness of the Standing Consultative Commission, in: M. Krepon/M. Umberger (eds.), Verification and Compliance – A Problem Solving Approach, Cambridge MA 1988, S. 239-258

Graybeal, Sidney N./Krepon, Michael, On-Site Inspections, in: M. Krepon/M. Umberger (eds.), Verification and Compliance – A Problem Solving Approach, Cambridge MA 1988, S. 92-108

Graybeal, Sidney N./McFate, Particia Bliss, Assessing Verification and Compliance, in: A. Chayes/P. Doty (eds.), Defending Deterrence – Managing the ABM Treaty Regime into the 21st Century, New York u.a. 1989, S. 178-196

Greco, Ettore, Protection of Confidential Information and the Chemical Weapons Convention, in: M. Bothe/N. Ronzitti/A. Rosas (eds.), The New Chemical Weapons Convention – Implementation and Prospects, Den Haag u.a. 1998, S. 353-378

Gualtieri, David S./Kellman, Barry/Apt, Kenneth E./Tanzman, Edward A., Advancing the Law of Weapons Control – Comparative Approaches to

Strengthen Nuclear Non-Proliferation, in: Michigan Journal of International Law 16 (1995), S. 1029-1111

Guckel, Peter, Die Streitbeilegungsvorschriften in den Satzungen der Internationalen Organisationen mit Ausnahme der Vereinten Nationen und der Europäischen Gemeinschaften, Diss. (Universität Bonn), Bonn 1962

Guimezanes, Nicole, Introduction au droit français, 2. Aufl., Baden-Baden 1999

de Guttry, Andrea, The Organization for the Prohibition of Chemical Weapons, in: M. Bothe/N. Ronzitti/A. Rosas (eds.), The New Chemical Weapons Convention – Implementation and Prospects, Den Haag u.a. 1998, S. 119-152

Hahn, Hugo J., Internationale Kontrollen – Ein Beitrag zum Begriff und Bereich der Aufsicht im Friedensvölkerrecht, in: Archiv des Völkerrechts 7 (1958/59), S. 88-112

Hahn, Hugo J., Der Maßstab der internationalen Aufsicht im Friedensvölkerrecht, in: Jahrbuch für Internationales Recht 10 (1961), S. 2-42

Hahn, Hugo J., International Controls, in: R. Bernhardt (ed.), Encyclopedia of Public International Law, Vol. II (1995), Amsterdam u.a., S. 1079-1084

Hanski, Raija, On-Site Inspection as a Form of Verification in Arms Control Agreements, in: R. Hanski/A. Rosas/K. Stendahl, Verification of Arms Control Agreements with Special Reference to On-site Inspections, Turku/Abo 1991

Hanski, Raija, On-Site Inspection as a Form of Verification in Arms Control Agreements, in: M. Bothe/N. Ronzitti/A. Rosas (eds.), The New Chemical Weapons Convention – Implementation and Prospects, Den Haag u.a. 1998, S. 37-57

Hasselmann, Cord-Georg, Do We Need New IAEA Safeguards?, in: German Yearbook of International Law 27 (1984), S. 259-302

Haßenpflug, Reinhard, Das völkerrechtliche Regime der Nichtverbreitung von Kernwaffen in nuklearwaffenfreien Zonen, Diss. (Humboldt-Universität), Frankfurt a.M. u.a. 2000

von Heinegg, Wolff Heintschel, Der Rücktritt der USA vom ABM-Vertrag: Völkerrechtliche Würdigung unter besonderer Berücksichtigung einer alternativen Anpassung an die Erfordernisse einer multipolaren Welt, in: Die Friedens-Warte 76 (2001), S. 417-434

Heintze, Hans-Joachim, Wirtschaftliche Zwangsmaßnahmen im UNO-System der kollektiven Sicherheit, in: H.-J. Heintze (Hrsg.), Von der Koexistenz zur Kooperation – Völkerrecht in der Periode der Ost-West-Annäherung Ende der 80er Jahre, Bochum 1992, S. 67-88

Henkin, Louis, International Law: Politics, Values and Functions: General Course on Public International Law, in: Recueil des Cours 216 (1989), S. 1-416

Hersey, Jonathan P./Ventura, Anthony F., Challenging Challenge Inspections: A Fourth Amendment Analysis of the Chemical Weapons Convention, in: Florida State University Law Review 25 (1998), S. 569-629

Higgins, Rosalyn, Problems and Process – International Law and How We Use It, Oxford 1994

Hillgenberg, Hartmut, Das Gutachten-Verfahren vor dem IGH zur völkerrechtlichen Zulässigkeit von A-Waffen, Dokumentation, Saarbrücken 1996

Högel, Dietmar, Rüstungskontrolle und Völkerrecht – Zur Steuerung rüstungstechnischen Wandels durch völkerrechtliche Verträge, Diss. (Universität Tübingen), Berlin 1990

Hoffmann, Gerhard, Die Grenzen rechtlicher Streiterledigung im Völkerrecht, in: Berichte der Deutschen Gesellschaft für Völkerrecht, Heft 9, Karlsruhe 1969, S. 1-43

Hoffmann, Wolfgang, CTBT: The Verification System, in: Disarmament XVIII (1995), S. 70-86

Hoof, G. J. H./de Vey Mestdagh, K., Mechanisms of International Supervision, in: P. van Dijk (ed.), Supervisory Mechanisms in International Economic Organisations, Den Haag u.a. 1984, S. 3-45

Ifft, Edward/Graham, Thomas, Practical Problems with Bilateral Arms Control Treaties, in: J. Dahlitz/D. Dicke (eds.), The International Law of Arms Control and Disarmament, New York/Genf 1991, S. 59-73

Ifft, Edward, The Use of On-Site Inspection in the Avoidance and Settlement of Arms Control Disputes, in: J. Dahlitz (ed.), Avoidance and Settlement of Arms Control Disputes, New York/Genf 1994, S. 9-27

van den Ijssel, Paul, Landmines and the Ottawa Process, in: W.P. Heere (ed.), International Law and The Hague's 750th Anniversary, Den Haag 1999, S. 385-392

International Law Association, Committee on Arms Control and Disarmament Law, 5th Report on "National and International Verification Measures" (Rapporteur: *Dieter Fleck*), London 2000

Ipsen, Knut, BC-Waffen im Völkerrecht, in: E. U. v. Weizsäcker (Hrsg.), BC-Waffen und Friedenspolitik, München/Stuttgart 1970, S. 42-61

Ipsen, Knut, Biologische und chemische Kampfmittel im Völkerrecht, Habil. (Universität Kiel), Kiel 1972

Ipsen, Knut, Die amerikanischen und sowjetischen Abrüstungsvorschläge von 1962/1963, in: Abschreckung und Entspannung – Fünfundzwanzig Jahre Sicherheitspolitik zwischen bipolarer Konfrontation und begrenzter Kooperation, Berlin 1977, S. 478-508

Ipsen, Knut, International Law Preventing Armed Conflicts and International Law of Armed Conflict – A Combined Functional Approach, in: C.

Swinarski (ed.), Etudes et essais sur le droit international humanitaire et sur les principes de la Croix-Rouge en l'honneur de Jean Pictet, Genf/Den Haag, 1984, S. 349-358

Ipsen, Knut, Prävention oder Reaktion? Sicherheitsmaßnahmen und Sicherheitsstandards im Rahmen der Internationalen Atomenergie-Organisation und die Konvention über kerntechnische Unfälle vom 26.9.1986, in: U. Hüffer/K. Ipsen/P.J. Tettinger (Hrsg.), Berg- und Energierecht vor den Fragen der Gegenwart, FS für Fritz Fabricius, Stuttgart u.a. 1989, S. 357-376

Ipsen, Knut, Völkerrecht, 3. Aufl., München 1990

Ipsen, Knut, The Verification of the Biological Weapons Convention and International Law, in: O. Thränert (ed.), The Verification of the Biological Weapons Convention: Problems and Perspectives, Bonn 1992, S. 31-37

Ipsen, Knut, Abrüstung, in: I. Seidl-Hohenveldern (Hrsg.), Lexikon des Rechts – Völkerrecht, 3. Aufl., Neuwied 2001, S. 4-9

Ipsen, Knut, Völkerrecht, 4. Aufl., München 1999

Ipsen, Knut, Von der Abrüstung zum Kriegsrecht – Absicht und Ergebnisse der Haager Friedenskonferenz von 1899, in: Die Friedens-Warte 74 (1999), S. 255-258

Ivanov, S.A., The International Labour Organization: Control over Application of the Conventions and Recommendations on Labour, in: W.E. Butler (ed.), Control over Compliance with International Law, Dordrecht u.a. 1991, S. 153-164

Jackson, John H., The Legal Meaning of a GATT Dispute Settlement Report: Some Reflections, in: N. Blokker/S. Muller (eds.), Towards More Effective Supervision by International Organizations – Essays in Honour of Henry G. Schermers, Vol. I, Dordrecht 1994, S. 149-164

Jackson, John H., The World Trading System – Law and Policy of International Economic Relations, 2. Aufl., Cambridge MA 1997

Jaspers, Karl, Die Atombombe und die Zukunft des Menschen, München 1958

Kaasik, N., Le contrôle en droit international, Diss. (Universität Genf), Paris 1933

Kalshoven, Frits, Arms, Armaments and International Law, in: Recueil des Cours 191 (1985-II), S. 183-341

Kant, Immanuel, Zum Ewigen Frieden, in: Königlich Preußische Akademie der Wissenschaften (Hrsg.), Kant's gesammelte Schriften, Bd. VIII (Abhandlungen nach 1781), Berlin und Leipzig 1923, S. 343-386

Karkoszka, Andrzej, The Convention on Biological Weapons (1972), in: S. Sur (ed.), Verification of Current Disarmament and Arms Limitations Agreements: Ways – Means and Practices, Aldershot u.a. 1991, S. 209-229

Karl, Wolfram, Besonderheiten der internationalen Kontrollverfahren zum Schutze der Menschenrechte, in: Aktuelle Probleme des Menschenrechtsschutzes, Berichte der Deutschen Gesellschaft für Völkerrecht, Heft 33, Heidelberg 1994, S. 83-128

Kausch, Hans G., Internationale Rüstungstransfers, in: J. Delbrück (Hrsg.), Friedensdokumente aus fünf Jahrhunderten, Kehl/Straßburg 1984, S. 1155-1290

Kelle, Alexander, Die Verhandlungen zur Stärkung des Biowaffen-Übereinkommens: Auf dem Weg zu einem Verifikationsprotokoll, in: Die Friedens-Warte 75 (2000), S. 204-220

Kelsen, Hans, The Old and the New League: The Covenant and the Dumbarton Oaks Proposals, in: American Journal of International Law 39 (1945), S. 45-83

Kenyon, Ian R./Dunworth, Treasa, Conflict Management and the Chemical Weapons Convention, in: Leiden Journal of International Law 10 (1997), S. 81-90

Kenyon, Ian R., Dispute Resolution in Multilateral Arms Control, in: J. Dahlitz (ed.), Peaceful Resolution of Major International Disputes, New York/Geneva 1999, S. 253-271

Kimminich, Otto, Das Problem der Friedenssicherung im Völkerrecht des 20. Jahrhunderts, in: G. Picht/C. Eisenbart (Hrsg.), Frieden und Völkerrecht, Stuttgart 1973, S. 295-400

Kimminich, Otto, Disarmament, in: R. Wolfrum (ed.), United Nations: Law, Policies and Practice (2 Vol.), Dordrecht u.a. 1995, S. 407-417

Kimminich, Otto/Hobe, Stephan, Einführung in das Völkerrecht, 7. Aufl., Tübingen/Basel 2000

Kischlat, Wolf-Dieter, Übereinkommen über das Verbot der Entwicklung, Herstellung und Lagerung bakteriologischer (biologischer) Waffen und von Toxin-Waffen sowie über die Vernichtung solcher Waffen, Diss. (Universität Heidelberg), Heidelberg 1976

Klein, Eckart, Gegenmaßnahmen, in: Berichte der Deutschen Gesellschaft für Völkerrecht, Heft 37, Heidelberg 1998, S. 39-71

Knemeyer, Franz-Ludwig, Aufsicht, in: Görres-Gesellschaft (Hrsg.), Staatslexikon: Recht, Wirtschaft, Gesellschaft, Bd. 1, Freiburg i.Br. u.a. 1985, S. 399-401

Köck, Heribert Franz/Fischer, Peter, Das Recht der Internationalen Organisationen, Wien 1997

Kokoski, Richard, National Technical Means, in: R. Kokoski/S. Koulik (eds.), Verification of Conventional Arms Control in Europe – Technological Constraints and Opportunities, Boulder u.a. 1990, S. 17-55

Kolasa, Jan, Disarmament and Arms Control Agreements – A Study on Procedural and Institutional Law, Bochum 1995

Kopelmanas, Lazare, Le contrôle international, in: Recueil des Cours 77 (1950-II), S. 55-147

Koplow, David A., Arms Control Inspection: Constitutional Restrictions on Treaty Verification in the United States, in: New York University Law Review 63 (1988), S. 229-358

Kornblum, Elisabeth, A Comparison of Self-evaluating State Reporting Systems, in: International Review of the Red Cross 77 (1995), S. 40-68 und 137-161

Koskenniemi, Martii, Breach of Treaty or Non-compliance? Reflections on the Enforcement of the Montreal Protocol, Yearbook of International Environmental Law 3 (1992), S. 123-162

Krepon, Michael, Remarks [Beitrag zu einem Panel über "Arms Control Dispute Settlement: Past, Present and Future"], in: ASIL Proceedings 84, Washington 1990, S. 412-415

Krutzsch, Walter/Trapp, Ralf, A Commentary on the Chemical Weapons Convention, Dordrecht/Boston/London 1994

Kurzidem, Thomas, Challenge Inspections and Investigations of Alleged Use, in: M. Bothe/N. Ronzitti/A. Rosas (eds.), The New Chemical Weapons Convention – Implementation and Prospects, Den Haag u.a. 1998, S. 249-285

Kurzidem, Thomas, Conflict Management and the Chemical Weapons Convention, in: M. Bothe/N. Ronzitti/A. Rosas (eds.), The New Chemical Weapons Convention – Implementation and Prospects, Den Haag u.a. 1998, S. 287-331

Lacey, Edward J., On-site Inspections: The INF Experience, in: L. Dunn/A. Gordon (eds.), Arms Control Verification and the New Role of On-site Inspection, Lexington/Toronto 1989, S. 3-14

Lalla, Vejay, The Effectiveness of the Comprehensive Test Ban Treaty on Nuclear Weapons Proliferation: A Review of Nuclear Non-proliferation Treaties and the Impact of the Indian and Pakistani Nuclear Tests on the Non-proliferation Regime, in: Cardozo Journal of International & Comparative Law 8 (2000), S. 103-137

Landy, Ernest Alfred, The Effectiveness of International Supervision – Thirty Years of I.L.O. Experience, Diss. (Universität Genf), London/New York 1966

Lang, Winfried, Verhinderung von Erfüllungsdefiziten im Völkerrecht – Beispiele aus Abrüstung und Umweltschutz, in: J. Hengstschläger u.a. (Hrsg.), Für Staat und Recht, FS für Herbert Schambeck, Berlin 1994, S. 817-835

Lang, Winfried, Compliance with Disarmament Obligations, in: Zeitschrift für ausländisches öffentliches Recht und Völkerrecht 55 (1995), S. 69-88

Lang, Winfried, Compliance Control in International Environmental Law: Institutional Necessities, in: Zeitschrift für ausländisches öffentliches Recht und Völkerrecht 56 (1996), S. 685-695

Lang, Winfried, Is it Monitoring or Compliance-control?, in: P.C. Szasz (ed.), Administrative and Expert Monitoring of International Treaties, Ardsley NY 1999, S. 255-259

Levitt, Geoffrey, Problems in the Verification and Enforcement of SALT Agreements in the Light of the Record of Soviet Compliance with SALT I, in: Harvard International Law Journal 22 (1981), S. 379- 404

Lewis, Patricia, Verifying the CFE Agreement, in: S. Croft (ed.), The Conventional Armed Forces in Europe Treaty – The Cold War Endgame, Aldershot u.a. 1994, S. 178-208

Llewellyn, Huw, The Comprehensive Nuclear Test Ban Treaty, in: Leiden Journal of International Law 10 (1997), S. 269-280

Lohmann, Torsten, Die rechtliche Struktur der Sicherungsmaßnahmen der Internationalen Atomenergie-Organisation, Diss. (Universität Frankfurt/M.), Berlin 1993

Lohmann, Torsten, The Role of Conciliation and Similar Proceedings in International Dispute Settlement and the OSCE Procedures, in: M. Bothe/N. Ronzitti/A. Rosas (eds.), The OSCE in the Maintenance of Peace and Security – Conflict Prevention, Crisis Management and Peaceful Settlement of Disputes, Den Haag u.a. 1997, S. 409-424

Lohmann, Torsten, The Law of IAEA Safeguards: A Framework for the Legal Issues of Chemical Weapons Verification?, in: M. Bothe/N. Ronzitti/A. Rosas (eds.), The New Chemical Weapons Convention – Implementation and Prospects, Den Haag u.a. 1998, S. 79-118

Look, George, Remarks [Beitrag zu einem Panel über "Arms Control Dispute Settlement: Past, Present and Future"], in: ASIL Proceedings 84 (1990), Washington 1991, S. 407-415

Loschelder, Wolfgang, Kontrolle, in: Görres-Gesellschaft (Hrsg.), Staatslexikon: Recht, Wirtschaft, Gesellschaft, Bd. 3, Freiburg i.Br. u.a. 1987, S. 650-652

Lukashuk, I. I., Control in Contemporary International Law, in: W. E. Butler (ed.), Control over Compliance with International Law, Dordrecht/Boston/London 1991, S. 5-16

Lyons, Gene M., The Problem of Compliance under Arms Control Agreements, in: The Journal of Conflict Resolution 7 (1963), S. 445-452

Lysén, Göran, The International Regulation of Armaments: The Law of Disarmament, Uppsala 1990

Macalister-Smith, Peter, Zones of Peace, in: R. Bernhardt (ed.), Encyclopedia of Public International Law, Vol. IV (2000), Amsterdam u.a., S. 1621-1633

Marauhn, Thilo, The Implementation of Disarmament and Arms Control Obligations Imposed upon Iraq by the Security Council, in: Zeitschrift für ausländisches öffentliches Recht und Völkerrecht 52 (1992), S. 781-799

Marauhn, Thilo, Der deutsche Chemiewaffen-Verzicht – Rechtsentwicklungen seit 1945, Diss. (Universität Heidelberg), Berlin u.a. 1994

Marauhn, Thilo, Towards a Procedural Law of Compliance Control in International Environmental Relations, in: Zeitschrift für ausländisches öffentliches Recht und Völkerrecht 56 (1996), S. 696-731

Marauhn, Thilo/Oellers-Frahm, Karin, Atomwaffen, Völkerrecht und die internationale Gerichtsbarkeit, in: Europäische Grundrechte-Zeitschrift 24 (1997), S. 221-246

Marauhn, Thilo, Dispute Settlement in Nuclear Arms Control, in: Institut de France/Académie des Sciences (ed.), La progression vers un monde plus sur, Paris 1997, S. 25-38

Marauhn, Thilo, Towards an Effective CWC Regime [Beitrag zu einem Panel über "The Ban of Chemical Weapons and Related Arms Control Issues"], in: Proceedings of the ASIL/NVIR Fourth Hague Joint Conference 1996, Den Haag 1997, S. 95-97

Marauhn, Thilo, Routine Verification under the Chemical Weapons Convention, in: M. Bothe et al. (eds.), The New Chemical Weapons Convention – Implementation and Prospects, Den Haag u.a. 1998, S. 219-247

Marauhn, Thilo, Die Durchsetzung von Rüstungskontroll- und Abrüstungsvereinbarungen – Zugleich ein Beitrag zur Effektivität des Vertragsvölkerrechts in Fragen der internationalen Sicherheit, in: Die Friedens-Warte 74 (1999), S. 159-186

Marauhn, Thilo, Comments, in: E. Myjer (ed.), Issues of Arms Control Law and the Chemical Weapons Convention – Obligations Inter Se and Supervisory Mechanisms, Den Haag u.a. 2001, S. 155-158

Matheson, Michael, Remarks [Beitrag zu einem Panel über "Arms Control Dispute Settlement: Past, Present and Future"], in: ASIL Proceedings 84 (1990), Washington 1991, S. 409-415

Mathews, Robert J./McCormack, Timothy L.H., Entry into Force of the Chemical Weapons Convention – National Requirements and Prospective Timetable, in: Security Dialogue 26 (1995), S. 93-107

Mathews, Robert J./McCormack, Timothy L.H., Prevention is Better than Cure: Pre-empting Inspection Related Disputes under the Chemical Weapons Convention, in: Security Dialogue 16 (1995), S. 396-420

Mathews, Robert J./McCormack, Timothy L.H., The Influence of Humanitarian Principles in the Negotiation of Arms Control Treaties, in: Revue International de la Croix-Rouge 81 (1999), S. 331-352

Mathews, Robert J./McCormack, Timothy L.H., The Relationship Between International Humanitarian Law and Arms Control, in: H. Durham/T.L.H. McCormack (eds.), The Changing Face of Conflict and the Efficacy of International Humanitarian Law, Den Haag u.a. 1999, S. 65-98

Maunz, Theodor/Dürig, Günter/Herzog, Roman/Scholz, Rupert (Hrsg.), Grundgesetz, Kommentar, 1958 ff. [Loseblatt]

McNamara, Robert S./Graham, Thomas Jr., Bush ABM Stance Endangers America, in: The Boston Globe v. 13. Januar 2002, S. E11

McNamara, Robert S./Graham, Thomas Jr., A Pretty Poor Posture for a Superpower, in: The Los Angeles Times v. 13. März 2002

McNeill, John H., Remarks [Beitrag zu einem Panel über "Arms Control Dispute Settlement: Past, Present and Future"], in: ASIL Proceedings 84 (1990), Washington 1991, S. 407-415

McRae, Donald M., Crafting Mechanisms for Settling International Trade Disputes: WTO and NAFTA as Models, in: T. Schoenbaum/J. Nakagawa/L. Reif (eds.), Trilateral Perspectives on International Legal Issues: From Theory into Practice, New York 1998, S. 331-346

Menzel, Eberhard, Die Technik des "gegenseitigen Beispiels", in: Abschreckung und Entspannung – Fünfundzwanzig Jahre Sicherheitspolitik zwischen bipolarer Konfrontation und begrenzter Kooperation, Berlin 1977, S. 756-769

Merle, Marcel, Le contrôle exercé par les organisations internationales sur les activités des états membres, in: Annuaire Français de Droit International V (1959), S. 411-431

Merrills, J. G., International Dispute Settlement, 3rd ed., Cambridge 1998

Meyn, Karl-Ulrich, Kriegsverbot und Gewaltverbot, in: J. Delbrück (Hrsg.), Friedensdokumente aus fünf Jahrhunderten, Kehl/Straßburg 1984, S. 35-72

Migliorino, Luigi, 1971 Treaty on the Prohibition of the Emplacement of Nuclear Weapons and Other Weapons of Mass Destruction on the Seabed and the Ocean Floor and in the Subsoil Thereof, in: N. Ronzitti (ed.), The Law of Naval Warfare, Dordrecht u.a. 1988, S. 595-622

Mohr, Manfred, Völkerrecht als Garantiefaktor: Der Vertrag über die Beseitigung der Mittelstreckenraketen vom 8. Dezember 1987, in: Neue Justiz 1988, S. 166-171

Monahan, Bill, Giving the Non-Proliferation Treaty Teeth: Strengthening the Special Inspection Procedures of the International Atomic Energy Agency, in: Virginia Journal of International Law 33 (1992), S. 161-196

Müller, Harald, Regellose Hegemonie? Hintergründe der US-Senatsabstimmung über den Nuklearen Teststoppvertrag, in: Die Friedens-Warte 75 (2000), S. 163-178

Müllerson, Rein, Monitoring Compliance with International Human Rights Standards, in: W. Butler (ed.), Control over Compliance with International Law, Dordrecht u.a. 1991, S. 125-137

Müllerson, Rein, The Efficiency of the Individual Complaint Procedures: The Experience of CCPR, CERD, CAT and ECHR, in: A. Bloed (ed.), Monitoring Human Rights in Europe, Den Haag u.a. 1993, S. 25-43

Münch, Fritz, Diskussion [Beitrag zu einem Panel über "Die Grenzen rechtlicher Streiterledigung im Völkerrecht und in Internationalen Organisationen"], in: Berichte der Deutschen Gesellschaft für Völkerrecht, Heft 9, Karlsruhe 1969, S. 133-135

Myjer, Eric P.J., The Law of Arms-Control and International Supervision, in: Leiden Journal of International Law 3 (1990), S. 99-123

Myjer, Eric P.J., Supervisory Mechanisms and Dispute Settlement, in: J. Dahlitz (ed.), Avoidance and Settlement of Arms Control Disputes, New York/Genf 1994, S. 149-169

Myjer, Eric P.J., The Settlement of Disputes under the Chemical Weapons Convention and the Case of the Confidentiality Commission, in: D. Bardonnet (Hrsg.), The Convention on the Prohibition and Elimination of Chemical Weapons: A Breakthrough in Multilateral Disarmament, S. 537-553

Myjer, Eric P.J., Non-compliance Procedures and their Function in International Law: The Case of the Chemical Weapons Convention [Beitrag zu einem Panel über "New Procedures of International Dispute Resolution"], in: Proceedings of the ASIL/NVIR 4th Hague Joint Conference, The Hague 1998, S. 355-363

Myjer, Eric P.J., The Organization for the Prohibition of Chemical Weapons: Moving Closer towards an International Arms Control Organization? A Quantum Leap in the Institutional Law of Arms Control, in: E. Myjer (Hrsg.), Issues of Arms Control Law and the Chemical Weapons Convention, Den Haag u.a. 2001, S. 61-139

Myjer, Eric P.J., A Reporting System on International Humanitarian Law: An Arms Control Law Experience, in: M. Bothe (ed.), im Druck

Neuhold, Hanspeter, Legal Aspects of Arms Control Agreements, in: K.-H. Böckstiegel u.a. (Hrsg.), Völkerrecht, Recht der Internationalen Organisationen, Weltwirtschaftsrecht – FS für Ignaz Seidl-Hohenveldern, Köln u.a. 1988, S. 427-448

N.N., Legal Models of Arms Control: Past Present, and Future, in: Harvard Law Review 100 (1987), S. 1326-1343

Nußberger, Angelika, Summary of Discussions – Is the International Labour Organization in a State of Transition?, in: B. v. Maydell/A. Nußberger (Hrsg.), Social Protection by Way of International Law – Appraisal, Deficits and Further Development, Berlin 1996, S. 211-244

Nwogugu, E.I., The Treaty of Pelindaba: An African Nuclear Weapon-Free Zone, in: African Yearbook of International Law 4 (1996), S. 227-247

Oellers-Frahm, Karin/Zimmermann, Andreas, Dispute Settlement in Public International Law – Texts and Materials (2 Bde.), 2. Aufl., Berlin 2001

Oeter, Stefan, Inspection in International Law – Monitoring Compliance and the Problem of Implementation in International Law, in: Netherlands Yearbook of International Law 28 (1997), S. 101-169

Oppermann, Thomas, Europarecht, 2. Aufl., München 1999

Orava, Stephen J., Waging the Next War: The Carryover of Arms Control Verification Procedures to International Environmental Law, in: Georgetown International Environmental Law Review 5 (1992), S. 151-176

Orphanos, Peter Pericles, INF Treaty On-Site Verification: An Emerging Standard for Policing Arms Control Treaty Obligations, in: New York Law School Journal of International and Comparative Law 10 (1989), S. 421-450

Painter, R. Andrew, Human Rights Monitoring: Universal and Regional Treaty Bodies, in: P.C. Szasz (ed.), Administrative and Expert Monitoring of International Treaties, Ardsley NY 1999, S. 49-82

Partsch, Karl Josef, Menschrechte, Staatenbeschwerde, in: R. Wolfrum (Hrsg.), Handbuch Vereinte Nationen, 2. Aufl., München 1991, S. 567-572

Partsch, Karl Josef, Fact-Finding and Inquiry, in: Encyclopedia of Public International Law, Vol. II (1995), Amsterdam u.a., S. 343-345

Partsch, Karl Josef, Reporting Systems in International Relations, in: R. Bernhardt (ed.), Encyclopedia of Public International Law, Vol. IV (2000), Amsterdam u.a., S. 191-195

Partsch, Karl Josef, Reprisals, in: R. Bernhardt (ed.), Encyclopedia of Public International Law, Vol. IV (2000), Amsterdam u.a., S. 200-205

Partsch, Karl Josef, Retorsion, in: R. Bernhard (ed.), Encyclopedia of Public International Law, Vol. IV (2000), Amsterdam u.a., S. 232-233

Pelzer, Norbert, Nuclear-Free Zones, in: R. Bernhardt (ed.), Encyclopedia of Public International Law, Vol. II (1995), Amsterdam u.a., S. 705-714

Perez, Antonio F., Survival of Rights Under The Nuclear Non-Proliferation Treaty: Withdrawal and the Continuing Right of International Atomic Energy Safeguards, in: Virginia Journal of International Law 34 (1994), S. 749-830

Petersmann, Ernst-Ulrich, The Dispute Settlement System of the World Trade Organization and the Evolution of the GATT Dispute Settlement System since 1948, in: Common Market Law Review 31 (1994), S. 1157-1244

Petersmann, Ernst-Ulrich, Dispute Settlement in International Economic Law – Lessons for Strengthening International Dispute Settlement in Non-Economic Areas, in: Journal of International Economic Law 2 (1999), S. 189-248

Pinto, M.C.W., From Dispute Resolution to Dispute Avoidance: Some Thoughts on Collective Management of Treaty Performance, in: V. Götz/P. Selmer/R. Wolfrum, Liber Amicorum Günther Jaenicke – Zum 85. Geburtstag, Berlin u.a. 1998, S. 353-374

Pinto, M.C.W., Performance Management Continuum: From Assisted Compliance to Enforcement [Beitrag zu einem Panel über "New Procedures of International Dispute Resolution"], in: ASIL/NVIR Proceedings 4 (1997), S. 371-378

Puttler, Adelheid, Noch Raum für staatliche Gesundheitsvorsorge im freien Welthandel? Zum Streit um das europäische Importverbot für amerikanisches Hormonfleisch, in: W. Hummer (Hrsg.), Europarechtliche Markierungen zur Jahrtausendwende, Wien 2001, S. 149-166

Rademacher, Horst, Die Kosten eines Krieges, der nie geführt wurde, bei dem es keine Schlachten und Gefechte gab: Das nukleare Wettrüsten haben die Vereinigten Staaten mit 5.821.000.000.000 Dollar bezahlt, in: FAZ v. 20. August 1998

Rauschning, Dietrich, Die Verhütung von Überraschungsangriffen durch Überwachungsmaßnahmen, in: Abschreckung und Entspannung – Fünfundzwanzig Jahre Sicherheitspolitik zwischen bipolarer Konfrontation und begrenzter Kooperation, Berlin 1977, S. 727-745

Rauschning, Dietrich, Verantwortlichkeit der Staaten für völkerrechtswidriges Verhalten, in: Berichte der Deutschen Gesellschaft für Völkerrecht, Heft 24, Heidelberg 1984, S. 7-34

Rautenbach, Johan, The Chemical Weapons Convention: Something Old, Something New, Something Borrowed, Something Intrusive [Beitrag zu einem Panel über "The Ban of Chemical Weapons and Related Arms Control Issues"], in: Proceedings of the ASIL/NVIR Fourth Hague Joint Conference 1996, Den Haag 1997, S. 90-95

Rautenbach, Johan, Comments, in: E. Myjer (ed.), Issues of Arms Control Law and the Chemical Weapons Convention – Obligations Inter Se and Supervisory Mechanisms, Den Haag u.a. 2001, S. 145-153

Reisman, W. Michael, Stopping Wars and Making Peace: Reflections on the Ideology and Practice of Conflict Termination in Contemporary World Politics, in: Tulane Journal of International & Comparative Law 6 (1998), S. 5-56

Rhinelander, John B., The SALT I Agreements, in: M. Willrich/J. Rhinelander (eds.), SALT: The Moscow Agreements and Beyond, New York 1974, S. 125-159

Rhinelander, John B./Wassermann Goodman, Sherri, The Legal Environment, in: A. H. Chayes/P. Doty (eds.), Defending Deterrence – Managing the ABM Treaty Regime into the 21st Century, Washington u.a. 1989, S. 43-69

Rhinelander, John B., The ABM Treaty – Past, Present and Future (Part I), in: Journal of Conflict and Security Law 6 (2001), S. 91-114

Rhinelander, John B., The ABM Treaty – Past, Present and Future (Part II), in: Journal of Conflict and Security Law 6 (2001), S. 225-243

Riedel, Eibe H., Salt II im Wettlauf mit dem Wettrüsten, in: J. Delbrück (Hrsg.), Völkerrecht und Kriegsverhütung – Zur Entwicklung des Völkerrechts als Recht friedenssichernden Wandels, Berlin 1979, S. 275-293

Riedel, Eibe H., Teilbeschränkung konventioneller Kriegsmittel und Streitkräfte, in: J. Delbrück (Hrsg.), Friedensdokumente aus fünf Jahrhunderten, Kehl/Straßburg 1984, S. 325-422

Riedel, Eibe H., Vereinbarungen über die Begrenzung strategischer Rüstungen (SALT), in: J. Delbrück (Hrsg.), Friedensdokumente aus fünf Jahrhunderten, Kehl/Straßburg 1984, S. 683-748

Robinson, J.P. Perry, The Verification System for the Chemical Weapons Convention, in: D. Bardonnet (ed.), La convention sur l'interdiction de l'élimination des armes chimiques: Une percée dans l'entreprise multilatérale du désarmement, Dordrecht u.a. 1995, S. 489-508

Roberts, Shawn, No Exceptions, No Reservations, No Loopholes: The Campaign for the 1997 Convention on the Prohibition of the Development, Production, Stockpiling, Transfer, and Use of Anti-Personnel Mines and on their Destruction, in: Colorado Journal of International Environmental Law & Policy 9 (1998), S. 371-391

Röling, Bert V.A., The Law of Arms Control and Disarmament, in: J. Makarczyk (ed.), Essays in International Law in Honour of Judge Manfred Lachs, Den Haag u.a. 1984, S. 731-747

Ronzitti, Natalino, Relations Between the Chemical Weapons Convention and Other Relevant International Norms, in: D. Bardonnet (ed.), La convention sur l'interdiction de l'élimination des armes chimiques: Une percée dans l'entreprise multilatérale du désarmement, Dordrecht u.a. 1995, S. 167-185

Rosas, Allan, The Concept of Verification, in: R. Hanski/A. Rosas/K. Stendahl, Verification of Arms Control Agreements with Special Reference to On-site Inspections, Turku/Abo 1991

Rosas, Allan, Reactions in the Event of Breach, in: D. Bardonnet (ed.), La convention sur l'interdiction de l'élimination des armes chimiques: Une percée dans l'entreprise multilatérale du désarmement, Dordrecht u.a. 1995, S. 555-591

Rosas, Allan, Reactions to Non-compliance with the Chemical Weapons Convention, in: M. Bothe/N. Ronzitti/A. Rosas (eds.), The New Chemical Weapons Convention – Implementation and Prospects, Den Haag u.a. 1998, S. 415-461

Roscher, Bernhard, „...verzichten auf den Krieg als Mittel nationaler Politik“ – Vor 70 Jahren erhielt Frank Kellogg den Friedensnobelpreis für das erste umfassende Verbot des Krieges im Völkerrecht, in: FAZ v. 7. Dezember 1999

Rosen, Mark E., Nuclear Weapon Free Zones: Time for a Fresh Look, in: Duke Journal of Comparative & International Law 8 (1997), S. 29-79

Rueckert, George L., On-site Inspection in Theory and Practice – A Primer on Modern Arms Control Regimes, Westport/London 1998

Ruegger, Paul, Des clauses arbitrales et de juridiction dans les conventions internationales récentes, in: Université de Genève (ed.), Receuil d'études de droit international en hommage à P. Guggenheim, Genf 1968, S. 687-701

Rühl, Lothar, Ein Relikt der Rüstungskontrolle – Der ABM-Vertrag ist von der geopolitischen und technischen Entwicklung überholt worden, in: FAZ v. 3. Mai 2000, S. 12

Rühl, Lothar, Ohne Aufklärung keine Verifizierung – Was nicht Spionage ist, in: FAZ v. 17. April 2001, S. 5

Rühl, Lothar, Abrüstung auf dem Stand von 1972 – Amerika und Rußland brauchen weitere Kooperationspartner, in: FAZ v. 4. Januar 2002, S. 12

Rühl, Lothar, Neues nukleares Gleichgewicht – Was sich Bush und Putin für die nächsten zehn Jahre gegenseitig zugestehen wollen, in: FAZ v. 14. März 2002, S. 12

Sachariew, Kamen, Promoting Compliance with International Environmental Legal Standards: Reflections on Monitoring and Reporting Mechanisms, in: Yearbook of International Environmental Law 2 (1991), S. 31-52

Sachs, Michael (Hrsg.), Kommentar zum Grundgesetz, 2. Aufl., München 1999

Sands, Philippe, Principles of International Environmental Law I – Frameworks, Standards and Implementation, Manchester 1994

Scelle, Georges, Règles générales du droit de la paix, in: Recueil des Cours 46 (1933-IV), S. 331-703

Schachter, Oscar, United Nations Law in the Gulf Conflict, in: American Journal of International Law 85 (1991), S. 452-473

Scheuner, Ulrich, Diskussion [Beitrag zu einem Panel über "Die Grenzen rechtlicher Streiterledigung im Völkerrecht und in Internationalen Organisationen"], in: Berichte der Deutschen Gesellschaft für Völkerrecht, Heft 9, Karlsruhe 1969, S. 123-125

Schlochauer, Hans-Jürgen, Arbitration, in: Encyclopedia of Public International Law, Vol. I (1992), Amsterdam u.a., S. 215-230

Schlochauer, Hans-Jürgen, International Court of Justice, in: Encyclopedia of Public International Law, Vol. II (1995), Amsterdam u.a., S. 1084-1107 (mit Addendum v. K. Oellers-Frahm)

Schmidt am Busch, Birgit, Die amerikanisch-sowjetischen Rüstungskontrollabkommen im Recht der völkerrechtlichen Verträge, Diss. (Universität München), Berlin 1993

Schöllgen, Gregor, Vertrauen ist gut, Kontrolle ist besser – Idee und Wirklichkeit kollektiver Sicherheit in der neueren Geschichte, in: FAZ v. 18. April 2001, S. 12

Schuster, Detlev, Bemühungen um allgemeine und vollständige Abrüstung, in: J. Delbrück (Hrsg.), Friedensdokumente aus fünf Jahrhunderten, Kehl/Straßburg 1984, S. 73-323

Schütz, Hans-Joachim, Das internationale Abrüstungs- und Rüstungskontrollregime nach der Abrüstungssondergeneralversammlung der Vereinten Nationen, in: J. Delbrück (Hrsg.), Völkerrecht und Kriegsverhütung – Zur Entwicklung des Völkerrechts als Recht friedenssichernden Wandels, Berlin 1979, S. 295-305

Schütz, Hans-Joachim, Militärische Vertrauensbildende Maßnahmen aus völkerrechtlicher Sicht, Berlin 1984

Schütz, Hans-Joachim, Beschränkung von B- und C-Waffen und anderen Massenvernichtungsmitteln, in: J. Delbrück (Hrsg.), Friedensdokumente aus fünf Jahrhunderten, Kehl/Straßburg 1984, S. 829-913

Schütz, Hans-Joachim, Vertrauensbildende Maßnahmen, in: J. Delbrück (Hrsg.), Friedensdokumente aus fünf Jahrhunderten, Kehl/Straßburg 1984, S. 1291-1325

Schütz, Hans-Joachim, Vertrauensbildende Maßnahmen, in: R. Wolfrum (Hrsg.), Handbuch Vereinte Nationen, 2. Aufl., München 1991, S. 1003-1009

Schütz, Hans-Joachim, Arms Control, in: R. Bernhardt (ed.), Encyclopedia of Public International Law, Vol. I (1992), Amsterdam u.a., S. 259-267

Schweisfurth, Theodor, The Acceptance of the Soviet Union of the Compulsory Jurisdiction of the ICJ for Six Human Rights Conventions, in: European Journal of International Law 2 (1991), S. 110-117

Seidel, Sebastian, Nach Unterzeichnung des Atomteststopp-Vertrags, in: Frankfurter Allgemeine Zeitung v. 18. November 1999, S. 14

Seidel, Sebastian, Erfüllungssicherung im humanitären Völkerrecht durch ein Berichtsverfahren?, in: Humanitäres Völkerrecht 12 (1999), S. 172-176

Seidel, Sebastian, Christoph Bundscherer, Deutschland und das Chemiewaffen-Übereinkommen (Rezension), in: Humanitäres Völkerrecht 13 (2000), S. 77-79

Seidel, Sebastian, Linking International Humanitarian Law and the Law of Arms Control: Two Sides of a Coin? in: Kazakhstani Journal of International Law 3/2000, S. 49-60

Seidel, Sebastian, Streitbeilegung im Rahmen der Welthandelsorganisation (WTO): Ein Modell für das allgemeine Völkerrecht? (Thesenpapier), in: Schleyer-Stiftung (Hrsg.), Old and New Economy auf dem Weg in eine innovative Symbiose?, Köln 2001, S. 220-221

Seidel, Sebastian, Haralambos Athanasopulos, Nuclear Disarmament in International Law; Reinhard Haßenpflug, Das völkerrechtliche Regime der Nichtverbreitung von Kernwaffen in nuklearwaffenfreien Zonen; Paul Szasz, Administrative and Expert Monitoring of International Treaties; J.G. Merrills, International Dispute Settlement (Sammelrezension), in: Die Friedens-Warte 76 (2001), S. 305-311

Seidel, Sebastian, Die Raketenangriffe auf das Saddam-Hospital in Bagdad im Rahmen der Operation "Wüstenfuchs", in: K. Ipsen/H. Fischer/J. Wolf (Hrsg.), 50 Jahre Genfer Konventionen, im Druck

Seidl-Hohenveldern, Ignaz, Grenzen rechtlicher Streiterledigung in Internationalen Organisationen, in: Berichte der Deutschen Gesellschaft für Völkerrecht, Heft 9, Karlsruhe 1969, S. 45-75

Seidl-Hohenveldern, Ignaz/Loibl, Gerhard, Das Recht der Internationalen Organisationen einschließlich der Supranationalen Gemeinschaften, 6. Aufl., Köln u.a. 1996

Shuhua, Du, The Outer Space and the Moon Treaty (1967, 1979), in: S. Sur (ed.), Verification of Current Disarmament and Arms Limitation Agreements – Ways, Means and Practices, Aldershot u.a. 1991, S. 123-148

Simma, Bruno, Reflections on Article 60 of the Vienna Convention on the Law of Treaties and Its Background in General International Law, in: Österreichische Zeitschrift für öffentliches Recht 20 (1970), S. 5-83

Simma, Bruno, Self-Contained Regimes, in: Netherlands Yearbook of International Law XVI (1985), S. 111-136

Simma, Bruno (Hrsg.), Charta der Vereinten Nationen – Kommentar, München 1991

Simma, Bruno (ed.), The Charter of the United Nations – A Commentary, München 1994

Simma, Bruno, Counter-Measures and Dispute Settlement: A Plea for a Different Balance, in: European Journal of International Law 5 (1994), S. 102-105

Simma Bruno, Die internationale Kontrolle des VN-Pakts über wirtschaftliche, soziale und kulturelle Rechte: Neue Entwicklungen, in: U. Beyerlin/M. Bothe/R. Hoffmann/E.-U. Petersmann (Hrsg.), Recht zwischen Umbruch und Bewahrung, FS für Rudolf Bernhardt, Berlin u.a. 1995, S. 579-593

Sinclair, Ian, The Vienna Convention on the Law of Treaties, Second Edition, Manchester 1984

Slink, Torsten Adam, Satellitenfernerkundung zur Verifikation von Rüstungskontroll- und Abrüstungsvereinbarungen, Diss. (Universität Frankfurt/M.), Frankfurt/M. 1996

Sloss, David, It's Not Broken, So Don't Fix It: The International Atomic Energy Agency Safeguards System and the Nuclear Nonproliferation Treaty, in: Virginia Journal of International Law 35 (1995), S. 841-893

Sohn, Louis B., Settlement of Disputes Relating to the Interpretation and Application of Treaties, in: Recueil des Cours 150 (1976-II), S. 195-294

Sohn, Louis B., The Future of Dispute Settlement, in: R.St.J. Macdonald/D.M. Johnston (eds.), The Structure and Process of International Law, Den Haag u.a. 1983, S. 1121-1146

Sohn, Louis B., Verification Dilemmas, in: P.F. Diehl/L.K. Johnson (eds.), Through the Straits of Armageddon – Arms Control Issues and Prospects, Athens/Georgia, 1987, S. 190-207

Sohn, Louis B., Peaceful Settlement of Disputes, in: R. Bernhardt (ed.), Encyclopedia of Public International Law, Vol. III (1997), Amsterdam u.a., S. 971-974

Solf, Waldemar A., Weapons, Prohibited, in: R. Bernhardt (ed.), Encyclopedia of Public International Law, Vol. IV (2000), Amsterdam u.a., S. 1437-1444 (mit Addendum v. H. Hillgenberg)

Spieker, Heike *(unter Mitarbeit von S. Seidel),* Composition and Status of an Evaluating Body, in: M. Bothe (ed.), im Druck

Stahl, Klaus, Die wirtschaftlichen Probleme der Abrüstung, in: Abschreckung und Entspannung – Fünfundzwanzig Jahre Sicherheitspolitik zwischen bipolarer Konfrontation und begrenzter Kooperation, Berlin 1977, S. 547-566

Stahl, Klaus, Die Einstellung der Kernwaffenversuche, in: Abschreckung und Entspannung – Fünfundzwanzig Jahre Sicherheitspolitik zwischen bipolarer Konfrontation und begrenzter Kooperation, Berlin 1977, S. 567-597

Stahl, Klaus, Das Verbot der militärischen Nutzung des Weltraums, in: Abschreckung und Entspannung – Fünfundzwanzig Jahre Sicherheitspolitik zwischen bipolarer Konfrontation und begrenzter Kooperation, Berlin 1977, S. 705-726

Stahl, Klaus, Der "heiße Draht" zwischen Washington und Moskau, in: Abschreckung und Entspannung – Fünfundzwanzig Jahre Sicherheitspolitik zwischen bipolarer Konfrontation und begrenzter Kooperation, Berlin 1977, S. 746-755

Steiger, Heinhard, Zur Struktur der Kontroll- und Durchsetzungsverfahren gegenüber Mitgliedstaaten in Internationalen Organisationen, in: I. v. Münch (Hrsg.), Staatsrecht – Völkerrecht – Europarecht, FS für Hans-Jürgen Schlochauer, Berlin/New York 1981, S. 649-676

Stein, Eric, Impact of New Weapons Technology on International Law: Selected Aspects, in: Recueil des Cours 133 (1971-II), S. 223-387

Stein, Eric, Uniting for Peace Resolution, in: R. Bernhardt (ed.), Encyclopedia of Public International Law, Vol. IV (2000), Amsterdam u.a., S. 1232-1235 (mit Addendum v. R.C. Morrisey)

Steinberger, Helmut, Judicial Settlement of International Disputes, in: Encyclopedia of Public International Law, Vol. III (1997), Amsterdam u.a., S. 42-55

Stelzenmüller, Constanze, Vertrauen schaffen ohne Verträge. Amerika macht Abrüstung light – und verlernt, die Bombe zu fürchten, in: Die Zeit v. 23. Mai 2002, S. 10

Stendahl, Kerstin, Verification in the 'Global Commons': Existing Regimes, in: M. Bothe/N. Ronzitti/A. Rosas (eds.), The New Chemical Weapons Convention – Implementation and Prospects, Den Haag u.a. 1998, S. 59-77

Stoll, Peter-Tobias, World Trade, Dispute Settlement, in: R. Bernhardt (ed.), Encyclopedia of Public International Law, Vol. IV (2000), Amsterdam u.a., S. 1520-1529

Sur, Serge, Problèmes de vérification dans le Traité Américano-Soviétique du 8 décembre 1987 sur l'élimination des missiles à portée intermédiaire et à plus courte portée, in: Annuaire Français de Droit International 33 (1987), S. 69-93

Sur, Serge, General Considerations on Verification, in: S. Sur (ed.), Verification of Current Disarmament and Arms Limitation Agreements – Ways, Means and Practices, Aldershot 1991, S. 13-37

Sur, Serge, Vérification en matière de désarmement, in: Recueil des Cours 273 (1998), S. 9-102

Szurek, Sandra, De Rarotonga à Bangkok et Pelindaba – Note sur les traités constitutifs de nouvelles zones exemptes d'armes nucléaires, in: Annuaire Français de Droit International XLII (1996), S. 164-186

Szasz, Paul C., The Law and Practices of the International Atomic Energy Agency, Wien 1970

Szasz, Paul C., Introduction, in: P. Szasz (ed.), Administrative and Expert Monitoring of International Treaties, New York 1999, S. 1-17

Szasz, Paul C., The Proliferation of Arms Control Organizations, in: N. Blokker/H.G. Schermers (eds.), Proliferation of International Organizations – Legal Issues, Den Haag u.a. 2001, S. 135-149

Talbott, Strobe, The Endgame – The Inside Story of SALT II, New York u.a. 1979

Thirlway, H.W.A., Advisory Opinions of International Courts, in: Encyclopedia of Public International Law, Vol. I (1992), Amsterdam u.a., S. 38-43

Thomas-Nuruddin, Sasha, Protection of the Ozone-Layer: The Vienna Convention and the Motreal Protocol, in: P. Szasz (ed.), Administrative and Expert Monitoring of International Treaties, New York 1999, S. 113-133

Tomuschat, Christian, Menschenrechte, Individualbeschwerde, in: R. Wolfrum (Hrsg.), Handbuch Vereinte Nationen, 2. Aufl., München 1991, S. 551-559

Tomuschat, Christian, Menschenrechte, Staatenberichte, in: R. Wolfrum (Hrsg.), Handbuch Vereinte Nationen, 2. Aufl., München 1991, S. 559-567

Tomuschat, Christian, "Uniting for Peace" – Ein Rückblick nach 50 Jahren, in: Die Friedens-Warte 76 (2001), S. 289-303

Tomuschat, Christian, Are Counter-measures Subject to Prior Recourse to Dispute Settlement Procedures?, in: European Journal of International Law 5 (1994), S. 77-88

Triepel, Heinrich, Die Reichsaufsicht – Untersuchungen zum Staatsrecht des Deutschen Reiches, Berlin 1917

Trimble, Phillip R., Beyond Verification: The Next Step in Arms Control, in: Harvard Law Review 102 (1989), S. 885-912

Trimble, Phillip R., Remarks [Beitrag zu einem Panel über "Arms Control Dispute Settlement: Past, Present and Future"], in: ASIL Proceedings 84, Washington 1990, S. 413-415

Valticos, Nicolas, Un système de contrôle international: La mise en oeuvre des conventions internationales du travail, in: Recueil des Cours 123 (1968-I), S. 311-405

Verdross, Alfred/Simma, Bruno, Universelles Völkerrecht – Theorie und Praxis, 3. Aufl., Berlin 1984

Graf Vitzthum, Wolfgang, Rechtsfragen der Rüstungskontrolle im Vertragsvölkerrecht der Gegenwart, in: Berichte der Deutschen Gesellschaft für Völkerrecht, Heft 30, Heidelberg 1990, S. 95-186

Graf Vitzthum, Wolfgang (Hrsg.), Völkerrecht, Berlin/New York, 2. Aufl. 2001

Voelckel, Michel, L'inspection en Antarctique, in: G. Fischer/D. Vignes (eds.), L'inspection internationale – Quinze études de la pratique des états et des organisations internationales, Bruxelles 1976, S. 223-246

Vukas, Budislav, The Diverse Supervisory Procedures in a Comparison, in: B. v. Maydell/A. Nußberger (Hrsg.), Social Protection by Way of International Law – Appraisal, Deficits and Further Development, Berlin 1996, S. 105-132

Washington, Monica J., Monitoring Compliance with Nuclear Safety Standards: Peer Review through the International Atomic Energy Agency and Its Convention on Nuclear Safety, in: P. Szasz (ed.), Administrative and Expert Monitoring of International Treaties, Ardsley 1999, S. 193-217

Watts, Arthur, The International Rule of Law, in: German Yearbook of International Law 36 (1993), S. 15-45

Wedgwood, Ruth, The Enforcement of Security Council Resolution 687: The Threat of Force Against Iraq's Weapons of Mass Destruction, in: American Journal of International Law 92 (1998), S. 724-728

Wehberg, Hans, Der amerikanische Plan einer internationalen Kontrolle der Atomenergie, in: Die Friedens-Warte 47 (1947), S. 5-38

Wehberg, Hans, Entwicklungsstufen der internationalen Organisationen, in: Die Friedens-Warte 52 (1953/55), S. 193-218

Wengler, Wilhelm, Völkerrecht, Band I, Berlin u.a. 1964

Wheatley, Jennifer D., Chemical and Biological Weapons: Monitoring Compliance with Arms Control Agreements, in: P.C. Szasz (ed.), Administrative and Expert Monitoring of International Treaties, Ardsley 1999, S. 219-243

Wiegel, Klaus, Kontrolle von Kernwaffen: Einstellung der Kernwaffenversuche, Nichtverbreitung von Kernwaffen, Errichtung kernwaffenfreier Zonen, in: J. Delbrück (Hrsg.), Friedensdokumente aus fünf Jahrhunderten, Kehl/Straßburg 1984, S. 511-682

Wolf, Joachim, Die Haftung der Staaten für Privatpersonen nach Völkerrecht, Habil. (Universität Saarbrücken), Berlin 1997

Wolfrum, Rüdiger, Die Internationalisierung staatsfreier Räume – Die Entwicklung einer internationalen Verwaltung für Antarktis, Weltraum, Hohe See und Meeresboden, Habil. (Universität Bonn), Berlin u.a. 1984

Wolfrum, Rüdiger, The Problems of Limitation and Prohibition of Military Use of Outer Space, in: Zeitschrift für ausländisches öffentliches Recht und Völkerrecht 44 (1984), S. 784-805

Wolfrum, Rüdiger, Internationally Wrongful Acts, in: Encyclopedia of Public International Law, Vol. II (1995), Amsterdem u.a., S. 1398-1403

Wolfrum Rüdiger, Obligations under Public International Law to Implement International Rules: Mechanisms to Monitor such Implementation, in: B. v. Maydell/A. Nußberger (eds.), Social Protection by Way of International Law, Berlin 1996, S. 87-104

Wolfrum, Rüdiger, The Reporting System under International Human Rights Agreements – From Collection of Information to Compliance Assistance, in: M. Bothe (ed.), im Druck

Wollomes Tabassi, Lisa, National Implementing Legislation for the Chemical Weapons Convention: The Experience of the First Two Years, in: Yearbook of International Humanitarian Law 2 (1999), S. 264-282

Woodworth, John A., Dispute Resolution in Bilateral Arms Control: The INF Experience, in: J. Dahlitz (ed.), Peaceful Resolution of Major International Disputes, New York/Geneva 1999, S. 181-201

Worku, Messeletch, Erfahrungen mit Individualbeschwerdeverfahren in völkerrechtlichen Menschenrechtsübereinkommen, in: Humanitäres Völkerrecht – Informationsschriften 14 (2001), S. 143-148

Wühler, Norbert, Die internationale Schiedsgerichtsbarkeit in der völkerrechtlichen Praxis der Bundesrepublik Deutschland, Berlin u.a. 1985

Wühler, Norbert, Arbitration Clause in Treaties, in: R. Bernhardt (ed.), Encyclopedia of Public International Law, Vol. I (1992), Amsterdam u.a., S. 236-239

Zanders, Jean Pascal/Hart, John, Chemical and Biological Weapon Developments and Arms Control, in: SIPRI Yearbook 1998, Stockholm 1998, S. 457-489

Zedalis, Rex J., On the Lawfulness of Forceful Remedies for Violations of Arms Control Agreements: "Star Wars" and Other Glimpses at the Future, in: New York University Journal of International Law & Politics 18 (1985/86), S. 77-167

Zedalis, Rex J., Dealing with the Weapons Inspection Crisis in Iraq, in: Zeitschrift für ausländisches öffentliches Recht und Völkerrecht 59 (1999), S. 37-50

Zellner, Wolfgang, Der KSE-Vertrag – Anpassung an veränderte strategische Bedingungen, in: Die Friedens-Warte 75 (2000), S. 179-203

Zimmermann, Andreas, Staatennachfolge in völkerrechtliche Verträge – Zugleich ein Beitrag zu den Möglichkeiten und Grenzen völkerrechtlicher Kodifikationen, Habil. (Universität Heidelberg), Berlin u.a. 2000

Kolibri 360 GmbH
Ferdinand-Jühlke-Straße 7
99095 Erfurt, Deutschland
produktsicherheit@kolibri360.de

Druck:
CPI Druckdienstleistungen GmbH
im Auftrag der
Kolibri 360 GmbH
Ferdinand-Jühlke-Str. 7
99095 Erfurt